中华人民共和国
乡镇行政区划简册2023

ZHONGHUA RENMIN GONGHEGUO
XIANGZHEN XINGZHENG QUHUA JIANCE 2023

中华人民共和国民政部　编

Ｓ中国社会出版社

国家一级出版社·全国百佳图书出版单位

图书在版编目 (CIP) 数据

中华人民共和国乡镇行政区划简册 . 2023 ／ 中华人民共和国民政部编 . —— 北京 ：中国社会出版社，2023.9
ISBN 978-7-5087-6939-4

Ⅰ . ①中… Ⅱ . ①中… Ⅲ . ①乡镇－行政区划－中国－ 2023 －手册 Ⅳ . ① K928.2-62

中国国家版本馆 CIP 数据核字 (2023) 第 175124 号

出 版 人：程　伟　　　　　　　终 审 人：魏光洁
责任编辑：张　党　　　　　　　策划编辑：张　党
责任校对：刘延庆　　　　　　　封面设计：李　尘

出版发行：中国社会出版社　　　　地　　址：北京市西城区二龙路甲 33 号
邮政编码：100032　　　　　　　　编 辑 部：(010)58124831
网　　址：shcbs.mca.gov.cn　　　发 行 部：(010)58124864；58124848
经　　销：新华书店

印刷装订：北京华联印刷有限公司　开　　本：210 mm×297 mm　1/16
印　　张：34.5　　　　　　　　　字　　数：700 千字
版　　次：2023 年 9 月第 1 版　　印　　次：2023 年 9 月第 1 次印刷
定　　价：280.00 元

中国社会出版社微信公众号

中国社会出版社天猫旗舰店

《中华人民共和国乡镇行政区划简册 2023》

编　委　会

主　任：唐登杰

副主任：唐承沛

主　编：刘　涛　　冯亚平

编　委：马　静　　王晓东　　王　敏　　付晓媛

　　　　吴子攀　　陈克相　　陈德彧　　贺延伟

　　　　高应波　　曹瑞昌

编者说明

  行政区划是国家为了进行分级管理而实行的地理区域划分。乡镇街道是我国地域经济社会发展与管理的基本单元，是社会交流、经济活动、产业布局、公共服务的重要平台。行政区划的设立、撤销以及变更隶属关系，对加强治理能力、优化资源配置、促进经济发展、宣传人文历史都有重要影响。行政区划代码更是国家标准的制定依据，是政府各类系统软件开发建设和电子信息数据共享的基础。为满足社会各界对行政区划信息的需求，我们编辑出版了《中华人民共和国乡镇行政区划简册2023》。本简册是全国最新最完整的行政区划名录汇编。

  《中华人民共和国乡镇行政区划简册2023》全面收录了截至2022年年底的中华人民共和国省、市、县、乡4级行政区划名称和代码。我们在2021年行政区划基础上，根据国务院2022年批准的全国县级以上行政区划调整以及各省（自治区、直辖市）人民政府2022年批准和备案的全国县级以下行政区划的变更，编制本简册。

  本简册共由五部分组成。第一部分：中华人民共和国行政区划数量；第二部分：中华人民共和国行政区划名录和行政区划代码；第三部分：2022年中华人民共和国行政区划变更；第四部分：中华人民共和国行政区划名称中电脑造字；第五部分：县级以下行政区划代码编制规则GB/T 10114—2003。香港特别行政区、澳门特别行政区、台湾省的乡镇街道区划暂未列入本简册。

  本简册中使用的乡级行政区划代码为9位行政区划代码。本书提供电子数据光盘，由于不同播放软件在显示生僻字时可能出现问题，请以纸质内容为准。

  在本书编辑出版过程中，得到了有关单位、部门领导和相关同志的热情指导和大力支持，在此表示衷心感谢。本书难免存在一些不足的地方，恳请各位读者不吝批评指正。

编　者

2023 年 4 月

目　录

第一部分　中华人民共和国行政区划数量

第二部分　中华人民共和国行政区划名称和行政区划代码

第三部分　2022 年中华人民共和国行政区划变更

第四部分　中华人民共和国行政区划名称中电脑造字

第五部分　县级以下行政区划代码编制规则 GB／T 10114－2003

第一部分

中华人民共和国行政区划数量

中华人民共和国省级行政区划数量

单位：个

地区	省级合计	直辖市	省	自治区	特别行政区
全国合计	34	4	23	5	2
北京市	1	1			
天津市	1	1			
河北省	1		1		
山西省	1		1		
内蒙古自治区	1			1	
辽宁省	1		1		
吉林省	1		1		
黑龙江省	1		1		
上海市	1	1			
江苏省	1		1		
浙江省	1		1		
安徽省	1		1		
福建省	1		1		
江西省	1		1		
山东省	1		1		
河南省	1		1		
湖北省	1		1		
湖南省	1		1		
广东省	1		1		
广西壮族自治区	1			1	
海南省	1		1		
重庆市	1	1			
四川省	1		1		
贵州省	1		1		
云南省	1		1		
西藏自治区	1			1	
陕西省	1		1		
甘肃省	1		1		
青海省	1		1		
宁夏回族自治区	1			1	
新疆维吾尔自治区	1			1	
香港特别行政区	1				1
澳门特别行政区	1				1
台湾省	1		1		

中华人民共和国地级行政区划数量

单位：个

地区	地级合计	地级市	地区	自治州	盟
全国合计	333	293	7	30	3
北京市					
天津市					
河北省	11	11			
山西省	11	11			
内蒙古自治区	12	9			3
辽宁省	14	14			
吉林省	9	8		1	
黑龙江省	13	12	1		
上海市					
江苏省	13	13			
浙江省	11	11			
安徽省	16	16			
福建省	9	9			
江西省	11	11			
山东省	16	16			
河南省	17	17			
湖北省	13	12		1	
湖南省	14	13		1	
广东省	21	21			
广西壮族自治区	14	14			
海南省	4	4			
重庆市					
四川省	21	18		3	
贵州省	9	6		3	
云南省	16	8		8	
西藏自治区	7	6	1		
陕西省	10	10			
甘肃省	14	12		2	
青海省	8	2		6	
宁夏回族自治区	5	5			
新疆维吾尔自治区	14	4	5	5	

注：数据统计不含香港特别行政区、澳门特别行政区和台湾省。

中华人民共和国县级行政区划数量

单位：个

地区	县级合计	市辖区	县级市	县	自治县	旗	自治旗	特区	林区
全国合计	2843	977	394	1301	117	49	3	1	1
北京市	16	16							
天津市	16	16							
河北省	167	49	21	91	6				
山西省	117	26	11	80					
内蒙古自治区	103	23	11	17		49	3		
辽宁省	100	59	16	17	8				
吉林省	60	21	20	16	3				
黑龙江省	121	54	21	45	1				
上海市	16	16							
江苏省	95	55	21	19					
浙江省	90	37	20	32	1				
安徽省	104	45	9	50					
福建省	84	31	11	42					
江西省	100	27	12	61					
山东省	136	58	26	52					
河南省	157	54	21	82					
湖北省	103	39	26	35	2				1
湖南省	122	36	19	60	7				
广东省	122	65	20	34	3				
广西壮族自治区	111	41	10	48	12				
海南省	25	10	5	4	6				
重庆市	38	26		8	4				
四川省	183	55	19	105	4				
贵州省	88	16	10	50	11			1	
云南省	129	17	18	65	29				
西藏自治区	74	8		66					
陕西省	107	31	7	69					
甘肃省	86	17	5	57	7				
青海省	44	7	5	25	7				
宁夏回族自治区	22	9	2	11					
新疆维吾尔自治区	107	13	28	60	6				

注：数据统计不含香港特别行政区、澳门特别行政区和台湾省。

中华人民共和国乡级行政区划数量

单位：个

地区	乡级合计	街道	镇	乡	民族乡	苏木	民族苏木	区公所
全国合计	38602	8984	21389	7116	957	153	1	2
北京市	343	165	143	30	5			
天津市	252	124	125	2	1			
河北省	2254	310	1325	580	38			1
山西省	1278	217	631	430				
内蒙古自治区	1025	246	509	99	17	153	1	
辽宁省	1354	513	640	147	54			
吉林省	961	354	426	153	28			
黑龙江省	1315	407	574	282	52			
上海市	215	107	106	2				
江苏省	1237	519	701	16	1			
浙江省	1364	488	618	244	14			
安徽省	1522	287	1011	215	9			
福建省	1108	203	653	233	19			
江西省	1578	186	832	552	8			
山东省	1825	696	1072	57				
河南省	2458	692	1180	574	12			
湖北省	1257	335	761	151	10			
湖南省	1944	422	1134	305	83			
广东省	1612	489	1112	4	7			
广西壮族自治区	1253	135	806	253	59			
海南省	218	22	175	21				
重庆市	1031	245	625	147	14			
四川省	3101	459	2016	543	83			
贵州省	1509	364	831	122	192			
云南省	1424	221	666	397	140			
西藏自治区	699	23	142	525	9			
陕西省	1316	326	973	17				
甘肃省	1356	127	892	305	32			
青海省	404	42	140	194	28			
宁夏回族自治区	243	50	103	90				
新疆维吾尔自治区	1146	210	467	426	42			1

注：数据统计不含香港特别行政区、澳门特别行政区和台湾省。

北京市

行政区划代码	行政区划名称	乡级合计	街道	镇	乡	民族乡
110000	**北京市**	**343**	**165**	**143**	**30**	**5**
110101	东城区	17	17			
110102	西城区	15	15			
110105	朝阳区	43	24		18	1
110106	丰台区	26	24	2		
110107	石景山区	9	9			
110108	海淀区	29	22	7		
110109	门头沟区	13	4	9		
110111	房山区	28	8	14	6	
110112	通州区	22	11	10		1
110113	顺义区	25	6	19		
110114	昌平区	22	8	14		
110115	大兴区	22	8	14		
110116	怀柔区	16	2	12		2
110117	平谷区	18	2	14	2	
110118	密云区	20	2	17		1
110119	延庆区	18	3	11	4	

天津市

行政区划代码	行政区划名称	乡级合计	街道	镇	乡	民族乡
120000	**天津市**	**252**	**124**	**125**	**2**	**1**
120101	和平区	6	6			
120102	河东区	13	13			
120103	河西区	14	14			
120104	南开区	12	12			
120105	河北区	10	10			
120106	红桥区	9	9			
120110	东丽区	11	11			
120111	西青区	12	5	7		
120112	津南区	11	3	8		
120113	北辰区	17	8	9		
120114	武清区	30	6	24		
120115	宝坻区	24	6	18		
120116	滨海新区	21	16	5		
120117	宁河区	15	2	13		
120118	静海区	20	2	16	2	
120119	蓟州区	27	1	25		1

河北省

行政区划代码	行政区划名称	乡级合计	街道	镇	乡	民族乡	区公所
130000	**河北省**	**2254**	**310**	**1325**	**580**	**38**	**1**
130100	**石家庄市**	**276**	**60**	**133**	**80**	**3**	
130102	长安区	16	12	4			
130104	桥西区	17	17				
130105	新华区	15	15				
130107	井陉矿区	5	2	2	1		
130108	裕华区	13	11	2			
130109	藁城区	14		13		1	
130110	鹿泉区	12		9	3		
130111	栾城区	8		5	3		
130121	井陉县	17		10	7		
130123	正定县	10	2	5	3		
130125	行唐县	15		4	11		
130126	灵寿县	15		6	9		
130127	高邑县	5		5			
130128	深泽县	6		4	2		
130129	赞皇县	11		4	7		
130130	无极县	11		6	4	1	
130131	平山县	23		12	11		
130132	元氏县	15		8	7		
130133	赵县	11		9	2		
130181	辛集市	15		8	7		
130183	晋州市	10		9	1		
130184	新乐市	12	1	8	2	1	
130200	**唐山市**	**231**	**54**	**158**	**16**	**3**	
130202	路南区	11	9	2			
130203	路北区	14	12	2			
130204	古冶区	10	5	2	3		
130205	开平区	11	5	6			
130207	丰南区	20	3	16	1		
130208	丰润区	24	3	19	2		
130209	曹妃甸区	8	3	5			
130224	滦南县	17	1	16			
130225	乐亭县	15	1	12	2		
130227	迁西县	18	1	14	3		
130229	玉田县	21	1	17	3		
130281	遵化市	27	2	20	2	3	
130283	迁安市	21	4	17			
130284	滦州市	14	4	10			
130300	**秦皇岛市**	**97**	**23**	**54**	**20**		
130302	海港区	21	13	8			
130303	山海关区	9	5	3	1		
130304	北戴河区	6	3	3			

续表 1

行政区划代码	行政区划名称	乡级合计	街道	镇	乡	民族乡	区公所
130306	抚宁区	8	1	6	1		
130321	青龙满族自治县	25	1	13	11		
130322	昌黎县	16		11	5		
130324	卢龙县	12		10	2		
130400	**邯郸市**	**242**	**30**	**143**	**67**	**2**	
130402	邯山区	21	11	5	5		
130403	丛台区	19	10	3	6		
130404	复兴区	12	7	2	3		
130406	峰峰矿区	11	1	9	1		
130407	肥乡区	9		9			
130408	永年区	17		9	8		
130423	临漳县	14		10	4		
130424	成安县	9		6	3		
130425	大名县	20		12	7	1	
130426	涉县	17	1	8	8		
130427	磁县	11		6	5		
130430	邱县	7		5	1	1	
130431	鸡泽县	7		6	1		
130432	广平县	7		7			
130433	馆陶县	8		6	2		
130434	魏县	21		17	4		
130435	曲周县	10		8	2		
130481	武安市	22		15	7		
130500	**邢台市**	**198**	**27**	**117**	**54**		
130502	襄都区	15	8	6	1		
130503	信都区	25	8	11	6		
130505	任泽区	8		5	3		
130506	南和区	8		5	3		
130522	临城县	8		5	3		
130523	内丘县	9		5	4		
130524	柏乡县	6		4	2		
130525	隆尧县	12		7	5		
130528	宁晋县	17	1	14	2		
130529	巨鹿县	10		8	2		
130530	新河县	6		2	4		
130531	广宗县	8		4	4		
130532	平乡县	7	1	4	2		
130533	威县	16		12	4		
130534	清河县	6		6			
130535	临西县	9		7	2		
130581	南宫市	15	4	6	5		
130582	沙河市	13	5	6	2		
130600	**保定市**	**340**	**31**	**210**	**97**	**2**	
130602	竞秀区	12	6	2	4		
130606	莲池区	17	10	2	5		
130607	满城区	12		6	6		

续表 **2**

行政区划代码	行政区划名称	乡级合计	街道	镇	乡	民族乡	区公所
130608	清苑区	18		13	5		
130609	徐水区	14		10	4		
130623	涞水县	15		12	3		
130624	阜平县	13		8	5		
130626	定兴县	16		11	5		
130627	唐县	20		12	8		
130628	高阳县	9	1	7	1		
130629	容城县	8		5	3		
130630	涞源县	17		10	7		
130631	望都县	8		7	1		
130632	安新县	12		9	3		
130633	易县	27		11	15	1	
130634	曲阳县	18		12	6		
130635	蠡县	13		11	2		
130636	顺平县	10		7	3		
130637	博野县	7		7			
130638	雄县	9		6	3		
130681	涿州市	14	3	10	1		
130682	定州市	25	4	16	4	1	
130683	安国市	11	2	6	3		
130684	高碑店市	15	5	10			
130700	**张家口市**	**233**	**23**	**103**	**104**	**2**	**1**
130702	桥东区	11	7	3	1		
130703	桥西区	11	7	4			
130705	宣化区	21	7	10	4		
130706	下花园区	6	2		4		
130708	万全区	11		4	7		
130709	崇礼区	10		2	8		
130722	张北县	20		8	12		
130723	康保县	15		7	8		
130724	沽源县	14		4	9	1	
130725	尚义县	14		7	7		
130726	蔚县	22		11	11		
130727	阳原县	14		5	9		
130728	怀安县	11		4	7		
130730	怀来县	17		11	5	1	
130731	涿鹿县	18		14	3		1
130732	赤城县	18		9	9		
130800	**承德市**	**217**	**14**	**121**	**64**	**18**	
130802	双桥区	14	7	7			
130803	双滦区	9	3	6			
130804	鹰手营子矿区	5	1	4			
130821	承德县	23		12	9	2	
130822	兴隆县	20		15	3	2	
130824	滦平县	20	1	13		6	
130825	隆化县	25	1	14	4	6	

续表 **3**

行政区划代码	行政区划名称	乡级合计	街道	镇	乡	民族乡	区公所
130826	丰宁满族自治县	27	1	11	15		
130827	宽城满族自治县	18		10	8		
130828	围场满族蒙古族自治县	37		14	23		
130881	平泉市	19		15	2	2	
130900	**沧州市**	**194**	**26**	**119**	**43**	**6**	
130902	新华区	6	5		1		
130903	运河区	8	6	2			
130921	沧县	19		10	7	2	
130922	青县	10		8	2		
130923	东光县	9		9			
130924	海兴县	7		5	2		
130925	盐山县	12		10	2		
130926	肃宁县	9		8	1		
130927	南皮县	9		8	1		
130928	吴桥县	10		5	5		
130929	献县	18		10	7	1	
130930	孟村回族自治县	6		4	2		
130981	泊头市	15	3	9	3		
130982	任丘市	22	7	12	3		
130983	黄骅市	14	3	8	1	2	
130984	河间市	20	2	11	6	1	
131000	**廊坊市**	**108**	**18**	**79**	**9**	**2**	
131002	安次区	11	3	8			
131003	广阳区	11	7	4			
131022	固安县	9		7	2		
131023	永清县	10		5	4	1	
131024	香河县	9		9			
131025	大城县	10		10			
131026	文安县	13		12		1	
131028	大厂回族自治县	6	1	5			
131081	霸州市	13	1	9	3		
131082	三河市	16	6	10			
131100	**衡水市**	**118**	**4**	**88**	**26**		
131102	桃城区	10	4	3	3		
131103	冀州区	11		7	4		
131121	枣强县	11		9	2		
131122	武邑县	9		7	2		
131123	武强县	6		6	0		
131124	饶阳县	7		7			
131125	安平县	8		5	3		
131126	故城县	13		11	2		
131127	景县	16		13	3		
131128	阜城县	10		6	4		
131182	深州市	17		14	3		

山西省

行政区划代码	行政区划名称	乡级合计	街道	镇	乡
140000	**山西省**	**1278**	**217**	**631**	**430**
140100	**太原市**	**101**	**55**	**22**	**24**
140105	小店区	11	8	1	2
140106	迎泽区	7	6	1	
140107	杏花岭区	12	11	1	
140108	尖草坪区	13	9	2	2
140109	万柏林区	14	14		
140110	晋源区	6	3	3	
140121	清徐县	9		4	5
140122	阳曲县	9		4	5
140123	娄烦县	7		3	4
140181	古交市	13	4	3	6
140200	**大同市**	**126**	**39**	**37**	**50**
140212	新荣区	7		3	4
140213	平城区	18	18		
140214	云冈区	27	21	2	4
140215	云州区	9		3	6
140221	阳高县	11		7	4
140222	天镇县	11		5	6
140223	广灵县	8		5	3
140224	灵丘县	11		3	8
140225	浑源县	16		6	10
140226	左云县	8		3	5
140300	**阳泉市**	**42**	**11**	**20**	**11**
140302	城区	5	5		
140303	矿区	6	6		
140311	郊区	8		4	4
140321	平定县	10		8	2
140322	盂县	13		8	5
140400	**长治市**	**128**	**18**	**78**	**32**
140403	潞州区	16	13	3	
140404	上党区	10	1	6	3
140405	屯留区	10	1	6	3
140406	潞城区	8	3	4	1
140423	襄垣县	9		9	
140425	平顺县	11		5	6
140426	黎城县	8		8	
140427	壶关县	10		7	3
140428	长子县	11		9	2
140429	武乡县	12		6	6
140430	沁县	11		9	2
140431	沁源县	12		6	6
140500	**晋城市**	**77**	**10**	**52**	**15**

续表 **1**

行政区划代码	行政区划名称	乡级合计	街道	镇	乡
140502	城区	8	7	1	
140521	沁水县	12		7	5
140522	阳城县	15		12	3
140524	陵川县	11		7	4
140525	泽州县	16		16	
140581	高平市	15	3	9	3
140600	**朔州市**	**69**	**7**	**19**	**43**
140602	朔城区	14	4	2	8
140603	平鲁区	12		2	10
140621	山阴县	12		5	7
140622	应县	12		3	9
140623	右玉县	8		4	4
140681	怀仁市	11	3	3	5
140700	**晋中市**	**118**	**17**	**58**	**43**
140702	榆次区	18	9	5	4
140703	太谷区	8		3	5
140721	榆社县	7		4	3
140722	左权县	8		5	3
140723	和顺县	8		5	3
140724	昔阳县	10		5	5
140725	寿阳县	12		7	5
140727	祁县	7		6	1
140728	平遥县	16	3	5	8
140729	灵石县	10		6	4
140781	介休市	14	5	7	2
140800	**运城市**	**147**	**15**	**94**	**38**
140802	盐湖区	21	8	7	6
140821	临猗县	14		10	4
140822	万荣县	14		6	8
140823	闻喜县	12		10	2
140824	稷山县	7		5	2
140825	新绛县	9		9	
140826	绛县	10		8	2
140827	垣曲县	11		6	5
140828	夏县	11		7	4
140829	平陆县	9		8	1
140830	芮城县	10		8	2
140881	永济市	10	3	7	
140882	河津市	9	4	3	2
140900	**忻州市**	**163**	**11**	**76**	**76**
140902	忻府区	18	7	8	3
140921	定襄县	8		5	3
140922	五台县	17		8	9
140923	代县	9		7	2
140924	繁峙县	11		4	7

续表 2

行政区划代码	行政区划名称	乡级合计	街道	镇	乡
140925	宁武县	12		5	7
140926	静乐县	12		6	6
140927	神池县	8		3	5
140928	五寨县	10		3	7
140929	岢岚县	10		3	7
140930	河曲县	11		6	5
140931	保德县	11		5	6
140932	偏关县	8		6	2
140981	原平市	18	4	7	7
141000	**临汾市**	**157**	**20**	**84**	**53**
141002	尧都区	24	10	10	4
141021	曲沃县	7		5	2
141022	翼城县	9		7	2
141023	襄汾县	13		7	6
141024	洪洞县	15		10	5
141025	古县	6		5	1
141026	安泽县	6		6	
141027	浮山县	7		4	3
141028	吉县	7		3	4
141029	乡宁县	10		5	5
141030	大宁县	5		3	2
141031	隰县	7		3	4
141032	永和县	6		2	4
141033	蒲县	8		5	3
141034	汾西县	7		5	2
141081	侯马市	8	5		3
141082	霍州市	12	5	4	3
141100	**吕梁市**	**150**	**14**	**91**	**45**
141102	离石区	11	7	2	2
141121	文水县	12		7	5
141122	交城县	8		7	1
141123	兴县	15		7	8
141124	临县	23		13	10
141125	柳林县	15		10	5
141126	石楼县	9		5	4
141127	岚县	9		4	5
141128	方山县	6		6	
141129	中阳县	6		5	1
141130	交口县	7		6	1
141181	孝义市	15	4	8	3
141182	汾阳市	14	3	11	

内蒙古自治区

行政区划代码	行政区划名称	乡级合计	街道	镇	乡	民族乡	苏木	民族苏木
150000	**内蒙古自治区**	**1025**	**246**	**509**	**99**	**17**	**153**	**1**
150100	**呼和浩特市**	**76**	**31**	**29**	**16**			
150102	新城区	9	8	1				
150103	回民区	8	7	1				
150104	玉泉区	9	8	1				
150105	赛罕区	11	8	3				
150121	土默特左旗	9		7	2			
150122	托克托县	5		5				
150123	和林格尔县	8		4	4			
150124	清水河县	8		4	4			
150125	武川县	9		3	6			
150200	**包头市**	**85**	**46**	**29**	**5**		**5**	
150202	东河区	14	12	2				
150203	昆都仑区	15	13	2				
150204	青山区	10	8	2				
150205	石拐区	8	6	1			1	
150206	白云鄂博矿区	2	2					
150207	九原区	10	5	4			1	
150221	土默特右旗	8		5	3			
150222	固阳县	6		6				
150223	达尔罕茂明安联合旗	12		7	2		3	
150300	**乌海市**	**20**	**15**	**5**				
150302	海勃湾区	7	6	1				
150303	海南区	5	2	3				
150304	乌达区	8	7	1				
150400	**赤峰市**	**153**	**21**	**88**	**23**	**2**	**19**	
150402	红山区	13	11	2				
150403	元宝山区	12	6	5	1			
150404	松山区	18	4	9	4	1		
150421	阿鲁科尔沁旗	14		7	3		4	
150422	巴林左旗	11		7	2		2	
150423	巴林右旗	9		5			4	
150424	林西县	9		7	2			
150425	克什克腾旗	13		7	2		4	
150426	翁牛特旗	14		8	2		4	
150428	喀喇沁旗	9		7	1	1		
150429	宁城县	15		13	2			
150430	敖汉旗	16		11	4		1	

续表 **1**

行政区划代码	行政区划名称	乡级合计	街道	镇	乡	民族乡	苏木	民族苏木
150500	**通辽市**	**110**	**19**	**61**	**4**		**26**	
150502	科尔沁区	26	15	10			1	
150521	科尔沁左翼中旗	17		11	1		5	
150522	科尔沁左翼后旗	15		10			5	
150523	开鲁县	10		10				
150524	库伦旗	8		5	1		2	
150525	奈曼旗	14		8	2		4	
150526	扎鲁特旗	15		7			8	
150581	霍林郭勒市	5	4				1	
150600	**鄂尔多斯市**	**77**	**26**	**43**	**2**		**6**	
150602	东胜区	15	12	3				
150603	康巴什区	4	4					
150621	达拉特旗	15	6	8			1	
150622	准格尔旗	14	4	7	2		1	
150623	鄂托克前旗	4		4				
150624	鄂托克旗	6		4			2	
150625	杭锦旗	6		5			1	
150626	乌审旗	6		5			1	
150627	伊金霍洛旗	7		7				
150700	**呼伦贝尔市**	**142**	**36**	**68**	**6**	**13**	**18**	**1**
150702	海拉尔区	9	7	2				
150703	扎赉诺尔区	6	5	1				
150721	阿荣旗	12		8		4		
150722	莫力达瓦达斡尔族自治旗	15		11	2	2		
150723	鄂伦春自治旗	10		8	2			
150724	鄂温克族自治旗	10		4		1	5	
150725	陈巴尔虎旗	7		3			3	1
150726	新巴尔虎左旗	7		2			5	
150727	新巴尔虎右旗	7		3			4	
150781	满洲里市	6	5	1				
150782	牙克石市	16	6	10				
150783	扎兰屯市	19	7	8	1	3		
150784	额尔古纳市	9	2	3	1	2	1	
150785	根河市	9	4	4		1		
150800	**巴彦淖尔市**	**70**	**11**	**46**	**3**		**10**	
150802	临河区	20	11	7	2			
150821	五原县	9		8	1			
150822	磴口县	5		4			1	
150823	乌拉特前旗	11		9			2	

续表 2

行政区划代码	行政区划名称	乡级合计	街道	镇	乡	民族乡	苏木	民族苏木
150824	乌拉特中旗	10		6			4	
150825	乌拉特后旗	6		3			3	
150826	杭锦后旗	9		9				
150900	**乌兰察布市**	**105**	**13**	**51**	**31**	**1**	**9**	
150902	集宁区	10	8	1	1			
150921	卓资县	8		5	3			
150922	化德县	6		3	3			
150923	商都县	10		6	4			
150924	兴和县	9		5	4			
150925	凉城县	8		6	1	1		
150926	察哈尔右翼前旗	9		5	4			
150927	察哈尔右翼中旗	11		5	4		2	
150928	察哈尔右翼后旗	8		5	1		2	
150929	四子王旗	13		5	3		5	
150981	丰镇市	13	5	5	3			
152200	**兴安盟**	**71**	**15**	**37**	**6**	**1**	**12**	
152201	乌兰浩特市	15	11	4				
152202	阿尔山市	8	4	4				
152221	科尔沁右翼前旗	14		9	1	1	3	
152222	科尔沁右翼中旗	12		6			6	
152223	扎赉特旗	13		8	2		3	
152224	突泉县	9		6	3			
152500	**锡林郭勒盟**	**82**	**11**	**36**	**3**		**32**	
152501	二连浩特市	4	3				1	
152502	锡林浩特市	12	8	1			3	
152522	阿巴嘎旗	7		3			4	
152523	苏尼特左旗	7		3			4	
152524	苏尼特右旗	7		3			4	
152525	东乌珠穆沁旗	10		6			4	
152526	西乌珠穆沁旗	7		5			2	
152527	太仆寺旗	7		5	1		1	
152528	镶黄旗	4		2			2	
152529	正镶白旗	5		2			3	
152530	正蓝旗	7		3			4	
152531	多伦县	5		3	2			
152900	**阿拉善盟**	**34**	**2**	**16**			**16**	
152921	阿拉善左旗	15		9			6	
152922	阿拉善右旗	7		3			4	
152923	额济纳旗	12	2	4			6	

辽宁省

行政区划代码	行政区划名称	乡级合计	街道	镇	乡	民族乡
210000	辽宁省	**1354**	**513**	**640**	**147**	**54**
210100	**沈阳市**	**181**	**112**	**53**	**11**	**5**
210102	和平区	10	10			
210103	沈河区	11	11			
210104	大东区	10	10			
210105	皇姑区	10	10			
210106	铁西区	14	14			
210111	苏家屯区	12	12			
210112	浑南区	12	12			
210113	沈北新区	10	10			
210114	于洪区	10	10			
210115	辽中区	20	4	16		
210123	康平县	15	3	5	3	4
210124	法库县	19	2	12	4	1
210181	新民市	28	4	20	4	
210200	**大连市**	**149**	**102**	**33**	**10**	**4**
210202	中山区	6	6			
210203	西岗区	5	5			
210204	沙河口区	7	7			
210211	甘井子区	15	15			
210212	旅顺口区	10	10			
210213	金州区	25	25			
210214	普兰店区	18	18			
210224	长海县	5		5		
210281	瓦房店市	32	11	13	6	2
210283	庄河市	26	5	15	4	2
210300	**鞍山市**	**95**	**40**	**52**	**3**	
210302	铁东区	10	10			
210303	铁西区	9	9			
210304	立山区	9	9			
210311	千山区	5	2	3		
210321	台安县	12	2	10		
210323	岫岩满族自治县	24	3	18	3	
210381	海城市	26	5	21		
210400	**抚顺市**	**72**	**25**	**27**	**18**	**2**
210402	新抚区	7	6	1		
210403	东洲区	11	7	2	2	
210404	望花区	9	7	1		1

续表 **1**

行政区划代码	行政区划名称	乡级合计	街道	镇	乡	民族乡
210411	顺城区	8	5	1	2	
210421	抚顺县	8		4	3	1
210422	新宾满族自治县	15		9	6	
210423	清原满族自治县	14		10	4	
210500	**本溪市**	**49**	**26**	**18**	**4**	**1**
210502	平山区	7	7			
210503	溪湖区	7	7			
210504	明山区	7	7			
210505	南芬区	3	3			
210521	本溪满族自治县	12	1	10	1	
210522	桓仁满族自治县	13	1	8	3	1
210600	**丹东市**	**84**	**20**	**59**	**2**	**3**
210602	元宝区	5	4	1		
210603	振兴区	9	7	2		
210604	振安区	8	3	5		
210624	宽甸满族自治县	22		19	2	1
210681	东港市	19	3	15		1
210682	凤城市	21	3	17		1
210700	**锦州市**	**99**	**32**	**55**	**10**	**2**
210702	古塔区	5	5			
210703	凌河区	6	6			
210711	太和区	11	10	1		
210726	黑山县	22	2	16	4	
210727	义县	18	2	13	1	2
210781	凌海市	19	3	14	2	
210782	北镇市	18	4	11	3	
210800	**营口市**	**65**	**27**	**35**	**3**	
210802	站前区	6	6			
210803	西市区	5	5			
210804	鲅鱼圈区	6	3	3		
210811	老边区	4	1	3		
210881	盖州市	27	8	16	3	
210882	大石桥市	17	4	13		
210900	**阜新市**	**82**	**17**	**60**	**4**	**1**
210902	海州区	7	6	1		
210903	新邱区	3	2	1		
210904	太平区	4	3	1		
210905	清河门区	4	2	2		
210911	细河区	4	3	1		
210921	阜新蒙古族自治县	36	1	32	3	

续表 **2**

行政区划代码	行政区划名称	乡级合计	街道	镇	乡	民族乡
210922	彰武县	24		22	1	1
211000	**辽阳市**	**50**	**14**	**30**	**4**	**2**
211002	白塔区	4	4			
211003	文圣区	4	2	2		
211004	宏伟区	4	2	2		
211005	弓长岭区	4	2	1	1	
211011	太子河区	5	1	3	1	
211021	辽阳县	15		12	1	2
211081	灯塔市	14	3	10	1	
211100	**盘锦市**	**48**	**27**	**21**		
211102	双台子区	8	6	2		
211103	兴隆台区	12	12			
211104	大洼区	16	6	10		
211122	盘山县	12	3	9		
211200	**铁岭市**	**103**	**14**	**78**	**2**	**9**
211202	银州区	8	7		1	
211204	清河区	5	2	2		1
211221	铁岭县	14		12	1	1
211223	西丰县	18		12		6
211224	昌图县	33		33		
211281	调兵山市	5	2	3		
211282	开原市	20	3	16		1
211300	**朝阳市**	**156**	**28**	**82**	**40**	**6**
211302	双塔区	13	9	3	1	
211303	龙城区	9	3	6		
211321	朝阳县	27	1	14	10	2
211322	建平县	28	4	17	6	1
211324	喀喇沁左翼蒙古族自治县	21	2	14	5	
211381	北票市	31	4	12	13	2
211382	凌源市	27	5	16	5	1
211400	**葫芦岛市**	**121**	**29**	**37**	**36**	**19**
211402	连山区	17	8	3	6	
211403	龙港区	9	8	1		
211404	南票区	16	6	6	4	
211421	绥中县	25		14	5	6
211422	建昌县	28		7	20	1
211481	兴城市	26	7	7		12

吉林省

行政区划代码	行政区划名称	乡级合计	街道	镇	乡	民族乡
220000	吉林省	**961**	**354**	**426**	**153**	**28**
220100	**长春市**	**213**	**107**	**75**	**26**	**5**
220102	南关区	25	21	3	1	
220103	宽城区	18	12	5	1	
220104	朝阳区	16	14	2		
220105	二道区	13	9	3	1	
220106	绿园区	13	10	3		
220112	双阳区	8	4	3		1
220113	九台区	19	15	2		2
220122	农安县	25	4	11	10	
220182	榆树市	28	4	15	8	1
220183	德惠市	18	4	10	4	
220184	公主岭市	30	10	18	1	1
220200	**吉林市**	**144**	**68**	**56**	**16**	**4**
220202	昌邑区	19	14	3		2
220203	龙潭区	19	13	5	1	
220204	船营区	16	12	3	1	
220211	丰满区	12	8	1	3	
220221	永吉县	9		7	1	1
220281	蛟河市	17	7	8	1	1
220282	桦甸市	14	5	6	3	
220283	舒兰市	20	5	10	5	
220284	磐石市	18	4	13	1	
220300	**四平市**	**77**	**24**	**38**	**14**	**1**
220302	铁西区	9	5	3	1	
220303	铁东区	12	8	3	1	
220322	梨树县	21	3	12	6	
220323	伊通满族自治县	17	2	12	3	
220382	双辽市	18	6	8	3	1
220400	**辽源市**	**47**	**17**	**23**	**6**	**1**
220402	龙山区	10	8	1	1	
220403	西安区	7	6	1		
220421	东丰县	17	3	12	1	1
220422	东辽县	13		9	4	
220500	**通化市**	**106**	**28**	**61**	**11**	**6**

续表 **1**

行政区划代码	行政区划名称	乡级合计	街道	镇	乡	民族乡
220502	东昌区	12	9	1	2	
220503	二道江区	6	2	3	1	
220521	通化县	17	2	10	3	2
220523	辉南县	14	3	10		1
220524	柳河县	18	3	12	2	1
220581	梅河口市	24	5	16	2	1
220582	集安市	15	4	9	1	1
220600	**白山市**	**65**	**18**	**41**	**6**	
220602	浑江区	12	8	4		
220605	江源区	10	4	6		
220621	抚松县	14		11	3	
220622	靖宇县	8		7	1	
220623	长白朝鲜族自治县	8		7	1	
220681	临江市	13	6	6	1	
220700	**松原市**	**109**	**31**	**43**	**34**	**1**
220702	宁江区	24	17	4	3	
220721	前郭尔罗斯蒙古族自治县	25	3	9	13	
220722	长岭县	25	3	12	10	
220723	乾安县	13	3	6	4	
220781	扶余市	22	5	12	4	1
220800	**白城市**	**104**	**31**	**38**	**27**	**8**
220802	洮北区	24	12	7	4	1
220821	镇赉县	14	3	7	2	2
220822	通榆县	19	3	8	6	2
220881	洮南市	24	8	6	8	2
220882	大安市	23	5	10	7	1
222400	**延边朝鲜族自治州**	**96**	**30**	**51**	**13**	**2**
222401	延吉市	10	6	4		
222402	图们市	7	3	4		
222403	敦化市	20	4	11	5	
222404	珲春市	14	5	4	3	2
222405	龙井市	10	3	5	2	
222406	和龙市	11	3	8		
222424	汪清县	12	3	8	1	
222426	安图县	12	3	7	2	

黑龙江省

行政区划代码	行政区划名称	乡级合计	街道	镇	乡	民族乡
230000	**黑龙江省**	**1315**	**407**	**574**	**282**	**52**
230100	**哈尔滨市**	**304**	**137**	**111**	**45**	**11**
230102	道里区	23	19	4		
230103	南岗区	20	18	1		1
230104	道外区	27	23	4		
230108	平房区	10	9	1		
230109	松北区	9	6	3		
230110	香坊区	24	20	4		
230111	呼兰区	26	17	6	3	
230112	阿城区	19	15	4		
230113	双城区	27	10	9	4	4
230123	依兰县	9		6	2	1
230124	方正县	9		5	4	
230125	宾县	17		12	5	
230126	巴彦县	18		10	8	
230127	木兰县	8		6	2	
230128	通河县	8		8		
230129	延寿县	9		6	3	
230183	尚志市	17		10	5	2
230184	五常市	24		12	9	3
230200	**齐齐哈尔市**	**164**	**41**	**71**	**46**	**6**
230202	龙沙区	7	7			
230203	建华区	7	7			
230204	铁锋区	9	8	1		
230205	昂昂溪区	6	4	2		
230206	富拉尔基区	10	8		1	1
230207	碾子山区	4	4			
230208	梅里斯达斡尔族区	7	1	5		1
230221	龙江县	14		8	6	
230223	依安县	15		6	9	
230224	泰来县	10		8		2
230225	甘南县	10		5	5	
230227	富裕县	10		6	3	1

续表1

行政区划代码	行政区划名称	乡级合计	街道	镇	乡	民族乡
230229	克山县	15		7	8	
230230	克东县	7		5	2	
230231	拜泉县	16		7	9	
230281	讷河市	17	2	11	3	1
230300	**鸡西市**	**77**	**29**	**25**	**19**	**4**
230302	鸡冠区	9	7		2	
230303	恒山区	9	7		2	
230304	滴道区	6	4		2	
230305	梨树区	6	5	1		
230306	城子河区	7	5		1	1
230307	麻山区	2	1	1		
230321	鸡东县	11		8	1	2
230381	虎林市	11		7	4	
230382	密山市	16		8	7	1
230400	**鹤岗市**	**53**	**32**	**11**	**8**	**2**
230402	向阳区	5	5			
230403	工农区	6	6			
230404	南山区	6	6			
230405	兴安区	7	6	1		
230406	东山区	8	5	1	2	
230407	兴山区	4	4			
230421	萝北县	8		6	1	1
230422	绥滨县	9		3	5	1
230500	**双鸭山市**	**67**	**25**	**22**	**18**	**2**
230502	尖山区	8	7		1	
230503	岭东区	7	6		1	
230505	四方台区	5	4	1		
230506	宝山区	9	8	1		
230521	集贤县	8		5	3	
230522	友谊县	11		4	6	1
230523	宝清县	10		7	3	
230524	饶河县	9		4	4	1
230600	**大庆市**	**102**	**44**	**31**	**24**	**3**
230602	萨尔图区	11	11			

续表 2

行政区划代码	行政区划名称	乡级合计	街道	镇	乡	民族乡
230603	龙凤区	10	9	1		
230604	让胡路区	12	11	1		
230605	红岗区	7	6	1		
230606	大同区	15	7	4	4	
230621	肇州县	12		6	6	
230622	肇源县	16		8	5	3
230623	林甸县	8		5	3	
230624	杜尔伯特蒙古族自治县	11		5	6	
230700	**伊春市**	**44**	**7**	**29**	**7**	**1**
230717	伊美区	8	6	2		
230718	乌翠区	2		2		
230719	友好区	4	1	3		
230722	嘉荫县	9		4	5	
230723	汤旺县	2		2		
230724	丰林县	3		3		
230725	大箐山县	2		2		
230726	南岔县	4		4		
230751	金林区	2		2		
230781	铁力市	8		5	2	1
230800	**佳木斯市**	**96**	**21**	**49**	**22**	**4**
230803	向阳区	5	5			
230804	前进区	4	4			
230805	东风区	6	4	1	1	
230811	郊区	15	4	8	3	
230822	桦南县	12		7	5	
230826	桦川县	9		5	3	1
230828	汤原县	10		4	5	1
230881	同江市	12	2	6	2	2
230882	富锦市	13	2	11		
230883	抚远市	10		7	3	
230900	**七台河市**	**38**	**20**	**10**	**6**	**2**
230902	新兴区	10	8	1	1	
230903	桃山区	7	6	1		
230904	茄子河区	11	6	3	2	

续表 3

行政区划代码	行政区划名称	乡级合计	街道	镇	乡	民族乡
230921	勃利县	10		5	3	2
231000	**牡丹江市**	**79**	**24**	**48**	**3**	**4**
231002	东安区	7	6	1		
231003	阳明区	8	4	4		
231004	爱民区	8	7	1		
231005	西安区	9	7	1		1
231025	林口县	11		11		
231081	绥芬河市	2		2		
231083	海林市	8		8		
231084	宁安市	12		8	2	2
231085	穆棱市	8		6	1	1
231086	东宁市	6		6		
231100	**黑河市**	**76**	**11**	**31**	**27**	**7**
231102	爱辉区	15	4	4	4	3
231123	逊克县	9		3	4	2
231124	孙吴县	11		2	8	1
231181	北安市	15	6	5	3	1
231182	五大连池市	12	1	8	3	
231183	嫩江市	14		9	5	
231200	**绥化市**	**172**	**12**	**107**	**49**	**4**
231202	北林区	32	12	15	3	2
231221	望奎县	15		10	3	2
231222	兰西县	15		9	6	
231223	青冈县	15		12	3	
231224	庆安县	14		8	6	
231225	明水县	12		6	6	
231226	绥棱县	11		6	5	
231281	安达市	14		13	1	
231282	肇东市	21		12	9	
231283	海伦市	23		16	7	
232700	**大兴安岭地区**	**43**	**4**	**29**	**8**	**2**
232701	漠河市	6		6		
232721	呼玛县	8		2	5	1
232722	塔河县	7		5	1	1

上海市

行政区划代码	行政区划名称	乡级合计	街道	镇	乡
310000	**上海市**	**215**	**107**	**106**	**2**
310101	黄浦区	10	10		
310104	徐汇区	13	12	1	
310105	长宁区	10	9	1	
310106	静安区	14	13	1	
310107	普陀区	10	8	2	
310109	虹口区	8	8		
310110	杨浦区	12	12		
310112	闵行区	13	4	9	
310113	宝山区	12	3	9	
310114	嘉定区	10	3	7	
310115	浦东新区	36	12	24	
310116	金山区	10	1	9	
310117	松江区	17	6	11	
310118	青浦区	11	3	8	
310120	奉贤区	11	3	8	
310151	崇明区	18		16	2

江苏省

行政区划代码	行政区划名称	乡级合计	街道	镇	乡	民族乡
320000	江苏省	1237	519	701	16	1
320100	南京市	101	95	6		
320102	玄武区	7	7			
320104	秦淮区	12	12			
320105	建邺区	6	6			
320106	鼓楼区	13	13			
320111	浦口区	9	9			
320113	栖霞区	9	9			
320114	雨花台区	7	7			
320115	江宁区	10	10			
320116	六合区	12	11	1		
320117	溧水区	8	5	3		
320118	高淳区	8	6	2		
320200	无锡市	75	45	30		
320205	锡山区	9	5	4		
320206	惠山区	7	5	2		
320211	滨湖区	9	8	1		
320213	梁溪区	9	9			
320214	新吴区	6	6			
320281	江阴市	17	7	10		
320282	宜兴市	18	5	13		
320300	徐州市	167	70	97		
320302	鼓楼区	10	10			
320303	云龙区	9	9			
320305	贾汪区	13	8	5		
320311	泉山区	14	14			
320312	铜山区	28	10	18		
320321	丰县	15	3	12		
320322	沛县	17	4	13		
320324	睢宁县	18	3	15		
320381	新沂市	18	5	13		
320382	邳州市	25	4	21		
320400	常州市	62	29	33		
320402	天宁区	7	6	1		
320404	钟楼区	8	7	1		
320411	新北区	10	5	5		

续表 **1**

行政区划代码	行政区划名称	乡级合计	街道	镇	乡	民族乡
320412	武进区	16	5	11		
320413	金坛区	9	3	6		
320481	溧阳市	12	3	9		
320500	**苏州市**	**97**	**46**	**51**		
320505	虎丘区	8	6	2		
320506	吴中区	17	10	7		
320507	相城区	11	7	4		
320508	姑苏区	8	8			
320509	吴江区	11	4	7		
320581	常熟市	14	6	8		
320582	张家港市	10	3	7		
320583	昆山市	10		10		
320585	太仓市	8	2	6		
320600	**南通市**	**103**	**38**	**65**		
320612	通州区	16	4	12		
320613	崇川区	21	21			
320614	海门区	12	3	9		
320623	如东县	15	3	12		
320681	启东市	12		12		
320682	如皋市	14	3	11		
320685	海安市	13	4	9		
320700	**连云港市**	**90**	**30**	**55**	**5**	
320703	连云区	13	12		1	
320706	海州区	19	15	4		
320707	赣榆区	15		15		
320722	东海县	19	2	13	4	
320723	灌云县	13	1	12		
320724	灌南县	11		11		
320800	**淮安市**	**95**	**38**	**57**		
320803	淮安区	16	3	13		
320804	淮阴区	13	4	9		
320812	清江浦区	20	18	2		
320813	洪泽区	9	3	6		
320826	涟水县	16	4	12		
320830	盱眙县	13	3	10		
320831	金湖县	8	3	5		
320900	**盐城市**	**125**	**30**	**95**		

续表 2

行政区划代码	行政区划名称	乡级合计	街道	镇	乡	民族乡
320902	亭湖区	18	12	6		
320903	盐都区	14	6	8		
320904	大丰区	13	2	11		
320921	响水县	8		8		
320922	滨海县	14	3	11		
320923	阜宁县	17	4	13		
320924	射阳县	13		13		
320925	建湖县	14	3	11		
320981	东台市	14		14		
321000	**扬州市**	**83**	**20**	**61**	**1**	**1**
321002	广陵区	11	5	6		
321003	邗江区	22	13	8	1	
321012	江都区	13		13		
321023	宝应县	14		14		
321081	仪征市	10		10		
321084	高邮市	13	2	10		1
321100	**镇江市**	**56**	**25**	**31**		
321102	京口区	11	8	3		
321111	润州区	8	8			
321112	丹徒区	8	2	6		
321181	丹阳市	12	2	10		
321182	扬中市	6	2	4		
321183	句容市	11	3	8		
321200	**泰州市**	**88**	**25**	**61**	**2**	
321202	海陵区	14	10	4		
321203	高港区	9	4	5		
321204	姜堰区	13	4	9		
321281	兴化市	26	3	22	1	
321282	靖江市	9	1	8		
321283	泰兴市	17	3	13	1	
321300	**宿迁市**	**95**	**28**	**59**	**8**	
321302	宿城区	19	10	8	1	
321311	宿豫区	14	6	7	1	
321322	沭阳县	30	6	23	1	
321323	泗阳县	13	3	9	1	
321324	泗洪县	19	3	12	4	

浙江省

行政区划代码	行政区划名称	乡级合计	街道	镇	乡	民族乡
330000	**浙江省**	**1364**	**488**	**618**	**244**	**14**
330100	**杭州市**	**191**	**93**	**75**	**22**	**1**
330102	上城区	14	14			
330105	拱墅区	18	18			
330106	西湖区	12	10	2		
330108	滨江区	3	3			
330109	萧山区	22	10	12		
330110	余杭区	12	7	5		
330111	富阳区	24	5	13	6	
330112	临安区	18	5	13		
330113	临平区	8	7	1		
330114	钱塘区	7	7			
330122	桐庐县	14	4	6	3	1
330127	淳安县	23		11	12	
330182	建德市	16	3	12	1	
330200	**宁波市**	**156**	**73**	**73**	**10**	
330203	海曙区	17	9	7	1	
330205	江北区	8	7	1		
330206	北仑区	11	11			
330211	镇海区	7	5	2		
330212	鄞州区	25	15	10		
330213	奉化区	12	8	4		
330225	象山县	18	3	10	5	
330226	宁海县	18	4	11	3	
330281	余姚市	21	6	14	1	
330282	慈溪市	19	5	14		
330300	**温州市**	**185**	**67**	**92**	**21**	**5**
330302	鹿城区	14	12	2		
330303	龙湾区	10	10			
330304	瓯海区	13	12	1		
330305	洞头区	8	6		1	
330324	永嘉县	22	7	11	4	
330326	平阳县	16		14	1	1

续表 1

行政区划代码	行政区划名称	乡级合计	街道	镇	乡	民族乡
330327	苍南县	18		16		2
330328	文成县	17		12	4	1
330329	泰顺县	19		12	6	1
330381	瑞安市	23	12	9	2	
330382	乐清市	25	8	14	3	
330383	龙港市	0				
330400	**嘉兴市**	**72**	**30**	**42**		
330402	南湖区	13	9	4		
330411	秀洲区	9	4	5		
330421	嘉善县	9	3	6		
330424	海盐县	9	4	5		
330481	海宁市	12	4	8		
330482	平湖市	9	3	6		
330483	桐乡市	11	3	8		
330500	**湖州市**	**72**	**28**	**38**	**6**	
330502	吴兴区	19	13	5	1	
330503	南浔区	10	2	8		
330521	德清县	13	5	8		
330522	长兴县	15	4	9	2	
330523	安吉县	15	4	8	3	
330600	**绍兴市**	**103**	**47**	**49**	**7**	
330602	越城区	17	16	1		
330603	柯桥区	16	11	5		
330604	上虞区	20	7	10	3	
330624	新昌县	12	4	6	2	
330681	诸暨市	23	5	17	1	
330683	嵊州市	15	4	10	1	
330700	**金华市**	**146**	**42**	**74**	**29**	**1**
330702	婺城区	26	9	9	8	
330703	金东区	11	2	8	1	
330723	武义县	18	3	8	7	
330726	浦江县	15	3	7	5	
330727	磐安县	14	2	7	5	
330781	兰溪市	16	6	7	2	1
330782	义乌市	14	8	6		

续表 2

行政区划代码	行政区划名称	乡级合计	街道	镇	乡	民族乡
330783	东阳市	18	6	11	1	
330784	永康市	14	3	11		
330800	**衢州市**	**100**	**18**	**43**	**38**	**1**
330802	柯城区	18	8	2	8	
330803	衢江区	20	2	10	8	
330822	常山县	14	3	6	5	
330824	开化县	14		8	6	
330825	龙游县	15	2	6	6	1
330881	江山市	19	3	11	5	
330900	**舟山市**	**36**	**14**	**17**	**5**	
330902	定海区	13	10	3		
330903	普陀区	9	4	5		
330921	岱山县	7		6	1	
330922	嵊泗县	7		3	4	
331000	**台州市**	**130**	**45**	**61**	**24**	
331002	椒江区	10	9	1		
331003	黄岩区	19	8	5	6	
331004	路桥区	10	6	4		
331022	三门县	10	3	6	1	
331023	天台县	15	3	7	5	
331024	仙居县	20	3	7	10	
331081	温岭市	16	5	11		
331082	临海市	19	5	14		
331083	玉环市	11	3	6	2	
331100	**丽水市**	**173**	**31**	**54**	**82**	**6**
331102	莲都区	15	6	4	4	1
331121	青田县	32	4	10	18	
331122	缙云县	18	3	7	8	
331123	遂昌县	20	2	7	10	1
331124	松阳县	19	3	5	10	1
331125	云和县	10	4	3	1	2
331126	庆元县	19	3	6	10	
331127	景宁畲族自治县	21	2	4	15	
331181	龙泉市	19	4	8	6	1

安徽省

行政区划代码	行政区划名称	乡级合计	街道	镇	乡	民族乡
340000	**安徽省**	**1522**	**287**	**1011**	**215**	**9**
340100	**合肥市**	**131**	**50**	**70**	**10**	**1**
340102	瑶海区	15	14	1		
340103	庐阳区	11	9	1	1	
340104	蜀山区	12	9	3		
340111	包河区	11	9	2		
340121	长丰县	14		12	2	
340122	肥东县	18		12	5	1
340123	肥西县	12		10	2	
340124	庐江县	20	3	17		
340181	巢湖市	18	6	12		
340200	**芜湖市**	**71**	**27**	**44**		
340202	镜湖区	10	10			
340207	鸠江区	11	7	4		
340209	弋江区	11	10	1		
340210	湾沚区	5		5		
340212	繁昌区	6		6		
340223	南陵县	8		8		
340281	无为市	20		20		
340300	**蚌埠市**	**77**	**22**	**47**	**7**	**1**
340302	龙子湖区	8	6	1	1	
340303	蚌山区	9	7		2	
340304	禹会区	8	5	2	1	
340311	淮上区	6	1	5		
340321	怀远县	21	3	17	1	
340322	五河县	14		12	1	1
340323	固镇县	11		10	1	
340400	**淮南市**	**90**	**19**	**59**	**8**	**4**
340402	大通区	5	1	3	1	
340403	田家庵区	14	9	4	1	
340404	谢家集区	11	5	4	1	1
340405	八公山区	5	3	2		
340406	潘集区	11	1	9		1
340421	凤台县	19		15	3	1
340422	寿县	25		22	2	1
340500	**马鞍山市**	**48**	**13**	**33**	**2**	
340503	花山区	10	9	1		
340504	雨山区	7	4	2	1	
340506	博望区	3		3		

续表 **1**

行政区划代码	行政区划名称	乡级合计	街道	镇	乡	民族乡
340521	当涂县	11		10	1	
340522	含山县	8		8		
340523	和县	9		9		
340600	**淮北市**	**33**	**15**	**18**		
340602	杜集区	5	2	3		
340603	相山区	9	8	1		
340604	烈山区	8	5	3		
340621	濉溪县	11		11		
340700	**铜陵市**	**36**	**5**	**27**	**4**	
340705	铜官区	3	2	1		
340706	义安区	9	1	6	2	
340711	郊区	8	2	5	1	
340722	枞阳县	16		15	1	
340800	**安庆市**	**153**	**23**	**85**	**45**	
340802	迎江区	10	6	1	3	
340803	大观区	10	7	1	2	
340811	宜秀区	7	2	3	2	
340822	怀宁县	20		15	5	
340825	太湖县	15		10	5	
340826	宿松县	23	2	9	12	
340827	望江县	13	3	9	1	
340828	岳西县	24		14	10	
340881	桐城市	15	3	12		
340882	潜山市	16		11	5	
341000	**黄山市**	**105**	**4**	**59**	**42**	
341002	屯溪区	9	4	5		
341003	黄山区	14		9	5	
341004	徽州区	7		4	3	
341021	歙县	28		15	13	
341022	休宁县	21		11	10	
341023	黟县	8		5	3	
341024	祁门县	18		10	8	
341100	**滁州市**	**116**	**22**	**85**	**8**	**1**
341102	琅琊区	10	10			
341103	南谯区	12	4	8		
341122	来安县	12		11	1	
341124	全椒县	10		10		
341125	定远县	22		16	5	1
341126	凤阳县	17	2	14		
341181	天长市	16	2	14		
341182	明光市	17	4	12	1	

续表 2

行政区划代码	行政区划名称	乡级合计	街道	镇	乡	民族乡
341200	**阜阳市**	**167**	**18**	**125**	**23**	**1**
341202	颍州区	14	5	8	1	
341203	颍东区	12	3	8	1	
341204	颍泉区	6	2	4		
341221	临泉县	28	5	21	2	
341222	太和县	31		30	1	
341225	阜南县	28		20	8	
341226	颍上县	30		22	7	1
341282	界首市	18	3	12	3	
341300	**宿州市**	**112**	**18**	**93**	**1**	
341302	埇桥区	36	12	24		
341321	砀山县	13		13		
341322	萧县	26	3	22	1	
341323	灵璧县	19		19		
341324	泗县	18	3	15		
341500	**六安市**	**140**	**10**	**95**	**35**	
341502	金安区	22	5	14	3	
341503	裕安区	22	3	12	7	
341504	叶集区	6	2	3	1	
341522	霍邱县	30		25	5	
341523	舒城县	21		15	6	
341524	金寨县	23		13	10	
341525	霍山县	16		13	3	
341600	**亳州市**	**88**	**9**	**72**	**7**	
341602	谯城区	25	3	20	2	
341621	涡阳县	23	3	20		
341622	蒙城县	17	3	12	2	
341623	利辛县	23		20	3	
341700	**池州市**	**56**	**11**	**37**	**8**	
341702	贵池区	20	11	9		
341721	东至县	15		12	3	
341722	石台县	8		6	2	
341723	青阳县	13		10	3	
341800	**宣城市**	**99**	**21**	**62**	**15**	**1**
341802	宣州区	24	9	12	3	
341821	郎溪县	12	3	9		
341823	泾县	11		9	2	
341824	绩溪县	11		8	3	
341825	旌德县	10		10		
341881	宁国市	19	6	8	4	1
341882	广德市	12	3	6	3	

福建省

行政区划代码	行政区划名称	乡级合计	街道	镇	乡	民族乡
350000	**福建省**	**1108**	**203**	**653**	**233**	**19**
350100	**福州市**	**181**	**45**	**97**	**37**	**2**
350102	鼓楼区	10	9	1		
350103	台江区	10	10			
350104	仓山区	13	8	5		
350105	马尾区	4	1	3		
350111	晋安区	9	3	4	2	
350112	长乐区	18	5	11	2	
350121	闽侯县	15	1	8	6	
350122	连江县	23		19	3	1
350123	罗源县	11		6	4	1
350124	闽清县	16		11	5	
350125	永泰县	21		9	12	
350128	平潭县	7	1	3	3	
350181	福清市	24	7	17		
350200	**厦门市**	**45**	**37**	**8**		
350203	思明区	10	10			
350205	海沧区	4	4			
350206	湖里区	5	5			
350211	集美区	6	4	2		
350212	同安区	11	7	4		
350213	翔安区	9	7	2		
350300	**莆田市**	**54**	**8**	**40**	**6**	
350302	城厢区	7	3	4		
350303	涵江区	12	2	9	1	
350304	荔城区	6	2	4		
350305	秀屿区	11		11		
350322	仙游县	18	1	12	5	
350400	**三明市**	**141**	**13**	**78**	**48**	**2**
350404	三元区	12	7	4	1	
350405	沙县区	12	2	6	4	

续表 **1**

行政区划代码	行政区划名称	乡级合计	街道	镇	乡	民族乡
350421	明溪县	9		4	5	
350423	清流县	13		7	6	
350424	宁化县	16		11	4	1
350425	大田县	18		12	6	
350426	尤溪县	15		11	4	
350428	将乐县	13		8	5	
350429	泰宁县	9		3	6	
350430	建宁县	9		4	5	
350481	永安市	15	4	8	2	1
350500	**泉州市**	**163**	**30**	**110**	**22**	**1**
350502	鲤城区	8	8			
350503	丰泽区	8	8			
350504	洛江区	6	2	3	1	
350505	泉港区	7	1	6		
350521	惠安县	16		15		1
350524	安溪县	24		15	9	
350525	永春县	22		18	4	
350526	德化县	18		12	6	
350527	金门县	0				
350581	石狮市	9	2	7		
350582	晋江市	19	6	13		
350583	南安市	26	3	21	2	
350600	**漳州市**	**123**	**15**	**85**	**20**	**3**
350602	芗城区	10	8	2		
350603	龙文区	7	6	1		
350604	龙海区	14	1	11	1	1
350605	长泰区	5		4	1	
350622	云霄县	9		6	3	
350623	漳浦县	21		17	2	2
350624	诏安县	15		10	5	
350626	东山县	7		7		
350627	南靖县	11		11		

续表 2

行政区划代码	行政区划名称	乡级合计	街道	镇	乡	民族乡
350628	平和县	15		10	5	
350629	华安县	9		6	3	
350700	**南平市**	**142**	**27**	**72**	**43**	
350702	延平区	21	6	13	2	
350703	建阳区	16	5	8	3	
350721	顺昌县	12	1	8	3	
350722	浦城县	19	2	9	8	
350723	光泽县	8		3	5	
350724	松溪县	9	1	2	6	
350725	政和县	10	1	4	5	
350781	邵武市	19	4	12	3	
350782	武夷山市	10	3	3	4	
350783	建瓯市	18	4	10	4	
350800	**龙岩市**	**133**	**14**	**94**	**23**	**2**
350802	新罗区	20	10	10		
350803	永定区	24	1	17	6	
350821	长汀县	18		13	5	
350823	上杭县	21		17	2	2
350824	武平县	17	1	14	2	
350825	连城县	17		12	5	
350881	漳平市	16	2	11	3	
350900	**宁德市**	**126**	**14**	**69**	**34**	**9**
350902	蕉城区	16	2	11	2	1
350921	霞浦县	15	3	6	3	3
350922	古田县	14	2	8	4	
350923	屏南县	11		5	6	
350924	寿宁县	14		8	6	
350925	周宁县	9		6	3	
350926	柘荣县	9		2	7	
350981	福安市	22	4	13	2	3
350982	福鼎市	16	3	10	1	2

江西省

行政区划代码	行政区划名称	乡级合计	街道	镇	乡	民族乡
360000	**江西省**	**1578**	**186**	**832**	**552**	**8**
360100	**南昌市**	**115**	**39**	**48**	**28**	
360102	东湖区	8	7	1		
360103	西湖区	10	10			
360104	青云谱区	6	5	1		
360111	青山湖区	8	4	4		
360112	新建区	24	5	14	5	
360113	红谷滩区	9	7	1	1	
360121	南昌县	19	1	11	7	
360123	安义县	10		7	3	
360124	进贤县	21		9	12	
360200	**景德镇市**	**52**	**15**	**27**	**10**	
360202	昌江区	6	3	2	1	
360203	珠山区	10	10			
360222	浮梁县	18		10	8	
360281	乐平市	18	2	15	1	
360300	**萍乡市**	**57**	**9**	**29**	**19**	
360302	安源区	12	8	4		
360313	湘东区	11	1	8	2	
360321	莲花县	13		5	8	
360322	上栗县	10		6	4	
360323	芦溪县	11		6	5	
360400	**九江市**	**200**	**21**	**101**	**78**	
360402	濂溪区	10	3	5	2	
360403	浔阳区	8	8			
360404	柴桑区	13	4	5	4	
360423	武宁县	20	1	8	11	
360424	修水县	36		19	17	
360425	永修县	16	1	11	4	
360426	德安县	13		5	8	
360428	都昌县	24		12	12	
360429	湖口县	12		7	5	
360430	彭泽县	13		10	3	
360481	瑞昌市	19	3	8	8	
360482	共青城市	6	1	2	3	
360483	庐山市	10		9	1	
360500	**新余市**	**33**	**7**	**18**	**8**	
360502	渝水区	21	5	11	5	

续表 1

行政区划代码	行政区划名称	乡级合计	街道	镇	乡	民族乡
360521	分宜县	12	2	7	3	
360600	**鹰潭市**	**44**	**12**	**23**	**8**	**1**
360602	月湖区	8	7	1		
360603	余江区	12	1	6	5	
360681	贵溪市	24	4	16	3	1
360700	**赣州市**	**293**	**9**	**147**	**136**	**1**
360702	章贡区	15	7	8		
360703	南康区	20	2	7	10	1
360704	赣县区	19		12	7	
360722	信丰县	16		13	3	
360723	大余县	11		8	3	
360724	上犹县	14		6	8	
360725	崇义县	16		6	10	
360726	安远县	18		8	10	
360728	定南县	7		7		
360729	全南县	9		6	3	
360730	宁都县	24		12	12	
360731	于都县	23		9	14	
360732	兴国县	25		9	16	
360733	会昌县	19		6	13	
360734	寻乌县	15		7	8	
360735	石城县	11		6	5	
360781	瑞金市	17		8	9	
360783	龙南市	14		9	5	
360800	**吉安市**	**224**	**14**	**123**	**84**	**3**
360802	吉州区	11	7	4		
360803	青原区	9	2	6		1
360821	吉安县	21	2	13	6	
360822	吉水县	18		15	3	
360823	峡江县	11		6	4	1
360824	新干县	14	1	7	6	
360825	永丰县	21		8	12	1
360826	泰和县	21		15	6	
360827	遂川县	23		13	10	
360828	万安县	16		9	7	
360829	安福县	19		8	11	
360830	永新县	24	1	10	13	
360881	井冈山市	16	1	9	6	
360900	**宜春市**	**186**	**26**	**117**	**43**	
360902	袁州区	32	10	19	3	

续表2

行政区划代码	行政区划名称	乡级合计	街道	镇	乡	民族乡
360921	奉新县	13		10	3	
360922	万载县	17	1	9	7	
360923	上高县	16	2	9	5	
360924	宜丰县	13		9	4	
360925	靖安县	11		6	5	
360926	铜鼓县	9		6	3	
360981	丰城市	33	6	20	7	
360982	樟树市	19	5	10	4	
360983	高安市	23	2	19	2	
361000	**抚州市**	**162**	**8**	**96**	**57**	**1**
361002	临川区	34	7	19	8	
361003	东乡区	15	1	10	4	
361021	南城县	12		10	2	
361022	黎川县	15		7	8	
361023	南丰县	12		7	5	
361024	崇仁县	15		7	8	
361025	乐安县	16		9	6	1
361026	宜黄县	12		8	4	
361027	金溪县	13		8	5	
361028	资溪县	7		5	2	
361030	广昌县	11		6	5	
361100	**上饶市**	**212**	**26**	**103**	**81**	**2**
361102	信州区	9	6	3		
361103	广丰区	23	5	15	3	
361104	广信区	24	3	11	10	
361123	玉山县	18	2	10	6	
361124	铅山县	17		8	7	2
361125	横峰县	9	1	2	6	
361126	弋阳县	17	3	9	5	
361127	余干县	20		9	11	
361128	鄱阳县	30	1	14	15	
361129	万年县	12		6	6	
361130	婺源县	17	1	10	6	
361181	德兴市	16	4	6	6	

山东省

行政区划代码	行政区划名称	乡级合计	街道	镇	乡
370000	**山东省**	**1825**	**696**	**1072**	**57**
370100	**济南市**	**161**	**132**	**29**	
370102	历下区	14	14		
370103	市中区	17	17		
370104	槐荫区	16	16		
370105	天桥区	15	15		
370112	历城区	21	21		
370113	长清区	10	8	2	
370114	章丘区	18	17	1	
370115	济阳区	10	8	2	
370116	莱芜区	15	8	7	
370117	钢城区	5	5		
370124	平阴县	8	2	6	
370126	商河县	12	1	11	
370200	**青岛市**	**144**	**108**	**36**	
370202	市南区	14	14		
370203	市北区	29	29		
370211	黄岛区	22	14	8	
370212	崂山区	5	5		
370213	李沧区	11	11		
370214	城阳区	8	8		
370215	即墨区	15	11	4	
370281	胶州市	12	8	4	
370283	平度市	17	5	12	
370285	莱西市	11	3	8	
370300	**淄博市**	**88**	**31**	**57**	
370302	淄川区	13	4	9	
370303	张店区	13	8	5	
370304	博山区	10	3	7	
370305	临淄区	12	5	7	
370306	周村区	10	5	5	
370321	桓台县	9	2	7	
370322	高青县	9	2	7	
370323	沂源县	12	2	10	
370400	**枣庄市**	**65**	**21**	**44**	
370402	市中区	11	6	5	
370403	薛城区	10	6	4	

续表 1

行政区划代码	行政区划名称	乡级合计	街道	镇	乡
370404	峄城区	7	2	5	
370405	台儿庄区	6	1	5	
370406	山亭区	10	1	9	
370481	滕州市	21	5	16	
370500	**东营市**	**40**	**15**	**23**	**2**
370502	东营区	10	6	4	
370503	河口区	6	2	4	
370505	垦利区	7	2	5	
370522	利津县	8	2	4	2
370523	广饶县	9	3	6	
370600	**烟台市**	**153**	**65**	**82**	**6**
370602	芝罘区	12	12		
370611	福山区	11	7	4	
370612	牟平区	13	5	8	
370613	莱山区	7	7		
370614	蓬莱区	20	6	8	6
370681	龙口市	13	5	8	
370682	莱阳市	18	5	13	
370683	莱州市	17	6	11	
370685	招远市	14	5	9	
370686	栖霞市	14	3	11	
370687	海阳市	14	4	10	
370700	**潍坊市**	**120**	**61**	**59**	
370702	潍城区	6	6		
370703	寒亭区	8	8		
370704	坊子区	8	8		
370705	奎文区	10	10		
370724	临朐县	10	4	6	
370725	昌乐县	8	4	4	
370781	青州市	12	4	8	
370782	诸城市	13	3	10	
370783	寿光市	14	5	9	
370784	安丘市	12	3	9	
370785	高密市	10	3	7	
370786	昌邑市	9	3	6	
370800	**济宁市**	**156**	**49**	**103**	**4**
370811	任城区	20	17	3	
370812	兖州区	12	6	6	
370826	微山县	15	3	11	1

续表 2

行政区划代码	行政区划名称	乡级合计	街道	镇	乡
370827	鱼台县	11	2	9	
370828	金乡县	13	4	9	
370829	嘉祥县	15	3	12	
370830	汶上县	15	3	11	1
370831	泗水县	13	2	11	
370832	梁山县	14	2	10	2
370881	曲阜市	12	4	8	
370883	邹城市	16	3	13	
370900	**泰安市**	**88**	**20**	**62**	**6**
370902	泰山区	8	5	2	1
370911	岱岳区	18	3	14	1
370921	宁阳县	13	2	10	1
370923	东平县	14	3	9	2
370982	新泰市	21	3	17	1
370983	肥城市	14	4	10	
371000	**威海市**	**72**	**24**	**48**	
371002	环翠区	20	10	10	
371003	文登区	15	3	12	
371082	荣成市	22	10	12	
371083	乳山市	15	1	14	
371100	**日照市**	**55**	**16**	**35**	**4**
371102	东港区	14	7	7	
371103	岚山区	9	2	6	1
371121	五莲县	12	2	8	2
371122	莒县	20	5	14	1
371300	**临沂市**	**156**	**30**	**120**	**6**
371302	兰山区	12	4	8	
371311	罗庄区	9	6	3	
371312	河东区	11	8	3	
371321	沂南县	15	1	13	1
371322	郯城县	13	1	11	1
371323	沂水县	18	2	15	1
371324	兰陵县	17	2	14	1
371325	费县	12	1	10	1
371326	平邑县	14	1	13	
371327	莒南县	16	1	15	
371328	蒙阴县	10	1	8	1
371329	临沭县	9	2	7	
371400	**德州市**	**134**	**29**	**91**	**14**

续表 **3**

行政区划代码	行政区划名称	乡级合计	街道	镇	乡
371402	德城区	12	7	5	
371403	陵城区	13	2	10	1
371422	宁津县	12	2	9	1
371423	庆云县	9	1	5	3
371424	临邑县	12	3	8	1
371425	齐河县	15	2	11	2
371426	平原县	12	3	8	1
371427	夏津县	14	2	10	2
371428	武城县	8	1	7	
371481	乐陵市	16	4	9	3
371482	禹城市	11	2	9	
371500	**聊城市**	**135**	**32**	**98**	**5**
371502	东昌府区	23	10	13	
371503	茌平区	14	3	10	1
371521	阳谷县	18	3	14	1
371522	莘县	24	4	20	
371524	东阿县	10	2	8	
371525	冠县	18	3	12	3
371526	高唐县	12	3	9	
371581	临清市	16	4	12	
371600	**滨州市**	**91**	**29**	**58**	**4**
371602	滨城区	15	12	2	1
371603	沾化区	11	2	7	2
371621	惠民县	15	3	12	
371622	阳信县	10	2	7	1
371623	无棣县	12	2	10	
371625	博兴县	12	3	9	
371681	邹平市	16	5	11	
371700	**菏泽市**	**167**	**34**	**127**	**6**
371702	牡丹区	24	11	13	
371703	定陶区	12	2	10	
371721	曹县	26	5	21	
371722	单县	22	4	16	2
371723	成武县	13	2	11	
371724	巨野县	17	2	15	
371725	郓城县	22	4	16	2
371726	鄄城县	17	2	15	
371728	东明县	14	2	10	2

河南省

行政区划代码	行政区划名称	乡级合计	街道	镇	乡	民族乡
410000	河南省	**2458**	**692**	**1180**	**574**	**12**
410100	**郑州市**	**179**	**92**	**72**	**14**	**1**
410102	中原区	16	14	1	1	
410103	二七区	16	15	1		
410104	管城回族区	13	12		1	
410105	金水区	19	19			
410106	上街区	6	5	1		
410108	惠济区	8	6	2		
410122	中牟县	19	4	14	1	
410181	巩义市	20	5	15		
410182	荥阳市	14	2	9	2	1
410183	新密市	16	3	12	1	
410184	新郑市	17	3	9	5	
410185	登封市	15	4	8	3	
410200	**开封市**	**116**	**39**	**35**	**42**	
410202	龙亭区	13	10		3	
410203	顺河回族区	8	8			
410204	鼓楼区	8	8			
410205	禹王台区	7	5		2	
410212	祥符区	15	1	6	8	
410221	杞县	21	1	7	13	
410222	通许县	13	2	5	6	
410223	尉氏县	15	1	9	5	
410225	兰考县	16	3	8	5	
410300	**洛阳市**	**188**	**66**	**99**	**22**	**1**
410302	老城区	8	8			
410303	西工区	10	10			
410304	瀍河回族区	8	7			1
410305	涧西区	13	13			
410307	偃师区	13	4	9		
410308	孟津区	14	4	10		
410311	洛龙区	19	14	5		
410323	新安县	11	1	10		
410324	栾川县	14	1	11	2	
410325	嵩县	16		12	4	
410326	汝阳县	13		8	5	

续表 1

行政区划代码	行政区划名称	乡级合计	街道	镇	乡	民族乡
410327	宜阳县	16	1	11	4	
410328	洛宁县	18	1	11	6	
410329	伊川县	15	2	12	1	
410400	**平顶山市**	**143**	**59**	**51**	**31**	**2**
410402	新华区	12	10	2		
410403	卫东区	13	13			
410404	石龙区	4	4			
410411	湛河区	10	9		1	
410421	宝丰县	12	2	7	3	
410422	叶县	19	3	10	5	1
410423	鲁山县	24	4	7	13	
410425	郏县	15	2	8	4	1
410481	舞钢市	13	6	4	3	
410482	汝州市	21	6	13	2	
410500	**安阳市**	**135**	**48**	**65**	**22**	
410502	文峰区	16	15	1		
410503	北关区	10	9	1		
410505	殷都区	12	9	2	1	
410506	龙安区	11	6	3	2	
410522	安阳县	16		10	6	
410523	汤阴县	10		9	1	
410526	滑县	23	3	14	6	
410527	内黄县	17	2	9	6	
410581	林州市	20	4	16		
410600	**鹤壁市**	**44**	**25**	**15**	**4**	
410602	鹤山区	7	5	1	1	
410603	山城区	8	7	1		
410611	淇滨区	9	5	2	2	
410621	浚县	11	4	7		
410622	淇县	9	4	4	1	
410700	**新乡市**	**154**	**36**	**78**	**39**	**1**
410702	红旗区	10	7	2	1	
410703	卫滨区	8	7	1		
410704	凤泉区	5	2	2	1	
410711	牧野区	9	7	2		
410721	新乡县	7		6	1	
410724	获嘉县	11		9	2	

续表 2

行政区划代码	行政区划名称	乡级合计	街道	镇	乡	民族乡
410725	原阳县	19	3	8	8	
410726	延津县	13	3	4	6	
410727	封丘县	19		13	5	1
410781	卫辉市	13		7	6	
410782	辉县市	22	2	13	7	
410783	长垣市	18	5	11	2	
410800	**焦作市**	**108**	**56**	**35**	**17**	
410802	解放区	9	9			
410803	中站区	10	10			
410804	马村区	7	7			
410811	山阳区	15	12	2	1	
410821	修武县	8		5	3	
410822	博爱县	9	2	5	2	
410823	武陟县	15	4	6	5	
410825	温县	11	4	5	2	
410882	沁阳市	13	4	6	3	
410883	孟州市	11	4	6	1	
410900	**濮阳市**	**89**	**14**	**44**	**31**	
410902	华龙区	18	14	2	2	
410922	清丰县	17		8	9	
410923	南乐县	12		7	5	
410926	范县	12		8	4	
410927	台前县	9		6	3	
410928	濮阳县	21		13	8	
411000	**许昌市**	**103**	**31**	**59**	**11**	**2**
411002	魏都区	15	15			
411003	建安区	18	5	7	5	1
411024	鄢陵县	12		12		
411025	襄城县	16	2	9	5	
411081	禹州市	26	5	19	1	1
411082	长葛市	16	4	12		
411100	**漯河市**	**56**	**10**	**37**	**9**	
411102	源汇区	8	4	3	1	
411103	郾城区	9	2	7		
411104	召陵区	9	2	7		
411121	舞阳县	14		10	4	
411122	临颍县	16	2	10	4	

续表 **3**

行政区划代码	行政区划名称	乡级合计	街道	镇	乡	民族乡
411200	**三门峡市**	**74**	**13**	**29**	**32**	
411202	湖滨区	8	5		3	
411203	陕州区	13	1	4	8	
411221	渑池县	12		6	6	
411224	卢氏县	19		9	10	
411281	义马市	7	7			
411282	灵宝市	15		10	5	
411300	**南阳市**	**243**	**39**	**159**	**43**	**2**
411302	宛城区	19	9	6	4	
411303	卧龙区	20	9	9	2	
411321	南召县	16		8	8	
411322	方城县	17	2	14		1
411323	西峡县	19	3	15	1	
411324	镇平县	22	3	15	3	1
411325	内乡县	16		12	4	
411326	淅川县	17	2	11	4	
411327	社旗县	16	2	13	1	
411328	唐河县	23	4	14	5	
411329	新野县	15	2	8	5	
411330	桐柏县	16		13	3	
411381	邓州市	27	3	21	3	
411400	**商丘市**	**198**	**33**	**105**	**58**	**2**
411402	梁园区	22	12	7	3	
411403	睢阳区	20	7	11	2	
411421	民权县	19	2	11	4	2
411422	睢县	20	2	8	10	
411423	宁陵县	14		7	7	
411424	柘城县	22	4	11	7	
411425	虞城县	26		13	13	
411426	夏邑县	24		13	11	
411481	永城市	31	6	24	1	
411500	**信阳市**	**210**	**41**	**85**	**84**	
411502	浉河区	18	9	5	4	
411503	平桥区	24	10	6	8	
411521	罗山县	20	3	11	6	
411522	光山县	19	2	7	10	
411523	新县	16	1	5	10	

续表 4

行政区划代码	行政区划名称	乡级合计	街道	镇	乡	民族乡
411524	商城县	19	2	10	7	
411525	固始县	33	3	20	10	
411526	潢川县	21	4	10	7	
411527	淮滨县	19	4	5	10	
411528	息县	21	3	6	12	
411600	**周口市**	**206**	**42**	**105**	**59**	
411602	川汇区	15	15			
411603	淮阳区	19	2	8	9	
411621	扶沟县	16	2	8	6	
411622	西华县	21	4	9	8	
411623	商水县	23	4	12	7	
411624	沈丘县	22	2	16	4	
411625	郸城县	22	3	9	10	
411627	太康县	23		15	8	
411628	鹿邑县	24	4	13	7	
411681	项城市	21	6	15		
411700	**驻马店市**	**196**	**43**	**96**	**56**	**1**
411702	驿城区	21	12	5	4	
411721	西平县	19	3	8	7	1
411722	上蔡县	26	4	13	9	
411723	平舆县	19	4	10	5	
411724	正阳县	20	2	8	10	
411725	确山县	13	3	10		
411726	泌阳县	22	3	11	8	
411727	汝南县	18	4	12	2	
411728	遂平县	15	5	8	2	
411729	新蔡县	23	3	11	9	
419001	济源市	16	5	11		

湖北省

行政区划代码	行政区划名称	乡级合计	街道	镇	乡	民族乡
420000	**湖北省**	**1257**	**335**	**761**	**151**	**10**
420100	**武汉市**	**160**	**156**	**1**	**3**	
420102	江岸区	16	16			
420103	江汉区	13	13			
420104	硚口区	11	11			
420105	汉阳区	11	11			
420106	武昌区	14	14			
420107	青山区	10	10			
420111	洪山区	14	13		1	
420112	东西湖区	11	11			
420113	汉南区	4	4			
420114	蔡甸区	12	11		1	
420115	江夏区	15	15			
420116	黄陂区	16	15		1	
420117	新洲区	13	12	1		
420200	**黄石市**	**47**	**19**	**27**	**1**	
420202	黄石港区	4	4			
420203	西塞山区	6	5	1		
420204	下陆区	4	4			
420205	铁山区	1	1			
420222	阳新县	16		16		
420281	大冶市	16	5	10	1	
420300	**十堰市**	**119**	**13**	**72**	**33**	**1**
420302	茅箭区	7	4	1	2	
420303	张湾区	8	4	2	2	
420304	郧阳区	19		16	3	
420322	郧西县	16		9	6	1
420323	竹山县	17		9	8	
420324	竹溪县	15		11	4	
420325	房县	20		12	8	
420381	丹江口市	17	5	12		
420500	**宜昌市**	**110**	**24**	**67**	**18**	**1**
420502	西陵区	10	10			
420503	伍家岗区	5	4		1	
420504	点军区	5	1	2	2	
420505	猇亭区	3	3			
420506	夷陵区	12	1	9	2	
420525	远安县	7		6	1	

续表 1

行政区划代码	行政区划名称	乡级合计	街道	镇	乡	民族乡
420526	兴山县	8		6	2	
420527	秭归县	12		8	4	
420528	长阳土家族自治县	11		8	3	
420529	五峰土家族自治县	8		5	3	
420581	宜都市	10	1	8		1
420582	当阳市	10	3	7		
420583	枝江市	9	1	8		
420600	**襄阳市**	**106**	**28**	**74**	**4**	
420602	襄城区	9	6	2	1	
420606	樊城区	13	10	3		
420607	襄州区	17	4	13		
420624	南漳县	10		10		
420625	谷城县	10		9	1	
420626	保康县	11		10	1	
420682	老河口市	10	2	7	1	
420683	枣阳市	15	3	12		
420684	宜城市	11	3	8		
420700	**鄂州市**	**25**	**4**	**18**	**3**	
420702	梁子湖区	5		5		
420703	华容区	6		4	2	
420704	鄂城区	14	4	9	1	
420800	**荆门市**	**61**	**11**	**48**	**1**	**1**
420802	东宝区	9	2	6	1	
420804	掇刀区	6	4	2		
420822	沙洋县	13		13		
420881	钟祥市	18	2	15		1
420882	京山市	15	3	12		
420900	**孝感市**	**108**	**13**	**72**	**23**	
420902	孝南区	15	4	8	3	
420921	孝昌县	12		8	4	
420922	大悟县	17		14	3	
420923	云梦县	12		9	3	
420981	应城市	15	5	10		
420982	安陆市	15	2	9	4	
420984	汉川市	22	2	14	6	
421000	**荆州市**	**119**	**19**	**88**	**10**	**2**
421002	沙市区	13	8	4	1	
421003	荆州区	12	5	7		
421022	公安县	16		14	2	
421024	江陵县	9		7	2	

续表 **2**

行政区划代码	行政区划名称	乡级合计	街道	镇	乡	民族乡
421081	石首市	14	2	11	1	
421083	洪湖市	17	2	14		1
421087	松滋市	17	2	13	1	1
421088	监利市	21		18	3	
421100	**黄冈市**	**127**	**12**	**99**	**16**	
421102	黄州区	9	5	3	1	
421121	团风县	10		8	2	
421122	红安县	11		10	1	
421123	罗田县	12		10	2	
421124	英山县	11		8	3	
421125	浠水县	13		12	1	
421126	蕲春县	14		13	1	
421127	黄梅县	16		12	4	
421181	麻城市	19	3	15	1	
421182	武穴市	12	4	8		
421200	**咸宁市**	**70**	**6**	**52**	**12**	
421202	咸安区	13	3	9	1	
421221	嘉鱼县	8		8		
421222	通城县	11		9	2	
421223	崇阳县	12		8	4	
421224	通山县	12		8	4	
421281	赤壁市	14	3	10	1	
421300	**随州市**	**46**	**9**	**37**		
421303	曾都区	10	5	5		
421321	随县	19		19		
421381	广水市	17	4	13		
422800	**恩施土家族苗族自治州**	**90**	**7**	**54**	**25**	**4**
422801	恩施市	18	5	6	6	1
422802	利川市	14	2	8	4	
422822	建始县	10		7	3	
422823	巴东县	12		10	2	
422825	宣恩县	9		5	2	2
422826	咸丰县	10		7	3	
422827	来凤县	8		6	2	
422828	鹤峰县	9		5	3	1
429004	仙桃市	19	4	15		
429005	潜江市	17	7	10		
429006	天门市	25	3	21	1	
429021	神农架林区	8		6	1	1

湖南省

行政区划代码	行政区划名称	乡级合计	街道	镇	乡	民族乡
430000	**湖南省**	**1944**	**422**	**1134**	**305**	**83**
430100	**长沙市**	**168**	**94**	**69**	**5**	
430102	芙蓉区	13	13			
430103	天心区	14	14			
430104	岳麓区	18	16	2		
430105	开福区	16	16			
430111	雨花区	13	12	1		
430112	望城区	15	10	5		
430121	长沙县	18	5	13		
430181	浏阳市	32	4	27	1	
430182	宁乡市	29	4	21	4	
430200	**株洲市**	**105**	**37**	**61**	**6**	**1**
430202	荷塘区	7	6	1		
430203	芦淞区	8	7	1		
430204	石峰区	8	7	1		
430211	天元区	7	4	3		
430212	渌口区	8		8		
430223	攸县	17	4	13		
430224	茶陵县	16	4	10	2	
430225	炎陵县	10		5	4	1
430281	醴陵市	24	5	19		
430300	**湘潭市**	**70**	**25**	**35**	**10**	
430302	雨湖区	15	10	3	2	
430304	岳塘区	12	11	1		
430321	湘潭县	17		14	3	
430381	湘乡市	22	4	15	3	
430382	韶山市	4		2	2	
430400	**衡阳市**	**187**	**42**	**114**	**30**	**1**
430405	珠晖区	10	7	1	2	
430406	雁峰区	7	6	1		
430407	石鼓区	8	7	1		
430408	蒸湘区	6	4	2		
430412	南岳区	3	1	1	1	
430421	衡阳县	25		17	8	
430422	衡南县	23	3	19	1	

续表 **1**

行政区划代码	行政区划名称	乡级合计	街道	镇	乡	民族乡
430423	衡山县	12		7	5	
430424	衡东县	17		15	2	
430426	祁东县	24	4	17	3	
430481	耒阳市	30	6	19	5	
430482	常宁市	22	4	14	3	1
430500	**邵阳市**	**202**	**36**	**113**	**38**	**15**
430502	双清区	12	9	2	1	
430503	大祥区	14	11	1	2	
430511	北塔区	5	4	1		
430522	新邵县	15		13	2	
430523	邵阳县	20		12	8	
430524	隆回县	25	2	18	3	2
430525	洞口县	23	3	14	3	3
430527	绥宁县	17		8	1	8
430528	新宁县	16		8	6	2
430529	城步苗族自治县	12		7	5	
430581	武冈市	18	4	11	3	
430582	邵东市	25	3	18	4	
430600	**岳阳市**	**131**	**29**	**88**	**14**	
430602	岳阳楼区	20	17	1	2	
430603	云溪区	5	3	2		
430611	君山区	5	1	4		
430621	岳阳县	14		12	2	
430623	华容县	14		12	2	
430624	湘阴县	15	1	12	2	
430626	平江县	25	2	18	5	
430681	汨罗市	19	1	17	1	
430682	临湘市	14	4	10		
430700	**常德市**	**169**	**43**	**107**	**15**	**4**
430702	武陵区	19	15	2	2	
430703	鼎城区	26	7	18		1
430721	安乡县	12		8	4	
430722	汉寿县	23	4	16	2	1
430723	澧县	19	4	15		
430724	临澧县	11	2	7	2	
430725	桃源县	29	2	24	1	2

续表 **2**

行政区划代码	行政区划名称	乡级合计	街道	镇	乡	民族乡
430726	石门县	21	4	13	4	
430781	津市市	9	5	4		
430800	**张家界市**	**73**	**10**	**33**	**18**	**12**
430802	永定区	20	6	7	7	
430811	武陵源区	4	2	2		
430821	慈利县	26	2	14	3	7
430822	桑植县	23		12	6	5
430900	**益阳市**	**92**	**11**	**72**	**8**	**1**
430902	资阳区	8	2	5	1	
430903	赫山区	18	7	10	1	
430921	南县	15		14	1	
430922	桃江县	15		13	1	1
430923	安化县	23		19	4	
430981	沅江市	13	2	11		
431000	**郴州市**	**159**	**23**	**99**	**28**	**9**
431002	北湖区	14	10	2		2
431003	苏仙区	14	6	8		
431021	桂阳县	22	3	17	1	1
431022	宜章县	19		14	4	1
431023	永兴县	16	2	10	4	
431024	嘉禾县	10		9	1	
431025	临武县	13		9	3	1
431026	汝城县	14		9	3	2
431027	桂东县	11		7	4	
431028	安仁县	13		5	8	
431081	资兴市	13	2	9		2
431100	**永州市**	**182**	**32**	**111**	**18**	**21**
431102	零陵区	16	6	7	3	
431103	冷水滩区	19	10	8	1	
431122	东安县	15		13	2	
431123	双牌县	11		6	4	1
431124	道县	22	7	12		3
431125	江永县	10		6		4
431126	宁远县	20	4	12		4
431127	蓝山县	14		8		6
431128	新田县	13	2	10		1

续表3

行政区划代码	行政区划名称	乡级合计	街道	镇	乡	民族乡
431129	江华瑶族自治县	16		9	6	1
431181	祁阳市	26	3	20	2	1
431200	**怀化市**	**204**	**11**	**103**	**71**	**19**
431202	鹤城区	10	7	1	2	
431221	中方县	12		11		1
431222	沅陵县	21		8	11	2
431223	辰溪县	23		9	9	5
431224	溆浦县	25		18	7	
431225	会同县	18		8	4	6
431226	麻阳苗族自治县	18		8	10	
431227	新晃侗族自治县	11		9		2
431228	芷江侗族自治县	18		9	9	
431229	靖州苗族侗族自治县	11		6	5	
431230	通道侗族自治县	11		9	1	1
431281	洪江市	26	4	7	13	2
431300	**娄底市**	**87**	**19**	**54**	**14**	
431302	娄星区	13	7	5	1	
431321	双峰县	16	2	11	3	
431322	新化县	28	3	18	7	
431381	冷水江市	10	4	5	1	
431382	涟源市	20	3	15	2	
433100	**湘西土家族苗族自治州**	**115**	**10**	**75**	**30**	
433101	吉首市	12	6	5	1	
433122	泸溪县	11		7	4	
433123	凤凰县	17		13	4	
433124	花垣县	12		9	3	
433125	保靖县	12		10	2	
433126	古丈县	7		7		
433127	永顺县	23		12	11	
433130	龙山县	21	4	12	5	

广东省

行政区划代码	行政区划名称	乡级合计	街道	镇	乡	民族乡
440000	广东省	**1612**	**489**	**1112**	**4**	**7**
440100	**广州市**	**176**	**142**	**34**		
440103	荔湾区	22	22			
440104	越秀区	18	18			
440105	海珠区	18	18			
440106	天河区	21	21			
440111	白云区	24	20	4		
440112	黄埔区	17	16	1		
440113	番禺区	16	11	5		
440114	花都区	10	4	6		
440115	南沙区	9	3	6		
440117	从化区	8	3	5		
440118	增城区	13	6	7		
440200	**韶关市**	**105**	**10**	**94**		**1**
440203	武江区	7	2	5		
440204	浈江区	8	3	5		
440205	曲江区	10	1	9		
440222	始兴县	10		9		1
440224	仁化县	11	1	10		
440229	翁源县	8		8		
440232	乳源瑶族自治县	9		9		
440233	新丰县	7	1	6		
440281	乐昌市	17	1	16		
440282	南雄市	18	1	17		
440300	**深圳市**	**74**	**74**			
440303	罗湖区	10	10			
440304	福田区	10	10			
440305	南山区	8	8			
440306	宝安区	10	10			
440307	龙岗区	14	14			
440308	盐田区	4	4			
440309	龙华区	6	6			
440310	坪山区	6	6			
440311	光明区	6	6			
440400	**珠海市**	**25**	**10**	**15**		
440402	香洲区	15	9	6		

续表 1

行政区划代码	行政区划名称	乡级合计	街道	镇	乡	民族乡
440403	斗门区	6	1	5		
440404	金湾区	4		4		
440500	**汕头市**	**67**	**37**	**30**		
440507	龙湖区	10	10			
440511	金平区	12	12			
440512	濠江区	7	7			
440513	潮阳区	13	4	9		
440514	潮南区	11	1	10		
440515	澄海区	11	3	8		
440523	南澳县	3		3		
440600	**佛山市**	**32**	**11**	**21**		
440604	禅城区	4	3	1		
440605	南海区	7	1	6		
440606	顺德区	10	4	6		
440607	三水区	7	2	5		
440608	高明区	4	1	3		
440700	**江门市**	**73**	**12**	**61**		
440703	蓬江区	6	3	3		
440704	江海区	3	3			
440705	新会区	11	1	10		
440781	台山市	17	1	16		
440783	开平市	15	2	13		
440784	鹤山市	10	1	9		
440785	恩平市	11	1	10		
440800	**湛江市**	**122**	**38**	**82**		**2**
440802	赤坎区	8	8			
440803	霞山区	12	12			
440804	坡头区	7	2	5		
440811	麻章区	7	3	4		
440823	遂溪县	16	1	15		
440825	徐闻县	15	1	12		2
440881	廉江市	21	3	18		
440882	雷州市	21	3	18		
440883	吴川市	15	5	10		
440900	**茂名市**	**112**	**26**	**86**		
440902	茂南区	17	8	9		
440904	电白区	24	5	19		

续表 2

行政区划代码	行政区划名称	乡级合计	街道	镇	乡	民族乡
440981	高州市	28	5	23		
440982	化州市	23	6	17		
440983	信宜市	20	2	18		
441200	**肇庆市**	**105**	**17**	**87**		**1**
441202	端州区	4	4			
441203	鼎湖区	7	3	4		
441204	高要区	17	1	16		
441223	广宁县	15	1	14		
441224	怀集县	19	2	16		1
441225	封开县	16	1	15		
441226	德庆县	13	1	12		
441284	四会市	14	4	10		
441300	**惠州市**	**71**	**22**	**48**		**1**
441302	惠城区	18	10	8		
441303	惠阳区	12	6	6		
441322	博罗县	17	2	15		
441323	惠东县	14	2	12		
441324	龙门县	10	2	7		1
441400	**梅州市**	**110**	**6**	**104**		
441402	梅江区	7	3	4		
441403	梅县区	17		17		
441422	大埔县	14		14		
441423	丰顺县	16		16		
441424	五华县	16		16		
441426	平远县	12		12		
441427	蕉岭县	8		8		
441481	兴宁市	20	3	17		
441500	**汕尾市**	**54**	**14**	**40**		
441502	城区	10	7	3		
441521	海丰县	16	4	12		
441523	陆河县	8		8		
441581	陆丰市	20	3	17		
441600	**河源市**	**101**	**6**	**94**		**1**
441602	源城区	8	6	2		
441621	紫金县	18		18		
441622	龙川县	24		24		
441623	连平县	13		13		

续表**3**

行政区划代码	行政区划名称	乡级合计	街道	镇	乡	民族乡
441624	和平县	17		17		
441625	东源县	21		20		1
441700	**阳江市**	**48**	**10**	**38**		
441702	江城区	12	8	4		
441704	阳东区	11		11		
441721	阳西县	8		8		
441781	阳春市	17	2	15		
441800	**清远市**	**85**	**5**	**77**		**3**
441802	清城区	8	4	4		
441803	清新区	8		8		
441821	佛冈县	6		6		
441823	阳山县	13		12		1
441825	连山壮族瑶族自治县	7		7		
441826	连南瑶族自治县	7		7		
441881	英德市	24	1	23		
441882	连州市	12		10		2
441900	**东莞市**	**32**	**4**	**28**		
442000	**中山市**	**23**	**8**	**15**		
445100	**潮州市**	**46**	**5**	**41**		
445102	湘桥区	9	5	4		
445103	潮安区	16		16		
445122	饶平县	21		21		
445200	**揭阳市**	**88**	**24**	**62**	**2**	
445202	榕城区	17	14	3		
445203	揭东区	13	2	11		
445222	揭西县	17	1	15	1	
445224	惠来县	15		15		
445281	普宁市	26	7	18	1	
445300	**云浮市**	**63**	**8**	**55**		
445302	云城区	8	4	4		
445303	云安区	7		7		
445321	新兴县	12		12		
445322	郁南县	15		15		
445381	罗定市	21	4	17		

广西壮族自治区

行政区划代码	行政区划名称	乡级合计	街道	镇	乡	民族乡
450000	**广西壮族自治区**	**1253**	**135**	**806**	**253**	**59**
450100	**南宁市**	**127**	**25**	**89**	**10**	**3**
450102	兴宁区	6	3	3		
450103	青秀区	9	5	4		
450105	江南区	9	5	4		
450107	西乡塘区	13	10	3		
450108	良庆区	7	2	5		
450109	邕宁区	5		5		
450110	武鸣区	13		13		
450123	隆安县	10		6	4	
450124	马山县	11		7	2	2
450125	上林县	11		7	3	1
450126	宾阳县	16		16		
450181	横州市	17		16	1	
450200	**柳州市**	**118**	**32**	**53**	**27**	**6**
450202	城中区	7	7			
450203	鱼峰区	12	8	4		
450204	柳南区	11	8	3		
450205	柳北区	12	9	3		
450206	柳江区	8		8		
450222	柳城县	12		10	1	1
450223	鹿寨县	9		6	3	
450224	融安县	12		6	6	
450225	融水苗族自治县	20		7	11	2
450226	三江侗族自治县	15		6	6	3
450300	**桂林市**	**147**	**13**	**88**	**31**	**15**
450302	秀峰区	3	3			
450303	叠彩区	3	2		1	
450304	象山区	4	3		1	
450305	七星区	5	4		1	
450311	雁山区	5	1	2	1	1
450312	临桂区	11		9		2
450321	阳朔县	9		6	3	
450323	灵川县	12		7	3	2
450324	全州县	18		15	1	2
450325	兴安县	10		6	3	1
450326	永福县	9		6	3	
450327	灌阳县	9		6		2
450328	龙胜各族自治县	10		6	4	
450329	资源县	7		3	1	3
450330	平乐县	10		6	3	1

续表 1

行政区划代码	行政区划名称	乡级合计	街道	镇	乡	民族乡
450332	恭城瑶族自治县	9		6	3	
450381	荔浦市	13		10	2	1
450400	**梧州市**	**66**	**8**	**53**	**3**	**2**
450403	万秀区	8	5	3		
450405	长洲区	5	3	2		
450406	龙圩区	4		4		
450421	苍梧县	9		9		
450422	藤县	17		15	2	
450423	蒙山县	9		6	1	2
450481	岑溪市	14		14		
450500	**北海市**	**30**	**7**	**22**	**1**	
450502	海城区	8	7	1		
450503	银海区	4		4		
450512	铁山港区	3		3		
450521	合浦县	15		14	1	
450600	**防城港市**	**30**	**7**	**17**	**4**	**2**
450602	港口区	6	4	2		
450603	防城区	13	3	8	1	1
450621	上思县	8		4	3	1
450681	东兴市	3		3		
450700	**钦州市**	**66**	**12**	**54**		
450702	钦南区	16	5	11		
450703	钦北区	14	3	11		
450721	灵山县	19	2	17		
450722	浦北县	17	2	15		
450800	**贵港市**	**74**	**7**	**55**	**10**	**2**
450802	港北区	8	2	4	2	
450803	港南区	9	2	7		
450804	覃塘区	10	1	7	2	
450821	平南县	21	2	16	1	2
450881	桂平市	26		21	5	
450900	**玉林市**	**110**	**8**	**102**		
450902	玉州区	9	5	4		
450903	福绵区	6		6		
450921	容县	15		15		
450922	陆川县	14		14		
450923	博白县	28		28		
450924	兴业县	13		13		
450981	北流市	25	3	22		
451000	**百色市**	**135**	**2**	**75**	**45**	**13**
451002	右江区	9	2	4	2	1
451003	田阳区	10		9	1	
451022	田东县	10		9		1

续表 2

行政区划代码	行政区划名称	乡级合计	街道	镇	乡	民族乡
451024	德保县	12		7	5	
451026	那坡县	9		3	6	
451027	凌云县	8		4		4
451028	乐业县	8		4	4	
451029	田林县	14		5	5	4
451030	西林县	8		4	1	3
451031	隆林各族自治县	16		6	10	
451081	靖西市	19		11	8	
451082	平果市	12		9	3	
451100	**贺州市**	**61**	**4**	**47**	**5**	**5**
451102	八步区	16	3	12		1
451103	平桂区	9	1	7		1
451121	昭平县	12		9	2	1
451122	钟山县	12		10		2
451123	富川瑶族自治县	12		9	3	
451200	**河池市**	**141**	**3**	**65**	**62**	**11**
451202	金城江区	12	1	7	4	
451203	宜州区	16		9	5	2
451221	南丹县	11		8		3
451222	天峨县	9		2	6	1
451223	凤山县	10	1	3	3	3
451224	东兰县	14		6	7	1
451225	罗城仫佬族自治县	11		7	4	
451226	环江毛南族自治县	13	1	6	5	1
451227	巴马瑶族自治县	10		3	7	
451228	都安瑶族自治县	19		10	9	
451229	大化瑶族自治县	16		4	12	
451300	**来宾市**	**70**	**4**	**45**	**21**	
451302	兴宾区	24	4	16	4	
451321	忻城县	12		6	6	
451322	象州县	11		8	3	
451323	武宣县	10		9	1	
451324	金秀瑶族自治县	10		3	7	
451381	合山市	3		3		
451400	**崇左市**	**78**	**3**	**41**	**34**	
451402	江州区	11	3	6	2	
451421	扶绥县	11		8	3	
451422	宁明县	13		7	6	
451423	龙州县	12		5	7	
451424	大新县	14		5	9	
451425	天等县	13		6	7	
451481	凭祥市	4		4		

海南省

行政区划代码	行政区划名称	乡级合计	街道	镇	乡
460000	海南省	**218**	**22**	**175**	**21**
460100	海口市	**43**	**21**	**22**	
460105	秀英区	8	2	6	
460106	龙华区	11	6	5	
460107	琼山区	11	4	7	
460108	美兰区	13	9	4	
460200	三亚市	**0**			
460202	海棠区	0			
460203	吉阳区	0			
460204	天涯区	0			
460205	崖州区	0			
460300	三沙市	**0**			
	西沙区	0			
	南沙区	0			
460400	儋州市	**17**	**1**	**16**	
469001	五指山市	7		4	3
469002	琼海市	12		12	
469005	文昌市	17		17	
469006	万宁市	12		12	
469007	东方市	10		8	2
469021	定安县	10		10	
469022	屯昌县	8		8	
469023	澄迈县	11		11	
469024	临高县	11		11	
469025	白沙黎族自治县	11		4	7
469026	昌江黎族自治县	8		7	1
469027	乐东黎族自治县	11		11	
469028	陵水黎族自治县	11		9	2
469029	保亭黎族苗族自治县	9		6	3
469030	琼中黎族苗族自治县	10		7	3

重庆市

行政区划代码	行政区划名称	乡级合计	街道	镇	乡	民族乡
500000	**重庆市**	**1031**	**245**	**625**	**147**	**14**
500101	万州区	52	14	27	9	2
500102	涪陵区	27	11	14	2	
500103	渝中区	11	11			
500104	大渡口区	8	5	3		
500105	江北区	12	9	3		
500106	沙坪坝区	26	21	5		
500107	九龙坡区	19	9	10		
500108	南岸区	15	8	7		
500109	北碚区	17	9	8		
500110	綦江区	31	7	24		
500111	大足区	27	6	21		
500112	渝北区	30	19	11		
500113	巴南区	23	9	14		
500114	黔江区	30	6	18	6	
500115	长寿区	19	7	12		
500116	江津区	30	5	25		
500117	合川区	30	7	23		
500118	永川区	23	7	16		
500119	南川区	34	3	29	2	
500120	璧山区	15	6	9		
500151	铜梁区	28	5	23		
500152	潼南区	23	3	20		
500153	荣昌区	21	6	15		
500154	开州区	40	8	27	5	
500155	梁平区	33	5	26	2	
500156	武隆区	26	4	10	8	4
500229	城口县	25	2	10	13	
500230	丰都县	30	2	23	5	
500231	垫江县	26	2	22	2	
500233	忠县	29	4	19	5	1
500235	云阳县	42	4	31	6	1
500236	奉节县	33	4	18	7	4
500237	巫山县	26	2	11	11	2
500238	巫溪县	32	2	19	11	
500240	石柱土家族自治县	33	3	17	13	
500241	秀山土家族苗族自治县	27	5	18	4	
500242	酉阳土家族苗族自治县	39	2	19	18	
500243	彭水苗族土家族自治县	39	3	18	18	

四川省

行政区划代码	行政区划名称	乡级合计	街道	镇	乡	民族乡
510000	四川省	**3101**	**459**	**2016**	**543**	**83**
510100	**成都市**	**261**	**161**	**100**		
510104	锦江区	11	11			
510105	青羊区	12	12			
510106	金牛区	13	13			
510107	武侯区	15	15			
510108	成华区	11	11			
510112	龙泉驿区	10	7	3		
510113	青白江区	7	2	5		
510114	新都区	9	7	2		
510115	温江区	9	6	3		
510116	双流区	19	15	4		
510117	郫都区	12	9	3		
510118	新津区	8	4	4		
510121	金堂县	16	6	10		
510129	大邑县	11	3	8		
510131	蒲江县	8	2	6		
510181	都江堰市	11	6	5		
510182	彭州市	13	4	9		
510183	邛崃市	14	6	8		
510184	崇州市	15	6	9		
510185	简阳市	37	16	21		
510300	**自贡市**	**90**	**25**	**63**	**2**	
510302	自流井区	12	9	3		
510303	贡井区	10	3	7		
510304	大安区	15	6	9		
510311	沿滩区	12	2	9	1	
510321	荣县	21	2	19		
510322	富顺县	20	3	16	1	
510400	**攀枝花市**	**49**	**11**	**23**	**5**	**10**
510402	东区	6	5	1		
510403	西区	6	5	1		
510411	仁和区	14	1	8	3	2

续表 1

行政区划代码	行政区划名称	乡级合计	街道	镇	乡	民族乡
510421	米易县	11		7		4
510422	盐边县	12		6	2	4
510500	**泸州市**	**126**	**26**	**92**		**8**
510502	江阳区	15	9	6		
510503	纳溪区	13	3	10		
510504	龙马潭区	11	8	3		
510521	泸县	20	1	19		
510522	合江县	21	2	19		
510524	叙永县	23		18		5
510525	古蔺县	23	3	17		3
510600	**德阳市**	**84**	**13**	**67**	**4**	
510603	旌阳区	13	6	7		
510604	罗江区	7		7		
510623	中江县	30		26	4	
510681	广汉市	12	3	9		
510682	什邡市	10	2	8		
510683	绵竹市	12	2	10		
510700	**绵阳市**	**166**	**13**	**122**	**17**	**14**
510703	涪城区	13	7	6		
510704	游仙区	14	4	10		
510705	安州区	10		9	1	
510722	三台县	33		31	2	
510723	盐亭县	17	1	14	1	1
510725	梓潼县	16		15	1	
510726	北川羌族自治县	19		9	9	1
510727	平武县	20		6	2	12
510781	江油市	24	1	22	1	
510800	**广元市**	**142**	**7**	**112**	**21**	**2**
510802	利州区	15	7	5	3	
510811	昭化区	12		12		
510812	朝天区	12		10	2	
510821	旺苍县	23		21	2	
510822	青川县	20		12	6	2
510823	剑阁县	29		27	2	
510824	苍溪县	31		25	6	

续表 **2**

行政区划代码	行政区划名称	乡级合计	街道	镇	乡	民族乡
510900	**遂宁市**	**95**	**20**	**72**	**3**	
510903	船山区	24	14	9	1	
510904	安居区	18	2	16		
510921	蓬溪县	20	1	17	2	
510923	大英县	10	1	9		
510981	射洪市	23	2	21		
511000	**内江市**	**83**	**13**	**70**		
511002	市中区	15	6	9		
511011	东兴区	19	5	14		
511024	威远县	14		14		
511025	资中县	22		22		
511083	隆昌市	13	2	11		
511100	**乐山市**	**132**	**11**	**103**	**16**	**2**
511102	市中区	17	5	12		
511111	沙湾区	9	1	8		
511112	五通桥区	8		8		
511113	金口河区	5		2	1	2
511123	犍为县	15		15		
511124	井研县	15	1	14		
511126	夹江县	9	2	7		
511129	沐川县	13		8	5	
511132	峨边彝族自治县	13		7	6	
511133	马边彝族自治县	15		12	3	
511181	峨眉山市	13	2	10	1	
511300	**南充市**	**242**	**42**	**162**	**37**	**1**
511302	顺庆区	19	12	6	1	
511303	高坪区	19	8	10	1	
511304	嘉陵区	24	5	17	2	
511321	南部县	42	4	33	5	
511322	营山县	29	3	18	8	
511323	蓬安县	21	2	14	5	
511324	仪陇县	37	1	29	7	
511325	西充县	23	2	16	5	
511381	阆中市	28	5	19	3	1
511400	**眉山市**	**80**	**13**	**62**	**5**	

续表 3

行政区划代码	行政区划名称	乡级合计	街道	镇	乡	民族乡
511402	东坡区	16	3	13		
511403	彭山区	8	5	3		
511421	仁寿县	32	4	26	2	
511423	洪雅县	12		12		
511424	丹棱县	5		4	1	
511425	青神县	7	1	4	2	
511500	**宜宾市**	**136**	**14**	**105**	**5**	**12**
511502	翠屏区	20	8	12		
511503	南溪区	11	3	8		
511504	叙州区	17	3	12	2	
511523	江安县	14		14		
511524	长宁县	13		13		
511525	高县	13		13		
511526	珙县	13		10		3
511527	筠连县	12		7	2	3
511528	兴文县	12		8		4
511529	屏山县	11		8	1	2
511600	**广安市**	**124**	**15**	**99**	**10**	
511602	广安区	25	6	16	3	
511603	前锋区	12	4	8		
511621	岳池县	27	2	23	2	
511622	武胜县	23		19	4	
511623	邻水县	25		25		
511681	华蓥市	12	3	8	1	
511700	**达州市**	**200**	**21**	**149**	**26**	**4**
511702	通川区	18	5	12	1	
511703	达川区	33	6	22	5	
511722	宣汉县	37	2	28	3	4
511723	开江县	13	1	11	1	
511724	大竹县	31	3	23	5	
511725	渠县	37	3	28	6	
511781	万源市	31	1	25	5	
511800	**雅安市**	**96**	**10**	**57**	**16**	**13**
511802	雨城区	13	5	8		
511803	名山区	13	2	11		

续表**4**

行政区划代码	行政区划名称	乡级合计	街道	镇	乡	民族乡
511822	荥经县	12	1	7	2	2
511823	汉源县	21		12	4	5
511824	石棉县	12	1	3	3	5
511825	天全县	10		7	3	
511826	芦山县	8	1	6	1	
511827	宝兴县	7		3	3	1
511900	**巴中市**	**139**	**17**	**116**	**6**	
511902	巴州区	25	9	14	2	
511903	恩阳区	18	3	15		
511921	通江县	33	1	30	2	
511922	南江县	32	1	29	2	
511923	平昌县	31	3	28		
512000	**资阳市**	**89**	**9**	**67**	**13**	
512002	雁江区	22	5	17		
512021	安岳县	46	2	32	12	
512022	乐至县	21	2	18	1	
513200	**阿坝藏族羌族自治州**	**174**		**82**	**91**	**1**
513201	马尔康市	13		3	10	
513221	汶川县	9		9		
513222	理县	11		6	5	
513223	茂县	11		11		
513224	松潘县	17		7	9	1
513225	九寨沟县	12		5	7	
513226	金川县	19		4	15	
513227	小金县	18		7	11	
513228	黑水县	15		8	7	
513230	壤塘县	11		3	8	
513231	阿坝县	15		6	9	
513232	若尔盖县	13		7	6	
513233	红原县	10		6	4	
513300	**甘孜藏族自治州**	**289**	**2**	**110**	**174**	**3**
513301	康定市	17	2	8	7	
513322	泸定县	9		8	1	
513323	丹巴县	12		9	3	
513324	九龙县	16		9	4	3

续表 5

行政区划代码	行政区划名称	乡级合计	街道	镇	乡	民族乡
513325	雅江县	16		6	10	
513326	道孚县	19		7	12	
513327	炉霍县	15		4	11	
513328	甘孜县	21		3	18	
513329	新龙县	16		6	10	
513330	德格县	23		10	13	
513331	白玉县	16		4	12	
513332	石渠县	21		7	14	
513333	色达县	16		5	11	
513334	理塘县	22		7	15	
513335	巴塘县	17		5	12	
513336	乡城县	10		3	7	
513337	稻城县	13		5	8	
513338	得荣县	10		4	6	
513400	**凉山彝族自治州**	**304**	**16**	**183**	**92**	**13**
513401	西昌市	25	7	11	5	2
513402	会理市	20	3	13	3	1
513422	木里藏族自治县	27		6	16	5
513423	盐源县	24	1	17	5	1
513424	德昌县	12	2	8		2
513426	会东县	19	2	13	4	
513427	宁南县	13		13		
513428	普格县	13		8	5	
513429	布拖县	12		8	4	
513430	金阳县	15		9	6	
513431	昭觉县	20		11	9	
513432	喜德县	13		7	6	
513433	冕宁县	19	1	15	2	1
513434	越西县	20		17	2	1
513435	甘洛县	13		9	4	
513436	美姑县	18		7	11	
513437	雷波县	21		11	10	

贵州省

行政区划代码	行政区划名称	乡级合计	街道	镇	乡	民族乡
520000	**贵州省**	**1509**	**364**	**831**	**122**	**192**
520100	**贵阳市**	**145**	**73**	**45**	**9**	**18**
520102	南明区	22	18		3	1
520103	云岩区	18	17	1		
520111	花溪区	19	9	4	1	5
520112	乌当区	13	5	6		2
520113	白云区	10	5	3		2
520115	观山湖区	10	7	3		
520121	开阳县	18	3	7	5	3
520122	息烽县	11	1	9		1
520123	修文县	12	5	6		1
520181	清镇市	12	3	6		3
520200	**六盘水市**	**92**	**27**	**39**	**1**	**25**
520201	钟山区	17	9	5		3
520203	六枝特区	18	3	9	1	5
520204	水城区	30	9	11		10
520281	盘州市	27	6	14		7
520300	**遵义市**	**254**	**54**	**179**	**13**	**8**
520302	红花岗区	23	14	9		
520303	汇川区	14	6	8		
520304	播州区	24	5	17		2
520322	桐梓县	25	2	20	2	1
520323	绥阳县	15	1	12	2	
520324	正安县	20	2	16		2
520325	道真仡佬族苗族自治县	15	1	11	2	1
520326	务川仡佬族苗族自治县	16	3	11	2	
520327	凤冈县	14	4	10		
520328	湄潭县	15	3	12		
520329	余庆县	10	1	8		1
520330	习水县	26	4	20	2	
520381	赤水市	17	3	11	3	
520382	仁怀市	20	5	14		1

续表 1

行政区划代码	行政区划名称	乡级合计	街道	镇	乡	民族乡
520400	**安顺市**	**92**	**26**	**48**	**8**	**10**
520402	西秀区	25	8	10	2	5
520403	平坝区	11	2	7		2
520422	普定县	13	4	6		3
520423	镇宁布依族苗族自治县	16	5	8	3	
520424	关岭布依族苗族自治县	14	4	9	1	
520425	紫云苗族布依族自治县	13	3	8	2	
520500	**毕节市**	**279**	**53**	**135**	**19**	**72**
520502	七星关区	48	13	27	2	6
520521	大方县	40	6	10	6	18
520523	金沙县	26	5	14	1	6
520524	织金县	33	7	16	3	7
520525	纳雍县	29	6	13		10
520526	威宁彝族回族苗族自治县	41	6	30	4	1
520527	赫章县	30	5	10	3	12
520581	黔西市	32	5	15		12
520600	**铜仁市**	**181**	**38**	**94**	**11**	**38**
520602	碧江区	15	7	3		5
520603	万山区	11	4	1		6
520621	江口县	10	2	6		2
520622	玉屏侗族自治县	8	4	3	1	
520623	石阡县	19	3	6	1	9
520624	思南县	28	3	17		8
520625	印江土家族苗族自治县	17	3	13	1	
520626	德江县	22	3	11		8
520627	沿河土家族自治县	23	4	17	2	
520628	松桃苗族自治县	28	5	17	6	
522300	**黔西南布依族苗族自治州**	**140**	**43**	**83**	**12**	**2**
522301	兴义市	32	12	17	3	
522302	兴仁市	18	6	11		1
522323	普安县	14	4	8	2	
522324	晴隆县	15	4	8	3	
522325	贞丰县	17	5	9	3	
522326	望谟县	16	4	11		1

续表 **2**

行政区划代码	行政区划名称	乡级合计	街道	镇	乡	民族乡
522327	册亨县	13	3	9	1	
522328	安龙县	15	5	10		
522600	**黔东南苗族侗族自治州**	**217**	**28**	**129**	**45**	**15**
522601	凯里市	20	9	11		
522622	黄平县	11		8	3	
522623	施秉县	8		5	3	
522624	三穗县	11	2	7	2	
522625	镇远县	12		8	3	1
522626	岑巩县	12	1	9	1	1
522627	天柱县	17	4	11	2	
522628	锦屏县	15		7	8	
522629	剑河县	13	1	11	1	
522630	台江县	9	2	4	3	
522631	黎平县	26	3	14	7	2
522632	榕江县	20	1	9	4	6
522633	从江县	20	1	12	4	3
522634	雷山县	9	1	5	2	1
522635	麻江县	7	2	4		1
522636	丹寨县	7	1	4	2	
522700	**黔南布依族苗族自治州**	**109**	**22**	**79**	**4**	**4**
522701	都匀市	10	5	4		1
522702	福泉市	8	2	5	1	
522722	荔波县	8	1	5		2
522723	贵定县	8	2	6		
522725	瓮安县	13	2	10	1	
522726	独山县	9	1	8		
522727	平塘县	11	1	9		1
522728	罗甸县	10	1	8	1	
522729	长顺县	7	1	5	1	
522730	龙里县	6	1	5		
522731	惠水县	11	3	8		
522732	三都水族自治县	8	2	6		

云南省

行政区划代码	行政区划名称	乡级合计	街道	镇	乡	民族乡
530000	**云南省**	**1424**	**221**	**666**	**397**	**140**
530100	**昆明市**	**139**	**81**	**42**	**12**	**4**
530102	五华区	10	10			
530103	盘龙区	12	12			
530111	官渡区	10	10			
530112	西山区	10	10			
530113	东川区	9	2	6	1	
530114	呈贡区	10	10			
530115	晋宁区	8	3	3		2
530124	富民县	7	2	5		
530125	宜良县	9	3	4		2
530126	石林彝族自治县	7	3	3	1	
530127	嵩明县	5	2	3		
530128	禄劝彝族苗族自治县	17	2	9	6	
530129	寻甸回族彝族自治县	16	3	9	4	
530181	安宁市	9	9			
530300	**曲靖市**	**137**	**46**	**51**	**32**	**8**
530302	麒麟区	16	13	3		
530303	沾益区	11	4	2	5	
530304	马龙区	10	5	2	3	
530322	陆良县	11	2	7	2	
530323	师宗县	10	3	4		3
530324	罗平县	13	3	4	3	3
530325	富源县	12	2	9		1
530326	会泽县	25	5	7	12	1
530381	宣威市	29	9	13	7	
530400	**玉溪市**	**76**	**25**	**25**	**16**	**10**
530402	红塔区	11	9			2
530403	江川区	8	2	4	1	1
530423	通海县	9	2	4		3
530424	华宁县	5	1	3		1
530425	易门县	7	2	1	1	3
530426	峨山彝族自治县	8	2	3	3	
530427	新平彝族傣族自治县	12	2	4	6	
530428	元江哈尼族彝族傣族自治县	10	3	2	5	
530481	澄江市	6	2	4		

续表 **1**

行政区划代码	行政区划名称	乡级合计	街道	镇	乡	民族乡
530500	**保山市**	**76**	**8**	**36**	**22**	**10**
530502	隆阳区	21	6	5	6	4
530521	施甸县	13		5	6	2
530523	龙陵县	10		5	4	1
530524	昌宁县	13		9	1	3
530581	腾冲市	19	2	12	5	
530600	**昭通市**	**150**	**16**	**94**	**23**	**17**
530602	昭阳区	20	4	9	3	4
530621	鲁甸县	13	2	9		2
530622	巧家县	17	2	11	4	
530623	盐津县	10		6	4	
530624	大关县	9		8		1
530625	永善县	16	2	7	5	2
530626	绥江县	5		5		
530627	镇雄县	30	3	20	5	2
530628	彝良县	16	2	9		5
530629	威信县	10		7	2	1
530681	水富市	4	1	3		
530700	**丽江市**	**66**	**10**	**24**	**17**	**15**
530702	古城区	11	7	2	1	1
530721	玉龙纳西族自治县	16	1	6	6	3
530722	永胜县	15		9		6
530723	华坪县	8		4		4
530724	宁蒗彝族自治县	16	2	3	10	1
530800	**普洱市**	**103**	**1**	**65**	**27**	**10**
530802	思茅区	7	1	4		2
530821	宁洱哈尼族彝族自治县	9		6	3	
530822	墨江哈尼族自治县	15		12	2	1
530823	景东彝族自治县	13		10	3	
530824	景谷傣族彝族自治县	10		6	4	
530825	镇沅彝族哈尼族拉祜族自治县	9		8	1	
530826	江城哈尼族彝族自治县	7		5	2	
530827	孟连傣族拉祜族佤族自治县	6		4	2	
530828	澜沧拉祜族自治县	20		5	9	6
530829	西盟佤族自治县	7		5	1	1
530900	**临沧市**	**77**	**2**	**32**	**30**	**13**
530902	临翔区	10	2	1	5	2

续表 2

行政区划代码	行政区划名称	乡级合计	街道	镇	乡	民族乡
530921	凤庆县	13		8	2	3
530922	云县	12		7	2	3
530923	永德县	10		3	5	2
530924	镇康县	7		3	3	1
530925	双江拉祜族佤族布朗族傣族自治县	6		2	4	
530926	耿马傣族佤族自治县	9		4	4	1
530927	沧源佤族自治县	10		4	5	1
532300	**楚雄彝族自治州**	**103**		**65**	**34**	**4**
532301	楚雄市	15		12	3	
532302	禄丰市	14		11	3	
532322	双柏县	8		5	3	
532323	牟定县	7		4	3	
532324	南华县	10		6	3	1
532325	姚安县	9		6	3	
532326	大姚县	12		8	3	1
532327	永仁县	7		3	3	1
532328	元谋县	10		3	7	
532329	武定县	11		7	3	1
532500	**红河哈尼族彝族自治州**	**135**	**15**	**60**	**55**	**5**
532501	个旧市	11	5	4	2	
532502	开远市	7	2	2	2	1
532503	蒙自市	13	5	4	2	2
532504	弥勒市	13	3	8	2	
532523	屏边苗族自治县	7		4	3	
532524	建水县	12		8	4	
532525	石屏县	9		7	2	
532527	泸西县	8		5	3	
532528	元阳县	14		3	11	
532529	红河县	13		5	8	
532530	金平苗族瑶族傣族自治县	13		4	8	1
532531	绿春县	9		4	5	
532532	河口瑶族自治县	6		2	3	1
532600	**文山壮族苗族自治州**	**104**	**3**	**42**	**43**	**16**
532601	文山市	17	3	7	2	5
532622	砚山县	11		4	3	4
532623	西畴县	9		2	7	
532624	麻栗坡县	11		4	6	1

续表 **3**

行政区划代码	行政区划名称	乡级合计	街道	镇	乡	民族乡
532625	马关县	13		9	4	
532626	丘北县	12		3	4	5
532627	广南县	18		7	11	
532628	富宁县	13		6	6	1
532800	**西双版纳傣族自治州**	**35**	**5**	**18**	**5**	**7**
532801	景洪市	14	5	4	3	2
532822	勐海县	11		6	2	3
532823	勐腊县	10		8		2
532900	**大理白族自治州**	**112**	**3**	**69**	**29**	**11**
532901	大理市	13	3	9		1
532922	漾濞彝族自治县	9		4	5	
532923	祥云县	10		8	1	1
532924	宾川县	10		8		2
532925	弥渡县	8		6	1	1
532926	南涧彝族自治县	8		5	3	
532927	巍山彝族回族自治县	10		4	6	
532928	永平县	7		3	1	3
532929	云龙县	11		4	5	2
532930	洱源县	9		6	3	
532931	剑川县	8		5	3	
532932	鹤庆县	9		7	1	1
533100	**德宏傣族景颇族自治州**	**51**	**2**	**23**	**21**	**5**
533102	瑞丽市	6	1	3	2	
533103	芒市	12	1	5	5	1
533122	梁河县	9		3	4	2
533123	盈江县	15		8	6	1
533124	陇川县	9		4	4	1
533300	**怒江傈僳族自治州**	**31**	**4**	**11**	**14**	**2**
533301	泸水市	10	2	5	2	1
533323	福贡县	7		1	5	1
533324	贡山独龙族怒族自治县	5		2	3	
533325	兰坪白族普米族自治县	9	2	3	4	
533400	**迪庆藏族自治州**	**29**		**9**	**17**	**3**
533401	香格里拉市	11		4	6	1
533422	德钦县	8		2	4	2
533423	维西傈僳族自治县	10		3	7	

西藏自治区

行政区划代码	行政区划名称	乡级合计	街道	镇	乡	民族乡
540000	**西藏自治区**	**699**	**23**	**142**	**525**	**9**
540100	**拉萨市**	**65**	**16**	**12**	**37**	
540102	城关区	12	12			
540103	堆龙德庆区	7	4	3		
540104	达孜区	6		1	5	
540121	林周县	10		1	9	
540122	当雄县	8		2	6	
540123	尼木县	8		2	6	
540124	曲水县	6		2	4	
540127	墨竹工卡县	8		1	7	
540200	**日喀则市**	**206**	**4**	**27**	**175**	
540202	桑珠孜区	14	4		10	
540221	南木林县	17		1	16	
540222	江孜县	19		1	18	
540223	定日县	13		2	11	
540224	萨迦县	11		2	9	
540225	拉孜县	11		2	9	
540226	昂仁县	17		2	15	
540227	谢通门县	19		1	18	
540228	白朗县	11		2	9	
540229	仁布县	9		1	8	
540230	康马县	9		1	8	
540231	定结县	10		3	7	
540232	仲巴县	13		1	12	
540233	亚东县	7		2	5	
540234	吉隆县	6		2	4	
540235	聂拉木县	7		2	5	
540236	萨嘎县	8		1	7	
540237	岗巴县	5		1	4	
540300	**昌都市**	**138**		**28**	**109**	**1**
540302	卡若区	15		3	12	
540321	江达县	13		2	11	
540322	贡觉县	12		1	11	
540323	类乌齐县	10		2	8	
540324	丁青县	13		2	11	
540325	察雅县	13		3	10	
540326	八宿县	14		4	10	
540327	左贡县	10		3	7	
540328	芒康县	16		2	13	1
540329	洛隆县	11		4	7	

续表 1

行政区划代码	行政区划名称	乡级合计	街道	镇	乡	民族乡
540330	边坝县	11		2	9	
540400	**林芝市**	**56**	**2**	**20**	**31**	**3**
540402	巴宜区	9	2	4	2	1
540421	工布江达县	9		3	6	
540422	米林县	8		3	4	1
540423	墨脱县	8		1	6	1
540424	波密县	10		3	7	
540425	察隅县	6		3	3	
540426	朗县	6		3	3	
540500	**山南市**	**83**	**1**	**23**	**54**	**5**
540502	乃东区	7	1	1	5	
540521	扎囊县	5		2	3	
540522	贡嘎县	9		5	4	
540523	桑日县	4		1	3	
540524	琼结县	4		1	3	
540525	曲松县	5		2	3	
540526	措美县	4		2	2	
540527	洛扎县	7		2	5	
540528	加查县	7		2	5	
540529	隆子县	11		2	8	1
540530	错那县	10		1	5	4
540531	浪卡子县	10		2	8	
540600	**那曲市**	**114**		**25**	**89**	
540602	色尼区	12		3	9	
540621	嘉黎县	10		2	8	
540622	比如县	10		2	8	
540623	聂荣县	10		1	9	
540624	安多县	13		4	9	
540625	申扎县	8		2	6	
540626	索县	10		2	8	
540627	班戈县	10		4	6	
540628	巴青县	10		3	7	
540629	尼玛县	14		1	13	
540630	双湖县	7		1	6	
542500	**阿里地区**	**37**		**7**	**30**	
542521	普兰县	3		1	2	
542522	札达县	7		1	6	
542523	噶尔县	5		1	4	
542524	日土县	5		1	4	
542525	革吉县	5		1	4	
542526	改则县	7		1	6	
542527	措勤县	5		1	4	

陕西省

行政区划代码	行政区划名称	乡级合计	街道	镇	乡
610000	**陕西省**	**1316**	**326**	**973**	**17**
610100	**西安市**	**172**	**135**	**37**	
610102	新城区	9	9		
610103	碑林区	8	8		
610104	莲湖区	9	9		
610111	灞桥区	9	9		
610112	未央区	12	12		
610113	雁塔区	10	10		
610114	阎良区	7	7		
610115	临潼区	23	23		
610116	长安区	25	25		
610117	高陵区	7	7		
610118	鄠邑区	14	14		
610122	蓝田县	19	1	18	
610124	周至县	20	1	19	
610200	**铜川市**	**38**	**17**	**20**	**1**
610202	王益区	7	6	1	
610203	印台区	9	4	5	
610204	耀州区	14	6	8	
610222	宜君县	8	1	6	1
610300	**宝鸡市**	**116**	**17**	**99**	
610302	渭滨区	10	5	5	
610303	金台区	11	7	4	
610304	陈仓区	18	3	15	
610305	凤翔区	12		12	
610323	岐山县	9		9	
610324	扶风县	8	1	7	
610326	眉县	8	1	7	
610327	陇县	10		10	
610328	千阳县	7		7	
610329	麟游县	7		7	
610330	凤县	9		9	
610331	太白县	7		7	
610400	**咸阳市**	**142**	**41**	**101**	
610402	秦都区	12	12		
610403	杨陵区	5	3	2	
610404	渭城区	10	10		
610422	三原县	10	1	9	

续表 **1**

行政区划代码	行政区划名称	乡级合计	街道	镇	乡
610423	泾阳县	13	1	12	
610424	乾县	16	1	15	
610425	礼泉县	12	1	11	
610426	永寿县	7	1	6	
610428	长武县	8	1	7	
610429	旬邑县	10	1	9	
610430	淳化县	8	1	7	
610431	武功县	8	1	7	
610481	兴平市	13	5	8	
610482	彬州市	10	2	8	
610500	**渭南市**	**133**	**25**	**108**	
610502	临渭区	27	13	14	
610503	华州区	10	1	9	
610522	潼关县	5	1	4	
610523	大荔县	16	1	15	
610524	合阳县	12	1	11	
610525	澄城县	10	1	9	
610526	蒲城县	16	1	15	
610527	白水县	8	1	7	
610528	富平县	15	1	14	
610581	韩城市	8	2	6	
610582	华阴市	6	2	4	
610600	**延安市**	**117**	**21**	**88**	**8**
610602	宝塔区	19	6	12	1
610603	安塞区	11	3	8	
610621	延长县	8	1	7	
610622	延川县	8	1	7	
610625	志丹县	8	1	7	
610626	吴起县	9	1	8	
610627	甘泉县	6	1	3	2
610628	富县	8	1	6	1
610629	洛川县	9	1	8	
610630	宜川县	7	1	4	2
610631	黄龙县	7		5	2
610632	黄陵县	6	1	5	
610681	子长市	11	3	8	
610700	**汉中市**	**177**	**25**	**152**	
610702	汉台区	15	8	7	
610703	南郑区	22	2	20	
610722	城固县	17	2	15	

续表 2

行政区划代码	行政区划名称	乡级合计	街道	镇	乡
610723	洋县	18	3	15	
610724	西乡县	17	2	15	
610725	勉县	18	1	17	
610726	宁强县	18	2	16	
610727	略阳县	17	2	15	
610728	镇巴县	20	1	19	
610729	留坝县	8	1	7	
610730	佛坪县	7	1	6	
610800	**榆林市**	**184**	**29**	**147**	**8**
610802	榆阳区	31	12	14	5
610803	横山区	18	5	13	
610822	府谷县	14		14	
610824	靖边县	17	1	16	
610825	定边县	19	1	16	2
610826	绥德县	15		15	
610827	米脂县	9	1	8	
610828	佳县	13	1	12	
610829	吴堡县	6	1	5	
610830	清涧县	9		9	
610831	子洲县	13	1	11	1
610881	神木市	20	6	14	
610900	**安康市**	**139**	**4**	**135**	
610902	汉滨区	28	4	24	
610921	汉阴县	10		10	
610922	石泉县	11		11	
610923	宁陕县	11		11	
610924	紫阳县	17		17	
610925	岚皋县	12		12	
610926	平利县	11		11	
610927	镇坪县	7		7	
610929	白河县	11		11	
610981	旬阳市	21		21	
611000	**商洛市**	**98**	**12**	**86**	
611002	商州区	18	4	14	
611021	洛南县	16	2	14	
611022	丹凤县	12	1	11	
611023	商南县	10	1	9	
611024	山阳县	18	2	16	
611025	镇安县	15	1	14	
611026	柞水县	9	1	8	

甘肃省

行政区划代码	行政区划名称	乡级合计	街道	镇	乡	民族乡
620000	**甘肃省**	**1356**	**127**	**892**	**305**	**32**
620100	**兰州市**	**114**	**53**	**47**	**14**	
620102	城关区	26	26			
620103	七里河区	15	9	5	1	
620104	西固区	13	7	5	1	
620105	安宁区	10	8	2		
620111	红古区	7	3	4		
620121	永登县	18		15	3	
620122	皋兰县	5		5		
620123	榆中县	20		11	9	
620200	**嘉峪关市**	**6**	**3**	**3**		
620300	**金昌市**	**18**	**6**	**11**	**1**	
620302	金川区	8	6	2		
620321	永昌县	10		9	1	
620400	**白银市**	**78**	**9**	**53**	**15**	**1**
620402	白银区	10	5	3	2	
620403	平川区	11	4	5	2	
620421	靖远县	18		13	5	
620422	会宁县	28		24	3	1
620423	景泰县	11		8	3	
620500	**天水市**	**123**	**10**	**101**	**12**	
620502	秦州区	23	7	16		
620503	麦积区	20	3	17		
620521	清水县	18		15	3	
620522	秦安县	17		17		
620523	甘谷县	15		13	2	
620524	武山县	15		13	2	
620525	张家川回族自治县	15		10	5	
620600	**武威市**	**102**	**9**	**84**	**9**	
620602	凉州区	46	9	37		
620621	民勤县	18		18		
620622	古浪县	19		15	4	
620623	天祝藏族自治县	19		14	5	

续表 **1**

行政区划代码	行政区划名称	乡级合计	街道	镇	乡	民族乡
620700	**张掖市**	**65**	**5**	**48**	**8**	**4**
620702	甘州区	23	5	13	4	1
620721	肃南裕固族自治县	8		3	2	3
620722	民乐县	10		10		
620723	临泽县	7		7		
620724	高台县	9		9		
620725	山丹县	8		6	2	
620800	**平凉市**	**105**	**3**	**70**	**23**	**9**
620802	崆峒区	20	3	7	3	7
620821	泾川县	14		11	3	
620822	灵台县	13		9	4	
620823	崇信县	6		4	2	
620825	庄浪县	18		15	3	
620826	静宁县	24		17	7	
620881	华亭市	10		7	1	2
620900	**酒泉市**	**76**	**8**	**53**	**9**	**6**
620902	肃州区	22	7	14		1
620921	金塔县	9		7	2	
620922	瓜州县	15		10	2	3
620923	肃北蒙古族自治县	4		2	2	
620924	阿克塞哈萨克族自治县	4		1	3	
620981	玉门市	13	1	10		2
620982	敦煌市	9		9		
621000	**庆阳市**	**119**	**3**	**73**	**42**	**1**
621002	西峰区	10	3	5	2	
621021	庆城县	15		9	6	
621022	环县	20		10	10	
621023	华池县	15		6	9	
621024	合水县	12		8	4	
621025	正宁县	10		8	1	1
621026	宁县	18		14	4	
621027	镇原县	19		13	6	
621100	**定西市**	**122**	**3**	**87**	**32**	
621102	安定区	22	3	12	7	
621121	通渭县	18		14	4	

续表 **2**

行政区划代码	行政区划名称	乡级合计	街道	镇	乡	民族乡
621122	陇西县	17		12	5	
621123	渭源县	16		12	4	
621124	临洮县	18		12	6	
621125	漳县	13		10	3	
621126	岷县	18		15	3	
621200	**陇南市**	**199**	**4**	**140**	**51**	**4**
621202	武都区	40	4	26	8	2
621221	成县	17		14	3	
621222	文县	20		14	5	1
621223	宕昌县	25		11	13	1
621224	康县	21		18	3	
621225	西和县	20		16	4	
621226	礼县	29		22	7	
621227	徽县	15		13	2	
621228	两当县	12		6	6	
622900	**临夏回族自治州**	**130**	**7**	**58**	**61**	**4**
622901	临夏市	11	7	4		
622921	临夏县	25		9	14	2
622922	康乐县	15		5	10	
622923	永靖县	17		10	7	
622924	广河县	9		6	2	1
622925	和政县	13		9	3	1
622926	东乡族自治县	23		8	15	
622927	积石山保安族东乡族撒拉族自治县	17		7	10	
623000	**甘南藏族自治州**	**99**	**4**	**64**	**28**	**3**
623001	合作市	10	4	3	3	
623021	临潭县	16		11	3	2
623022	卓尼县	15		11	3	1
623023	舟曲县	19		15	4	
623024	迭部县	11		5	6	
623025	玛曲县	8		6	2	
623026	碌曲县	7		5	2	
623027	夏河县	13		8	5	

青海省

行政区划代码	行政区划名称	乡级合计	街道	镇	乡	民族乡
630000	**青海省**	**404**	**42**	**140**	**194**	**28**
630100	**西宁市**	**75**	**25**	**27**	**17**	**6**
630102	城东区	9	7	2		
630103	城中区	8	7	1		
630104	城西区	8	7	1		
630105	城北区	6	4	2		
630106	湟中区	15		10	2	3
630121	大通回族土族自治县	20		9	9	2
630123	湟源县	9		2	6	1
630200	**海东市**	**95**	**5**	**31**	**40**	**19**
630202	乐都区	20	2	6	9	3
630203	平安区	8	2	1		5
630222	民和回族土族自治县	22		8	13	1
630223	互助土族自治县	19	1	7	9	2
630224	化隆回族自治县	17		6	7	4
630225	循化撒拉族自治县	9		3	2	4
632200	**海北藏族自治州**	**30**		**11**	**17**	**2**
632221	门源回族自治县	12		4	7	1
632222	祁连县	7		3	4	
632223	海晏县	6		2	3	1
632224	刚察县	5		2	3	
632300	**黄南藏族自治州**	**33**		**12**	**21**	
632301	同仁市	11		3	8	
632322	尖扎县	9		3	6	
632323	泽库县	7		4	3	
632324	河南蒙古族自治县	6		2	4	

续表 1

行政区划代码	行政区划名称	乡级合计	街道	镇	乡	民族乡
632500	**海南藏族自治州**	**36**		**19**	**16**	**1**
632521	共和县	11		7	4	
632522	同德县	5		2	3	
632523	贵德县	7		4	2	1
632524	兴海县	7		3	4	
632525	贵南县	6		3	3	
632600	**果洛藏族自治州**	**44**		**8**	**36**	
632621	玛沁县	8		2	6	
632622	班玛县	9		1	8	
632623	甘德县	7		1	6	
632624	达日县	10		1	9	
632625	久治县	6		1	5	
632626	玛多县	4		2	2	
632700	**玉树藏族自治州**	**48**	**4**	**11**	**33**	
632701	玉树市	11	4	2	5	
632722	杂多县	8		1	7	
632723	称多县	7		5	2	
632724	治多县	6		1	5	
632725	囊谦县	10		1	9	
632726	曲麻莱县	6		1	5	
632800	**海西蒙古族藏族自治州**	**43**	**8**	**21**	**14**	
632801	格尔木市	9	5	2	2	
632802	德令哈市	7	3	3	1	
632803	茫崖市	3		3		
632821	乌兰县	4		4		
632822	都兰县	8		4	4	
632823	天峻县	10		3	7	

宁夏回族自治区

行政区划代码	行政区划名称	乡级合计	街道	镇	乡
640000	宁夏回族自治区	243	50	103	90
640100	银川市	55	28	21	6
640104	兴庆区	16	12	2	2
640105	西夏区	9	7	2	
640106	金凤区	8	6	2	
640121	永宁县	7	1	5	1
640122	贺兰县	6	1	4	1
640181	灵武市	9	1	6	2
640200	石嘴山市	36	16	11	9
640202	大武口区	11	10	1	
640205	惠农区	12	6	3	3
640221	平罗县	13		7	6
640300	吴忠市	47	3	29	15
640302	利通区	12		8	4
640303	红寺堡区	6	1	2	3
640323	盐池县	9	1	4	4
640324	同心县	11		7	4
640381	青铜峡市	9	1	8	
640400	固原市	65	3	21	41
640402	原州区	14	3	7	4
640422	西吉县	19		4	15
640423	隆德县	13		3	10
640424	泾源县	7		3	4
640425	彭阳县	12		4	8
640500	中卫市	40		21	19
640502	沙坡头区	11		10	1
640521	中宁县	12		6	6
640522	海原县	17		5	12

新疆维吾尔自治区

行政区划代码	行政区划名称	乡级合计	街道	镇	乡	民族乡	区公所
650000	**新疆维吾尔自治区**	**1146**	**210**	**467**	**426**	**42**	**1**
650100	**乌鲁木齐市**	**104**	**82**	**10**	**11**	**1**	
650102	天山区	16	16				
650103	沙依巴克区	16	16				
650104	新市区	22	17	1	4		
650105	水磨沟区	14	14				
650106	头屯河区	9	9				
650107	达坂城区	7	3	1	3		
650109	米东区	14	7	5	1	1	
650121	乌鲁木齐县	6		3	3		
650200	**克拉玛依市**	**16**	**14**	**1**	**1**		
650202	独山子区	3	3				
650203	克拉玛依区	8	7		1		
650204	白碱滩区	3	3				
650205	乌尔禾区	2	1	1			
650400	**吐鲁番市**	**30**	**3**	**20**	**6**	**1**	
650402	高昌区	12	3	6	3		
650421	鄯善县	10		7	2	1	
650422	托克逊县	8		7	1		
650500	**哈密市**	**43**	**5**	**15**	**20**	**3**	
650502	伊州区	24	5	7	10	2	
650521	巴里坤哈萨克自治县	12		5	7		
650522	伊吾县	7		3	3	1	
652300	**昌吉回族自治州**	**81**	**9**	**46**	**15**	**11**	
652301	昌吉市	16	6	8	1	1	
652302	阜康市	10	3	4	1	2	
652323	呼图壁县	7		6		1	
652324	玛纳斯县	11		7	1	3	
652325	奇台县	16		10	3	3	
652327	吉木萨尔县	10		7	3		
652328	木垒哈萨克自治县	11		4	6	1	
652700	**博尔塔拉蒙古自治州**	**23**	**6**	**12**	**5**		
652701	博乐市	10	5	4	1		
652702	阿拉山口市	2	1	1			
652722	精河县	5		4	1		
652723	温泉县	6		3	3		
652800	**巴音郭楞蒙古自治州**	**93**	**7**	**38**	**47**	**1**	
652801	库尔勒市	19	7	3	9		
652822	轮台县	11		4	7		
652823	尉犁县	8		3	5		

续表 **1**

行政区划代码	行政区划名称	乡级合计	街道	镇	乡	民族乡	区公所
652824	若羌县	8		5	3		
652825	且末县	13		6	7		
652826	焉耆回族自治县	8		4	4		
652827	和静县	12		8	4		
652828	和硕县	7		3	3	1	
652829	博湖县	7		2	5		
652900	**阿克苏地区**	**97**	**11**	**47**	**37**	**2**	
652901	阿克苏市	13	7	3	3		
652902	库车市	18	4	9	5		
652922	温宿县	10		5	4	1	
652924	沙雅县	11		7	4		
652925	新和县	8		6	2		
652926	拜城县	14		4	10		
652927	乌什县	9		3	5	1	
652928	阿瓦提县	9		7	2		
652929	柯坪县	5		3	2		
653000	**克孜勒苏柯尔克孜自治州**	**38**	**2**	**12**	**23**	**1**	
653001	阿图什市	9	2	3	4		
653022	阿克陶县	12		5	6	1	
653023	阿合奇县	6		1	5		
653024	乌恰县	11		3	8		
653100	**喀什地区**	**184**	**13**	**53**	**114**	**3**	**1**
653101	喀什市	19	8	2	9		
653121	疏附县	10		4	6		
653122	疏勒县	15		3	12		
653123	英吉沙县	14		4	10		
653124	泽普县	14		2	10	1	1
653125	莎车县	34	5	14	14	1	
653126	叶城县	21		6	15		
653127	麦盖提县	10		2	8		
653128	岳普湖县	9		4	5		
653129	伽师县	13		6	7		
653130	巴楚县	12		4	8		
653131	塔什库尔干塔吉克自治县	13		2	10	1	
653200	**和田地区**	**95**	**4**	**25**	**64**	**2**	
653201	和田市	12	4	3	5		
653221	和田县	12		2	10		
653222	墨玉县	16		5	11		
653223	皮山县	16		6	8	2	
653224	洛浦县	9		4	5		
653225	策勒县	8		2	6		
653226	于田县	15		2	13		

续表 **2**

行政区划代码	行政区划名称	乡级合计	街道	镇	乡	民族乡	区公所
653227	民丰县	7		1	6		
654000	**伊犁哈萨克自治州**	**115**	**18**	**57**	**30**	**10**	
654002	伊宁市	17	8	4	5		
654003	奎屯市	7	6		1		
654004	霍尔果斯市	5	4			1	
654021	伊宁县	18		10	7	1	
654022	察布查尔锡伯自治县	13		7	5	1	
654023	霍城县	9		6	2	1	
654024	巩留县	8		6	2		
654025	新源县	9		8	1		
654026	昭苏县	10		6	1	3	
654027	特克斯县	8		5	1	2	
654028	尼勒克县	11		5	5	1	
654200	**塔城地区**	**77**	**8**	**36**	**28**	**5**	
654201	塔城市	10	3	3	3	1	
654202	乌苏市	22	5	10	5	2	
654203	沙湾市	12		9	3		
654221	额敏县	11		6	3	2	
654224	托里县	8		4	4		
654225	裕民县	6		2	4		
654226	和布克赛尔蒙古自治县	8		2	6		
654300	**阿勒泰地区**	**60**	**4**	**30**	**24**	**2**	
654301	阿勒泰市	15	4	5	5	1	
654321	布尔津县	7		4	2	1	
654322	富蕴县	10		5	5		
654323	福海县	6		3	3		
654324	哈巴河县	7		4	3		
654325	青河县	8		5	3		
654326	吉木乃县	7		4	3		
659001	石河子市	7	5	2			
659002	阿拉尔市	20	4	15	1		
659003	图木舒克市	17	3	14			
659004	五家渠市	6	3	3			
659005	北屯市	6	3	3			
659006	铁门关市	10	1	9			
659007	双河市	6	1	5			
659008	可克达拉市	7	2	5			
659009	昆玉市	6	1	5			
659010	胡杨河市	2	1	1			
659011	新星市	3		3			

第二部分

中华人民共和国行政区划名称和行政区划代码

北京市

北京市（京）

行政区划名称	行政区划代码	行政区划名称	行政区划代码	行政区划名称	行政区划代码
北京市（165街道，143镇，30乡，5民族乡）	110000	朝外街道	110105002	王四营乡	110105242
		呼家楼街道	110105003	首都机场街道	110105400
		三里屯街道	110105004	丰台区（24街道，2镇）	110106
东城区（17街道）	110101	左家庄街道	110105005	右安门街道	110106001
东华门街道	110101001	香河园街道	110105006	太平桥街道	110106002
景山街道	110101002	和平街街道	110105007	西罗园街道	110106003
交道口街道	110101003	安贞街道	110105008	大红门街道	110106004
安定门街道	110101004	亚运村街道	110105009	南苑街道	110106005
北新桥街道	110101005	小关街道	110105010	东高地街道	110106006
东四街道	110101006	酒仙桥街道	110105011	东铁匠营街道	110106007
朝阳门街道	110101007	麦子店街道	110105012	六里桥街道	110106008
建国门街道	110101008	团结湖街道	110105013	丰台街道	110106009
东直门街道	110101009	六里屯街道	110105014	新村街道	110106010
和平里街道	110101010	八里庄街道	110105015	长辛店街道	110106011
前门街道	110101011	双井街道	110105016	云岗街道	110106012
崇文门外街道	110101012	劲松街道	110105017	方庄街道	110106013
东花市街道	110101013	潘家园街道	110105018	宛平街道	110106014
龙潭街道	110101014	垡头街道	110105019	马家堡街道	110106015
体育馆路街道	110101015	大屯街道	110105025	和义街道	110106016
天坛街道	110101016	望京街道	110105026	卢沟桥街道	110106017
永定门外街道	110101017	奥运村街道	110105031	花乡街道	110106018
西城区（15街道）	110102	东湖街道	110105043	成寿寺街道	110106020
西长安街街道	110102001	南磨房乡	110105221	石榴庄街道	110106021
新街口街道	110102003	高碑店乡	110105222	玉泉营街道	110106022
月坛街道	110102007	将台乡	110105223	看丹街道	110106023
展览路街道	110102009	太阳宫乡	110105224	五里店街道	110106024
德胜街道	110102010	小红门乡	110105227	青塔街道	110106025
金融街街道	110102011	十八里店乡	110105228	北宫镇	110106100
什刹海街道	110102012	平房乡	110105229	王佐镇	110106101
大栅栏街道	110102013	东风乡	110105230	石景山区（9街道）	110107
天桥街道	110102014	来广营乡	110105232	八宝山街道	110107001
椿树街道	110102015	常营回族乡	110105233	老山街道	110107002
陶然亭街道	110102016	三间房乡	110105234	八角街道	110107003
广安门内街道	110102017	管庄乡	110105235	古城街道	110107004
牛街街道	110102018	金盏乡	110105236	苹果园街道	110107005
白纸坊街道	110102019	孙河乡	110105237	金顶街道	110107006
广安门外街道	110102020	崔各庄乡	110105238	广宁街道	110107009
朝阳区（24街道，18乡，1民族乡）	110105	东坝乡	110105239	五里坨街道	110107010
		黑庄户乡	110105240	鲁谷街道	110107011
建外街道	110105001	豆各庄乡	110105241	海淀区（22街道，7镇）	110108

续表 1

行政区划名称	行政区划代码	行政区划名称	行政区划代码	行政区划名称	行政区划代码
万寿路街道	110108001	妙峰山镇	110109108	临河里街道	110112011
永定路街道	110108002	王平镇	110109109	杨庄街道	110112012
羊坊店街道	110108003	**房山区（8 街道，**	**110111**	潞邑街道	110112013
甘家口街道	110108004	**14 镇，6 乡）**		宋庄镇	110112104
八里庄街道	110108005	城关街道	110111001	张家湾镇	110112105
紫竹院街道	110108006	新镇街道	110111002	漷县镇	110112106
北下关街道	110108007	向阳街道	110111004	马驹桥镇	110112109
北太平庄街道	110108008	东风街道	110111005	西集镇	110112110
学院路街道	110108010	迎风街道	110111006	台湖镇	110112114
中关村街道	110108011	星城街道	110111007	永乐店镇	110112117
海淀街道	110108012	拱辰街道	110111011	潞城镇	110112119
青龙桥街道	110108013	西潞街道	110111012	永顺镇	110112120
清华园街道	110108014	阎村镇	110111101	梨园镇	110112121
燕园街道	110108015	窦店镇	110111103	于家务回族乡	110112209
香山街道	110108016	石楼镇	110111104	**顺义区（6 街道，19 镇）**	**110113**
清河街道	110108017	长阳镇	110111105	胜利街道	110113001
花园路街道	110108018	河北镇	110111107	光明街道	110113002
西三旗街道	110108019	长沟镇	110111108	石园街道	110113010
马连洼街道	110108020	大石窝镇	110111109	空港街道	110113011
田村路街道	110108021	张坊镇	110111110	双丰街道	110113012
上地街道	110108022	十渡镇	110111111	旺泉街道	110113013
曙光街道	110108025	青龙湖镇	110111112	高丽营镇	110113101
温泉镇	110108101	韩村河镇	110111115	李桥镇	110113104
四季青镇	110108102	良乡镇	110111116	李遂镇	110113105
西北旺镇	110108103	周口店镇	110111117	南彩镇	110113106
苏家坨镇	110108104	琉璃河镇	110111118	北务镇	110113108
上庄镇	110108105	霞云岭乡	110111208	大孙各庄镇	110113109
海淀镇	110108123	南窖乡	110111209	张镇	110113110
东升镇	110108124	佛子庄乡	110111210	龙湾屯镇	110113111
门头沟区（4 街道，9 镇）	**110109**	大安山乡	110111211	木林镇	110113112
大峪街道	110109001	史家营乡	110111212	北小营镇	110113113
城子街道	110109002	蒲洼乡	110111213	北石槽镇	110113115
东辛房街道	110109003	**通州区（11 街道，**	**110112**	赵全营镇	110113116
大台街道	110109004	**10 镇，1 民族乡）**		仁和镇	110113117
潭柘寺镇	110109101	中仓街道	110112001	后沙峪镇	110113118
永定镇	110109102	新华街道	110112002	天竺镇	110113119
龙泉镇	110109103	北苑街道	110112003	杨镇	110113120
军庄镇	110109104	玉桥街道	110112004	牛栏山镇	110113121
雁翅镇	110109105	潞源街道	110112007	南法信镇	110113122
斋堂镇	110109106	通运街道	110112008	马坡镇	110113123
清水镇	110109107	文景街道	110112009	**昌平区（8 街道，14 镇）**	**110114**
		九棵树街道	110112010		

续表 2

行政区划名称	行政区划代码	行政区划名称	行政区划代码	行政区划名称	行政区划代码
城北街道	110114001	黄村镇	110115113	密云区（2 街道，	110118
城南街道	110114005	旧宫镇	110115114	17 镇，1 民族乡）	
天通苑北街道	110114008	西红门镇	110115115	鼓楼街道	110118001
天通苑南街道	110114009	瀛海镇	110115116	果园街道	110118002
霍营街道	110114010	怀柔区（2 街道，	110116	密云镇	110118100
回龙观街道	110114011	12 镇，2 民族乡）		溪翁庄镇	110118101
龙泽园街道	110114012	泉河街道	110116001	西田各庄镇	110118102
史各庄街道	110114013	龙山街道	110116002	十里堡镇	110118103
阳坊镇	110114104	北房镇	110116102	河南寨镇	110118104
小汤山镇	110114110	杨宋镇	110116103	巨各庄镇	110118105
南邵镇	110114111	桥梓镇	110116105	穆家峪镇	110118106
崔村镇	110114112	怀北镇	110116106	太师屯镇	110118107
百善镇	110114113	汤河口镇	110116107	高岭镇	110118108
北七家镇	110114115	渤海镇	110116108	不老屯镇	110118109
兴寿镇	110114116	九渡河镇	110116109	冯家峪镇	110118110
流村镇	110114118	琉璃庙镇	110116110	古北口镇	110118111
十三陵镇	110114119	宝山镇	110116111	大城子镇	110118112
延寿镇	110114120	怀柔镇	110116112	东邵渠镇	110118113
南口镇	110114121	雁栖镇	110116113	北庄镇	110118114
马池口镇	110114122	庙城镇	110116114	新城子镇	110118115
沙河镇	110114123	长哨营满族乡	110116211	石城镇	110118116
东小口镇	110114125	喇叭沟门满族乡	110116213	檀营满族蒙古族乡	110118200
大兴区（8 街道，14 镇）	110115	平谷区（2 街道，	110117	延庆区（3 街道，	110119
兴丰街道	110115001	14 镇，2 乡）		11 镇，4 乡）	
林校路街道	110115002	滨河街道	110117001	百泉街道	110119001
清源街道	110115003	兴谷街道	110117002	香水园街道	110119002
观音寺街道	110115009	东高村镇	110117101	儒林街道	110119003
天宫院街道	110115010	山东庄镇	110117102	延庆镇	110119100
高米店街道	110115011	南独乐河镇	110117104	康庄镇	110119101
荣华街道	110115012	大华山镇	110117105	八达岭镇	110119102
博兴街道	110115013	夏各庄镇	110117106	永宁镇	110119103
青云店镇	110115103	马昌营镇	110117108	旧县镇	110119104
采育镇	110115104	王辛庄镇	110117110	张山营镇	110119105
安定镇	110115105	大兴庄镇	110117111	四海镇	110119106
礼贤镇	110115106	刘家店镇	110117112	千家店镇	110119107
榆垡镇	110115107	镇罗营镇	110117114	沈家营镇	110119108
庞各庄镇	110115108	平谷镇	110117115	大榆树镇	110119109
北臧村镇	110115109	峪口镇	110117116	井庄镇	110119110
魏善庄镇	110115110	马坊镇	110117117	大庄科乡	110119200
长子营镇	110115111	金海湖镇	110117118	刘斌堡乡	110119201
亦庄镇	110115112	黄松峪乡	110117213	香营乡	110119202
		熊儿寨乡	110117214	珍珠泉乡	110119203

天津市

天津市（津）

行政区划名称	行政区划代码	行政区划名称	行政区划代码	行政区划名称	行政区划代码
天津市（124 街道，125 镇，2 乡，1 民族乡）	120000	向阳路街道	120104007	津门湖街道	120111005
		嘉陵道街道	120104008	中北镇	120111100
和平区（6 街道）	120101	王顶堤街道	120104009	杨柳青镇	120111101
劝业场街道	120101001	水上公园街道	120104010	辛口镇	120111102
小白楼街道	120101002	体育中心街道	120104011	张家窝镇	120111103
五大道街道	120101003	华苑街道	120104012	精武镇	120111104
新兴街道	120101004	河北区（10 街道）	120105	大寺镇	120111105
南营门街道	120101005	光复道街道	120105001	王稳庄镇	120111106
南市街道	120101006	望海楼街道	120105002	津南区（3 街道，8 镇）	120112
河东区（13 街道）	120102	鸿顺里街道	120105003	双新街道	120112001
大王庄街道	120102001	新开河街道	120105004	双林街道	120112002
大直沽街道	120102002	铁东路街道	120105005	海棠街道	120112003
中山门街道	120102003	建昌道街道	120105006	咸水沽镇	120112100
富民路街道	120102004	宁园街道	120105007	葛沽镇	120112101
二号桥街道	120102005	王串场街道	120105008	小站镇	120112102
春华街道	120102006	江都路街道	120105009	双港镇	120112103
唐家口街道	120102007	月牙河街道	120105010	辛庄镇	120112104
向阳楼街道	120102008	红桥区（9 街道）	120106	双桥河镇	120112106
常州道街道	120102009	西于庄街道	120106001	八里台镇	120112107
上杭路街道	120102010	咸阳北路街道	120106003	北闸口镇	120112108
东新街道	120102011	丁字沽街道	120106004	北辰区（8 街道，9 镇）	120113
鲁山道街道	120102012	西沽街道	120106005	果园新村街道	120113001
天津铁厂街道	120102013	三条石街道	120106006	集贤里街道	120113002
河西区（14 街道）	120103	邵公庄街道	120106008	普东街道	120113003
大营门街道	120103001	芥园街道	120106009	瑞景街道	120113004
下瓦房街道	120103002	铃铛阁街道	120106010	佳荣里街道	120113005
桃园街道	120103003	和苑街道	120106012	青源街道	120113006
挂甲寺街道	120103004	东丽区（11 街道）	120110	广源街道	120113007
马场街道	120103005	张贵庄街道	120110001	双环邨街道	120113008
越秀路街道	120103006	丰年村街道	120110002	天穆镇	120113100
友谊路街道	120103007	万新街道	120110003	北仓镇	120113101
天塔街道	120103008	无瑕街道	120110004	双街镇	120113102
尖山街道	120103009	新立街道	120110005	双口镇	120113103
陈塘庄街道	120103010	华明街道	120110006	青光镇	120113104
柳林街道	120103011	金钟街道	120110007	宜兴埠镇	120113106
东海街道	120103012	军粮城街道	120110008	小淀镇	120113107
梅江街道	120103013	金桥街道	120110009	大张庄镇	120113108
太湖路街道	120103014	东丽湖街道	120110010	西堤头镇	120113111
南开区（12 街道）	120104	华新街道	120110011	武清区（6 街道，24 镇）	120114
长虹街道	120104001	西青区（5 街道，7 镇）	120111	杨村街道	120114001
鼓楼街道	120104002			下朱庄街道	120114002
兴南街道	120104003	西营门街道	120111001	东蒲洼街道	120114003
广开街道	120104004	李七庄街道	120111002	黄庄街道	120114004
万兴街道	120104005	赤龙南街道	120111003	徐官屯街道	120114005
学府街道	120104006	赤龙北街道	120111004	运河西街道	120114006

续表 1

行政区划名称	行政区划代码	行政区划名称	行政区划代码	行政区划名称	行政区划代码
梅厂镇	120114101	口东镇	120115126	独流镇	120118102
大碱厂镇	120114102	大白庄镇	120115127	王口镇	120118103
崔黄口镇	120114103	**滨海新区（16街道，**	**120116**	台头镇	120118104
大良镇	120114104	**5镇）**		子牙镇	120118105
下伍旗镇	120114105	杭州道街道	120116005	陈官屯镇	120118106
南蔡村镇	120114106	新河街道	120116006	中旺镇	120118107
大孟庄镇	120114107	大沽街道	120116007	大邱庄镇	120118108
泗村店镇	120114108	新北街道	120116008	蔡公庄镇	120118109
河西务镇	120114109	北塘街道	120116009	梁头镇	120118110
城关镇	120114110	胡家园街道	120116011	团泊镇	120118111
东马圈镇	120114111	泰达街道	120116012	双塘镇	120118112
黄花店镇	120114112	汉沽街道	120116021	大丰堆镇	120118113
石各庄镇	120114113	寨上街道	120116022	沿庄镇	120118114
王庆坨镇	120114114	古林街道	120116033	西翟庄镇	120118115
汉沽港镇	120114115	海滨街道	120116034	良王庄乡	120118200
河北屯镇	120114116	塘沽街道	120116036	杨成庄乡	120118201
上马台镇	120114117	茶淀街道	120116037	**蓟州区（1街道，**	**120119**
大王古庄镇	120114118	大港街道	120116038	**25镇，1民族乡）**	
陈咀镇	120114119	新港街道	120116039	文昌街道	120119001
白古屯镇	120114120	新村街道	120116040	渔阳镇	120119100
曹子里镇	120114121	新城镇	120116100	泗溜镇	120119101
大黄堡镇	120114122	杨家泊镇	120116102	官庄镇	120119102
豆张庄镇	120114123	太平镇	120116105	马伸桥镇	120119103
高村镇	120114124	小王庄镇	120116106	下营镇	120119104
宝坻区（6街道，18镇）	**120115**	中塘镇	120116107	邦均镇	120119105
海滨街道	120115001	**宁河区（2街道，13镇）**	**120117**	别山镇	120119106
宝平街道	120115002	芦台街道	120117001	尤古庄镇	120119108
钰华街道	120115003	桥北街道	120117002	上仓镇	120119109
周良街道	120115004	宁河镇	120117101	下仓镇	120119111
朝霞街道	120115007	苗庄镇	120117102	罗庄子镇	120119112
潮阳街道	120115008	丰台镇	120117103	白涧镇	120119113
大口屯镇	120115101	岳龙镇	120117104	侯家营镇	120119115
王卜庄镇	120115103	板桥镇	120117105	桑梓镇	120119116
方家庄镇	120115104	潘庄镇	120117106	东施古镇	120119117
林亭口镇	120115105	造甲城镇	120117107	下窝头镇	120119118
八门城镇	120115106	七里海镇	120117108	杨津庄镇	120119119
大钟庄镇	120115107	大北涧沽镇	120117109	出头岭镇	120119120
新安镇	120115108	东棘坨镇	120117110	西龙虎峪镇	120119121
霍各庄镇	120115111	俵口镇	120117111	穿芳峪镇	120119122
新开口镇	120115113	廉庄镇	120117112	东二营镇	120119123
大唐庄镇	120115115	北淮淀镇	120117113	许家台镇	120119124
牛道口镇	120115119	**静海区（2街道，**	**120118**	礼明庄镇	120119125
史各庄镇	120115120	**16镇，2乡）**		东赵各庄镇	120119126
郝各庄镇	120115121	华康街道	120118001	州河湾镇	120119127
牛家牌镇	120115123	朝阳街道	120118002	孙各庄满族乡	120119203
尔王庄镇	120115124	静海镇	120118100		
黄庄镇	120115125	唐官屯镇	120118101		

河北省

河北省（冀）

行政区划名称	行政区划代码	行政区划名称	行政区划代码	行政区划名称	行政区划代码
河北省（310街道，1325镇，580乡，38民族乡，1区公所）	130000	革新街道	130105001	南营镇	130109103
		新华路街道	130105003	梅花镇	130109104
		宁安街道	130105004	岗上镇	130109105
石家庄市（60街道，133镇，80乡，3民族乡）	130100	东焦街道	130105005	丘头镇	130109106
		西苑街道	130105006	南董镇	130109107
长安区（12街道，4镇）	130102	合作路街道	130105007	张家庄镇	130109108
建北街道	130102001	联盟街道	130105008	南孟镇	130109109
青园街道	130102002	石岗街道	130105009	增村镇	130109110
广安街道	130102003	天苑街道	130105011	常安镇	130109111
育才街道	130102004	北苑街道	130105012	西关镇	130109112
跃进街道	130102005	赵陵铺路街道	130105013	九门回族乡	130109200
河东街道	130102007	赵佗路街道	130105014	鹿泉区（9镇，3乡）	130110
长丰街道	130102010	大郭街道	130105015	获鹿镇	130110100
谈固街道	130102011	西三庄街道	130105016	铜冶镇	130110101
中山东路街道	130102012	杜北街道	130105017	寺家庄镇	130110102
阜康街道	130102013	井陉矿区（2街道，2镇，1乡）	130107	上庄镇	130110103
建安街道	130102014			李村镇	130110104
胜北街道	130102015	矿市街道	130107001	宜安镇	130110105
西兆通镇	130102100	四微街道	130107002	黄壁庄镇	130110106
南村镇	130102101	贾庄镇	130107100	大河镇	130110107
高营镇	130102102	凤山镇	130107101	山尹村镇	130110108
桃园镇	130102103	横涧乡	130107200	石井乡	130110200
桥西区（17街道）	130104	裕华区（11街道，2镇）	130108	白鹿泉乡	130110201
东里街道	130104001	裕兴街道	130108001	上寨乡	130110202
中山街道	130104002	裕强街道	130108002	栾城区（5镇，3乡）	130111
南长街道	130104004	东苑街道	130108003	栾城镇	130111100
维明街道	130104005	建通街道	130108004	郄马镇	130111101
友谊街道	130104007	槐底街道	130108005	冶河镇	130111102
红旗街道	130104008	裕华路街道	130108006	窦妪镇	130111103
新石街道	130104009	裕东街道	130108007	楼底镇	130111104
苑东街道	130104010	长江街道	130108008	南高乡	130111200
西里街道	130104011	太行街道	130108009	柳林屯乡	130111201
振头街道	130104012	裕翔街道	130108010	西营乡	130111202
留营街道	130104013	建华南街道	130108011	井陉县（10镇，7乡）	130121
长兴街道	130104014	宋营镇	130108100	微水镇	130121100
东华街道	130104015	方村镇	130108101	上安镇	130121101
休门街道	130104016	藁城区（13镇，1民族乡）	130109	天长镇	130121102
彭后街道	130104017			秀林镇	130121103
东风街道	130104018	廉州镇	130109100	南峪镇	130121104
汇通街道	130104019	兴安镇	130109101	威州镇	130121105
新华区（15街道）	130105	贾市庄镇	130109102	小作镇	130121106

续表 1

行政区划名称	行政区划代码	行政区划名称	行政区划代码	行政区划名称	行政区划代码
南障城镇	130121107	牛城乡	130126202	东回舍镇	130131101
苍岩山镇	130121108	狗台乡	130126203	温塘镇	130131102
测鱼镇	130121109	南寨乡	130126204	南甸镇	130131103
吴家窑乡	130121200	南燕川乡	130126205	岗南镇	130131104
北正乡	130121201	北谭庄乡	130126206	古月镇	130131105
于家乡	130121202	寨头乡	130126207	下槐镇	130131106
孙庄乡	130121203	南营乡	130126208	孟家庄镇	130131107
南陉乡	130121204	**高邑县（5 镇）**	**130127**	小觉镇	130131108
辛庄乡	130121205	高邑镇	130127100	蛟潭庄镇	130131109
南王庄乡	130121206	大营镇	130127101	西柏坡镇	130131110
正定县（2 街道，	**130123**	富村镇	130127102	下口镇	130131111
5 镇，3 乡）		万城镇	130127103	西大吾乡	130131200
诸福屯街道	130123001	中韩镇	130127104	上三汲乡	130131201
三里屯街道	130123002	**深泽县（4 镇，2 乡）**	**130128**	两河乡	130131202
正定镇	130123100	深泽镇	130128100	东王坡乡	130131203
新城铺镇	130123102	铁杆镇	130128101	苏家庄乡	130131204
新安镇	130123103	赵八镇	130128102	宅北乡	130131205
南岗镇	130123104	大桥头镇	130128103	北冶乡	130131207
曲阳桥镇	130123105	白庄乡	130128200	上观音堂乡	130131209
南牛乡	130123200	留村乡	130128201	杨家桥乡	130131210
南楼乡	130123201	**赞皇县（4 镇，7 乡）**	**130129**	营里乡	130131211
西平乐乡	130123202	赞皇镇	130129100	合河口乡	130131212
行唐县（4 镇，11 乡）	**130125**	院头镇	130129101	**元氏县（8 镇，7 乡）**	**130132**
龙州镇	130125100	南邢郭镇	130129102	槐阳镇	130132100
南桥镇	130125101	嶂石岩镇	130129103	殷村镇	130132101
上碑镇	130125102	西龙门乡	130129200	南佐镇	130132102
口头镇	130125103	南清河乡	130129202	宋曹镇	130132103
独羊岗乡	130125200	西阳泽乡	130129203	南因镇	130132104
安香乡	130125201	土门乡	130129204	姬村镇	130132105
只里乡	130125202	黄北坪乡	130129205	北褚镇	130132106
市同乡	130125203	许亭乡	130129207	马村镇	130132107
翟营乡	130125204	张楞乡	130129208	东张乡	130132201
城寨乡	130125205	**无极县（6 镇，4 乡，**	**130130**	赵同乡	130132202
上方乡	130125206	**1 民族乡）**		苏村乡	130132204
玉亭乡	130125207	无极镇	130130100	苏阳乡	130132205
北河乡	130125208	七汲镇	130130101	北正乡	130132206
上阁庄乡	130125209	张段固镇	130130102	前仙乡	130132207
九口子乡	130125210	北苏镇	130130103	黑水河乡	130132208
灵寿县（6 镇，9 乡）	**130126**	郭庄镇	130130104	**赵县（9 镇，2 乡）**	**130133**
灵寿镇	130126100	大陈镇	130130105	赵州镇	130133100
青同镇	130126101	高头回族乡	130130200	范庄镇	130133101
塔上镇	130126102	郝庄乡	130130201	北王里镇	130133102
陈庄镇	130126103	东侯坊乡	130130202	新寨店镇	130133103
慈峪镇	130126104	里城道乡	130130203	韩村镇	130133104
岔头镇	130126105	南流乡	130130204	南柏舍镇	130133105
三圣院乡	130126200	**平山县（12 镇，11 乡）**	**130131**	沙河店镇	130133106
北洼乡	130126201	平山镇	130131100	王西章镇	130133107

续表 2

行政区划名称	行政区划代码	行政区划名称	行政区划代码	行政区划名称	行政区划代码
谢庄镇	130133108	学院南路街道	130202001	双桥镇	130205103
前大章乡	130133200	友谊街道	130202002	郑庄子镇	130205104
高村乡	130133202	广场街道	130202003	洼里镇	130205105
辛集市（8镇，7乡）	130181	永红桥街道	130202004	丰南区（3街道，	130207
辛集镇	130181100	小山街道	130202005	16镇，1乡）	
旧城镇	130181101	文化北后街街道	130202006	青年路街道	130207001
张古庄镇	130181102	钱家营矿区街道	130202007	新华路街道	130207002
位伯镇	130181103	惠民道街道	130202008	振兴街道	130207003
新垒头镇	130181104	梁家屯路街道	130202009	胥各庄镇	130207100
新城镇	130181105	稻地镇	130202100	小集镇	130207103
南智丘镇	130181106	女织寨镇	130202101	黄各庄镇	130207104
王口镇	130181107	路北区（12街道，2镇）	130203	西葛镇	130207105
天宫营乡	130181200	乔屯街道	130203001	大新庄镇	130207106
前营乡	130181201	文化路街道	130203002	钱营镇	130207107
马庄乡	130181202	钓鱼台街道	130203003	唐坊镇	130207108
和睦井乡	130181203	东新村街道	130203004	王兰庄镇	130207109
田家庄乡	130181204	缸窑街道	130203005	柳树酄镇	130207110
中里厢乡	130181205	机场路街道	130203006	黑沿子镇	130207111
小辛庄乡	130181206	河北路街道	130203007	大齐各庄镇	130207113
晋州市（9镇，1乡）	130183	龙东街道	130203008	海北镇	130207114
晋州镇	130183100	大里街道	130203009	汉丰镇	130207115
总十庄镇	130183101	光明街道	130203010	岔河镇	130207116
营里镇	130183102	翔云道街道	130203011	南孙庄镇	130207117
桃园镇	130183103	高新技术开发区街道	130203012	东田庄镇	130207118
东卓宿镇	130183104	韩城镇	130203100	尖字沽乡	130207203
马于镇	130183105	果园镇	130203101	丰润区（3街道，	130208
小樵镇	130183106	古冶区（5街道，2镇，3乡）	130204	19镇，2乡）	
槐树镇	130183107			太平路街道	130208001
东里庄镇	130183108	林西街道	130204001	燕山路街道	130208002
周家庄乡	130183201	唐家庄街道	130204002	浭阳街道	130208003
新乐市（1街道，8镇，2乡，1民族乡）	130184	古冶街道	130204003	丰润镇	130208100
		赵各庄街道	130204004	老庄子镇	130208101
长寿街道	130184001	京华街道	130204005	任各庄镇	130208102
化皮镇	130184101	范各庄镇	130204100	左家坞镇	130208103
承安镇	130184102	卑家店镇	130204101	泉河头镇	130208104
正莫镇	130184103	王辇庄乡	130204201	王官营镇	130208105
南大岳镇	130184104	习家套乡	130204202	火石营镇	130208106
杜固镇	130184105	大庄坨乡	130204203	新军屯镇	130208109
邯邰镇	130184106	开平区（5街道，6镇）	130205	小张各庄镇	130208110
东王镇	130184107	马家沟街道	130205001	丰登坞镇	130208111
马头铺镇	130184108	开平街道	130205002	李钊庄镇	130208112
协神乡	130184200	税务庄街道	130205003	白官屯镇	130208113
木村乡	130184201	陡电街道	130205005	石各庄镇	130208114
彭家庄回族乡	130184202	荆各庄街道	130205006	沙流河镇	130208115
唐山市（54街道，158镇，16乡，3民族乡）	130200	开平镇	130205100	七树庄镇	130208116
		栗园镇	130205101	杨官林镇	130208117
路南区（9街道，2镇）	130202	越河镇	130205102	银城铺镇	130208118

111

续表 3

行政区划名称	行政区划代码	行政区划名称	行政区划代码	行政区划名称	行政区划代码
常庄镇	130208119	庞各庄乡	130225201	华明路街道	130281001
姜家营镇	130208120	古河乡	130225203	文化路街道	130281002
欢喜庄乡	130208205	迁西县（1街道，	130227	遵化镇	130281100
刘家营乡	130208208	14镇，3乡）		堡子店镇	130281101
曹妃甸区（3街道，	130209	栗乡街道	130227001	马兰峪镇	130281102
5镇）		兴城镇	130227100	平安城镇	130281103
希望路街道	130209001	金厂峪镇	130227101	东新庄镇	130281104
垦丰街道	130209002	洒河桥镇	130227102	新店子镇	130281105
中山路街道	130209003	太平寨镇	130227103	党峪镇	130281106
唐海镇	130209100	罗家屯镇	130227104	地北头镇	130281107
柳赞镇	130209101	东荒峪镇	130227105	东旧寨镇	130281108
滨海镇	130209102	新集镇	130227106	铁厂镇	130281109
孙塘庄镇	130209103	三屯营镇	130227107	苏家洼镇	130281110
双井镇	130209104	滦阳镇	130227108	建明镇	130281111
滦南县（1街道，16镇）	130224	汉儿庄镇	130227109	石门镇	130281112
友谊路街道	130224001	新庄子镇	130227110	崔家庄镇	130281113
倴城镇	130224100	东莲花院镇	130227111	西留村镇	130281114
宋道口镇	130224101	白庙子镇	130227112	兴旺寨镇	130281115
长凝镇	130224102	上营镇	130227113	西三里镇	130281116
胡各庄镇	130224103	渔户寨乡	130227203	团瓢庄镇	130281117
坨里镇	130224104	旧城乡	130227204	娘娘庄镇	130281118
姚王庄镇	130224105	尹庄乡	130227205	候家寨镇	130281119
司各庄镇	130224106	玉田县（1街道，	130229	西下营满族乡	130281203
安各庄镇	130224107	17镇，3乡）		汤泉满族乡	130281204
扒齿港镇	130224108	无终街道	130229001	东陵满族乡	130281205
程庄镇	130224109	玉田镇	130229100	刘备寨乡	130281206
青坨营镇	130224110	亮甲店镇	130229101	小厂乡	130281211
柏各庄镇	130224111	鸦鸿桥镇	130229102	迁安市（4街道，17镇）	130283
南堡镇	130224114	窝洛沽镇	130229103	永顺街道	130283001
方各庄镇	130224115	石臼窝镇	130229104	兴安街道	130283002
东黄坨镇	130224116	虹桥镇	130229105	滨河街道	130283003
马城镇	130224117	散水头镇	130229106	杨店子街道	130283004
乐亭县（1街道，	130225	林南仓镇	130229107	夏官营镇	130283101
12镇，2乡）		林西镇	130229108	杨各庄镇	130283102
乐安街道	130225001	杨家板桥镇	130229109	建昌营镇	130283103
乐亭镇	130225100	彩亭桥镇	130229110	赵店子镇	130283104
汤家河镇	130225101	孤树镇	130229111	野鸡坨镇	130283105
胡家坨镇	130225102	大安镇镇	130229112	大崔庄镇	130283106
王滩镇	130225103	唐自头镇	130229113	蔡园镇	130283108
闫各庄镇	130225104	郭家屯镇	130229114	马兰庄镇	130283109
马头营镇	130225105	杨家套镇	130229115	沙河驿镇	130283110
新寨镇	130225106	陈家铺镇	130229116	木厂口镇	130283111
汀流河镇	130225107	林头屯乡	130229201	上射雁庄镇	130283112
姜各庄镇	130225108	潮洛窝乡	130229203	太平庄镇	130283113
毛庄镇	130225109	郭家桥乡	130229205	扣庄镇	130283114
中堡镇	130225110	遵化市（2街道，20镇，	130281	大五里镇	130283115
大相各庄镇	130225111	2乡，3民族乡）		五重安镇	130283116

续表 **4**

行政区划名称	行政区划代码	行政区划名称	行政区划代码	行政区划名称	行政区划代码
彭店子镇	130283117	船厂路街道	130303005	草碾乡	130321213
阎家店镇	130283118	第一关镇	130303100	三拨子乡	130321217
滦州市（4 街道，10 镇）	**130284**	石河镇	130303101	凉水河乡	130321218
滦河街道	130284001	孟姜镇	130303102	昌黎县（11 镇，5 乡）	**130322**
古城街道	130284002	渤海乡	130303200	昌黎镇	130322100
滦城路街道	130284003	北戴河区（3 街道，3 镇）	**130304**	靖安镇	130322101
响嘡街道	130284004			安山镇	130322102
东安各庄镇	130284100	西山街道	130304001	龙家店镇	130322103
雷庄镇	130284101	东山街道	130304002	泥井镇	130322104
茨榆坨镇	130284102	南戴河街道	130304003	大蒲河镇	130322105
榛子镇	130284103	海滨镇	130304100	新集镇	130322106
杨柳庄镇	130284104	戴河镇	130304101	刘台庄镇	130322107
油榨镇	130284105	牛头崖镇	130304102	朱各庄镇	130322108
古马镇	130284106	抚宁区（1 街道，6 镇，1 乡）	**130306**	荒佃庄镇	130322109
小马庄镇	130284107			茹荷镇	130322110
九百户镇	130284108	骊城街道	130306001	团林乡	130322201
王店子镇	130284109	抚宁镇	130306100	葛条港乡	130322202
秦皇岛市（23 街道，54 镇，20 乡）	**130300**	留守营镇	130306101	马坨店乡	130322203
		榆关镇	130306102	两山乡	130322206
海港区（13 街道，8 镇）	**130302**	台营镇	130306103	十里铺乡	130322207
文化路街道	130302001	大新寨镇	130306104	卢龙县（10 镇，2 乡）	**130324**
海滨路街道	130302002	坟坨镇	130306105	卢龙镇	130324100
北环路街道	130302003	茶棚乡	130306200	潘庄镇	130324101
建设大街街道	130302004	青龙满族自治县（1 街道，13 镇，11 乡）	**130321**	燕河营镇	130324102
河东街道	130302005			双望镇	130324103
西港路街道	130302006	都阳路街道	130321001	刘田各庄镇	130324104
燕山大街街道	130302007	青龙镇	130321100	石门镇	130324105
港城大街街道	130302008	祖山镇	130321101	木井镇	130324106
东环路街道	130302009	木头凳镇	130321102	陈官屯镇	130324107
白塔岭街道	130302010	双山子镇	130321103	蛤泊镇	130324108
珠江道街道	130302011	马圈子镇	130321104	印庄镇	130324019
黄河道街道	130302012	肖营子镇	130321105	下寨乡	130324200
腾飞路街道	130302013	大巫岚镇	130321106	刘家营乡	130324201
东港镇	130302100	土门子镇	130321107	邯郸市（30 街道，143 镇，67 乡，2 民族乡）	**130400**
海港镇	130302101	八道河镇	130321108		
西港镇	130302102	隔河头镇	130321109	邯山区（11 街道，5 镇，5 乡）	**130402**
海阳镇	130302103	娄杖子镇	130321110		
北港镇	130302104	龙王庙镇	130321111	火磨街道	130402001
石门寨镇	130302105	茨榆山镇	130321112	陵园路街道	130402002
驻操营镇	130302106	凤凰山乡	130321200	光明路街道	130402003
杜庄镇	130302107	三星口乡	130321202	滏东街道	130402004
山海关区（5 街道，3 镇，1 乡）	**130303**	干沟乡	130321203	罗城头街道	130402005
		大石岭乡	130321206	渚河路街道	130402006
南关街道	130303001	官场乡	130321208	浴新南街道	130402007
东街街道	130303002	平方子乡	130321210	农林路街道	130402008
西街街道	130303003	安子岭乡	130321211	贸东街道	130402009
路南街道	130303004	朱杖子乡	130321212	贸西街道	130402010

续表 5

行政区划名称	行政区划代码	行政区划名称	行政区划代码	行政区划名称	行政区划代码
盛和路街道	130402011	峰峰矿区（1街道，9镇，1乡）	130406	邺城镇	130423105
北张庄镇	130402100			章里集镇	130423106
马头镇	130402101	滏阳东路街道	130406001	张村集镇	130423107
河沙镇镇	130402102	临水镇	130406100	砖寨营镇	130423108
高臾镇	130402103	峰峰镇	130406101	习文镇	130423109
光禄镇	130402104	新坡镇	130406102	狄邱乡	130423200
南堡乡	130402201	大社镇	130406103	西羊羔乡	130423202
代召乡	130402202	和村镇	130406104	杜村集乡	130423204
辛庄营乡	130402203	义井镇	130406105	柏鹤集乡	130423208
花官营乡	130402204	彭城镇	130406106	**成安县（6镇，3乡）**	**130424**
台城乡	130402205	界城镇	130406107	成安镇	130424100
丛台区（10街道，3镇，6乡）	**130403**	大峪镇	130406108	商城镇	130424101
		西固义乡	130406200	漳河店镇	130424102
丛台西街道	130403001	**肥乡区（9镇）**	**130407**	李家疃镇	130424103
联纺西街道	130403002	肥乡镇	130407100	北乡义镇	130424104
联纺东街道	130403003	天台山镇	130407101	道东堡镇	130424105
光明桥街道	130403004	辛安镇镇	130407102	辛义乡	130424200
丛台东街道	130403005	大寺上镇	130407103	柏寺营乡	130424201
四季青街道	130403006	东漳堡镇	130407104	长巷乡	130424204
和平街道	130403007	毛演堡镇	130407105	**大名县（12镇，7乡，1民族乡）**	**130425**
中华街道	130403008	西吕营镇	130407106		
人民路街道	130403009	元固镇	130407107	大名镇	130425100
柳林桥街道	130403010	北高镇	130407108	杨桥镇	130425101
黄粱梦镇	130403100	**永年区（9镇，8乡）**	**130408**	万堤镇	130425102
尚璧镇	130403101	临洺关镇	130408100	龙王庙镇	130425103
南沿村镇	130403102	大北汪镇	130408101	束馆镇	130425104
苏曹乡	130403200	张西堡镇	130408102	金滩镇	130425105
南吕固乡	130403201	广府镇	130408103	沙圪塔镇	130425106
兼庄乡	130403202	永合会镇	130408105	大街镇	130425107
三陵乡	130403203	刘营镇	130408106	铺上镇	130425108
小西堡乡	130403204	东杨庄镇	130408107	孙甘店镇	130425109
姚寨乡	130403205	讲武镇	130408108	北峰镇	130425110
复兴区（7街道，2镇，3乡）	**130404**	西苏镇	130408109	黄金堤镇	130425111
		界河店乡	130408201	王村乡	130425201
胜利桥街道	130404001	刘汉乡	130408203	旧治乡	130425205
百家村街道	130404002	正西乡	130408204	西未庄乡	130425206
铁路大院街道	130404003	曲陌乡	130408206	西付集乡	130425208
化林路街道	130404004	辛庄堡乡	130408207	埝头乡	130425209
庞村街道	130404005	小龙马乡	130408208	张铁集乡	130425211
二六七二街道	130404006	西河庄乡	130408211	红庙乡	130425212
石化街道	130404007	西阳城乡	130408213	营镇回族乡	130425213
户村镇	130404100	**临漳县（10镇，4乡）**	**130423**	**涉县（1街道，8镇，8乡）**	**130426**
林坛镇	130404101	临漳镇	130423100		
彭家寨乡	130404200	南东坊镇	130423101	平安街道	130426001
康庄乡	130404201	孙陶集镇	130423102	河南店镇	130426101
南城乡	130404202	柳园镇	130423103	索堡镇	130426102
		称勾集镇	130423104	西戌镇	130426103

续表 6

行政区划名称	行政区划代码	行政区划名称	行政区划代码	行政区划名称	行政区划代码
井店镇	130426104	东张孟镇	130432104	康二城镇	130481101
更乐镇	130426105	十里铺镇	130432105	午汲镇	130481102
固新镇	130426106	南韩镇	130432106	磁山镇	130481103
西达镇	130426107	馆陶县（6镇，2乡）	130433	伯延镇	130481104
偏城镇	130426108	馆陶镇	130433100	淑村镇	130481105
神头乡	130426200	房寨镇	130433101	大同镇	130481106
辽城乡	130426201	柴堡镇	130433102	邑城镇	130481107
偏店乡	130426202	魏僧寨镇	130433103	矿山镇	130481108
龙虎乡	130426203	寿山寺镇	130433104	贺进镇	130481109
木井乡	130426204	王桥镇	130433105	阳邑镇	130481110
关防乡	130426205	南徐村乡	130433202	徘徊镇	130481111
合漳乡	130426206	路桥乡	130433203	冶陶镇	130481112
鹿头乡	130426207	魏县（17镇，4乡）	130434	上团城镇	130481113
磁县（6镇，5乡）	130427	魏城镇	130434100	西土山镇	130481114
磁州镇	130427100	德政镇	130434101	北安庄乡	130481201
讲武城镇	130427103	北皋镇	130434102	北安乐乡	130481202
岳城镇	130427104	双井镇	130434103	西寺庄乡	130481204
观台镇	130427105	牙里镇	130434104	活水乡	130481205
白土镇	130427107	车往镇	130434105	石洞乡	130481206
黄沙镇	130427108	回隆镇	130434106	管陶乡	130481207
路村营乡	130427200	张二庄镇	130434107	马家庄乡	130481208
时村营乡	130427204	东代固镇	130434108	邢台市（27街道，117镇，54乡）	130500
陶泉乡	130427207	院堡镇	130434109		
都党乡	130427208	南双庙镇	130434110	襄都区（8街道，6镇，1乡）	130502
北贾壁乡	130427209	棘针寨镇	130434111		
邱县（5镇，1乡，1民族乡）	130430	边马镇	130434112	南长街街道	130502001
		泊口镇	130434113	北大街街道	130502002
新马头镇	130430100	仕望集镇	130434114	西大街街道	130502003
邱城镇	130430101	沙口集镇	130434115	西门里街道	130502004
梁二庄镇	130430102	大辛庄镇	130434116	火炬街道	130502005
香城固镇	130430103	野胡拐乡	130434203	泉东街道	130502006
古城营镇	130430104	前大磨乡	130434205	留村街道	130502007
南辛店乡	130430201	大马村乡	130434209	豫让桥街道	130502008
陈村回族乡	130430204	北台头乡	130434212	东郭村镇	130502100
鸡泽县（6镇，1乡）	130431	曲周县（8镇，2乡）	130435	王快镇	130502101
鸡泽镇	130431100	曲周镇	130435100	沙河城镇	130502102
小寨镇	130431101	安寨镇	130435101	晏家屯镇	130502103
双塔镇	130431102	侯村镇	130435102	祝村镇	130502104
曹庄镇	130431103	河南疃镇	130435103	东汪镇	130502105
浮图店镇	130431104	第四疃镇	130435104	大梁庄乡	130502200
吴官营镇	130431105	白寨镇	130435105	信都区（8街道，11镇，6乡）	130503
风正乡	130431202	槐桥镇	130435106		
广平县（7镇）	130432	南里岳镇	130435107	钢铁路街道	130503001
广平镇	130432100	大河道乡	130435203	中兴路街道	130503002
平固店镇	130432101	依庄乡	130435204	达活泉街道	130503003
胜营镇	130432102	武安市（15镇，7乡）	130481	张宽街道	130503004
南阳堡镇	130432103	武安镇	130481100	章村街道	130503005

续表 7

行政区划名称	行政区划代码	行政区划名称	行政区划代码	行政区划名称	行政区划代码
中华大街街道	130503006	内丘县（5镇，4乡）	130523	北鱼乡	130528205
团结路街道	130503007	内丘镇	130523100	徐家河乡	130528206
泉西街道	130503008	大孟村镇	130523101	巨鹿县（8镇，2乡）	130529
南大郭镇	130503100	金店镇	130523102	巨鹿镇	130529100
李村镇	130503101	官庄镇	130523103	王虎寨镇	130529101
南石门镇	130503102	柳林镇	130523104	西郭城镇	130529102
羊范镇	130503103	五郭店乡	130523200	官亭镇	130529103
皇寺镇	130503104	南赛乡	130523203	阎疃镇	130529104
会宁镇	130503105	獐獏乡	130523204	小吕寨镇	130529105
西黄村镇	130503106	侯家庄乡	130523205	苏家营镇	130529106
路罗镇	130503107	柏乡县（4镇，2乡）	130524	观寨镇	130529107
将军墓镇	130503108	柏乡镇	130524100	堤村乡	130529200
浆水镇	130503109	固城店镇	130524101	张王疃乡	130529201
宋家庄镇	130503110	西汪镇	130524102	新河县（2镇，4乡）	130530
太子井乡	130503202	龙华镇	130524103	新河镇	130530100
龙泉寺乡	130503203	王家庄乡	130524200	寻寨镇	130530101
北小庄乡	130503204	内步乡	130524203	白神首乡	130530200
城计头乡	130503205	隆尧县（7镇，5乡）	130525	荆家庄乡	130530201
白岸乡	130503206	隆尧镇	130525100	西流乡	130530202
冀家村乡	130503207	魏家庄镇	130525101	仁让里乡	130530203
任泽区（5镇，3乡）	130505	尹村镇	130525102	广宗县（4镇，4乡）	130531
任城镇	130505100	山口镇	130525103	广宗镇	130531100
邢家湾镇	130505101	莲子镇镇	130525104	冯家寨镇	130531101
辛店镇	130505102	固城镇	130525105	北塘疃镇	130531102
天口镇	130505103	东良镇	130525106	核桃园镇	130531103
西固城镇	130505104	北楼乡	130525200	葫芦乡	130531200
永福庄乡	130505201	双碑乡	130525202	大平台乡	130531201
大屯乡	130505202	牛家桥乡	130525203	件只乡	130531202
骆庄乡	130505203	千户营乡	130525204	东召乡	130531204
南和区（5镇，3乡）	130506	大张庄乡	130525205	平乡县（1街道，4镇，2乡）	130532
和阳镇	130506100	宁晋县（1街道，14镇，2乡）	130528	中华路街道	130532001
贾宋镇	130506101			平乡镇	130532101
郝桥镇	130506102	宁北街道	130528001	河古庙镇	130532102
三思镇	130506103	凤凰镇	130528100	田付村镇	130532103
河郭镇	130506104	河渠镇	130528101	节固镇	130532104
东三召乡	130506200	北河庄镇	130528102	油召乡	130532201
阎里乡	130506201	耿庄桥镇	130528103	寻召乡	130532203
史召乡	130506203	东汪镇	130528104	威县（12镇，4乡）	130533
临城县（5镇，3乡）	130522	贾家口镇	130528105	洺州镇	130533100
临城镇	130522100	四芝兰镇	130528106	梨园屯镇	130533101
东镇镇	130522101	大陆村镇	130528107	章台镇	130533102
郝庄镇	130522102	换马店镇	130528108	侯贯镇	130533103
西竖镇	130522103	苏家庄镇	130528109	七级镇	130533104
黑城镇	130522104	唐邱镇	130528110	贺营镇	130533105
鸭鸽营乡	130522201	大曹庄镇	130528111	方家营镇	130533106
石城乡	130522203	侯口镇	130528112	常庄镇	130533107
赵庄乡	130522205	纪昌庄镇	130528113		

续表 8

行政区划名称	行政区划代码	行政区划名称	行政区划代码	行政区划名称	行政区划代码
第什营镇	130533108	赞善街道	130582004	满城镇	130607100
赵村镇	130533109	周庄街道	130582005	大册营镇	130607101
贺钊镇	130533110	新城镇	130582101	神星镇	130607102
固献镇	130533111	白塔镇	130582102	南韩村镇	130607103
枣园乡	130533202	十里亭镇	130582103	方顺桥镇	130607104
张家营乡	130533206	綦村镇	130582104	于家庄镇	130607105
常屯乡	130533207	刘石岗镇	130582107	要庄乡	130607203
高公庄乡	130533209	册井镇	130582108	白龙乡	130607204
清河县（6镇）	130534	柴关乡	130582203	石井乡	130607205
葛仙庄镇	130534100	蝉房乡	130582204	坨南乡	130607206
连庄镇	130534101	保定市（31街道,	130600	刘家台乡	130607207
油坊镇	130534102	210镇, 97乡,		贤台乡	130607208
谢炉镇	130534103	2民族乡）		清苑区（13镇, 5乡）	130608
王官庄镇	130534104	竞秀区（6街道,	130602	清苑镇	130608100
坝营镇	130534105	2镇, 4乡）		冉庄镇	130608101
临西县（7镇, 2乡）	130535	先锋街街道	130602001	阳城镇	130608102
临西镇	130535100	新市场街道	130602002	魏村镇	130608103
河西镇	130535101	东风路街道	130602003	温仁镇	130608104
下堡寺镇	130535102	建设南路街道	130602004	张登镇	130608105
尖冢镇	130535103	韩村北路街道	130602005	大庄镇	130608106
老官寨镇	130535104	惠阳街道	130602006	臧村镇	130608107
吕寨镇	130535105	大激店镇	130602100	望亭镇	130608108
大刘庄镇	130535106	一亩泉镇	130602101	东闾镇	130608109
东枣园乡	130535200	颉庄乡	130602200	白团镇	130608110
摇鞍镇乡	130535203	富昌乡	130602201	石桥镇	130608111
南宫市（4街道,	130581	韩村乡	130602202	何桥镇	130608112
6镇, 5乡）		大马坊乡	130602205	北店乡	130608201
凤岗街道	130581001	莲池区（10街道,	130606	李庄乡	130608203
南杜街道	130581002	2镇, 5乡）		北王力乡	130608204
北胡街道	130581003	和平里街道	130606001	孙村乡	130608207
西丁街道	130581004	五四路街道	130606002	阎庄乡	130608208
苏村镇	130581100	西关街道	130606003	徐水区（10镇, 4乡）	130609
大高村镇	130581101	中华路街道	130606004	安肃镇	130609100
垂杨镇	130581102	东关街道	130606005	崔庄镇	130609101
明化镇	130581103	联盟路街道	130606006	大因镇	130609102
段芦头镇	130581104	红星路街道	130606007	遂城镇	130609103
紫冢镇	130581105	裕华路街道	130606008	高林村镇	130609104
大村乡	130581200	永华路街道	130606009	大王店镇	130609105
南便村乡	130581201	南关街道	130606010	漕河镇	130609106
大屯乡	130581202	百楼镇	130606100	留村镇	130609107
王道寨乡	130581203	焦庄镇	130606101	东史端镇	130609108
薛吴村乡	130581204	韩庄乡	130606200	正村镇	130609109
沙河市（5街道,	130582	东金庄乡	130606201	户木乡	130609203
6镇, 2乡）		杨庄乡	130606203	瀑河乡	130609204
褡裢街道	130582001	南大园乡	130606204	东釜山乡	130609205
桥东街道	130582002	五尧乡	130606206	义联庄乡	130609206
桥西街道	130582003	满城区（6镇, 6乡）	130607	涞水县（12镇, 3乡）	130623

续表 9

行政区划名称	行政区划代码	行政区划名称	行政区划代码	行政区划名称	行政区划代码
涞水镇	130623100	仁厚镇	130627100	白石山镇	130630106
永阳镇	130623101	王京镇	130627101	南屯镇	130630107
义安镇	130623102	高昌镇	130627102	泉坊镇	130630108
石亭镇	130623103	北罗镇	130627103	北石佛镇	130630109
赵各庄镇	130623104	白合镇	130627104	南马庄乡	130630202
九龙镇	130623105	军城镇	130627105	金家井乡	130630204
三坡镇	130623106	川里镇	130627106	留家庄乡	130630205
一渡镇	130623107	长古城镇	130627107	上庄乡	130630206
娄村镇	130623108	罗庄镇	130627108	东团堡乡	130630207
王村镇	130623109	北店头镇	130627109	塔崖驿乡	130630208
明义镇	130623110	齐家佐镇	130627110	乌龙沟乡	130630209
东文山镇	130623111	黄石口镇	130627111	**望都县（7 镇，1 乡）**	**130631**
其中口乡	130623205	都亭乡	130627201	望都镇	130631100
龙门乡	130623206	南店头乡	130627202	固店镇	130631101
胡家庄乡	130623207	鼋水乡	130627205	贾村镇	130631102
阜平县（8 镇，5 乡）	**130624**	大洋乡	130627206	中韩庄镇	130631103
阜平镇	130624100	迷城乡	130627207	寺庄镇	130631104
龙泉关镇	130624101	羊角乡	130627209	赵庄镇	130631105
平阳镇	130624102	石门乡	130627210	高岭镇	130631106
城南庄镇	130624103	倒马关乡	130627212	黑堡乡	130631202
天生桥镇	130624104	**高阳县（1 街道，7 镇，1 乡）**	**130628**	**安新县（9 镇，3 乡）**	**130632**
王林口镇	130624105			安新镇	130632100
砂窝镇	130624106	锦华街道	130628001	大王镇	130632101
北果园镇	130624107	庞口镇	130628101	三台镇	130632102
台峪乡	130624202	西演镇	130628102	端村镇	130632103
大台乡	130624203	邢家南镇	130628103	赵北口镇	130632104
史家寨乡	130624204	晋庄镇	130628104	同口镇	130632105
吴王口乡	130624206	小王果庄镇	130628105	刘李庄镇	130632106
下庄乡	130624207	蒲口镇	130628106	安州镇	130632107
定兴县（11 镇，5 乡）	**130626**	庞家佐镇	130628107	老河头镇	130632108
定兴镇	130626100	龙化乡	130628204	圈头乡	130632200
固城镇	130626101	**容城县（5 镇，3 乡）**	**130629**	寨里乡	130632201
贤寓镇	130626102	容城镇	130629100	芦庄乡	130632202
北河镇	130626103	小里镇	130629101	**易县（11 镇，15 乡，1 民族乡）**	**130633**
天宫寺镇	130626104	南张镇	130629102		
小朱庄镇	130626105	大河镇	130629103	易州镇	130633100
姚村镇	130626106	晾马台镇	130629104	梁格庄镇	130633101
杨村镇	130626107	八于乡	130629200	西陵镇	130633102
高里镇	130626108	贾光乡	130629201	裴山镇	130633103
内章镇	130626109	平王乡	130629203	塘湖镇	130633104
东落堡镇	130626110	**涞源县（10 镇，7 乡）**	**130630**	狼牙山镇	130633105
张家庄乡	130626202	涞源镇	130630100	良岗镇	130633106
肖村乡	130626204	银坊镇	130630101	紫荆关镇	130633107
柳卓乡	130626205	走马驿镇	130630102	高村镇	130633108
北南蔡乡	130626208	水堡镇	130630103	西山北镇	130633109
李郁庄乡	130626209	王安镇镇	130630104	高陌镇	130633110
唐县（12 镇，8 乡）	**130627**	杨家庄镇	130630105	桥头乡	130633200

续表 10

行政区划名称	行政区划代码	行政区划名称	行政区划代码	行政区划名称	行政区划代码
白马乡	130633201	北埝头乡	130635202	定州市（4 街道，16 镇，	130682
流井乡	130633202	顺平县（7 镇，3 乡）	130636	4 乡，1 民族乡）	
大龙华乡	130633205	蒲阳镇	130636100	南城区街道	130682001
安格庄乡	130633206	高于铺镇	130636101	北城区街道	130682002
凌云册满族回族乡	130633207	腰山镇	130636102	西城区街道	130682003
尉都乡	130633209	蒲上镇	130636103	长安路街道	130682004
独乐乡	130633210	神南镇	130636104	留早镇	130682100
七峪乡	130633211	安阳镇	130636105	清风店镇	130682101
富岗乡	130633212	白云镇	130636106	庞村镇	130682102
坡仓乡	130633213	河口乡	130636202	砖路镇	130682103
牛岗乡	130633214	台鱼乡	130636204	明月店镇	130682104
桥家河乡	130633215	大悲乡	130636205	叮咛店镇	130682105
甘河净乡	130633216	博野县（7 镇）	130637	东亭镇	130682106
蔡家峪乡	130633217	博野镇	130637100	大辛庄镇	130682107
南城司乡	130633218	小店镇	130637101	东旺镇	130682108
曲阳县（12 镇，6 乡）	130634	程委镇	130637102	高蓬镇	130682109
恒州镇	130634100	东墟镇	130637103	邢邑镇	130682110
灵山镇	130634101	北杨镇	130637104	李亲顾镇	130682111
燕赵镇	130634102	城东镇	130637105	子位镇	130682112
羊平镇	130634103	南小王镇	130637106	息冢镇	130682113
文德镇	130634104	雄县（6 镇，3 乡）	130638	周村镇	130682114
晓林镇	130634105	雄州镇	130638100	开元镇	130682116
邸村镇	130634106	昝岗镇	130638101	东留春乡	130682203
齐村镇	130634107	大营镇	130638102	号头庄回族乡	130682204
孝墓镇	130634108	龙湾镇	130638103	杨家庄乡	130682205
产德镇	130634109	朱各庄镇	130638104	大鹿庄乡	130682206
下河镇	130634110	米家务镇	130638105	西城乡	130682208
嘉禾镇	130634111	双堂乡	130638203	安国市（2 街道，	130683
路庄子乡	130634200	张岗乡	130638204	6 镇，3 乡）	
庄窠乡	130634202	北沙口乡	130638205	药都街道	130683001
党城乡	130634210	涿州市（3 街道，	130681	祁州路街道	130683002
郎家庄乡	130634211	10 镇，1 乡）		伍仁桥镇	130683101
范家庄乡	130634212	双塔街道	130681001	石佛镇	130683102
北台乡	130634213	桃园街道	130681002	郑章镇	130683103
蠡县（11 镇，2 乡）	130635	清凉寺街道	130681003	大五女镇	130683104
蠡吾镇	130635100	松林店镇	130681100	西佛落镇	130683105
留史镇	130635101	码头镇	130681101	西城镇	130683106
大百尺镇	130635102	东城坊镇	130681102	明官店乡	130683200
辛兴镇	130635103	高官庄镇	130681103	南娄底乡	130683201
北郭丹镇	130635104	百尺竿镇	130681104	北段村乡	130683204
万安镇	130635105	东仙坡镇	130681105	高碑店市（5 街道，	130684
桑园镇	130635106	义和庄镇	130681106	10 镇）	
南庄镇	130635107	豆庄镇	130681107	和平街道	130684001
大曲堤镇	130635108	刁窝镇	130681108	军城街道	130684002
鲍墟镇	130635109	林家屯镇	130681109	东盛街道	130684003
小陈镇	130635110	孙家庄乡	130681204	北城街道	130684004
林堡乡	130635201			兴华路街道	130684005

续表 11

行政区划名称	行政区划代码	行政区划名称	行政区划代码	行政区划名称	行政区划代码
方官镇	130684100	庞家堡镇	130705100	公会镇	130722101
新城镇	130684101	洋河南镇	130705101	二台镇	130722102
泗庄镇	130684102	深井镇	130705102	大囫囵镇	130722103
辛立庄镇	130684104	崞村镇	130705103	沙沟镇	130722104
东马营镇	130684105	贾家营镇	130705104	小二台镇	130722105
白沟镇	130684106	顾家营镇	130705105	油篓沟镇	130722106
张六庄镇	130684107	赵川镇	130705106	大河镇	130722107
肖官营镇	130684108	江家屯镇	130705107	台路沟乡	130722200
辛桥镇	130684109	河子西镇	130705108	馒头营乡	130722202
梁家营镇	130684110	侯家庙镇	130705109	二泉井乡	130722203
张家口市（23街道，103镇，104乡，2民族乡，1区公所）	**130700**	春光乡	130705201	单晶河乡	130722204
		王家湾乡	130705203	海流图乡	130722206
		塔儿村乡	130705204	两面井乡	130722207
桥东区（7街道，3镇，1乡）	**130702**	李家堡乡	130705206	大西湾乡	130722208
		下花园区（2街道，4乡）	**130706**	郝家营乡	130722209
红旗楼街道	130702001			白庙滩乡	130722210
胜利北路街道	130702002	城镇街道	130706001	战海乡	130722212
五一路街道	130702003	煤矿街道	130706002	三号乡	130722213
花园街道	130702004	花园乡	130706200	宇宙营乡	130722214
工业路街道	130702005	辛庄子乡	130706201	康保县（7镇，8乡）	**130723**
南站街道	130702006	定方水乡	130706202	康保镇	130723100
马路东街道	130702007	段家堡乡	130706203	张纪镇	130723101
老鸦庄镇	130702100	万全区（4镇，7乡）	**130708**	土城子镇	130723102
姚家庄镇	130702101	孔家庄镇	130708100	邓油坊镇	130723103
大仓盖镇	130702102	万全镇	130708101	李家地镇	130723104
东望山乡	130702202	洗马林镇	130708102	照阳河镇	130723105
桥西区（7街道，4镇）	**130703**	郭磊庄镇	130708103	屯垦镇	130723106
明德南街街道	130703001	膳房堡乡	130708200	阎油坊乡	130723200
大境门街道	130703002	北新屯乡	130708201	丹清河乡	130723201
明德北街街道	130703003	宣平堡乡	130708202	哈咇嘎乡	130723202
新华街街道	130703004	高庙堡乡	130708203	二号卜乡	130723203
堡子里街道	130703005	旧堡乡	130708204	芦家营乡	130723204
南营坊街道	130703006	安家堡乡	130708205	忠义乡	130723205
工人新村街道	130703007	北沙城乡	130708206	处长地乡	130723206
东窑子镇	130703100	崇礼区（2镇，8乡）	**130709**	满德堂乡	130723207
沈家屯镇	130703101	西湾子镇	130709100	沽源县（4镇，9乡，1民族乡）	**130724**
姚家房镇	130703103	高家营镇	130709101		
沙岭子镇	130703104	四台嘴乡	130709200	平定堡镇	130724100
宣化区（7街道，10镇，4乡）	**130705**	红旗营乡	130709201	小厂镇	130724101
		石窑子乡	130709202	黄盖淖镇	130724102
天泰寺街街道	130705001	驿马图乡	130709203	九连城镇	130724103
皇城街道	130705002	石嘴子乡	130709204	高山堡乡	130724200
南关街道	130705003	狮子沟乡	130709205	小河子乡	130724201
南大街街道	130705004	清三营乡	130709206	二道渠乡	130724202
大北街街道	130705005	白旗乡	130709207	大二号回族乡	130724203
工业街街道	130705006	张北县（8镇，12乡）	**130722**	闪电河乡	130724204
建国街街道	130705007	张北镇	130722100	长梁乡	130724205

续表 12

行政区划名称	行政区划代码	行政区划名称	行政区划代码	行政区划名称	行政区划代码
丰源店乡	130724206	东井集镇	130727104	保岱镇	130731104
西辛营乡	130724207	要家庄乡	130727200	矾山镇	130731105
莲花滩乡	130724208	东坊城堡乡	130727201	大堡镇	130731106
白土窑乡	130724209	井儿沟乡	130727202	河东镇	130731107
尚义县 (7 镇，7 乡)	130725	三马坊乡	130727203	东小庄镇	130731108
南壕堑镇	130725100	高墙乡	130727204	温泉屯镇	130731109
大青沟镇	130725101	大田洼乡	130727205	大河南镇	130731110
八道沟镇	130725102	辛堡乡	130727206	蟒石口镇	130731111
红土梁镇	130725103	马圈堡乡	130727207	辉耀镇	130731112
小蒜沟镇	130725104	浮图讲乡	130727208	卧佛寺镇	130731113
三工地镇	130725105	怀安县 (4 镇，7 乡)	130728	栾庄乡	130731201
满井镇	130725106	柴沟堡镇	130728100	黑山寺乡	130731204
大营盘乡	130725200	左卫镇	130728101	谢家堡乡	130731206
大苏计乡	130725201	头百户镇	130728102	赵家蓬区公所	130731999
石井乡	130725202	怀安城镇	130728103	赤城县 (9 镇，9 乡)	130732
七甲乡	130725205	渡口堡乡	130728200	赤城镇	130732100
套里庄乡	130725206	第六屯乡	130728201	田家窑镇	130732101
甲石河乡	130725207	西湾堡乡	130728202	龙关镇	130732102
下马圈乡	130725208	西沙城乡	130728203	雕鹗镇	130732103
蔚县 (11 镇，11 乡)	130726	太平庄乡	130728204	独石口镇	130732104
蔚州镇	130726100	王虎屯乡	130728205	白草镇	130732105
代王城镇	130726101	第三堡乡	130728206	龙门所镇	130732106
西合营镇	130726102	怀来县 (11 镇，5 乡，1 民族乡)	130730	后城镇	130732107
吉家庄镇	130726103			东卯镇	130732108
白乐镇	130726104	沙城镇	130730100	炮梁乡	130732200
暖泉镇	130726105	北辛堡镇	130730101	大海陀乡	130732201
南留庄镇	130726106	新保安镇	130730102	镇宁堡乡	130732202
北水泉镇	130726107	东花园镇	130730103	马营乡	130732203
桃花镇	130726108	官厅镇	130730104	云州乡	130732204
阳眷镇	130726109	桑园镇	130730105	三道川乡	130732205
宋家庄镇	130726110	存瑞镇	130730106	东万口乡	130732206
下宫村乡	130726200	土木镇	130730107	茨营子乡	130732207
南杨庄乡	130726202	大黄庄镇	130730108	样田乡	130732208
柏树乡	130726203	西八里镇	130730109	承德市 (14 街道，121 镇，64 乡，18 民族乡)	130800
常宁乡	130726204	小南辛堡镇	130730110		
涌泉庄乡	130726205	狼山乡	130730200		
杨庄窠乡	130726206	鸡鸣驿乡	130730203	双桥区 (7 街道，7 镇)	130802
南岭庄乡	130726207	东八里乡	130730205	西大街街道	130802001
陈家洼乡	130726208	瑞云观乡	130730207	头道牌楼街道	130802002
黄梅乡	130726209	孙庄子乡	130730208	潘家沟街道	130802003
白草村乡	130726210	王家楼回族乡	130730210	中华路街道	130802004
草沟堡乡	130726211	涿鹿县 (14 镇，3 乡，1 区公所)	130731	新华路街道	130802005
阳原县 (5 镇，9 乡)	130727			石洞子沟街道	130802006
西城镇	130727100	涿鹿镇	130731100	桥东街道	130802007
东城镇	130727101	张家堡镇	130731101	水泉沟镇	130802100
化稍营镇	130727102	武家沟镇	130731102	狮子沟镇	130802101
揣骨疃镇	130727103	五堡镇	130731103	牛圈子沟镇	130802102

续表 13

行政区划名称	行政区划代码	行政区划名称	行政区划代码	行政区划名称	行政区划代码
大石庙镇	130802103	兴隆县（15 镇，3 乡，2 民族乡）	130822	韩麻营镇	130825101
冯营子镇	130802104			中关镇	130825102
双峰寺镇	130802105	兴隆镇	130822100	七家镇	130825103
上板城镇	130802106	半壁山镇	130822101	汤头沟镇	130825104
双滦区（3 街道，6 镇）	130803	挂兰峪镇	130822102	张三营镇	130825105
钢城街道	130803001	青松岭镇	130822103	唐三营镇	130825106
元宝山街道	130803002	六道河镇	130822104	蓝旗镇	130825107
秀水街道	130803003	平安堡镇	130822105	步古沟镇	130825108
双塔山镇	130803100	北营房镇	130822106	郭家屯镇	130825109
滦河镇	130803101	孤山子镇	130822107	茅荆坝镇	130825110
大庙镇	130803102	蓝旗营镇	130822108	苔山镇	130825111
偏桥子镇	130803103	雾灵山镇	130822109	荒地镇	130825112
西地镇	130803104	李家营镇	130822110	章吉营镇	130825113
陈栅子镇	130803105	大杖子镇	130822111	偏坡营镇	130825114
鹰手营子矿区（1 街道，4 镇）	130804	三道河镇	130822112	尹家营满族乡	130825203
		大水泉镇	130822113	庙子沟蒙古族满族乡	130825204
铁北路街道	130804001	蘑菇峪镇	130822114	山湾乡	130825206
鹰手营子镇	130804100	南天门满族乡	130822200	八达营蒙古族乡	130825207
北马圈子镇	130804101	八卦岭满族乡	130822202	太平庄满族乡	130825208
寿王坟镇	130804102	陡子峪乡	130822203	旧屯满族乡	130825209
汪家庄镇	130804103	上石洞乡	130822204	西阿超满族蒙古族乡	130825210
承德县（12 镇，9 乡，2 民族乡）	130821	安子岭乡	130822211	碱房乡	130825212
		滦平县（1 街道，13 镇，6 民族乡）	130824	韩家店乡	130825213
下板城镇	130821100			湾沟门乡	130825214
甲山镇	130821102	中兴路街道	130824001	丰宁满族自治县（1 街道，11 镇，15 乡）	130826
六沟镇	130821103	滦平镇	130824100		
三沟镇	130821104	长山峪镇	130824101	新丰路街道	130826001
头沟镇	130821105	红旗镇	130824102	大阁镇	130826100
高寺台镇	130821106	金沟屯镇	130824103	大滩镇	130826101
三家镇	130821107	虎什哈镇	130824104	鱼儿山镇	130826102
鞍匠镇	130821108	巴克什营镇	130824105	土城镇	130826103
上谷镇	130821109	张百湾镇	130824106	黄旗镇	130826104
磴上镇	130821110	付营子镇	130824107	凤山镇	130826105
新杖子镇	130821111	大屯镇	130824108	波罗诺镇	130826106
石灰窑镇	130821112	火斗山镇	130824109	黑山嘴镇	130826107
东小白旗乡	130821200	两间房镇	130824110	天桥镇	130826108
刘杖子乡	130821202	小营镇	130824111	胡麻营镇	130826109
孟家院乡	130821204	安纯沟门镇	130824112	将军营镇	130826110
大营子乡	130821205	平坊满族乡	130824200	万胜永乡	130826200
八家乡	130821206	西沟满族乡	130824206	四岔口乡	130826201
满杖子乡	130821208	邓厂满族乡	130824207	苏家店乡	130826202
五道河乡	130821210	五道营子满族乡	130824208	外沟门乡	130826203
岔沟乡	130821211	马营子满族乡	130824209	草原乡	130826204
岗子满族乡	130821212	付家店满族乡	130824210	窟窿山乡	130826205
两家满族乡	130821214	隆化县（1 街道，14 镇，4 乡，6 民族乡）	130825	小坝子乡	130826206
仓子乡	130821216			五道营乡	130826207
		安州街道	130825001	选将营乡	130826209

续表 **14**

行政区划名称	行政区划代码	行政区划名称	行政区划代码	行政区划名称	行政区划代码
西官营乡	130826210	广发永乡	130828208	道东街道	130902005
王营乡	130826211	育太和乡	130828209	小赵庄乡	130902200
北头营乡	130826212	郭家湾乡	130828210	运河区（6街道，2镇）	**130903**
石人沟乡	130826214	杨家湾乡	130828211	水月寺街街道	130903001
汤河乡	130826215	大唤起乡	130828212	南环中路街道	130903002
杨木栅子乡	130826216	张家湾乡	130828215	南湖街道	130903003
宽城满族自治县	**130827**	宝元栈乡	130828216	市场街道	130903004
（10镇，8乡）		山湾子乡	130828217	西环中街街道	130903005
宽城镇	130827100	三义永乡	130828218	公园街道	130903006
龙须门镇	130827101	姜家店乡	130828219	小王庄镇	130903100
峪耳崖镇	130827102	下伙房乡	130828220	南陈屯镇	130903101
板城镇	130827103	燕格柏乡	130828221	沧县（10镇，7乡，	**130921**
汤道河镇	130827104	牌楼乡	130828222	2民族乡）	
梓罗台镇	130827105	老窝铺乡	130828224	旧州镇	130921100
碾子峪镇	130827106	石桌子乡	130828226	兴济镇	130921101
亮甲台镇	130827107	大头山乡	130828227	杜生镇	130921102
化皮溜子镇	130827108	南山嘴乡	130828228	崔尔庄镇	130921103
松岭镇	130827109	西龙头乡	130828229	李天木镇	130921104
塌山乡	130827201	平泉市（15镇，2乡，	**130881**	纸房头镇	130921105
孟子岭乡	130827203	2民族乡）		姚官屯镇	130921106
独石沟乡	130827204	平泉镇	130881100	杜林镇	130921107
铧尖乡	130827207	黄土梁子镇	130881101	汪家铺镇	130921108
东黄花川乡	130827208	榆树林子镇	130881102	张官屯镇	130921109
苇子沟乡	130827210	杨树岭镇	130881103	薛官屯乡	130921200
大字沟门乡	130827211	七沟镇	130881104	捷地回族乡	130921201
大石柱子乡	130827212	小寺沟镇	130881105	风化店乡	130921204
围场满族蒙古族自治县	**130828**	党坝镇	130881106	刘家庙乡	130921208
（14镇，23乡）		卧龙镇	130881107	仵龙堂乡	130921209
围场镇	130828100	南五十家子镇	130881108	大官厅乡	130921210
四合永镇	130828101	北五十家子镇	130881109	高川乡	130921211
克勒沟镇	130828102	梓椤树镇	130881110	黄递铺乡	130921212
棋盘山镇	130828103	柳溪镇	130881111	大褚村回族乡	130921213
半截塔镇	130828104	平北镇	130881112	青县（8镇，2乡）	**130922**
朝阳地镇	130828105	青河镇	130881113	清州镇	130922100
朝阳湾镇	130828106	台头山镇	130881114	金牛镇	130922101
腰站镇	130828107	王土房乡	130881200	新兴镇	130922102
新拨镇	130828108	七家岱满族乡	130881201	流河镇	130922103
龙头山镇	130828109	茅兰沟满族蒙古族乡	130881202	木门店镇	130922104
御道口镇	130828110	道虎沟乡	130881205	马厂镇	130922105
城子镇	130828111	沧州市（26街道，119	**130900**	盘古镇	130922106
新地镇	130828112	镇，43乡，6民族乡）		曹寺乡	130922107
哈里哈镇	130828113	新华区（5街道，	**130902**	上伍乡	130922200
道坝子乡	130828200	1乡）		陈嘴乡	130922203
黄土坎乡	130828203	建设北街街道	130902001	东光县（9镇）	**130923**
四道沟乡	130828204	车站街道	130902002	东光镇	130923100
蓝旗卡伦乡	130828205	南大街街道	130902003	连镇镇	130923101
银窝沟乡	130828206	东环中街街道	130902004	找王镇	130923102

续表 15

行政区划名称	行政区划代码	行政区划名称	行政区划代码	行政区划名称	行政区划代码
秦村镇	130923103	吴桥县（5镇，5乡）	**130928**	寺门村镇	130981103
灯明寺镇	130923104	桑园镇	130928100	郝村镇	130981104
南霞口镇	130923105	铁城镇	130928101	富镇镇	130981105
大单镇	130923106	于集镇	130928102	文庙镇	130981106
龙王李镇	130923107	梁集镇	130928103	洼里王镇	130981107
于桥镇	130923108	安陵镇	130928104	四营镇	130981108
海兴县（5镇，2乡）	**130924**	曹家洼乡	130928200	王武庄乡	130981201
苏基镇	130924100	宋门乡	130928201	营子乡	130981202
辛集镇	130924101	杨家寺乡	130928202	西辛店乡	130981204
高湾镇	130924102	沟店铺乡	130928203	任丘市（7街道，	**130982**
赵毛陶镇	130924103	何庄乡	130928204	12镇，3乡）	
张会亭镇	130924104	献县（10镇，7乡，	**130929**	新华路街道	130982001
香坊乡	130924201	1民族乡）		西环路街道	130982002
小山乡	130924202	乐寿镇	130929100	永丰路街道	130982003
盐山县（10镇，2乡）	**130925**	淮镇镇	130929101	中华路街道	130982004
盐山镇	130925100	郭庄镇	130929102	渤海路街道	130982005
望树镇	130925101	河城街镇	130929103	会战道街道	130982006
庆云镇	130925102	韩村镇	130929104	油建路街道	130982007
韩集镇	130925103	陌南镇	130929105	出岸镇	130982100
千童镇	130925104	陈庄镇	130929106	石门桥镇	130982101
圣佛镇	130925105	段村镇	130929107	吕公堡镇	130982102
边务镇	130925106	高官镇	130929108	长丰镇	130982103
小庄镇	130925107	十五级镇	130929109	鄚州镇	130982104
杨集镇	130925108	商林乡	130929206	苟各庄镇	130982105
孟店镇	130925109	本斋回族乡	130929208	梁召镇	130982106
小营乡	130925201	张村乡	130929209	辛中驿镇	130982107
常庄乡	130925204	临河乡	130929210	麻家坞镇	130982108
肃宁县（8镇，1乡）	**130926**	小平王乡	130929211	北辛庄镇	130982109
肃宁镇	130926100	垒头乡	130929213	议论堡乡	130982110
梁家村镇	130926101	南河头乡	130929214	于村镇	130982111
窝北镇	130926102	西城乡	130929215	青塔乡	130982204
尚村镇	130926103	孟村回族自治县	**130930**	七间房乡	130982206
万里镇	130926104	（4镇，2乡）		北汉乡	130982207
师素镇	130926105	孟村镇	130930100	黄骅市（3街道，8镇，	**130983**
河北留善寺镇	130926106	新县镇	130930101	1乡，2民族乡）	
付家佐镇	130926107	辛店镇	130930102	骅东街道	130983001
邵庄乡	130926205	高寨镇	130930103	骅中街道	130983002
南皮县（8镇，1乡）	**130927**	宋庄子乡	130930200	骅西街道	130983003
南皮镇	130927100	牛进庄乡	130930201	黄骅镇	130983100
冯家口镇	130927101	泊头市（3街道，	**130981**	南排河镇	130983101
寨子镇	130927102	9镇，3乡）		吕桥镇	130983102
鲍官屯镇	130927103	解放街道	130981001	旧城镇	130983103
王寺镇	130927104	河东街道	130981002	齐家务镇	130983104
乌马营镇	130927105	鼓楼街道	130981003	滕庄子镇	130983105
潞灌镇	130927106	泊镇	130981100	常郭镇	130983106
刘八里镇	130927107	交河镇	130981101	羊二庄镇	130983107
大浪淀乡	130927200	齐桥镇	130981102	官庄乡	130983204

续表 16

行政区划名称	行政区划代码	行政区划名称	行政区划代码	行政区划名称	行政区划代码
新村回族乡	130983206	万庄镇	131003101	文安县（12 镇，1 民族乡）	131026
羊三木回族乡	130983207	九州镇	131003102		
河间市（2 街道，11 镇，6 乡，1 民族乡）	130984	北旺镇	131003103	文安镇	131026100
		固安县（7 镇，2 乡）	131022	新镇镇	131026101
瀛州路街道	130984001	固安镇	131022100	苏桥镇	131026102
城垣西路街道	130984002	宫村镇	131022101	大柳河镇	131026103
米各庄镇	130984101	柳泉镇	131022102	左各庄镇	131026104
景和镇	130984102	牛驼镇	131022103	滩里镇	131026105
卧佛堂镇	130984103	马庄镇	131022104	史各庄镇	131026106
束城镇	130984104	东湾镇	131022105	赵各庄镇	131026107
留古寺镇	130984105	渠沟镇	131022106	兴隆宫镇	131026108
沙河桥镇	130984106	彭村乡	131022201	大留镇镇	131026109
诗经村镇	130984107	礼让店乡	131022203	孙氏镇	131026110
尊祖庄镇	130984108	永清县（5 镇，4 乡，1 民族乡）	131023	德归镇	131026111
兴村镇	130984109			大围河回族满族乡	131026200
行别营镇	130984110	永清镇	131023100	大厂回族自治县（1 街道，5 镇）	131028
故仙镇	130984111	韩村镇	131023101		
黎民居乡	130984201	后奕镇	131023102	北辰街道	131028001
沙洼乡	130984203	别古庄镇	131023103	大厂镇	131028100
西九吉乡	130984204	里澜城镇	131023104	夏垫镇	131028101
北石槽乡	130984205	管家务回族乡	131023200	祁各庄镇	131028102
果子洼回族乡	130984206	曹家务乡	131023201	陈府镇	131028103
时村乡	130984209	龙虎庄乡	131023202	邵府镇	131028104
龙华店乡	130984212	刘街乡	131023203	霸州市（1 街道，9 镇，3 乡）	131081
廊坊市（18 街道，79 镇，9 乡，2 民族乡）	131000	三圣口乡	131023204		
		香河县（9 镇）	131024	裕华街道	131081001
安次区（3 街道，8 镇）	131002	淑阳镇	131024100	霸州镇	131081100
银河南路街道	131002001	蒋辛屯镇	131024101	南孟镇	131081101
光明西道街道	131002002	渠口镇	131024102	信安镇	131081102
永华道街道	131002003	安头屯镇	131024103	堂二里镇	131081103
落垡镇	131002100	安平镇	131024104	煎茶铺镇	131081104
码头镇	131002101	刘宋镇	131024105	胜芳镇	131081105
葛渔城镇	131002102	五百户镇	131024106	扬芬港镇	131081106
东沽港镇	131002103	钳屯镇	131024107	康仙庄镇	131081107
杨税务镇	131002104	钱旺镇	131024108	王庄子镇	131081108
北史家务镇	131002105	大城县（10 镇）	131025	岔河集乡	131081200
调河头镇	131002106	平舒镇	131025100	东杨庄乡	131081202
仇庄镇	131002107	旺村镇	131025101	东段乡	131081204
广阳区（7 街道，4 镇）	131003	大尚屯镇	131025102	三河市（6 街道，10 镇）	131082
银河北路街道	131003001	南赵扶镇	131025103	鼎盛东街道	131082001
爱民东道街道	131003002	留各庄镇	131025104	泃阳西街道	131082002
解放道街道	131003003	权村镇	131025105	行宫东街道	131082004
新开路街道	131003004	里坦镇	131025106	迎宾北路街道	131082005
新源道街道	131003005	广安镇	131025107	燕顺路街道	131082006
云鹏道街道	131003006	北魏镇	131025108	康城街道	131082007
耀华道街道	131003007	臧屯镇	131025109	泃阳镇	131082100
南尖塔镇	131003100			李旗庄镇	131082101

续表 17

行政区划名称	行政区划代码	行政区划名称	行政区划代码	行政区划名称	行政区划代码
杨庄镇	131082102	武邑镇	131122100	**景县（13镇，3乡）**	**131127**
皇庄镇	131082103	清凉店镇	131122101	景州镇	131127100
新集镇	131082104	审坡镇	131122102	龙华镇	131127101
段甲岭镇	131082105	赵桥镇	131122103	广川镇	131127102
黄土庄镇	131082106	韩庄镇	131122104	王瞳镇	131127103
高楼镇	131082107	肖桥头镇	131122105	洚河流镇	131127104
齐心庄镇	131082108	龙店镇	131122106	安陵镇	131127105
燕郊镇	131082109	圈头乡	131122201	杜桥镇	131127106
衡水市（4街道，88镇，26乡）	**131100**	大紫塔乡	131122203	王谦寺镇	131127107
桃城区（4街道，3镇，3乡）	**131102**	**武强县（6镇）**	**131123**	留智庙镇	131127108
河西街道	131102001	武强镇	131123100	北留智镇	131127109
河东街道	131102002	街关镇	131123101	梁集镇	131127110
路北街道	131102003	周窝镇	131123102	温城镇	131127111
中华大街街道	131102004	东孙庄镇	131123103	青兰镇	131127112
郑家河沿镇	131102100	豆村镇	131123104	刘集乡	131127200
赵家圈镇	131102101	北代镇	131123105	连镇乡	131127201
邓庄镇	131102102	**饶阳县（7镇）**	**131124**	后留名府乡	131127204
何家庄乡	131102200	饶阳镇	131124100	**阜城县（6镇，4乡）**	**131128**
大麻森乡	131102201	大尹村镇	131124101	阜城镇	131128100
彭杜村乡	131102203	五公镇	131124102	古城镇	131128101
冀州区（7镇，4乡）	**131103**	大官亭镇	131124103	码头镇	131128102
冀州镇	131103100	王同岳镇	131124104	霞口镇	131128103
魏家屯镇	131103101	东里满镇	131124105	崔家庙镇	131128104
官道李镇	131103102	留楚镇	131124106	漫河镇	131128105
南午村镇	131103103	**安平县（5镇，3乡）**	**131125**	建桥乡	131128201
周村镇	131103104	安平镇	131125100	蒋坊乡	131128202
码头李镇	131103105	马店镇	131125101	大白乡	131128203
西王镇	131103106	南王庄镇	131125102	王集乡	131128204
门家庄乡	131103200	大子文镇	131125103	**深州市（14镇，3乡）**	**131182**
徐家庄乡	131103201	东黄城镇	131125104	唐奉镇	131182100
北漳淮乡	131103202	大何庄乡	131125200	深州镇	131182101
小寨乡	131103203	程油子乡	131125201	辰时镇	131182102
枣强县（9镇，2乡）	**131121**	西两洼乡	131125202	榆科镇	131182103
枣强镇	131121100	**故城县（11镇，2乡）**	**131126**	魏家桥镇	131182104
恩察镇	131121101	郑口镇	131126100	大堤镇	131182105
大营镇	131121102	夏庄镇	131126101	前磨头镇	131182106
嘉会镇	131121103	青罕镇	131126102	王家井镇	131182107
马屯镇	131121104	故城镇	131126103	护驾迟镇	131182108
肖张镇	131121105	武官寨镇	131126104	大屯镇	131182109
张秀屯镇	131121106	饶阳店镇	131126105	高古庄镇	131182110
新屯镇	131121107	军屯镇	131126106	北溪村镇	131182111
唐林镇	131121108	建国镇	131126107	大冯营镇	131182112
王均乡	131121202	西半屯镇	131126108	穆村镇	131182113
王常乡	131121204	房庄镇	131126109	兵曹乡	131182200
武邑县（7镇，2乡）	**131122**	三朗镇	131126110	东安庄乡	131182202
		辛庄乡	131126200	乔家屯乡	131182206
		里老乡	131126201		

山西省

山西省（晋）

行政区划名称	行政区划代码	行政区划名称	行政区划代码	行政区划名称	行政区划代码
山西省（217 街道，631 镇，430 乡）	**140000**	尖草坪街道	140108001	孟封镇	140121103
太原市（55 街道，22 镇，24 乡）	**140100**	光社街道	140108002	马峪乡	140121200
小店区（8 街道，1 镇，2 乡）	**140105**	上兰街道	140108003	柳杜乡	140121201
坞城街道	140105001	南寨街道	140108004	西谷乡	140121202
营盘街道	140105002	迎新街街道	140108005	王答乡	140121203
北营街道	140105003	古城街道	140108006	集义乡	140121204
平阳路街道	140105004	汇丰街道	140108007	阳曲县（4 镇，5 乡）	**140122**
黄陵街道	140105005	柴村街道	140108008	黄寨镇	140122100
小店街道	140105006	新城街道	140108009	大盂镇	140122101
龙城街道	140105007	向阳镇	140108100	东黄水镇	140122102
学府街道	140105008	阳曲镇	140108101	泥屯镇	140122103
北格镇	140105100	柏板乡	140108201	高村乡	140122200
西温庄乡	140105200	西墕乡	140108202	侯村乡	140122201
刘家堡乡	140105201	万柏林区（14 街道）	**140109**	凌井店乡	140122202
迎泽区（6 街道，1 镇）	**140106**	千峰街道	140109001	西凌井乡	140122203
柳巷街道	140106001	下元街道	140109002	杨兴乡	140122205
文庙街道	140106002	和平街道	140109003	娄烦县（3 镇，4 乡）	**140123**
庙前街道	140106003	兴华街道	140109004	娄烦镇	140123100
迎泽街道	140106004	万柏林街道	140109005	静游镇	140123101
桥东街道	140106005	杜儿坪街道	140109006	杜交曲镇	140123102
老军营街道	140106006	白家庄街道	140109007	马家庄乡	140123201
郝庄镇	140106100	南寒街道	140109008	盖家庄乡	140123202
杏花岭区（11 街道，1 镇）	**140107**	西铭街道	140109009	米峪镇乡	140123203
巨轮街道	140107001	小井峪街道	140109010	天池店乡	140123204
三桥街道	140107002	东社街道	140109012	古交市（4 街道，3 镇，6 乡）	**140181**
鼓楼街道	140107003	长风西街街道	140109014	东曲街道	140181001
杏花岭街道	140107004	神堂沟街道	140109015	西曲街道	140181002
坝陵桥街道	140107005	王化街道	140109016	桃园街道	140181003
大东关街道	140107006	晋源区（3 街道，3 镇）	**140110**	屯兰街道	140181004
职工新街街道	140107007	义井街道	140110001	河口镇	140181100
敦化坊街道	140107008	罗城街道	140110002	镇城底镇	140181101
涧河街道	140107009	晋源街道	140110003	马兰镇	140181102
杨家峪街道	140107010	金胜镇	140110100	嘉乐泉乡	140181201
享堂街道	140107011	晋祠镇	140110101	梭峪乡	140181202
中涧河镇	140107100	姚村镇	140110102	岔口乡	140181203
尖草坪区（9 街道，2 镇，2 乡）	**140108**	清徐县（4 镇，5 乡）	**140121**	常安乡	140181204
		清源镇	140121100	原相乡	140181205
		徐沟镇	140121101	邢家社乡	140181206
		东于镇	140121102		

续表 1

行政区划名称	行政区划代码	行政区划名称	行政区划代码	行政区划名称	行政区划代码
大同市（39 街道，37 镇，50 乡）	**140200**	和顺街道	140214028	天镇县（5 镇，6 乡）	**140222**
新荣区（3 镇，4 乡）	**140212**	玉龙街道	140214029	玉泉镇	140222100
新荣镇	140212100	云燕街道	140214030	谷前堡镇	140222101
古店镇	140212101	云武街道	140214031	米薪关镇	140222102
花园屯镇	140212102	和旺街道	140214032	逯家湾镇	140222103
破鲁堡乡	140212200	新文街道	140214033	新平堡镇	140222104
郭家窑乡	140212202	玉泉街道	140214034	三十里铺乡	140222200
西村乡	140212206	平喜街道	140214035	贾家屯乡	140222204
堡子湾乡	140212209	清泉街道	140214036	赵家沟乡	140222206
平城区（18 街道）	**140213**	平德街道	140214037	南高崖乡	140222208
大庆路街道	140213009	平盛街道	140214038	张西河乡	140222209
古城街道	140213013	平源街道	140214039	马家皂乡	140222210
新旺街道	140213014	高山镇	140214100	广灵县（5 镇，3 乡）	**140223**
马军营街道	140213015	云冈镇	140214101	壶泉镇	140223100
白登山街道	140213016	口泉乡	140214200	南村镇	140223101
文瀛湖街道	140213017	西韩岭乡	140214201	梁庄镇	140223102
水泊寺街道	140213018	平旺乡	140214202	加斗镇	140223103
小南头街道	140213019	鸦儿崖乡	140214203	作疃镇	140223104
永泰街道	140213020	云州区（3 镇，6 乡）	**140215**	一斗泉乡	140223200
清远街道	140213021	西坪镇	140215100	蕉山乡	140223202
武定街道	140213022	倍加造镇	140215101	宜兴乡	140223206
鹿苑街道	140213023	周士庄镇	140215102	灵丘县（3 镇，8 乡）	**140224**
振华街道	140213024	吉家庄乡	140215200	武灵镇	140224100
迎宾街道	140213025	峰峪乡	140215201	东河南镇	140224101
新华街道	140213026	杜庄乡	140215202	上寨镇	140224102
卧虎湾街道	140213027	党留庄乡	140215203	落水河乡	140224200
御河街道	140213028	聚乐乡	140215205	赵北乡	140224205
开源街道	140213029	许堡乡	140215206	石家田乡	140224206
云冈区（21 街道，2 镇，4 乡）	**140214**	阳高县（7 镇，4 乡）	**140221**	柳科乡	140224207
西花园街道	140214001	龙泉镇	140221100	白崖台乡	140224208
老平旺街道	140214002	罗文皂镇	140221101	红石塄乡	140224210
新胜街道	140214003	大白登镇	140221102	下关乡	140224212
新平旺街道	140214004	王官屯镇	140221103	独峪乡	140224213
新泉路街道	140214018	古城镇	140221104	浑源县（6 镇，10 乡）	**140225**
民胜街道	140214019	东小村镇	140221105	永安镇	140225100
口泉街道	140214020	友宰镇	140221106	西坊城镇	140225101
平泉路街道	140214025	长城乡	140221201	蔡村镇	140225102
和瑞街道	140214027	狮子屯乡	140221204	沙圪坨镇	140225103
		下深井乡	140221209	王庄堡镇	140225104
		鳌石乡	140221212	青磁窑镇	140225106

续表 2

行政区划名称	行政区划代码	行政区划名称	行政区划代码	行政区划名称	行政区划代码
东坊城乡	140225201	杨家庄乡	140311201	五马街道	140403010
裴村乡	140225203	李家庄乡	140311202	堠北庄街道	140403013
驼峰乡	140225204	旧街乡	140311203	老顶山街道	140403014
西留村乡	140225205	**平定县（8 镇，2 乡）**	**140321**	大辛庄街道	140403015
下韩村乡	140225206	冠山镇	140321100	马厂镇	140403103
南榆林乡	140225208	冶西镇	140321101	黄碾镇	140403104
吴城乡	140225210	锁簧镇	140321102	西白兔镇	140403105
大仁庄乡	140225213	张庄镇	140321103	**上党区（1 街道，6 镇，3 乡）**	**140404**
千佛岭乡	140225215	东回镇	140321104		
官儿乡	140225218	柏井镇	140321105	韩店街道	140404001
左云县（3 镇，5 乡）	**140226**	娘子关镇	140321106	苏店镇	140404101
云兴镇	140226100	巨城镇	140321107	荫城镇	140404102
鹊儿山镇	140226101	石门口乡	140321200	西火镇	140404103
店湾镇	140226102	岔口乡	140321201	八义镇	140404104
管家堡乡	140226200	**盂县（8 镇，5 乡）**	**140322**	郝家庄镇	140404106
张家场乡	140226201	秀水镇	140322100	南宋镇	140404107
三屯乡	140226205	孙家庄镇	140322101	西池乡	140404201
马道头乡	140226206	路家村镇	140322102	北呈乡	140404202
小京庄乡	140226207	南娄镇	140322103	东和乡	140404203
阳泉市（11 街道，20 镇，11 乡）	**140300**	牛村镇	140322104	**屯留区（1 街道，6 镇，3 乡）**	**140405**
		苌池镇	140322105		
城区（5 街道）	**140302**	上社镇	140322106	麟绛街道	140405001
上站街道	140302001	西烟镇	140322107	上村镇	140405101
下站街道	140302002	仙人乡	140322200	渔泽镇	140405102
北大街街道	140302003	北下庄乡	140322201	余吾镇	140405103
南山路街道	140302004	梁家寨乡	140322203	吾元镇	140405104
义井街道	140302005	西潘乡	140322204	张店镇	140405105
矿区（6 街道）	**140303**	东梁乡	140322205	丰宜镇	140405106
平潭街街道	140303001	**长治市（18 街道，78 镇，32 乡）**	**140400**	李高乡	140405200
桥头街道	140303002			路村乡	140405201
蔡洼街道	140303003	**潞州区（13 街道，3 镇）**	**140403**	河神庙乡	140405202
赛鱼街道	140303004	东街街道	140403001	**潞城区（3 街道，4 镇，1 乡）**	**140406**
沙坪街道	140303005	西街街道	140403002		
贵石沟街道	140303006	英雄南路街道	140403003	潞华街道	140406001
郊区（4 镇，4 乡）	**140311**	英雄中路街道	140403004	成家川街道	140406002
荫营镇	140311100	紫金街道	140403005	翟店街道	140406003
河底镇	140311101	太行东街街道	140403006	店上镇	140406100
义井镇	140311102	太行西街街道	140403007	微子镇	140406101
平坦镇	140311103	延安南路街道	140403008	辛安泉镇	140406102
西南舁乡	140311200	常青街道	140403009	史回镇	140406104

续表 3

行政区划名称	行政区划代码	行政区划名称	行政区划代码	行政区划名称	行政区划代码
黄牛蹄乡	140406201	黄山乡	140427201	沁源县（6 镇，6 乡）	**140431**
襄垣县（9 镇）	**140423**	东井岭乡	140427202	沁河镇	140431100
古韩镇	140423100	石坡乡	140427203	郭道镇	140431101
王桥镇	140423101	长子县（9 镇，2 乡）	**140428**	灵空山镇	140431102
侯堡镇	140423102	丹朱镇	140428100	王和镇	140431103
夏店镇	140423103	鲍店镇	140428101	王陶镇	140431105
虒亭镇	140423104	石哲镇	140428102	景凤镇	140431106
西营镇	140423105	大堡头镇	140428103	中峪乡	140431200
王村镇	140423106	慈林镇	140428104	法中乡	140431201
下良镇	140423107	色头镇	140428105	交口乡	140431202
善福镇	140423108	南漳镇	140428106	聪子峪乡	140431203
平顺县（5 镇，6 乡）	**140425**	宋村镇	140428107	韩洪乡	140431204
青羊镇	140425100	南陈镇	140428108	赤石桥乡	140431207
龙溪镇	140425101	碾张乡	140428201	晋城市（10 街道，52 镇，15 乡）	**140500**
石城镇	140425102	常张乡	140428202	城区（7 街道，1 镇）	**140502**
苗庄镇	140425103	武乡县（6 镇，6 乡）	**140429**	东街街道	140502001
玉峡关镇	140425104	丰州镇	140429100	西街街道	140502002
西沟乡	140425200	洪水镇	140429101	南街街道	140502003
东寺头乡	140425201	蟠龙镇	140429102	北街街道	140502004
虹梯关乡	140425202	监漳镇	140429103	矿区街道	140502005
阳高乡	140425203	故城镇	140429104	钟家庄街道	140502006
北耽车乡	140425204	韩北镇	140429105	西上庄街道	140502007
北社乡	140425206	大有乡	140429202	北石店镇	140502100
黎城县（8 镇）	**140426**	贾豁乡	140429203	沁水县（7 镇，5 乡）	**140521**
东阳关镇	140426101	上司乡	140429205	龙港镇	140521100
上遥镇	140426102	石北乡	140429206	中村镇	140521101
西井镇	140426103	涌泉乡	140429207	郑庄镇	140521102
黄崖洞镇	140426104	分水岭乡	140429208	端氏镇	140521103
黎侯镇	140426105	沁县（9 镇，2 乡）	**140430**	嘉峰镇	140521104
洪井镇	140426106	定昌镇	140430100	郑村镇	140521105
西仵镇	140426107	郭村镇	140430101	柿庄镇	140521106
程家山镇	140426108	故县镇	140430102	土沃乡	140521201
壶关县（7 镇，3 乡）	**140427**	新店镇	140430103	张村乡	140521202
龙泉镇	140427100	漳源镇	140430104	胡底乡	140521204
百尺镇	140427101	册村镇	140430105	固县乡	140521205
店上镇	140427102	沁州黄镇	140430106	十里乡	140521206
晋庄镇	140427103	南里镇	140430107	阳城县（12 镇，3 乡）	**140522**
树掌镇	140427104	松村镇	140430108	凤城镇	140522100
大峡谷镇	140427105	牛寺乡	140430203	北留镇	140522101
集店镇	140427107	杨安乡	140430206		

续表 4

行政区划名称	行政区划代码	行政区划名称	行政区划代码	行政区划名称	行政区划代码
润城镇	140522102	川底镇	140525114	白堂乡	140603200
町店镇	140522103	南岭镇	140525115	陶村乡	140603201
芹池镇	140522104	高平市 (3街道, 9镇, 3乡)	140581	下水头乡	140603202
次营镇	140522105			双碾乡	140603203
横河镇	140522106	北城街街道	140581001	阻虎乡	140603204
河北镇	140522107	东城街街道	140581002	高石庄乡	140603205
蟒河镇	140522108	南城街街道	140581003	西水界乡	140603206
东冶镇	140522109	米山镇	140581100	下面高乡	140603207
白桑镇	140522110	三甲镇	140581101	向阳堡乡	140603209
演礼镇	140522111	陈区镇	140581102	榆岭乡	140603210
寺头乡	140522201	北诗镇	140581103	山阴县 (5镇, 7乡)	140621
西河乡	140522202	河西镇	140581104	玉井镇	140621100
董封乡	140522205	马村镇	140581105	北周庄镇	140621101
陵川县 (7镇, 4乡)	140524	野川镇	140581106	古城镇	140621102
崇文镇	140524100	寺庄镇	140581107	岱岳镇	140621103
礼义镇	140524101	神农镇	140581108	广武镇	140621104
附城镇	140524102	建宁乡	140581202	吴马营乡	140621200
西河底镇	140524103	石末乡	140581204	马营乡	140621201
平城镇	140524104	原村乡	140581207	下喇叭乡	140621202
杨村镇	140524105	朔州市 (7街道, 19镇, 43乡)	140600	合盛堡乡	140621203
潞城镇	140524106			安荣乡	140621205
夺火乡	140524204	朔城区 (4街道, 2镇, 8乡)	140602	薛圐圙乡	140621206
马圪当乡	140524206			马营庄乡	140621209
古郊乡	140524207	北城街道	140602001	应县 (3镇, 9乡)	140622
六泉乡	140524209	南城街道	140602002	金城镇	140622100
泽州县 (16镇)	140525	神头街道	140602003	南河种镇	140622101
南村镇	140525100	北旺庄街道	140602004	下社镇	140622102
下村镇	140525101	神头镇	140602100	镇子梁乡	140622200
大东沟镇	140525102	利民镇	140602101	义井乡	140622201
周村镇	140525103	下团堡乡	140602200	臧寨乡	140622202
犁川镇	140525104	小平易乡	140602201	大黄巍乡	140622203
晋庙铺镇	140525105	滋润乡	140602202	杏寨乡	140622204
金村镇	140525106	南榆林乡	140602204	下马峪乡	140622205
高都镇	140525107	贾庄乡	140602205	南泉乡	140622206
巴公镇	140525108	沙塄河乡	140602206	大临河乡	140622207
大阳镇	140525109	窑子头乡	140602207	白马石乡	140622208
山河镇	140525110	张蔡庄乡	140602208	右玉县 (4镇, 4乡)	140623
大箕镇	140525111	平鲁区 (2镇, 10乡)	140603	新城镇	140623100
柳树口镇	140525112	井坪镇	140603100	右卫镇	140623101
北义城镇	140525113	凤凰城镇	140603101	威远镇	140623102

续表 5

行政区划名称	行政区划代码	行政区划名称	行政区划代码	行政区划名称	行政区划代码
元堡子镇	140623103	太谷区（3镇，5乡）	**140703**	大寨镇	140724104
牛心堡乡	140623200	胡村镇	140703101	李家庄乡	140724201
高家堡乡	140623202	范村镇	140703102	界都乡	140724202
杨千河乡	140623204	水秀镇	140703103	三都乡	140724203
李达窑乡	140623205	侯城乡	140703200	赵壁乡	140724204
怀仁市（3街道，3镇，5乡）	**140681**	北洸乡	140703201	孔氏乡	140724205
云西街道	140681001	阳邑乡	140703203	寿阳县（7镇，5乡）	**140725**
云中街道	140681002	小白乡	140703204	朝阳镇	140725100
云东街道	140681003	任村乡	140703205	南燕竹镇	140725101
吴家窑镇	140681101	榆社县（4镇，3乡）	**140721**	宗艾镇	140725102
金沙滩镇	140681102	箕城镇	140721100	平头镇	140725103
毛家皂镇	140681103	云簇镇	140721101	松塔镇	140725104
何家堡乡	140681200	郝北镇	140721102	西洛镇	140725105
新家园乡	140681201	社城镇	140721103	尹灵芝镇	140725106
亲和乡	140681202	河峪乡	140721200	平舒乡	140725200
海北头乡	140681203	北寨乡	140721201	解愁乡	140725201
河头乡	140681205	西马乡	140721202	温家庄乡	140725202
晋中市（17街道，58镇，43乡）	**140700**	左权县（5镇，3乡）	**140722**	景尚乡	140725203
榆次区（9街道，5镇，4乡）	**140702**	辽阳镇	140722100	羊头崖乡	140725205
北关街道	140702001	桐峪镇	140722101	祁县（6镇，1乡）	**140727**
锦纶街道	140702002	麻田镇	140722102	昭馀镇	140727100
新华街街道	140702003	芹泉镇	140722103	东观镇	140727101
西南街街道	140702004	拐儿镇	140722104	古县镇	140727102
路西街道	140702005	石匣乡	140722200	贾令镇	140727103
经纬街道	140702006	羊角乡	140722202	城赵镇	140727104
安宁街道	140702007	寒王乡	140722203	来远镇	140727105
新建街街道	140702008	和顺县（5镇，3乡）	**140723**	峪口乡	140727201
晋华街道	140702009	义兴镇	140723100	平遥县（3街道，5镇，8乡）	**140728**
乌金山镇	140702100	李阳镇	140723101		
东阳镇	140702101	松烟镇	140723102	古城街道	140728001
长凝镇	140702103	青城镇	140723103	城东街道	140728002
北田镇	140702104	横岭镇	140723104	城西街道	140728003
修文镇	140702105	喂马乡	140723200	古陶镇	140728100
郭家堡乡	140702200	平松乡	140723201	段村镇	140728101
张庆乡	140702201	马坊乡	140723203	东泉镇	140728102
庄子乡	140702202	昔阳县（5镇，5乡）	**140724**	洪善镇	140728103
东赵乡	140702203	乐平镇	140724100	宁固镇	140728104
		皋落镇	140724101	南政乡	140728200
		东冶头镇	140724102	中都乡	140728201
		沾尚镇	140724103	岳壁乡	140728202

续表 6

行政区划名称	行政区划代码	行政区划名称	行政区划代码	行政区划名称	行政区划代码
卜宜乡	140728203	北城街道	140802005	里望乡	140822201
朱坑乡	140728205	安邑街道	140802006	西村乡	140822202
襄垣乡	140728206	大渠街道	140802007	南张乡	140822203
杜家庄乡	140728207	姚孟街道	140802008	皇甫乡	140822205
香乐乡	140728208	龙居镇	140802100	贾村乡	140822206
灵石县（6镇，4乡）	140729	陶村镇	140802101	王显乡	140822207
翠峰镇	140729101	东郭镇	140802102	光华乡	140822208
静升镇	140729102	三路里镇	140802103	闻喜县（10镇，2乡）	140823
两渡镇	140729103	北相镇	140802104	桐城镇	140823100
夏门镇	140729104	泓芝驿镇	140802105	郭家庄镇	140823101
南关镇	140729105	解州镇	140802106	畖底镇	140823102
段纯镇	140729106	席张乡	140802200	薛店镇	140823103
王禹乡	140729202	金井乡	140802201	东镇镇	140823104
坛镇乡	140729203	冯村乡	140802202	礼元镇	140823105
梁家墕乡	140729204	王范乡	140802203	河底镇	140823106
交口乡	140729205	上郭乡	140802204	阳隅镇	140823107
介休市（5街道，7镇，2乡）	140781	上王乡	140802205	侯村镇	140823108
北关街道	140781001	临猗县（10镇，4乡）	140821	裴社镇	140823109
西关街道	140781002	猗氏镇	140821100	后宫乡	140823204
东南街道	140781003	嵋阳镇	140821101	石门乡	140823205
西南街道	140781004	临晋镇	140821102	稷山县（5镇，2乡）	140824
北坛街道	140781005	七级镇	140821103	稷峰镇	140824100
义安镇	140781100	东张镇	140821104	西社镇	140824101
张兰镇	140781101	孙吉镇	140821105	化峪镇	140824102
连福镇	140781102	三管镇	140821106	翟店镇	140824103
洪山镇	140781103	牛杜镇	140821107	清河镇	140824104
义棠镇	140781104	耽子镇	140821108	蔡村乡	140824200
龙凤镇	140781105	角杯镇	140821109	太阳乡	140824201
绵山镇	140781106	楚侯乡	140821200	新绛县（9镇）	140825
城关乡	140781200	庙上乡	140821201	龙兴镇	140825100
宋肮乡	140781201	北辛乡	140821203	三泉镇	140825101
运城市（15街道，94镇，38乡）	140800	北景乡	140821205	泽掌镇	140825102
盐湖区（8街道，7镇，6乡）	140802	万荣县（6镇，8乡）	140822	北张镇	140825103
中城街道	140802001	解店镇	140822100	古交镇	140825104
东城街道	140802002	通化镇	140822101	万安镇	140825105
西城街道	140802003	汉薛镇	140822102	阳王镇	140825106
南城街道	140802004	荣河镇	140822103	泉掌镇	140825107
		裴庄镇	140822104	横桥镇	140825108
		高村镇	140822105	绛县（8镇，2乡）	140826
		万泉乡	140822200	古绛镇	140826100

续表 7

行政区划名称	行政区划代码	行政区划名称	行政区划代码	行政区划名称	行政区划代码
横水镇	140826101	部官镇	140829106	秀容街道	140902001
陈村镇	140826102	洪池镇	140829107	长征街道	140902002
卫庄镇	140826103	杜马乡	140829201	新建路街道	140902003
磨里镇	140826104	芮城县（8镇，2乡）	140830	云中路街道	140902004
南樊镇	140826105	古魏镇	140830100	九原街道	140902005
安峪镇	140826106	风陵渡镇	140830101	旭来街街道	140902006
大交镇	140826107	陌南镇	140830102	桥西街街道	140902007
郝庄乡	140826200	西陌镇	140830103	奇村镇	140902101
冷口乡	140826201	永乐镇	140830104	三交镇	140902102
垣曲县（6镇，5乡）	140827	大王镇	140830105	庄磨镇	140902103
新城镇	140827100	阳城镇	140830106	豆罗镇	140902104
历山镇	140827101	南磑镇	140830107	董村镇	140902105
古城镇	140827102	东垆乡	140830200	西张镇	140902106
王茅镇	140827103	学张乡	140830202	忻口镇	140902107
毛家湾镇	140827104	永济市（3街道，7镇）	140881	合索镇	140902108
英言镇	140827105			兰村乡	140902206
蒲掌乡	140827200	城西街道	140881001	东楼乡	140902209
解峪乡	140827202	城北街道	140881002	北义井乡	140902210
华峰乡	140827203	城东街道	140881003	定襄县（5镇，3乡）	140921
长直乡	140827204	虞乡镇	140881100	晋昌镇	140921100
皋落乡	140827205	卿头镇	140881101	河边镇	140921101
夏县（7镇，4乡）	140828	开张镇	140881102	宏道镇	140921102
瑶峰镇	140828100	栲栳镇	140881103	季庄镇	140921103
庙前镇	140828101	蒲州镇	140881104	蒋村镇	140921104
裴介镇	140828102	韩阳镇	140881105	南王乡	140921201
水头镇	140828103	张营镇	140881106	神山乡	140921203
埝掌镇	140828104	河津市（4街道，3镇，2乡）	140882	受禄乡	140921205
泗交镇	140828105			五台县（8镇，9乡）	140922
禹王镇	140828106	城区街道	140882001	台城镇	140922100
尉郭乡	140828200	清涧街道	140882002	台怀镇	140922101
胡张乡	140828202	赵家庄街道	140882003	耿镇	140922102
南大里乡	140828203	阳村街道	140882004	豆村镇	140922103
祁家河乡	140828204	樊村镇	140882100	白家庄镇	140922104
平陆县（8镇，1乡）	140829	僧楼镇	140882101	东冶镇	140922105
圣人涧镇	140829100	柴家镇	140882102	石咀镇	140922106
常乐镇	140829101	小梁乡	140882200	建安镇	140922107
张店镇	140829102	下化乡	140882204	沟南乡	140922200
张村镇	140829103	忻州市（11街道，76镇，76乡）	140900	东雷乡	140922201
曹川镇	140829104			高洪口乡	140922202
三门镇	140829105	忻府区（7街道，8镇，3乡）	140902	门限石乡	140922203

续表 8

行政区划名称	行政区划代码	行政区划名称	行政区划代码	行政区划名称	行政区划代码
陈家庄乡	140922204	**静乐县**（6镇，6乡）	**140926**	西豹峪乡	140929206
蒋坊乡	140922207	鹅城镇	140926100	温泉乡	140929208
阳白乡	140922209	杜家村镇	140926101	阳坪乡	140929209
茹村乡	140922210	康家会镇	140926102	大涧乡	140929211
金岗库乡	140922212	丰润镇	140926103	**河曲县**（6镇，5乡）	**140930**
代县（7镇，2乡）	**140923**	双路镇	140926104	西口镇	140930100
上馆镇	140923100	王村镇	140926105	楼子营镇	140930101
阳明堡镇	140923101	段家寨乡	140926204	刘家塔镇	140930102
峨口镇	140923102	辛村乡	140926205	巡镇镇	140930103
聂营镇	140923103	神峪沟乡	140926207	旧县镇	140930104
枣林镇	140923104	娘子神乡	140926208	沙泉镇	140930105
雁门关镇	140923106	婆婆乡	140926209	鹿固乡	140930200
峪口镇	140923107	赤泥宎乡	140926210	单寨乡	140930202
新高乡	140923200	**神池县**（3镇，5乡）	**140927**	土沟乡	140930203
上磨坊乡	140923202	龙泉镇	140927100	沙坪乡	140930205
繁峙县（4镇，7乡）	**140924**	义井镇	140927101	社梁乡	140930206
繁城镇	140924100	八角镇	140927102	**保德县**（5镇，6乡）	**140931**
砂河镇	140924101	东湖乡	140927200	东关镇	140931100
大营镇	140924102	贺职乡	140927203	义门镇	140931101
平型关镇	140924103	长畛乡	140927204	桥头镇	140931102
下茹越乡	140924201	烈堡乡	140927205	杨家湾镇	140931103
光裕堡乡	140924203	大严备乡	140927206	孙家沟镇	140931104
集义庄乡	140924204	**五寨县**（3镇，7乡）	**140928**	腰庄乡	140931200
东山乡	140924207	砚城镇	140928100	韩家川乡	140931201
金山铺乡	140924209	小河头镇	140928101	林遮峪乡	140931202
神堂堡乡	140924213	三岔镇	140928102	冯家川乡	140931203
岩头乡	140924215	前所乡	140928200	土崖塔乡	140931204
宁武县（5镇，7乡）	**140925**	李家坪乡	140928201	南河沟乡	140931208
凤凰镇	140925100	孙家坪乡	140928202	**偏关县**（6镇，2乡）	**140932**
阳方口镇	140925101	胡会乡	140928204	新关镇	140932100
东寨镇	140925102	韩家楼乡	140928206	老营镇	140932102
石家庄镇	140925103	东秀庄乡	140928207	万家寨镇	140932103
宁化镇	140925104	杏岭子乡	140928208	水泉镇	140932104
薛家洼乡	140925200	**岢岚县**（3镇，7乡）	**140929**	尚峪镇	140932105
余庄乡	140925201	岚漪镇	140929100	老牛湾镇	140932106
涔山乡	140925202	三井镇	140929101	窑头乡	140932200
西马坊乡	140925204	宋家沟镇	140929102	楼沟乡	140932201
迭台寺乡	140925206	高家会乡	140929201	**原平市**（4街道，7镇，7乡）	**140981**
怀道乡	140925208	李家沟乡	140929203		
东马坊乡	140925209	水峪贯乡	140929204	北城街道	140981001

续表 9

行政区划名称	行政区划代码	行政区划名称	行政区划代码	行政区划名称	行政区划代码
南城街道	140981002	尧庙镇	141002109	曲亭镇	141024102
新原街道	140981004	段店乡	141002200	苏堡镇	141024103
吉祥街道	140981005	贾得乡	141002201	广胜寺镇	141024104
苏龙口镇	140981101	一平垣乡	141002203	明姜镇	141024105
嶂阳镇	140981102	枕头乡	141002204	赵城镇	141024106
大牛店镇	140981103	**曲沃县（5镇，2乡）**	**141021**	万安镇	141024107
阎庄镇	140981104	乐昌镇	141021100	刘家垣镇	141024108
轩岗镇	140981106	史村镇	141021101	辛村镇	141024109
云水镇	140981107	曲村镇	141021102	淹底乡	141024200
同川镇	140981108	高显镇	141021103	兴唐寺乡	141024201
子干乡	140981202	里村镇	141021104	堤村乡	141024202
中阳乡	140981203	北董乡	141021200	龙马乡	141024204
沿沟乡	140981204	杨谈乡	141021201	山且乡	141024207
大林乡	140981205	**翼城县（7镇，2乡）**	**141022**	**古县（5镇，1乡）**	**141025**
西镇乡	140981206	唐兴镇	141022100	岳阳镇	141025100
王家庄乡	140981208	南梁镇	141022101	北平镇	141025101
段家堡乡	140981210	里砦镇	141022102	古阳镇	141025102
临汾市（20街道，84镇，53乡）	**141000**	隆化镇	141022103	旧县镇	141025103
		桥上镇	141022104	三合镇	141025104
尧都区（10街道，10镇，4乡）	**141002**	西阎镇	141022105	南垣乡	141025202
		王庄镇	141022106	**安泽县（6镇）**	**141026**
解放路街道	141002001	中卫乡	141022200	府城镇	141026100
鼓楼西街道	141002002	南唐乡	141022201	和川镇	141026101
水塔街道	141002003	**襄汾县（7镇，6乡）**	**141023**	唐城镇	141026102
南街街道	141002004	新城镇	141023100	冀氏镇	141026103
乡贤街道	141002005	赵康镇	141023101	良马镇	141026104
辛寺街道	141002006	汾城镇	141023102	马壁镇	141026105
路东街道	141002007	南贾镇	141023103	**浮山县（4镇，3乡）**	**141027**
车站街道	141002008	古城镇	141023104	天坛镇	141027100
汾河街道	141002009	襄陵镇	141023105	响水河镇	141027101
滨河街道	141002010	邓庄镇	141023106	北王镇	141027102
屯里镇	141002100	陶寺乡	141023200	张庄镇	141027103
乔李镇	141002101	永固乡	141023201	东张乡	141027201
大阳镇	141002102	景毛乡	141023202	槐埝乡	141027202
县底镇	141002103	西贾乡	141023203	寨圪塔乡	141027206
刘村镇	141002104	南辛店乡	141023204	**吉县（3镇，4乡）**	**141028**
金殿镇	141002105	大邓乡	141023205	吉昌镇	141028100
吴村镇	141002106	**洪洞县（10镇，5乡）**	**141024**	屯里镇	141028101
土门镇	141002107	大槐树镇	141024100	壶口镇	141028102
魏村镇	141002108	甘亭镇	141024101	车城乡	141028200

续表 **10**

行政区划名称	行政区划代码	行政区划名称	行政区划代码	行政区划名称	行政区划代码
文城乡	141028201	山中乡	141033200	莲花池街道	141102004
柏山寺乡	141028203	古县乡	141033201	田家会街道	141102005
中垛乡	141028204	太林乡	141033204	西属巴街道	141102006
乡宁县（5镇，5乡）	**141029**	**汾西县（5镇，2乡）**	**141034**	交口街道	141102007
昌宁镇	141029100	永安镇	141034100	吴城镇	141102100
光华镇	141029101	对竹镇	141034101	信义镇	141102104
台头镇	141029102	勍香镇	141034102	枣林乡	141102201
管头镇	141029103	和平镇	141034103	坪头乡	141102202
西坡镇	141029104	僧念镇	141034104	**文水县（7镇，5乡）**	**141121**
双鹤乡	141029200	佃坪乡	141034200	凤城镇	141121100
关王庙乡	141029201	团柏乡	141034201	开栅镇	141121101
尉庄乡	141029202	**侯马市（5街道，3乡）**	**141081**	南庄镇	141121102
西交口乡	141029203			南安镇	141121103
枣岭乡	141029204	路东街道	141081001	刘胡兰镇	141121104
大宁县（3镇，2乡）	**141030**	路西街道	141081002	下曲镇	141121105
昕水镇	141030100	浍滨街道	141081003	孝义镇	141121106
曲峨镇	141030101	上马街道	141081004	南武乡	141121200
太古镇	141030102	张村街道	141081005	西城乡	141121201
三多乡	141030200	新田乡	141081200	北张乡	141121202
太德乡	141030201	高村乡	141081201	马西乡	141121203
隰县（3镇，4乡）	**141031**	凤城乡	141081202	西槽头乡	141121204
龙泉镇	141031100	**霍州市（5街道，4镇，3乡）**	**141082**	**交城县（7镇，1乡）**	**141122**
午城镇	141031101			天宁镇	141122100
黄土镇	141031102	鼓楼街道	141082001	夏家营镇	141122101
阳头升乡	141031200	北环路街道	141082002	西营镇	141122102
寨子乡	141031201	南环路街道	141082003	水峪贯镇	141122103
下李乡	141031203	开元街道	141082004	西社镇	141122104
城南乡	141031204	退沙街道	141082005	庞泉沟镇	141122105
永和县（2镇，4乡）	**141032**	白龙镇	141082100	洪相镇	141122106
芝河镇	141032100	辛置镇	141082101	东坡底乡	141122202
桑壁镇	141032101	大张镇	141082102	**兴县（7镇，8乡）**	**141123**
乾坤湾乡	141032200	李曹镇	141082103	蔚汾镇	141123100
坡头乡	141032203	陶唐峪乡	141082200	魏家滩镇	141123101
楼山乡	141032204	三教乡	141082201	瓦塘镇	141123102
望海寺乡	141032205	师庄乡	141082202	康宁镇	141123103
蒲县（5镇，3乡）	**141033**	**吕梁市（14街道，91镇，45乡）**	**141100**	高家村镇	141123104
蒲城镇	141033100			罗峪口镇	141123105
薛关镇	141033101	**离石区（7街道，2镇，2乡）**	**141102**	蔡家会镇	141123106
黑龙关镇	141033102			交楼申乡	141123200
克城镇	141033103	凤山街道	141102001	东会乡	141123202
乔家湾镇	141033104	城北街道	141102002	固贤乡	141123203
		滨河街道	141102003		

续表 11

行政区划名称	行政区划代码	行政区划名称	行政区划代码	行政区划名称	行政区划代码
奥家湾乡	141123204	贾家垣乡	141125201	双池镇	141130102
蔡家崖乡	141123205	高家沟乡	141125204	桃红坡镇	141130103
孟家坪乡	141123207	石西乡	141125205	石口镇	141130104
赵家坪乡	141123208	西王家沟乡	141125206	回龙镇	141130105
圪垯上乡	141123209	**石楼县（5镇，4乡）**	**141126**	温泉乡	141130202
临县（13镇，10乡）	**141124**	灵泉镇	141126100	**孝义市（4街道，8镇，3乡）**	**141181**
临泉镇	141124100	罗村镇	141126101		
白文镇	141124101	义牒镇	141126102	新义街道	141181001
城庄镇	141124102	小蒜镇	141126103	中阳楼街道	141181002
兔坂镇	141124103	辛关镇	141126104	振兴街道	141181003
克虎寨镇	141124104	龙交乡	141126200	崇文街道	141181004
三交镇	141124105	和合乡	141126201	兑镇镇	141181100
湍水头镇	141124106	曹家垣乡	141126203	阳泉曲镇	141181101
林家坪镇	141124107	裴沟乡	141126204	下堡镇	141181102
招贤镇	141124108	**岚县（4镇，5乡）**	**141127**	西辛庄镇	141181103
碛口镇	141124109	东村镇	141127100	高阳镇	141181104
刘家会镇	141124110	岚城镇	141127101	梧桐镇	141181105
丛罗峪镇	141124111	普明镇	141127102	柱濮镇	141181106
曲峪镇	141124112	界河口镇	141127103	大孝堡镇	141181107
木瓜坪乡	141124200	上明乡	141127201	下栅乡	141181201
安业乡	141124201	王狮乡	141127202	驿马乡	141181202
玉坪乡	141124202	梁家庄乡	141127203	杜村乡	141181204
青凉寺乡	141124203	顺会乡	141127204	**汾阳市（3街道，11镇）**	**141182**
石白头乡	141124204	社科乡	141127206		
雷家碛乡	141124205	**方山县（6镇）**	**141128**	文峰街道	141182001
第八堡乡	141124206	圪洞镇	141128100	太和桥街道	141182002
大禹乡	141124207	马坊镇	141128101	西河街道	141182003
车赶乡	141124208	峪口镇	141128102	贾家庄镇	141182100
安家庄乡	141124209	大武镇	141128103	杏花村镇	141182101
柳林县（10镇，5乡）	**141125**	北武当镇	141128104	冀村镇	141182102
柳林镇	141125100	积翠镇	141128105	肖家庄镇	141182103
穆村镇	141125101	**中阳县（5镇，1乡）**	**141129**	演武镇	141182104
薛村镇	141125102	宁乡镇	141129100	三泉镇	141182105
庄上镇	141125103	金罗镇	141129101	石庄镇	141182106
留誉镇	141125104	枝柯镇	141129102	杨家庄镇	141182107
下三交镇	141125105	武家庄镇	141129103	峪道河镇	141182108
成家庄镇	141125106	暖泉镇	141129104	栗家庄镇	141182109
孟门镇	141125107	下枣林乡	141129201	阳城镇	141182110
金家庄镇	141125108	**交口县（6镇，1乡）**	**141130**		
陈家湾镇	141125109	水头镇	141130100		
李家湾乡	141125200	康城镇	141130101		

内蒙古
自治区

内蒙古自治区（内蒙古）

行政区划名称	行政区划代码	行政区划名称	行政区划代码	行政区划名称	行政区划代码
内蒙古自治区（246 街道，509 镇，99 乡，17 民族乡，153 苏木，1 民族苏木）	**150000**	中专路街道	150105005	北堡乡	150124203
		昭乌达路街道	150105006	韭菜庄乡	150124208
		巴彦街道	150105007	五良太乡	150124209
呼和浩特市（31 街道，29 镇，16 乡）	**150100**	敕勒川路街道	150105008	武川县（3 镇，6 乡）	**150125**
		榆林镇	150105101	可可以力更镇	150125100
新城区（8 街道，1 镇）	**150102**	黄合少镇	150105103	哈乐镇	150125101
海拉尔东路街道	150102001	金河镇	150105104	西乌兰不浪镇	150125102
锡林北路街道	150102002	土默特左旗（7 镇，2 乡）	**150121**	大青山乡	150125200
中山东路街道	150102003			得胜沟乡	150125204
东街街道	150102004	察素齐镇	150121100	上秃亥乡	150125205
西街街道	150102005	毕克齐镇	150121101	哈拉合少乡	150125213
东风路街道	150102006	善岱镇	150121102	二份子乡	150125214
迎新路街道	150102007	白庙子镇	150121103	耗赖山乡	150125215
成吉思汗大街街道	150102008	台阁牧镇	150121104	包头市（46 街道，29 镇，5 乡，5 苏木）	**150200**
保合少镇	150102101	沙尔沁镇	150121105		
回民区（7 街道，1 镇）	**150103**	敕勒川镇	150121106	东河区（12 街道，2 镇）	**150202**
新华西路街道	150103001	北什轴乡	150121207	和平路街道	150202001
中山西路街道	150103002	塔布赛乡	150121208	财神庙街道	150202002
光明路街道	150103003	托克托县（5 镇）	**150122**	西脑包街道	150202003
海拉尔西路街道	150103004	双河镇	150122100	南门外街道	150202004
环河街街道	150103005	新营子镇	150122101	南圪洞街道	150202005
通道街街道	150103006	五申镇	150122102	东站街道	150202006
钢铁路街道	150103007	古城镇	150122103	回民街道	150202007
攸攸板镇	150103100	伍什家镇	150122104	天骄街道	150202008
玉泉区（8 街道，1 镇）	**150104**	和林格尔县（4 镇，4 乡）	**150123**	河东街道	150202009
大南街街道	150104001			铁西街道	150202010
小召前街街道	150104002	城关镇	150123100	东兴街道	150202011
鄂尔多斯路街道	150104003	盛乐镇	150123101	杨圪塄街道	150202012
兴隆巷街道	150104004	新店子镇	150123102	河东镇	150202100
长和廊街道	150104005	巧什营镇	150123103	沙尔沁镇	150202101
石东路街道	150104006	舍必崖乡	150123203	昆都仑区（13 街道，2 镇）	**150203**
西菜园街道	150104007	大红城乡	150123205		
昭君路街道	150104009	羊群沟乡	150123206	少先路街道	150203001
小黑河镇	150104100	黑老夭乡	150123207	昆北街道	150203002
赛罕区（8 街道，3 镇）	**150105**	清水河县（4 镇，4 乡）	**150124**	沼潭街道	150203003
人民路街道	150105001	喇嘛湾镇	150124100	林荫路街道	150203004
大学西路街道	150105002	城关镇	150124101	友谊大街街道	150203005
乌兰察布东路街道	150105003	宏河镇	150124102	阿尔丁大街街道	150203006
大学东路街道	150105004	老牛湾镇	150124103	团结大街街道	150203007
		窑沟乡	150124201	鞍山道街道	150203008

续表 1

行政区划名称	行政区划代码	行政区划名称	行政区划代码	行政区划名称	行政区划代码
前进道街道	150203009	万水泉镇	150207106	海南区（2 街道，3 镇）	150303
市府东路街道	150203010	阿嘎如泰苏木	150207205	西卓子山街道	150303001
白云路街道	150203011	土默特右旗（5 镇，3 乡）	150221	拉僧仲街道	150303002
黄河西路街道	150203012	萨拉齐镇	150221100	拉僧庙镇	150303101
昆工路街道	150203013	双龙镇	150221101	公乌素镇	150303102
昆河镇	150203100	美岱召镇	150221102	巴音陶亥镇	150303103
卜尔汉图镇	150203101	沟门镇	150221103	乌达区（7 街道，1 镇）	150304
青山区（8 街道，2 镇）	150204	将军尧镇	150221104	巴音赛街道	150304001
先锋道街道	150204001	明沙淖乡	150221202	三道坎街道	150304002
幸福路街道	150204002	海子乡	150221203	五虎山街道	150304003
万青路街道	150204003	苏波盖乡	150221212	梁家沟街道	150304004
富强路街道	150204004	固阳县（6 镇）	150222	新达街道	150304005
科学路街道	150204005	金山镇	150222100	滨海街道	150304006
青山路街道	150204006	西斗铺镇	150222101	苏海图街道	150304007
自由路街道	150204007	下湿壕镇	150222102	乌兰淖尔镇	150304100
乌素图街道	150204008	银号镇	150222103	赤峰市（21 街道，88 镇，23 乡，2 民族乡，19 苏木）	150400
青福镇	150204100	怀朔镇	150222104		
兴胜镇	150204101	兴顺西镇	150222105	红山区（11 街道，2 镇）	150402
石拐区（6 街道，1 镇，1 苏木）	150205	达尔罕茂明安联合旗（7 镇，2 乡，3 苏木）	150223	西屯街道	150402001
石拐街道	150205001	百灵庙镇	150223100	三中街街道	150402002
大发街道	150205002	满都拉镇	150223101	永巨街道	150402003
大磁街道	150205003	希拉穆仁镇	150223102	东城街道	150402004
五当沟街道	150205004	明安镇	150223103	南新街街道	150402005
白狐沟街道	150205005	巴音花镇	150223104	站前街道	150402006
大德恒街道	150205006	石宝镇	150223105	铁南街道	150402007
五当召镇	150205100	乌克忽洞镇	150223106	长青街道	150402008
吉忽伦图苏木	150205200	达尔汗苏木	150223216	哈达街道	150402009
白云鄂博矿区（2 街道）	150206	巴音敖包苏木	150223217	西城街道	150402010
矿山路街道	150206001	查干哈达苏木	150223218	桥北街道	150402011
通阳道街道	150206002	西河乡	150223219	红庙子镇	150402100
九原区（5 街道，4 镇，1 苏木）	150207	小文公乡	150223220	文钟镇	150402102
沙河街道	150207001	乌海市（15 街道，5 镇）	150300	元宝山区（6 街道，5 镇，1 乡）	150403
赛汗街道	150207002	海勃湾区（6 街道，1 镇）	150302	西露天街道	150403001
萨如拉街道	150207003	新华街道	150302001	平庄城区街道	150403002
白音席勒街道	150207004	新华西街道	150302002	平庄东城街道	150403003
稀土路街道	150207005	凤凰岭街道	150302003	平庄西城街道	150403004
麻池镇	150207103	海北街道	150302004	云杉路街道	150403005
哈业胡同镇	150207104	滨河街道	150302005	马林街道	150403006
哈林格尔镇	150207105	林荫街道	150302007	风水沟镇	150403100
		千里山镇	150302108		

续表 2

行政区划名称	行政区划代码	行政区划名称	行政区划代码	行政区划名称	行政区划代码
元宝山镇	150403101	巴林左旗（7镇，2乡，2苏木）	**150422**	万合永镇	150425106
美丽河镇	150403102			芝瑞镇	150425108
平庄镇	150403103	林东镇	150422100	新开地乡	150425208
五家镇	150403104	隆昌镇	150422101	红山子乡	150425214
小五家乡	150403201	十三敖包镇	150422102	达日罕乌拉苏木	150425219
松山区（4街道，9镇，4乡，1民族乡）	**150404**	碧流台镇	150422103	巴彦查干苏木	150425221
		富河镇	150422104	浩来呼热苏木	150425222
振兴街道	150404001	白音勿拉镇	150422105	乌兰布统苏木	150425223
向阳街道	150404002	哈拉哈达镇	150422106	翁牛特旗（8镇，2乡，4苏木）	**150426**
松州街道	150404003	查干哈达苏木	150422200		
铁东街道	150404004	乌兰达坝苏木	150422201	乌丹镇	150426100
穆家营子镇	150404100	三山乡	150422202	乌敦套海镇	150426101
初头朗镇	150404101	花加拉嘎乡	150422203	五分地镇	150426102
大庙镇	150404102	巴林右旗（5镇，4苏木）	**150423**	桥头镇	150426103
王府镇	150404103			广德公镇	150426104
老府镇	150404104	大板镇	150423100	梧桐花镇	150426105
哈拉道口镇	150404105	索博日嘎镇	150423101	海拉苏镇	150426106
上官地镇	150404106	宝日勿苏镇	150423102	亿合公镇	150426107
安庆镇	150404107	查干诺尔镇	150423103	解放营子乡	150426200
太平地镇	150404108	巴彦琥硕镇	150423105	阿什罕苏木	150426201
当铺地满族乡	150404200	西拉沐沦苏木	150423200	新苏莫苏木	150426202
夏家店乡	150404201	巴彦塔拉苏木	150423201	白音套海苏木	150426203
城子乡	150404202	幸福之路苏木	150423202	毛山东乡	150426204
大夫营子乡	150404203	查干沐沦苏木	150423204	格日僧苏木	150426205
岗子乡	150404204	林西县（7镇，2乡）	**150424**	喀喇沁旗（7镇，1乡，1民族乡）	**150428**
阿鲁科尔沁旗（7镇，3乡，4苏木）	**150421**	官地镇	150424100		
		新城子镇	150424101	锦山镇	150428100
天山镇	150421100	新林镇	150424102	美林镇	150428101
天山口镇	150421101	五十家子镇	150424103	王爷府镇	150428102
双胜镇	150421102	林西镇	150424104	小牛群镇	150428103
坤都镇	150421103	大井镇	150424105	牛家营子镇	150428104
巴彦花镇	150421104	统部镇	150424106	乃林镇	150428105
绍根镇	150421105	大营子乡	150424200	西桥镇	150428106
扎嘎斯台镇	150421106	十二吐乡	150424201	十家满族乡	150428200
新民乡	150421200	克什克腾旗（7镇，2乡，4苏木）	**150425**	南台子乡	150428201
先锋乡	150421201			宁城县（13镇，2乡）	**150429**
罕苏木苏木	150421202	经棚镇	150425100	天义镇	150429100
赛罕塔拉苏木	150421203	宇宙地镇	150425102	小城子镇	150429101
巴拉奇如德苏木	150421204	土城子镇	150425103	大城子镇	150429102
巴彦温都尔苏木	150421205	达来诺日镇	150425104	八里罕镇	150429103
乌兰哈达乡	150421206	同兴镇	150425105	黑里河镇	150429104

续表 3

行政区划名称	行政区划代码	行政区划名称	行政区划代码	行政区划名称	行政区划代码
右北平镇	150429105	霍林河街道	150502010	阿古拉镇	150522107
大双庙镇	150429106	河西街道	150502011	朝鲁吐镇	150522109
汐子镇	150429107	红星街道	150502012	海鲁吐镇	150522110
大明镇	150429108	建国街道	150502013	甘旗卡镇	150522111
忙农镇	150429109	新城街道	150502014	常胜镇	150522112
五化镇	150429110	滨河街道	150502015	查日苏镇	150522113
必斯营子镇	150429111	大林镇	150502100	努古斯台镇	150522136
三座店镇	150429112	钱家店镇	150502101	阿都沁苏木	150522208
一肯中乡	150429202	余粮堡镇	150502102	茂道吐苏木	150522209
存金沟乡	150429203	木里图镇	150502104	巴胡塔苏木	150522210
敖汉旗（11 镇，4 乡，1 苏木）	**150430**	丰田镇	150502106	散都苏木	150522211
		清河镇	150502108	巴彦毛都苏木	150522212
新惠镇	150430100	育新镇	150502110	**开鲁县（10 镇）**	**150523**
四家子镇	150430101	庆和镇	150502113	开鲁镇	150523100
长胜镇	150430102	敖力布皋镇	150502114	大榆树镇	150523103
贝子府镇	150430103	辽河镇	150502130	黑龙坝镇	150523104
四道湾子镇	150430104	莫力庙苏木	150502200	麦新镇	150523105
下洼镇	150430105	**科尔沁左翼中旗（11 镇，1 乡，5 苏木）**	**150521**	建华镇	150523108
金厂沟梁镇	150430106			小街基镇	150523109
兴隆洼镇	150430107	保康镇	150521100	东风镇	150523111
黄羊洼镇	150430108	宝龙山镇	150521101	吉日嘎郎吐镇	150523112
古鲁板蒿镇	150430109	舍伯吐镇	150521102	东来镇	150523113
牛古吐镇	150430110	巴彦塔拉镇	150521103	义和塔拉镇	150523114
木头营子乡	150430202	门达镇	150521104	**库伦旗（5 镇，1 乡，2 苏木）**	**150524**
丰收乡	150430204	架玛吐镇	150521105		
玛尼罕乡	150430205	腰林毛都镇	150521106	库伦镇	150524100
萨力巴乡	150430206	希伯花镇	150521107	六家子镇	150524101
敖润苏莫苏木	150430207	花吐古拉镇	150521108	额勒顺镇	150524103
通辽市（19 街道，61 镇，4 乡，26 苏木）	**150500**	代力吉镇	150521109	扣河子镇	150524104
		努日木镇	150521110	白音花镇	150524105
科尔沁区（15 街道，10 镇，1 苏木）	**150502**	图布信苏木	150521204	茫汗苏木	150524203
		协代苏木	150521207	水泉乡	150524204
科尔沁街道	150502001	白兴吐苏木	150521210	先进苏木	150524205
西门街道	150502002	花胡硕苏木	150521212	**奈曼旗（8 镇，2 乡，4 苏木）**	**150525**
永清街道	150502003	敖包苏木	150521213		
明仁街道	150502004	胜利乡	150521214	大沁他拉镇	150525100
施介街道	150502005	**科尔沁左翼后旗（10 镇，5 苏木）**	**150522**	八仙筒镇	150525101
团结街道	150502006			青龙山镇	150525102
东郊街道	150502007	金宝屯镇	150522101	东明镇	150525103
铁路街道	150502008	吉尔嘎朗镇	150522102	治安镇	150525104
电厂街道	150502009	双胜镇	150522103	义隆永镇	150525105

续表 4

行政区划名称	行政区划代码	行政区划名称	行政区划代码	行政区划名称	行政区划代码
新镇	150525106	巴音门克街道	150602008	大路镇	150622119
沙日浩来镇	150525109	民族街道	150602009	魏家峁镇	150622120
黄花塔拉苏木	150525201	幸福街道	150602010	布尔陶亥苏木	150622206
固日班花苏木	150525202	纺织街道	150602011	十二连城乡	150622207
白音他拉苏木	150525203	兴胜街道	150602012	暖水乡	150622208
明仁苏木	150525205	泊尔江海子镇	150602106	鄂托克前旗（4 镇）	150623
土城子乡	150525206	罕台镇	150602107	敖勒召其镇	150623105
苇莲苏乡	150525207	铜川镇	150602108	上海庙镇	150623106
扎鲁特旗（7 镇，8 苏木）	150526	康巴什区（4 街道）	150603	昂素镇	150623107
鲁北镇	150526100	哈巴格希街道	150603001	城川镇	150623108
巨日合镇	150526101	青春山街道	150603002	鄂托克旗（4 镇，2 苏木）	150624
黄花山镇	150526103	滨河街道	150603003	蒙西镇	150624100
巴雅尔吐胡硕镇	150526104	康新街道	150603004	乌兰镇	150624101
嘎亥图镇	150526105	达拉特旗（6 街道，8 镇，1 苏木）	150621	棋盘井镇	150624102
香山镇	150526106			木凯淖尔镇	150624103
阿日昆都楞镇	150526107	锡尼街道	150621001	苏米图苏木	150624200
格日朝鲁苏木	150526203	西园街道	150621002	阿尔巴斯苏木	150624203
乌力吉木仁苏木	150526204	白塔街道	150621003	杭锦旗（5 镇，1 苏木）	150625
巴彦塔拉苏木	150526209	工业街道	150621004	锡尼镇	150625100
道老杜苏木	150526210	昭君街道	150621005	巴拉贡镇	150625101
前德门苏木	150526211	平原街道	150621006	吉日嘎朗图镇	150625102
乌兰哈达苏木	150526212	王爱召镇	150621108	呼和木都镇	150625103
查布嘎图苏木	150526213	树林召镇	150621109	独贵塔拉镇	150625104
乌额格其苏木	150526214	昭君镇	150621110	伊和乌素苏木	150625206
霍林郭勒市（4 街道，1 苏木）	150581	白泥井镇	150621111	乌审旗（5 镇，1 苏木）	150626
		吉格斯太镇	150621112	乌审召镇	150626106
珠斯花街道	150581001	中和西镇	150621113	图克镇	150626107
莫斯台街道	150581002	恩格贝镇	150621114	嘎鲁图镇	150626108
宝日呼吉尔街道	150581003	风水梁镇	150621115	乌兰陶勒盖镇	150626109
沙尔呼热街道	150581005	展旦召苏木	150621201	无定河镇	150626110
达来胡硕苏木	150581200	准格尔旗（4 街道，7 镇，2 乡，1 苏木）	150622	苏力德苏木	150626203
鄂尔多斯市（26 街道，43 镇，2 乡，6 苏木）	150600			伊金霍洛旗（7 镇）	150627
		友谊街道	150622001	阿勒腾席热镇	150627100
东胜区（12 街道，3 镇）	150602	蓝天街道	150622002	札萨克镇	150627107
交通街道	150602001	兴隆街道	150622003	红庆河镇	150627108
公园街道	150602002	迎泽街道	150622004	伊金霍洛镇	150627109
林荫街道	150602003	薛家湾镇	150622114	乌兰木伦镇	150627110
建设街道	150602004	沙圪堵镇	150622115	纳林陶亥镇	150627111
富兴街道	150602005	龙口镇	150622116	苏布尔嘎镇	150627113
天骄街道	150602006	准格尔召镇	150622117		
诃额伦街道	150602007	纳日松镇	150622118		

续表 5

行政区划名称	行政区划代码	行政区划名称	行政区划代码	行政区划名称	行政区划代码
呼伦贝尔市（36 街道，68 镇，6 乡，13 民族乡，18 苏木，1 民族苏木）	150700	宝山镇	150722102	宝日希勒镇	150725101
		哈达阳镇	150722103	呼和诺尔镇	150725102
		阿尔拉镇	150722104	鄂温克民族苏木	150725201
海拉尔区（7 街道，2 镇）	150702	西瓦尔图镇	150722106	东乌珠尔苏木	150725202
		腾克镇	150722108	巴彦哈达苏木	150725203
正阳街道	150702001	塔温敖宝镇	150722110	西乌珠尔苏木	150725204
靠山街道	150702003	汉古尔河镇	150722120	新巴尔虎左旗（2 镇，5 苏木）	150726
健康街道	150702004	奎勒河镇	150722121		
胜利街道	150702005	登特科镇	150722122	阿木古郎镇	150726100
呼伦街道	150702006	巴彦鄂温克民族乡	150722200	嵯岗镇	150726101
建设街道	150702007	杜拉尔鄂温克民族乡	150722203	新宝力格苏木	150726202
东山街道	150702008	库如奇乡	150722204	乌布尔宝力格苏木	150726203
奋斗镇	150702101	额尔和乡	150722205	吉布胡郎图苏木	150726204
哈克镇	150702102	鄂伦春自治旗（8 镇，2 乡）	150723	罕达盖苏木	150726205
扎赉诺尔区（5 街道，1 镇）	150703			甘珠尔苏木	150726206
		阿里河镇	150723100	新巴尔虎右旗（3 镇，4 苏木）	150727
第一街道	150703001	诺敏镇	150723102		
第二街道	150703002	乌鲁布铁镇	150723104	阿拉坦额莫勒镇	150727100
第三街道	150703003	大杨树镇	150723105	呼伦镇	150727101
第四街道	150703004	宜里镇	150723107	阿日哈沙特镇	150727102
第五街道	150703005	甘河镇	150723109	克尔伦苏木	150727204
灵泉镇	150703100	克一河镇	150723113	贝尔苏木	150727206
阿荣旗（8 镇，4 民族乡）	150721	吉文镇	150723114	达赉苏木	150727207
		古里乡	150723200	宝格德乌拉苏木	150727208
那吉镇	150721100	托扎敏乡	150723216	满洲里市（5 街道，1 镇）	150781
六合镇	150721102	鄂温克族自治旗（4 镇，1 民族乡，5 苏木）	150724		
亚东镇	150721104			道北街道	150781001
复兴镇	150721105			兴华街道	150781002
霍尔奇镇	150721106	伊敏河镇	150724101	东山街道	150781003
向阳峪镇	150721108	巴彦托海镇	150724102	道南街道	150781004
三岔河镇	150721109	红花尔基镇	150724104	敖尔金街道	150781005
兴安镇	150721110	大雁镇	150724105	新开河镇	150781100
得力其尔鄂温克民族乡	150721200	巴彦塔拉达斡尔民族乡	150724200	牙克石市（6 街道，10 镇）	150782
查巴奇鄂温克民族乡	150721201	伊敏苏木	150724201		
音河达斡尔鄂温克民族乡	150721202	辉苏木	150724202	胜利街道	150782001
新发朝鲜民族乡	150721203	锡尼河东苏木	150724203	红旗街道	150782002
莫力达瓦达斡尔族自治旗（11 镇，2 乡，2 民族乡）	150722	锡尼河西苏木	150724204	新工街道	150782003
		巴彦嵯岗苏木	150724205	永兴街道	150782004
		陈巴尔虎旗（3 镇，3 苏木，1 民族苏木）	150725	建设街道	150782005
尼尔基镇	150722100			暖泉街道	150782006
红彦镇	150722101	巴彦库仁镇	150725100	免渡河镇	150782101
				博克图镇	150782103

续表 6

行政区划名称	行政区划代码	行政区划名称	行政区划代码	行政区划名称	行政区划代码
绰河源镇	150782105	根河市（4 街道，4 镇，1 民族乡）	150785	天吉泰镇	150821105
乌尔其汉镇	150782108			胜丰镇	150821106
库都尔镇	150782109	河东街道	150785001	银定图镇	150821107
图里河镇	150782110	河西街道	150785002	复兴镇	150821108
乌奴耳镇	150782111	森工街道	150785003	和胜乡	150821200
塔尔气镇	150782112	好里堡街道	150785004	磴口县（4 镇，1 苏木）	150822
伊图里河镇	150782113	金河镇	150785102	巴彦高勒镇	150822100
牧原镇	150782114	阿龙山镇	150785103	隆盛合镇	150822103
扎兰屯市（7 街道，8 镇，1 乡，3 民族乡）	150783	满归镇	150785104	渡口镇	150822104
		得耳布尔镇	150785105	补隆淖镇	150822105
兴华街道	150783001	敖鲁古雅鄂温克民族乡	150785200	沙金套海苏木	150822202
正阳街道	150783002			乌拉特前旗（9 镇，2 苏木）	150823
繁荣街道	150783003	巴彦淖尔市（11 街道，46 镇，3 乡，10 苏木）	150800	乌拉山镇	150823101
向阳街道	150783004	临河区（11 街道，7 镇，2 乡）	150802	白彦花镇	150823102
铁东街道	150783005			新安镇	150823103
河西街道	150783006	团结街道	150802001	大佘太镇	150823104
高台子街道	150783007	车站街道	150802002	西小召镇	150823106
磨菇气镇	150783100	先锋街道	150802003	明安镇	150823108
卧牛河镇	150783106	解放街道	150802004	先锋镇	150823109
成吉思汗镇	150783108	新华街道	150802005	小佘太镇	150823110
大河湾镇	150783109	东环街道	150802006	苏独仑镇	150823111
哈多河镇	150783110	铁南街道	150802007	额尔登布拉格苏木	150823209
浩饶山镇	150783112	西环街道	150802008	沙德格苏木	150823210
柴河镇	150783113	北环街道	150802009	乌拉特中旗（6 镇，4 苏木）	150824
中和镇	150783114	金川街道	150802010	德岭山镇	150824100
达斡尔民族乡	150783200	汇丰街道	150802011	石哈河镇	150824101
鄂伦春民族乡	150783201	狼山镇	150802100	海流图镇	150824102
萨马街鄂温克民族乡	150783204	新华镇	150802101	乌加河镇	150824103
洼堤乡	150783205	干召庙镇	150802102	甘其毛都镇	150824105
额尔古纳市（2 街道，3 镇，1 乡，2 民族乡，1 苏木）	150784	乌兰图克镇	150802104	温更镇	150824106
		双河镇	150802107	巴音乌兰苏木	150824203
		城关镇	150802109	呼勒斯太苏木	150824205
拉布大林街道	150784001	白脑包镇	150802110	新忽热苏木	150824207
上库力街道	150784002	八一乡	150802200	川井苏木	150824208
莫尔道嘎镇	150784100	曙光乡	150802201	乌拉特后旗（3 镇，3 苏木）	150825
黑山头镇	150784101	五原县（8 镇，1 乡）	150821		
恩和哈达镇	150784102	隆兴昌镇	150821100	巴音宝力格镇	150825100
三河回族乡	150784200	塔尔湖镇	150821101	呼和温都尔镇	150825101
蒙兀室韦苏木	150784201	巴彦套海镇	150821102	潮格温都尔镇	150825103
恩和俄罗斯族民族乡	150784203	新公中镇	150821104		
奇乾乡	150784204				

续表 7

行政区划名称	行政区划代码	行政区划名称	行政区划代码	行政区划名称	行政区划代码
获各琦苏木	150825204	德包图乡	150922205	乌拉哈乡	150926202
巴音前达门苏木	150825207	公腊胡洞乡	150922207	黄茂营乡	150926203
乌盖苏木	150825208	白音特拉乡	150922208	三岔口乡	150926208
杭锦后旗（9镇）	**150826**	商都县（6镇，4乡）	**150923**	老圈沟乡	150926209
头道桥镇	150826101	七台镇	150923100	察哈尔右翼中旗	**150927**
二道桥镇	150826102	十八顷镇	150923101	（5镇，4乡，2苏木）	
三道桥镇	150826103	大黑沙土镇	150923102	科布尔镇	150927100
团结镇	150826104	西井子镇	150923103	铁沙盖镇	150927101
双庙镇	150826105	屯垦队镇	150923104	乌素图镇	150927102
蛮会镇	150826106	小海子镇	150923105	广益隆镇	150927103
陕坝镇	150826107	大库伦乡	150923205	黄羊城镇	150927104
沙海镇	150826108	卯都乡	150923206	宏盘乡	150927203
蒙海镇	150826109	玻璃忽镜乡	150923207	巴音乡	150927204
乌兰察布市（13街道，51镇，31乡，1民族乡，9苏木）	**150900**	三大顷乡	150923208	大滩乡	150927211
		兴和县（5镇，4乡）	**150924**	乌兰哈页苏木	150927214
集宁区（8街道，1镇，1乡）	**150902**	城关镇	150924100	库伦苏木	150927215
		张皋镇	150924101	土城子乡	150927216
新体路街道	150902001	赛乌素镇	150924102	察哈尔右翼后旗	**150928**
桥东街道	150902002	鄂尔栋镇	150924103	（5镇，1乡，2苏木）	
前进路街道	150902003	店子镇	150924105	土牧尔台镇	150928100
常青街道	150902004	大库联乡	150924202	红格尔图镇	150928101
虎山街道	150902005	民族团结乡	150924205	白音察干镇	150928102
桥西街道	150902006	大同夭乡	150924206	贲红镇	150928103
新华街街道	150902007	五股泉乡	150924207	大六号镇	150928105
泉山街道	150902008	凉城县（6镇，1乡，1民族乡）	**150925**	当郎忽洞苏木	150928204
白海子镇	150902101			锡勒乡	150928206
马莲渠乡	150902201	岱海镇	150925100	乌兰哈达苏木	150928207
卓资县（5镇，3乡）	**150921**	麦胡图镇	150925101	四子王旗（5镇，3乡，5苏木）	**150929**
卓资山镇	150921100	永兴镇	150925102		
旗下营镇	150921101	六苏木镇	150925103	乌兰花镇	150929100
十八台镇	150921102	蛮汉镇	150925104	供济堂镇	150929101
巴音锡勒镇	150921103	鸿茅镇	150925105	吉生太镇	150929102
梨花镇	150921104	天成乡	150925204	库伦图镇	150929103
大榆树乡	150921203	曹碾满族乡	150925207	白音朝克图镇	150929104
红召乡	150921208	察哈尔右翼前旗	**150926**	东八号乡	150929208
复兴乡	150921209	（5镇，4乡）		忽鸡图乡	150929211
化德县（3镇，3乡）	**150922**	土贵乌拉镇	150926100	查干补力格苏木	150929215
长顺镇	150922100	平地泉镇	150926101	脑木更苏木	150929219
七号镇	150922101	玫瑰营镇	150926102	红格尔苏木	150929223
朝阳镇	150922102	巴音塔拉镇	150926104	江岸苏木	150929225
		黄旗海镇	150926105	巴音敖包苏木	150929227

续表 8

行政区划名称	行政区划代码	行政区划名称	行政区划代码	行政区划名称	行政区划代码
大黑河乡	150929228	天池镇	152202100	阿尔本格勒镇	152223104
丰镇市（5街道，5镇，3乡）	150981	白狼镇	152202101	巴达尔胡镇	152223105
		五岔沟镇	152202102	图牧吉镇	152223107
新城区街道	150981001	明水河镇	152202103	好力保镇	152223108
旧城区街道	150981002	科尔沁右翼前旗（9镇，1乡，1民族乡，3苏木）	152221	巴彦乌兰苏木	152223210
北城区街道	150981003			努文木仁乡	152223211
工业区街道	150981004			巴彦扎拉嘎乡	152223212
南城区街道	150981005	索伦镇	152221100	阿拉达尔吐苏木	152223213
黑土台镇	150981101	大石寨镇	152221101	宝力根花苏木	152223214
隆盛庄镇	150981102	归流河镇	152221102	突泉县（6镇，3乡）	152224
巨宝庄镇	150981103	察尔森镇	152221103	突泉镇	152224100
红砂坝镇	150981104	科尔沁镇	152221104	六户镇	152224101
三义泉镇	150981105	额尔格图镇	152221110	东杜尔基镇	152224102
浑源窑乡	150981201	德伯斯镇	152221111	永安镇	152224103
官屯堡乡	150981205	居力很镇	152221119	水泉镇	152224104
元山子乡	150981206	俄体镇	152221120	宝石镇	152224105
兴安盟（15街道，37镇，6乡，1民族乡，12苏木）	152200	满族屯满族乡	152221203	九龙乡	152224200
		乌兰毛都苏木	152221205	太平乡	152224201
		阿力得尔苏木	152221207	学田乡	152224202
乌兰浩特市（11街道，4镇）	152201	巴日嘎斯台乡	152221208	锡林郭勒盟（11街道，36镇，3乡，32苏木）	152500
		桃合木苏木	152221209		
爱国街道	152201001	科尔沁右翼中旗（6镇，6苏木）	152222	二连浩特市（3街道，1苏木）	152501
和平街道	152201002				
兴安街道	152201003	巴彦呼舒镇	152222100	乌兰街道	152501001
胜利街道	152201004	高力板镇	152222101	锡林街道	152501002
铁西街道	152201005	吐列毛都镇	152222102	东城街道	152501003
都林街道	152201006	巴仁哲里木镇	152222103	格日勒敖都苏木	152501200
五一街道	152201007	杜尔基镇	152222104	锡林浩特市（8街道，1镇，3苏木）	152502
城郊街道	152201008	好腰苏木镇	152222105		
天骄街道	152201009	新佳木苏木	152222203	希日塔拉街道	152502001
新城街道	152201010	代钦塔拉苏木	152222206	宝力根街道	152502002
山水街道	152201011	哈日诺尔苏木	152222207	杭盖街道	152502003
乌兰哈达镇	152201101	巴彦茫哈苏木	152222208	楚古兰街道	152502004
葛根庙镇	152201102	巴彦淖尔苏木	152222209	额尔敦街道	152502005
太本站镇	152201103	额木庭高勒苏木	152222210	南郊街道	152502006
义勒力特镇	152201104	扎赉特旗（8镇，2乡，3苏木）	152223	巴彦锡勒街道	152502007
阿尔山市（4街道，4镇）	152202			巴彦查干街道	152502008
林海街道	152202001	音德尔镇	152223100	阿尔善宝拉格镇	152502100
新城街道	152202002	新林镇	152223101	宝力根苏木	152502200
温泉街道	152202003	巴彦高勒镇	152223102	朝克乌拉苏木	152502201
伊尔施街道	152202004	胡尔勒镇	152223103	巴彦宝拉格苏木	152502202

续表 9

行政区划名称	行政区划代码	行政区划名称	行政区划代码	行政区划名称	行政区划代码
阿巴嘎旗（3镇，4苏木）	152522	吉仁高勒镇	152526102	阿拉善左旗（9镇，6苏木）	152921
别力古台镇	152522100	浩勒图高勒镇	152526103		
洪格尔高勒镇	152522101	高日罕镇	152526104	巴彦浩特镇	152921100
查干淖尔镇	152522102	巴彦胡舒苏木	152526200	嘉尔嘎勒赛汉镇	152921101
那仁宝拉格苏木	152522200	乌兰哈拉嘎苏木	152526201	温都尔勒图镇	152921102
伊和高勒苏木	152522201	太仆寺旗（5镇，1乡，1苏木）	152527	吉兰泰镇	152921103
吉尔嘎郎图苏木	152522202			乌斯太镇	152921104
巴彦图嘎苏木	152522203	宝昌镇	152527100	巴润别立镇	152921105
苏尼特左旗（3镇，4苏木）	152523	千斤沟镇	152527101	宗别立镇	152921107
		红旗镇	152527102	敖伦布拉格镇	152921108
满都拉图镇	152523100	骆驼山镇	152527103	腾格里额里斯镇	152921109
查干敖包镇	152523101	永丰镇	152527104	巴彦木仁苏木	152921203
巴彦淖尔镇	152523102	幸福乡	152527200	乌力吉苏木	152921207
巴彦乌拉苏木	152523200	贡宝拉格苏木	152527201	额尔克哈什哈苏木	152921210
赛罕高毕苏木	152523201	镶黄旗（2镇，2苏木）	152528	巴彦诺日公苏木	152921212
洪格尔苏木	152523202	新宝拉格镇	152528100	银根苏木	152921213
达来苏木	152523203	巴彦塔拉镇	152528101	超格图呼热苏木	152921214
苏尼特右旗（3镇，4苏木）	152524	翁贡乌拉苏木	152528200	阿拉善右旗（3镇，4苏木）	152922
		宝格达音高勒苏木	152528201		
赛汉塔拉镇	152524100	正镶白旗（2镇，3苏木）	152529	巴丹吉林镇	152922100
朱日和镇	152524101			雅布赖镇	152922101
乌日根塔拉镇	152524102	明安图镇	152529100	阿拉腾敖包镇	152922103
桑宝拉格苏木	152524200	星耀镇	152529101	阿拉腾朝格苏木	152922201
额仁淖尔苏木	152524201	伊和淖尔苏木	152529200	曼德拉苏木	152922205
赛罕乌力吉苏木	152524202	乌兰查布苏木	152529201	塔木素布拉格苏木	152922206
阿其图乌拉苏木	152524203	宝拉根陶海苏木	152529202	巴彦高勒苏木	152922207
东乌珠穆沁旗（6镇，4苏木）	152525	正蓝旗（3镇，4苏木）	152530	额济纳旗（2街道，4镇，6苏木）	152923
		上都镇	152530100		
乌里雅斯太镇	152525100	桑根达来镇	152530101	东风街道	152923001
道特淖尔镇	152525101	哈毕日嘎镇	152530102	航空街道	152923002
嘎达布其镇	152525102	宝绍代苏木	152530200	东风镇	152923101
满都胡宝拉格镇	152525103	那日图苏木	152530201	达来呼布镇	152923102
额吉淖尔镇	152525104	赛音呼都嘎苏木	152530202	哈日布日格德音乌拉镇	152923103
巴彦胡硕镇	152525105	扎格斯台苏木	152530203		
呼热图淖尔苏木	152525200	多伦县（3镇，2乡）	152531	策克镇	152923104
萨麦苏木	152525201	大北沟镇	152531100	赛汉陶来苏木	152923200
嘎海乐苏木	152525202	多伦诺尔镇	152531101	马鬃山苏木	152923204
阿拉坦合力苏木	152525203	滦源镇	152531102	苏泊淖尔苏木	152923205
西乌珠穆沁旗（5镇，2苏木）	152526	蔡木山乡	152531201	巴彦陶来苏木	152923206
		西干沟乡	152531202	温图高勒苏木	152923207
巴拉嘎尔高勒镇	152526100	阿拉善盟（2街道，16镇，16苏木）	152900	巴音陶海苏木	152923208
巴彦花镇	152526101				

辽宁省

辽宁省（辽）

行政区划名称	行政区划代码	行政区划名称	行政区划代码	行政区划名称	行政区划代码
辽宁省（513街道，640镇，147乡，54民族乡）	210000	新乐街道	210105023	浑河站东街道	210112015
		明廉街道	210105025	东湖街道	210112016
沈阳市（112街道，53镇，11乡，5民族乡）	210100	华山街道	210105028	高坎街道	210112017
		北塔街道	210105029	满堂街道	210112018
和平区（10街道）	210102	陵东街道	210105030	王滨街道	210112019
浑河湾街道	210102001	四台子街道	210105031	汪家街道	210112021
新华街道	210102002	鸭绿江街道	210105032	沈北新区（10街道）	210113
太原街街道	210102005	铁西区（14街道）	210106	新城子街道	210113001
北市场街道	210102010	昆明湖街道	210106001	清水台街道	210113002
南市场街道	210102014	工人村街道	210106003	道义街道	210113003
马路湾街道	210102016	启工街道	210106007	辉山街道	210113004
南湖街道	210102019	兴顺街道	210106011	虎石台街道	210113005
长白街道	210102021	笃工街道	210106013	财落街道	210113006
沈水湾街道	210102022	兴华街道	210106015	兴隆台街道	210113008
浑河站西街道	210102023	霁虹街道	210106019	黄家街道	210113011
沈河区（11街道）	210103	凌空街道	210106020	马刚街道	210113014
滨河街道	210103005	重工街道	210106023	正良街道	210113015
万莲街道	210103006	翟家街道	210106025	于洪区（10街道）	210114
朱剪炉街道	210103013	大青中朝友谊街道	210106026	迎宾路街道	210114001
北站街道	210103014	大潘街道	210106027	陵西街道	210114003
风雨坛街道	210103015	高花街道	210106028	城东湖街道	210114004
五里河街道	210103017	彰驿站街道	210106029	平罗街道	210114005
皇城街道	210103018	苏家屯区（12街道）	210111	马三家街道	210114006
马官桥街道	210103019	解放街道	210111001	沙岭街道	210114007
南塔街道	210103020	民主街道	210111003	造化街道	210114008
东陵街道	210103021	中兴街道	210111005	北陵街道	210114011
泉园街道	210103022	林盛街道	210111009	南阳湖街道	210114013
大东区（10街道）	210104	沙河街道	210111010	光辉街道	210114014
大北街道	210104002	十里河街道	210111011	辽中区（4街道，16镇）	210115
万泉街道	210104003	陈相街道	210111012	蒲西街道	210115001
文官街道	210104006	永乐街道	210111015	蒲东街道	210115002
二台子街道	210104007	佟沟街道	210111018	茨榆坨街道	210115003
东站街道	210104009	八一红菱街道	210111019	城郊街道	210115004
长安街道	210104012	沈水街道	210111020	于家房镇	210115101
东塔街道	210104015	白清姚千街道	210111021	朱家房镇	210115102
津桥街道	210104016	浑南区（12街道）	210112	冷子堡镇	210115103
前进街道	210104017	桃仙街道	210112005	刘二堡镇	210115104
上园街道	210104018	深井子街道	210112006	满都户镇	210115107
皇姑区（10街道）	210105	祝家街道	210112007	杨士岗镇	210115108
舍利塔街道	210105020	白塔街道	210112008	肖寨门镇	210115109
黄河街道	210105021	李相街道	210112010	六间房镇	210115110
三台子街道	210105022	五三街道	210112014	养士堡镇	210115111

续表 1

行政区划名称	行政区划代码	行政区划名称	行政区划代码	行政区划名称	行政区划代码
潘家堡镇	210115112	四家子蒙古族乡	210124208	香炉礁街道	210203001
老大房镇	210115118	双台子乡	210124209	八一路街道	210203010
大黑岗子镇	210115119	卧牛石乡	210124210	白云街道	210203013
牛心坨镇	210115120	**新民市（4 街道，**	**210181**	日新街道	210203016
四方台镇	210115121	**20 镇，4 乡）**		人民广场街道	210203017
长滩镇	210115122	东城街道	210181001	**沙河口区（7 街道）**	**210204**
新民屯镇	210115123	辽滨街道	210181002	春柳街道	210204006
康平县（3 街道，5 镇，	**210123**	西城街道	210181003	马栏街道	210204008
3 乡，4 民族乡）		新柳街道	210181004	南沙河口街道	210204009
北三家子街道	210123001	大红旗镇	210181101	黑石礁街道	210204010
胜利街道	210123002	梁山镇	210181102	李家街道	210204011
东关街道	210123003	公主屯镇	210181103	星海湾街道	210204017
小城子镇	210123101	兴隆镇	210181104	西安路街道	210204018
张强镇	210123102	前当堡镇	210181105	**甘井子区（15 街道）**	**210211**
方家屯镇	210123103	大民屯镇	210181106	周水子街道	210211001
郝官屯镇	210123105	大柳屯镇	210181107	甘井子街道	210211004
二牛所口镇	210123106	兴隆堡镇	210181108	南关岭街道	210211006
北四家子乡	210123203	胡台镇	210181109	泡崖街道	210211007
两家子乡	210123204	法哈牛镇	210181110	机场街道	210211010
海洲窝堡乡	210123206	柳河沟镇	210181111	辛寨子街道	210211014
沙金台蒙古族满族乡	210123208	高台子镇	210181112	红旗街道	210211015
柳树屯蒙古族满族乡	210123209	罗家房镇	210181113	大连湾街道	210211017
西关屯蒙古族满族乡	210123210	三道岗子镇	210181114	椒金山街道	210211018
东升满族蒙古族乡	210123211	周坨子镇	210181115	泉水街道	210211019
法库县（2 街道，	**210124**	东蛇山子镇	210181116	营城子街道	210211021
12 镇，4 乡，		陶家屯镇	210181117	革镇堡街道	210211022
1 民族乡）		张家屯镇	210181118	凌水街道	210211023
吉祥街道	210124001	金五台子镇	210181119	七贤岭街道	210211024
龙山街道	210124002	新农村镇	210181120	中华路街道	210211025
大孤家子镇	210124101	红旗乡	210181205	**旅顺口区（10 街道）**	**210212**
三面船镇	210124102	卢家屯乡	210181206	水师营街道	210212005
秀水河子镇	210124103	姚堡乡	210181207	铁山街道	210212006
叶茂台镇	210124104	于家窝堡乡	210181209	双岛湾街道	210212007
登仕堡子镇	210124105	**大连市（102 街道，33 镇，**	**210200**	长城街道	210212009
柏家沟镇	210124106	**10 乡，4 民族乡）**		龙头街道	210212010
丁家房镇	210124107	**中山区（6 街道）**	**210202**	江西街道	210212013
孟家镇	210124108	桃源街道	210202011	龙王塘街道	210212014
十间房镇	210124109	老虎滩街道	210202012	得胜街道	210212015
冯贝堡镇	210124110	海军广场街道	210202014	三涧堡街道	210212016
依牛堡子镇	210124111	人民路街道	210202019	登峰街道	210212017
包家屯镇	210124112	青泥洼桥街道	210202020	**金州区（25 街道）**	**210213**
慈恩寺乡	210124201	葵英街道	210202021	拥政街道	210213001
和平乡	210124203	**西岗区（5 街道）**	**210203**		

续表 2

行政区划名称	行政区划代码	行政区划名称	行政区划代码	行政区划名称	行政区划代码
友谊街道	210213002	太平街道	210214022	城关街道	210283001
站前街道	210213008	**长海县（5镇）**	**210224**	新华街道	210283002
先进街道	210213009	大长山岛镇	210224100	兴达街道	210283003
华家街道	210213010	獐子岛镇	210224101	昌盛街道	210283004
登沙河街道	210213014	广鹿岛镇	210224102	明阳街道	210283005
杏树街道	210213015	小长山岛镇	210224103	青堆镇	210283101
大魏家街道	210213017	海洋岛镇	210224104	徐岭镇	210283102
向应街道	210213018	**瓦房店市（11街道，**	**210281**	黑岛镇	210283104
七顶山街道	210213019	**13镇，6乡，2民族乡）**		栗子房镇	210283105
马桥子街道	210213020	新华街道	210281001	大营镇	210283107
海青岛街道	210213021	文兰街道	210281002	塔岭镇	210283108
大孤山街道	210213022	岭东街道	210281003	仙人洞镇	210283109
湾里街道	210213023	共济街道	210281004	蓉花山镇	210283110
董家沟街道	210213024	铁东街道	210281005	长岭镇	210283111
金石滩街道	210213025	祝华街道	210281006	荷花山镇	210283112
得胜街道	210213027	岗店街道	210281007	城山镇	210283113
大李家街道	210213028	九龙街道	210281008	光明山镇	210283114
二十里堡街道	210213029	太阳街道	210281009	大郑镇	210283115
亮甲店街道	210213030	长兴岛街道	210281010	王家镇	210283116
炮台街道	210213031	交流岛街道	210281011	吴炉镇	210283118
复州湾街道	210213032	复州城镇	210281101	鞍子山乡	210283204
三十里堡街道	210213033	松树镇	210281103	太平岭满族乡	210283208
石河街道	210213034	得利寺镇	210281105	步云山乡	210283209
光中街道	210213035	万家岭镇	210281106	桂云花满族乡	210283211
普兰店区（18街道）	**210214**	许屯镇	210281107	兰店乡	210283214
丰荣街道	210214001	永宁镇	210281108	石城乡	210283216
铁西街道	210214002	谢屯镇	210281109	**鞍山市（40街道，**	**210300**
大刘家街道	210214007	老虎屯镇	210281112	**52镇，3乡）**	
杨树房街道	210214008	红沿河镇	210281113	**铁东区（10街道）**	**210302**
皮口街道	210214009	李官镇	210281115	解放街道	210302002
城子坦街道	210214010	仙浴湾镇	210281116	山南街道	210302003
唐家房街道	210214011	瓦窝镇	210281117	园林街道	210302004
大谭街道	210214012	元台镇	210281118	站前街道	210302006
莲山街道	210214013	赵屯乡	210281201	和平街道	210302008
安波街道	210214014	土城乡	210281203	长甸街道	210302010
沙包街道	210214015	阎店乡	210281204	湖南街道	210302011
星台街道	210214016	西杨乡	210281205	新兴街道	210302013
乐甲街道	210214017	驼山乡	210281206	旧堡街道	210302014
墨盘街道	210214018	三台满族乡	210281208	大孤山街道	210302015
同益街道	210214019	泡崖乡	210281210	**铁西区（9街道）**	**210303**
双塔街道	210214020	杨家满族乡	210281212	繁荣街道	210303002
四平街道	210214021	**庄河市（5街道，15镇，**	**210283**	八家子街道	210303003
		4乡，2民族乡）		共和街道	210303005

续表 3

行政区划名称	行政区划代码	行政区划名称	行政区划代码	行政区划名称	行政区划代码
永乐街道	210303006	大营子镇	210323104	望台镇	210381125
南华街道	210303008	苏子沟镇	210323105	温香镇	210381126
大陆街道	210303009	偏岭镇	210323106	高坨子镇	210381127
永发街道	210303012	哈达碑镇	210323107	抚顺市（25 街道，27 镇，18 乡，2 民族乡）	**210400**
达道湾街道	210303013	新甸镇	210323108		
宁远街道	210303014	洋河镇	210323109	新抚区（6 街道，1 乡）	**210402**
立山区（9 街道）	**210304**	杨家堡镇	210323111	站前街道	210402001
友好街道	210304001	清凉山镇	210323112	福民街道	210402005
双山街道	210304004	石灰窑镇	210323113	新抚街道	210402007
立山街道	210304006	前营镇	210323114	榆林街道	210402009
曙光街道	210304008	龙潭镇	210323115	永安台街道	210402011
灵山街道	210304009	牧牛镇	210323116	刘山街道	210402019
深沟寺街道	210304014	药山镇	210323117	千金乡	210402200
沙河街道	210304015	大房身镇	210323118	东洲区（7 街道，2 镇，2 乡）	**210403**
齐大山街道	210304019	朝阳镇	210323119		
千山街道	210304020	红旗营子乡	210323206	东洲街道	210403002
千山区（2 街道，3 镇）	**210311**	岭沟乡	210323211	搭连街道	210403004
汤岗子街道	210311001	哨子河乡	210323212	龙凤街道	210403005
东鞍山街道	210311002	**海城市（5 街道，21 镇）**	**210381**	新屯街道	210403006
唐家房镇	210311102	海州街道	210381001	万新街道	210403007
甘泉镇	210311111	兴海街道	210381002	老虎台街道	210403008
大屯镇	210311112	响堂街道	210381003	章党街道	210403012
台安县（2 街道，10 镇）	**210321**	东四街道	210381004	章党镇	210403100
八角台街道	210321001	东四方台街道	210381006	哈达镇	210403101
台东街道	210321002	孤山镇	210381101	碾盘乡	210403202
西佛镇	210321101	岔沟镇	210381102	兰山乡	210403203
新开河镇	210321102	接文镇	210381103	望花区（7 街道，1 镇，1 民族乡）	**210404**
黄沙坨镇	210321103	析木镇	210381104		
高力房镇	210321104	马风镇	210381105	工农街道	210404002
桑林镇	210321105	牌楼镇	210381107	建设街道	210404003
富家镇	210321106	八里镇	210381108	和平街道	210404004
达牛镇	210321107	毛祁镇	210381109	光明街道	210404005
韭菜台镇	210321109	英落镇	210381110	朴屯街道	210404006
新台镇	210321110	感王镇	210381111	演武街道	210404007
桓洞镇	210321111	西柳镇	210381112	李石街道	210404011
岫岩满族自治县（3 街道，18 镇，3 乡）	**210323**	中小镇	210381113	塔峪镇	210404101
		王石镇	210381114	拉古满族乡	210404200
阜昌街道	210323001	南台镇	210381115	顺城区（5 街道，1 镇，2 乡）	**210411**
兴隆街道	210323003	腾鳌镇	210381118		
雅河街道	210323004	耿庄镇	210381121	长春街道	210411002
三家子镇	210323101	牛庄镇	210381123	葛布街道	210411003
石庙子镇	210323102	西四镇	210381124	将军堡街道	210411004
黄花甸镇	210323103			新华街道	210411005

续表 4

行政区划名称	行政区划代码	行政区划名称	行政区划代码	行政区划名称	行政区划代码
抚顺城街道	210411007	土口子乡	210423203	田师傅镇	210521109
前甸镇	210411102	敖家堡乡	210423206	南甸子镇	210521110
河北乡	210411201	大苏河乡	210423207	碱厂镇	210521111
会元乡	210411205	枸乃甸乡	210423208	高官镇	210521112
抚顺县（4镇，3乡，1民族乡）	210421	本溪市（26街道，18镇，4乡，1民族乡）	210500	东营坊乡	210521202
石文镇	210421101	平山区（7街道）	210502	桓仁满族自治县（1街道，8镇，3乡，1民族乡）	210522
后安镇	210421102	南地街道	210502001	八卦城街道	210522001
救兵镇	210421103	平山街道	210502003	桓仁镇	210522100
上马镇	210421104	东明街道	210502004	普乐堡镇	210522101
马圈子乡	210421204	崔东街道	210502005	二棚甸子镇	210522102
峡河乡	210421209	站前街道	210502007	沙尖子镇	210522103
海浪乡	210421211	千金街道	210502008	五里甸子镇	210522104
汤图满族乡	210421216	桥北街道	210502012	八里甸子镇	210522108
新宾满族自治县（9镇，6乡）	210422	溪湖区（7街道）	210503	华来镇	210522110
新宾镇	210422100	河东街道	210503001	古城镇	210522111
旺清门镇	210422101	河西街道	210503003	雅河朝鲜族乡	210522201
永陵镇	210422102	彩屯街道	210503005	向阳乡	210522202
平顶山镇	210422103	东风街道	210503009	黑沟乡	210522206
大四平镇	210422104	石桥子街道	210503010	北甸子乡	210522208
苇子峪镇	210422105	日月岛街道	210503012	丹东市（20街道，59镇，2乡，3民族乡）	210600
木奇镇	210422106	火连寨街道	210503013	元宝区（4街道，1镇）	210602
上夹河镇	210422108	明山区（7街道）	210504	七道街道	210602002
南杂木镇	210422109	北地街道	210504002	九道街道	210602004
红升乡	210422202	高峪街道	210504004	兴东街道	210602006
响水河子乡	210422203	明山街道	210504005	广济街道	210602007
红庙子乡	210422204	新明街道	210504008	金山镇	210602101
北四平乡	210422205	牛心台街道	210504009	振兴区（7街道，2镇）	210603
榆树乡	210422207	卧龙街道	210504010	站前街道	210603002
下夹河乡	210422208	高台子街道	210504011	临江街道	210603003
清原满族自治县（10镇，4乡）	210423	南芬区（3街道）	210505	帽盔山街道	210603005
清原镇	210423100	南芬街道	210505001	纤维街道	210603006
红透山镇	210423101	思山岭街道	210505004	永昌街道	210603007
北三家镇	210423102	下马塘街道	210505005	花园街道	210603008
草市镇	210423103	本溪满族自治县（1街道，10镇，1乡）	210521	江海街道	210603009
英额门镇	210423104	观音阁街道	210521003	浪头镇	210603101
南口前镇	210423105	小市镇	210521100	安民镇	210603102
南山城镇	210423106	草河掌镇	210521101	振安区（3街道，5镇）	210604
湾甸子镇	210423107	草河城镇	210521102	鸭绿江街道	210604001
大孤家镇	210423108	草河口镇	210521103	珍珠街道	210604004
夏家堡镇	210423109	连山关镇	210521104	太平湾街道	210604005
		清河城镇	210521106		

续表 5

行政区划名称	行政区划代码	行政区划名称	行政区划代码	行政区划名称	行政区划代码
同兴镇	210604102	马家店镇	210681113	康宁街道	210703008
五龙背镇	210604104	龙王庙镇	210681114	锦铁街道	210703009
楼房镇	210604105	小甸子镇	210681115	紫荆街道	210703011
九连城镇	210604106	菩萨庙镇	210681117	太和区（10街道，1镇）	210711
汤山城镇	210604107	黑沟镇	210681118	太和街道	210711004
宽甸满族自治县（19镇，2乡，1民族乡）	210624	新农镇	210681119	大薛街道	210711008
		汤池镇	210681120	天桥街道	210711010
宽甸镇	210624100	合隆满族乡	210681204	新民街道	210711011
灌水镇	210624101	凤城市（3街道，17镇，1民族乡）	210682	营盘街道	210711012
硼海镇	210624102			女儿河街道	210711013
红石镇	210624103	凤凰城街道	210682001	杏山街道	210711014
毛甸子镇	210624104	凤山街道	210682002	凌南街道	210711015
长甸镇	210624105	草河街道	210682003	松山街道	210711016
永甸镇	210624106	宝山镇	210682101	娘娘宫街道	210711017
太平哨镇	210624108	白旗镇	210682102	建业镇	210711100
青山沟镇	210624109	沙里寨镇	210682103	黑山县（2街道，16镇，4乡）	210726
牛毛坞镇	210624110	红旗镇	210682104		
大川头镇	210624111	蓝旗镇	210682105	黑山街道	210726001
青椅山镇	210624112	边门镇	210682107	大虎山街道	210726002
杨木川镇	210624113	东汤镇	210682110	芳山镇	210726101
虎山镇	210624114	石城镇	210682111	白厂门镇	210726102
振江镇	210624115	大兴镇	210682112	常兴镇	210726103
步达远镇	210624116	爱阳镇	210682113	姜屯镇	210726104
大西岔镇	210624117	赛马镇	210682114	励家镇	210726105
八河川镇	210624118	弟兄山镇	210682115	绕阳河镇	210726106
双山子镇	210624119	鸡冠山镇	210682116	半拉门镇	210726107
石湖沟乡	210624201	刘家河镇	210682117	无梁殿镇	210726108
下露河朝鲜族乡	210624202	通远堡镇	210682118	胡家镇	210726109
古楼子乡	210624206	四门子镇	210682119	新立屯镇	210726110
东港市（3街道，15镇，1民族乡）	210681	青城子镇	210682120	八道壕镇	210726111
		大堡蒙古族乡	210682201	四家子镇	210726113
大东街道	210681001	锦州市（32街道，55镇，10乡，2民族乡）	210700	新兴镇	210726114
新兴街道	210681002			小东镇	210726115
新城街道	210681003	古塔区（5街道）	210702	太和镇	210726116
孤山镇	210681101	石油街道	210702002	镇安镇	210726117
前阳镇	210681104	敬业街道	210702004	英城子乡	210726201
长安镇	210681105	保安街道	210702005	段家乡	210726209
十字街镇	210681106	士英街道	210702009	大兴乡	210726210
长山镇	210681107	古城街道	210702011	薛屯乡	210726212
北井子镇	210681108	凌河区（6街道）	210703	义县（2街道，13镇，1乡，2民族乡）	210727
椅圈镇	210681109	石桥子街道	210703002		
黄土坎镇	210681110	龙江街道	210703003	义州街道	210727001
		榴花街道	210703004	城关街道	210727002

续表 6

行政区划名称	行政区划代码	行政区划名称	行政区划代码	行政区划名称	行政区划代码
刘龙台镇	210727101	大市镇	210782101	鼓楼街道	210881001
七里河镇	210727102	罗罗堡镇	210782102	西城街道	210881002
大榆树堡镇	210727103	常兴店镇	210782103	东城街道	210881003
稍户营子镇	210727104	正安镇	210782104	太阳升街道	210881004
九道岭镇	210727105	闾阳镇	210782105	团山街道	210881005
高台子镇	210727106	中安镇	210782106	西海街道	210881006
瓦子峪镇	210727108	廖屯镇	210782107	九垄地街道	210881007
头台镇	210727109	赵屯镇	210782109	归州街道	210881008
张家堡镇	210727110	青堆子镇	210782110	高屯镇	210881102
前杨镇	210727111	高山子镇	210782111	沙岗镇	210881105
头道河镇	210727112	吴家镇	210782113	九寨镇	210881109
留龙沟镇	210727113	鲍家乡	210782203	万福镇	210881110
聚粮屯镇	210727114	大屯乡	210782206	卧龙泉镇	210881111
地藏寺满族乡	210727203	柳家乡	210782209	青石岭镇	210881112
大定堡满族乡	210727205	**营口市（27 街道，**	**210800**	暖泉镇	210881113
白庙子乡	210727207	**35 镇，3 乡）**		榜式堡镇	210881116
凌海市（3 街道，	**210781**	**站前区（6 街道）**	**210802**	团甸镇	210881117
14 镇，2 乡）		八田地街道	210802001	双台镇	210881118
大凌河街道	210781001	建丰街道	210802002	杨运镇	210881119
金城街道	210781002	建设街道	210802003	徐屯镇	210881120
八千街道	210781003	跃进街道	210802004	什字街镇	210881121
石山镇	210781101	新建街道	210802007	矿洞沟镇	210881122
余积镇	210781102	东兴街道	210802008	陈屯镇	210881123
双羊镇	210781103	**西市区（5 街道）**	**210803**	梁屯镇	210881124
班吉塔镇	210781104	得胜街道	210803004	小石棚乡	210881216
沈家台镇	210781105	五台子街道	210803005	果园乡	210881217
三台子镇	210781106	渔市街道	210803010	二台乡	210881218
右卫镇	210781107	滨海街道	210803011	**大石桥市（4 街道，**	**210882**
阎家镇	210781108	清华街道	210803012	**13 镇）**	
新庄子镇	210781109	**鲅鱼圈区（3 街道，3 镇）**	**210804**	金桥街道	210882003
翠岩镇	210781112	红海街道	210804001	钢都街道	210882004
安屯镇	210781113	海星街道	210804002	百寨街道	210882005
大业镇	210781114	望海街道	210804005	镁都街道	210882006
白台子镇	210781116	熊岳镇	210804100	水源镇	210882101
温滴楼镇	210781117	芦屯镇	210804102	沟沿镇	210882102
板石沟乡	210781212	红旗镇	210804103	石佛镇	210882103
谢屯乡	210781217	**老边区（1 街道，3 镇）**	**210811**	高坎镇	210882104
北镇市（4 街道，	**210782**	老边街道	210811003	旗口镇	210882105
11 镇，3 乡）		路南镇	210811101	虎庄镇	210882106
北镇街道	210782004	柳树镇	210811102	官屯镇	210882107
富屯街道	210782006	边城镇	210811103	博洛铺镇	210882112
广宁街道	210782007	**盖州市（8 街道，**	**210881**	永安镇	210882113
沟帮子街道	210782008	**16 镇，3 乡）**		汤池镇	210882114

161

续表 7

行政区划名称	行政区划代码	行政区划名称	行政区划代码	行政区划名称	行政区划代码
建一镇	210882115	大巴镇	210921108	满堂红镇	210922113
黄土岭镇	210882116	泡子镇	210921109	四合城镇	210922114
周家镇	210882117	十家子镇	210921110	大冷镇	210922115
阜新市（17街道，60镇，4乡，1民族乡）	**210900**	王府镇	210921111	平安镇	210922116
海州区（6街道，1镇）	**210902**	于寺镇	210921112	两家子镇	210922117
西山街道	210902004	富荣镇	210921113	兴隆堡镇	210922118
河北街道	210902005	新民镇	210921114	四堡子镇	210922119
平安西部街道	210902012	福兴地镇	210921115	西六家子镇	210922120
站前街道	210902013	平安地镇	210921116	大德镇	210922121
五龙街道	210902014	沙拉镇	210921117	二道河子蒙古族乡	210922202
和平街道	210902015	大固本镇	210921118	丰田乡	210922209
韩家店镇	210902101	大五家子镇	210921119	**辽阳市（14街道，30镇，4乡，2民族乡）**	**211000**
新邱区（2街道，1镇）	**210903**	大板镇	210921120	白塔区（4街道）	**211002**
街基街道	210903005	招束沟镇	210921121	文圣街道	211002016
新发屯街道	210903006	八家子镇	210921122	武圣街道	211002017
长营子镇	210903101	扎兰营子镇	210921123	南门街道	211002018
太平区（3街道，1镇）	**210904**	塔营子镇	210921124	襄平街道	211002019
红树街道	210904001	红帽子镇	210921125	文圣区（2街道，2镇）	**211003**
孙家湾街道	210904006	蜘蛛山镇	210921126	庆阳街道	211003004
高德街道	210904007	七家子镇	210921127	东京陵街道	211003008
水泉镇	210904101	紫都台镇	210921128	罗大台镇	211003100
清河门区（2街道，2镇）	**210905**	化石戈镇	210921129	小屯镇	211003101
清河街道	210905005	哈达户稍镇	210921130	宏伟区（2街道，2镇）	**211004**
新北街道	210905006	老河土镇	210921131	工农街道	211004001
河西镇	210905101	太平镇	210921132	长征街道	211004004
乌龙坝镇	210905102	卧凤沟乡	210921203	曙光镇	211004101
细河区（3街道，1镇）	**210911**	苍土乡	210921211	兰家镇	211004102
玉新街道	210911001	国华乡	210921222	**弓长岭区（2街道，1镇，1乡）**	**211005**
玉龙街道	210911007	**彰武县（22镇，1乡，1民族乡）**	**210922**	苏家街道	211005001
玉丰街道	210911008	彰武镇	210922100	安平街道	211005003
四合镇	210911102	哈尔套镇	210922101	汤河镇	211005101
阜新蒙古族自治县（1街道，32镇，3乡）	**210921**	章古台镇	210922102	安平乡	211005201
		五峰镇	210922103	太子河区（1街道，3镇，1乡）	**211011**
城区街道	210921001	冯家镇	210922104		
阜新镇	210921100	后新秋镇	210922105	铁西街道	211011004
东梁镇	210921102	东六家子镇	210922106	祁家镇	211011101
佛寺镇	210921103	阿尔乡镇	210922107	王家镇	211011102
伊吗图镇	210921104	前福兴地镇	210922108	沙岭镇	211011103
旧庙镇	210921105	双庙镇	210922109	东宁卫乡	211011204
务欢池镇	210921106	大四家子镇	210922110	**辽阳县（12镇，1乡，2民族乡）**	**211021**
建设镇	210921107	苇子沟镇	210922111		
		兴隆山镇	210922112		

续表 8

行政区划名称	行政区划代码	行政区划名称	行政区划代码	行政区划名称	行政区划代码
首山镇	211021100	兴隆街道	211103002	银州区（7街道，1乡）	**211202**
刘二堡镇	211021101	渤海街道	211103003	红旗街道	211202001
小北河镇	211021103	新工街道	211103004	工人街道	211202002
黄泥洼镇	211021104	曙光街道	211103007	铁西街道	211202003
唐马寨镇	211021106	欢喜岭街道	211103008	铜钟街道	211202004
穆家镇	211021107	沈采街道	211103013	柴河街道	211202005
柳壕镇	211021108	创新街道	211103016	岭东街道	211202006
河栏镇	211021110	兴盛街道	211103017	辽海街道	211202007
隆昌镇	211021111	兴海街道	211103018	龙山乡	211202201
八会镇	211021112	东郭街道	211103019	清河区（2街道，2镇，1民族乡）	**211204**
寒岭镇	211021113	惠宾街道	211103020		
兴隆镇	211021115	大洼区（6街道，10镇）	**211104**	红旗街道	211204001
下达河乡	211021201	大洼街道	211104001	向阳街道	211204002
吉洞峪满族乡	211021202	榆树街道	211104002	张相镇	211204101
甜水满族乡	211021206	田家街道	211104003	杨木林子镇	211204102
灯塔市（3街道，10镇，1乡）	**211081**	王家街道	211104004	聂家满族乡	211204203
		于楼街道	211104006	铁岭县（12镇，1乡，1民族乡）	**211221**
烟台街道	211081001	二界沟街道	211104009		
万宝桥街道	211081002	东风镇	211104103	新台子镇	211221101
古城街道	211081003	新开镇	211104104	阿吉镇	211221102
佟二堡镇	211081101	清水镇	211104106	平顶堡镇	211221103
铧子镇	211081102	新兴镇	211104107	大甸子镇	211221104
张台子镇	211081103	西安镇	211104108	凡河镇	211221105
西大窑镇	211081104	新立镇	211104109	腰堡镇	211221106
沈旦堡镇	211081105	唐家镇	211104112	镇西堡镇	211221107
西马峰镇	211081106	平安镇	211104113	蔡牛镇	211221108
柳条寨镇	211081107	赵圈河镇	211104114	李千户镇	211221109
柳河子镇	211081108	田庄台镇	211104115	熊官屯镇	211221111
大河南镇	211081111	盘山县（3街道，9镇）	**211122**	横道河子镇	211221112
五星镇	211081114	太平街道	211122001	双井子镇	211221113
鸡冠山乡	211081205	高升街道	211122002	鸡冠山乡	211221208
盘锦市（27街道，21镇）	**211100**	得胜街道	211122003	白旗寨满族乡	211221209
双台子区（6街道，2镇）	**211102**	沙岭镇	211122101	西丰县（12镇，6民族乡）	**211223**
胜利街道	211102002	胡家镇	211122103		
建设街道	211102003	古城子镇	211122107	西丰镇	211223100
红旗街道	211102004	坝墙子镇	211122108	平岗镇	211223101
辽河街道	211102005	陈家镇	211122110	郜家店镇	211223102
铁东街道	211102008	甜水镇	211122111	凉泉镇	211223103
双盛街道	211102009	吴家镇	211122112	振兴镇	211223104
陆家镇	211102100	石新镇	211122114	安民镇	211223105
统一镇	211102101	羊圈子镇	211122115	天德镇	211223106
兴隆台区（12街道）	**211103**	铁岭市（14街道，78镇，2乡，9民族乡）	**211200**	房木镇	211223107
振兴街道	211103001			柏榆镇	211223109

续表 9

行政区划名称	行政区划代码	行政区划名称	行政区划代码	行政区划名称	行政区划代码
更刻镇	211223110	长发镇	211224136	他拉皋镇	211302113
钓鱼镇	211223111	**调兵山市（2 街道，3 镇）**	**211281**	孙家湾镇	211302114
陶然镇	211223112	兀术街道	211281001	长宝营子乡	211302212
德兴满族乡	211223204	调兵山街道	211281002	**龙城区（3 街道，6 镇）**	**211303**
明德满族乡	211223206	晓明镇	211281102	新华街道	211303004
成平满族乡	211223209	大明镇	211281103	海龙街道	211303006
和隆满族乡	211223211	晓南镇	211281105	龙泉街道	211303007
营厂满族乡	211223212	**开原市（3 街道，16 镇，1 民族乡）**	**211282**	七道泉子镇	211303101
金星满族乡	211223213			西大营子镇	211303102
昌图县（33 镇）	**211224**	新城街道	211282001	召都巴镇	211303103
昌图镇	211224100	老城街道	211282002	大平房镇	211303104
老城镇	211224101	开原街道	211282003	联合镇	211303105
八面城镇	211224102	威远堡镇	211282102	边杖子镇	211303106
三江口镇	211224103	庆云堡镇	211282103	**朝阳县（1 街道，14 镇，10 乡，2 民族乡）**	**211321**
金家镇	211224104	中固镇	211282104		
宝力镇	211224105	八棵树镇	211282105	柳城街道	211321001
泉头镇	211224106	金沟子镇	211282106	波罗赤镇	211321102
双庙子镇	211224107	八宝镇	211282107	木头城子镇	211321103
亮中桥镇	211224108	业民镇	211282108	二十家子镇	211321104
马仲河镇	211224109	莲花镇	211282109	羊山镇	211321105
毛家店镇	211224110	靠山镇	211282110	六家子镇	211321106
老四平镇	211224111	下肥镇	211282111	瓦房子镇	211321107
大洼镇	211224112	松山镇	211282112	大庙镇	211321108
头道镇	211224113	李家台镇	211282113	古山子镇	211321110
鹭鸶树镇	211224114	马家寨镇	211282114	南双庙镇	211321111
付家镇	211224115	城东镇	211282115	台子镇	211321112
四合镇	211224117	上肥镇	211282116	清风岭镇	211321113
朝阳镇	211224118	黄旗寨镇	211282117	胜利镇	211321114
古榆树镇	211224119	林丰满族乡	211282217	七道岭镇	211321115
七家子镇	211224120	**朝阳市（28 街道，82 镇，40 乡，6 民族乡）**	**211300**	杨树湾镇	211321116
东嘎镇	211224121			西五家子乡	211321211
四面城镇	211224122	**双塔区（9 街道，3 镇，1 乡）**	**211302**	北沟门子乡	211321212
前双井镇	211224123			东大道乡	211321214
通江口镇	211224124	前进街道	211302003	乌兰河硕蒙古族乡	211321215
大四家子镇	211224125	凌河街道	211302004	东大屯乡	211321220
曲家店镇	211224126	光明街道	211302005	松岭门蒙古族乡	211321221
平安堡镇	211224130	凌凤街道	211302006	根德营子乡	211321222
下二台镇	211224131	龙山街道	211302007	西营子乡	211321224
太平镇	211224132	站南街道	211302008	北四家子乡	211321228
十八家子镇	211224133	红旗街道	211302009	王营子乡	211321230
后窑镇	211224134	燕北街道	211302010	黑牛营子乡	211321231
大兴镇	211224135	双塔街道	211302012	尚志乡	211321232
		桃花吐镇	211302111		

续表 **10**

行政区划名称	行政区划代码	行政区划名称	行政区划代码	行政区划名称	行政区划代码
建平县（4 街道，17 镇，6 乡，1 民族乡）	**211322**	十二德堡镇	211324110	三宝乡	211381228
叶柏寿街道	211322001	羊角沟镇	211324111	**凌源市**（5 街道，16 镇，5 乡，1 民族乡）	**211382**
红山街道	211322002	甘招镇	211324112		
铁南街道	211322003	兴隆庄镇	211324113	东城街道	211382001
万寿街道	211322004	东哨镇	211324114	北街街道	211382002
朱碌科镇	211322101	水泉镇	211324115	南街街道	211382003
建平镇	211322102	尤杖子乡	211324204	红山街道	211382004
黑水镇	211322103	草场乡	211324207	城关街道	211382007
喀喇沁镇	211322104	坤都营子乡	211324210	万元店镇	211382101
北二十家子镇	211322105	大营子乡	211324211	宋杖子镇	211382102
沙海镇	211322106	卧虎沟乡	211324214	三十家子镇	211382103
哈拉道口镇	211322108	**北票市**（4 街道，12 镇，13 乡，2 民族乡）	**211381**	杨杖子镇	211382104
榆树林子镇	211322109			刀尔登镇	211382105
老官地镇	211322110	城关街道	211381001	松岭子镇	211382106
深井镇	211322111	南山街道	211381002	四官营子镇	211382107
奎德素镇	211322112	冠山街道	211381003	沟门子镇	211382108
小塘镇	211322113	台吉街道	211381006	小城子镇	211382110
马场镇	211322114	西官营镇	211381101	四合当镇	211382111
昌隆镇	211322115	大板镇	211381102	乌兰白镇	211382113
张家营子镇	211322117	上园镇	211381103	瓦房店镇	211382114
青峰山镇	211322118	宝国老镇	211381104	大河北镇	211382115
太平庄镇	211322119	黑城子镇	211381105	牛营子镇	211382116
青松岭乡	211322205	五间房镇	211381107	三道河子镇	211382117
杨树岭乡	211322206	台吉镇	211381108	刘杖子镇	211382118
罗福沟乡	211322209	东官营镇	211381109	北炉乡	211382210
烧锅营子乡	211322211	龙潭镇	211381110	三家子蒙古族乡	211382217
白山乡	211322214	北塔镇	211381111	佛爷洞乡	211382219
三家蒙古族乡	211322218	蒙古营镇	211381112	大王杖子乡	211382220
义成功乡	211322220	大三家镇	211381113	前进乡	211382222
喀喇沁左翼蒙古族自治县（2 街道，14 镇，5 乡）	**211324**	长皋乡	211381201	河坎子乡	211382223
		常河营乡	211381202	**葫芦岛市**（29 街道，37 镇，36 乡，19 民族乡）	**211400**
		小塔子乡	211381203		
		马友营蒙古族乡	211381204	**连山区**（8 街道，3 镇，6 乡）	**211402**
大城子街道	211324001	泉巨永乡	211381206		
利州街道	211324003	哈尔脑乡	211381212	连山街道	211402001
南公营子镇	211324101	南八家子乡	211381213	站前街道	211402002
山嘴子镇	211324102	章吉营乡	211381214	渤海街道	211402003
公营子镇	211324104	三宝营乡	211381215	兴工街道	211402004
白塔子镇	211324105	巴图营乡	211381216	石油街道	211402005
中三家镇	211324106	台吉营乡	211381218	化工街道	211402006
老爷庙镇	211324107	娄家店乡	211381220	锦郊街道	211402010
六官营子镇	211324108	北四家乡	211381221	杨家杖子街道	211402011
平房子镇	211324109	凉水河蒙古族乡	211381223	钢屯镇	211402104

165

续表 11

行政区划名称	行政区划代码	行政区划名称	行政区划代码	行政区划名称	行政区划代码
寺儿堡镇	211402105	大王庙镇	211421103	新开岭乡	211422212
新台门镇	211402106	万家镇	211421104	贺杖子乡	211422213
沙河营乡	211402201	前所镇	211421105	养马甸子乡	211422214
孤竹营子乡	211402202	高岭镇	211421106	和尚房子乡	211422215
白马石乡	211402203	前卫镇	211421107	杨树湾子乡	211422218
山神庙子乡	211402205	荒地镇	211421108	黑山科乡	211422219
塔山乡	211402206	塔山屯镇	211421109	雷家店乡	211422220
杨郊乡	211402210	高台镇	211421113	小德营子乡	211422222
龙港区（8街道，1乡）	**211403**	王宝镇	211421114	二道湾子蒙古族乡	211422223
葫芦岛街道	211403001	沙河镇	211421115	巴什罕乡	211422224
龙湾街道	211403005	小庄子镇	211421116	娘娘庙乡	211422225
滨海街道	211403006	西平坡满族乡	211421201	谷杖子乡	211422226
双龙街道	211403007	葛家满族乡	211421202	**兴城市（7街道，7镇，12民族乡）**	**211481**
玉皇街道	211403008	高甸子满族乡	211421204	古城街道	211481001
连湾街道	211403009	范家满族乡	211421206	宁远街道	211481002
北港街道	211403010	明水满族乡	211421207	温泉街道	211481004
马仗房街道	211403011	秋子沟乡	211421208	华山街道	211481006
双树乡	211403211	加碑岩乡	211421210	四家屯街道	211481007
南票区（6街道，6镇，4乡）	**211404**	永安堡乡	211421211	菊花街道	211481008
沙锅屯街道	211404002	李家堡乡	211421212	临海街道	211481009
邱皮沟街道	211404003	网户满族乡	211421214	曹庄镇	211481101
苇子沟街道	211404005	城郊乡	211421217	沙后所镇	211481103
小凌河街道	211404007	**建昌县（7镇，20乡，1民族乡）**	**211422**	东辛庄镇	211481104
九龙街道	211404008	建昌镇	211422100	郭家镇	211481105
龙腾街道	211404010	八家子镇	211422101	红崖子镇	211481106
缸窑岭镇	211404101	喇嘛洞镇	211422102	徐大堡镇	211481107
暖池塘镇	211404102	药王庙镇	211422103	高家岭镇	211481108
高桥镇	211404103	汤神庙镇	211422104	羊安满族乡	211481201
台集屯镇	211404104	玲珑塔镇	211422105	元台子满族乡	211481203
虹螺岘镇	211404105	大屯镇	211422106	白塔满族乡	211481204
金星镇	211404106	牤牛营子乡	211422201	望海满族乡	211481206
沙锅屯乡	211404201	素珠营子乡	211422203	刘台子满族乡	211481207
黄土坎乡	211404203	石佛乡	211422204	大寨满族乡	211481208
大兴乡	211404204	王宝营子乡	211422206	南大山满族乡	211481209
张相公屯乡	211404205	老大杖子乡	211422207	围屏满族乡	211481210
绥中县（14镇，5乡，6民族乡）	**211421**	要路沟乡	211422208	碱厂满族乡	211481212
绥中镇	211421100	魏家岭乡	211422209	三道沟满族乡	211481213
西甸子镇	211421101	西碱厂乡	211422210	旧门满族乡	211481215
宽邦镇	211421102	头道营子乡	211422211	药王满族乡	211481216

吉林省

吉林省（吉）

行政区划名称	行政区划代码	行政区划名称	行政区划代码	行政区划名称	行政区划代码
吉林省（354街道，426镇，153乡，28民族乡）	220000	团山街道	220103008	劝农山镇	220105101
		柳影街道	220103009	泉眼镇	220105102
长春市（107街道，75镇，26乡，5民族乡）	220100	欣园街道	220103010	英俊镇	220105103
		北湖街道	220103011	四家乡	220105201
南关区（21街道，3镇，1乡）	220102	长德街道	220103012	绿园区（10街道，3镇）	220106
南岭街道	220102001	兰家镇	220103101	正阳街道	220106001
自强街道	220102002	兴隆山镇	220103102	普阳街道	220106002
民康街道	220102003	米沙子镇	220103103	锦程街道	220106003
新春街道	220102004	万宝镇	220103104	春城街道	220106004
长通街道	220102005	合隆镇	220103105	铁西街道	220106005
全安街道	220102006	奋进乡	220103200	青年路街道	220106006
曙光街道	220102007	朝阳区（14街道，2镇）	220104	东风街道	220106007
永吉街道	220102008	前进街道	220104001	林园街道	220106008
桃源街道	220102009	桂林街道	220104002	同心街道	220106009
永兴街道	220102010	南湖街道	220104003	富民街道	220106010
净月街道	220102011	永昌街道	220104004	合心镇	220106100
临河街道	220102012	重庆街道	220104005	西新镇	220106101
鸿城街道	220102013	清和街道	220104006	城西镇	220106102
明珠街道	220102014	红旗街道	220104007	双阳区（4街道，3镇，1民族乡）	220112
富裕街道	220102015	湖西街道	220104008	云山街道	220112001
会展街道	220102016	富锋街道	220104009	平湖街道	220112002
彩织街道	220102017	硅谷街道	220104010	奢岭街道	220112003
博硕街道	220102018	双德街道	220104011	山河街道	220112004
德正街道	220102019	飞跃街道	220104012	鹿乡镇	220112101
福祉街道	220102020	前程街道	220104013	太平镇	220112102
德容街道	220102021	超越街道	220104014	齐家镇	220112104
新立城镇	220102100	乐山镇	220104101	双营子回族乡	220112203
新湖镇	220102101	永春镇	220104102	九台区（15街道，2镇，2民族乡）	220113
玉潭镇	220102102	二道区（9街道，3镇，1乡）	220105	九台街道	220113001
幸福乡	220102200	东盛街道	220105001	营城街道	220113002
宽城区（12街道，5镇，1乡）	220103	吉林街道	220105002	九郊街道	220113003
新发街道	220103001	荣光街道	220105003	西营城街道	220113004
站前街道	220103002	东站街道	220105004	卡伦湖街道	220113005
南广街道	220103003	远达街道	220105005	东湖街道	220113006
东广街道	220103004	八里堡街道	220105006	土们岭街道	220113007
群英街道	220103005	东方广场街道	220105007	波泥河街道	220113008
兴业街道	220103006	长青街道	220105008	苇子沟街道	220113009
凯旋街道	220103007	世纪街道	220105009		

续表 1

行政区划名称	行政区划代码	行政区划名称	行政区划代码	行政区划名称	行政区划代码
兴隆街道	220113010	培英街道	220182003	菜园子镇	220183112
纪家街道	220113011	城郊街道	220182004	同太乡	220183200
龙嘉街道	220113012	五棵树镇	220182100	边岗乡	220183202
兴港街道	220113013	弓棚镇	220182101	五台乡	220183203
城子街街道	220113014	闵家镇	220182102	朝阳乡	220183204
沐石河街道	220113015	大坡镇	220182103	**公主岭市（10 街道，**	**220184**
其塔木镇	220113102	黑林镇	220182104	**18 镇，1 乡，1 民族乡）**	
上河湾镇	220113103	土桥镇	220182105	河南街道	220184001
胡家回族乡	220113200	新立镇	220182106	河北街道	220184002
莽卡满族乡	220113201	大岭镇	220182107	东三街道	220184003
农安县（4 街道，	**220122**	于家镇	220182108	岭东街道	220184004
11 镇，10 乡）		泗河镇	220182109	铁北街道	220184005
兴农街道	220122001	八号镇	220182110	岭西街道	220184006
宝塔街道	220122002	刘家镇	220182111	南崴子街道	220184007
和谐街道	220122003	秀水镇	220182112	刘房子街道	220184008
黄龙街道	220122004	保寿镇	220182113	苇子沟街道	220184009
农安镇	220122100	新庄镇	220182115	环岭街道	220184010
伏龙泉镇	220122101	育民乡	220182200	二十家子满族镇	220184100
哈拉海镇	220122102	红星乡	220182201	黑林子镇	220184101
靠山镇	220122103	太安乡	220182203	陶家屯镇	220184102
开安镇	220122105	先峰乡	220182204	范家屯镇	220184103
烧锅镇	220122106	青山乡	220182208	响水镇	220184104
高家店镇	220122107	延和朝鲜族乡	220182209	大岭镇	220184105
华家镇	220122109	恩育乡	220182210	怀德镇	220184106
三盛玉镇	220122111	城发乡	220182211	双城堡镇	220184107
巴吉垒镇	220122112	环城乡	220182213	双龙镇	220184108
三岗镇	220122113	**德惠市（4 街道，**	**220183**	杨大城子镇	220184109
前岗乡	220122201	**10 镇，4 乡）**		毛城子镇	220184110
龙王乡	220122202	胜利街道	220183001	玻璃城子镇	220184111
万顺乡	220122204	建设街道	220183002	朝阳坡镇	220184112
杨树林乡	220122205	惠发街道	220183004	大榆树镇	220184113
永安乡	220122207	夏家店街道	220183005	秦家屯镇	220184114
青山口乡	220122208	大青咀镇	220183100	八屋镇	220184115
黄鱼圈乡	220122209	郭家镇	220183101	十屋镇	220184116
新农乡	220122210	松花江镇	220183102	桑树台镇	220184117
万金塔乡	220122211	达家沟镇	220183103	龙山满族乡	220184200
小城子乡	220122212	大房身镇	220183104	永发乡	220184201
榆树市（4 街道，15 镇，	**220182**	岔路口镇	220183105	**吉林市（68 街道，56 镇，**	**220200**
8 乡，1 民族乡）		朱城子镇	220183106	**16 乡，4 民族乡）**	
华昌街道	220182001	布海镇	220183110	**昌邑区（14 街道，**	**220202**
正阳街道	220182002	天台镇	220183111	**3 镇，2 民族乡）**	

续表 2

行政区划名称	行政区划代码	行政区划名称	行政区划代码	行政区划名称	行政区划代码
兴华街道	220202001	船营区（12街道，3镇，1乡）	220204	金家满族乡	220221203
文庙街道	220202002			黄榆乡	220221205
东局子街道	220202003	德胜街道	220204001	蛟河市（7街道，8镇，1乡，1民族乡）	220281
新地号街道	220202004	南京街道	220204002		
延安街道	220202005	大东街道	220204003	民主街道	220281001
站前街道	220202006	青岛街道	220204004	长安街道	220281002
民主街道	220202007	向阳街道	220204005	河南街道	220281003
莲花街道	220202008	北极街道	220204006	奶子山街道	220281005
通江街道	220202009	致和街道	220204007	新农街道	220281006
哈达湾街道	220202010	长春路街道	220204008	拉法街道	220281007
新建街道	220202011	临江街道	220204009	河北街道	220281009
延江街道	220202012	北山街道	220204010	新站镇	220281100
双吉街道	220202013	黄旗街道	220204011	天岗镇	220281101
九站街道	220202016	新北街道	220204014	白石山镇	220281102
孤店子镇	220202100	大绥河镇	220204100	漂河镇	220281103
桦皮厂镇	220202101	搜登站镇	220204101	黄松甸镇	220281104
左家镇	220202102	越北镇	220204102	天北镇	220281106
两家子满族乡	220202200	欢喜乡	220204200	松江镇	220281107
土城子满族朝鲜族乡	220202201	丰满区（8街道，1镇，3乡）	220211	庆岭镇	220281108
龙潭区（13街道，5镇，1乡）	220203			乌林朝鲜族乡	220281200
		泰山街道	220211001	前进乡	220281202
榆树街道	220203001	江南街道	220211002	桦甸市（5街道，6镇，3乡）	220282
遵义街道	220203002	石井街道	220211003		
铁东街道	220203003	沿丰街道	220211004	明桦街道	220282001
龙潭街道	220203004	丰满街道	220211005	永吉街道	220282002
新安街道	220203005	红旗街道	220211006	胜利街道	220282003
湘潭街道	220203006	高新街道	220211007	新华街道	220282004
龙华街道	220203007	建华街道	220211008	启新街道	220282005
新吉林街道	220203008	旺起镇	220211100	夹皮沟镇	220282100
山前街道	220203009	江南乡	220211200	二道甸子镇	220282102
泡子沿街道	220203010	小白山乡	220211201	红石砬子镇	220282103
靠山街道	220203011	前二道乡	220211202	八道河子镇	220282104
东城街道	220203012	永吉县（7镇，1乡，1民族乡）	220221	常山镇	220282106
承德街道	220203013			金沙镇	220282107
乌拉街满族镇	220203100	口前镇	220221101	桦郊乡	220282200
缸窑镇	220203101	岔路河镇	220221102	横道河子乡	220282202
江密峰镇	220203102	双河镇	220221103	公吉乡	220282205
大口钦满族镇	220203103	西阳镇	220221104	舒兰市（5街道，10镇，5乡）	220283
金珠镇	220203104	北大湖镇	220221105		
江北乡	220203201	一拉溪镇	220221106	北城街道	220283001
		万昌镇	220221107	南城街道	220283002

171

续表 3

行政区划名称	行政区划代码	行政区划名称	行政区划代码	行政区划名称	行政区划代码
环城街道	220283003	**铁西区（5街道，3镇，1乡）**	**220302**	孤家子镇	220322118
吉舒街道	220283004			白山乡	220322202
滨河街道	220283005	仁兴街道	220302001	泉眼岭乡	220322204
白旗镇	220283100	英雄街道	220302002	胜利乡	220322205
朝阳镇	220283101	站前街道	220302003	四棵树乡	220322206
开原镇	220283102	北沟街道	220302004	双河乡	220322207
上营镇	220283103	地直街道	220302005	金山乡	220322208
水曲柳镇	220283104	十家堡镇	220302100	**伊通满族自治县（2街道，12镇，3乡）**	**220323**
平安镇	220283105	郭家店镇	220302101		
法特镇	220283106	孟家岭镇	220302102	永盛街道	220323001
溪河镇	220283107	平西乡	220302200	永宁街道	220323002
小城镇	220283108	**铁东区（8街道，3镇，1乡）**	**220303**	伊通镇	220323100
金马镇	220283109			二道镇	220323101
七里乡	220283200	平东街道	220303001	伊丹镇	220323102
莲花乡	220283202	北市场街道	220303002	马鞍山镇	220323103
亮甲山乡	220283203	黄土坑街道	220303003	景台镇	220323104
天德乡	220283204	七马路街道	220303004	靠山镇	220323105
新安乡	220283206	四马路街道	220303005	大孤山镇	220323106
磐石市（4街道，13镇，1乡）	**220284**	解放街道	220303006	小孤山镇	220323107
		北门街道	220303007	营城子镇	220323108
东宁街道	220284001	平南街道	220303008	西苇镇	220323109
河南街道	220284002	山门镇	220303100	河源镇	220323110
福安街道	220284003	石岭子镇	220303103	黄岭子镇	220323111
阜康街道	220284004	叶赫满族镇	220303110	新兴乡	220323200
烟筒山镇	220284100	城东乡	220303200	莫里青乡	220323201
明城镇	220284101	**梨树县（3街道，12镇，6乡）**	**220322**	三道乡	220323203
红旗岭镇	220284102			**双辽市（6街道，8镇，3乡，1民族乡）**	**220382**
牛心镇	220284103	富强街道	220322001		
石嘴镇	220284104	康平街道	220322002	郑家屯街道	220382001
朝阳山镇	220284105	霍家店街道	220322003	辽东街道	220382002
富太镇	220284106	梨树镇	220322100	辽西街道	220382003
呼兰镇	220284107	榆树台镇	220322102	辽南街道	220382004
松山镇	220284108	小城子镇	220322105	辽北街道	220382005
黑石镇	220284109	喇嘛甸镇	220322106	红旗街道	220382006
吉昌镇	220284110	蔡家镇	220322107	茂林镇	220382100
取柴河镇	220284111	刘家馆子镇	220322108	双山镇	220382101
驿马镇	220284112	万发镇	220322113	卧虎镇	220382102
宝山乡	220284200	东河镇	220322114	服先镇	220382103
四平市（24街道，38镇，14乡，1民族乡）	**220300**	沈洋镇	220322115	王奔镇	220382105
		林海镇	220322116	玻璃山镇	220382106
		小宽镇	220322117	兴隆镇	220382107

续表 4

行政区划名称	行政区划代码	行政区划名称	行政区划代码	行政区划名称	行政区划代码
东明镇	220382108	沙河镇	220421109	五道江镇	220503102
那木斯蒙古族乡	220382200	南屯基镇	220421110	二道江乡	220503200
柳条乡	220382201	大兴镇	220421111	通化县（2 街道，10 镇，3 乡，2 民族乡）	220521
新立乡	220382202	三合满族朝鲜族乡	220421201		
永加乡	220382203	二龙山乡	220421207	茂山街道	220521001
辽源市（17 街道，23 镇，6 乡，1 民族乡）	220400	东辽县（9 镇，4 乡）	220422	东安街道	220521002
		白泉镇	220422100	快大茂镇	220521100
龙山区（8 街道，1 镇，1 乡）	220402	渭津镇	220422101	二密镇	220521103
		安石镇	220422102	果松镇	220521104
南康街道	220402001	辽河源镇	220422103	石湖镇	220521105
北寿街道	220402002	泉太镇	220422104	大安镇	220521106
东吉街道	220402003	建安镇	220422105	光华镇	220521107
西宁街道	220402004	安恕镇	220422106	兴林镇	220521108
站前街道	220402005	平岗镇	220422107	英额布镇	220521109
新兴街道	220402006	云顶镇	220422111	三棵榆树镇	220521110
福镇街道	220402007	凌云乡	220422200	西江镇	220521111
向阳街道	220402008	甲山乡	220422201	富江乡	220521202
寿山镇	220402100	足民乡	220422202	四棚乡	220521203
工农乡	220402200	金州乡	220422204	东来乡	220521205
西安区（6 街道，1 镇）	220403	通化市（28 街道，61 镇，11 乡，6 民族乡）	220500	大泉源满族朝鲜族乡	220521207
				金斗朝鲜族满族乡	220521208
仙城街道	220403001			辉南县（3 街道，10 镇，1 民族乡）	220523
太安街道	220403002	东昌区（9 街道，1 镇，2 乡）	220502		
东山街道	220403003			东风街道	220523001
安家街道	220403004	东昌街道	220502001	朝辉街道	220523002
先锋街道	220403005	民主街道	220502002	西凤街道	220523003
富国街道	220403006	老站街道	220502003	朝阳镇	220523100
灯塔镇	220403100	团结街道	220502004	辉南镇	220523101
东丰县（3 街道，12 镇，1 乡，1 民族乡）	220421	新站街道	220502005	样子哨镇	220523102
		光明街道	220502006	杉松岗镇	220523103
吉鹿街道	220421001	龙泉街道	220502007	石道河镇	220523104
祥鹿街道	220421002	滨江街道	220502008	辉发城镇	220523105
福鹿街道	220421003	陆港街道	220502009	抚民镇	220523106
东丰镇	220421100	金厂镇	220502100	金川镇	220523108
大阳镇	220421101	环通乡	220502200	团林镇	220523110
横道河镇	220421102	江东乡	220502201	庆阳镇	220523111
那丹伯镇	220421103	二道江区（2 街道，3 镇，1 乡）	220503	楼街朝鲜族乡	220523200
猴石镇	220421104			柳河县（3 街道，12 镇，2 乡，1 民族乡）	220524
杨木林镇	220421105	桃园街道	220503001		
小四平镇	220421106	东通化街道	220503002	采胜街道	220524001
黄河镇	220421107	鸭园镇	220503100	中岗街道	220524002
拉拉河镇	220421108	铁厂镇	220503101		

续表 5

行政区划名称	行政区划代码	行政区划名称	行政区划代码	行政区划名称	行政区划代码
导航街道	220524003	吉乐乡	220581209	石人镇	220605105
柳河镇	220524100	**集安市（4 街道，9 镇，**	**220582**	大阳岔镇	220605106
三源浦朝鲜族镇	220524101	**1 乡，1 民族乡）**		大石人镇	220605107
五道沟镇	220524102	团结街道	220582001	**抚松县（11 镇，3 乡）**	**220621**
驼腰岭镇	220524103	黎明街道	220582002	抚松镇	220621100
孤山子镇	220524104	通胜街道	220582003	松江河镇	220621101
圣水河子镇	220524105	城东街道	220582004	泉阳镇	220621102
罗通山镇	220524106	青石镇	220582100	露水河镇	220621103
安口镇	220524107	榆林镇	220582101	仙人桥镇	220621104
向阳镇	220524108	花甸镇	220582102	万良镇	220621105
红石镇	220524109	头道镇	220582103	新屯子镇	220621106
凉水河子镇	220524110	清河镇	220582104	东岗镇	220621107
亨通镇	220524111	台上镇	220582105	漫江镇	220621108
柳南乡	220524201	财源镇	220582106	北岗镇	220621109
时家店乡	220524202	大路镇	220582107	兴参镇	220621110
姜家店朝鲜族乡	220524203	太王镇	220582108	兴隆乡	220621202
梅河口市（5 街道，	**220581**	麻线乡	220582200	抽水乡	220621203
16 镇，2 乡，1 民族乡）		凉水朝鲜族乡	220582201	沿江乡	220621205
新华街道	220581001	**白山市（18 街道，**	**220600**	**靖宇县（7 镇，1 乡）**	**220622**
和平街道	220581002	**41 镇，6 乡）**		靖宇镇	220622100
光明街道	220581003	**浑江区（8 街道，4 镇）**	**220602**	三道湖镇	220622101
解放街道	220581004	新建街道	220602001	龙泉镇	220622102
福民街道	220581005	通沟街道	220602002	那尔轰镇	220622103
山城镇	220581100	东兴街道	220602003	花园口镇	220622104
红梅镇	220581101	红旗街道	220602004	景山镇	220622105
海龙镇	220581102	河口街道	220602005	赤松镇	220622106
新合镇	220581103	板石街道	220602006	濛江乡	220622203
曙光镇	220581105	江北街道	220602007	**长白朝鲜族自治县**	**220623**
中和镇	220581106	城南街道	220602008	**（7 镇，1 乡）**	
黑山头镇	220581107	六道江镇	220602101	长白镇	220623100
水道镇	220581108	红土崖镇	220602102	八道沟镇	220623101
进化镇	220581109	三道沟镇	220602103	十四道沟镇	220623102
一座营镇	220581110	七道江镇	220602104	马鹿沟镇	220623103
康大营镇	220581111	**江源区（4 街道，6 镇）**	**220605**	宝泉山镇	220623104
牛心顶镇	220581112	孙家堡子街道	220605001	新房子镇	220623105
湾龙镇	220581113	江源街道	220605002	十二道沟镇	220623106
杏岭镇	220581114	正岔街道	220605003	金华乡	220623200
兴华镇	220581115	城墙街道	220605004	**临江市（6 街道，**	**220681**
双兴镇	220581116	湾沟镇	220605102	**6 镇，1 乡）**	
李炉乡	220581203	松树镇	220605103	建国街道	220681001
小杨满族朝鲜族乡	220581207	砟子镇	220605104	新市街道	220681002

续表 6

行政区划名称	行政区划代码	行政区划名称	行政区划代码	行政区划名称	行政区划代码
兴隆街道	220681003	阿穆尔街道	220721001	利发盛镇	220722111
大湖街道	220681004	萨日朗街道	220721002	集体乡	220722202
森工街道	220681005	哈达街道	220721003	光明乡	220722203
大栗子街道	220681006	前郭尔罗斯镇	220721100	三县堡乡	220722204
桦树镇	220681101	长山镇	220721102	海青乡	220722205
六道沟镇	220681102	海勃日戈镇	220721103	前进乡	220722206
苇沙河镇	220681103	乌兰图嘎镇	220721104	东岭乡	220722207
花山镇	220681104	查干花镇	220721105	腰坨子乡	220722209
闹枝镇	220681105	王府站镇	220721106	八十八乡	220722210
四道沟镇	220681106	八郎镇	220721107	三团乡	220722213
蚂蚁河乡	220681200	哈拉毛都镇	220721108	三十号乡	220722214
松原市（31街道，43镇，34乡，1民族乡）	220700	查干湖镇	220721109	乾安县（3街道，6镇，4乡）	220723
宁江区（17街道，4镇，3乡）	220702	宝甸乡	220721200	荣业街道	220723001
		平凤乡	220721201	驰誉街道	220723002
团结街道	220702001	达里巴乡	220721205	如松街道	220723003
文化街道	220702002	吉拉吐乡	220721206	乾安镇	220723100
民主街道	220702003	白依拉嘎乡	220721207	大布苏镇	220723101
临江街道	220702004	洪泉乡	220721208	水字镇	220723102
新区街道	220702005	额如乡	220721209	让字镇	220723103
前进街道	220702006	套浩太乡	220721210	所字镇	220723104
和平街道	220702007	长龙乡	220721211	安字镇	220723105
工农街道	220702008	乌兰塔拉乡	220721212	余字乡	220723200
沿江街道	220702009	东三家子乡	220721213	道字乡	220723203
铁西街道	220702010	浩特芒哈乡	220721214	严字乡	220723206
繁荣街道	220702011	乌兰敖都乡	220721215	赞字乡	220723207
建设街道	220702012	长岭县（3街道，12镇，10乡）	220722	扶余市（5街道，12镇，4乡，1民族乡）	220781
石化街道	220702013	长盛街道	220722001		
伯都讷街道	220702014	长治街道	220722002	和兴街道	220781001
长宁街道	220702015	长久街道	220722003	育才街道	220781002
镜湖街道	220702016	长岭镇	220722100	联盟街道	220781003
滨江街道	220702017	太平川镇	220722101	士英街道	220781004
大洼镇	220702100	巨宝山镇	220722102	铁西街道	220781005
善友镇	220702102	太平山镇	220722103	三岔河镇	220781100
毛都站镇	220702103	前七号镇	220722104	长春岭镇	220781101
哈达山镇	220702104	新安镇	220722105	五家站镇	220781102
新城乡	220702200	三青山镇	220722106	陶赖昭镇	220781103
伯都乡	220702202	大兴镇	220722107	蔡家沟镇	220781104
兴原乡	220702204	北正镇	220722108	弓棚子镇	220781105
前郭尔罗斯蒙古族自治县（3街道，9镇，13乡）	220721	流水镇	220722109	三井子镇	220781106
		永久镇	220722110	增盛镇	220781107

续表 7

行政区划名称	行政区划代码	行政区划名称	行政区划代码	行政区划名称	行政区划代码
新万发镇	220781108	鹤城街道	220821001	兴隆街道	220881004
大林子镇	220781109	镇东街道	220821002	永康街道	220881005
新源镇	220781110	赉北街道	220821003	通达街道	220881006
得胜镇	220781111	镇赉镇	220821100	向阳街道	220881007
三骏满族蒙古族锡伯族乡	220781200	坦途镇	220821101	洮府街道	220881008
永平乡	220781201	东屏镇	220821102	瓦房镇	220881100
新站乡	220781202	大屯镇	220821103	万宝镇	220881101
更新乡	220781203	沿江镇	220821105	黑水镇	220881102
肖家乡	220781204	五棵树镇	220821106	那金镇	220881103
白城市（31街道，38镇，27乡，8民族乡）	**220800**	黑鱼泡镇	220821107	安定镇	220881104
洮北区（12街道，7镇，4乡，1民族乡）	**220802**	哈吐气蒙古族乡	220821201	福顺镇	220881105
海明街道	220802001	莫莫格蒙古族乡	220821203	胡力吐蒙古族乡	220881200
长庆街道	220802002	建平乡	220821205	万宝乡	220881201
瑞光街道	220802003	嘎什根乡	220821206	聚宝乡	220881202
明仁街道	220802004	**通榆县（3街道，8镇，6乡，2民族乡）**	**220822**	东升乡	220881204
铁东街道	220802005	树满街道	220822001	野马乡	220881205
城南街道	220802006	八区街道	220822002	永茂乡	220881206
新立街道	220802007	迎新街道	220822003	蛟流河乡	220881208
幸福街道	220802008	开通镇	220822100	大通乡	220881209
新华街道	220802009	瞻榆镇	220822101	二龙乡	220881212
保平街道	220802010	双岗镇	220822102	呼和车力蒙古族乡	220881214
西郊街道	220802011	兴隆山镇	220822103	**大安市（5街道，10镇，7乡，1民族乡）**	**220882**
官银号街道	220802012	边昭镇	220822104	慧阳街道	220882001
岭下镇	220802100	鸿兴镇	220822105	临江街道	220882002
平安镇	220802101	新华镇	220822107	长虹街道	220882003
青山镇	220802102	乌兰花镇	220822108	锦华街道	220882004
林海镇	220802103	新发乡	220822201	安北街道	220882005
洮河镇	220802104	新兴乡	220822202	月亮泡镇	220882100
平台镇	220802105	向海蒙古族乡	220822204	安广镇	220882101
到保镇	220802106	包拉温都蒙古族乡	220822205	丰收镇	220882102
东风乡	220802201	团结乡	220822206	新平安镇	220882103
三合乡	220802202	十花道乡	220822207	两家子镇	220882104
金祥乡	220802204	八面乡	220822208	舍力镇	220882105
东胜乡	220802205	苏公坨乡	220822209	大岗子镇	220882106
德顺蒙古族乡	220802206	**洮南市（8街道，6镇，8乡，2民族乡）**	**220881**	叉干镇	220882107
镇赉县（3街道，7镇，2乡，2民族乡）	**220821**	团结街道	220881001	龙沼镇	220882108
		富文街道	220881002	太山镇	220882109
		光明街道	220881003	四棵树乡	220882200
				联合乡	220882201

续表 8

行政区划名称	行政区划代码	行政区划名称	行政区划代码	行政区划名称	行政区划代码
乐胜乡	220882203	贤儒镇	222403106	光明街道	222406002
大贲乡	220882204	大蒲柴河镇	222403107	文化街道	222406003
红岗子乡	220882205	雁鸣湖镇	222403108	八家子镇	222406100
烧锅镇乡	220882208	江源镇	222403109	福洞镇	222406101
海坨乡	220882210	江南镇	222403110	头道镇	222406102
新艾里蒙古族乡	220882211	大桥乡	222403200	西城镇	222406103
延边朝鲜族自治州（30 街道，51 镇，13 乡，2 民族乡）	**222400**	黑石乡	222403201	南坪镇	222406104
		青沟子乡	222403202	东城镇	222406105
		翰章乡	222403203	崇善镇	222406106
延吉市（6 街道，4 镇）	**222401**	红石乡	222403204	龙城镇	222406108
进学街道	222401001	**珲春市**（5 街道，4 镇，3 乡，2 民族乡）	**222404**	**汪清县**（3 街道，8 镇，1 乡）	**222424**
北山街道	222401002				
新兴街道	222401003	靖和街道	222404001	大川街道	222424001
公园街道	222401004	新安街道	222404002	新民街道	222424002
河南街道	222401005	河南街道	222404003	长荣街道	222424003
建工街道	222401006	近海街道	222404004	大兴沟镇	222424101
小营镇	222401100	海东街道	222404006	天桥岭镇	222424102
依兰镇	222401101	春化镇	222404100	罗子沟镇	222424103
三道湾镇	222401102	敬信镇	222404101	百草沟镇	222424104
朝阳川镇	222401103	板石镇	222404102	春阳镇	222424105
图们市（3 街道，4 镇）	**222402**	英安镇	222404103	复兴镇	222424106
向上街道	222402001	马川子乡	222404200	东光镇	222424107
新华街道	222402002	杨泡满族乡	222404201	汪清镇	222424109
月宫街道	222402003	三家子满族乡	222404202	鸡冠乡	222424202
月晴镇	222402100	密江乡	222404203	**安图县**（3 街道，7 镇，2 乡）	**222426**
石岘镇	222402101	哈达门乡	222404204		
长安镇	222402102	**龙井市**（3 街道，5 镇，2 乡）	**222405**	九龙街道	222426001
凉水镇	222402103			瓮声街道	222426002
敦化市（4 街道，11 镇，5 乡）	**222403**	安民街道	222405001	长兴街道	222426003
		龙门街道	222405002	明月镇	222426100
渤海街道	222403001	梨园街道	222405005	松江镇	222426101
胜利街道	222403002	开山屯镇	222405100	二道白河镇	222426102
民主街道	222403003	老头沟镇	222405102	两江镇	222426103
丹江街道	222403004	三合镇	222405103	石门镇	222426104
大石头镇	222403100	东盛涌镇	222405104	万宝镇	222426105
黄泥河镇	222403101	智新镇	222405105	亮兵镇	222426106
官地镇	222403102	德新乡	222405200	新合乡	222426201
沙河沿镇	222403103	白金乡	222405201	永庆乡	222426202
秋梨沟镇	222403104	**和龙市**（3 街道，8 镇）	**222406**		
额穆镇	222403105	民惠街道	222406001		

黑龙江省

黑龙江省（黑）

行政区划名称	行政区划代码	行政区划名称	行政区划代码	行政区划名称	行政区划代码
黑龙江省（407 街道，574 镇，282 乡，52 民族乡）	230000	曲线街道	230103011	兴建街道	230108001
		通达街道	230103012	保国街道	230108002
		七政街道	230103013	联盟街道	230108003
哈尔滨市（137 街道，111 镇，45 乡，11 民族乡）	230100	和兴路街道	230103015	友协街道	230108004
		哈西街道	230103016	新疆街道	230108005
		保健路街道	230103017	新伟街道	230108006
道里区（19 街道，4 镇）	230102	先锋路街道	230103018	平新街道	230108007
兆麟街道	230102001	新春街道	230103019	平盛街道	230108008
新阳路街道	230102002	跃进街道	230103020	建安街道	230108009
抚顺街道	230102003	王岗镇	230103101	平房镇	230108101
共乐街道	230102004	红旗满族乡	230103201	松北区（6 街道，3 镇）	230109
新华街道	230102005	道外区（23 街道，4 镇）	230104	太阳岛街道	230109002
城乡路街道	230102006	靖宇街道	230104001	船口街道	230109003
工农街道	230102007	太古街道	230104002	松祥街道	230109004
尚志街道	230102008	东莱街道	230104003	松安街道	230109005
斯大林街道	230102009	滨江街道	230104004	松北街道	230109006
通江街道	230102010	仁里街道	230104005	松浦街道	230109007
经纬街道	230102011	崇俭街道	230104007	对青山镇	230109101
工程街道	230102012	振江街道	230104008	乐业镇	230109102
安静街道	230102013	东原街道	230104009	万宝镇	230109104
安和街道	230102014	大兴街道	230104010	香坊区（20 街道，4 镇）	230110
正阳河街道	230102015	胜利街道	230104011	香坊大街街道	230110001
建国街道	230102016	南马街道	230104012	安埠街道	230110002
康安街道	230102017	民强街道	230104021	通天街道	230110003
爱建街道	230102018	大有坊街道	230104022	新香坊街道	230110004
群力街道	230102019	南直路街道	230104023	铁东街道	230110005
太平镇	230102101	化工街道	230104024	新成街道	230110006
新发镇	230102102	火车头街道	230104025	红旗街道	230110007
新农镇	230102103	新一街道	230104026	六顺街道	230110008
榆树镇	230102104	三棵树大街街道	230104027	建筑街道	230110009
南岗区（18 街道，1 镇，1 民族乡）	230103	水泥路街道	230104028	哈平路街道	230110010
花园街道	230103001	太平大街街道	230104029	安乐街道	230110011
奋斗路街道	230103002	黎华街道	230104030	健康路街道	230110012
革新街道	230103003	新乐街道	230104031	大庆路街道	230110013
文化街道	230103004	南市街道	230104033	进乡街道	230110014
大成街道	230103005	团结镇	230104111	通乡街道	230110015
芦家街道	230103006	永源镇	230104112	和平路街道	230110016
荣市街道	230103007	巨源镇	230104113	民生路街道	230110017
燎原街道	230103009	民主镇	230104114	文政街道	230110018
松花江街道	230103010	平房区（9 街道，1 镇）	230108	王兆街道	230110019

续表 1

行政区划名称	行政区划代码	行政区划名称	行政区划代码	行政区划名称	行政区划代码
黎明街道	230110020	玉泉街道	230112006	乐群满族乡	230113208
成高子镇	230110101	新利街道	230112007	万隆乡	230113209
朝阳镇	230110102	舍利街道	230112008	希勤满族乡	230113210
幸福镇	230110103	双丰街道	230112009	同心满族乡	230113211
向阳镇	230110104	小岭街道	230112010	**依兰县（6 镇，2 乡，**	**230123**
呼兰区（17 街道，	**230111**	亚沟街道	230112011	**1 民族乡）**	
6 镇，3 乡）		交界街道	230112012	依兰镇	230123100
呼兰街道	230111001	蜚克图街道	230112013	达连河镇	230123101
兰河街道	230111002	杨树街道	230112014	江湾镇	230123102
腰堡街道	230111003	料甸街道	230112015	三道岗镇	230123103
利民街道	230111004	平山镇	230112107	道台桥镇	230123104
康金街道	230111005	松峰山镇	230112108	宏克力镇	230123105
双井街道	230111006	红星镇	230112109	团山子乡	230123205
建设路街道	230111007	金龙山镇	230112110	愚公乡	230123206
学院路街道	230111008	**双城区（10 街道，9 镇，**	**230113**	迎兰朝鲜族乡	230123210
长岭街道	230111009	**4 乡，4 民族乡）**		**方正县（5 镇，4 乡）**	**230124**
沈家街道	230111010	五家街道	230113001	方正镇	230124100
南京路街道	230111011	新兴街道	230113002	会发镇	230124101
裕民街道	230111012	兰棱街道	230113003	大罗密镇	230124102
裕田街道	230111013	周家街道	230113004	得莫利镇	230124103
裕强街道	230111014	公正街道	230113005	高楞镇	230124104
萧乡街道	230111015	承旭街道	230113006	天门乡	230124200
公园路街道	230111016	承恩街道	230113007	松南乡	230124201
利业街道	230111017	永治街道	230113008	德善乡	230124202
二八镇	230111105	永和街道	230113009	宝兴乡	230124204
石人镇	230111106	幸福街道	230113010	**宾县（12 镇，5 乡）**	**230125**
白奎镇	230111107	韩甸镇	230113104	宾州镇	230125100
方台镇	230111109	单城镇	230113105	居仁镇	230125101
莲花镇	230111110	东官镇	230113106	宾西镇	230125102
大用镇	230111111	农丰镇	230113107	糖坊镇	230125103
杨林乡	230111201	杏山镇	230113108	宾安镇	230125104
许堡乡	230111203	西官镇	230113110	新甸镇	230125105
孟家乡	230111205	联兴镇	230113112	胜利镇	230125106
阿城区（15 街道，4 镇）	**230112**	永胜镇	230113113	宁远镇	230125107
金城街道	230112001	胜丰镇	230113114	摆渡镇	230125109
金都街道	230112002	金城乡	230113201	平坊镇	230125110
通城街道	230112003	青岭满族乡	230113202	满井镇	230125111
河东街道	230112004	临江乡	230113206	常安镇	230125112
阿什河街道	230112005	水泉乡	230113207	永和乡	230125201

续表 2

行政区划名称	行政区划代码	行政区划名称	行政区划代码	行政区划名称	行政区划代码
乌河乡	230125203	富林镇	230128106	杜家镇	230184106
民和乡	230125204	三站镇	230128107	背荫河镇	230184107
经建乡	230125205	延寿县（6镇，3乡）	**230129**	冲河镇	230184108
三宝乡	230125210	延寿镇	230129100	沙河子镇	230184109
巴彦县（10镇，8乡）	**230126**	六团镇	230129101	向阳镇	230184110
巴彦镇	230126100	中和镇	230129102	龙凤山镇	230184111
兴隆镇	230126101	加信镇	230129103	兴盛乡	230184200
西集镇	230126102	延河镇	230129104	志广乡	230184201
洼兴镇	230126103	玉河镇	230129105	卫国乡	230184202
龙泉镇	230126104	安山乡	230129204	常堡乡	230184203
巴彦港镇	230126105	寿山乡	230129205	民意乡	230184206
龙庙镇	230126106	青川乡	230129209	红旗满族乡	230184209
万发镇	230126107	尚志市（10镇，5乡，2民族乡）	**230183**	八家子乡	230184210
天增镇	230126108			民乐朝鲜族乡	230184211
黑山镇	230126110	尚志镇	230183100	营城子满族乡	230184212
松花江乡	230126200	一面坡镇	230183101	长山乡	230184214
富江乡	230126202	苇河镇	230183102	兴隆乡	230184215
华山乡	230126204	亚布力镇	230183103	二河乡	230184216
丰乐乡	230126205	帽儿山镇	230183104	齐齐哈尔市（41街道，71镇，46乡,6民族乡）	**230200**
德祥乡	230126209	亮河镇	230183105		
红光乡	230126210	庆阳镇	230183106	龙沙区（7街道）	**230202**
山后乡	230126212	石头河子镇	230183107	五龙街道	230202001
镇东乡	230126214	元宝镇	230183108	湖滨街道	230202002
木兰县（6镇，2乡）	**230127**	黑龙宫镇	230183109	正阳街道	230202004
木兰镇	230127100	长寿乡	230183202	彩虹街道	230202005
东兴镇	230127101	乌吉密乡	230183204	江安街道	230202007
大贵镇	230127102	鱼池朝鲜族乡	230183206	南航街道	230202008
利东镇	230127103	珍珠山乡	230183207	大民街道	230202009
柳河镇	230127104	老街基乡	230183208	建华区（7街道）	**230203**
新民镇	230127105	马延乡	230183209	中华街道	230203003
建国乡	230127200	河东朝鲜族乡	230183211	西大桥街道	230203004
吉兴乡	230127203	五常市（12镇，9乡，3民族乡）	**230184**	卜奎街道	230203005
通河县（8镇）	**230128**			建设街道	230203006
通河镇	230128100	五常镇	230184100	文化街道	230203007
乌鸦泡镇	230128101	拉林镇	230184101	溪畔街道	230203008
清河镇	230128102	山河镇	230184102	北华街道	230203009
浓河镇	230128103	小山子镇	230184103	铁锋区（8街道，1镇）	**230204**
凤山镇	230128104	安家镇	230184104	站前街道	230204001
祥顺镇	230128105	牛家镇	230184105	南浦街道	230204002

续表 3

行政区划名称	行政区划代码	行政区划名称	行政区划代码	行政区划名称	行政区划代码
通东街道	230204003	莽格吐达斡尔族乡	230208200	克利镇	230224107
光荣街道	230204004	**龙江县（8 镇，6 乡）**	**230221**	汤池镇	230224108
龙华街道	230204005	龙江镇	230221100	胜利蒙古族乡	230224200
北局宅街道	230204006	景星镇	230221101	宁姜蒙古族乡	230224209
东湖街道	230204008	龙兴镇	230221102	**甘南县（5 镇，5 乡）**	**230225**
种畜场街道	230204009	山泉镇	230221103	甘南镇	230225100
扎龙镇	230204100	七棵树镇	230221104	兴十四镇	230225101
昂昂溪区（4 街道，2 镇）	**230205**	杏山镇	230221105	平阳镇	230225102
新兴街道	230205001	白山镇	230221106	东阳镇	230225103
新建街道	230205002	头站镇	230221107	巨宝镇	230225104
林机街道	230205005	黑岗乡	230221201	长山乡	230225201
道北街道	230205006	广厚乡	230221202	中兴乡	230225202
水师营镇	230205100	华民乡	230221203	兴隆乡	230225203
榆树屯镇	230205101	哈拉海乡	230221204	宝山乡	230225204
富拉尔基区（8 街道，1 乡，1 民族乡）	**230206**	鲁河乡	230221215	查哈阳乡	230225206
		济沁河乡	230221217	**富裕县（6 镇，3 乡，1 民族乡）**	**230227**
红岸街道	230206001	**依安县（6 镇，9 乡）**	**230223**	富裕镇	230227100
沿江街道	230206003	依安镇	230223100	富路镇	230227101
电力街道	230206004	依龙镇	230223101	富海镇	230227102
幸福街道	230206005	双阳镇	230223102	二道湾镇	230227103
红宝石街道	230206006	三兴镇	230223103	龙安桥镇	230227104
北兴街道	230206007	中心镇	230223104	塔哈镇	230227106
铁北街道	230206008	新兴镇	230223105	繁荣乡	230227200
和平街道	230206009	富饶乡	230223200	绍文乡	230227201
长青乡	230206200	解放乡	230223201	忠厚乡	230227202
杜尔门沁达斡尔族乡	230206202	阳春乡	230223202	友谊达斡尔族满族柯尔克孜族乡	230227203
碾子山区（4 街道）	**230207**	新发乡	230223203		
东安街道	230207001	太东乡	230223204	**克山县（7 镇，8 乡）**	**230229**
富强街道	230207002	上游乡	230223205	克山镇	230229100
跃进街道	230207003	红星乡	230223206	北兴镇	230229101
繁荣街道	230207004	先锋乡	230223207	西城镇	230229102
梅里斯达斡尔族区（1 街道，5 镇，1 民族乡）	**230208**	新屯乡	230223208	古城镇	230229103
		泰来县（8 镇，2 民族乡）	**230224**	北联镇	230229104
梅里斯街道	230208001	泰来镇	230224100	西河镇	230229105
雅尔塞镇	230208101	平洋镇	230224101	双河镇	230229106
卧牛吐镇	230208102	江桥镇	230224103	河南乡	230229200
达呼店镇	230208103	塔子城镇	230224104	河北乡	230229203
共和镇	230208104	大兴镇	230224105	古北乡	230229204
梅里斯镇	230208105	和平镇	230224106		

续表 4

行政区划名称	行政区划代码	行政区划名称	行政区划代码	行政区划名称	行政区划代码
西联乡	230229205	六合镇	230281106	兰岭乡	230304201
发展乡	230229206	长发镇	230281107	**梨树区（5街道，1镇）**	**230305**
西建乡	230229207	通南镇	230281108	街里街道	230305001
向华乡	230229208	同义镇	230281109	穆棱街道	230305002
曙光乡	230229210	九井镇	230281110	平岗街道	230305003
克东县（5镇，2乡）	**230230**	老莱镇	230281111	碱场街道	230305004
克东镇	230230100	孔国乡	230281201	石磷街道	230305005
宝泉镇	230230101	和盛乡	230281207	梨树镇	230305101
乾丰镇	230230102	同心乡	230281208	**城子河区（5街道，1乡，1民族乡）**	**230306**
玉岗镇	230230103	兴旺鄂温克族乡	230281210		
蒲峪路镇	230230104	**鸡西市（29街道，25镇，19乡，4民族乡）**	**230300**	城子河街道	230306001
润津乡	230230202			正阳街道	230306002
昌盛乡	230230204	**鸡冠区（7街道，2乡）**	**230302**	东海街道	230306003
拜泉县（7镇，9乡）	**230231**			城西街道	230306004
拜泉镇	230231100	向阳街道	230302001	杏花街道	230306005
三道镇	230231101	南山街道	230302002	长青乡	230306200
兴农镇	230231102	立新街道	230302003	永丰朝鲜族乡	230306201
长春镇	230231103	东风街道	230302004	**麻山区（1街道，1镇）**	**230307**
龙泉镇	230231104	红军路街道	230302005	麻山街道	230307001
国富镇	230231105	西鸡西街道	230302006	麻山镇	230307101
富强镇	230231106	西山街道	230302007	**鸡东县（8镇，1乡，2民族乡）**	**230321**
新生乡	230231200	红星乡	230302200		
兴国乡	230231201	西郊乡	230302201	鸡东镇	230321100
上升乡	230231203	**恒山区（7街道，2乡）**	**230303**	平阳镇	230321101
兴华乡	230231204	桦木林街道	230303001	向阳镇	230321102
大众乡	230231206	大恒山街道	230303002	哈达镇	230321103
丰产乡	230231209	小恒山街道	230303003	永安镇	230321104
永勤乡	230231210	二道河子街道	230303004	永和镇	230321105
爱农乡	230231212	张新街道	230303005	东海镇	230321106
时中乡	230231214	奋斗街道	230303006	兴农镇	230321107
讷河市（2街道，11镇，3乡，1民族乡）	**230281**	柳毛街道	230303007	鸡林朝鲜族乡	230321200
		红旗乡	230303200	明德朝鲜族乡	230321205
雨亭街道	230281001	柳毛乡	230303201	下亮子乡	230321206
通江街道	230281002	**滴道区（4街道，2乡）**	**230304**	**虎林市（7镇，4乡）**	**230381**
拉哈镇	230281101	东兴街道	230304001	虎林镇	230381100
二克浅镇	230281102	矿里街道	230304002	东方红镇	230381101
学田镇	230281103	洗煤街道	230304003	迎春镇	230381102
龙河镇	230281104	大通沟街道	230304004	虎头镇	230381103
讷南镇	230281105	滴道河乡	230304200	杨岗镇	230381104

续表 5

行政区划名称	行政区划代码	行政区划名称	行政区划代码	行政区划名称	行政区划代码
宝东镇	230381106	南山区（6 街道）	**230404**	太平沟乡	230421203
东诚镇	230381107	铁西街道	230404001	绥滨县（3 镇，5 乡，	**230422**
新乐乡	230381203	铁东街道	230404002	1 民族乡）	
伟光乡	230381204	六号街道	230404003	绥滨镇	230422100
珍宝岛乡	230381206	大陆街道	230404004	绥东镇	230422101
阿北乡	230381207	富力街道	230404005	忠仁镇	230422102
密山市（8 镇，7 乡，	**230382**	鹿林山街道	230404006	连生乡	230422200
1 民族乡）		兴安区（6 街道，1 镇）	**230405**	北岗乡	230422201
密山镇	230382100	兴安街道	230405001	富强乡	230422202
连珠山镇	230382101	兴建街道	230405002	北山乡	230422203
当壁镇	230382102	河东街道	230405003	福兴满族乡	230422204
知一镇	230382103	峻德街道	230405004	新富乡	230422205
黑台镇	230382104	兴长街道	230405005	双鸭山市（25 街道，22 镇，	**230500**
兴凯镇	230382105	光宇街道	230405006	18 乡，2 民族乡）	
裴德镇	230382106	红旗镇	230405100	尖山区（7 街道，1 乡）	**230502**
白鱼湾镇	230382107	东山区（5 街道，	**230406**	二马路街道	230502001
柳毛乡	230382200	1 镇，2 乡）		八马路街道	230502002
杨木乡	230382201	东山街道	230406001	中心站街道	230502003
兴凯湖乡	230382202	三街街道	230406002	富安街道	230502004
承紫河乡	230382203	工人村街道	230406003	长安街道	230502006
二人班乡	230382206	新一街道	230406004	铁西街道	230502007
太平乡	230382208	鹤兴街道	230406005	学府街道	230502008
和平朝鲜族乡	230382210	新华镇	230406100	安邦乡	230502200
富源乡	230382212	蔬园乡	230406201	岭东区（6 街道，1 乡）	**230503**
鹤岗市（32 街道，11 镇，	**230400**	东方红乡	230406202	中山街道	230503001
8 乡，2 民族乡）		兴山区（4 街道）	**230407**	北山街道	230503002
向阳区（5 街道）	**230402**	沟南街道	230407001	南山街道	230503003
光明街道	230402001	沟北街道	230407002	东山街道	230503004
红军街道	230402002	岭南街道	230407003	中心街道	230503005
胜利街道	230402003	岭北街道	230407004	西山街道	230503006
南翼街道	230402004	萝北县（6 镇，1 乡，	**230421**	长胜乡	230503200
北山街道	230402005	1 民族乡）		四方台区（4 街道，1 镇）	**230505**
工农区（6 街道）	**230403**	凤翔镇	230421100	振兴中路街道	230505001
育才街道	230403001	鹤北镇	230421101	振兴东路街道	230505002
团结街道	230403002	名山镇	230421102	集贤街道	230505004
湖滨街道	230403003	团结镇	230421103	东荣街道	230505005
解放街道	230403004	肇兴镇	230421104	太保镇	230505101
新南街道	230403005	云山镇	230421105	宝山区（8 街道，1 镇）	**230506**
红旗街道	230403006	东明朝鲜族乡	230421200	红旗街道	230506001

续表 6

行政区划名称	行政区划代码	行政区划名称	行政区划代码	行政区划名称	行政区划代码
跃进街道	230506002	万金山乡	230523203	让胡路区（11街道，1镇）	230604
东保卫街道	230506003	尖山子乡	230523204		
七星街道	230506004	七星河乡	230523209	庆新街道	230604010
双阳街道	230506005	饶河县（4镇，4乡，1民族乡）	230524	北湖街道	230604011
新安街道	230506006			奋斗街道	230604012
电厂街道	230506007	饶河镇	230524100	龙岗街道	230604013
农场街道	230506008	小佳河镇	230524101	旭园街道	230604014
七星镇	230506101	西丰镇	230524102	西宾街道	230604015
集贤县（5镇，3乡）	230521	五林洞镇	230524103	怡园街道	230604016
福利镇	230521100	西林子乡	230524200	东湖街道	230604017
集贤镇	230521101	四排赫哲族乡	230524201	乘风街道	230604018
升昌镇	230521102	大佳河乡	230524203	创业城街道	230604019
丰乐镇	230521103	山里乡	230524204	银浪街道	230604020
太平镇	230521104	大通河乡	230524207	喇嘛甸镇	230604101
腰屯乡	230521201	大庆市（44街道，31镇，24乡，3民族乡）	230600	红岗区（6街道，1镇）	230605
兴安乡	230521202			杏南街道	230605008
永安乡	230521204	萨尔图区（11街道）	230602	创业街道	230605009
友谊县（4镇，6乡，1民族乡）	230522	萨尔图街道	230602013	红岗街道	230605010
		会战街道	230602014	八百垧街道	230605011
友谊镇	230522100	友谊街道	230602015	银河街道	230605012
兴隆镇	230522101	东安街道	230602016	解放街道	230605013
龙山镇	230522102	东风街道	230602017	杏树岗镇	230605100
凤岗镇	230522103	铁人街道	230602018	大同区（7街道，4镇，4乡）	230606
兴盛乡	230522200	火炬街道	230602019		
东建乡	230522201	拥军街道	230602020	和平街道	230606007
庆丰乡	230522202	万宝街道	230602021	庆葡街道	230606008
建设乡	230522203	格林街道	230602022	新华街道	230606009
友邻乡	230522204	绿园街道	230602023	高平街道	230606010
新镇乡	230522205	龙凤区（9街道，1镇）	230603	林源街道	230606011
成富朝鲜族满族乡	230522206	兴化街道	230603011	和苑街道	230606012
宝清县（7镇，3乡）	230523	卧里屯街道	230603012	同福街道	230606013
宝清镇	230523100	东光街道	230603013	大同镇	230606100
七星泡镇	230523101	龙凤街道	230603014	高台子镇	230606101
青原镇	230523102	三永街道	230603015	太阳升镇	230606102
夹信子镇	230523103	龙政街道	230603016	林源镇	230606103
龙头镇	230523104	湿地街道	230603017	祝三乡	230606200
小城子镇	230523105	光明街道	230603018	老山头乡	230606203
朝阳镇	230523106	黎明街道	230603019	八井子乡	230606205
		龙凤镇	230603100	双榆树乡	230606206

续表 7

行政区划名称	行政区划代码	行政区划名称	行政区划代码	行政区划名称	行政区划代码
肇州县（6镇，6乡）	**230621**	宏伟乡	230623202	保兴镇	230722103
肇州镇	230621100	四合乡	230623206	常胜乡	230722200
永乐镇	230621101	**杜尔伯特蒙古族自治县**	**230624**	向阳乡	230722201
丰乐镇	230621102	**（5镇，6乡）**		沪嘉乡	230722202
朝阳沟镇	230621103	杜尔伯特镇	230624100	红光乡	230722203
兴城镇	230621104	胡吉吐莫镇	230624101	青山乡	230722205
二井镇	230621105	烟筒屯镇	230624102	**汤旺县（2镇）**	**230723**
双发乡	230621202	他拉哈镇	230624103	乌伊岭镇	230723100
托古乡	230621203	连环湖镇	230624104	汤旺河镇	230723101
朝阳乡	230621205	一心乡	230624200	**丰林县（3镇）**	**230724**
永胜乡	230621206	克尔台乡	230624201	新青镇	230724100
榆树乡	230621208	敖林西伯乡	230624203	红星镇	230724101
新福乡	230621211	巴彦查干乡	230624204	五营镇	230724102
肇源县（8镇，5乡，	**230622**	腰新乡	230624205	**大箐山县（2镇）**	**230725**
3民族乡）		江湾乡	230624206	带岭镇	230725100
肇源镇	230622100	**伊春市（7街道，29镇，**	**230700**	朗乡镇	230725101
三站镇	230622101	**7乡，1民族乡）**		**南岔县（4镇）**	**230726**
二站镇	230622102	**伊美区（6街道，**	**230717**	南岔镇	230726100
茂兴镇	230622103	**2镇）**		晨明镇	230726101
古龙镇	230622104	朝阳街道	230717001	浩良河镇	230726102
新站镇	230622105	前进街道	230717002	梧桐镇	230726103
头台镇	230622106	红升街道	230717003	**金林区（2镇）**	**230751**
古恰镇	230622107	旭日街道	230717004	西林镇	230751100
福兴乡	230622200	新欣街道	230717005	金山屯镇	230751101
薄荷台乡	230622201	南郡街道	230717006	**铁力市（5镇，2乡，**	**230781**
和平乡	230622203	东升镇	230717100	**1民族乡）**	
超等蒙古族乡	230622207	美溪镇	230717101	铁力镇	230781100
民意乡	230622208	**乌翠区（2镇）**	**230718**	双丰镇	230781101
义顺蒙古族乡	230622210	乌马河镇	230718100	桃山镇	230781102
浩德蒙古族乡	230622211	翠峦镇	230718101	神树镇	230781105
大兴乡	230622212	**友好区（1街道，3镇）**	**230719**	日月峡镇	230781106
林甸县（5镇，3乡）	**230623**	友好街道	230719003	年丰朝鲜族乡	230781200
林甸镇	230623100	上甘岭镇	230719100	工农乡	230781201
红旗镇	230623101	双子河镇	230719101	王杨乡	230781202
花园镇	230623102	铁林镇	230719102	**佳木斯市（21街道，49**	**230800**
四季青镇	230623103	**嘉荫县（4镇，5乡）**	**230722**	**镇，22乡，4民族乡）**	
鹤鸣湖镇	230623104	朝阳镇	230722100	**向阳区（5街道）**	**230803**
东兴乡	230623200	乌云镇	230722101	西林街道	230803007
		乌拉嘎镇	230722102	建设街道	230803008

续表 8

行政区划名称	行政区划代码	行政区划名称	行政区划代码	行政区划名称	行政区划代码
长安街道	230803009	闫家镇	230822109	青河镇	230881105
学府街道	230803010	柳毛河镇	230822110	街津口赫哲族乡	230881204
桥南街道	230803011	金沙乡	230822205	八岔赫哲族乡	230881205
前进区（4街道）	**230804**	梨树乡	230822213	金川乡	230881206
永安街道	230804007	明义乡	230822214	银川乡	230881207
港湾街道	230804008	大八浪乡	230822215	**富锦市（2街道，11镇）**	**230882**
和平街道	230804009	五道岗乡	230822216	城东街道	230882002
山水街道	230804010	**桦川县（5镇，3乡，1民族乡）**	**230826**	城西街道	230882003
东风区（4街道，1镇，1乡）	**230805**	横头山镇	230826101	富锦镇	230882101
晓云街道	230805007	苏家店镇	230826103	长安镇	230882103
佳东街道	230805008	悦来镇	230826104	砚山镇	230882106
建国街道	230805009	新城镇	230826105	头林镇	230882107
佳南街道	230805010	四马架镇	230826108	兴隆岗镇	230882108
建国镇	230805101	东河乡	230826201	宏胜镇	230882109
松江乡	230805200	梨丰乡	230826202	向阳川镇	230882110
郊区（4街道，8镇，3乡）	**230811**	创业乡	230826205	二龙山镇	230882111
云环街道	230811008	星火朝鲜族乡	230826207	锦山镇	230882113
英俊街道	230811009	**汤原县（4镇，5乡，1民族乡）**	**230828**	大榆树镇	230882114
红旗街道	230811010	香兰镇	230828101	上街基镇	230882119
友谊街道	230811011	鹤立镇	230828102	**抚远市（7镇，3乡）**	**230883**
大来镇	230811101	竹帘镇	230828103	抚远镇	230883100
敖其镇	230811102	汤原镇	230828104	寒葱沟镇	230883101
望江镇	230811103	汤旺朝鲜族乡	230828201	浓桥镇	230883102
长发镇	230811104	胜利乡	230828203	乌苏镇	230883103
莲江口镇	230811105	吉祥乡	230828208	黑瞎子岛镇	230883104
西格木镇	230811106	振兴乡	230828209	通江镇	230883105
沿江镇	230811107	太平川乡	230828210	海青镇	230883106
四丰镇	230811108	永发乡	230828211	浓江乡	230883201
长青乡	230811200	**同江市（2街道，6镇，2乡，2民族乡）**	**230881**	别拉洪乡	230883203
平安乡	230811208	繁荣街道	230881001	鸭南乡	230883204
群胜乡	230811211	兴华街道	230881002	**七台河市（20街道，10镇，6乡，2民族乡）**	**230900**
桦南县（7镇，5乡）	**230822**	同江镇	230881100	**新兴区（8街道，1镇，1乡）**	**230902**
驼腰子镇	230822103	乐业镇	230881101	北山街道	230902011
石头河子镇	230822104	三村镇	230881102	欣源街道	230902012
桦南镇	230822106	临江镇	230881103	兴安街道	230902013
土龙山镇	230822107	向阳镇	230881104	兴富街道	230902014
孟家岗镇	230822108			兴和街道	230902015

续表 9

行政区划名称	行政区划代码	行政区划名称	行政区划代码	行政区划名称	行政区划代码
兴盛街道	230902016	牡丹江市（24街道，48镇，3乡，4民族乡）	**231000**	温春镇	231005100
兴华街道	230902017			海南朝鲜族乡	231005200
金沙街道	230902018	东安区（6街道，1镇）	**231002**	林口县（11镇）	**231025**
红旗镇	230902100	新安街道	231002001	林口镇	231025100
长兴乡	230902200	长安街道	231002002	古城镇	231025101
桃山区（6街道，1镇）	**230903**	七星街道	231002003	刁翎镇	231025102
桃南街道	230903008	五星街道	231002004	朱家镇	231025104
桃北街道	230903009	东兴街道	231002005	柳树镇	231025105
桃山街道	230903010	振兴街道	231002006	三道通镇	231025106
桃东街道	230903011	兴隆镇	231002100	龙爪镇	231025107
桃西街道	230903012	阳明区（4街道，4镇）	**231003**	莲花镇	231025108
桃源街道	230903013	阳明街道	231003001	青山镇	231025110
万宝河镇	230903100	前进街道	231003002	建堂镇	231025111
茄子河区（6街道，3镇，2乡）	**230904**	新兴街道	231003003	奎山镇	231025112
		桦橡街道	231003004	绥芬河市（2镇）	**231081**
东胜街道	230904006	铁岭镇	231003100	绥芬河镇	231081100
东风街道	230904007	桦林镇	231003101	阜宁镇	231081101
通达街道	230904008	磨刀石镇	231003102	海林市（8镇）	**231083**
湖东街道	230904009	五林镇	231003103	海林镇	231083100
富强街道	230904010	爱民区（7街道，1镇）	**231004**	长汀镇	231083101
龙湖街道	230904011	向阳街道	231004001	横道河子镇	231083102
茄子河镇	230904100	黄花街道	231004002	山市镇	231083103
宏伟镇	230904101	铁北街道	231004003	柴河镇	231083104
兴北镇	230904102	新华街道	231004004	二道河子镇	231083105
铁山乡	230904200	大庆街道	231004005	新安镇	231083106
中心河乡	230904201	兴平街道	231004006	三道河子镇	231083107
勃利县（5镇，3乡，2民族乡）	**230921**	北山街道	231004007	宁安市（8镇，2乡，2民族乡）	**231084**
勃利镇	230921100	三道关镇	231004100	宁安镇	231084100
小五站镇	230921101	西安区（7街道，1镇，1民族乡）	**231005**	东京城镇	231084101
大四站镇	230921102	先锋街道	231005001	渤海镇	231084102
双河镇	230921103	火炬街道	231005002	石岩镇	231084103
倭肯镇	230921104	立新街道	231005003	沙兰镇	231084104
青山乡	230921200	牡丹街道	231005004	海浪镇	231084105
永恒乡	230921202	江滨街道	231005005	兰岗镇	231084106
抢垦乡	230921203	沿江街道	231005006	镜泊镇	231084107
杏树朝鲜族乡	230921204	水泥街道	231005007	江南朝鲜族满族乡	231084202
吉兴朝鲜族满族乡	230921205			卧龙朝鲜族乡	231084206

续表 10

行政区划名称	行政区划代码	行政区划名称	行政区划代码	行政区划名称	行政区划代码
马河乡	231084208	逊克县（3镇，4乡，2民族乡）	231123	东胜乡	231181201
三陵乡	231084211			杨家乡	231181203
穆棱市（6镇，1乡，1民族乡）	231085	逊河镇	231123101	主星朝鲜族乡	231181207
		奇克镇	231123102	五大连池市（1街道，8镇，3乡）	231182
八面通镇	231085100	克林镇	231123103		
穆棱镇	231085101	干岔子乡	231123201	青山街道	231182001
下城子镇	231085102	松树沟乡	231123202	龙镇	231182101
马桥河镇	231085103	车陆乡	231123203	和平镇	231182102
兴源镇	231085104	新鄂鄂伦春族乡	231123204	五大连池镇	231182103
河西镇	231085105	新兴鄂伦春族乡	231123205	双泉镇	231182104
福禄朝鲜族满族乡	231085200	宝山乡	231123207	新发镇	231182105
共和乡	231085202	孙吴县（2镇，8乡，1民族乡）	231124	团结镇	231182106
东宁市（6镇）	231086			兴隆镇	231182107
东宁镇	231086100	孙吴镇	231124100	朝阳山镇	231182108
三岔口镇	231086101	辰清镇	231124101	建设乡	231182203
大肚川镇	231086102	西兴乡	231124201	太平乡	231182205
老黑山镇	231086103	沿江满族达斡尔族乡	231124202	兴安乡	231182208
道河镇	231086104	腰屯乡	231124203	嫩江市（9镇，5乡）	231183
绥阳镇	231086105	卧牛河乡	231124204	嫩江镇	231183100
黑河市（11街道，31镇，27乡，7民族乡）	231100	群山乡	231124205	伊拉哈镇	231183101
		奋斗乡	231124206	双山镇	231183102
爱辉区（4街道，4镇，4乡，3民族乡）	231102	红旗乡	231124207	多宝山镇	231183103
		正阳山乡	231124208	海江镇	231183104
花园街道	231102001	清溪乡	231124210	前进镇	231183105
兴安街道	231102002	北安市（6街道，5镇，3乡，1民族乡）	231181	长福镇	231183106
海兰街道	231102003			科洛镇	231183107
西兴街道	231102004	兆麟街道	231181001	霍龙门镇	231183108
西岗子镇	231102101	和平街道	231181002	临江乡	231183202
瑷珲镇	231102102	北岗街道	231181003	联兴乡	231183206
罕达汽镇	231102103	庆华街道	231181004	白云乡	231183207
上马厂镇	231102104	铁西街道	231181005	塔溪乡	231183208
幸福乡	231102200	铁南街道	231181006	长江乡	231183211
四嘉子满族乡	231102201	通北镇	231181101	绥化市（12街道，107镇，49乡，4民族乡）	231200
坤河达斡尔族满族乡	231102202	赵光镇	231181102		
张地营子乡	231102204	海星镇	231181103	北林区（12街道，15镇，3乡，2民族乡）	231202
西峰山乡	231102205	石泉镇	231181104		
新生鄂伦春族乡	231102206	二井镇	231181105		
二站乡	231102207	城郊乡	231181200	紫来街道	231202001
				爱路街道	231202002

191

续表 11

行政区划名称	行政区划代码	行政区划名称	行政区划代码	行政区划名称	行政区划代码
大有街道	231202003	先锋镇	231221106	建设乡	231223202
吉泰街道	231202004	火箭镇	231221107	新村乡	231223203
东兴街道	231202005	东郊镇	231221108	连丰乡	231223212
北林街道	231202006	灯塔镇	231221109	**庆安县（8镇，6乡）**	**231224**
先锋街道	231202007	灵山满族乡	231221202	民乐镇	231224101
春雷街道	231202008	后三乡	231221203	大罗镇	231224102
东城街道	231202009	东升乡	231221209	平安镇	231224103
康庄街道	231202010	恭六乡	231221210	勤劳镇	231224104
朝旭街道	231202011	厢白满族乡	231221211	久胜镇	231224105
北辰街道	231202012	**兰西县（9镇，6乡）**	**231222**	庆安镇	231224106
宝山镇	231202101	兰西镇	231222100	同乐镇	231224107
绥胜镇	231202102	榆林镇	231222101	柳河镇	231224108
西长发镇	231202103	临江镇	231222102	建民乡	231224201
永安镇	231202104	平山镇	231222103	巨宝山乡	231224202
太平川镇	231202105	远大镇	231222104	丰收乡	231224206
秦家镇	231202106	红光镇	231222105	发展乡	231224208
双河镇	231202107	康荣镇	231222106	致富乡	231224210
三河镇	231202108	燎原镇	231222107	欢胜乡	231224211
四方台镇	231202109	奋斗镇	231222108	**明水县（6镇，6乡）**	**231225**
津河镇	231202110	北安乡	231222202	明水镇	231225100
张维镇	231202111	长江乡	231222203	兴仁镇	231225101
东津镇	231202113	兰河乡	231222204	永兴镇	231225102
东富镇	231202114	红星乡	231222205	崇德镇	231225103
兴福镇	231202115	长岗乡	231222207	通达镇	231225104
三井镇	231202116	星火乡	231222210	双兴镇	231225105
红旗满族乡	231202201	**青冈县（12镇，3乡）**	**231223**	永久乡	231225203
连岗乡	231202202	青冈镇	231223100	树人乡	231225204
新华乡	231202203	中和镇	231223101	光荣乡	231225205
五营乡	231202212	祯祥镇	231223102	繁荣乡	231225206
兴和朝鲜族乡	231202213	兴华镇	231223103	通泉乡	231225207
望奎县（10镇，3乡，2民族乡）	**231221**	永丰镇	231223104	育林乡	231225208
		芦河镇	231223105	**绥棱县（6镇，5乡）**	**231226**
望奎镇	231221100	柞岗镇	231223106	绥棱镇	231226100
通江镇	231221101	民政镇	231223107	上集镇	231226101
卫星镇	231221102	劳动镇	231223108	四海店镇	231226102
海丰镇	231221103	迎春镇	231223109	双岔河镇	231226103
莲花镇	231221104	德胜镇	231223110	阁山镇	231226104
惠七镇	231221105	昌盛镇	231223111	长山镇	231226105

续表 12

行政区划名称	行政区划代码	行政区划名称	行政区划代码	行政区划名称	行政区划代码
靠山乡	231226200	宣化乡	231282213	大乌苏镇	232700106
后头乡	231226201	安民乡	231282214	塔尔根镇	232700107
克音河乡	231226205	明久乡	231282215	碧洲镇	232700108
绥中乡	231226206	**海伦市（16镇，7乡）**	**231283**	宏图镇	232700109
泥尔河乡	231226207	海伦镇	231283100	呼中镇	232700110
安达市（13镇，1乡）	**231281**	海北镇	231283101	碧水镇	232700111
安达镇	231281100	伦河镇	231283102	呼源镇	232700112
任民镇	231281101	共合镇	231283103	宏伟镇	232700113
吉兴岗镇	231281102	海兴镇	231283104	东山镇	232700114
万宝山镇	231281103	祥富镇	231283105	长虹镇	232700115
昌德镇	231281104	东风镇	231283106	加北乡	232700200
升平镇	231281105	百祥镇	231283107	白桦乡	232700201
羊草镇	231281106	向荣镇	231283108	**漠河市（6镇）**	**232701**
老虎岗镇	231281107	长发镇	231283109	西林吉镇	232701100
中本镇	231281108	永富镇	231283110	图强镇	232701101
太平庄镇	231281109	前进镇	231283111	阿木尔镇	232701102
卧里屯镇	231281110	联发镇	231283112	兴安镇	232701103
古大湖镇	231281111	共荣镇	231283113	北极镇	232701104
火石山镇	231281112	东林镇	231283114	古莲镇	232701105
先源乡	231281209	永和镇	231283115	**呼玛县（2镇，5乡，1民族乡）**	**232721**
肇东市（12镇，9乡）	**231282**	海南乡	231283208	呼玛镇	232721100
肇东镇	231282100	乐业乡	231283210	韩家园镇	232721101
昌五镇	231282101	福民乡	231283211	三卡乡	232721200
宋站镇	231282102	丰山乡	231283212	金山乡	232721201
五站镇	231282103	爱民乡	231283218	兴华乡	232721202
尚家镇	231282104	扎音河乡	231283220	鸥浦乡	232721203
姜家镇	231282105	双录乡	231283221	白银纳鄂伦春族乡	232721204
里木店镇	231282106	**大兴安岭地区（4街道，29镇，8乡，2民族乡）**	**232700**	北疆乡	232721205
四站镇	231282107			**塔河县（5镇，1乡，1民族乡）**	**232722**
涝洲镇	231282108	卫东街道	232700002	塔河镇	232722100
五里明镇	231282109	红旗街道	232700003	瓦拉干镇	232722101
西八里镇	231282110	曙光街道	232700005	盘古镇	232722102
海城镇	231282111	光明街道	232700006	古驿镇	232722103
太平乡	231282201	小扬气镇	232700100	开库康镇	232722104
向阳乡	231282204	劲松镇	232700101	十八站鄂伦春族乡	232722200
洪河乡	231282205	古源镇	232700102	依西肯乡	232722201
跃进乡	231282206	新林镇	232700103		
黎明乡	231282210	翠岗镇	232700104		
德昌乡	231282212	塔源镇	232700105		

上海市

上海市（沪）

行政区划名称	行政区划代码	行政区划名称	行政区划代码	行政区划名称	行政区划代码
上海市（107街道，106镇，2乡）	310000	石门二路街道	310106011	延吉新村街道	310110015
		南京西路街道	310106012	殷行街道	310110016
黄浦区（10街道）	310101	静安寺街道	310106013	大桥街道	310110018
南京东路街道	310101002	曹家渡街道	310106014	五角场街道	310110019
外滩街道	310101013	天目西路街道	310106015	新江湾城街道	310110020
半淞园路街道	310101015	北站街道	310106016	长海路街道	310110021
小东门街道	310101017	宝山路街道	310106017	闵行区（4街道，9镇）	310112
豫园街道	310101018	共和新路街道	310106018	江川路街道	310112001
老西门街道	310101019	大宁路街道	310106019	古美路街道	310112006
五里桥街道	310101020	彭浦新村街道	310106020	新虹街道	310112008
打浦桥街道	310101021	临汾路街道	310106021	浦锦街道	310112009
淮海中路街道	310101022	芷江西路街道	310106022	莘庄镇	310112101
瑞金二路街道	310101023	彭浦镇	310106100	七宝镇	310112102
徐汇区（12街道，1镇）	310104	普陀区（8街道，2镇）	310107	颛桥镇	310112103
天平路街道	310104003	曹杨新村街道	310107005	华漕镇	310112106
湖南路街道	310104004	长风新村街道	310107014	虹桥镇	310112107
斜土路街道	310104007	长寿路街道	310107015	梅陇镇	310112108
枫林路街道	310104008	甘泉路街道	310107016	吴泾镇	310112110
长桥街道	310104010	石泉路街道	310107017	马桥镇	310112112
田林街道	310104011	宜川路街道	310107020	浦江镇	310112114
虹梅路街道	310104012	真如镇街道	310107021	宝山区（3街道，9镇）	310113
康健新村街道	310104013	万里街道	310107022	友谊路街道	310113003
徐家汇街道	310104014	长征镇	310107102	吴淞街道	310113007
凌云路街道	310104015	桃浦镇	310107103	张庙街道	310113008
龙华街道	310104016	虹口区（8街道）	310109	罗店镇	310113101
漕河泾街道	310104017	欧阳路街道	310109009	大场镇	310113102
华泾镇	310104103	曲阳路街道	310109010	杨行镇	310113103
长宁区（9街道，1镇）	310105	广中路街道	310109011	月浦镇	310113104
华阳路街道	310105001	嘉兴街道	310109014	罗泾镇	310113106
江苏路街道	310105002	凉城新村街道	310109016	顾村镇	310113109
新华路街道	310105004	四川北路街道	310109017	高境镇	310113111
周家桥街道	310105005	北外滩街道	310109018	庙行镇	310113112
大山路街道	310105006	江湾镇街道	310109019	淞南镇	310113113
仙霞新村街道	310105008	杨浦区（12街道）	310110	嘉定区（3街道，7镇）	310114
虹桥街道	310105009	定海路街道	310110001	新成路街道	310114001
程家桥街道	310105010	平凉路街道	310110006	真新街道	310114002
北新泾街道	310105011	江浦路街道	310110008	嘉定镇街道	310114004
新泾镇	310105102	四平路街道	310110009	南翔镇	310114102
静安区（13街道，1镇）	310106	控江路街道	310110012	安亭镇	310114103
江宁路街道	310106006	长白新村街道	310110013	马陆镇	310114106

续表 1

行政区划名称	行政区划代码	行政区划名称	行政区划代码	行政区划名称	行政区划代码
徐行镇	310114109	万祥镇	310115143	赵巷镇	310118105
华亭镇	310114111	老港镇	310115144	徐泾镇	310118106
外冈镇	310114114	南汇新城镇	310115145	华新镇	310118107
江桥镇	310114118	**金山区（1 街道，9 镇）**	**310116**	重固镇	310118109
浦东新区（12 街道，24 镇）	**310115**	石化街道	310116001	白鹤镇	310118110
潍坊新村街道	310115004	朱泾镇	310116101	**奉贤区（3 街道，8 镇）**	**310120**
陆家嘴街道	310115005	枫泾镇	310116102	西渡街道	310120001
周家渡街道	310115007	张堰镇	310116103	奉浦街道	310120002
塘桥街道	310115008	亭林镇	310116104	金海街道	310120003
上钢新村街道	310115009	吕巷镇	310116105	南桥镇	310120101
南码头路街道	310115010	廊下镇	310116107	奉城镇	310120102
沪东新村街道	310115011	金山卫镇	310116109	庄行镇	310120104
金杨新村街道	310115012	漕泾镇	310116112	金汇镇	310120106
洋泾街道	310115013	山阳镇	310116113	青村镇	310120111
浦兴路街道	310115014	**松江区（6 街道，11 镇）**	**310117**	柘林镇	310120118
东明路街道	310115015	岳阳街道	310117001	海湾镇	310120123
花木街道	310115016	永丰街道	310117002	四团镇	310120124
川沙新镇	310115103	方松街道	310117003	**崇明区（16 镇，2 乡）**	**310151**
高桥镇	310115104	中山街道	310117004	城桥镇	310151100
北蔡镇	310115105	广富林街道	310117005	堡镇	310151101
合庆镇	310115110	九里亭街道	310117006	新河镇	310151102
唐镇	310115114	泗泾镇	310117102	庙镇	310151103
曹路镇	310115117	佘山镇	310117103	竖新镇	310151104
金桥镇	310115120	车墩镇	310117104	向化镇	310151105
高行镇	310115121	新桥镇	310117105	三星镇	310151106
高东镇	310115123	洞泾镇	310117106	港沿镇	310151107
张江镇	310115125	九亭镇	310117107	中兴镇	310151108
三林镇	310115130	泖港镇	310117109	陈家镇	310151109
惠南镇	310115131	石湖荡镇	310117116	绿华镇	310151110
周浦镇	310115132	新浜镇	310117117	港西镇	310151111
新场镇	310115133	叶榭镇	310117120	建设镇	310151112
大团镇	310115134	小昆山镇	310117121	新海镇	310151113
康桥镇	310115136	**青浦区（3 街道，8 镇）**	**310118**	东平镇	310151114
航头镇	310115137	夏阳街道	310118001	长兴镇	310151115
祝桥镇	310115139	盈浦街道	310118002	新村乡	310151200
泥城镇	310115140	香花桥街道	310118003	横沙乡	310151201
宣桥镇	310115141	朱家角镇	310118102		
书院镇	310115142	练塘镇	310118103		
		金泽镇	310118104		

江苏省

江苏省（苏）

行政区划名称	行政区划代码	行政区划名称	行政区划代码	行政区划名称	行政区划代码
江苏省（519街道，701镇，16乡，1民族乡）	320000	热河南路街道	320106009	谷里街道	320115009
		幕府山街道	320106010	汤山街道	320115010
南京市（95街道，6镇）	320100	建宁路街道	320106011	秣陵街道	320115011
玄武区（7街道）	320102	宝塔桥街道	320106012	湖熟街道	320115012
梅园新村街道	320102002	小市街道	320106013	六合区（11街道，1镇）	320116
新街口街道	320102003	浦口区（9街道）	320111	龙池街道	320116001
玄武门街道	320102005	泰山街道	320111001	雄州街道	320116002
锁金村街道	320102007	顶山街道	320111002	横梁街道	320116003
红山街道	320102008	沿江街道	320111003	金牛湖街道	320116004
孝陵卫街道	320102009	江浦街道	320111004	程桥街道	320116005
玄武湖街道	320102010	桥林街道	320111005	马鞍街道	320116006
秦淮区（12街道）	320104	汤泉街道	320111006	龙袍街道	320116007
秦虹街道	320104001	盘城街道	320111007	冶山街道	320116008
夫子庙街道	320104002	星甸街道	320111008	大厂街道	320116010
双塘街道	320104004	永宁街道	320111009	葛塘街道	320116011
中华门街道	320104006	栖霞区（9街道）	320113	长芦街道	320116012
红花街道	320104007	尧化街道	320113001	竹镇镇	320116110
洪武路街道	320104008	马群街道	320113002	溧水区（5街道，3镇）	320117
五老村街道	320104009	迈皋桥街道	320113003	永阳街道	320117001
大光路街道	320104010	燕子矶街道	320113004	柘塘街道	320117002
瑞金路街道	320104011	仙林街道	320113005	东屏街道	320117003
月牙湖街道	320104012	龙潭街道	320113007	石湫街道	320117004
光华路街道	320104013	栖霞街道	320113008	洪蓝街道	320117005
朝天宫街道	320104014	八卦洲街道	320113009	白马镇	320117101
建邺区（6街道）	320105	西岗街道	320113010	晶桥镇	320117106
兴隆街道	320105006	雨花台区（7街道）	320114	和凤镇	320117107
南苑街道	320105007	赛虹桥街道	320114002	高淳区（6街道，2镇）	320118
双闸街道	320105008	雨花街道	320114003	淳溪街道	320118001
沙洲街道	320105009	西善桥街道	320114004	古柏街道	320118002
江心洲街道	320105010	板桥街道	320114005	漆桥街道	320118003
莫愁湖街道	320105011	铁心桥街道	320114006	固城街道	320118004
鼓楼区（13街道）	320106	梅山街道	320114008	东坝街道	320118005
宁海路街道	320106001	古雄街道	320114009	桠溪街道	320118006
华侨路街道	320106002	江宁区（10街道）	320115	阳江镇	320118101
湖南路街道	320106003	东山街道	320115001	砖墙镇	320118102
中央门街道	320106004	禄口街道	320115004	无锡市（45街道，30镇）	320200
挹江门街道	320106005	淳化街道	320115005	锡山区（5街道，4镇）	320205
江东街道	320106006	麒麟街道	320115006	东亭街道	320205001
凤凰街道	320106007	横溪街道	320115007	安镇街道	320205002
下关街道	320106008	江宁街道	320115008	东北塘街道	320205003

续表 1

行政区划名称	行政区划代码	行政区划名称	行政区划代码	行政区划名称	行政区划代码
云林街道	320205004	**江阴市（7街道，10镇）**	**320281**	黄楼街道	320302003
厚桥街道	320205005	澄江街道	320281001	牌楼街道	320302004
羊尖镇	320205102	南闸街道	320281004	琵琶街道	320302008
鹅湖镇	320205104	云亭街道	320281005	铜沛街道	320302011
锡北镇	320205106	城东街道	320281006	九里街道	320302012
东港镇	320205107	夏港街道	320281008	金山桥街道	320302013
惠山区（5街道，2镇）	**320206**	申港街道	320281009	东环街道	320302014
堰桥街道	320206001	利港街道	320281010	拾屯街道	320302015
长安街道	320206002	璜土镇	320281101	**云龙区（9街道）**	**320303**
钱桥街道	320206003	月城镇	320281106	彭城街道	320303001
前洲街道	320206004	青阳镇	320281107	子房街道	320303005
玉祁街道	320206005	徐霞客镇	320281108	黄山街道	320303007
洛社镇	320206103	华士镇	320281113	骆驼山街道	320303008
阳山镇	320206105	周庄镇	320281114	大郭庄街道	320303010
滨湖区（8街道，1镇）	**320211**	新桥镇	320281115	翠屏山街道	320303011
河埒街道	320211001	长泾镇	320281116	潘塘街道	320303012
荣巷街道	320211002	顾山镇	320281117	大龙湖街道	320303013
蠡湖街道	320211003	祝塘镇	320281119	汉风街道	320303014
蠡园街道	320211004	**宜兴市（5街道，13镇）**	**320282**	**贾汪区（8街道，5镇）**	**320305**
华庄街道	320211006	新庄街道	320282001	大泉街道	320305003
太湖街道	320211007	宜城街道	320282002	老矿街道	320305004
雪浪街道	320211008	屺亭街道	320282003	大吴街道	320305005
马山街道	320211009	新街街道	320282005	潘安湖街道	320305006
胡埭镇	320211104	芳桥街道	320282006	大庙街道	320305007
梁溪区（9街道）	**320213**	张渚镇	320282101	大黄山街道	320305008
崇安寺街道	320213001	西渚镇	320282102	茱萸山街道	320305009
山北街道	320213015	太华镇	320282103	金龙湖街道	320305010
清名桥街道	320213018	徐舍镇	320282105	青山泉镇	320305102
惠山街道	320213019	官林镇	320282108	紫庄镇	320305104
北大街道	320213020	杨巷镇	320282109	塔山镇	320305105
广益街道	320213021	新建镇	320282111	汴塘镇	320305106
扬名街道	320213022	和桥镇	320282114	江庄镇	320305107
黄巷街道	320213023	高塍镇	320282115	**泉山区（14街道）**	**320311**
瞻江街道	320213024	万石镇	320282118	王陵街道	320311001
新吴区（6街道）	**320214**	周铁镇	320282119	永安街道	320311003
新安街道	320214001	丁蜀镇	320282123	湖滨街道	320311004
旺庄街道	320214002	湖㳇镇	320282125	段庄街道	320311005
硕放街道	320214003	**徐州市（70街道，97镇）**	**320300**	翟山街道	320311006
江溪街道	320214004	**鼓楼区（10街道）**	**320302**	奎山街道	320311007
梅村街道	320214005	丰财街道	320302001	和平街道	320311008
鸿山街道	320214006	环城街道	320302002	泰山街道	320311011

续表 2

行政区划名称	行政区划代码	行政区划名称	行政区划代码	行政区划名称	行政区划代码
金山街道	320311012	常店镇	320321104	邱集镇	320324111
七里沟街道	320311014	欢口镇	320321105	古邳镇	320324112
火花街道	320311015	师寨镇	320321106	姚集镇	320324113
苏山街道	320311016	华山镇	320321107	魏集镇	320324114
庞庄街道	320311017	梁寨镇	320321108	梁集镇	320324115
桃园街道	320311018	范楼镇	320321109	庆安镇	320324116
铜山区（10街道，18镇）	**320312**	宋楼镇	320321111	**新沂市（5街道，13镇）**	**320381**
利国街道	320312002	大沙河镇	320321112	新安街道	320381001
张集街道	320312003	王沟镇	320321113	北沟街道	320381002
垞城街道	320312004	赵庄镇	320321114	唐店街道	320381003
电厂街道	320312005	**沛县（4街道，13镇）**	**320322**	墨河街道	320381004
张双楼街道	320312006	沛城街道	320322001	钟吾街道	320381005
三河尖街道	320312007	大屯街道	320322002	草桥镇	320381102
铜山街道	320312009	汉兴街道	320322003	港头镇	320381103
三堡街道	320312010	汉源街道	320322004	合沟镇	320381104
新区街道	320312011	龙固镇	320322102	窑湾镇	320381105
沿湖街道	320312012	杨屯镇	320322103	棋盘镇	320381106
何桥镇	320312102	胡寨镇	320322105	马陵山镇	320381107
黄集镇	320312103	魏庙镇	320322106	邵店镇	320381108
马坡镇	320312104	五段镇	320322107	高流镇	320381109
郑集镇	320312105	张庄镇	320322108	阿湖镇	320381110
柳新镇	320312106	张寨镇	320322109	时集镇	320381112
刘集镇	320312107	敬安镇	320322110	瓦窑镇	320381113
大彭镇	320312108	河口镇	320322111	双塘镇	320381114
汉王镇	320312109	栖山镇	320322112	新店镇	320381116
棠张镇	320312111	鹿楼镇	320322113	**邳州市（4街道，21镇）**	**320382**
张集镇	320312112	朱寨镇	320322114	运河街道	320382001
房村镇	320312113	安国镇	320322115	炮车街道	320382002
伊庄镇	320312114	**睢宁县（3街道，15镇）**	**320324**	戴圩街道	320382003
单集镇	320312115	睢城街道	320324001	东湖街道	320382004
徐庄镇	320312117	睢河街道	320324002	邳城镇	320382102
大许镇	320312118	金城街道	320324003	官湖镇	320382103
茅村镇	320312119	王集镇	320324102	四户镇	320382104
柳泉镇	320312120	双沟镇	320324103	宿羊山镇	320382105
利国镇	320312121	岚山镇	320324104	八义集镇	320382106
丰县（3街道，12镇）	**320321**	李集镇	320324105	土山镇	320382107
中阳里街道	320321001	桃园镇	320324106	碾庄镇	320382108
凤城街道	320321002	官山镇	320324107	港上镇	320382109
孙楼街道	320321003	高作镇	320324108	邹庄镇	320382110
首羡镇	320321102	沙集镇	320324109	占城镇	320382111
顺河镇	320321103	凌城镇	320324110	新河镇	320382112

续表 3

行政区划名称	行政区划代码	行政区划名称	行政区划代码	行政区划名称	行政区划代码
八路镇	320382113	西湖街道	320412002	狮山街道	320505002
铁富镇	320382115	丁堰街道	320412003	横塘街道	320505003
岔河镇	320382116	戚墅堰街道	320412004	枫桥街道	320505004
陈楼镇	320382118	潞城街道	320412005	东渚街道	320505005
邢楼镇	320382119	湖塘镇	320412100	斜塘街道	320505006
戴庄镇	320382120	牛塘镇	320412102	娄葑街道	320505007
车辐山镇	320382121	洛阳镇	320412103	浒墅关镇	320505102
燕子埠镇	320382122	遥观镇	320412104	通安镇	320505105
赵墩镇	320382123	横林镇	320412105	**吴中区（10 街道，7 镇）**	**320506**
议堂镇	320382124	横山桥镇	320412106	长桥街道	320506003
常州市（29 街道，33 镇）	**320400**	雪堰镇	320412110	郭巷街道	320506004
天宁区（6 街道，1 镇）	**320402**	前黄镇	320412113	横泾街道	320506005
天宁街道	320402001	礼嘉镇	320412114	越溪街道	320506006
兰陵街道	320402006	嘉泽镇	320412119	城南街道	320506007
茶山街道	320402007	湟里镇	320412120	香山街道	320506008
雕庄街道	320402008	**金坛区（3 街道，6 镇）**	**320413**	唯亭街道	320506009
红梅街道	320402009	西城街道	320413001	胜浦街道	320506010
青龙街道	320402010	尧塘街道	320413002	太湖街道	320506011
郑陆镇	320402100	东城街道	320413003	金鸡湖街道	320506012
钟楼区（7 街道，1 镇）	**320404**	金城镇	320413100	甪直镇	320506101
五星街道	320404001	儒林镇	320413101	光福镇	320506104
永红街道	320404002	直溪镇	320413102	木渎镇	320506108
北港街道	320404003	朱林镇	320413103	胥口镇	320506109
西林街道	320404004	薛埠镇	320413104	临湖镇	320506111
南大街街道	320404005	指前镇	320413105	东山镇	320506113
荷花池街道	320404006	**溧阳市（3 街道，9 镇）**	**320481**	金庭镇	320506114
新闸街道	320404010	昆仑街道	320481001	**相城区（7 街道，4 镇）**	**320507**
邹区镇	320404100	溧城街道	320481002	元和街道	320507001
新北区（5 街道，5 镇）	**320411**	古县街道	320481003	黄桥街道	320507002
龙虎塘街道	320411003	埭头镇	320481101	北桥街道	320507004
新桥街道	320411004	上黄镇	320481102	太平街道	320507007
春江街道	320411005	戴埠镇	320481103	北河泾街道	320507008
魏村街道	320411006	天目湖镇	320481106	漕湖街道	320507009
三井街道	320411007	别桥镇	320481107	澄阳街道	320507010
孟河镇	320411102	上兴镇	320481109	望亭镇	320507100
薛家镇	320411104	竹箦镇	320481111	黄埭镇	320507103
罗溪镇	320411105	南渡镇	320481114	渭塘镇	320507107
西夏墅镇	320411106	社渚镇	320481116	阳澄湖镇	320507111
奔牛镇	320411107	**苏州市（46 街道，51 镇）**	**320500**	**姑苏区（8 街道）**	**320508**
武进区（5 街道，11 镇）	**320412**	**虎丘区（6 街道，2 镇）**	**320505**	沧浪街道	320508002
南夏墅街道	320412001			吴门桥街道	320508003

续表 **4**

行政区划名称	行政区划代码	行政区划名称	行政区划代码	行政区划名称	行政区划代码
双塔街道	320508005	南丰镇	320582108	川姜镇	320612120
平江街道	320508008	杨舍镇	320582110	**崇川区（21街道）**	**320613**
苏锦街道	320508009	大新镇	320582116	城东街道	320613001
金阊街道	320508015	**昆山市（10镇）**	**320583**	和平桥街道	320613002
白洋湾街道	320508016	玉山镇	320583100	任港街道	320613003
虎丘街道	320508017	巴城镇	320583102	新城桥街道	320613004
吴江区（4街道，7镇）	**320509**	周市镇	320583105	虹桥街道	320613005
松陵街道	320509002	陆家镇	320583107	学田街道	320613006
江陵街道	320509003	花桥镇	320583108	钟秀街道	320613007
横扇街道	320509004	淀山湖镇	320583110	文峰街道	320613008
八坼街道	320509005	张浦镇	320583111	观音山街道	320613009
同里镇	320509101	周庄镇	320583112	狼山镇街道	320613010
平望镇	320509102	千灯镇	320583113	新开街道	320613011
盛泽镇	320509103	锦溪镇	320583114	中兴街道	320613012
七都镇	320509104	**太仓市（2街道，6镇）**	**320585**	小海街道	320613013
震泽镇	320509105	娄东街道	320585001	竹行街道	320613014
桃源镇	320509106	陆渡街道	320585002	江海街道	320613015
黎里镇	320509107	城厢镇	320585100	永兴街道	320613016
常熟市（6街道，8镇）	**320581**	浮桥镇	320585103	唐闸镇街道	320613017
碧溪街道	320581001	璜泾镇	320585105	天生港镇街道	320613018
东南街道	320581003	双凤镇	320585109	秦灶街道	320613019
虞山街道	320581004	沙溪镇	320585110	陈桥街道	320613020
琴川街道	320581005	浏河镇	320585111	幸福街道	320613021
莫城街道	320581006	**南通市（38街道，65镇）**	**320600**	**海门区（3街道，9镇）**	**320614**
常福街道	320581007	**通州区（4街道，12镇）**	**320612**	海门街道	320614001
梅李镇	320581101			滨江街道	320614002
海虞镇	320581102	金沙街道	320612001	三厂街道	320614003
古里镇	320581107	先锋街道	320612002	三星镇	320614101
沙家浜镇	320581108	兴东街道	320612003	海永镇	320614102
支塘镇	320581109	金新街道	320612004	常乐镇	320614103
董浜镇	320581111	西亭镇	320612101	悦来镇	320614104
尚湖镇	320581117	二甲镇	320612102	四甲镇	320614105
辛庄镇	320581120	东社镇	320612103	余东镇	320614106
张家港市（3街道，7镇）	**320582**	三余镇	320612104	正余镇	320614107
金港街道	320582001	十总镇	320612107	包场镇	320614108
后塍街道	320582002	石港镇	320612110	临江镇	320614109
德积街道	320582003	刘桥镇	320612112	**如东县（3街道，12镇）**	**320623**
塘桥镇	320582100	平潮镇	320612114	苴镇街道	320623001
凤凰镇	320582103	五接镇	320612116	城中街道	320623002
乐余镇	320582105	兴仁镇	320612117	掘港街道	320623003
锦丰镇	320582107	张芝山镇	320612119	拼茶镇	320623100

续表 5

行政区划名称	行政区划代码	行政区划名称	行政区划代码	行政区划名称	行政区划代码
洋口镇	320623101	孙庄街道	320685002	南城街道	320706013
长沙镇	320623104	胡集街道	320685003	宁海街道	320706014
马塘镇	320623109	隆政街道	320685004	郁洲街道	320706015
丰利镇	320623110	城东镇	320685101	新坝镇	320706100
曹埠镇	320623111	曲塘镇	320685102	锦屏镇	320706101
岔河镇	320623112	李堡镇	320685103	板浦镇	320706102
双甸镇	320623113	角斜镇	320685105	浦南镇	320706103
新店镇	320623114	大公镇	320685107	**赣榆区（15 镇）**	**320707**
河口镇	320623115	雅周镇	320685109	青口镇	320707100
袁庄镇	320623117	白甸镇	320685110	柘汪镇	320707101
大豫镇	320623121	南莫镇	320685112	石桥镇	320707102
启东市（12 镇）	**320681**	墩头镇	320685113	金山镇	320707103
汇龙镇	320681100	**连云港市（30 街道，55 镇，5 乡）**	**320700**	黑林镇	320707104
南阳镇	320681102			厉庄镇	320707105
北新镇	320681105	**连云区（12 街道，1 乡）**	**320703**	海头镇	320707106
王鲍镇	320681107	墟沟街道	320703001	塔山镇	320707107
合作镇	320681108	连云街道	320703002	赣马镇	320707108
吕四港镇	320681110	连岛街道	320703003	班庄镇	320707109
海复镇	320681113	板桥街道	320703004	城头镇	320707110
近海镇	320681117	云山街道	320703005	城西镇	320707111
寅阳镇	320681118	海州湾街道	320703006	宋庄镇	320707112
惠萍镇	320681120	宿城街道	320703007	沙河镇	320707113
东海镇	320681122	高公岛街道	320703008	墩尚镇	320707114
启隆镇	320681124	中云街道	320703009	**东海县（2 街道，13 镇，4 乡）**	**320722**
如皋市（3 街道，11 镇）	**320682**	猴嘴街道	320703010		
如城街道	320682001	朝阳街道	320703011	牛山街道	320722001
城北街道	320682002	徐圩街道	320703012	石榴街道	320722002
城南街道	320682003	前三岛乡	320703200	白塔埠镇	320722101
东陈镇	320682103	**海州区（15 街道，4 镇）**	**320706**	黄川镇	320722103
丁堰镇	320682104	海州街道	320706001	石梁河镇	320722104
白蒲镇	320682105	幸福路街道	320706002	青湖镇	320722105
下原镇	320682107	朐阳街道	320706003	温泉镇	320722107
九华镇	320682108	洪门街道	320706004	双店镇	320722108
石庄镇	320682110	云台街道	320706005	桃林镇	320722109
长江镇	320682111	新浦街道	320706006	洪庄镇	320722110
吴窑镇	320682112	浦西街道	320706007	安峰镇	320722111
江安镇	320682113	新东街道	320706008	房山镇	320722112
搬经镇	320682116	新南街道	320706009	平明镇	320722113
磨头镇	320682117	路南街道	320706010	曲阳镇	320722114
海安市（4 街道，9 镇）	**320685**	新海街道	320706011	山左口镇	320722115
海安街道	320685001	花果山街道	320706012	驼峰乡	320722200

续表 **6**

行政区划名称	行政区划代码	行政区划名称	行政区划代码	行政区划名称	行政区划代码
李埝乡	320722203	钦工镇	320803110	和平镇	320812100
石湖乡	320722205	顺河镇	320803111	黄码镇	320812103
张湾乡	320722207	博里镇	320803113	**洪泽区（3街道，6镇）**	**320813**
灌云县（1街道，12镇）	**320723**	复兴镇	320803116	高良涧街道	320813001
侍庄街道	320723001	范集镇	320803120	朱坝街道	320813002
伊山镇	320723100	漕运镇	320803121	黄集街道	320813003
杨集镇	320723102	石塘镇	320803122	蒋坝镇	320813101
燕尾港镇	320723103	**淮阴区（4街道，9镇）**	**320804**	岔河镇	320813103
同兴镇	320723104	长江路街道	320804006	西顺河镇	320813104
四队镇	320723105	新渡口街道	320804007	老子山镇	320813105
圩丰镇	320723106	古清口街道	320804008	三河镇	320813106
龙苴镇	320723107	王家营街道	320804009	东双沟镇	320813110
下车镇	320723108	南陈集镇	320804103	**涟水县（4街道，12镇）**	**320826**
东王集镇	320723109	马头镇	320804104	涟城街道	320826001
图河镇	320723110	丁集镇	320804107	朱码街道	320826002
小伊镇	320723111	徐溜镇	320804109	陈师街道	320826003
南岗镇	320723112	渔沟镇	320804110	保滩街道	320826004
灌南县（11镇）	**320724**	三树镇	320804114	高沟镇	320826101
新安镇	320724100	高家堰镇	320804115	唐集镇	320826102
堆沟港镇	320724101	淮高镇	320804116	大东镇	320826104
北陈集镇	320724103	刘老庄镇	320804117	五港镇	320826105
张店镇	320724104	**清江浦区（18街道，2镇）**	**320812**	梁岔镇	320826106
汤沟镇	320724105			石湖镇	320826107
百禄镇	320724106	府前街道	320812001	岔庙镇	320826109
孟兴庄镇	320724107	长西街道	320812002	东胡集镇	320826110
三口镇	320724108	淮海街道	320812003	南集镇	320826111
田楼镇	320724109	长东街道	320812004	成集镇	320826113
新集镇	320724110	柳树湾街道	320812005	红窑镇	320826114
李集镇	320724111	水渡口街道	320812006	黄营镇	320826117
淮安市（38街道，57镇）	**320800**	清河街道	320812007	**盱眙县（3街道，10镇）**	**320830**
淮安区（3街道，13镇）	**320803**	清江街道	320812008	盱城街道	320830001
		浦楼街道	320812009	太和街道	320830002
淮城街道	320803001	闸口街道	320812010	古桑街道	320830003
河下街道	320803002	清浦街道	320812011	马坝镇	320830101
山阳街道	320803004	城南街道	320812012	官滩镇	320830102
平桥镇	320803101	盐河街道	320812013	桂五镇	320830104
朱桥镇	320803103	武墩街道	320812014	管仲镇	320830105
施河镇	320803104	钵池街道	320812015	河桥镇	320830106
车桥镇	320803106	徐杨街道	320812016	鲍集镇	320830107
流均镇	320803108	南马厂街道	320812017	黄花塘镇	320830108
苏嘴镇	320803109	枚乘街道	320812018	淮河镇	320830111

续表 7

行政区划名称	行政区划代码	行政区划名称	行政区划代码	行政区划名称	行政区划代码
天泉湖镇	320830114	郭猛镇	320903111	滨淮镇	320922109
穆店镇	320830115	大冈镇	320903112	天场镇	320922110
金湖县（3街道，5镇）	**320831**	大纵湖镇	320903113	陈涛镇	320922112
黎城街道	320831001	楼王镇	320903114	**阜宁县（4街道，13镇）**	**320923**
戴楼街道	320831002	尚庄镇	320903115	阜城街道	320923001
金北街道	320831003	秦南镇	320903116	金沙湖街道	320923002
金南镇	320831101	**大丰区（2街道，11镇）**	**320904**	花园街道	320923003
塔集镇	320831103	丰华街道	320904001	吴滩街道	320923004
前锋镇	320831106	大中街道	320904002	沟墩镇	320923101
吕良镇	320831107	草堰镇	320904101	陈良镇	320923104
银涂镇	320831111	白驹镇	320904102	三灶镇	320923106
盐城市（30街道，95镇）	**320900**	刘庄镇	320904103	郭墅镇	320923107
亭湖区（12街道，6镇）	**320902**	小海镇	320904106	新沟镇	320923108
		西团镇	320904107	陈集镇	320923109
五星街道	320902001	新丰镇	320904108	羊寨镇	320923110
文峰街道	320902002	大桥镇	320904110	芦蒲镇	320923111
先锋街道	320902003	草庙镇	320904111	板湖镇	320923113
伍佑街道	320902004	万盈镇	320904112	东沟镇	320923114
新城街道	320902005	南阳镇	320904114	益林镇	320923115
大洋街道	320902006	三龙镇	320904116	古河镇	320923118
黄海街道	320902007	**响水县（8镇）**	**320921**	罗桥镇	320923119
新洋街道	320902008	响水镇	320921100	**射阳县（13镇）**	**320924**
毓龙街道	320902009	陈家港镇	320921101	合德镇	320924100
新河街道	320902010	小尖镇	320921102	临海镇	320924101
宝瓶湖街道	320902011	黄圩镇	320921103	千秋镇	320924102
东亭湖街道	320902012	大有镇	320921104	四明镇	320924104
新兴镇	320902102	双港镇	320921105	海河镇	320924106
南洋镇	320902104	南河镇	320921106	海通镇	320924108
便仓镇	320902106	运河镇	320921107	兴桥镇	320924109
步凤镇	320902108	**滨海县（3街道，11镇）**	**320922**	新坍镇	320924110
黄尖镇	320902115	东坎街道	320922001	长荡镇	320924111
盐东镇	320902116	坎南街道	320922002	盘湾镇	320924112
盐都区（6街道，8镇）	**320903**	坎北街道	320922003	特庸镇	320924113
张庄街道	320903001	五汛镇	320922101	洋马镇	320924114
潘黄街道	320903002	蔡桥镇	320922102	黄沙港镇	320924117
新都街道	320903003	正红镇	320922103	**建湖县（3街道，11镇）**	**320925**
盐龙街道	320903004	通榆镇	320922104	近湖街道	320925001
盐渎街道	320903005	界牌镇	320922105	钟庄街道	320925002
科城街道	320903006	八巨镇	320922106	塘河街道	320925003
学富镇	320903103	八滩镇	320922107	建阳镇	320925101
龙冈镇	320903109	滨海港镇	320922108	九龙口镇	320925102

续表 8

行政区划名称	行政区划代码	行政区划名称	行政区划代码	行政区划名称	行政区划代码
恒济镇	320925103	新盛街道	321003002	广洋湖镇	321023105
颜单镇	320925104	蒋王街道	321003003	鲁垛镇	321023106
沿河镇	320925105	汊河街道	321003004	小官庄镇	321023107
芦沟镇	320925106	梅岭街道	321003005	望直港镇	321023108
庆丰镇	320925107	扬子津街道	321003006	曹甸镇	321023109
上冈镇	320925108	瘦西湖街道	321003007	西安丰镇	321023110
冈西镇	320925111	甘泉街道	321003008	山阳镇	321023111
宝塔镇	320925113	城北街道	321003011	黄塍镇	321023112
高作镇	320925114	竹西街道	321003012	泾河镇	321023113
东台市（14 镇）	**320981**	文汇街道	321003013	**仪征市（10 镇）**	**321081**
溱东镇	320981100	双桥街道	321003014	真州镇	321081100
时堰镇	320981101	西湖街道	321003015	青山镇	321081101
五烈镇	320981106	公道镇	321003102	新集镇	321081103
梁垛镇	320981107	方巷镇	321003104	新城镇	321081104
安丰镇	320981108	槐泗镇	321003106	马集镇	321081105
南沈灶镇	320981109	瓜洲镇	321003109	刘集镇	321081106
富安镇	320981110	杨寿镇	321003118	陈集镇	321081107
唐洋镇	320981112	杨庙镇	321003120	大仪镇	321081108
新街镇	320981113	八里镇	321003122	月塘镇	321081109
许河镇	320981114	施桥镇	321003123	朴席镇	321081110
三仓镇	320981115	平山乡	321003200	**高邮市（2 街道，**	**321084**
头灶镇	320981118	**江都区（13 镇）**	**321012**	**10 镇，1 民族乡）**	
弶港镇	320981121	仙女镇	321012100	高邮街道	321084001
东台镇	320981122	小纪镇	321012101	马棚街道	321084002
扬州市（20 街道，61 镇，	**321000**	武坚镇	321012102	龙虬镇	321084101
1 乡，1 民族乡）		樊川镇	321012103	车逻镇	321084103
广陵区（5 街道，6 镇）	**321002**	真武镇	321012104	汤庄镇	321084106
东关街道	321002001	宜陵镇	321012105	卸甲镇	321084107
汶河街道	321002002	丁沟镇	321012106	三垛镇	321084108
文峰街道	321002003	郭村镇	321012107	甘垛镇	321084109
曲江街道	321002004	邵伯镇	321012108	界首镇	321084112
汤汪街道	321002005	丁伙镇	321012109	周山镇	321084113
湾头镇	321002100	大桥镇	321012110	临泽镇	321084115
杭集镇	321002101	吴桥镇	321012111	送桥镇	321084116
李典镇	321002102	浦头镇	321012112	菱塘回族乡	321084200
沙头镇	321002103	**宝应县（14 镇）**	**321023**	**镇江市（25 街道，31 镇）**	**321100**
头桥镇	321002104	安宜镇	321023100	**京口区（8 街道，3 镇）**	**321102**
泰安镇	321002105	氾水镇	321023101	正东路街道	321102001
邗江区（13 街道，	**321003**	夏集镇	321023102	健康路街道	321102002
8 镇，1 乡）		柳堡镇	321023103	大市口街道	321102003
邗上街道	321003001	射阳湖镇	321023104	四牌楼街道	321102004

续表 9

行政区划名称	行政区划代码	行政区划名称	行政区划代码	行政区划名称	行政区划代码
谏壁街道	321102005	八桥镇	321182104	天目山街道	321204004
象山街道	321102006	西来桥镇	321182105	三水街道	321204005
丁卯街道	321102007	句容市（3街道，8镇）	321183	蒋垛镇	321204100
大港街道	321102008	华阳街道	321183001	娄庄镇	321204101
丁岗镇	321102100	崇明街道	321183002	白米镇	321204102
大路镇	321102101	黄梅街道	321183003	俞垛镇	321204103
姚桥镇	321102102	下蜀镇	321183102	大伦镇	321204105
润州区（8街道）	321111	白兔镇	321183103	顾高镇	321204107
宝塔路街道	321111001	茅山镇	321183105	张甸镇	321204109
和平路街道	321111002	后白镇	321183106	淤溪镇	321204113
官塘桥街道	321111003	郭庄镇	321183107	溱潼镇	321204115
蒋乔街道	321111004	天王镇	321183109	兴化市（3街道，22镇，1乡）	321281
金山街道	321111005	宝华镇	321183112	昭阳街道	321281001
韦岗街道	321111006	边城镇	321183117	临城街道	321281002
七里甸街道	321111007	泰州市（25街道，61镇，2乡）	321200	垛田街道	321281003
南山街道	321111008	海陵区（10街道，4镇）	321202	戴窑镇	321281100
丹徒区（2街道，6镇）	321112	城东街道	321202001	合陈镇	321281101
高资街道	321112001	城西街道	321202002	永丰镇	321281102
宜城街道	321112002	城南街道	321202003	新垛镇	321281103
高桥镇	321112103	城中街道	321202004	安丰镇	321281104
辛丰镇	321112105	城北街道	321202005	海南镇	321281105
谷阳镇	321112107	京泰路街道	321202007	钓鱼镇	321281106
上党镇	321112108	凤凰街道	321202008	大邹镇	321281107
宝堰镇	321112110	寺巷街道	321202009	沙沟镇	321281108
世业镇	321112113	明珠街道	321202010	中堡镇	321281109
丹阳市（2街道，10镇）	321181	红旗街道	321202011	竹泓镇	321281114
云阳街道	321181001	九龙镇	321202100	沈伦镇	321281115
曲阿街道	321181002	罡杨镇	321202102	大垛镇	321281116
司徒镇	321181101	苏陈镇	321202103	荻垛镇	321281117
延陵镇	321181105	华港镇	321202104	陶庄镇	321281118
珥陵镇	321181106	高港区（4街道，5镇）	321203	昌荣镇	321281119
导墅镇	321181109	口岸街道	321203001	周庄镇	321281121
皇塘镇	321181110	刁铺街道	321203002	陈堡镇	321281122
吕城镇	321181112	许庄街道	321203003	大营镇	321281126
陵口镇	321181114	沿江街道	321203004	千垛镇	321281128
访仙镇	321181117	永安洲镇	321203102	兴东镇	321281129
界牌镇	321181118	白马镇	321203103	戴南镇	321281130
丹北镇	321181122	大泗镇	321203105	林湖乡	321281207
扬中市（2街道，4镇）	321182	胡庄镇	321203106	靖江市（1街道，8镇）	321282
三茅街道	321182001	野徐镇	321203107	靖城街道	321282001
兴隆街道	321182002	姜堰区（4街道，9镇）	321204	新桥镇	321282101
新坝镇	321182101	罗塘街道	321204001	东兴镇	321282102
油坊镇	321182103	梁徐街道	321204003	斜桥镇	321282104

续表 **10**

行政区划名称	行政区划代码	行政区划名称	行政区划代码	行政区划名称	行政区划代码
西来镇	321282105	龙河镇	321302112	韩山镇	321322131
季市镇	321282106	屠园镇	321302113	桑墟镇	321322132
孤山镇	321282107	南蔡乡	321302202	李恒镇	321322133
生祠镇	321282109	宿豫区（6 街道，7 镇，1 乡）	321311	高墟镇	321322134
马桥镇	321282110			耿圩镇	321322135
泰兴市（3 街道，13 镇，1 乡）	321283	顺河街道	321311001	贤官镇	321322136
		豫新街道	321311002	西圩乡	321322205
济川街道	321283001	下相街道	321311003	泗阳县（3 街道，9 镇，1 乡）	321323
延令街道	321283002	陆集街道	321311004		
姚王街道	321283003	晓店街道	321311005	众兴街道	321323001
黄桥镇	321283101	井头街道	321311006	城厢街道	321323002
珊瑚镇	321283102	王官集镇	321311103	来安街道	321323003
广陵镇	321283103	仰化镇	321311105	裴圩镇	321323103
古溪镇	321283106	关庙镇	321311111	新袁镇	321323104
元竹镇	321283107	新庄镇	321311113	李口镇	321323105
张桥镇	321283108	来龙镇	321311116	临河镇	321323107
曲霞镇	321283109	大兴镇	321311117	三庄镇	321323112
河失镇	321283110	皂河镇	321311118	爱园镇	321323113
新街镇	321283113	曹集乡	321311201	卢集镇	321323114
宣堡镇	321283115	沭阳县（6 街道，23 镇，1 乡）	321322	王集镇	321323115
分界镇	321283122			穿城镇	321323116
滨江镇	321283123	沭城街道	321322001	庄圩乡	321323200
虹桥镇	321283124	南湖街道	321322002	泗洪县（3 街道，12 镇，4 乡）	321324
根思乡	321283201	梦溪街道	321322003		
宿迁市（28 街道，59 镇，8 乡）	321300	十字街道	321322004	青阳街道	321324001
		七雄街道	321322006	重岗街道	321324002
宿城区（10 街道，8 镇，1 乡）	321302	章集街道	321322007	大楼街道	321324003
		陇集镇	321322101	上塘镇	321324102
幸福街道	321302001	胡集镇	321322102	魏营镇	321324103
项里街道	321302002	马厂镇	321322105	孙园镇	321324106
河滨街道	321302003	沂涛镇	321322106	梅花镇	321324107
古城街道	321302004	庙头镇	321322107	归仁镇	321324108
支口街道	321302005	华冲镇	321322109	金锁镇	321324109
双庄街道	321302006	悦来镇	321322111	朱湖镇	321324110
三棵树街道	321302007	刘集镇	321322112	龙集镇	321324113
黄河街道	321302008	扎下镇	321322115	双沟镇	321324114
洋北街道	321302009	颜集镇	321322116	界集镇	321324115
古楚街道	321302010	潼阳镇	321322117	半城镇	321324116
耿车镇	321302101	龙庙镇	321322118	临淮镇	321324117
埠子镇	321302102	新河镇	321322124	天岗湖乡	321324202
中扬镇	321302107	吴集镇	321322126	车门乡	321324203
陈集镇	321302109	青伊湖镇	321322128	瑶沟乡	321324204
洋河镇	321302110	钱集镇	321322129	石集乡	321324205
蔡集镇	321302111	塘沟镇	321322130		

浙江省

浙江省（浙）

行政区划名称	行政区划代码	行政区划名称	行政区划代码	行政区划名称	行政区划代码
浙江省（488 街道，618 镇，244 乡，14 民族乡）	**330000**	灵隐街道	330106003	仁和街道	330110009
		西溪街道	330106004	闲林街道	330110010
杭州市（93 街道，75 镇，22 乡，1 民族乡）	**330100**	翠苑街道	330106005	中泰街道	330110011
		文新街道	330106006	余杭街道	330110012
上城区（14 街道）	**330102**	转塘街道	330106011	良渚街道	330110013
清波街道	330102001	蒋村街道	330106012	仓前街道	330110014
湖滨街道	330102003	留下街道	330106013	径山镇	330110109
小营街道	330102004	古荡街道	330106014	瓶窑镇	330110110
南星街道	330102008	西湖街道	330106015	鸬鸟镇	330110111
紫阳街道	330102009	三墩镇	330106109	百丈镇	330110112
望江街道	330102010	双浦镇	330106110	黄湖镇	330110113
凯旋街道	330102011	滨江区（3 街道）	**330108**	富阳区（5 街道，13 镇，6 乡）	**330111**
采荷街道	330102012	西兴街道	330108001		
闸弄口街道	330102013	浦沿街道	330108002	富春街道	330111001
四季青街道	330102014	长河街道	330108003	春江街道	330111002
彭埠街道	330102015	萧山区（10 街道，12 镇）	**330109**	东洲街道	330111003
笕桥街道	330102016	城厢街道	330109001	鹿山街道	330111004
丁兰街道	330102017	北干街道	330109002	银湖街道	330111005
九堡街道	330102018	蜀山街道	330109003	万市镇	330111100
拱墅区（18 街道）	**330105**	新塘街道	330109004	洞桥镇	330111101
米市巷街道	330105001	靖江街道	330109005	新登镇	330111102
湖墅街道	330105002	南阳街道	330109006	渌渚镇	330111103
小河街道	330105003	新街街道	330109012	胥口镇	330111104
和睦街道	330105004	闻堰街道	330109013	永昌镇	330111105
拱宸桥街道	330105005	宁围街道	330109014	大源镇	330111106
大关街道	330105007	盈丰街道	330109015	灵桥镇	330111107
上塘街道	330105008	楼塔镇	330109100	里山镇	330111108
祥符街道	330105009	河上镇	330109101	常绿镇	330111109
康桥街道	330105010	戴村镇	330109102	场口镇	330111110
半山街道	330105011	浦阳镇	330109103	常安镇	330111111
天水街道	330105012	进化镇	330109104	龙门镇	330111112
武林街道	330105013	临浦镇	330109105	新桐乡	330111200
长庆街道	330105014	义桥镇	330109106	上官乡	330111201
潮鸣街道	330105015	所前镇	330109107	渔山乡	330111202
朝晖街道	330105016	衙前镇	330109108	环山乡	330111203
文晖街道	330105017	瓜沥镇	330109113	湖源乡	330111204
东新街道	330105018	益农镇	330109115	春建乡	330111205
石桥街道	330105019	党湾镇	330109120	临安区（5 街道，13 镇）	**330112**
西湖区（10 街道，2 镇）	**330106**	余杭区（7 街道，5 镇）	**330110**	锦城街道	330112001
北山街道	330106002	五常街道	330110005	玲珑街道	330112002

续表 1

行政区划名称	行政区划代码	行政区划名称	行政区划代码	行政区划名称	行政区划代码
青山湖街道	330112003	凤川街道	330122004	更楼街道	330182003
锦南街道	330112004	富春江镇	330122101	莲花镇	330182101
锦北街道	330112005	横村镇	330122102	乾潭镇	330182102
高虹镇	330112100	江南镇	330122105	梅城镇	330182104
太湖源镇	330112101	分水镇	330122109	杨村桥镇	330182105
於潜镇	330112102	瑶琳镇	330122110	下涯镇	330182106
天目山镇	330112103	百江镇	330122112	大洋镇	330182107
太阳镇	330112104	莪山畲族乡	330122201	三都镇	330182108
潜川镇	330112105	钟山乡	330122202	寿昌镇	330182109
昌化镇	330112106	新合乡	330122204	航头镇	330182110
河桥镇	330112107	合村乡	330122210	大慈岩镇	330182111
龙岗镇	330112108	**淳安县（11镇，12乡）**	**330127**	大同镇	330182112
湍口镇	330112109	文昌镇	330127101	李家镇	330182113
清凉峰镇	330112110	石林镇	330127102	钦堂乡	330182202
岛石镇	330112111	临岐镇	330127103	**宁波市（73街道，73镇，10乡）**	**330200**
板桥镇	330112112	威坪镇	330127104		
临平区（7街道，1镇）	**330113**	姜家镇	330127106	**海曙区（9街道，7镇，1乡）**	**330203**
临平街道	330113001	梓桐镇	330127107		
南苑街道	330113002	汾口镇	330127108	南门街道	330203001
东湖街道	330113003	中洲镇	330127109	江厦街道	330203002
星桥街道	330113004	大墅镇	330127110	西门街道	330203003
乔司街道	330113005	枫树岭镇	330127111	月湖街道	330203004
运河街道	330113006	千岛湖镇	330127112	鼓楼街道	330203005
崇贤街道	330113007	里商乡	330127200	白云街道	330203006
塘栖镇	330113100	金峰乡	330127201	段塘街道	330203007
钱塘区（7街道）	**330114**	富文乡	330127202	望春街道	330203008
下沙街道	330114001	左口乡	330127203	石碶街道	330203009
白杨街道	330114002	屏门乡	330127205	高桥镇	330203100
河庄街道	330114003	瑶山乡	330127206	横街镇	330203101
义蓬街道	330114004	王阜乡	330127208	集士港镇	330203102
新湾街道	330114005	宋村乡	330127210	古林镇	330203103
临江街道	330114006	鸠坑乡	330127211	洞桥镇	330203104
前进街道	330114007	浪川乡	330127212	鄞江镇	330203105
桐庐县（4街道，6镇，3乡，1民族乡）	**330122**	界首乡	330127214	章水镇	330203106
		安阳乡	330127216	龙观乡	330203200
桐君街道	330122001	**建德市（3街道，12镇，1乡）**	**330182**	**江北区（7街道，1镇）**	**330205**
旧县街道	330122002			孔浦街道	330205003
城南街道	330122003	新安江街道	330182001	文教街道	330205004
		洋溪街道	330182002	庄桥街道	330205005

续表 2

行政区划名称	行政区划代码	行政区划名称	行政区划代码	行政区划名称	行政区划代码
甬江街道	330205006	新明街道	330212017	新桥镇	330225110
洪塘街道	330205007	聚贤街道	330212018	东陈乡	330225200
前江街道	330205008	瞻岐镇	330212100	晓塘乡	330225201
外滩街道	330205009	咸祥镇	330212101	黄避岙乡	330225202
慈城镇	330205103	塘溪镇	330212102	茅洋乡	330225203
北仑区（11 街道）	**330206**	东吴镇	330212104	高塘岛乡	330225204
新碶街道	330206001	五乡镇	330212105	**宁海县（4 街道，11 镇，3 乡）**	**330226**
小港街道	330206002	邱隘镇	330212106		
大碶街道	330206003	云龙镇	330212108	跃龙街道	330226001
霞浦街道	330206004	横溪镇	330212109	桃源街道	330226002
柴桥街道	330206005	姜山镇	330212121	梅林街道	330226003
戚家山街道	330206006	东钱湖镇	330212123	桥头胡街道	330226004
大榭街道	330206007	**奉化区（8 街道，4 镇）**	**330213**	长街镇	330226101
梅山街道	330206008	锦屏街道	330213001	力洋镇	330226102
春晓街道	330206009	岳林街道	330213002	一市镇	330226104
白峰街道	330206010	江口街道	330213003	岔路镇	330226105
郭巨街道	330206011	西坞街道	330213004	前童镇	330226106
镇海区（5 街道，2 镇）	**330211**	萧王庙街道	330213005	桑洲镇	330226107
招宝山街道	330211001	方桥街道	330213006	黄坛镇	330226108
蛟川街道	330211002	莼湖街道	330213007	大佳何镇	330226109
骆驼街道	330211003	尚田街道	330213008	强蛟镇	330226110
庄市街道	330211004	溪口镇	330213100	西店镇	330226111
贵驷街道	330211005	裘村镇	330213103	深甽镇	330226112
澥浦镇	330211100	大堰镇	330213104	胡陈乡	330226200
九龙湖镇	330211101	松岙镇	330213105	茶院乡	330226201
鄞州区（15 街道，10 镇）	**330212**	**象山县（3 街道，10 镇，5 乡）**	**330225**	越溪乡	330226202
下应街道	330212003			**余姚市（6 街道，14 镇，1 乡）**	**330281**
钟公庙街道	330212004	丹东街道	330225001		
首南街道	330212006	丹西街道	330225002	梨洲街道	330281001
中河街道	330212007	爵溪街道	330225003	凤山街道	330281002
梅墟街道	330212008	石浦镇	330225101	兰江街道	330281003
潘火街道	330212009	西周镇	330225102	阳明街道	330281004
百丈街道	330212010	鹤浦镇	330225103	低塘街道	330281005
东胜街道	330212011	贤庠镇	330225104	朗霞街道	330281006
明楼街道	330212012	墙头镇	330225105	临山镇	330281100
白鹤街道	330212013	泗洲头镇	330225106	黄家埠镇	330281101
东柳街道	330212014	定塘镇	330225107	小曹娥镇	330281102
东郊街道	330212015	涂茨镇	330225108	泗门镇	330281103
福明街道	330212016	大徐镇	330225109	马渚镇	330281106

续表 3

行政区划名称	行政区划代码	行政区划名称	行政区划代码	行政区划名称	行政区划代码
牟山镇	330281108	七都街道	330302024	昆鹏街道	330305005
丈亭镇	330281109	蒲鞋市街道	330302025	灵昆街道	330305011
三七市镇	330281110	广化街道	330302026	大门镇	330305100
河姆渡镇	330281111	大南街道	330302027	鹿西乡	330305200
大隐镇	330281112	南郊街道	330302028	永嘉县（7 街道，	330324
陆埠镇	330281113	丰门街道	330302029	11 镇，4 乡）	
梁弄镇	330281114	藤桥镇	330302100	乌牛街道	330324001
大岚镇	330281115	山福镇	330302101	东城街道	330324002
四明山镇	330281116	龙湾区（10 街道）	330303	北城街道	330324003
鹿亭乡	330281201	永中街道	330303001	南城街道	330324004
慈溪市（5 街道，14 镇）	330282	蒲州街道	330303002	三江街道	330324007
浒山街道	330282001	海滨街道	330303003	黄田街道	330324008
宗汉街道	330282002	永兴街道	330303004	瓯北街道	330324009
坎墩街道	330282003	海城街道	330303005	桥头镇	330324102
白沙路街道	330282004	状元街道	330303006	大若岩镇	330324105
古塘街道	330282005	瑶溪街道	330303007	枫林镇	330324109
龙山镇	330282101	沙城街道	330303008	桥下镇	330324112
掌起镇	330282104	天河街道	330303009	碧莲镇	330324113
观海卫镇	330282107	星海街道	330303010	巽宅镇	330324114
附海镇	330282108	瓯海区（12 街道，1 镇）	330304	岩头镇	330324115
桥头镇	330282109	景山街道	330304001	岩坦镇	330324116
匡堰镇	330282110	梧田街道	330304002	沙头镇	330324117
逍林镇	330282111	茶山街道	330304003	鹤盛镇	330324118
新浦镇	330282112	南白象街道	330304004	金溪镇	330324119
胜山镇	330282113	新桥街道	330304005	茗岙乡	330324200
横河镇	330282114	娄桥街道	330304006	云岭乡	330324201
崇寿镇	330282116	三垟街道	330304007	溪下乡	330324202
庵东镇	330282118	瞿溪街道	330304008	界坑乡	330324203
长河镇	330282120	潘桥街道	330304010	平阳县（14 镇，1 乡，1 民族乡）	330326
周巷镇	330282121	丽岙街道	330304011		
温州市（67 街道，92 镇，21 乡，5 民族乡）	330300	仙岩街道	330304012	昆阳镇	330326100
		郭溪街道	330304013	鳌江镇	330326101
鹿城区（12 街道，2 镇）	330302	泽雅镇	330304108	水头镇	330326102
滨江街道	330302002	洞头区（6 街道，1 镇，1 乡）	330305	萧江镇	330326103
松台街道	330302014			海西镇	330326104
五马街道	330302018	北岙街道	330305001	腾蛟镇	330326105
南汇街道	330302021	东屏街道	330305002	南麂镇	330326106
双屿街道	330302022	元觉街道	330305003	山门镇	330326107
仰义街道	330302023	霓屿街道	330305004	顺溪镇	330326108

续表 4

行政区划名称	行政区划代码	行政区划名称	行政区划代码	行政区划名称	行政区划代码
南雁镇	330326109	周壤镇	330328115	仙降街道	330381010
麻步镇	330326110	铜铃山镇	330328116	潘岱街道	330381011
凤卧镇	330326111	桂山乡	330328210	云周街道	330381012
万全镇	330326112	双桂乡	330328211	塘下镇	330381101
怀溪镇	330326113	平和乡	330328212	陶山镇	330381125
青街畲族乡	330326214	公阳乡	330328213	湖岭镇	330381126
闹村乡	330326215	周山畲族乡	330328217	马屿镇	330381127
苍南县（16 镇，2 民族乡）	330327	泰顺县（12 镇，6 乡，1 民族乡）	330329	高楼镇	330381128
宜山镇	330327103	百丈镇	330329102	桐浦镇	330381129
大渔镇	330327104	罗阳镇	330329111	曹村镇	330381130
炎亭镇	330327105	司前畲族镇	330329112	林川镇	330381131
望里镇	330327106	筱村镇	330329113	平阳坑镇	330381132
莒溪镇	330327107	泗溪镇	330329114	北麂乡	330381201
南宋镇	330327108	彭溪镇	330329115	芳庄乡	330381202
霞关镇	330327109	雅阳镇	330329116	乐清市（8 街道，14 镇，3 乡）	330382
沿浦镇	330327110	仕阳镇	330329117	城东街道	330382001
藻溪镇	330327112	三魁镇	330329118	城南街道	330382002
灵溪镇	330327122	南浦溪镇	330329120	盐盆街道	330382003
金乡镇	330327124	龟湖镇	330329121	翁垟街道	330382004
钱库镇	330327125	西旸镇	330329122	白石街道	330382005
马站镇	330327126	东溪乡	330329201	石帆街道	330382006
矾山镇	330327127	凤垟乡	330329202	天成街道	330382007
桥墩镇	330327128	柳峰乡	330329203	乐成街道	330382008
赤溪镇	330327129	竹里畲族乡	330329204	雁荡镇	330382104
凤阳畲族乡	330327216	雪溪乡	330329206	柳市镇	330382121
岱岭畲族乡	330327218	大安乡	330329208	北白象镇	330382122
文成县（12 镇，4 乡，1 民族乡）	330328	包垟乡	330329210	虹桥镇	330382123
百丈漈镇	330328101	瑞安市（12 街道，9 镇，2 乡）	330381	淡溪镇	330382124
二源镇	330328102	安阳街道	330381001	清江镇	330382125
巨屿镇	330328106	上望街道	330381002	芙蓉镇	330382126
大峃镇	330328108	东山街道	330381003	大荆镇	330382127
珊溪镇	330328109	玉海街道	330381004	仙溪镇	330382128
玉壶镇	330328110	锦湖街道	330381005	磐石镇	330382129
南田镇	330328111	莘塍街道	330381006	蒲岐镇	330382130
黄坦镇	330328112	汀田街道	330381007	南岳镇	330382131
西坑畲族镇	330328113	南滨街道	330381008	南塘镇	330382132
峃口镇	330328114	飞云街道	330381009	湖雾镇	330382133
				岭底乡	330382200

续表 5

行政区划名称	行政区划代码	行政区划名称	行政区划代码	行政区划名称	行政区划代码
智仁乡	330382201	武原街道	330424001	石门镇	330483103
龙西乡	330382202	秦山街道	330424002	河山镇	330483104
龙港市（0 街道）	**330383**	望海街道	330424003	洲泉镇	330483105
嘉兴市（30 街道，42 镇）	**330400**	西塘桥街道	330424004	大麻镇	330483106
南湖区（9 街道，4 镇）	**330402**	沈荡镇	330424101	崇福镇	330483107
建设街道	330402007	百步镇	330424102	**湖州市（28 街道，38 镇，6 乡）**	**330500**
解放街道	330402008	于城镇	330424103		
新嘉街道	330402009	澉浦镇	330424105	**吴兴区（13 街道，5 镇，1 乡）**	**330502**
南湖街道	330402010	通元镇	330424106		
新兴街道	330402011	**海宁市（4 街道，8 镇）**	**330481**	月河街道	330502001
七星街道	330402012	马桥街道	330481001	朝阳街道	330502002
东栅街道	330402013	海昌街道	330481002	爱山街道	330502003
城南街道	330402014	海洲街道	330481003	飞英街道	330502004
长水街道	330402015	硖石街道	330481004	龙泉街道	330502005
凤桥镇	330402100	许村镇	330481101	凤凰街道	330502006
余新镇	330402101	长安镇	330481103	湖东街道	330502007
新丰镇	330402103	周王庙镇	330481105	仁皇山街道	330502008
大桥镇	330402105	丁桥镇	330481106	滨湖街道	330502009
秀洲区（4 街道，5 镇）	**330411**	斜桥镇	330481107	康山街道	330502010
新城街道	330411002	黄湾镇	330481108	环渚街道	330502011
高照街道	330411003	盐官镇	330481110	龙溪街道	330502012
嘉北街道	330411004	袁花镇	330481112	杨家埠街道	330502013
塘汇街道	330411005	**平湖市（3 街道，6 镇）**	**330482**	织里镇	330502100
王江泾镇	330411101	当湖街道	330482001	八里店镇	330502101
油车港镇	330411103	曹桥街道	330482002	妙西镇	330502102
新塍镇	330411104	钟埭街道	330482003	东林镇	330502103
王店镇	330411105	乍浦镇	330482101	埭溪镇	330502104
洪合镇	330411106	新埭镇	330482102	道场乡	330502200
嘉善县（3 街道，6 镇）	**330421**	新仓镇	330482103	**南浔区（2 街道，8 镇）**	**330503**
罗星街道	330421001	广陈镇	330482106	东迁街道	330503001
魏塘街道	330421002	林埭镇	330482107	旧馆街道	330503002
惠民街道	330421003	独山港镇	330482108	南浔镇	330503100
大云镇	330421102	**桐乡市（3 街道，8 镇）**	**330483**	练市镇	330503101
西塘镇	330421103	梧桐街道	330483001	双林镇	330503102
干窑镇	330421105	凤鸣街道	330483003	菱湖镇	330503103
陶庄镇	330421107	高桥街道	330483008	和孚镇	330503104
天凝镇	330421111	乌镇镇	330483100	善琏镇	330503105
姚庄镇	330421112	濮院镇	330483101	千金镇	330503107
海盐县（4 街道，5 镇）	**330424**	屠甸镇	330483102	石淙镇	330503108

续表 6

行政区划名称	行政区划代码	行政区划名称	行政区划代码	行政区划名称	行政区划代码
德清县（5街道，8镇）	**330521**	杭垓镇	330523104	马鞍街道	330603010
下渚湖街道	330521001	孝丰镇	330523105	杨汛桥街道	330603011
武康街道	330521002	报福镇	330523106	平水镇	330603104
舞阳街道	330521003	章村镇	330523107	王坛镇	330603106
阜溪街道	330521004	天荒坪镇	330523108	稽东镇	330603108
康乾街道	330521005	天子湖镇	330523111	漓渚镇	330603110
乾元镇	330521101	溪龙乡	330523201	夏履镇	330603111
洛舍镇	330521103	上墅乡	330523205	**上虞区（7街道，10镇，3乡）**	**330604**
雷甸镇	330521110	山川乡	330523206		
钟管镇	330521113	**绍兴市（47街道，49镇，7乡）**	**330600**	百官街道	330604001
新市镇	330521114			曹娥街道	330604002
新安镇	330521115	**越城区（16街道，1镇）**	**330602**	东关街道	330604003
禹越镇	330521116	塔山街道	330602001	道墟街道	330604004
莫干山镇	330521117	府山街道	330602002	梁湖街道	330604005
长兴县（4街道，9镇，2乡）	**330522**	北海街道	330602004	小越街道	330604006
		城南街道	330602005	崧厦街道	330604007
雉城街道	330522001	稽山街道	330602006	长塘镇	330604101
画溪街道	330522002	迪荡街道	330602007	上浦镇	330604102
太湖街道	330522003	东湖街道	330602008	汤浦镇	330604103
龙山街道	330522004	灵芝街道	330602009	章镇镇	330604104
洪桥镇	330522101	东浦街道	330602010	下管镇	330604105
李家巷镇	330522102	鉴湖街道	330602011	丰惠镇	330604106
夹浦镇	330522103	斗门街道	330602012	永和镇	330604107
林城镇	330522104	皋埠街道	330602013	驿亭镇	330604109
泗安镇	330522105	马山街道	330602014	谢塘镇	330604111
虹星桥镇	330522106	孙端街道	330602015	盖北镇	330604112
和平镇	330522107	陶堰街道	330602016	岭南乡	330604200
小浦镇	330522108	沥海街道	330602017	陈溪乡	330604201
煤山镇	330522109	富盛镇	330602109	丁宅乡	330604202
水口乡	330522200	**柯桥区（11街道，5镇）**	**330603**	**新昌县（4街道，6镇，2乡）**	**330624**
吕山乡	330522202	柯桥街道	330603001		
安吉县（4街道，8镇，3乡）	**330523**	柯岩街道	330603002	南明街道	330624001
		华舍街道	330603003	羽林街道	330624002
递铺街道	330523001	湖塘街道	330603004	七星街道	330624003
昌硕街道	330523002	齐贤街道	330603005	澄潭街道	330624004
灵峰街道	330523003	安昌街道	330603006	沙溪镇	330624108
孝源街道	330523004	兰亭街道	330603007	镜岭镇	330624109
梅溪镇	330523101	福全街道	330603008	儒岙镇	330624110
鄣吴镇	330523103	钱清街道	330603009	回山镇	330624111

续表 7

行政区划名称	行政区划代码	行政区划名称	行政区划代码	行政区划名称	行政区划代码
沃洲镇	330624112	三界镇	330683104	东孝街道	330703002
小将镇	330624113	仙岩镇	330683107	孝顺镇	330703101
城南乡	330624200	下王镇	330683110	傅村镇	330703102
东茆乡	330624201	石璜镇	330683111	曹宅镇	330703103
诸暨市（5 街道，17 镇，1 乡）	330681	谷来镇	330683112	澧浦镇	330703104
		金庭镇	330683113	岭下镇	330703105
暨阳街道	330681001	贵门乡	330683206	江东镇	330703106
浣东街道	330681002	金华市（42 街道，74 镇，29 乡，1 民族乡）	330700	塘雅镇	330703107
陶朱街道	330681003			赤松镇	330703108
暨南街道	330681004	婺城区（9 街道，9 镇，8 乡）	330702	源东乡	330703200
大唐街道	330681005			武义县（3 街道，8 镇，7 乡）	330723
应店街镇	330681102	城东街道	330702001		
次坞镇	330681103	城中街道	330702002	白洋街道	330723001
店口镇	330681104	城西街道	330702003	壶山街道	330723002
姚江镇	330681106	城北街道	330702004	熟溪街道	330723003
山下湖镇	330681108	江南街道	330702005	柳城畲族镇	330723100
枫桥镇	330681109	三江口街道	330702006	履坦镇	330723101
赵家镇	330681110	西关街道	330702007	桐琴镇	330723102
马剑镇	330681111	秋滨街道	330702008	泉溪镇	330723103
五泄镇	330681112	新狮街道	330702009	新宅镇	330723104
牌头镇	330681115	罗店镇	330702100	王宅镇	330723105
同山镇	330681116	雅畈镇	330702101	桃溪镇	330723106
安华镇	330681117	安地镇	330702102	茭道镇	330723107
璜山镇	330681119	白龙桥镇	330702103	大田乡	330723200
陈宅镇	330681120	琅琊镇	330702104	白姆乡	330723201
岭北镇	330681121	蒋堂镇	330702105	俞源乡	330723202
浬浦镇	330681122	汤溪镇	330702106	坦洪乡	330723203
东白湖镇	330681123	罗埠镇	330702107	西联乡	330723204
东和乡	330681201	洋埠镇	330702108	三港乡	330723205
嵊州市（4 街道，10 镇，1 乡）	330683	乾西乡	330702201	大溪口乡	330723206
		竹马乡	330702202	浦江县（3 街道，7 镇，5 乡）	330726
剡湖街道	330683001	长山乡	330702203		
三江街道	330683002	箬阳乡	330702204	浦南街道	330726001
鹿山街道	330683003	沙畈乡	330702205	仙华街道	330726002
浦口街道	330683004	塔石乡	330702206	浦阳街道	330726003
甘霖镇	330683100	莘畈乡	330702208	黄宅镇	330726101
长乐镇	330683101	苏孟乡	330702209	白马镇	330726102
崇仁镇	330683102	金东区（2 街道，8 镇，1 乡）	330703	郑家坞镇	330726103
黄泽镇	330683103			郑宅镇	330726104
		多湖街道	330703001		

续表 **8**

行政区划名称	行政区划代码	行政区划名称	行政区划代码	行政区划名称	行政区划代码
岩头镇	330726105	灵洞乡	330781200	东城街道	330784001
檀溪镇	330726106	柏社乡	330781201	西城街道	330784002
杭坪镇	330726107	水亭畲族乡	330781202	江南街道	330784003
大畈乡	330726200	**义乌市（8街道，6镇）**	**330782**	石柱镇	330784100
中余乡	330726201	稠城街道	330782001	古山镇	330784101
前吴乡	330726202	江东街道	330782002	象珠镇	330784102
花桥乡	330726203	稠江街道	330782003	龙山镇	330784103
虞宅乡	330726204	北苑街道	330782004	花街镇	330784104
磐安县（2街道，7镇，5乡）	**330727**	后宅街道	330782005	方岩镇	330784105
安文街道	330727001	城西街道	330782006	舟山镇	330784106
新渥街道	330727002	廿三里街道	330782007	前仓镇	330784107
尖山镇	330727102	福田街道	330782008	唐先镇	330784108
仁川镇	330727103	佛堂镇	330782100	西溪镇	330784109
大盘镇	330727104	赤岸镇	330782101	芝英镇	330784110
方前镇	330727105	义亭镇	330782102	**衢州市（18街道，43镇，38乡，1民族乡）**	**330800**
玉山镇	330727106	上溪镇	330782104	**柯城区（8街道，2镇，8乡）**	**330802**
尚湖镇	330727107	苏溪镇	330782105	府山街道	330802001
冷水镇	330727108	大陈镇	330782106	荷花街道	330802004
双峰乡	330727201	**东阳市（6街道，11镇，1乡）**	**330783**	新新街道	330802005
双溪乡	330727203			双港街道	330802007
窈川乡	330727205	吴宁街道	330783001	信安街道	330802008
盘峰乡	330727206	南市街道	330783002	花园街道	330802009
九和乡	330727211	白云街道	330783003	白云街道	330802010
兰溪市（6街道，7镇，2乡，1民族乡）	**330781**	江北街道	330783004	衢化街道	330802011
		城东街道	330783005	石梁镇	330802100
兰江街道	330781001	六石街道	330783006	航埠镇	330802101
云山街道	330781002	歌山镇	330783128	姜家山乡	330802200
上华街道	330781003	巍山镇	330783129	万田乡	330802201
永昌街道	330781004	虎鹿镇	330783130	石室乡	330802202
赤溪街道	330781005	佐村镇	330783131	黄家乡	330802205
女埠街道	330781006	东阳江镇	330783133	七里乡	330802209
游埠镇	330781101	湖溪镇	330783134	九华乡	330802210
诸葛镇	330781102	横店镇	330783135	沟溪乡	330802211
黄店镇	330781103	马宅镇	330783136	华墅乡	330802212
香溪镇	330781104	千祥镇	330783137	**衢江区（2街道，10镇，8乡）**	**330803**
梅江镇	330781106	南马镇	330783138		
马涧镇	330781109	画水镇	330783139	樟潭街道	330803001
横溪镇	330781110	三单乡	330783200	浮石街道	330803002
		永康市（3街道，11镇）	**330784**		

续表 9

行政区划名称	行政区划代码	行政区划名称	行政区划代码	行政区划名称	行政区划代码
上方镇	330803100	桐村镇	330824106	峡口镇	330881111
峡川镇	330803101	杨林镇	330824107	廿八都镇	330881112
杜泽镇	330803102	苏庄镇	330824108	长台镇	330881113
莲花镇	330803103	齐溪镇	330824109	石门镇	330881114
高家镇	330803105	林山乡	330824200	大陈乡	330881200
全旺镇	330803109	音坑乡	330824201	碗窑乡	330881201
大洲镇	330803110	中村乡	330824202	保安乡	330881202
后溪镇	330803111	长虹乡	330824205	张村乡	330881204
廿里镇	330803112	何田乡	330824208	塘源口乡	330881205
湖南镇	330803113	大溪边乡	330824210	舟山市（14 街道，17 镇，5 乡）	330900
灰坪乡	330803200	龙游县（2 街道，6 镇，6 乡，1 民族乡）	330825		
太真乡	330803202			定海区（10 街道，3 镇）	330902
双桥乡	330803203	东华街道	330825001	昌国街道	330902002
周家乡	330803206	龙洲街道	330825002	环南街道	330902003
云溪乡	330803207	湖镇镇	330825101	城东街道	330902004
黄坛口乡	330803212	小南海镇	330825102	盐仓街道	330902005
举村乡	330803213	溪口镇	330825103	临城街道	330902006
岭洋乡	330803214	横山镇	330825104	小沙街道	330902007
常山县（3 街道，6 镇，5 乡）	330822	塔石镇	330825105	岑港街道	330902008
		詹家镇	330825106	马岙街道	330902009
天马街道	330822001	罗家乡	330825201	双桥街道	330902010
紫港街道	330822002	庙下乡	330825203	千岛街道	330902011
金川街道	330822003	沐尘畲族乡	330825204	金塘镇	330902100
辉埠镇	330822101	模环乡	330825206	白泉镇	330902104
芳村镇	330822102	石佛乡	330825207	干𥖙镇	330902105
球川镇	330822103	社阳乡	330825209	普陀区（4 街道，5 镇）	330903
白石镇	330822104	大街乡	330825211	沈家门街道	330903001
招贤镇	330822105	江山市（3 街道，11 镇，5 乡）	330881	东港街道	330903003
青石镇	330822106			展茅街道	330903004
何家乡	330822200	双塔街道	330881001	朱家尖街道	330903005
新昌乡	330822208	虎山街道	330881002	虾峙镇	330903102
同弓乡	330822211	清湖街道	330881003	桃花镇	330903104
大桥头乡	330822213	上余镇	330881102	东极镇	330903105
东案乡	330822214	贺村镇	330881103	六横镇	330903106
开化县（8 镇，6 乡）	330824	坛石镇	330881105	普陀山镇	330903107
华埠镇	330824101	大桥镇	330881106	岱山县（6 镇，1 乡）	330921
马金镇	330824102	四都镇	330881107	高亭镇	330921100
村头镇	330824103	新塘边镇	330881109	东沙镇	330921101
池淮镇	330824104	凤林镇	330881110	岱东镇	330921102

续表 **10**

行政区划名称	行政区划代码	行政区划名称	行政区划代码	行政区划名称	行政区划代码
岱西镇	330921103	沙埠镇	331003108	坦头镇	331023106
长涂镇	330921105	屿头乡	331003200	三合镇	331023107
衢山镇	330921106	上郑乡	331003201	洪畴镇	331023108
秀山乡	330921200	富山乡	331003202	三州乡	331023200
嵊泗县（3 镇，4 乡）	**330922**	茅畲乡	331003203	龙溪乡	331023203
菜园镇	330922100	上垟乡	331003204	雷峰乡	331023204
嵊山镇	330922101	平田乡	331003205	南屏乡	331023207
洋山镇	330922102	**路桥区（6 街道，4 镇）**	**331004**	泳溪乡	331023209
五龙乡	330922200	路南街道	331004001	**仙居县（3 街道，7 镇，10 乡）**	**331024**
黄龙乡	330922201	路桥街道	331004002		
枸杞乡	330922202	路北街道	331004003	福应街道	331024001
花鸟乡	330922203	螺洋街道	331004004	南峰街道	331024002
台州市（45 街道，61 镇，24 乡）	**331000**	桐屿街道	331004005	安洲街道	331024003
		峰江街道	331004006	横溪镇	331024101
椒江区（9 街道，1 镇）	**331002**	新桥镇	331004103	埠头镇	331024102
海门街道	331002001	横街镇	331004104	白塔镇	331024103
白云街道	331002002	金清镇	331004106	田市镇	331024104
葭沚街道	331002003	蓬街镇	331004107	官路镇	331024105
洪家街道	331002004	**三门县（3 街道，6 镇，1 乡）**	**331022**	下各镇	331024106
三甲街道	331002005			朱溪镇	331024107
下陈街道	331002006	海游街道	331022001	安岭乡	331024200
前所街道	331002007	海润街道	331022002	溪港乡	331024201
章安街道	331002008	沙柳街道	331022003	湫山乡	331024202
海虹街道	331002009	珠岙镇	331022102	淡竹乡	331024203
大陈镇	331002101	亭旁镇	331022103	皤滩乡	331024204
黄岩区（8 街道，5 镇，6 乡）	**331003**	健跳镇	331022105	上张乡	331024205
		横渡镇	331022106	步路乡	331024206
东城街道	331003001	花桥镇	331022108	广度乡	331024207
南城街道	331003002	浦坝港镇	331022110	大战乡	331024209
西城街道	331003003	蛇蟠乡	331022205	双庙乡	331024210
北城街道	331003004	**天台县（3 街道，7 镇，5 乡）**	**331023**	**温岭市（5 街道，11 镇）**	**331081**
新前街道	331003005			太平街道	331081001
澄江街道	331003006	赤城街道	331023001	城东街道	331081002
江口街道	331003007	福溪街道	331023002	城西街道	331081003
高桥街道	331003008	始丰街道	331023003	城北街道	331081004
宁溪镇	331003101	白鹤镇	331023101	横峰街道	331081005
北洋镇	331003102	石梁镇	331023102	泽国镇	331081100
头陀镇	331003103	街头镇	331023104	大溪镇	331081101
院桥镇	331003107	平桥镇	331023105	松门镇	331081102

续表 11

行政区划名称	行政区划代码	行政区划名称	行政区划代码	行政区划名称	行政区划代码
箬横镇	331081103	龙溪镇	331083105	季宅乡	331121202
新河镇	331081104	鸡山乡	331083200	高市乡	331121203
石塘镇	331081105	海山乡	331083201	海溪乡	331121204
滨海镇	331081106	丽水市（31 街道，54 镇，	331100	章村乡	331121205
温峤镇	331081107	82 乡，6 民族乡）		祯旺乡	331121206
城南镇	331081108	莲都区（6 街道，4 镇，	331102	舒桥乡	331121208
石桥头镇	331081109	4 乡，1 民族乡）		巨浦乡	331121209
坞根镇	331081110	紫金街道	331102001	万阜乡	331121211
临海市（5 街道，	331082	岩泉街道	331102002	方山乡	331121212
14 镇）		万象街道	331102003	汤垟乡	331121213
古城街道	331082001	白云街道	331102004	贵岙乡	331121214
大洋街道	331082002	联城街道	331102005	小舟山乡	331121215
江南街道	331082003	南明山街道	331102006	吴坑乡	331121216
大田街道	331082004	碧湖镇	331102100	仁宫乡	331121217
邵家渡街道	331082005	大港头镇	331102102	章旦乡	331121218
汛桥镇	331082100	老竹畲族镇	331102103	阜山乡	331121219
东塍镇	331082101	雅溪镇	331102104	缙云县（3 街道，7 镇，	331122
汇溪镇	331082103	太平乡	331102200	8 乡）	
小芝镇	331082104	仙渡乡	331102202	五云街道	331122001
河头镇	331082105	峰源乡	331102204	仙都街道	331122002
白水洋镇	331082106	丽新畲族乡	331102207	新碧街道	331122003
括苍镇	331082107	黄村乡	331102211	壶镇镇	331122101
永丰镇	331082108	青田县（4 街道，10 镇，	331121	新建镇	331122102
尤溪镇	331082109	18 乡）		舒洪镇	331122103
涌泉镇	331082110	鹤城街道	331121001	大洋镇	331122105
沿江镇	331082111	瓯南街道	331121002	东渡镇	331122106
杜桥镇	331082112	油竹街道	331121003	东方镇	331122107
上盘镇	331082113	三溪口街道	331121004	大源镇	331122108
桃渚镇	331082114	温溪镇	331121101	七里乡	331122203
玉环市（3 街道，6 镇，	331083	东源镇	331121102	前路乡	331122206
2 乡）		高湖镇	331121103	三溪乡	331122207
玉城街道	331083001	船寮镇	331121104	溶江乡	331122208
坎门街道	331083002	海口镇	331121105	双溪口乡	331122209
大麦屿街道	331083003	腊口镇	331121106	胡源乡	331122210
清港镇	331083100	北山镇	331121107	方溪乡	331122211
楚门镇	331083101	山口镇	331121108	石笕乡	331122212
干江镇	331083102	仁庄镇	331121109	遂昌县（2 街道，7 镇，	331123
沙门镇	331083103	祯埠镇	331121110	10 乡，1 民族乡）	
芦浦镇	331083104	万山乡	331121200	妙高街道	331123001
		黄垟乡	331121201		

续表 12

行政区划名称	行政区划代码	行政区划名称	行政区划代码	行政区划名称	行政区划代码
云峰街道	331123002	安民乡	331124214	英川镇	331127103
新路湾镇	331123102	云和县（4街道,3镇,	**331125**	沙湾镇	331127104
北界镇	331123103	1乡,2民族乡）		大均乡	331127201
金竹镇	331123104	元和街道	331125001	澄照乡	331127202
大柘镇	331123105	凤凰山街道	331125002	梅岐乡	331127203
石练镇	331123106	白龙山街道	331125003	郑坑乡	331127205
王村口镇	331123107	浮云街道	331125004	九龙乡	331127206
黄沙腰镇	331123108	石塘镇	331125101	大漈乡	331127208
三仁畲族乡	331123200	紧水滩镇	331125102	景南乡	331127209
濂竹乡	331123201	崇头镇	331125103	雁溪乡	331127210
应村乡	331123202	雾溪畲族乡	331125201	鸬鹚乡	331127212
高坪乡	331123203	安溪畲族乡	331125202	梧桐乡	331127213
湖山乡	331123204	赤石乡	331125206	标溪乡	331127214
蔡源乡	331123205	庆元县（3街道,6镇,	**331126**	毛垟乡	331127215
焦滩乡	331123206	10乡）		秋炉乡	331127216
龙洋乡	331123207	濛洲街道	331126001	大地乡	331127217
柘岱口乡	331123208	屏都街道	331126002	家地乡	331127218
西畈乡	331123209	松源街道	331126003	龙泉市（4街道,8镇,	**331181**
坂口乡	331123210	黄田镇	331126101	6乡,1民族乡）	
松阳县（3街道,5镇,	**331124**	竹口镇	331126102	龙渊街道	331181001
10乡,1民族乡）		荷地镇	331126104	西街街道	331181002
西屏街道	331124001	左溪镇	331126105	剑池街道	331181003
水南街道	331124002	贤良镇	331126106	砖石街道	331181004
望松街道	331124003	百山祖镇	331126107	八都镇	331181100
古市镇	331124101	岭头乡	331126200	上垟镇	331181101
玉岩镇	331124102	五大堡乡	331126201	小梅镇	331181102
象溪镇	331124103	淤上乡	331126202	查田镇	331181103
大东坝镇	331124104	安南乡	331126203	安仁镇	331181104
新兴镇	331124105	张村乡	331126204	锦溪镇	331181105
叶村乡	331124201	隆宫乡	331126205	住龙镇	331181106
斋坛乡	331124202	举水乡	331126206	屏南镇	331181107
三都乡	331124203	江根乡	331126207	兰巨乡	331181200
竹源乡	331124204	龙溪乡	331126209	宝溪乡	331181202
四都乡	331124205	官塘乡	331126211	竹垟畲族乡	331181203
赤寿乡	331124206	景宁畲族自治县（2街	**331127**	道太乡	331181204
樟溪乡	331124208	道,4镇,15乡）		岩樟乡	331181205
枫坪乡	331124211	鹤溪街道	331127001	城北乡	331181206
板桥畲族乡	331124212	红星街道	331127002	龙南乡	331181207
裕溪乡	331124213	渤海镇	331127101		
		东坑镇	331127102		

安徽省

安徽省（皖）

行政区划名称	行政区划代码	行政区划名称	行政区划代码	行政区划名称	行政区划代码
安徽省(287街道,1011镇, 215乡,9民族乡)	**340000**	荷叶地街道	340104008	八斗镇	340122105
合肥市(50街道,70镇, 10乡,1民族乡)	**340100**	笔架山街道	340104009	白龙镇	340122106
瑶海区（14街道，1镇）	**340102**	高刘街道	340104010	古城镇	340122107
明光路街道	340102001	井岗镇	340104100	石塘镇	340122108
胜利路街道	340102003	南岗镇	340104110	元瞳镇	340122109
三里街街道	340102004	小庙镇	340104112	包公镇	340122110
铜陵路街道	340102005	包河区（9街道，2镇）	**340111**	陈集镇	340122112
七里站街道	340102006	包公街道	340111002	牌坊回族满族乡	340122200
红光街道	340102007	芜湖路街道	340111003	响导乡	340122201
和平路街道	340102008	常青街道	340111004	杨店乡	340122202
城东街道	340102010	望湖街道	340111006	众兴乡	340122203
长淮街道	340102011	义城街道	340111007	张集乡	340122204
方庙街道	340102012	烟墩街道	340111008	马湖乡	340122205
七里塘街道	340102013	骆岗街道	340111009	肥西县（10镇，2乡）	**340123**
嘉山路街道	340102014	万年埠街道	340111010	上派镇	340123100
三十头街道	340102015	同安街道	340111011	三河镇	340123101
磨店街道	340102016	大圩镇	340111101	桃花镇	340123102
大兴镇	340102101	淝河镇	340111106	花岗镇	340123103
庐阳区（9街道， 1镇，1乡）	**340103**	长丰县（12镇，2乡）	**340121**	官亭镇	340123105
逍遥津街道	340103003	水湖镇	340121100	山南镇	340123107
亳州路街道	340103009	庄墓镇	340121103	丰乐镇	340123108
双岗街道	340103010	杨庙镇	340121104	紫蓬镇	340123110
杏花村街道	340103011	吴山镇	340121105	高店镇	340123111
海棠街道	340103012	岗集镇	340121106	严店镇	340123112
杏林街道	340103013	双墩镇	340121107	铭传乡	340123203
三孝口街道	340103014	下塘镇	340121108	柿树岗乡	340123207
四里河街道	340103015	朱巷镇	340121109	庐江县（3街道，17镇）	**340124**
林店街道	340103016	陶楼镇	340121110	东顾山街道	340124001
大杨镇	340103101	杜集镇	340121111	岗湾街道	340124002
三十岗乡	340103200	义井镇	340121112	移湖街道	340124003
蜀山区（9街道，3镇）	**340104**	左店镇	340121113	庐城镇	340124100
三里庵街道	340104001	罗塘乡	340121203	冶父山镇	340124101
南七街道	340104002	造甲乡	340121216	万山镇	340124102
稻香村街道	340104003	肥东县（12镇，5乡， 1民族乡）	**340122**	汤池镇	340124103
琥珀街道	340104004	店埠镇	340122100	郭河镇	340124104
西园街道	340104005	撮镇镇	340122101	金牛镇	340124105
五里墩街道	340104006	梁园镇	340122102	石头镇	340124106
		桥头集镇	340122103	白山镇	340124107
		长临河镇	340122104	盛桥镇	340124108
				白湖镇	340124109

续表 1

行政区划名称	行政区划代码	行政区划名称	行政区划代码	行政区划名称	行政区划代码
龙桥镇	340124110	裕溪口街道	340207002	工山镇	340223105
矾山镇	340124111	官陡街道	340207003	家发镇	340223108
罗河镇	340124112	湾里街道	340207004	烟墩镇	340223110
泥河镇	340124113	清水街道	340207005	何湾镇	340223112
乐桥镇	340124114	龙山街道	340207006	**无为市 (20镇)**	**340281**
柯坦镇	340124115	万春街道	340207007	无城镇	340281100
同大镇	340124116	沈巷镇	340207100	襄安镇	340281101
巢湖市 (6街道, 12镇)	**340181**	二坝镇	340207101	陡沟镇	340281102
卧牛山街道	340181005	汤沟镇	340207102	石涧镇	340281103
亚父街道	340181006	白茆镇	340207103	严桥镇	340281104
天河街道	340181007	**弋江区 (10街道, 1镇)**	**340209**	开城镇	340281105
凤凰山街道	340181008	中南街道	340209001	蜀山镇	340281106
半汤街道	340181009	马塘街道	340209002	牛埠镇	340281107
中庙街道	340181010	澛港街道	340209003	刘渡镇	340281108
柘皋镇	340181100	火龙街道	340209004	姚沟镇	340281109
烔炀镇	340181101	白马街道	340209005	泥汊镇	340281110
槐林镇	340181102	南瑞街道	340209006	福渡镇	340281111
夏阁镇	340181104	三山街道	340209007	泉塘镇	340281112
苏湾镇	340181105	保定街道	340209008	赫店镇	340281113
黄麓镇	340181107	龙湖街道	340209009	高沟镇	340281114
银屏镇	340181108	高安街道	340209010	红庙镇	340281115
散兵镇	340181109	峨桥镇	340209100	鹤毛镇	340281116
坝镇	340181110	**湾沚区 (5镇)**	**340210**	十里墩镇	340281117
中垾镇	340181112	湾沚镇	340210100	昆山镇	340281118
栏杆集镇	340181113	陶辛镇	340210101	洪巷镇	340281119
庙岗镇	340181114	六郎镇	340210102	**蚌埠市 (22街道, 47镇, 7乡, 1民族乡)**	**340300**
芜湖市 (27街道, 44镇)	**340200**	花桥镇	340210103		
镜湖区 (10街道)	**340202**	红杨镇	340210104	**龙子湖区 (6街道, 1镇, 1乡)**	**340302**
张家山街道	340202001	**繁昌区 (6镇)**	**340212**		
赭麓街道	340202002	繁阳镇	340212100	解放街道	340302001
范罗山街道	340202003	荻港镇	340212101	东风街道	340302002
赭山街道	340202005	新港镇	340212102	治淮街道	340302003
弋矶山街道	340202006	孙村镇	340212103	东升街道	340302004
汀棠街道	340202007	平铺镇	340212104	曹山街道	340302006
天门山街道	340202008	峨山镇	340212105	延安街道	340302008
大砻坊街道	340202010	**南陵县 (8镇)**	**340223**	长淮卫镇	340302100
荆山街道	340202011	籍山镇	340223100	李楼乡	340302200
方村街道	340202012	弋江镇	340223101	**蚌山区 (7街道, 2乡)**	**340303**
鸠江区 (7街道, 4镇)	**340207**	许镇镇	340223102	天桥街道	340303001
四褐山街道	340207001	三里镇	340223103	青年街道	340303002
				纬二路街道	340303003

续表 2

行政区划名称	行政区划代码	行政区划名称	行政区划代码	行政区划名称	行政区划代码
黄庄街道	340303004	泗南镇	340321114	孔店乡	340402200
宏业村街道	340303005	陈集镇	340321115	田家庵区（9 街道，4 镇，1 乡）	340403
胜利街道	340303006	泗河镇	340321116		
龙湖新村街道	340303007	兰桥镇	340321117	田东街道	340403001
雪华乡	340303201	徐圩乡	340321205	新淮街道	340403002
燕山乡	340303202	五河县（12 镇，1 乡，1 民族乡）	340322	淮滨街道	340403003
禹会区（5 街道，2 镇，1 乡）	340304			公园街道	340403004
		城关镇	340322100	国庆街道	340403005
朝阳街道	340304001	新集镇	340322101	泉山街道	340403006
纬四街道	340304002	小溪镇	340322103	洞山街道	340403007
大庆街道	340304003	双忠庙镇	340322104	龙泉街道	340403008
张公山街道	340304004	小圩镇	340322105	朝阳街道	340403009
钓鱼台街道	340304005	东刘集镇	340322106	舜耕镇	340403100
秦集镇	340304100	头铺镇	340322107	安成镇	340403101
马城镇	340304101	大新镇	340322108	曹庵镇	340403102
长青乡	340304200	武桥镇	340322109	三和镇	340403103
淮上区（1 街道，5 镇）	340311	朱顶镇	340322110	史院乡	340403201
淮滨街道	340311001	浍南镇	340322111	谢家集区（5 街道，4 镇，1 乡，1 民族乡）	340404
吴小街镇	340311100	申集镇	340322112		
小蚌埠镇	340311101	沱湖乡	340322200	谢家集街道	340404001
曹老集镇	340311102	临北回族乡	340322201	蔡家岗街道	340404002
梅桥镇	340311103	固镇县（10 镇，1 乡）	340323	立新街道	340404003
沫河口镇	340311104	谷阳镇	340323100	谢三村街道	340404004
怀远县（3 街道，17 镇，1 乡）	340321	王庄镇	340323101	平山街道	340404005
		新马桥镇	340323103	望峰岗镇	340404100
白乳泉街道	340321001	刘集镇	340323104	李郢孜镇	340404101
引凤街道	340321002	湖沟镇	340323105	唐山镇	340404102
望淮街道	340321003	任桥镇	340323106	杨公镇	340404103
荆山镇	340321100	濠城镇	340323107	孤堆回族乡	340404200
鲍集镇	340321101	连城镇	340323108	孙庙乡	340404201
龙亢镇	340321102	仲兴镇	340323109	八公山区（3 街道，2 镇）	340405
河溜镇	340321103	杨庙镇	340323110	新庄孜街道	340405001
常坟镇	340321104	石湖乡	340323201	土坝孜街道	340405002
双桥集镇	340321106	淮南市（19 街道，59 镇，8 乡，4 民族乡）	340400	毕家岗街道	340405003
魏庄镇	340321107			山王镇	340405100
唐集镇	340321108	大通区（1 街道，3 镇，1 乡）	340402	八公山镇	340405101
万福镇	340321109			潘集区（1 街道，9 镇，1 民族乡）	340406
白莲坡镇	340321110	大通街道	340402001		
古城镇	340321111	上窑镇	340402100	田集街道	340406002
褚集镇	340321112	洛河镇	340402101	泥河镇	340406100
榴城镇	340321113	九龙岗镇	340402102	芦集镇	340406101

续表 3

行政区划名称	行政区划代码	行政区划名称	行政区划代码	行政区划名称	行政区划代码
潘集镇	340406102	隐贤镇	340422110	当涂县（10镇，1乡）	340521
平圩镇	340406103	安丰镇	340422111	姑孰镇	340521100
高皇镇	340406104	瓦埠镇	340422112	黄池镇	340521101
架河镇	340406105	众兴镇	340422113	乌溪镇	340521102
祁集镇	340406106	茶庵镇	340422114	石桥镇	340521103
夹沟镇	340406107	三觉镇	340422115	塘南镇	340521104
贺疃镇	340406108	炎刘镇	340422116	护河镇	340521105
古沟回族乡	340406205	刘岗镇	340422117	太白镇	340521109
凤台县（15镇，3乡，1民族乡）	340421	双庙集镇	340422118	年陡镇	340521110
城关镇	340421100	小甸镇	340422119	湖阳镇	340521111
新集镇	340421102	大顺镇	340422120	大陇镇	340521112
朱马店镇	340421103	窑口镇	340422121	江心乡	340521203
岳张集镇	340421104	八公山乡	340422200	含山县（8镇）	340522
顾桥镇	340421106	陶店回族乡	340422202	环峰镇	340522100
桂集镇	340421107	张李乡	340422203	运漕镇	340522101
凤凰镇	340421108	马鞍山市（13街道，33镇，2乡）	340500	铜闸镇	340522103
杨村镇	340421109	花山区（9街道，1镇）	340503	陶厂镇	340522104
丁集镇	340421110	沙塘路街道	340503001	林头镇	340522105
刘集镇	340421111	解放路街道	340503002	清溪镇	340522106
大兴镇	340421112	湖东路街道	340503003	仙踪镇	340522107
尚塘镇	340421113	桃源路街道	340503004	昭关镇	340522109
毛集镇	340421114	霍里街道	340503005	和县（9镇）	340523
夏集镇	340421115	金家庄街道	340503006	历阳镇	340523100
焦岗湖镇	340421116	江东街道	340503007	白桥镇	340523105
古店乡	340421205	塘西街道	340503008	姥桥镇	340523106
钱庙乡	340421206	慈湖街道	340503009	西埠镇	340523107
关店乡	340421210	濮塘镇	340503100	香泉镇	340523108
李冲回族乡	340421212	雨山区（4街道，2镇，1乡）	340504	乌江镇	340523109
寿县（22镇，2乡，1民族乡）	340422	平湖街道	340504001	善厚镇	340523110
寿春镇	340422100	雨山街道	340504002	石杨镇	340523111
双桥镇	340422101	安民街道	340504003	功桥镇	340523112
涧沟镇	340422102	采石街道	340504004	淮北市（15街道，18镇）	340600
丰庄镇	340422103	向山镇	340504100	杜集区（2街道，3镇）	340602
正阳关镇	340422104	银塘镇	340504101	高岳街道	340602001
迎河镇	340422105	佳山乡	340504200	矿山集街道	340602002
板桥镇	340422106	博望区（3镇）	340506	朔里镇	340602102
安丰塘镇	340422107	博望镇	340506100	石台镇	340602103
堰口镇	340422108	丹阳镇	340506101	段园镇	340602104
保义镇	340422109	新市镇	340506102	相山区（8街道，1镇）	340603
				相南街道	340603001

续表 **4**

行政区划名称	行政区划代码	行政区划名称	行政区划代码	行政区划名称	行政区划代码
相山东街道	340603002	顺安镇	340706103	滨江街道	340802007
相山西街道	340603003	西联镇	340706104	老峰镇	340802100
三堤口街道	340603004	东联镇	340706105	龙狮桥乡	340802200
东山街道	340603005	胥坝乡	340706201	长风乡	340802201
曲阳街道	340603008	老洲乡	340706203	新洲乡	340802203
南黎街道	340603009	郊区（2街道，5镇，1乡）	340711	大观区（7街道，1镇，2乡）	340803
任圩街道	340603010	安庆矿区街道	340711001	德宽路街道	340803001
渠沟镇	340603100	桥南街道	340711002	玉琳路街道	340803002
烈山区（5街道，3镇）	340604	铜山镇	340711100	龙山路街道	340803003
杨庄街道	340604001	大通镇	340711101	菱湖街道	340803004
任楼街道	340604002	老洲镇	340711102	集贤路街道	340803005
临海童街道	340604003	陈瑶湖镇	340711103	石化路街道	340803006
百善街道	340604005	周潭镇	340711104	花亭路街道	340803007
前岭街道	340604006	灰河乡	340711200	海口镇	340803100
烈山镇	340604100	枞阳县（15镇，1乡）	340722	山口乡	340803200
宋疃镇	340604101	横埠镇	340722106	十里铺乡	340803201
古饶镇	340604102	项铺镇	340722107	宜秀区（2街道，3镇，2乡）	340811
濉溪县（11镇）	340621	钱桥镇	340722108	大桥街道	340811055
濉溪镇	340621100	麒麟镇	340722109	菱北街道	340811056
韩村镇	340621102	义津镇	340722110	杨桥镇	340811100
临涣镇	340621104	浮山镇	340722111	大龙山镇	340811101
南坪镇	340621105	官埠桥镇	340722112	罗岭镇	340811102
孙疃镇	340621108	会宫镇	340722113	白泽湖乡	340811200
刘桥镇	340621109	白柳镇	340722114	五横乡	340811201
百善镇	340621110	钱铺镇	340722115	怀宁县（15镇，5乡）	340822
双堆集镇	340621112	金社镇	340722116	石牌镇	340822100
五沟镇	340621113	雨坛镇	340722117	高河镇	340822101
铁佛镇	340621114	枞阳镇	340722118	月山镇	340822102
四铺镇	340621115	䢺山镇	340722119	腊树镇	340822103
铜陵市（5街道，27镇，4乡）	340700	汤沟镇	340722120	黄龙镇	340822104
铜官区（2街道，1镇）	340705	白梅乡	340722205	三桥镇	340822105
东郊街道	340705007	安庆市（23街道，85镇，45乡）	340800	小市镇	340822106
新城街道	340705008			黄墩镇	340822107
西湖镇	340705100	迎江区（6街道，1镇，3乡）	340802	公岭镇	340822108
义安区（1街道，6镇，2乡）	340706	宜城路街道	340802001	马庙镇	340822109
新桥街道	340706001	新河路街道	340802002	金拱镇	340822110
五松镇	340706100	华中路街道	340802003	茶岭镇	340822111
钟鸣镇	340706101	人民路街道	340802004	洪铺镇	340822113
天门镇	340706102	孝肃路街道	340802005	江镇镇	340822114

续表 5

行政区划名称	行政区划代码	行政区划名称	行政区划代码	行政区划名称	行政区划代码
平山镇	340822116	北浴乡	340826206	田头乡	340828205
雷埠乡	340822201	陈汉乡	340826207	石关乡	340828207
清河乡	340822203	隘口乡	340826208	姚河乡	340828208
秀山乡	340822204	柳坪乡	340826209	和平乡	340828209
凉亭乡	340822206	趾凤乡	340826210	魏岭乡	340828214
石镜乡	340822208	河塌乡	340826211	**桐城市（3 街道，12 镇）**	**340881**
太湖县（10 镇，5 乡）	**340825**	**望江县（3 街道，9 镇，1 乡）**	**340827**	文昌街道	340881002
晋熙镇	340825100			龙眠街道	340881003
徐桥镇	340825101	雷阳街道	340827001	龙腾街道	340881004
新仓镇	340825102	吉水街道	340827002	双港镇	340881100
小池镇	340825103	回龙街道	340827003	新渡镇	340881101
寺前镇	340825104	华阳镇	340827101	金神镇	340881102
天华镇	340825105	杨湾镇	340827102	孔城镇	340881103
牛镇镇	340825106	漳湖镇	340827103	范岗镇	340881104
弥陀镇	340825107	赛口镇	340827104	青草镇	340881105
北中镇	340825108	高士镇	340827105	吕亭镇	340881108
百里镇	340825109	鸦滩镇	340827106	大关镇	340881114
大石乡	340825200	长岭镇	340827107	唐湾镇	340881115
城西乡	340825201	太慈镇	340827108	鲟鱼镇	340881116
江塘乡	340825202	雷池镇	340827109	嬉子湖镇	340881118
汤泉乡	340825203	凉泉乡	340827210	黄甲镇	340881120
刘畈乡	340825204	**岳西县（14 镇，10 乡）**	**340828**	**潜山市（11 镇，5 乡）**	**340882**
宿松县（2 街道，9 镇，12 乡）	**340826**	天堂镇	340828100	梅城镇	340882100
		店前镇	340828101	王河镇	340882101
龙山街道	340826001	来榜镇	340828102	源潭镇	340882102
松兹街道	340826002	菖蒲镇	340828103	余井镇	340882103
孚玉镇	340826100	头陀镇	340828104	黄泥镇	340882105
复兴镇	340826101	白帽镇	340828105	槎水镇	340882106
汇口镇	340826102	温泉镇	340828106	官庄镇	340882107
许岭镇	340826103	响肠镇	340828107	水吼镇	340882108
下仓镇	340826104	河图镇	340828108	黄柏镇	340882109
二郎镇	340826105	五河镇	340828109	黄铺镇	340882110
华亭镇	340826106	主簿镇	340828110	天柱山镇	340882111
凉亭镇	340826107	冶溪镇	340828111	油坝乡	340882200
长铺镇	340826108	黄尾镇	340828112	痘姆乡	340882202
高岭乡	340826200	中关镇	340828113	塔畈乡	340882204
程岭乡	340826201	毛尖山乡	340828200	五庙乡	340882209
九姑乡	340826202	莲云乡	340828201	龙潭乡	340882215
千岭乡	340826203	青天乡	340828202	**黄山市（4 街道，59 镇，42 乡）**	**341000**
洲头乡	340826204	包家乡	340828203		
佐坝乡	340826205	古坊乡	340828204	**屯溪区（4 街道，5 镇）**	**341002**

续表 **6**

行政区划名称	行政区划代码	行政区划名称	行政区划代码	行政区划名称	行政区划代码
昱东街道	341002001	溪头镇	341021107	龙田乡	341022221
昱中街道	341002002	杞梓里镇	341021108	璜尖乡	341022222
昱西街道	341002003	霞坑镇	341021109	白际乡	341022223
老街街道	341002004	岔口镇	341021110	**黟县（5镇，3乡）**	**341023**
屯光镇	341002100	街口镇	341021111	碧阳镇	341023100
阳湖镇	341002101	王村镇	341021112	宏村镇	341023101
黎阳镇	341002102	雄村镇	341021113	渔亭镇	341023102
新潭镇	341002103	三阳镇	341021114	西递镇	341023103
奕棋镇	341002104	坑口乡	341021201	柯村镇	341023104
黄山区（9镇，5乡）	**341003**	上丰乡	341021203	美溪乡	341023201
甘棠镇	341003100	昌溪乡	341021207	宏潭乡	341023202
仙源镇	341003101	武阳乡	341021209	洪星乡	341023203
汤口镇	341003102	金川乡	341021214	**祁门县（10镇，8乡）**	**341024**
谭家桥镇	341003103	小川乡	341021216	祁山镇	341024100
太平湖镇	341003104	新溪口乡	341021218	小路口镇	341024101
焦村镇	341003105	璜田乡	341021219	金字牌镇	341024102
耿城镇	341003106	长陔乡	341021222	平里镇	341024103
三口镇	341003107	森村乡	341021223	历口镇	341024104
乌石镇	341003108	绍濂乡	341021224	闪里镇	341024105
新明乡	341003201	石门乡	341021226	安凌镇	341024106
龙门乡	341003202	狮石乡	341021227	凫峰镇	341024107
新华乡	341003208	**休宁县（11镇，10乡）**	**341022**	塔坊镇	341024108
新丰乡	341003209	海阳镇	341022100	新安镇	341024109
永丰乡	341003210	齐云山镇	341022101	大坦乡	341024200
徽州区（4镇，3乡）	**341004**	万安镇	341022102	柏溪乡	341024206
岩寺镇	341004100	五城镇	341022103	祁红乡	341024208
西溪南镇	341004101	东临溪镇	341022104	溶口乡	341024209
潜口镇	341004102	蓝田镇	341022105	芦溪乡	341024210
呈坎镇	341004103	溪口镇	341022106	渚口乡	341024211
洽舍乡	341004200	流口镇	341022107	古溪乡	341024213
杨村乡	341004201	汪村镇	341022108	箬坑乡	341024215
富溪乡	341004202	商山镇	341022109	**滁州市（22街道，85镇，8乡，1民族乡）**	**341100**
歙县（15镇，13乡）	**341021**	月潭湖镇	341022110		
徽城镇	341021100	山斗乡	341022204	**琅琊区（10街道）**	**341102**
深渡镇	341021101	岭南乡	341022205	琅琊街道	341102010
桂林镇	341021102	渭桥乡	341022207	遵阳街道	341102011
富堨镇	341021103	板桥乡	341022211	丰山街道	341102012
郑村镇	341021104	鹤城乡	341022215	清流街道	341102013
北岸镇	341021105	源芳乡	341022218	扬子街道	341102014
许村镇	341021106	榆村乡	341022219	西涧街道	341102015
				滁阳街道	341102016

续表 7

行政区划名称	行政区划代码	行政区划名称	行政区划代码	行政区划名称	行政区划代码
三官街道	341102017	定远县（16镇，5乡，1民族乡）	341125	官塘镇	341126119
凤凰街道	341102018			黄湾乡	341126207
紫薇街道	341102019	定城镇	341125100	天长市（2街道，14镇）	341181
南谯区（4街道，8镇）	341103	炉桥镇	341125101	千秋街道	341181002
龙蟠街道	341103001	永康镇	341125102	广陵街道	341181003
大王街道	341103002	吴圩镇	341125103	铜城镇	341181100
同乐街道	341103003	朱湾镇	341125104	汉涧镇	341181101
银花街道	341103004	张桥镇	341125105	秦栏镇	341181102
乌衣镇	341103100	藕塘镇	341125106	大通镇	341181103
沙河镇	341103101	池河镇	341125107	杨村镇	341181104
章广镇	341103102	连江镇	341125108	石梁镇	341181105
黄泥岗镇	341103103	界牌集镇	341125109	金集镇	341181106
珠龙镇	341103104	仓镇	341125110	仁和集镇	341181108
大柳镇	341103105	三和集镇	341125111	冶山镇	341181109
腰铺镇	341103106	西卅店镇	341125112	郑集镇	341181110
施集镇	341103108	桑涧镇	341125114	张铺镇	341181111
来安县（11镇，1乡）	341122	蒋集镇	341125115	永丰镇	341181112
新安镇	341122100	大桥镇	341125116	新街镇	341181113
半塔镇	341122101	严桥乡	341125203	万寿镇	341181114
水口镇	341122102	拂晓乡	341125204	明光市（4街道，12镇，1乡）	341182
独山镇	341122103	能仁乡	341125210	明西街道	341182001
汊河镇	341122104	七里塘乡	341125214	明光街道	341182002
大英镇	341122105	二龙回族乡	341125215	明南街道	341182003
雷官镇	341122106	范岗乡	341125219	明东街道	341182004
施官镇	341122107	凤阳县（2街道，14镇，1乡）	341126	张八岭镇	341182101
舜山镇	341122108	中都街道	341126001	三界镇	341182102
张山镇	341122109	玄武街道	341126002	管店镇	341182103
三城镇	341122110	府城镇	341126100	自来桥镇	341182104
杨郢乡	341122207	临淮关镇	341126101	涧溪镇	341182105
全椒县（10镇）	341124	武店镇	341126103	石坝镇	341182106
襄河镇	341124100	西泉镇	341126104	苏巷镇	341182108
古河镇	341124101	刘府镇	341126105	桥头镇	341182109
大墅镇	341124102	大庙镇	341126106	女山湖镇	341182110
二郎口镇	341124103	殷涧镇	341126107	古沛镇	341182111
武岗镇	341124104	总铺镇	341126109	潘村镇	341182112
马厂镇	341124105	红心镇	341126110	柳巷镇	341182113
石沛镇	341124106	板桥镇	341126111	泊岗乡	341182212
西王镇	341124108	大溪河镇	341126112	阜阳市（18街道，125镇，23乡，1民族乡）	341200
六镇镇	341124109	小溪河镇	341126114		
十字镇	341124111	枣巷镇	341126118		

续表 8

行政区划名称	行政区划代码	行政区划名称	行政区划代码	行政区划名称	行政区划代码
颍州区（5 街道，8 镇，1 乡）	341202	田桥街道	341221003	三堂镇	341222113
鼓楼街道	341202001	城东街道	341221004	苗老集镇	341222114
文峰街道	341202002	城南街道	341221005	赵庙镇	341222115
清河街道	341202003	杨桥镇	341221101	宫集镇	341222116
颍西街道	341202004	鲖城镇	341221102	坟台镇	341222117
京九路街道	341202005	谭棚镇	341221105	洪山镇	341222118
王店镇	341202100	老集镇	341221106	清浅镇	341222119
程集镇	341202101	滑集镇	341221107	五星镇	341222120
三合镇	341202102	吕寨镇	341221108	高庙镇	341222121
西湖镇	341202103	单桥镇	341221109	桑营镇	341222122
九龙镇	341202104	长官镇	341221110	大庙集镇	341222123
三十里铺镇	341202105	宋集镇	341221111	阮桥镇	341222124
袁集镇	341202106	张新镇	341221112	双庙镇	341222125
三塔集镇	341202107	艾亭镇	341221113	胡总镇	341222126
马寨乡	341202200	陈集镇	341221114	马集镇	341222127
颍东区（3 街道，8 镇，1 乡）	341203	韦寨镇	341221115	郭庙镇	341222128
		迎仙镇	341221116	二郎镇	341222129
河东街道	341203001	瓦店镇	341221117	赵集乡	341222201
新华街道	341203002	姜寨镇	341221118	阜南县（20 镇，8 乡）	341225
向阳街道	341203003	庙岔镇	341221119	鹿城镇	341225100
口孜镇	341203100	黄岭镇	341221120	方集镇	341225101
插花镇	341203101	白庙镇	341221121	中岗镇	341225102
袁寨镇	341203102	关庙镇	341221122	柴集镇	341225103
枣庄镇	341203103	高塘镇	341221124	新村镇	341225104
老庙镇	341203104	土陂乡	341221203	朱寨镇	341225106
正午镇	341203105	陶老乡	341221206	赵集镇	341225108
杨楼孜镇	341203106	太和县（30 镇，1 乡）	341222	田集镇	341225109
新乌江镇	341203107	城关镇	341222100	苗集镇	341225110
冉庙乡	341203200	旧县镇	341222101	黄岗镇	341225111
颍泉区（2 街道，4 镇）	341204	税镇镇	341222102	焦陂镇	341225112
中市街道	341204001	皮条孙镇	341222103	张寨镇	341225113
周棚街道	341204004	原墙镇	341222104	王堰镇	341225114
伍明镇	341204100	倪邱镇	341222105	洪河桥镇	341225115
宁老庄镇	341204101	李兴镇	341222106	地城镇	341225116
闻集镇	341204102	大新镇	341222107	王家坝镇	341225117
行流镇	341204103	肖口镇	341222108	王化镇	341225118
临泉县（5 街道，21 镇，2 乡）	341221	关集镇	341222109	曹集镇	341225119
		三塔镇	341222110	柳沟镇	341225120
城关街道	341221001	双浮镇	341222111	会龙镇	341225121
邢塘街道	341221002	蔡庙镇	341222112	王店孜乡	341225200

续表 9

行政区划名称	行政区划代码	行政区划名称	行政区划代码	行政区划名称	行政区划代码
许堂乡	341225201	东城街道	341282001	永安镇	341302108
段郢乡	341225204	西城街道	341282002	灰古镇	341302109
公桥乡	341225205	颍南街道	341282003	大店镇	341302110
龙王乡	341225206	光武镇	341282100	大泽乡镇	341302111
于集乡	341225207	泉阳镇	341282101	桃园镇	341302112
老观乡	341225208	芦村镇	341282102	蕲县镇	341302113
郜台乡	341225209	新马集镇	341282103	大营镇	341302114
颍上县（22镇，7乡，1民族乡）	**341226**	大黄镇	341282104	顺河镇	341302115
		田营镇	341282105	蒿沟镇	341302116
谢桥镇	341226101	陶庙镇	341282106	杨庄镇	341302117
南照镇	341226102	王集镇	341282107	解集镇	341302118
杨湖镇	341226103	砖集镇	341282108	苗庵镇	341302119
江口镇	341226104	顾集镇	341282109	西二铺镇	341302120
润河镇	341226105	戴桥镇	341282110	支河镇	341302121
新集镇	341226106	舒庄镇	341282111	桃沟镇	341302122
六十铺镇	341226107	邴集乡	341282200	永镇镇	341302123
耿棚镇	341226108	靳寨乡	341282201	**砀山县（13镇）**	**341321**
半岗镇	341226109	任寨乡	341282202	李庄镇	341321102
王岗镇	341226110	**宿州市（18街道，93镇，1乡）**	**341300**	唐寨镇	341321103
夏桥镇	341226111			葛集镇	341321104
江店孜镇	341226112	**埇桥区（12街道，24镇）**	**341302**	官庄坝镇	341321107
陈桥镇	341226113	埇桥街道	341302001	曹庄镇	341321108
黄桥镇	341226114	沱河街道	341302002	朱楼镇	341321110
八里河镇	341226115	道东街道	341302003	程庄镇	341321112
迪沟镇	341226116	东关街道	341302004	良梨镇	341321113
西三十铺镇	341226117	三里湾街道	341302005	砀城镇	341321114
红星镇	341226118	南关街道	341302006	玄庙镇	341321115
十八里铺镇	341226119	西关街道	341302007	周寨镇	341321116
鲁口镇	341226120	北关街道	341302008	关帝庙镇	341321117
慎城镇	341226121	城东街道	341302009	赵屯镇	341321118
古城镇	341226123	三八街道	341302010	**萧县（3街道，22镇，1乡）**	**341322**
建颍乡	341226201	汴河街道	341302011		
五十铺乡	341226203	金海街道	341302012	凤城街道	341322001
盛堂乡	341226204	符离镇	341302100	龙河街道	341322002
关屯乡	341226205	芦岭镇	341302101	锦屏街道	341322003
垂岗乡	341226206	朱仙庄镇	341302102	龙城镇	341322100
赛涧回族乡	341226207	褚兰镇	341302103	黄口镇	341322101
新刘集乡	341226208	曹村镇	341302104	杨楼镇	341322102
黄坝乡	341226209	夹沟镇	341302105	闫集镇	341322103
界首市（3街道，12镇，3乡）	**341282**	栏杆镇	341302106	新庄镇	341322104
		时村镇	341302107	刘套镇	341322105

续表 10

行政区划名称	行政区划代码	行政区划名称	行政区划代码	行政区划名称	行政区划代码
马井镇	341322106	泗水街道	341324003	横塘岗乡	341502204
大屯镇	341322107	泗城镇	341324100	裕安区（3街道，12镇，7乡）	341503
赵庄镇	341322108	墩集镇	341324101		
杜楼镇	341322109	丁湖镇	341324102	鼓楼街道	341503001
丁里镇	341322110	草沟镇	341324103	西市街道	341503003
王寨镇	341322111	长沟镇	341324104	小华山街道	341503005
祖楼镇	341322112	黄圩镇	341324105	苏埠镇	341503100
青龙集镇	341322113	大庄镇	341324106	韩摆渡镇	341503101
张庄寨镇	341322114	山头镇	341324107	新安镇	341503102
永堌镇	341322115	刘圩镇	341324108	顺河镇	341503103
白土镇	341322116	黑塔镇	341324109	独山镇	341503104
官桥镇	341322117	草庙镇	341324110	石婆店镇	341503105
圣泉镇	341322118	屏山镇	341324111	城南镇	341503106
庄里镇	341322119	大路口镇	341324112	丁集镇	341503107
酒店镇	341322120	大杨镇	341324113	固镇镇	341503108
孙圩子镇	341322121	瓦坊镇	341324114	徐集镇	341503109
石林乡	341322204	六安市（10街道，95镇，35乡）	341500	分路口镇	341503110
灵璧县（19镇）	341323			江家店镇	341503111
灵城镇	341323100	金安区（5街道，14镇，3乡）	341502	单王乡	341503200
韦集镇	341323101			青山乡	341503201
黄湾镇	341323102	中市街道	341502001	石板冲乡	341503202
娄庄镇	341323103	东市街道	341502002	西河口乡	341503203
杨疃镇	341323104	三里桥街道	341502003	平桥乡	341503204
尹集镇	341323105	清水河街道	341502004	罗集乡	341503205
浍沟镇	341323106	望城街道	341502005	狮子岗乡	341503206
游集镇	341323107	木厂镇	341502100	叶集区（2街道，3镇，1乡）	341504
下楼镇	341323108	马头镇	341502101		
朝阳镇	341323109	东桥镇	341502102	史河街道	341504001
渔沟镇	341323110	张店镇	341502103	平岗街道	341504002
高楼镇	341323111	毛坦厂镇	341502104	三元镇	341504100
冯庙镇	341323112	东河口镇	341502105	洪集镇	341504102
禅堂镇	341323113	双河镇	341502106	姚李镇	341504103
虞姬镇	341323114	施桥镇	341502107	孙岗乡	341504200
向阳镇	341323115	孙岗镇	341502108	霍邱县（25镇，5乡）	341522
大庙镇	341323116	三十铺镇	341502109	城关镇	341522100
朱集镇	341323117	椿树镇	341502110	河口镇	341522101
大路镇	341323118	城北镇	341502111	周集镇	341522102
泗县（3街道，15镇）	341324	中店镇	341502112	临水镇	341522103
运河街道	341324001	先生店镇	341502113	新店镇	341522104
虹城街道	341324002	翁墩乡	341502201	石店镇	341522105
		淠东乡	341502202	马店镇	341522106

续表 11

行政区划名称	行政区划代码	行政区划名称	行政区划代码	行政区划名称	行政区划代码
孟集镇	341522107	柏林乡	341523201	黑石渡镇	341525110
花园镇	341522108	棠树乡	341523202	佛子岭镇	341525111
扈胡镇	341522109	阙店乡	341523203	单龙寺镇	341525112
长集镇	341522110	高峰乡	341523204	东西溪乡	341525201
乌龙镇	341522113	庐镇乡	341523205	太阳乡	341525202
高塘镇	341522114	**金寨县（13镇，10乡）**	**341524**	太平畈乡	341525203
龙潭镇	341522115	梅山镇	341524100	**亳州市（9街道，72镇，7乡）**	**341600**
岔路镇	341522116	南溪镇	341524101		
冯井镇	341522117	汤家汇镇	341524103	**谯城区（3街道，20镇，2乡）**	**341602**
众兴集镇	341522118	斑竹园镇	341524104		
夏店镇	341522119	天堂寨镇	341524105	花戏楼街道	341602001
曹庙镇	341522120	古碑镇	341524106	薛阁街道	341602002
潘集镇	341522122	吴家店镇	341524107	汤陵街道	341602003
范桥镇	341522123	燕子河镇	341524108	古井镇	341602100
宋店镇	341522124	青山镇	341524109	芦庙镇	341602102
彭塔镇	341522125	麻埠镇	341524110	华佗镇	341602103
临淮岗镇	341522126	双河镇	341524111	魏岗镇	341602104
冯瓴镇	341522127	白塔畈镇	341524112	牛集镇	341602105
王截流乡	341522201	流波䃥镇	341524113	颜集镇	341602107
城西湖乡	341522204	油坊店乡	341524202	五马镇	341602108
三流乡	341522206	长岭乡	341524203	十八里镇	341602109
邵岗乡	341522207	槐树湾乡	341524204	谯东镇	341602111
白莲乡	341522208	花石乡	341524205	十九里镇	341602112
舒城县（15镇，6乡）	**341523**	沙河乡	341524206	沙土镇	341602113
城关镇	341523100	桃岭乡	341524207	观堂镇	341602114
晓天镇	341523101	果子园乡	341524208	大杨镇	341602115
桃溪镇	341523102	关庙乡	341524209	城父镇	341602116
万佛湖镇	341523103	铁冲乡	341524211	十河镇	341602117
千人桥镇	341523104	全军乡	341524212	双沟镇	341602119
百神庙镇	341523105	**霍山县（13镇，3乡）**	**341525**	泥河镇	341602120
杭埠镇	341523106	衡山镇	341525100	古城镇	341602121
舒茶镇	341523107	下符桥镇	341525101	龙扬镇	341602122
南港镇	341523108	但家庙镇	341525102	立德镇	341602123
干汊河镇	341523109	与儿街镇	341525103	张店乡	341602200
张母桥镇	341523110	磨子潭镇	341525104	赵桥乡	341602201
五显镇	341523111	上土市镇	341525105	**涡阳县（3街道，20镇）**	**341621**
山七镇	341523112	漫水河镇	341525106	城关街道	341621001
河棚镇	341523113	大化坪镇	341525107	星园街道	341621002
汤池镇	341523114	落儿岭镇	341525108	天静宫街道	341621004
春秋乡	341523200	诸佛庵镇	341525109	西阳镇	341621103
				涡南镇	341621104

续表 12

行政区划名称	行政区划代码	行政区划名称	行政区划代码	行政区划名称	行政区划代码
楚店镇	341621105	江集镇	341623103	梅村镇	341702116
高公镇	341621106	旧城镇	341623104	棠溪镇	341702117
高炉镇	341621108	西潘楼镇	341623105	东至县（12镇，3乡）	341721
曹市镇	341621109	孙集镇	341623106	尧渡镇	341721100
青疃镇	341621110	汝集镇	341623107	东流镇	341721101
石弓镇	341621111	巩店镇	341623108	大渡口镇	341721102
龙山镇	341621112	王人镇	341623109	胜利镇	341721103
义门镇	341621113	王市镇	341623110	张溪镇	341721104
新兴镇	341621114	永兴镇	341623111	洋湖镇	341721105
临湖镇	341621115	马店孜镇	341623112	葛公镇	341721106
丹城镇	341621116	大李集镇	341623113	香隅镇	341721107
马店集镇	341621117	胡集镇	341623114	官港镇	341721108
花沟镇	341621118	展沟镇	341623115	昭潭镇	341721109
店集镇	341621119	程家集镇	341623116	龙泉镇	341721110
陈大镇	341621120	中疃镇	341623117	泥溪镇	341721111
牌坊镇	341621121	望疃镇	341623118	花园乡	341721209
公吉寺镇	341621122	城北镇	341623119	木塔乡	341721212
标里镇	341621123	纪王场乡	341623203	青山乡	341721216
蒙城县（3街道，12镇，2乡）	341622	孙庙乡	341623204	石台县（6镇，2乡）	341722
		新张集乡	341623205	七都镇	341722101
漆园街道	341622001	池州市（11街道，37镇，8乡）	341700	丁香镇	341722103
庄周街道	341622002			小河镇	341722104
城关街道	341622003	贵池区（11街道，9镇）	341702	横渡镇	341722105
双涧镇	341622101	秋江街道	341702006	仁里镇	341722106
小涧镇	341622102	马衙街道	341702007	仙寓镇	341722107
坛城镇	341622104	梅龙街道	341702008	大演乡	341722203
许疃镇	341622106	墩上街道	341702009	矶滩乡	341722205
板桥集镇	341622107	池阳街道	341702022	青阳县（10镇，3乡）	341723
马集镇	341622108	秋浦街道	341702023	蓉城镇	341723100
岳坊镇	341622110	江口街道	341702024	木镇镇	341723101
立仓镇	341622112	里山街道	341702025	庙前镇	341723102
楚村镇	341622114	杏花村街道	341702026	新河镇	341723104
乐土镇	341622115	清风街道	341702027	丁桥镇	341723105
三义镇	341622116	清溪街道	341702028	朱备镇	341723107
篱笆镇	341622117	殷汇镇	341702101	杨田镇	341723109
王集乡	341622200	牌楼镇	341702102	九华镇	341723110
小辛集乡	341622202	涓桥镇	341702107	陵阳镇	341723111
利辛县（20镇，3乡）	341623	唐田镇	341702110	酉华镇	341723112
城关镇	341623100	乌沙镇	341702113	乔木乡	341723202
阚疃镇	341623101	牛头山镇	341702114	杜村乡	341723204
张村镇	341623102	梅街镇	341702115		

续表 13

行政区划名称	行政区划代码	行政区划名称	行政区划代码	行政区划名称	行政区划代码
九华乡	341723205	新发镇	341821108	版书镇	341825108
宣城市（21街道，62镇，15乡，1民族乡）	**341800**	飞鲤镇	341821109	云乐镇	341825109
		凌笪镇	341821110	**宁国市（6街道，8镇，4乡，1民族乡）**	**341881**
宣州区（9街道，12镇，3乡）	**341802**	姚村镇	341821111		
西林街道	341802001	**泾县（9镇，2乡）**	**341823**	西津街道	341881001
澄江街道	341802002	泾川镇	341823100	南山街道	341881002
鳌峰街道	341802003	桃花潭镇	341823101	河沥溪街道	341881003
济川街道	341802004	茂林镇	341823102	汪溪街道	341881004
敬亭山街道	341802005	榔桥镇	341823103	竹峰街道	341881005
飞彩街道	341802006	丁家桥镇	341823105	天湖街道	341881006
双桥街道	341802007	蔡村镇	341823106	港口镇	341881100
金坝街道	341802008	琴溪镇	341823108	梅林镇	341881101
向阳街道	341802009	云岭镇	341823109	中溪镇	341881102
古泉镇	341802101	黄村镇	341823110	仙霞镇	341881103
文昌镇	341802103	汀溪乡	341823204	宁墩镇	341881104
杨柳镇	341802104	昌桥乡	341823207	甲路镇	341881105
溪口镇	341802105	**绩溪县（8镇，3乡）**	**341824**	霞西镇	341881106
新田镇	341802106	华阳镇	341824100	胡乐镇	341881107
洪林镇	341802108	临溪镇	341824101	云梯畲族乡	341881200
沈村镇	341802109	长安镇	341824102	南极乡	341881201
水阳镇	341802111	上庄镇	341824103	万家乡	341881202
水东镇	341802112	扬溪镇	341824104	方塘乡	341881204
孙埠镇	341802113	伏岭镇	341824105	青龙乡	341881205
周王镇	341802114	金沙镇	341824106	**广德市（3街道，6镇，3乡）**	**341882**
狸桥镇	341802115	瀛洲镇	341824107		
黄渡乡	341802204	板桥头乡	341824201	桐汭街道	341882001
青湖乡	341802209	家朋乡	341824202	祠山街道	341882002
养贤乡	341802211	荆州乡	341824203	升平街道	341882003
郎溪县（3街道，9镇）	**341821**	**旌德县（10镇）**	**341825**	桃州镇	341882100
郎步街道	341821001	旌阳镇	341825100	柏垫镇	341882101
郎川街道	341821002	蔡家桥镇	341825101	誓节镇	341882102
钟桥街道	341821003	三溪镇	341825102	邱村镇	341882103
建平镇	341821100	庙首镇	341825103	新杭镇	341882104
梅渚镇	341821102	白地镇	341825104	杨滩镇	341882105
涛城镇	341821103	俞村镇	341825105	卢村乡	341882200
十字镇	341821104	兴隆镇	341825106	东亭乡	341882201
毕桥镇	341821107	孙村镇	341825107	四合乡	341882202

福建省

福建省（闽）

行政区划名称	行政区划代码	行政区划名称	行政区划代码	行政区划名称	行政区划代码
福建省（203 街道, 653 镇, 233 乡, 19 民族乡）	350000	马尾区（1 街道, 3 镇）	350105	南屿镇	350121102
福州市（45 街道, 97 镇, 37 乡, 2 民族乡）	350100	罗星街道	350105001	尚干镇	350121103
		马尾镇	350105100	祥谦镇	350121104
鼓楼区（9 街道, 1 镇）	350102	亭江镇	350105101	青口镇	350121105
鼓东街道	350102001	琅岐镇	350105102	南通镇	350121106
鼓西街道	350102002	晋安区（3 街道, 4 镇, 2 乡）	350111	上街镇	350121107
温泉街道	350102003			荆溪镇	350121108
东街街道	350102004	茶园街道	350111001	竹岐乡	350121200
南街街道	350102005	王庄街道	350111002	鸿尾乡	350121201
安泰街道	350102006	象园街道	350111003	洋里乡	350121202
华大街道	350102007	鼓山镇	350111100	大湖乡	350121203
水部街道	350102008	新店镇	350111101	廷坪乡	350121204
五凤街道	350102009	岳峰镇	350111102	小箬乡	350121206
洪山镇	350102100	宦溪镇	350111103	连江县（19 镇, 3 乡, 1 民族乡）	350122
台江区（10 街道）	350103	寿山乡	350111201		
瀛洲街道	350103001	日溪乡	350111202	凤城镇	350122100
后洲街道	350103002	长乐区（5 街道, 11 镇, 2 乡）	350112	敖江镇	350122101
义洲街道	350103003			东岱镇	350122102
新港街道	350103004	营前街道	350112001	琯头镇	350122103
上海街道	350103005	漳港街道	350112002	晓澳镇	350122104
苍霞街道	350103007	航城街道	350112003	东湖镇	350122105
茶亭街道	350103009	吴航街道	350112004	丹阳镇	350122106
洋中街道	350103010	文武砂街道	350112005	长龙镇	350122107
鳌峰街道	350103011	首占镇	350112100	透堡镇	350122108
宁化街道	350103012	玉田镇	350112101	马鼻镇	350122109
仓山区（8 街道, 5 镇）	350104	松下镇	350112102	官坂镇	350122110
仓前街道	350104001	江田镇	350112103	筱埕镇	350122111
东升街道	350104002	古槐镇	350112104	黄岐镇	350122112
对湖街道	350104003	鹤上镇	350112106	苔菉镇	350122113
临江街道	350104004	湖南镇	350112107	浦口镇	350122114
三叉街街道	350104005	金峰镇	350112108	坑园镇	350122115
上渡街道	350104006	文岭镇	350112109	潘渡镇	350122116
下渡街道	350104007	梅花镇	350112110	江南镇	350122117
金山街道	350104008	潭头镇	350112111	下宫镇	350122118
仓山镇	350104100	罗联乡	350112200	蓼沿乡	350122202
城门镇	350104101	猴屿乡	350112201	安凯乡	350122203
盖山镇	350104102	闽侯县（1 街道, 8 镇, 6 乡）	350121	小沧畲族乡	350122205
建新镇	350104103			马祖乡	350122206
螺洲镇	350104104	甘蔗街道	350121001	罗源县（6 镇, 4 乡, 1 民族乡）	350123
		白沙镇	350121101		

续表 1

行政区划名称	行政区划代码	行政区划名称	行政区划代码	行政区划名称	行政区划代码
凤山镇	350123100	赤锡乡	350125203	一都镇	350181119
松山镇	350123101	洑口乡	350125204	**厦门市（37街道，8镇）**	**350200**
起步镇	350123102	盖洋乡	350125205	**思明区（10街道）**	**350203**
中房镇	350123103	东洋乡	350125206	厦港街道	350203001
飞竹镇	350123104	霞拔乡	350125207	中华街道	350203003
鉴江镇	350123105	盘谷乡	350125208	滨海街道	350203005
白塔乡	350123200	红星乡	350125209	鹭江街道	350203006
洪洋乡	350123201	白云乡	350125210	开元街道	350203007
西兰乡	350123202	丹云乡	350125211	梧村街道	350203008
霍口畲族乡	350123203	**平潭县（1街道，**	**350128**	筼筜街道	350203009
碧里乡	350123204	**3镇，3乡）**		莲前街道	350203010
闽清县（11镇，5乡）	**350124**	海坛街道	350128001	嘉莲街道	350203011
梅城镇	350124100	金井镇	350128107	鼓浪屿街道	350203012
梅溪镇	350124101	君山镇	350128108	**海沧区（4街道）**	**350205**
白樟镇	350124102	苏平镇	350128109	海沧街道	350205001
金沙镇	350124103	屿头乡	350128201	新阳街道	350205002
白中镇	350124104	东庠乡	350128205	嵩屿街道	350205003
池园镇	350124105	南海乡	350128207	东孚街道	350205004
坂东镇	350124106	**福清市（7街道，17镇）**	**350181**	**湖里区（5街道）**	**350206**
塔庄镇	350124107	玉屏街道	350181001	湖里街道	350206001
省璜镇	350124108	音西街道	350181002	殿前街道	350206002
雄江镇	350124109	宏路街道	350181003	禾山街道	350206003
东桥镇	350124110	阳下街道	350181004	江头街道	350206004
云龙乡	350124200	龙山街道	350181005	金山街道	350206005
上莲乡	350124201	龙江街道	350181006	**集美区（4街道，2镇）**	**350211**
三溪乡	350124204	石竹街道	350181007	集美街道	350211001
桔林乡	350124205	海口镇	350181103	侨英街道	350211002
下祝乡	350124206	城头镇	350181104	杏林街道	350211003
永泰县（9镇，12乡）	**350125**	南岭镇	350181105	杏滨街道	350211004
樟城镇	350125100	龙田镇	350181106	灌口镇	350211102
嵩口镇	350125101	江镜镇	350181107	后溪镇	350211103
梧桐镇	350125102	港头镇	350181108	**同安区（7街道，4镇）**	**350212**
葛岭镇	350125103	高山镇	350181109	大同街道	350212001
城峰镇	350125104	沙埔镇	350181110	祥平街道	350212002
清凉镇	350125105	三山镇	350181111	新民街道	350212003
长庆镇	350125106	东瀚镇	350181112	西柯街道	350212004
同安镇	350125107	渔溪镇	350181113	祥和街道	350212005
大洋镇	350125108	上迳镇	350181114	新美街道	350212006
塘前乡	350125200	新厝镇	350181115	美林街道	350212007
富泉乡	350125201	江阴镇	350181116	莲花镇	350212105
岭路乡	350125202	东张镇	350181117	洪塘镇	350212107
		镜洋镇	350181118		

续表 2

行政区划名称	行政区划代码	行政区划名称	行政区划代码	行政区划名称	行政区划代码
汀溪镇	350212109	北高镇	350304103	富兴堡街道	350404006
五显镇	350212110	秀屿区（11镇）	350305	荆西街道	350404007
翔安区（7街道，2镇）	350213	笏石镇	350305100	陈大镇	350404100
大嶝街道	350213001	东庄镇	350305101	洋溪镇	350404101
马巷街道	350213002	忠门镇	350305102	莘口镇	350404102
民安街道	350213003	东埔镇	350305103	岩前镇	350404103
凤翔街道	350213004	东峤镇	350305104	中村乡	350404200
新店街道	350213005	埭头镇	350305105	沙县区（2街道，6镇，4乡）	350405
金海街道	350213006	平海镇	350305106		
香山街道	350213007	南日镇	350305107	凤岗街道	350405001
新圩镇	350213103	湄洲镇	350305108	虬江街道	350405002
内厝镇	350213111	山亭镇	350305109	青州镇	350405100
莆田市（8街道，40镇，6乡）	350300	月塘镇	350305110	夏茂镇	350405101
		仙游县（1街道，12镇，5乡）	350322	高砂镇	350405102
城厢区（3街道，4镇）	350302			高桥镇	350405103
龙桥街道	350302001	鲤城街道	350322001	富口镇	350405104
凤凰山街道	350302002	枫亭镇	350322101	大洛镇	350405105
霞林街道	350302003	榜头镇	350322102	南霞乡	350405200
常太镇	350302100	郊尾镇	350322103	南阳乡	350405201
华亭镇	350302101	度尾镇	350322104	郑湖乡	350405202
灵川镇	350302102	赖店镇	350322106	湖源乡	350405203
东海镇	350302103	盖尾镇	350322107	明溪县（4镇，5乡）	350421
涵江区（2街道，9镇，1乡）	350303	园庄镇	350322108	雪峰镇	350421100
		大济镇	350322109	盖洋镇	350421101
涵东街道	350303001	龙华镇	350322110	胡坊镇	350421102
涵西街道	350303002	钟山镇	350322111	瀚仙镇	350421103
三江口镇	350303100	游洋镇	350322112	城关乡	350421200
白塘镇	350303101	鲤南镇	350322113	沙溪乡	350421201
国欢镇	350303102	西苑乡	350322200	夏阳乡	350421202
梧塘镇	350303103	石苍乡	350322202	枫溪乡	350421203
江口镇	350303104	社硎乡	350322203	夏坊乡	350421204
萩芦镇	350303105	书峰乡	350322204	清流县（7镇，6乡）	350423
白沙镇	350303106	菜溪乡	350322205	龙津镇	350423100
庄边镇	350303107	三明市（13街道，78镇，48乡，2民族乡）	350400	嵩溪镇	350423101
新县镇	350303108			嵩口镇	350423102
大洋乡	350303200	三元区（7街道，4镇，1乡）	350404	灵地镇	350423103
荔城区（2街道，4镇）	350304			长校镇	350423104
镇海街道	350304001	列东街道	350404001	赖坊镇	350423105
拱辰街道	350304002	列西街道	350404002	林畲镇	350423106
西天尾镇	350304100	徐碧街道	350404003	温郊乡	350423201
黄石镇	350304101	城关街道	350404004	田源乡	350423203
新度镇	350304102	白沙街道	350404005	沙芜乡	350423204

续表3

行政区划名称	行政区划代码	行政区划名称	行政区划代码	行政区划名称	行政区划代码
余朋乡	350423206	梅仙镇	350426101	溪口镇	350430102
李家乡	350423208	西滨镇	350426102	均口镇	350430103
里田乡	350423209	洋中镇	350426103	伊家乡	350430201
宁化县（11镇，4乡，1民族乡）	350424	新阳镇	350426104	黄坊乡	350430202
		管前镇	350426105	溪源乡	350430203
翠江镇	350424100	西城镇	350426106	客坊乡	350430204
泉上镇	350424101	尤溪口镇	350426107	黄埠乡	350430205
湖村镇	350424102	坂面镇	350426108	永安市（4街道，8镇，2乡，1民族乡）	350481
石壁镇	350424103	联合镇	350426109		
曹坊镇	350424104	中仙镇	350426110	燕东街道	350481001
安远镇	350424105	汤川乡	350426201	燕西街道	350481002
淮土镇	350424106	溪尾乡	350426202	燕南街道	350481003
安乐镇	350424107	台溪乡	350426204	燕北街道	350481004
水茜镇	350424108	八字桥乡	350426206	西洋镇	350481100
城郊镇	350424109	将乐县（8镇，5乡）	350428	贡川镇	350481101
城南镇	350424110	古镛镇	350428100	安砂镇	350481102
济村乡	350424202	万安镇	350428101	小陶镇	350481103
方田乡	350424204	高唐镇	350428102	大湖镇	350481104
治平畲族乡	350424207	白莲镇	350428103	曹远镇	350481105
中沙乡	350424208	黄潭镇	350428104	洪田镇	350481106
河龙乡	350424209	水南镇	350428105	槐南镇	350481107
大田县（12镇，6乡）	350425	光明镇	350428106	上坪乡	350481202
均溪镇	350425100	南口镇	350428107	罗坊乡	350481203
石牌镇	350425101	漠源乡	350428201	青水畲族乡	350481204
上京镇	350425102	万全乡	350428203	泉州市（30街道，110镇，22乡，1民族乡）	350500
广平镇	350425103	安仁乡	350428204		
桃源镇	350425104	大源乡	350428205	鲤城区（8街道）	350502
太华镇	350425105	余坊乡	350428206	海滨街道	350502001
建设镇	350425106	泰宁县（3镇，6乡）	350429	临江街道	350502002
奇韬镇	350425107	杉城镇	350429100	鲤中街道	350502003
吴山镇	350425108	朱口镇	350429101	开元街道	350502004
华兴镇	350425109	下渠镇	350429102	浮桥街道	350502005
梅山镇	350425110	新桥乡	350429200	江南街道	350502006
文江镇	350425111	上青乡	350429201	金龙街道	350502007
屏山乡	350425201	大田乡	350429202	常泰街道	350502008
济阳乡	350425203	梅口乡	350429203	丰泽区（8街道）	350503
武陵乡	350425204	开善乡	350429205	东湖街道	350503001
谢洋乡	350425205	大龙乡	350429206	丰泽街道	350503002
湖美乡	350425208	建宁县（4镇，5乡）	350430	泉秀街道	350503003
前坪乡	350425209	濉溪镇	350430100	清源街道	350503004
尤溪县（11镇，4乡）	350426	里心镇	350430101	华大街道	350503005
城关镇	350426100			城东街道	350503006

续表 4

行政区划名称	行政区划代码	行政区划名称	行政区划代码	行政区划名称	行政区划代码
东海街道	350503007	城厢镇	350524105	外山乡	350525204
北峰街道	350503008	金谷镇	350524106	德化县（12镇，6乡）	350526
洛江区（2街道，3镇，1乡）	350504	龙门镇	350524107	浔中镇	350526100
万安街道	350504001	虎邱镇	350524108	龙浔镇	350526101
双阳街道	350504002	芦田镇	350524109	三班镇	350526102
罗溪镇	350504100	感德镇	350524110	龙门滩镇	350526103
马甲镇	350504101	魁斗镇	350524111	雷峰镇	350526104
河市镇	350504102	西坪镇	350524112	南埕镇	350526105
虹山乡	350504200	参内镇	350524113	水口镇	350526106
泉港区（1街道，6镇）	350505	长卿镇	350524114	赤水镇	350526107
山腰街道	350505001	白濑乡	350524201	上涌镇	350526108
南埔镇	350505100	湖上乡	350524202	葛坑镇	350526109
界山镇	350505101	尚卿乡	350524203	盖德镇	350526110
后龙镇	350505102	大坪乡	350524204	美湖镇	350526111
峰尾镇	350505103	龙涓乡	350524205	杨梅乡	350526200
前黄镇	350505105	蓝田乡	350524207	汤头乡	350526202
涂岭镇	350505106	祥华乡	350524208	桂阳乡	350526204
惠安县（15镇，1民族乡）	350521	桃舟乡	350524209	国宝乡	350526206
螺城镇	350521100	福田乡	350524210	大铭乡	350526208
螺阳镇	350521101	永春县（18镇，4乡）	350525	春美乡	350526209
黄塘镇	350521102	桃城镇	350525100	金门县（0街道）	350527
紫山镇	350521103	五里街镇	350525101	石狮市（2街道，7镇）	350581
洛阳镇	350521104	一都镇	350525102	湖滨街道	350581001
东园镇	350521105	下洋镇	350525103	凤里街道	350581002
张坂镇	350521106	蓬壶镇	350525104	灵秀镇	350581100
崇武镇	350521107	达埔镇	350525105	宝盖镇	350581101
山霞镇	350521108	吾峰镇	350525106	蚶江镇	350581102
涂寨镇	350521109	石鼓镇	350525107	祥芝镇	350581103
东岭镇	350521110	岵山镇	350525108	鸿山镇	350581104
东桥镇	350521111	东平镇	350525109	锦尚镇	350581105
净峰镇	350521112	湖洋镇	350525110	永宁镇	350581106
小岞镇	350521113	坑仔口镇	350525111	晋江市（6街道，13镇）	350582
辋川镇	350521114	玉斗镇	350525112	青阳街道	350582001
百崎回族乡	350521200	锦斗镇	350525113	梅岭街道	350582002
安溪县（15镇，9乡）	350524	东关镇	350525114	西园街道	350582003
凤城镇	350524100	桂洋镇	350525115	罗山街道	350582004
蓬莱镇	350524101	苏坑镇	350525116	灵源街道	350582005
湖头镇	350524102	仙夹镇	350525117	新塘街道	350582006
官桥镇	350524103	横口乡	350525200	陈埭镇	350582101
剑斗镇	350524104	呈祥乡	350525201	池店镇	350582102
		介福乡	350525202	安海镇	350582103

续表 5

行政区划名称	行政区划代码	行政区划名称	行政区划代码	行政区划名称	行政区划代码
磁灶镇	350582104	西桥街道	350602002	东厦镇	350622102
内坑镇	350582105	新桥街道	350602003	莆美镇	350622103
紫帽镇	350582106	巷口街道	350602004	列屿镇	350622104
东石镇	350582107	南坑街道	350602005	火田镇	350622105
永和镇	350582108	通北街道	350602006	下河乡	350622200
英林镇	350582109	芝山街道	350602007	马铺乡	350622201
金井镇	350582110	石亭街道	350602008	和平乡	350622202
龙湖镇	350582111	浦南镇	350602100	漳浦县（17镇，2乡，2民族乡）	350623
深沪镇	350582112	天宝镇	350602101		
西滨镇	350582113	龙文区（6街道，1镇）	350603	绥安镇	350623100
南安市（3街道，21镇，2乡）	350583	东岳街道	350603001	旧镇镇	350623101
		步文街道	350603002	佛昙镇	350623102
溪美街道	350583001	碧湖街道	350603003	赤湖镇	350623103
柳城街道	350583002	蓝田街道	350603004	杜浔镇	350623104
美林街道	350583003	朝阳街道	350603005	霞美镇	350623105
省新镇	350583100	景山街道	350603006	官浔镇	350623106
仑苍镇	350583101	郭坑镇	350603103	石榴镇	350623107
东田镇	350583102	龙海区（1街道，11镇，1乡，1民族乡）	350604	盘陀镇	350623108
英都镇	350583103			长桥镇	350623109
翔云镇	350583104	石码街道	350604001	前亭镇	350623110
金淘镇	350583105	海澄镇	350604100	马坪镇	350623111
诗山镇	350583106	角美镇	350604101	深土镇	350623112
蓬华镇	350583107	白水镇	350604102	六鳌镇	350623113
码头镇	350583108	浮宫镇	350604103	沙西镇	350623114
九都镇	350583109	程溪镇	350604104	古雷镇	350623115
乐峰镇	350583110	港尾镇	350604105	大南坂镇	350623116
罗东镇	350583111	九湖镇	350604106	南浦乡	350623200
梅山镇	350583112	颜厝镇	350604107	赤岭畲族乡	350623201
洪濑镇	350583113	榜山镇	350604108	湖西畲族乡	350623202
洪梅镇	350583114	紫泥镇	350604109	赤土乡	350623203
康美镇	350583115	东园镇	350604110	诏安县（10镇，5乡）	350624
丰州镇	350583116	东泗乡	350604200	南诏镇	350624100
霞美镇	350583117	隆教畲族乡	350604201	四都镇	350624101
官桥镇	350583118	长泰区（4镇，1乡）	350605	梅岭镇	350624102
水头镇	350583119	武安镇	350605100	桥东镇	350624103
石井镇	350583120	岩溪镇	350605101	深桥镇	350624104
眉山乡	350583200	陈巷镇	350605102	太平镇	350624105
向阳乡	350583201	枋洋镇	350605103	霞葛镇	350624106
漳州市（15街道，85镇，20乡，3民族乡）	350600	坂里乡	350605200	官陂镇	350624107
		云霄县（6镇，3乡）	350622	秀篆镇	350624108
芗城区（8街道，2镇）	350602	云陵镇	350622100	西潭镇	350624109
东铺头街道	350602001	陈岱镇	350622101	金星乡	350624200

续表 6

行政区划名称	行政区划代码	行政区划名称	行政区划代码	行政区划名称	行政区划代码
白洋乡	350624202	华丰镇	350629100	徐市镇	350703101
建设乡	350624203	丰山镇	350629101	莒口镇	350703102
红星乡	350624204	沙建镇	350629102	麻沙镇	350703103
梅洲乡	350624205	新圩镇	350629103	黄坑镇	350703104
东山县（7 镇）	**350626**	高安镇	350629104	水吉镇	350703105
西埔镇	350626100	仙都镇	350629105	漳墩镇	350703106
樟塘镇	350626101	高车乡	350629200	小湖镇	350703107
康美镇	350626102	马坑乡	350629201	崇雒乡	350703200
杏陈镇	350626103	湖林乡	350629203	书坊乡	350703201
陈城镇	350626104	**南平市（27 街道，72 镇，43 乡）**	**350700**	回龙乡	350703202
前楼镇	350626105			**顺昌县（1 街道，8 镇，3 乡）**	**350721**
铜陵镇	350626106	**延平区（6 街道，13 镇，2 乡）**	**350702**		
南靖县（11 镇）	**350627**			双溪街道	350721001
山城镇	350627100	梅山街道	350702001	建西镇	350721101
丰田镇	350627101	黄墩街道	350702002	洋口镇	350721102
靖城镇	350627102	紫云街道	350702003	元坑镇	350721103
龙山镇	350627103	四鹤街道	350702004	埔上镇	350721105
金山镇	350627104	水南街道	350702005	大历镇	350721106
和溪镇	350627105	水东街道	350702006	大干镇	350721107
奎洋镇	350627106	来舟镇	350702100	仁寿镇	350721108
梅林镇	350627107	樟湖镇	350702101	郑坊镇	350721109
书洋镇	350627108	夏道镇	350702102	洋墩乡	350721200
船场镇	350627109	西芹镇	350702103	岚下乡	350721203
南坑镇	350627110	峡阳镇	350702104	高阳乡	350721204
平和县（10 镇，5 乡）	**350628**	南山镇	350702105	**浦城县（2 街道，9 镇，8 乡）**	**350722**
小溪镇	350628100	大横镇	350702106		
山格镇	350628101	王台镇	350702107	南浦街道	350722001
文峰镇	350628102	太平镇	350702108	河滨街道	350722002
南胜镇	350628103	塔前镇	350702109	富岭镇	350722101
坂仔镇	350628104	洋后镇	350702111	石陂镇	350722102
安厚镇	350628105	炉下镇	350702112	临江镇	350722103
大溪镇	350628106	茫荡镇	350702113	仙阳镇	350722104
霞寨镇	350628107	巨口乡	350702200	水北街镇	350722105
九峰镇	350628108	赤门乡	350702202	永兴镇	350722106
芦溪镇	350628109	**建阳区（5 街道，8 镇，3 乡）**	**350703**	忠信镇	350722107
五寨乡	350628200			莲塘镇	350722108
国强乡	350628201	潭城街道	350703001	九牧镇	350722109
崎岭乡	350628202	童游街道	350703002	万安乡	350722200
长乐乡	350628203	宝山街道	350703003	古楼乡	350722201
秀峰乡	350628204	崇阳街道	350703004	山下乡	350722202
华安县（6 镇，3 乡）	**350629**	崇泰街道	350703005	枫溪乡	350722203
		将口镇	350703100	濠村乡	350722204

续表 7

行政区划名称	行政区划代码	行政区划名称	行政区划代码	行政区划名称	行政区划代码
管厝乡	350722205	水北镇	350781101	顺阳乡	350783200
盘亭乡	350722206	下沙镇	350781102	水源乡	350783201
官路乡	350722207	卫闽镇	350781103	川石乡	350783202
光泽县 (3镇, 5乡)	**350723**	沿山镇	350781104	龙村乡	350783203
杭川镇	350723100	拿口镇	350781105	**龙岩市 (14街道, 94镇, 23乡, 2民族乡)**	**350800**
寨里镇	350723101	洪墩镇	350781106		
止马镇	350723102	大埠岗镇	350781107	**新罗区 (10街道, 10镇)**	**350802**
鸾凤乡	350723200	和平镇	350781108	东城街道	350802001
崇仁乡	350723201	肖家坊镇	350781109	南城街道	350802002
李坊乡	350723202	大竹镇	350781110	西城街道	350802003
华桥乡	350723203	吴家塘镇	350781111	中城街道	350802004
司前乡	350723204	桂林乡	350781200	西陂街道	350802005
松溪县 (1街道, 2镇, 6乡)	**350724**	张厝乡	350781201	曹溪街道	350802006
		金坑乡	350781202	东肖街道	350802007
松源街道	350724001	**武夷山市 (3街道, 3镇, 4乡)**	**350782**	龙门街道	350802008
郑墩镇	350724101			铁山街道	350802009
渭田镇	350724102	崇安街道	350782001	北城街道	350802010
河东乡	350724200	新丰街道	350782002	红坊镇	350802100
茶平乡	350724201	武夷街道	350782003	适中镇	350802101
旧县乡	350724202	星村镇	350782101	雁石镇	350802102
溪东乡	350724203	兴田镇	350782102	白沙镇	350802103
花桥乡	350724204	五夫镇	350782103	万安镇	350802104
祖墩乡	350724205	上梅乡	350782201	大池镇	350802105
政和县 (1街道, 4镇, 5乡)	**350725**	吴屯乡	350782202	小池镇	350802106
		岚谷乡	350782203	江山镇	350802107
熊山街道	350725001	洋庄乡	350782204	苏坂镇	350802108
东平镇	350725101	**建瓯市 (4街道, 10镇, 4乡)**	**350783**	岩山镇	350802109
石屯镇	350725102			**永定区 (1街道, 17镇, 6乡)**	**350803**
铁山镇	350725103	建安街道	350783001		
镇前镇	350725104	通济街道	350783002	凤城街道	350803001
星溪乡	350725200	瓯宁街道	350783003	坎市镇	350803101
外屯乡	350725201	芝山街道	350783004	下洋镇	350803102
杨源乡	350725202	徐墩镇	350783100	湖雷镇	350803103
澄源乡	350725203	吉阳镇	350783101	高陂镇	350803104
岭腰乡	350725204	房道镇	350783102	抚市镇	350803105
邵武市 (4街道, 12镇, 3乡)	**350781**	南雅镇	350783103	湖坑镇	350803106
		迪口镇	350783104	培丰镇	350803107
昭阳街道	350781001	小桥镇	350783105	龙潭镇	350803108
通泰街道	350781002	玉山镇	350783106	峰市镇	350803109
水北街道	350781003	东游镇	350783107	城郊镇	350803110
晒口街道	350781004	东峰镇	350783108	仙师镇	350803111
城郊镇	350781100	小松镇	350783109	虎岗镇	350803112

续表 8

行政区划名称	行政区划代码	行政区划名称	行政区划代码	行政区划名称	行政区划代码
堂堡镇	350803113	旧县镇	350823110	宣和镇	350825111
岐岭镇	350803114	溪口镇	350823111	揭乐乡	350825200
高头镇	350803115	湖洋镇	350823112	塘前乡	350825201
洪山镇	350803116	太拔镇	350823113	罗坊乡	350825204
金砂镇	350803117	通贤镇	350823114	曲溪乡	350825208
西溪乡	350803201	下都镇	350823115	赖源乡	350825209
湖山乡	350803205	茶地镇	350823116	漳平市 (2 街道，11 镇，3 乡)	**350881**
古竹乡	350803207	庐丰畲族乡	350823202	菁城街道	350881001
合溪乡	350803209	洋境乡	350823206	桂林街道	350881002
大溪乡	350803211	官庄畲族乡	350823211	新桥镇	350881100
陈东乡	350803212	珊瑚乡	350823212	双洋镇	350881101
长汀县 (13 镇，5 乡)	**350821**	武平县 (1 街道，14 镇，2 乡)	**350824**	永福镇	350881102
汀州镇	350821100			溪南镇	350881103
大同镇	350821101	平川街道	350824001	和平镇	350881104
古城镇	350821102	中山镇	350824101	拱桥镇	350881105
新桥镇	350821103	岩前镇	350824102	象湖镇	350881106
馆前镇	350821104	十方镇	350824103	赤水镇	350881107
童坊镇	350821105	中堡镇	350824104	西园镇	350881108
河田镇	350821106	桃溪镇	350824105	南洋镇	350881109
南山镇	350821107	城厢镇	350824106	芦芝镇	350881110
濯田镇	350821108	东留镇	350824107	官田乡	350881203
四都镇	350821109	武东镇	350824108	吾祠乡	350881204
涂坊镇	350821110	永平镇	350824109	灵地乡	350881205
策武镇	350821111	万安镇	350824110	宁德市 (14 街道，69 镇，34 乡，9 民族乡)	**350900**
三洲镇	350821112	象洞镇	350824111		
铁长乡	350821201	湘店镇	350824112	蕉城区 (2 街道，11 镇，2 乡，1 民族乡)	**350902**
庵杰乡	350821202	大禾镇	350824113		
宣成乡	350821204	中赤镇	350824114	蕉南街道	350902001
红山乡	350821205	民主乡	350824203	蕉北街道	350902002
羊牯乡	350821206	下坝乡	350824204	城南镇	350902100
上杭县 (17 镇，2 乡，2 民族乡)	**350823**	连城县 (12 镇，5 乡)	**350825**	漳湾镇	350902101
		莲峰镇	350825100	七都镇	350902102
临江镇	350823100	北团镇	350825101	八都镇	350902103
临城镇	350823101	姑田镇	350825102	九都镇	350902104
中都镇	350823102	朋口镇	350825103	霍童镇	350902105
蓝溪镇	350823103	莒溪镇	350825104	赤溪镇	350902106
稔田镇	350823104	新泉镇	350825105	洋中镇	350902107
白砂镇	350823105	庙前镇	350825106	飞鸾镇	350902108
古田镇	350823106	文亨镇	350825107	三都镇	350902109
才溪镇	350823107	四堡镇	350825108	虎浿镇	350902110
南阳镇	350823108	林坊镇	350825109	金涵畲族乡	350902200
蛟洋镇	350823109	隔川镇	350825110		

续表 9

行政区划名称	行政区划代码	行政区划名称	行政区划代码	行政区划名称	行政区划代码
洪口乡	350902201	甘棠乡	350923202	城南街道	350981001
石后乡	350902202	熙岭乡	350923203	城北街道	350981002
霞浦县 (3街道, 6镇, 3乡, 3民族乡)	**350921**	路下乡	350923204	阳头街道	350981003
松港街道	350921001	寿山乡	350923205	罗江街道	350981004
松城街道	350921002	岭下乡	350923206	赛岐镇	350981100
松山街道	350921003	寿宁县 (8镇, 6乡)	**350924**	穆阳镇	350981101
长春镇	350921101	鳌阳镇	350924100	上白石镇	350981102
牙城镇	350921102	斜滩镇	350924101	潭头镇	350981103
溪南镇	350921103	南阳镇	350924102	社口镇	350981104
沙江镇	350921104	武曲镇	350924103	晓阳镇	350981105
下浒镇	350921105	犀溪镇	350924104	溪潭镇	350981106
三沙镇	350921106	平溪镇	350924105	甘棠镇	350981107
盐田畲族乡	350921200	凤阳镇	350924106	下白石镇	350981108
水门畲族乡	350921201	清源镇	350924107	溪尾镇	350981109
崇儒畲族乡	350921202	大安乡	350924200	溪柄镇	350981110
柏洋乡	350921203	坑底乡	350924201	湾坞镇	350981111
北壁乡	350921204	竹管垅乡	350924203	城阳镇	350981112
海岛乡	350921205	芹洋乡	350924205	坂中畲族乡	350981201
古田县 (2街道, 8镇, 4乡)	**350922**	托溪乡	350924206	范坑乡	350981202
城西街道	350922001	下党乡	350924209	穆云畲族乡	350981203
城东街道	350922002	周宁县 (6镇, 3乡)	**350925**	康厝畲族乡	350981204
平湖镇	350922101	狮城镇	350925100	松罗乡	350981206
大桥镇	350922102	咸村镇	350925101	福鼎市 (3街道, 10镇, 1乡, 2民族乡)	**350982**
黄田镇	350922103	浦源镇	350925102	桐山街道	350982001
鹤塘镇	350922104	七步镇	350925103	桐城街道	350982002
杉洋镇	350922105	李墩镇	350925104	山前街道	350982003
凤都镇	350922106	纯池镇	350925105	贯岭镇	350982100
水口镇	350922107	泗桥乡	350925200	前岐镇	350982101
大甲镇	350922108	礼门乡	350925201	沙埕镇	350982102
吉巷乡	350922201	玛坑乡	350925202	店下镇	350982103
泮洋乡	350922203	柘荣县 (2镇, 7乡)	**350926**	太姥山镇	350982104
凤埔乡	350922204	双城镇	350926100	磻溪镇	350982105
卓洋乡	350922205	富溪镇	350926101	白琳镇	350982106
屏南县 (5镇, 6乡)	**350923**	城郊乡	350926200	点头镇	350982107
古峰镇	350923100	乍洋乡	350926201	管阳镇	350982108
双溪镇	350923101	东源乡	350926202	嵛山镇	350982109
代溪镇	350923102	黄柏乡	350926203	硖门畲族乡	350982200
长桥镇	350923103	宅中乡	350926204	叠石乡	350982201
棠口镇	350923104	楮坪乡	350926205	佳阳畲族乡	350982202
屏城乡	350923200	英山乡	350926206		
		福安市 (4街道, 13镇, 2乡, 3民族乡)	**350981**		

江西省

江西省（赣）

行政区划名称	行政区划代码	行政区划名称	行政区划代码	行政区划名称	行政区划代码
江西省（186街道，832镇，552乡，8民族乡）	360000	新建区（5街道，14镇，5乡）	360112	莲塘镇	360121100
				向塘镇	360121101
南昌市（39街道，48镇，28乡）	360100	站前街道	360112001	三江镇	360121102
		幸福街道	360112002	广福镇	360121103
东湖区（7街道，1镇）	360102	蛟桥街道	360112003	塘南镇	360121104
董家窑街道	360102014	长堎街道	360112004	幽兰镇	360121105
滕王阁街道	360102015	欣悦湖街道	360112005	蒋巷镇	360121106
百花洲街道	360102016	石岗镇	360112101	武阳镇	360121107
墩子塘街道	360102017	松湖镇	360112102	冈上镇	360121108
大院街道	360102020	望城镇	360112103	昌东镇	360121109
豫章街道	360102022	樵舍镇	360112104	麻丘镇	360121110
彭家桥街道	360102023	象山镇	360112105	黄马乡	360121200
扬子洲镇	360102100	乐化镇	360112106	富山乡	360121201
西湖区（10街道）	360103	西山镇	360112107	泾口乡	360121202
南浦街道	360103014	溪霞镇	360112108	东新乡	360121203
绳金塔街道	360103016	联圩镇	360112109	南新乡	360121204
南站街道	360103018	石埠镇	360112110	八一乡	360121205
朝阳洲街道	360103019	梅岭镇	360112112	塔城乡	360121206
广润门街道	360103021	太平镇	360112113	安义县（7镇，3乡）	360123
丁公路街道	360103023	罗亭镇	360112114	龙津镇	360123100
桃源街道	360103024	招贤镇	360112115	万埠镇	360123101
朝农街道	360103025	昌邑乡	360112200	石鼻镇	360123102
桃花街道	360103026	南矶乡	360112201	鼎湖镇	360123103
九洲街道	360103027	金桥乡	360112203	长埠镇	360123104
青云谱区（5街道，1镇）	360104	大塘坪乡	360112204	东阳镇	360123105
三家店街道	360104006	铁河乡	360112205	黄洲镇	360123106
洪都街道	360104007	红谷滩区（7街道，1镇，1乡）	360113	乔乐乡	360123201
岱山街道	360104008			长均乡	360123202
徐家坊街道	360104009	沙井街道	360113001	新民乡	360123204
京山街道	360104010	卫东街道	360113002	进贤县（9镇，12乡）	360124
青云谱镇	360104100	生米街道	360113003	温圳镇	360124101
青山湖区（4街道，4镇）	360111	凤凰洲街道	360113004	李渡镇	360124102
青山路街道	360111001	红角洲街道	360113005	张公镇	360124104
上海路街道	360111002	九龙湖街道	360113006	梅庄镇	360124105
南钢街道	360111003	龙兴街道	360113007	架桥镇	360124106
站东街道	360111004	流湖镇	360113101	罗溪镇	360124107
罗家镇	360111101	厚田乡	360113200	前坊镇	360124109
湖坊镇	360111103	南昌县（1街道，11镇，7乡）	360121	民和镇	360124110
塘山镇	360111104			文港镇	360124111
京东镇	360111106	八月湖街道	360121001		

续表 1

行政区划名称	行政区划代码	行政区划名称	行政区划代码	行政区划名称	行政区划代码
白圩乡	360124201	三龙镇	360222108	安源镇	360302102
下埠集乡	360124202	峙滩镇	360222109	青山镇	360302103
衙前乡	360124203	王港乡	360222202	五陂镇	360302105
长山晏乡	360124204	臧湾乡	360222203	湘东区（1街道，8镇，2乡）	360313
泉岭乡	360124205	黄坛乡	360222208		
池溪乡	360124206	兴田乡	360222210	峡山口街道	360313001
南台乡	360124207	江村乡	360222212	湘东镇	360313100
钟陵乡	360124208	勒功乡	360222214	荷尧镇	360313101
二塘乡	360124209	西湖乡	360222215	老关镇	360313102
三里乡	360124210	罗家桥乡	360222216	下埠镇	360313103
七里乡	360124211	乐平市（2街道，15镇，1乡）	360281	排上镇	360313104
三阳集乡	360124213			东桥镇	360313105
景德镇市（15街道，27镇，10乡）	360200	塔山街道	360281001	麻山镇	360313106
		泪阳街道	360281002	腊市镇	360313107
昌江区（3街道，2镇，1乡）	360202	镇桥镇	360281101	白竺乡	360313201
		乐港镇	360281102	广寒寨乡	360313203
新枫街道	360202001	涌山镇	360281103	莲花县（5镇，8乡）	360321
西郊街道	360202002	众埠镇	360281104	琴亭镇	360321100
吕蒙街道	360202003	接渡镇	360281105	坊楼镇	360321101
鲇鱼山镇	360202101	礼林镇	360281107	升坊镇	360321102
丽阳镇	360202103	后港镇	360281108	良坊镇	360321104
荷塘乡	360202201	塔前镇	360281109	路口镇	360321105
珠山区（10街道）	360203	双田镇	360281110	神泉乡	360321204
珠山街道	360203001	临港镇	360281111	三板桥乡	360321205
里村街道	360203003	高家镇	360281112	南岭乡	360321206
新村街道	360203004	名口镇	360281113	荷塘乡	360321207
石狮埠街道	360203005	浯口镇	360281114	高洲乡	360321209
新厂街道	360203006	洪岩镇	360281115	六市乡	360321210
昌江街道	360203007	十里岗镇	360281116	湖上乡	360321213
周路口街道	360203008	鸬鹚乡	360281205	闪石乡	360321215
昌河街道	360203009	萍乡市（9街道，29镇，19乡）	360300	上栗县（6镇，4乡）	360322
太白园街道	360203010			上栗镇	360322100
竟成街道	360203011	安源区（8街道，4镇）	360302	桐木镇	360322101
浮梁县（10镇，8乡）	360222	八一街道	360302001	福田镇	360322102
浮梁镇	360222100	凤凰街道	360302002	金山镇	360322103
鹅湖镇	360222101	丹江街道	360302003	彭高镇	360322104
经公桥镇	360222102	后埠街道	360302004	赤山镇	360322105
蛟潭镇	360222103	东大街道	360302005	长平乡	360322200
湘湖镇	360222104	白源街道	360302006	东源乡	360322201
瑶里镇	360222105	横龙街道	360302007	鸡冠山乡	360322203
洪源镇	360222106	光丰街道	360302008	杨岐乡	360322204
寿安镇	360222107	高坑镇	360302101	芦溪县（6镇，5乡）	360323

续表　2

行政区划名称	行政区划代码	行政区划名称	行政区划代码	行政区划名称	行政区划代码
芦溪镇	360323100	城子镇	360404103	何市镇	360424112
宣风镇	360323101	港口街镇	360404104	黄港镇	360424113
上埠镇	360323102	新合镇	360404105	黄沙镇	360424114
银河镇	360323103	涌泉乡	360404202	山口镇	360424115
南坑镇	360323104	新塘乡	360404203	四都镇	360424116
麻田镇	360323105	岷山乡	360404208	西港镇	360424117
长丰乡	360323200	永安乡	360404209	宁州镇	360424118
新泉乡	360323201	**武宁县（1 街道，8 镇，**	**360423**	路口乡	360424200
万龙山乡	360323203	**11 乡）**		黄龙乡	360424201
张佳坊乡	360323204	豫宁街道	360423001	上衫乡	360424202
源南乡	360323206	新宁镇	360423100	余塅乡	360424203
九江市（21 街道，101 镇，	**360400**	罗坪镇	360423101	水源乡	360424204
78 乡）		泉口镇	360423102	石坳乡	360424205
濂溪区（3 街道，5 镇，	**360402**	鲁溪镇	360423103	东港乡	360424206
2 乡）		澧溪镇	360423104	上杭乡	360424207
十里街道	360402001	船滩镇	360423105	新湾乡	360424210
五里街道	360402002	石门楼镇	360423106	布甲乡	360424211
七里湖街道	360402003	宋溪镇	360423108	大椿乡	360424212
威家镇	360402101	大洞乡	360423200	庙岭乡	360424213
新港镇	360402102	横路乡	360423201	竹坪乡	360424214
莲花镇	360402103	官莲乡	360423202	征村乡	360424215
赛阳镇	360402105	巾口乡	360423203	漫江乡	360424216
姑塘镇	360402106	甫田乡	360423206	复原乡	360424217
虞家河乡	360402202	石渡乡	360423207	黄坳乡	360424218
高垅乡	360402203	清江乡	360423208	**永修县（1 街道，**	**360425**
浔阳区（8 街道）	**360403**	上汤乡	360423209	**11 镇，4 乡）**	
甘棠街道	360403001	东林乡	360423211	丰安街道	360425001
湓浦街道	360403002	罗溪乡	360423212	涂埠镇	360425100
人民路街道	360403004	杨洲乡	360423214	吴城镇	360425101
白水湖街道	360403005	**修水县（19 镇，17 乡）**	**360424**	柘林镇	360425102
金鸡坡街道	360403006	义宁镇	360424100	虬津镇	360425103
滨兴街道	360403008	太阳升镇	360424101	艾城镇	360425104
向阳街道	360403009	全丰镇	360424102	滩溪镇	360425105
八里湖街道	360403010	白岭镇	360424103	白槎镇	360425106
柴桑区（4 街道，5 镇，	**360404**	古市镇	360424104	梅棠镇	360425107
4 乡）		大桥镇	360424105	三溪桥镇	360425108
沙河街道	360404001	渣津镇	360424106	燕坊镇	360425109
狮子街道	360404002	杭口镇	360424107	马口镇	360425110
城门街道	360404003	马坳镇	360424108	三角乡	360425200
浔南街道	360404004	溪口镇	360424109	九合乡	360425201
马回岭镇	360404101	港口镇	360424110	立新乡	360425203
江洲镇	360404102	上奉镇	360424111	江上乡	360425205

续表 3

行政区划名称	行政区划代码	行政区划名称	行政区划代码	行政区划名称	行政区划代码
德安县（5镇，8乡）	**360426**	马影镇	360429102	黄金乡	360481211
蒲亭镇	360426100	武山镇	360429103	南阳乡	360481212
聂桥镇	360426101	城山镇	360429104	横立山乡	360481213
车桥镇	360426102	均桥镇	360429105	**共青城市（1街道，2镇，3乡）**	**360482**
丰林镇	360426103	凰村镇	360429106		
吴山镇	360426104	大垅乡	360429200	茶山街道	360482001
宝塔乡	360426201	张青乡	360429202	甘露镇	360482100
河东乡	360426202	付垅乡	360429205	江益镇	360482101
高塘乡	360426204	舜德乡	360429208	金湖乡	360482202
林泉乡	360426205	流芳乡	360429210	泽泉乡	360482203
磨溪乡	360426208	**彭泽县（10镇，3乡）**	**360430**	苏家垱乡	360482204
爱民乡	360426209	龙城镇	360430100	**庐山市（9镇，1乡）**	**360483**
邹桥乡	360426211	棉船镇	360430101	南康镇	360483100
塘山乡	360426212	马垱镇	360430102	蛟塘镇	360483101
都昌县（12镇，12乡）	**360428**	芙蓉墩镇	360430104	白鹿镇	360483102
都昌镇	360428100	定山镇	360430105	星子镇	360483103
周溪镇	360428101	天红镇	360430106	温泉镇	360483104
三汊港镇	360428102	杨梓镇	360430107	华林镇	360483105
中馆镇	360428103	东升镇	360430108	横塘镇	360483106
大沙镇	360428104	瀼溪镇	360430109	牯岭镇	360483107
万户镇	360428105	黄花镇	360430110	海会镇	360483108
南峰镇	360428106	太平关乡	360430201	蓼南乡	360483200
土塘镇	360428107	浩山乡	360430203	**新余市（7街道，18镇，8乡）**	**360500**
大港镇	360428108	黄岭乡	360430206		
蔡岭镇	360428109	**瑞昌市（3街道，8镇，8乡）**	**360481**	**渝水区（5街道，11镇，5乡）**	**360502**
徐埠镇	360428110				
左里镇	360428111	溢城街道	360481001	城南街道	360502001
和合乡	360428200	桂林街道	360481002	城北街道	360502002
阳峰乡	360428201	赛湖街道	360481003	袁河街道	360502003
西源乡	360428202	码头镇	360481101	新钢街道	360502004
芗溪乡	360428203	白杨镇	360481102	孔目江街道	360502005
狮山乡	360428204	南义镇	360481103	罗坊镇	360502101
鸣山乡	360428207	横港镇	360481104	水北镇	360502102
春桥乡	360428210	范镇	360481105	良山镇	360502103
苏山乡	360428211	肇陈镇	360481106	姚圩镇	360502105
多宝乡	360428212	高丰镇	360481107	下村镇	360502106
汪墩乡	360428213	夏畈镇	360481108	珠珊镇	360502107
北山乡	360428215	乐园乡	360481205	观巢镇	360502109
大树乡	360428216	洪一乡	360481206	欧里镇	360502110
湖口县（7镇，5乡）	**360429**	花园乡	360481207	河下镇	360502111
双钟镇	360429100	洪下乡	360481208	水西镇	360502112
流泗镇	360429101	武蛟乡	360481209	鹄山镇	360502113

续表 4

行政区划名称	行政区划代码	行政区划名称	行政区划代码	行政区划名称	行政区划代码
南安乡	360502202	洪湖乡	360603203	蟠龙镇	360702107
人和乡	360502204	刘家站乡	360603204	湖边镇	360702108
新溪乡	360502206	贵溪市（4 街道，16 镇，	360681	潭东镇	360702109
界水乡	360502211	3 乡，1 民族乡）		潭口镇	360702110
九龙山乡	360502212	雄石街道	360681001	南康区（2 街道，7 镇，	360703
分宜县（2 街道，7 镇，	360521	东门街道	360681002	10 乡，1 民族乡）	
3 乡）		花园街道	360681003	蓉江街道	360703001
钤东街道	360521001	江北街道	360681004	东山街道	360703002
钤西街道	360521002	塘湾镇	360681103	唐江镇	360703100
分宜镇	360521100	泗沥镇	360681104	凤岗镇	360703101
杨桥镇	360521101	河潭镇	360681105	横市镇	360703102
湖泽镇	360521102	志光镇	360681106	龙岭镇	360703103
双林镇	360521104	鸿塘镇	360681107	龙回镇	360703104
钤山镇	360521105	冷水镇	360681108	镜坝镇	360703105
洋江镇	360521107	文坊镇	360681109	龙华镇	360703106
凤阳镇	360521108	金屯镇	360681110	浮石乡	360703200
洞村乡	360521204	流口镇	360681111	横寨乡	360703201
高岚乡	360521205	罗河镇	360681112	朱坊乡	360703202
操场乡	360521206	周坊镇	360681113	太窝乡	360703203
鹰潭市（12 街道，23 镇，	360600	滨江镇	360681114	三江乡	360703204
8 乡，1 民族乡）		天禄镇	360681115	十八塘乡	360703206
月湖区（7 街道，1 镇）	360602	雷溪镇	360681116	麻双乡	360703207
江边街道	360602001	上清镇	360681117	大坪乡	360703208
交通街道	360602002	龙虎山镇	360681118	坪市乡	360703209
东湖街道	360602003	白田乡	360681201	隆木乡	360703210
梅园街道	360602004	耳口乡	360681206	赤土畲族乡	360703211
白露街道	360602005	樟坪畲族乡	360681208	赣县区（12 镇，7 乡）	360704
四青街道	360602006	彭湾乡	360681210	梅林镇	360704100
夏埠街道	360602007	赣州市（9 街道，147 镇，	360700	王母渡镇	360704101
童家镇	360602101	136 乡，1 民族乡）		沙地镇	360704102
余江区（1 街道，6 镇，	360603	章贡区（7 街道，8 镇）	360702	江口镇	360704103
5 乡）		赣江街道	360702001	田村镇	360704104
邓埠街道	360603001	解放街道	360702002	南塘镇	360704105
锦江镇	360603101	南外街道	360702003	茅店镇	360704106
画桥镇	360603102	东外街道	360702004	吉埠镇	360704107
潢溪镇	360603103	黄金岭街道	360702005	五云镇	360704108
中童镇	360603104	水南街道	360702006	湖江镇	360704109
马荃镇	360603105	章江街道	360702007	储潭镇	360704110
春涛镇	360603106	沙石镇	360702101	韩坊镇	360704111
黄庄乡	360603200	水东镇	360702102	阳埠乡	360704200
平定乡	360603201	沙河镇	360702105	大埠乡	360704202
杨溪乡	360603202	水西镇	360702106	长洛乡	360704203

续表 5

行政区划名称	行政区划代码	行政区划名称	行政区划代码	行政区划名称	行政区划代码
大田乡	360704204	安和乡	360724202	定南县（7 镇）	**360728**
石芫乡	360704207	双溪乡	360724204	历市镇	360728100
三溪乡	360704208	水岩乡	360724205	岿美山镇	360728101
白鹭乡	360704209	平富乡	360724206	老城镇	360728102
信丰县（13 镇，3 乡）	**360722**	五指峰乡	360724207	天九镇	360728103
嘉定镇	360722100	紫阳乡	360724208	龙塘镇	360728104
大塘埠镇	360722101	**崇义县（6 镇，10 乡）**	**360725**	岭北镇	360728105
古陂镇	360722102	横水镇	360725100	鹅公镇	360728106
大桥镇	360722103	扬眉镇	360725102	**全南县（6 镇，3 乡）**	**360729**
新田镇	360722104	过埠镇	360725103	城厢镇	360729100
安西镇	360722105	铅厂镇	360725104	大吉山镇	360729101
小江镇	360722106	长龙镇	360725105	陂头镇	360729102
铁石口镇	360722107	关田镇	360725106	金龙镇	360729103
大阿镇	360722108	龙勾乡	360725200	南迳镇	360729104
油山镇	360722109	杰坝乡	360725202	龙源坝镇	360729105
小河镇	360722110	金坑乡	360725203	中寨乡	360729200
西牛镇	360722111	思顺乡	360725204	社迳乡	360729201
正平镇	360722112	麟潭乡	360725205	龙下乡	360729202
虎山乡	360722200	上堡乡	360725206	**宁都县（12 镇，12 乡）**	**360730**
崇仙乡	360722201	聂都乡	360725207	梅江镇	360730100
万隆乡	360722202	文英乡	360725208	青塘镇	360730101
大余县（8 镇，3 乡）	**360723**	乐洞乡	360725209	长胜镇	360730102
南安镇	360723100	丰州乡	360725210	黄陂镇	360730103
新城镇	360723101	**安远县（8 镇，10 乡）**	**360726**	赖村镇	360730104
池江镇	360723102	欣山镇	360726100	固村镇	360730105
青龙镇	360723103	孔田镇	360726101	石上镇	360730106
樟斗镇	360723104	版石镇	360726102	东山坝镇	360730107
黄龙镇	360723105	天心镇	360726103	洛口镇	360730108
吉村镇	360723106	龙布镇	360726104	小布镇	360730109
左拔镇	360723107	鹤子镇	360726105	黄石镇	360730110
浮江乡	360723200	三百山镇	360726106	田头镇	360730111
内良乡	360723201	车头镇	360726107	竹笮乡	360730200
河洞乡	360723202	镇岗乡	360726200	对坊乡	360730201
上犹县（6 镇，8 乡）	**360724**	凤山乡	360726201	固厚乡	360730202
东山镇	360724100	新龙乡	360726202	田埠乡	360730203
陡水镇	360724101	蔡坊乡	360726203	会同乡	360730204
社溪镇	360724102	重石乡	360726204	湛田乡	360730205
营前镇	360724103	长沙乡	360726205	安福乡	360730206
黄埠镇	360724104	浮槎乡	360726206	东韶乡	360730207
寺下镇	360724105	双芫乡	360726207	蔡江乡	360730208
梅水乡	360724200	塘村乡	360726208	大沽乡	360730209
油石乡	360724201	高云山乡	360726209	肖田乡	360730210

续表 6

行政区划名称	行政区划代码	行政区划名称	行政区划代码	行政区划名称	行政区划代码
钓峰乡	360730211	隆坪乡	360732208	项山乡	360734205
于都县（9镇，14乡）	360731	均村乡	360732209	水源乡	360734206
贡江镇	360731100	茶园乡	360732210	罗珊乡	360734207
铁山垅镇	360731101	崇贤乡	360732211	石城县（6镇，5乡）	360735
盘古山镇	360731102	枫边乡	360732212	琴江镇	360735100
祁禄山镇	360731103	南坑乡	360732213	小松镇	360735101
银坑镇	360731104	方太乡	360732215	屏山镇	360735102
罗坳镇	360731105	鼎龙乡	360732216	横江镇	360735103
禾丰镇	360731106	长冈乡	360732217	高田镇	360735104
岭背镇	360731107	会昌县（6镇，13乡）	360733	赣江源镇	360735105
梓山镇	360731108	文武坝镇	360733100	木兰乡	360735200
罗江乡	360731200	筠门岭镇	360733101	丰山乡	360735201
小溪乡	360731201	西江镇	360733102	大由乡	360735202
利村乡	360731202	周田镇	360733103	龙岗乡	360735203
新陂乡	360731203	麻州镇	360733104	珠坑乡	360735204
靖石乡	360731204	庄口镇	360733105	瑞金市（8镇，9乡）	360781
黄麟乡	360731205	清溪乡	360733201	象湖镇	360781100
沙心乡	360731206	右水乡	360733202	壬田镇	360781101
宽田乡	360731207	高排乡	360733203	谢坊镇	360781102
葛坳乡	360731208	晓龙乡	360733204	沙洲坝镇	360781103
桥头乡	360731209	珠兰乡	360733205	瑞林镇	360781104
马安乡	360731210	洞头乡	360733206	九堡镇	360781105
仙下乡	360731211	中村乡	360733207	武阳镇	360781106
车溪乡	360731212	站塘乡	360733208	叶坪镇	360781107
段屋乡	360731213	永隆乡	360733209	日东乡	360781201
兴国县（9镇，16乡）	360732	富城乡	360733210	黄柏乡	360781202
潋江镇	360732100	小密乡	360733211	大柏地乡	360781203
江背镇	360732101	庄埠乡	360733213	丁陂乡	360781204
古龙岗镇	360732102	白鹅乡	360733214	冈面乡	360781205
梅窖镇	360732103	寻乌县（7镇，8乡）	360734	万田乡	360781206
高兴镇	360732104	长宁镇	360734100	云石山乡	360781207
良村镇	360732105	晨光镇	360734101	泽覃乡	360781208
龙口镇	360732106	留车镇	360734102	拔英乡	360781209
城岗镇	360732107	南桥镇	360734103	龙南市（9镇，5乡）	360783
永丰镇	360732108	吉潭镇	360734104	龙南镇	360783100
兴江乡	360732200	澄江镇	360734105	武当镇	360783101
樟木乡	360732201	桂竹帽镇	360734106	杨村镇	360783102
东村乡	360732202	文峰乡	360734200	汶龙镇	360783103
兴莲乡	360732203	三标乡	360734201	程龙镇	360783104
杰村乡	360732204	菖蒲乡	360734202	关西镇	360783105
社富乡	360732205	龙廷乡	360734203	里仁镇	360783106
埠头乡	360732206	丹溪乡	360734204	渡江镇	360783107

续表 7

行政区划名称	行政区划代码	行政区划名称	行政区划代码	行政区划名称	行政区划代码
九连山镇	360783108	桐坪镇	360821107	金江乡	360823204
桃江乡	360783200	梅塘镇	360821108	金坪民族乡	360823205
东江乡	360783201	油田镇	360821113	新干县（1 街道，7 镇，	360824
临塘乡	360783202	敖城镇	360821114	6 乡）	
南亨乡	360783203	凤凰镇	360821115	洋峰街道	360824001
夹湖乡	360783204	浬田镇	360821116	金川镇	360824100
吉安市(14 街道,123 镇,	360800	北源乡	360821200	三湖镇	360824101
84 乡,3 民族乡)		大冲乡	360821201	大洋洲镇	360824102
吉州区（7 街道，4 镇）	360802	登龙乡	360821207	七琴镇	360824103
古南镇街道	360802001	安塘乡	360821208	麦斜镇	360824105
永叔街道	360802002	官田乡	360821209	界埠镇	360824106
文山街道	360802003	指阳乡	360821211	溧江镇	360824107
习溪桥街道	360802004	吉水县（15 镇，3 乡）	360822	桃溪乡	360824201
北门街道	360802005	文峰镇	360822100	城上乡	360824202
白塘街道	360802006	阜田镇	360822101	潭丘乡	360824203
禾埠街道	360802007	八都镇	360822102	神政桥乡	360824204
兴桥镇	360802101	水南镇	360822103	沂江乡	360824205
樟山镇	360802102	枫江镇	360822104	荷浦乡	360824207
长塘镇	360802103	金滩镇	360822105	永丰县（8 镇，12 乡，	360825
曲濑镇	360802104	白沙镇	360822106	1 民族乡）	
青原区（2 街道，6 镇，	360803	白水镇	360822107	恩江镇	360825100
1 民族乡）		盘谷镇	360822108	藤田镇	360825101
河东街道	360803001	双村镇	360822109	石马镇	360825102
滨江街道	360803002	醪桥镇	360822110	沙溪镇	360825103
天玉镇	360803101	乌江镇	360822111	坑田镇	360825104
值夏镇	360803102	丁江镇	360822112	沿陂镇	360825105
新圩镇	360803103	黄桥镇	360822113	古县镇	360825106
文陂镇	360803104	螺田镇	360822114	瑶田镇	360825107
富滩镇	360803105	尚贤乡	360822200	佐龙乡	360825200
富田镇	360803108	水田乡	360822203	八江乡	360825202
东固畲族乡	360803203	冠山乡	360822207	潭城乡	360825204
吉安县（2 街道，	360821	峡江县（6 镇，4 乡，	360823	鹿冈乡	360825205
13 镇，6 乡）		1 民族乡）		七都乡	360825206
高新街道	360821001	水边镇	360823100	陶唐乡	360825208
金鸡湖街道	360821002	马埠镇	360823101	中村乡	360825210
敦厚镇	360821100	巴邱镇	360823102	上溪乡	360825211
永阳镇	360821101	仁和镇	360823103	潭头乡	360825213
天河镇	360821102	砚溪镇	360823104	三坊乡	360825214
横江镇	360821103	罗田镇	360823105	上固乡	360825215
固江镇	360821104	桐林乡	360823200	君埠乡	360825216
万福镇	360821105	福民乡	360823201	龙冈畲族乡	360825217
永和镇	360821106	戈坪乡	360823203	泰和县（15 镇，6 乡）	360826

续表 8

行政区划名称	行政区划代码	行政区划名称	行政区划代码	行政区划名称	行政区划代码
桥头镇	360826101	黄坑乡	360827214	三月坪街道	360830001
禾市镇	360826102	戴家埔乡	360827219	禾川镇	360830100
螺溪镇	360826103	营盘圩乡	360827220	石桥镇	360830102
苏溪镇	360826105	**万安县 (9镇，7乡)**	**360828**	澧田镇	360830104
马市镇	360826106	芙蓉镇	360828100	龙门镇	360830105
塘洲镇	360826107	五丰镇	360828101	沙市镇	360830106
冠朝镇	360826108	枧头镇	360828102	文竹镇	360830107
沙村镇	360826109	窑头镇	360828103	埠前镇	360830108
小龙镇	360826110	百嘉镇	360828104	怀忠镇	360830109
苑前镇	360826111	高陂镇	360828105	高桥楼镇	360830110
万合镇	360826112	潞田镇	360828106	龙源口镇	360830111
澄江镇	360826114	沙坪镇	360828107	坳南乡	360830201
老营盘镇	360826115	夏造镇	360828108	才丰乡	360830204
灌溪镇	360826116	韶口乡	360828201	烟阁乡	360830205
沿溪镇	360826117	罗塘乡	360828202	在中乡	360830207
石山乡	360826200	弹前乡	360828205	三湾乡	360830208
南溪乡	360826201	武术乡	360828206	台岭乡	360830210
上模乡	360826203	宝山乡	360828207	龙田乡	360830211
水槎乡	360826204	涧田乡	360828208	高溪乡	360830212
上圮乡	360826205	顺峰乡	360828209	莲洲乡	360830213
中龙乡	360826207	**安福县 (8镇，11乡)**	**360829**	高市乡	360830214
遂川县 (13镇，10乡)	**360827**	平都镇	360829100	象形乡	360830216
泉江镇	360827100	浒坑镇	360829101	芦溪乡	360830217
雩田镇	360827101	洲湖镇	360829102	曲白乡	360830218
碧洲镇	360827102	横龙镇	360829103	**井冈山市 (1街道，9镇，6乡)**	**360881**
草林镇	360827103	枫田镇	360829104		
堆子前镇	360827104	洋溪镇	360829105	红星街道	360881002
左安镇	360827105	严田镇	360829106	厦坪镇	360881100
高坪镇	360827106	羊狮慕镇	360829107	古城镇	360881102
大汾镇	360827107	竹江乡	360829201	新城镇	360881103
衙前镇	360827108	瓜畲乡	360829202	茨坪镇	360881105
禾源镇	360827109	钱山乡	360829203	拿山镇	360881106
汤湖镇	360827110	赤谷乡	360829204	碧溪镇	360881107
枚江镇	360827111	山庄乡	360829206	茅坪镇	360881108
珠田镇	360827112	洋门乡	360829207	龙市镇	360881109
巾石乡	360827201	金田乡	360829209	罗浮镇	360881110
大坑乡	360827204	彭坊乡	360829210	黄坳乡	360881201
双桥乡	360827208	寮塘乡	360829214	葛田乡	360881208
新江乡	360827209	甘洛乡	360829215	睦村乡	360881210
五斗江乡	360827210	章庄乡	360829216	东上乡	360881211
西溪乡	360827212	**永新县 (1街道，10镇，13乡)**	**360830**	光明乡	360881212
南江乡	360827213			柏露乡	360881213

续表 9

行政区划名称	行政区划代码	行政区划名称	行政区划代码	行政区划名称	行政区划代码
宜春市（26街道，117镇，43乡）	**360900**	宋埠镇	360921105	镇渡乡	360923206
袁州区（10街道，19镇，3乡）	**360902**	澡下镇	360921106	野市乡	360923207
		甘坊镇	360921107	墨山乡	360923208
灵泉街道	360902001	会埠镇	360921108	宜丰县（9镇，4乡）	**360924**
金园街道	360902002	赤岸镇	360921109	新昌镇	360924100
秀江街道	360902003	仰山乡	360921206	潭山镇	360924101
湛郎街道	360902004	澡溪乡	360921207	棠浦镇	360924102
珠泉街道	360902005	柳溪乡	360921210	新庄镇	360924103
化成街道	360902006	万载县（1街道，9镇，7乡）	**360922**	芳溪镇	360924104
凤凰街道	360902007			石市镇	360924105
官园街道	360902008	康乐街道	360922001	澄塘镇	360924106
下浦街道	360902009	株潭镇	360922101	黄岗镇	360924107
新康府街道	360902010	黄茅镇	360922102	黄垦镇	360924108
彬江镇	360902100	潭埠镇	360922103	花桥乡	360924202
西村镇	360902101	双桥镇	360922104	同安乡	360924203
金瑞镇	360902102	高村镇	360922105	天宝乡	360924204
温汤镇	360902103	罗城镇	360922106	桥西乡	360924208
三阳镇	360902104	三兴镇	360922107	靖安县（6镇，5乡）	**360925**
慈化镇	360902105	高城镇	360922108	双溪镇	360925100
天台镇	360902106	白良镇	360922109	宝峰镇	360925101
洪塘镇	360902107	鹅峰乡	360922200	高湖镇	360925102
渥江镇	360902108	马步乡	360922201	璪都镇	360925103
新坊镇	360902109	赤兴乡	360922204	仁首镇	360925104
寨下镇	360902114	岭东乡	360922205	官庄镇	360925105
芦村镇	360902115	白水乡	360922206	香田乡	360925200
湖田镇	360902116	仙源乡	360922207	水口乡	360925202
新田镇	360902117	茭湖乡	360922214	中源乡	360925205
南庙镇	360902118	上高县（2街道，9镇，5乡）	**360923**	雷公尖乡	360925207
竹亭镇	360902119			三爪仑乡	360925208
水江镇	360902120	敖阳街道	360923001	铜鼓县（6镇，3乡）	**360926**
辽市镇	360902121	锦阳街道	360923002	永宁镇	360926100
洪江镇	360902122	田心镇	360923101	温泉镇	360926101
楠木乡	360902209	徐家渡镇	360923102	棋坪镇	360926102
柏木乡	360902216	锦江镇	360923103	排埠镇	360926103
飞剑潭乡	360902219	泗溪镇	360923104	三都镇	360926104
奉新县（10镇，3乡）	**360921**	南港镇	360923105	大塅镇	360926105
冯川镇	360921100	翰堂镇	360923107	高桥乡	360926200
上富镇	360921101	敖山镇	360923108	港口乡	360926201
干洲镇	360921102	新界埠镇	360923109	带溪乡	360926202
罗市镇	360921103	蒙山镇	360923110	丰城市（6街道，20镇，7乡）	**360981**
赤田镇	360921104	芦洲乡	360923201		
		塔下乡	360923202	剑光街道	360981001

续表 10

行政区划名称	行政区划代码	行政区划名称	行政区划代码	行政区划名称	行政区划代码
剑南街道	360981002	经楼镇	360982104	文昌街道	361002003
河洲街道	360981003	昌傅镇	360982105	荆公路街道	361002004
尚庄街道	360981006	店下镇	360982106	西大街街道	361002005
孙渡街道	360981007	阁山镇	360982108	城西街道	361002006
龙津洲街道	360981008	刘公庙镇	360982109	钟岭街道	361002007
曲江镇	360981101	观上镇	360982110	抚北镇	361002101
泉港镇	360981103	义成镇	360982111	上顿渡镇	361002102
上塘镇	360981104	中洲乡	360982200	唱凯镇	361002103
小港镇	360981106	洲上乡	360982204	温泉镇	361002104
拖船镇	360981107	洋湖乡	360982207	高坪镇	361002105
荣塘镇	360981108	吴城乡	360982209	腾桥镇	361002106
秀市镇	360981109	**高安市（2 街道，**	**360983**	龙溪镇	361002107
张巷镇	360981110	**19 镇，2 乡）**		孝桥镇	361002108
石滩镇	360981111	瑞州街道	360983001	崇岗镇	361002109
白土镇	360981112	筠阳街道	360983002	罗针镇	361002110
袁渡镇	360981113	荷岭镇	360983100	云山镇	361002111
丽村镇	360981114	八景镇	360983101	罗湖镇	361002112
铁路镇	360981115	新街镇	360983102	大岗镇	361002113
淘沙镇	360981116	灰埠镇	360983103	青泥镇	361002114
梅林镇	360981117	建山镇	360983104	太阳镇	361002115
隍城镇	360981118	独城镇	360983105	秋溪镇	361002116
董家镇	360981119	石脑镇	360983106	东馆镇	361002117
杜市镇	360981120	黄沙岗镇	360983107	荣山镇	361002118
桥东镇	360981121	杨圩镇	360983108	展坪镇	361002119
洛市镇	360981123	大城镇	360983109	河埠乡	361002200
荷湖乡	360981203	相城镇	360983110	茅排乡	361002201
蕉坑乡	360981205	蓝坊镇	360983111	湖南乡	361002203
筱塘乡	360981210	太阳镇	360983112	七里岗乡	361002205
段潭乡	360981211	田南镇	360983113	鹏田乡	361002206
同田乡	360981212	祥符镇	360983114	连城乡	361002209
湖塘乡	360981214	伍桥镇	360983115	嵩湖乡	361002210
石江乡	360981217	龙潭镇	360983116	桐源乡	361002212
樟树市（5 街道，	**360982**	村前镇	360983117	**东乡区（1 街道，**	**361003**
10 镇，4 乡）		华林山镇	360983118	**10 镇，4 乡）**	
淦阳街道	360982001	汪家圩乡	360983213	金峰街道	361003001
鹿江街道	360982002	上湖乡	360983216	孝岗镇	361003100
福城街道	360982003	**抚州市（8 街道，96 镇，**	**361000**	小璜镇	361003101
张家山街道	360982005	**57 乡，1 民族乡）**		圩上桥镇	361003102
大桥街道	360982006	**临川区（7 街道，**	**361002**	马圩镇	361003103
临江镇	360982101	**19 镇，8 乡）**		詹圩镇	361003104
永泰镇	360982102	青云街道	361002001	岗上积镇	361003105
黄土岗镇	360982103	六水桥街道	361002002	杨桥殿镇	361003106

续表 11

行政区划名称	行政区划代码	行政区划名称	行政区划代码	行政区划名称	行政区划代码
王桥镇	361003107	市山镇	361023105	凤冈镇	361026100
黎圩镇	361003108	紫霄镇	361023106	棠阴镇	361026101
红星镇	361003109	三溪乡	361023203	黄陂镇	361026102
珀玕乡	361003200	东坪乡	361023205	东陂镇	361026103
邓家乡	361003201	莱溪乡	361023206	梨溪镇	361026104
虎圩乡	361003202	太源乡	361023208	二都镇	361026105
瑶圩乡	361003203	傅坊乡	361023209	中港镇	361026106
南城县（10镇，2乡）	**361021**	**崇仁县（7镇，8乡）**	**361024**	桃陂镇	361026107
建昌镇	361021100	巴山镇	361024100	新丰乡	361026200
上唐镇	361021101	相山镇	361024101	神岗乡	361026201
洪门镇	361021102	航埠镇	361024102	圳口乡	361026202
株良镇	361021103	孙坊镇	361024103	南源乡	361026203
里塔镇	361021104	河上镇	361024104	**金溪县（8镇，5乡）**	**361027**
龙湖镇	361021105	礼陂镇	361024105	秀谷镇	361027100
沙洲镇	361021106	马鞍镇	361024106	浒湾镇	361027101
新丰街镇	361021107	石庄乡	361024200	双塘镇	361027102
万坊镇	361021108	六家桥乡	361024201	何源镇	361027104
徐家镇	361021109	白路乡	361024202	合市镇	361027105
天井源乡	361021201	三山乡	361024203	琅琚镇	361027106
浔溪乡	361021203	白陂乡	361024204	左坊镇	361027107
黎川县（7镇，8乡）	**361022**	桃源乡	361024205	对桥镇	361027108
日峰镇	361022100	许坊乡	361024206	黄通乡	361027200
宏村镇	361022101	郭圩乡	361024207	陆坊乡	361027202
洵口镇	361022102	**乐安县（9镇，6乡，**	**361025**	陈坊积乡	361027203
熊村镇	361022103	**1民族乡）**		琉璃乡	361027204
德胜镇	361022104	鳌溪镇	361025100	石门乡	361027205
龙安镇	361022105	公溪镇	361025101	**资溪县（5镇，2乡）**	**361028**
华山镇	361022106	戴坊镇	361025102	鹤城镇	361028100
潭溪乡	361022200	牛田镇	361025103	马头山镇	361028101
荷源乡	361022201	招携镇	361025104	高阜镇	361028102
厚村乡	361022202	龚坊镇	361025105	嵩市镇	361028103
湖坊乡	361022204	山砀镇	361025106	乌石镇	361028104
中田乡	361022205	增田镇	361025107	高田乡	361028200
樟溪乡	361022206	万崇镇	361025108	石峡乡	361028201
西城乡	361022207	湖溪乡	361025200	**广昌县（6镇，5乡）**	**361030**
社苹乡	361022208	罗陂乡	361025201	盱江镇	361030100
南丰县（7镇，5乡）	**361023**	湖坪乡	361025202	头陂镇	361030101
琴城镇	361023100	金竹畲族乡	361025203	赤水镇	361030103
太和镇	361023101	南村乡	361025204	驿前镇	361030104
白舍镇	361023102	谷岗乡	361025205	甘竹镇	361030105
洽湾镇	361023103	大马头乡	361025206	塘坊镇	361030106
桑田镇	361023104	**宜黄县（8镇，4乡）**	**361026**	千善乡	361030200

续表 12

行政区划名称	行政区划代码	行政区划名称	行政区划代码	行政区划名称	行政区划代码
水南圩乡	361030201	少阳乡	361103218	枫林镇	361123112
长桥乡	361030202	广信区（3街道，11镇，10乡）	361104	下塘乡	361123200
杨溪乡	361030204			四股桥乡	361123201
尖峰乡	361030205	罗桥街道	361104001	南山乡	361123203
上饶市（26街道，103镇，81乡，2民族乡）	361100	旭日街道	361104002	怀玉乡	361123205
		兴园街道	361104003	六都乡	361123207
信州区（6街道，3镇）	361102	田墩镇	361104100	三清乡	361123209
东市街道	361102001	上泸镇	361104101	铅山县（8镇，7乡，2民族乡）	361124
西市街道	361102002	华坛山镇	361104102		
水南街道	361102003	茶亭镇	361104103	河口镇	361124100
灵溪街道	361102004	皂头镇	361104104	永平镇	361124101
北门街道	361102005	四十八镇	361104105	石塘镇	361124102
茅家岭街道	361102006	枫岭头镇	361104106	湖坊镇	361124103
沙溪镇	361102101	煌固镇	361104107	鹅湖镇	361124104
朝阳镇	361102102	花厅镇	361104108	武夷山镇	361124107
秦峰镇	361102103	五府山镇	361104109	汪二镇	361124108
广丰区（5街道，15镇，3乡）	361103	郑坊镇	361104110	葛仙山镇	361124109
		望仙乡	361104200	陈坊乡	361124200
芦林街道	361103001	石人乡	361104201	虹桥乡	361124205
永丰街道	361103002	清水乡	361104202	新滩乡	361124206
丰溪街道	361103003	石狮乡	361104203	稼轩乡	361124214
大石街道	361103004	湖村乡	361104204	英将乡	361124215
下溪街道	361103005	董团乡	361104205	紫溪乡	361124216
五都镇	361103101	尊桥乡	361104206	太源畲族乡	361124217
洋口镇	361103102	应家乡	361104207	天柱山乡	361124218
横山镇	361103103	黄沙岭乡	361104208	篁碧畲族乡	361124219
桐畈镇	361103104	铁山乡	361104209	横峰县（1街道，2镇，6乡）	361125
湖丰镇	361103105	玉山县（2街道，10镇，6乡）	361123		
大南镇	361103106			兴安街道	361125001
排山镇	361103107	冰溪街道	361123001	岑阳镇	361125100
毛村镇	361103108	文成街道	361123002	葛源镇	361125101
枧底镇	361103109	仙岩镇	361123101	姚家乡	361125200
泉波镇	361103110	卞镇镇	361123102	莲荷乡	361125202
壶峤镇	361103111	岩瑞镇	361123103	司铺乡	361125203
霞峰镇	361103113	临湖镇	361123105	港边乡	361125204
吴村镇	361103115	双明镇	361123106	龙门畈乡	361125205
沙田镇	361103116	樟村镇	361123107	青板乡	361125206
铜钹山镇	361103117	横街镇	361123108	弋阳县（3街道，9镇，5乡）	361126
东阳乡	361103210	紫湖镇	361123110		
嵩峰乡	361103213	必姆镇	361123111	桃源街道	361126001

续表 13

行政区划名称	行政区划代码	行政区划名称	行政区划代码	行政区划名称	行政区划代码
花亭街道	361126002	鄱阳镇	361128100	上坊乡	361129205
南岩街道	361126003	石门街镇	361128101	苏桥乡	361129206
弋江镇	361126100	田畈街镇	361128102	珠田乡	361129212
漆工镇	361126101	谢家滩镇	361128103	婺源县（1 街道，10 镇，6 乡）	361130
港口镇	361126102	四十里街镇	361128104	蚺城街道	361130001
曹溪镇	361126103	双港镇	361128105	紫阳镇	361130100
樟树墩镇	361126104	古县渡镇	361128106	清华镇	361130101
圭峰镇	361126105	饶埠镇	361128107	秋口镇	361130102
叠山镇	361126106	油墩街镇	361128108	江湾镇	361130103
朱坑镇	361126108	乐丰镇	361128109	思口镇	361130105
三县岭镇	361126109	饶丰镇	361128110	中云镇	361130106
湾里乡	361126201	金盘岭镇	361128111	赋春镇	361130107
葛溪乡	361126202	高家岭镇	361128112	镇头镇	361130108
清湖乡	361126203	凰岗镇	361128113	许村镇	361130109
中畈乡	361126207	侯家岗乡	361128202	太白镇	361130110
旭光乡	361126211	莲花山乡	361128203	溪头乡	361130201
余干县（9 镇，11 乡）	361127	银宝湖乡	361128204	段莘乡	361130202
玉亭镇	361127100	响水滩乡	361128207	浙源乡	361130207
瑞洪镇	361127101	鸦鹊湖乡	361128208	沱川乡	361130208
黄金埠镇	361127102	柘港乡	361128210	大鄣山乡	361130209
石口镇	361127103	枧田街乡	361128212	珍珠山乡	361130211
古埠镇	361127104	游城乡	361128215	德兴市（4 街道，6 镇，6 乡）	361181
九龙镇	361127105	珠湖乡	361128216	银城街道	361181001
乌泥镇	361127106	白沙洲乡	361128218	新营街道	361181002
杨埠镇	361127107	团林乡	361128219	香屯街道	361181003
社赓镇	361127108	昌洲乡	361128222	铜矿街道	361181004
康山乡	361127200	芦田乡	361128228	泗洲镇	361181101
东塘乡	361127202	三庙前乡	361128230	花桥镇	361181102
大塘乡	361127204	莲湖乡	361128231	绕二镇	361181103
鹭鸶港乡	361127207	万年县（6 镇，6 乡）	361129	海口镇	361181105
三塘乡	361127208	陈营镇	361129100	新岗山镇	361181106
洪家嘴乡	361127211	青云镇	361129102	大茅山镇	361181107
白马桥乡	361127212	梓埠镇	361129103	黄柏乡	361181200
江埠乡	361127213	大源镇	361129104	万村乡	361181201
枫港乡	361127215	裴梅镇	361129105	张村乡	361181202
大溪乡	361127216	石镇镇	361129106	畈大乡	361181205
梅港乡	361127220	湖云乡	361129200	李宅乡	361181206
鄱阳县（1 街道，14 镇，15 乡）	361128	齐埠乡	361129201	龙头山乡	361181207
饶州街道	361128001	汪家乡	361129203		

山东省

山东省（鲁）

行政区划名称	行政区划代码	行政区划名称	行政区划代码	行政区划名称	行政区划代码
山东省（696 街道，1072 镇，57 乡）	370000	五里沟街道	370104005	遥墙街道	370112013
		营市街街道	370104006	巨野河街道	370112014
济南市（132 街道，29 镇）	370100	青年公园街道	370104007	孙村街道	370112015
历下区（14 街道）	370102	南辛庄街道	370104008	仲宫街道	370112016
解放路街道	370102001	段店北路街道	370104009	彩石街道	370112017
千佛山街道	370102002	张庄路街道	370104010	董家街道	370112018
趵突泉街道	370102003	匡山街道	370104011	柳埠街道	370112019
泉城路街道	370102004	美里湖街道	370104012	唐王街道	370112020
大明湖街道	370102005	兴福街道	370104013	西营街道	370112021
东关街道	370102006	玉清湖街道	370104014	长清区（8 街道，2 镇）	370113
文化东路街道	370102007	腊山街道	370104015	文昌街道	370113001
建筑新村街道	370102008	吴家堡街道	370104016	崮云湖街道	370113002
甸柳新村街道	370102009	天桥区（15 街道）	370105	平安街道	370113003
燕山街道	370102011	无影山街道	370105001	五峰山街道	370113004
姚家街道	370102013	天桥东街道	370105003	归德街道	370113005
智远街道	370102014	工人新村北村街道	370105004	张夏街道	370113006
龙洞街道	370102015	工人新村南村街道	370105005	万德街道	370113007
舜华路街道	370102016	堤口路街道	370105006	孝里街道	370113008
市中区（17 街道）	370103	北坦街道	370105007	马山镇	370113107
大观园街道	370103002	制锦市街道	370105009	双泉镇	370113108
杆石桥街道	370103003	宝华街道	370105010	章丘区（17 街道，1 镇）	370114
四里村街道	370103004	官扎营街道	370105011	明水街道	370114001
魏家庄街道	370103006	纬北路街道	370105012	双山街道	370114002
二七新村街道	370103008	药山街道	370105013	枣园街道	370114003
七里山街道	370103009	北园街道	370105014	龙山街道	370114004
六里山街道	370103010	泺口街道	370105015	埠村街道	370114005
舜玉路街道	370103012	桑梓店街道	370105016	圣井街道	370114006
泺源街道	370103014	大桥街道	370105017	普集街道	370114007
王官庄街道	370103015	历城区（21 街道）	370112	绣惠街道	370114008
舜耕街道	370103016	山大路街道	370112001	相公庄街道	370114009
白马山街道	370103017	洪家楼街道	370112002	文祖街道	370114010
七贤街道	370103018	东风街道	370112003	官庄街道	370114011
十六里河街道	370103019	全福街道	370112004	曹范街道	370114012
兴隆街道	370103020	荷花路街道	370112005	宁家埠街道	370114013
党家街道	370103021	鲍山街道	370112006	高官寨街道	370114014
陡沟街道	370103022	唐冶街道	370112007	白云湖街道	370114015
槐荫区（16 街道）	370104	临港街道	370112008	刁镇街道	370114016
振兴街街道	370104001	华山街道	370112009	黄河街道	370114017
中大槐树街道	370104002	王舍人街道	370112010	垛庄镇	370114105
道德街街道	370104003	郭店街道	370112011	济阳区（8 街道，2 镇）	370115
西市场街道	370104004	港沟街道	370112012	济阳街道	370115001

续表 1

行政区划名称	行政区划代码	行政区划名称	行政区划代码	行政区划名称	行政区划代码
济北街道	370115002	怀仁镇	370126102	湖岛街道	370203026
孙耿街道	370115003	玉皇庙镇	370126103	兴隆路街道	370203027
回河街道	370115004	龙桑寺镇	370126104	杭州路街道	370203029
崔寨街道	370115005	郑路镇	370126105	瑞昌路街道	370203030
太平街道	370115006	贾庄镇	370126106	四方街道	370203031
垛石街道	370115007	白桥镇	370126108	阜新路街道	370203032
曲堤街道	370115008	孙集镇	370126109	水清沟街道	370203034
仁风镇	370115103	韩庙镇	370126110	洛阳路街道	370203035
新市镇	370115104	沙河镇	370126111	开平路街道	370203036
莱芜区 (8 街道，7 镇)	**370116**	张坊镇	370126112	郑州路街道	370203037
凤城街道	370116001	**青岛市 (108 街道，36 镇)**	**370200**	河西街道	370203038
张家洼街道	370116002	**市南区 (14 街道)**	**370202**	海伦路街道	370203039
高庄街道	370116003	中山路街道	370202001	双山街道	370203040
鹏泉街道	370116004	台西街道	370202003	**黄岛区 (14 街道，8 镇)**	**370211**
口镇街道	370116005	云南路街道	370202004	黄岛街道	370211001
羊里街道	370116006	江苏路街道	370202006	辛安街道	370211002
方下街道	370116007	金口路街道	370202009	薛家岛街道	370211003
雪野街道	370116008	观海路街道	370202011	长江路街道	370211004
牛泉镇	370116103	湛山街道	370202012	灵珠山街道	370211005
苗山镇	370116104	八大峡街道	370202015	红石崖街道	370211006
大王庄镇	370116106	八大关街道	370202016	胶南街道	370211007
寨里镇	370116107	香港中路街道	370202017	珠海街道	370211008
杨庄镇	370116108	八大湖街道	370202018	隐珠街道	370211009
茶业口镇	370116109	金湖路街道	370202019	滨海街道	370211010
和庄镇	370116110	金门路街道	370202020	灵山卫街道	370211011
钢城区 (5 街道)	**370117**	珠海路街道	370202021	铁山街道	370211012
艾山街道	370117001	**市北区 (29 街道)**	**370203**	王台街道	370211013
里辛街道	370117002	辽宁路街道	370203005	张家楼街道	370211014
汶源街道	370117003	华阳路街道	370203010	琅琊镇	370211100
颜庄街道	370117004	登州路街道	370203011	泊里镇	370211101
辛庄街道	370117005	宁夏路街道	370203013	大场镇	370211102
平阴县 (2 街道，6 镇)	**370124**	敦化路街道	370203014	大村镇	370211103
榆山街道	370124001	辽源路街道	370203015	六汪镇	370211104
锦水街道	370124002	合肥路街道	370203016	海青镇	370211107
东阿镇	370124102	即墨路街道	370203017	宝山镇	370211108
孝直镇	370124103	镇江路街道	370203018	藏马镇	370211109
孔村镇	370124104	台东街道	370203019	**崂山区 (5 街道)**	**370212**
洪范池镇	370124105	延安路街道	370203020	中韩街道	370212001
玫瑰镇	370124106	大港街道	370203021	沙子口街道	370212002
安城镇	370124107	小港街道	370203022	王哥庄街道	370212003
商河县 (1 街道，11 镇)	**370126**	浮山新区街道	370203023	北宅街道	370212004
许商街道	370126001	同安路街道	370203024	金家岭街道	370212005
殷巷镇	370126101	洪山坡街道	370203025	**李沧区 (11 街道)**	**370213**

续表 2

行政区划名称	行政区划代码	行政区划名称	行政区划代码	行政区划名称	行政区划代码
振华路街道	370213001	胶西街道	370281010	洪山镇	370302102
沧口街道	370213003	胶莱街道	370281011	罗村镇	370302103
兴华路街道	370213004	李哥庄镇	370281102	龙泉镇	370302104
兴城路街道	370213005	铺集镇	370281105	寨里镇	370302105
李村街道	370213006	里岔镇	370281108	岭子镇	370302106
虎山路街道	370213007	洋河镇	370281111	西河镇	370302108
浮山路街道	370213008	**平度市（5街道，12镇）**	**370283**	双杨镇	370302116
湘潭路街道	370213010	李园街道	370283002	太河镇	370302117
楼山街道	370213011	同和街道	370283004	**张店区（8街道，5镇）**	**370303**
世园街道	370213012	凤台街道	370283005	车站街道	370303001
九水街道	370213013	白沙河街道	370283006	公园街道	370303002
城阳区（8街道）	**370214**	东阁街道	370283007	和平街道	370303004
城阳街道	370214001	古岘镇	370283102	科苑街道	370303005
流亭街道	370214002	仁兆镇	370283103	体育场街道	370303006
夏庄街道	370214003	南村镇	370283105	湖田街道	370303007
惜福镇街道	370214004	蓼兰镇	370283107	四宝山街道	370303008
棘洪滩街道	370214005	崔家集镇	370283109	马尚街道	370303009
上马街道	370214006	明村镇	370283110	南定镇	370303101
河套街道	370214007	田庄镇	370283112	沣水镇	370303102
红岛街道	370214008	新河镇	370283113	傅家镇	370303104
即墨区（11街道，4镇）	**370215**	大泽山镇	370283116	中埠镇	370303105
环秀街道	370215001	旧店镇	370283117	房镇镇	370303107
潮海街道	370215002	云山镇	370283125	**博山区（3街道，7镇）**	**370304**
通济街道	370215003	店子镇	370283126	城西街道	370304002
北安街道	370215004	**莱西市（3街道，8镇）**	**370285**	城东街道	370304003
龙山街道	370215005	水集街道	370285001	山头街道	370304004
龙泉街道	370215006	望城街道	370285002	域城镇	370304102
鳌山卫街道	370215007	沽河街道	370285006	白塔镇	370304103
温泉街道	370215008	姜山镇	370285101	八陡镇	370304106
蓝村街道	370215009	夏格庄镇	370285102	石马镇	370304108
灵山街道	370215010	院上镇	370285104	池上镇	370304112
大信街道	370215011	日庄镇	370285105	博山镇	370304113
段泊岚镇	370215115	南墅镇	370285106	源泉镇	370304114
移风店镇	370215117	河头店镇	370285107	**临淄区（5街道，7镇）**	**370305**
田横镇	370215121	店埠镇	370285108	闻韶街道	370305001
金口镇	370215122	马连庄镇	370285116	雪宫街道	370305002
胶州市（8街道，4镇）	**370281**	**淄博市（31街道，57镇）**	**370300**	辛店街道	370305003
阜安街道	370281001	**淄川区（4街道，9镇）**	**370302**	稷下街道	370305004
中云街道	370281002	般阳路街道	370302001	齐陵街道	370305005
三里河街道	370281004	松龄路街道	370302002	齐都镇	370305100
胶东街道	370281007	钟楼街道	370302004	皇城镇	370305102
胶北街道	370281008	将军路街道	370302007	敬仲镇	370305103
九龙街道	370281009	昆仑镇	370302101	朱台镇	370305104

续表 3

行政区划名称	行政区划代码	行政区划名称	行政区划代码	行政区划名称	行政区划代码
凤凰镇	370305105	鲁村镇	370323109	山亭区（1 街道，9 镇）	**370406**
金岭回族镇	370305107	南鲁山镇	370323110	山城街道	370406001
金山镇	370305108	燕崖镇	370323111	店子镇	370406101
周村区（5 街道，5 镇）	**370306**	石桥镇	370323112	西集镇	370406102
丝绸路街道	370306001	**枣庄市（21 街道，44 镇）**	**370400**	桑村镇	370406103
大街街道	370306002	**市中区（6 街道，5 镇）**	**370402**	北庄镇	370406104
青年路街道	370306003	中心街街道	370402001	城头镇	370406105
永安街街道	370306004	各塔埠街道	370402002	徐庄镇	370406106
城北路街道	370306005	矿区街道	370402003	水泉镇	370406107
北郊镇	370306100	文化路街道	370402004	冯卯镇	370406108
南郊镇	370306101	龙山路街道	370402005	凫城镇	370406109
王村镇	370306102	光明路街道	370402006	**滕州市（5 街道，16 镇）**	**370481**
萌水镇	370306103	税郭镇	370402101	荆河街道	370481001
商家镇	370306104	孟庄镇	370402102	龙泉街道	370481002
桓台县（2 街道，7 镇）	**370321**	齐村镇	370402103	北辛街道	370481003
索镇街道	370321001	永安镇	370402104	善南街道	370481004
少海街道	370321002	西王庄镇	370402105	东沙河街道	370481005
起凤镇	370321101	**薛城区（6 街道，4 镇）**	**370403**	洪绪镇	370481101
田庄镇	370321103	临城街道	370403001	南沙河镇	370481102
荆家镇	370321104	兴仁街道	370403002	大坞镇	370481103
马桥镇	370321105	兴城街道	370403003	滨湖镇	370481104
新城镇	370321107	张范街道	370403004	级索镇	370481105
唐山镇	370321109	常庄街道	370403005	西岗镇	370481106
果里镇	370321110	新城街道	370403006	姜屯镇	370481107
高青县（2 街道，7 镇）	**370322**	沙沟镇	370403101	鲍沟镇	370481108
田镇街道	370322001	周营镇	370403102	张汪镇	370481109
芦湖街道	370322002	邹坞镇	370403103	官桥镇	370481110
青城镇	370322101	陶庄镇	370403104	柴胡店镇	370481111
高城镇	370322102	**峄城区（2 街道，5 镇）**	**370404**	羊庄镇	370481112
黑里寨镇	370322103	坛山街道	370404001	木石镇	370481113
唐坊镇	370322104	吴林街道	370404002	界河镇	370481114
常家镇	370322105	古邵镇	370404100	龙阳镇	370481115
花沟镇	370322106	阴平镇	370404101	东郭镇	370481116
木李镇	370322108	底阁镇	370404102	**东营市（15 街道，23 镇，2 乡）**	**370500**
沂源县（2 街道，10 镇）	**370323**	榴园镇	370404103		
历山街道	370323001	峨山镇	370404104	**东营区（6 街道，4 镇）**	**370502**
南麻街道	370323002	**台儿庄区（1 街道，5 镇）**	**370405**	文汇街道	370502001
东里镇	370323103	运河街道	370405001	黄河路街道	370502002
悦庄镇	370323104	涧头集镇	370405101	东城街道	370502003
西里镇	370323105	邳庄镇	370405102	辛店街道	370502004
大张庄镇	370323106	泥沟镇	370405103	胜利街道	370502005
中庄镇	370323107	张山子镇	370405104	胜园街道	370502006
张家坡镇	370323108	马兰屯镇	370405105	牛庄镇	370502102

续表 4

行政区划名称	行政区划代码	行政区划名称	行政区划代码	行政区划名称	行政区划代码
六户镇	370502103	毓璜顶街道	370602003	马山街道	370613007
史口镇	370502104	通伸街道	370602004	蓬莱区（6街道，8镇，6乡）	370614
龙居镇	370502105	凤凰台街道	370602005		
河口区（2街道，4镇）	370503	奇山街道	370602006	登州街道	370614001
河口街道	370503001	白石街道	370602007	紫荆山街道	370614002
六合街道	370503002	芝罘岛街道	370602008	新港街道	370614003
义和镇	370503100	黄务街道	370602009	蓬莱阁街道	370614004
仙河镇	370503101	只楚街道	370602010	南王街道	370614005
孤岛镇	370503102	世回尧街道	370602011	南长山街道	370614006
新户镇	370503103	幸福街道	370602012	刘家沟镇	370614101
垦利区（2街道，5镇）	370505	福山区（7街道，4镇）	370611	潮水镇	370614102
垦利街道	370505001	清洋街道	370611001	大柳行镇	370614103
兴隆街道	370505002	福新街道	370611002	小门家镇	370614104
胜坨镇	370505100	门楼街道	370611003	大辛店镇	370614105
郝家镇	370505101	东厅街道	370611004	村里集镇	370614106
永安镇	370505102	福莱山街道	370611005	北沟镇	370614107
黄河口镇	370505103	古现街道	370611006	砣矶镇	370614108
董集镇	370505104	大季家街道	370611008	北长山乡	370614201
利津县（2街道，4镇，2乡）	370522	高疃镇	370611102	黑山乡	370614202
		张格庄镇	370611103	大钦岛乡	370614203
利津街道	370522001	回里镇	370611104	小钦岛乡	370614204
凤凰城街道	370522002	臧家庄镇	370611111	南隍城乡	370614205
北宋镇	370522101	牟平区（5街道，8镇）	370612	北隍城乡	370614206
陈庄镇	370522103	宁海街道	370612001	龙口市（5街道，8镇）	370681
汀罗镇	370522104	文化街道	370612002	东莱街道	370681001
盐窝镇	370522105	姜格庄街道	370612004	龙港街道	370681002
明集乡	370522201	大窑街道	370612005	新嘉街道	370681003
刁口乡	370522206	武宁街道	370612006	徐福街道	370681004
广饶县（3街道，6镇）	370523	观水镇	370612101	东江街道	370681005
广饶街道	370523001	龙泉镇	370612105	黄山馆镇	370681102
乐安街道	370523002	玉林店镇	370612106	北马镇	370681103
丁庄街道	370523003	水道镇	370612107	芦头镇	370681104
大王镇	370523101	高陵镇	370612109	下丁家镇	370681106
李鹊镇	370523106	王格庄镇	370612110	七甲镇	370681107
稻庄镇	370523107	昆嵛镇	370612111	石良镇	370681108
大码头镇	370523108	莒格庄镇	370612112	兰高镇	370681109
花官镇	370523109	莱山区（7街道）	370613	诸由观镇	370681110
陈官镇	370523110	黄海路街道	370613001	莱阳市（5街道，13镇）	370682
烟台市（65街道，82镇，6乡）	370600	初家街道	370613002	城厢街道	370682001
		滨海路街道	370613003	古柳街道	370682002
芝罘区（12街道）	370602	院格庄街道	370613004	龙旺庄街道	370682003
向阳街道	370602001	解甲庄街道	370613005	冯格庄街道	370682004
东山街道	370602002	莱山街道	370613006	柏林庄街道	370682005

续表 5

行政区划名称	行政区划代码	行政区划名称	行政区划代码	行政区划名称	行政区划代码
沐浴店镇	370682101	夏甸镇	370685108	开元街道	370703002
团旺镇	370682102	阜山镇	370685109	固堤街道	370703003
穴坊镇	370682103	齐山镇	370685110	高里街道	370703004
羊郡镇	370682104	**栖霞市（3街道，11镇）**	**370686**	朱里街道	370703005
姜疃镇	370682105	翠屏街道	370686001	大家洼街道	370703006
万第镇	370682106	庄园街道	370686002	央子街道	370703007
照旺庄镇	370682107	松山街道	370686003	北城街道	370703008
谭格庄镇	370682108	观里镇	370686101	**坊子区（8街道）**	**370704**
河洛镇	370682110	蛇窝泊镇	370686102	坊城街道	370704001
吕格庄镇	370682111	唐家泊镇	370686103	凤凰街道	370704003
高格庄镇	370682112	桃村镇	370686104	坊安街道	370704004
大奈镇	370682113	亭口镇	370686105	九龙街道	370704005
山前店镇	370682114	寺口镇	370686107	黄旗堡街道	370704006
莱州市（6街道，11镇）	**370683**	苏家店镇	370686108	王家庄街道	370704007
文昌路街道	370683001	杨础镇	370686109	太保庄街道	370704008
永安路街道	370683002	西城镇	370686110	郑公街道	370704009
三山岛街道	370683003	官道镇	370686111	**奎文区（10街道）**	**370705**
城港路街道	370683004	庙后镇	370686113	东关街道	370705001
文峰路街道	370683005	**海阳市（4街道，10镇）**	**370687**	大虞街道	370705002
金仓街道	370683006	方圆街道	370687001	梨园街道	370705003
沙河镇	370683101	东村街道	370687002	甘里堡街道	370705004
朱桥镇	370683102	凤城街道	370687003	潍州路街道	370705005
郭家店镇	370683103	龙山街道	370687004	北苑街道	370705006
金城镇	370683104	留格庄镇	370687102	广文街道	370705007
平里店镇	370683105	盘石店镇	370687103	北海路街道	370705008
驿道镇	370683106	郭城镇	370687104	新城街道	370705009
程郭镇	370683107	徐家店镇	370687105	清池街道	370705010
虎头崖镇	370683108	发城镇	370687106	**临朐县（4街道，6镇）**	**370724**
柞村镇	370683109	小纪镇	370687107	城关街道	370724001
夏邱镇	370683110	行村镇	370687108	东城街道	370724002
土山镇	370683111	辛安镇	370687109	冶源街道	370724003
招远市（5街道，9镇）	**370685**	二十里店镇	370687110	辛寨街道	370724004
罗峰街道	370685001	朱吴镇	370687112	五井镇	370724101
泉山街道	370685002	**潍坊市（61街道，59镇）**	**370700**	寺头镇	370724104
梦芝街道	370685003	**潍城区（6街道）**	**370702**	九山镇	370724105
温泉街道	370685004	城关街道	370702001	蒋峪镇	370724109
大秦家街道	370685005	南关街道	370702002	山旺镇	370724112
辛庄镇	370685101	西关街道	370702003	柳山镇	370724113
蚕庄镇	370685102	北关街道	370702004	**昌乐县（4街道，4镇）**	**370725**
金岭镇	370685103	于河街道	370702005	宝城街道	370725016
毕郭镇	370685104	望留街道	370702006	宝都街道	370725017
玲珑镇	370685105	**寒亭区（8街道）**	**370703**	朱刘街道	370725018
张星镇	370685106	寒亭街道	370703001	五图街道	370725020

续表 6

行政区划名称	行政区划代码	行政区划名称	行政区划代码	行政区划名称	行政区划代码
乔官镇	370725107	纪台镇	370783111	李营街道	370811005
郦部镇	370725108	稻田镇	370783112	廿里铺街道	370811006
红河镇	370725110	羊口镇	370783115	古槐街道	370811008
营丘镇	370725112	**安丘市（3街道，9镇）**	**370784**	济阳街道	370811009
青州市（4街道，8镇）	**370781**	兴安街道	370784001	阜桥街道	370811010
王府街道	370781001	新安街道	370784002	越河街道	370811011
益都街道	370781002	凌河街道	370784003	观音阁街道	370811012
云门山街道	370781006	官庄镇	370784104	南苑街道	370811013
黄楼街道	370781008	大盛镇	370784107	安居街道	370811014
弥河镇	370781100	石埠子镇	370784111	唐口街道	370811015
王坟镇	370781101	石堆镇	370784112	接庄街道	370811016
庙子镇	370781103	柘山镇	370784118	柳行街道	370811017
邵庄镇	370781105	辉渠镇	370784119	洸河街道	370811018
高柳镇	370781109	郚山镇	370784120	许庄街道	370811019
何官镇	370781111	金家子镇	370784121	长沟镇	370811102
东夏镇	370781113	景芝镇	370784122	喻屯镇	370811110
谭坊镇	370781115	**高密市（3街道，7镇）**	**370785**	石桥镇	370811111
诸城市（3街道，10镇）	**370782**	朝阳街道	370785001	**兖州区（6街道，6镇）**	**370812**
密州街道	370782001	醴泉街道	370785002	鼓楼街道	370812001
龙都街道	370782002	密水街道	370785003	酒仙桥街道	370812002
舜王街道	370782003	柏城镇	370785100	龙桥街道	370812003
枳沟镇	370782101	夏庄镇	370785103	兴隆庄街道	370812004
贾悦镇	370782102	姜庄镇	370785104	黄屯街道	370812005
石桥子镇	370782105	大牟家镇	370785106	王因街道	370812006
相州镇	370782108	阚家镇	370785109	大安镇	370812100
昌城镇	370782110	井沟镇	370785111	新驿镇	370812101
百尺河镇	370782111	柴沟镇	370785114	颜店镇	370812102
辛兴镇	370782112	**昌邑市（3街道，6镇）**	**370786**	新兖镇	370812103
林家村镇	370782114	奎聚街道	370786001	漕河镇	370812104
皇华镇	370782117	都昌街道	370786002	小孟镇	370812106
桃林镇	370782118	围子街道	370786003	**微山县（3街道，**	**370826**
寿光市（5街道，9镇）	**370783**	柳疃镇	370786101	**11镇，1乡）**	
圣城街道	370783001	龙池镇	370786102	夏镇街道	370826001
文家街道	370783003	卜庄镇	370786104	昭阳街道	370826002
孙家集街道	370783004	饮马镇	370786108	傅村街道	370826003
洛城街道	370783005	北孟镇	370786109	韩庄镇	370826101
古城街道	370783006	下营镇	370786110	欢城镇	370826102
化龙镇	370783100	**济宁市（49街道，**	**370800**	南阳镇	370826103
营里镇	370783103	**103镇，4乡）**		鲁桥镇	370826104
台头镇	370783104	**任城区（17街道，3镇）**	**370811**	留庄镇	370826106
田柳镇	370783106	金城街道	370811002	两城镇	370826107
上口镇	370783108	仙营街道	370811003	马坡镇	370826108
侯镇	370783109	南张街道	370811004	赵庙镇	370826109

续表 7

行政区划名称	行政区划代码	行政区划名称	行政区划代码	行政区划名称	行政区划代码
张楼镇	370826110	仲山镇	370829112	韩垓镇	370832106
微山岛镇	370826111	满硐镇	370829113	馆驿镇	370832107
西平镇	370826112	黄垓镇	370829114	小安山镇	370832108
高楼乡	370826206	汶上县（3 街道，	**370830**	寿张集镇	370832109
鱼台县（2 街道，9 镇）	**370827**	11 镇，1 乡）		马营镇	370832110
谷亭街道	370827001	中都街道	370830001	赵堌堆乡	370832215
滨湖街道	370827002	汶上街道	370830002	大路口乡	370832217
清河镇	370827101	南站街道	370830003	**曲阜市（4 街道，8 镇）**	**370881**
鱼城镇	370827102	南旺镇	370830102	鲁城街道	370881001
王鲁镇	370827103	次邱镇	370830103	书院街道	370881002
张黄镇	370827104	寅寺镇	370830104	小雪街道	370881003
王庙镇	370827105	郭楼镇	370830105	时庄街道	370881004
李阁镇	370827106	康驿镇	370830106	吴村镇	370881101
唐马镇	370827107	苑庄镇	370830107	姚村镇	370881102
老砦镇	370827108	义桥镇	370830108	陵城镇	370881103
罗屯镇	370827109	白石镇	370830109	尼山镇	370881105
金乡县（4 街道，9 镇）	**370828**	郭仓镇	370830110	王庄镇	370881106
金乡街道	370828001	杨店镇	370830111	息陬镇	370881107
高河街道	370828002	刘楼镇	370830112	石门山镇	370881108
王丕街道	370828003	军屯乡	370830205	防山镇	370881109
鱼山街道	370828004	**泗水县（2 街道，11 镇）**	**370831**	**邹城市（3 街道，13 镇）**	**370883**
羊山镇	370828101	泗河街道	370831001	钢山街道	370883001
胡集镇	370828102	济河街道	370831002	千泉街道	370883002
霄云镇	370828103	泉林镇	370831101	凫山街道	370883003
鸡黍镇	370828104	星村镇	370831102	香城镇	370883101
司马镇	370828107	柘沟镇	370831103	城前镇	370883102
马庙镇	370828109	金庄镇	370831104	大束镇	370883103
化雨镇	370828110	苗馆镇	370831105	北宿镇	370883104
卜集镇	370828112	中册镇	370831106	中心店镇	370883105
兴隆镇	370828113	杨柳镇	370831107	唐村镇	370883106
嘉祥县（3 街道，12 镇）	**370829**	泗张镇	370831108	太平镇	370883107
嘉祥街道	370829001	圣水峪镇	370831109	石墙镇	370883109
卧龙山街道	370829002	高峪镇	370831110	峄山镇	370883110
万张街道	370829003	华村镇	370831111	看庄镇	370883111
纸坊镇	370829101	**梁山县（2 街道，**	**370832**	张庄镇	370883112
梁宝寺镇	370829102	10 镇，2 乡）		田黄镇	370883113
疃里镇	370829104	梁山街道	370832001	郭里镇	370883114
马村镇	370829105	水泊街道	370832002	**泰安市（20 街道，**	**370900**
金屯镇	370829106	小路口镇	370832101	62 镇，6 乡）	
大张楼镇	370829107	韩岗镇	370832102	**泰山区（5 街道，**	**370902**
马集镇	370829108	黑虎庙镇	370832103	2 镇，1 乡）	
孟姑集镇	370829110	拳铺镇	370832104	岱庙街道	370902001
老僧堂镇	370829111	杨营镇	370832105	财源街道	370902002

续表 8

行政区划名称	行政区划代码	行政区划名称	行政区划代码	行政区划名称	行政区划代码
泰前街道	370902003	州城街道	370923001	桃园镇	370983103
上高街道	370902004	东平街道	370923002	王庄镇	370983104
徐家楼街道	370902005	彭集街道	370923003	湖屯镇	370983105
省庄镇	370902100	沙河站镇	370923101	石横镇	370983106
邱家店镇	370902101	老湖镇	370923106	安临站镇	370983107
大津口乡	370902202	银山镇	370923107	孙伯镇	370983108
岱岳区（3 街道，14 镇，1 乡）	370911	斑鸠店镇	370923108	安驾庄镇	370983109
		接山镇	370923109	边院镇	370983112
粥店街道	370911001	大羊镇	370923110	汶阳镇	370983113
天平街道	370911002	梯门镇	370923111	威海市（24 街道，48 镇）	371000
北集坡街道	370911003	戴庙镇	370923112	环翠区（10 街道，10 镇）	371002
山口镇	370911100	新湖镇	370923113	环翠楼街道	371002001
祝阳镇	370911101	商老庄乡	370923206	鲸园街道	371002002
范镇	370911102	旧县乡	370923208	竹岛街道	371002003
角峪镇	370911103	新泰市（3 街道，17 镇，1 乡）	370982	孙家疃街道	371002004
徂徕镇	370911104			皇冠街道	371002005
满庄镇	370911105	青云街道	370982001	凤林街道	371002006
夏张镇	370911106	新汶街道	370982002	西苑街道	371002007
道朗镇	370911107	新甫街道	370982003	怡园街道	371002008
黄前镇	370911108	东都镇	370982101	田和街道	371002009
大汶口镇	370911109	小协镇	370982102	嵩山街道	371002010
马庄镇	370911110	翟镇	370982103	张村镇	371002100
房村镇	370911111	泉沟镇	370982104	羊亭镇	371002101
良庄镇	370911112	羊流镇	370982105	温泉镇	371002102
下港镇	370911113	果都镇	370982106	桥头镇	371002106
化马湾乡	370911201	西张庄镇	370982107	崮山镇	371002107
宁阳县（2 街道，10 镇，1 乡）	370921	天宝镇	370982108	泊于镇	371002108
		楼德镇	370982110	初村镇	371002109
文庙街道	370921001	禹村镇	370982111	草庙子镇	371002110
八仙桥街道	370921002	宫里镇	370982112	汪疃镇	371002111
泗店镇	370921101	谷里镇	370982113	崮山镇	371002112
东疏镇	370921102	石莱镇	370982114	文登区（3 街道，12 镇）	371003
伏山镇	370921103	放城镇	370982115	龙山街道	371003001
堽城镇	370921105	刘杜镇	370982116	天福街道	371003002
蒋集镇	370921107	汶南镇	370982117	环山街道	371003003
磁窑镇	370921109	龙廷镇	370982119	文登营镇	371003100
华丰镇	370921110	岳家庄乡	370982203	大水泊镇	371003101
葛石镇	370921111	肥城市（4 街道，10 镇）	370983	张家产镇	371003102
东庄镇	370921112	新城街道	370983001	高村镇	371003103
鹤山镇	370921113	老城街道	370983002	泽库镇	371003104
乡饮乡	370921206	王瓜店街道	370983003	侯家镇	371003105
东平县（3 街道，9 镇，2 乡）	370923	仪阳街道	370983004	宋村镇	371003106
		潮泉镇	370983101	泽头镇	371003107

续表 9

行政区划名称	行政区划代码	行政区划名称	行政区划代码	行政区划名称	行政区划代码
小观镇	371003108	日照市（16街道，35镇，4乡）	371100	城阳街道	371122001
葛家镇	371003109			店子集街道	371122002
米山镇	371003110	东港区（7街道，7镇）	371102	陵阳街道	371122003
界石镇	371003111	日照街道	371102001	浮来山街道	371122004
荣成市（10街道，12镇）	371082	石臼街道	371102002	阎庄街道	371122005
港湾街道	371082001	秦楼街道	371102004	招贤镇	371122102
斥山街道	371082002	卧龙山街道	371102005	夏庄镇	371122104
东山街道	371082003	两城街道	371102006	刘官庄镇	371122105
王连街道	371082004	奎山街道	371102007	峤山镇	371122106
桃园街道	371082005	北京路街道	371102008	小店镇	371122107
宁津街道	371082006	河山镇	371102101	龙山镇	371122109
崖头街道	371082007	涛雒镇	371102103	东莞镇	371122110
崂山街道	371082008	西湖镇	371102107	长岭镇	371122114
寻山街道	371082009	陈疃镇	371102108	安庄镇	371122115
城西街道	371082010	南湖镇	371102109	洛河镇	371122116
俚岛镇	371082101	三庄镇	371102110	碁山镇	371122117
成山镇	371082102	后村镇	371102111	寨里河镇	371122118
埠柳镇	371082103	岚山区（2街道，6镇，1乡）	371103	桑园镇	371122119
港西镇	371082104			果庄镇	371122120
夏庄镇	371082105	岚山头街道	371103005	库山乡	371122206
崖西镇	371082106	安东卫街道	371103006	临沂市（30街道，120镇，6乡）	371300
荫子镇	371082107	高兴镇	371103104		
滕家镇	371082108	巨峰镇	371103105	兰山区（4街道，8镇）	371302
大疃镇	371082109	黄墩镇	371103111	兰山街道	371302001
上庄镇	371082110	虎山镇	371103112	银雀山街道	371302002
虎山镇	371082111	碑廓镇	371103113	金雀山街道	371302003
人和镇	371082112	中楼镇	371103114	柳青街道	371302004
乳山市（1街道，14镇）	371083	前三岛乡	371103201	白沙埠镇	371302101
城区街道	371083001	五莲县（2街道,8镇,2乡）	371121	枣园镇	371302102
夏村镇	371083100	洪凝街道	371121001	半程镇	371302103
乳山口镇	371083101	高泽街道	371121002	义堂镇	371302105
海阳所镇	371083102	街头镇	371121102	李官镇	371302107
白沙滩镇	371083103	潮河镇	371121103	汪沟镇	371302109
大孤山镇	371083104	许孟镇	371121104	方城镇	371302110
南黄镇	371083105	于里镇	371121105	马厂湖镇	371302111
冯家镇	371083106	汪湖镇	371121106	罗庄区（6街道，3镇）	371311
下初镇	371083107	叩官镇	371121107	罗庄街道	371311001
午极镇	371083108	中至镇	371121108	傅庄街道	371311002
育黎镇	371083109	松柏镇	371121110	盛庄街道	371311003
崖子镇	371083110	石场乡	371121201	册山街道	371311006
诸往镇	371083111	户部乡	371121202	高都街道	371311007
乳山寨镇	371083112	莒县（5街道，14镇，1乡）	371122	罗西街道	371311008
徐家镇	371083113			沂堂镇	371311101

续表 10

行政区划名称	行政区划代码	行政区划名称	行政区划代码	行政区划名称	行政区划代码
褚墩镇	371311102	红花镇	371322112	下村乡	371324202
黄山镇	371311103	花园镇	371322113	**费县（1街道，10镇，1乡）**	**371325**
河东区（8街道，3镇）	**371312**	泉源镇	371322114		
九曲街道	371312001	归昌乡	371322203	费城街道	371325001
相公街道	371312002	**沂水县（2街道，15镇，1乡）**	**371323**	上冶镇	371325101
太平街道	371312003			薛庄镇	371325102
汤头街道	371312004	沂城街道	371323001	探沂镇	371325105
凤凰岭街道	371312005	龙家圈街道	371323002	朱田镇	371325106
芝麻墩街道	371312006	马站镇	371323101	梁邱镇	371325107
梅埠街道	371312007	高桥镇	371323102	新庄镇	371325108
朝阳街道	371312008	许家湖镇	371323103	马庄镇	371325109
汤河镇	371312104	黄山铺镇	371323104	胡阳镇	371325112
八湖镇	371312107	诸葛镇	371323106	石井镇	371325113
郑旺镇	371312108	崔家峪镇	371323107	东蒙镇	371325115
沂南县（1街道，13镇，1乡）	**371321**	四十里堡镇	371323108	大田庄乡	371325200
		杨庄镇	371323109	**平邑县（1街道，13镇）**	**371326**
界湖街道	371321001	夏蔚镇	371323110	平邑街道	371326001
岸堤镇	371321101	沙沟镇	371323111	仲村镇	371326101
孙祖镇	371321102	高庄镇	371323112	武台镇	371326102
双堠镇	371321103	道托镇	371323113	保太镇	371326103
青驼镇	371321104	泉庄镇	371323115	柏林镇	371326104
张庄镇	371321105	富官庄镇	371323116	卞桥镇	371326105
砖埠镇	371321106	院东头镇	371323117	地方镇	371326106
大庄镇	371321109	圈里乡	371323201	铜石镇	371326107
辛集镇	371321110	**兰陵县（2街道，14镇，1乡）**	**371324**	温水镇	371326108
蒲汪镇	371321111			流峪镇	371326109
湖头镇	371321112	卞庄街道	371324001	郑城镇	371326110
苏村镇	371321113	苍山街道	371324002	白彦镇	371326111
铜井镇	371321114	大仲村镇	371324101	临涧镇	371326112
依汶镇	371321115	兰陵镇	371324102	丰阳镇	371326113
马牧池乡	371321201	长城镇	371324103	**莒南县（1街道，15镇）**	**371327**
郯城县（1街道，11镇，1乡）	**371322**	磨山镇	371324104	十字路街道	371327001
		神山镇	371324105	大店镇	371327102
郯城街道	371322001	车辋镇	371324106	坊前镇	371327103
马头镇	371322101	尚岩镇	371324107	板泉镇	371327106
重坊镇	371322102	向城镇	371324108	洙边镇	371327107
李庄镇	371322103	新兴镇	371324109	文疃镇	371327108
杨集镇	371322105	南桥镇	371324110	石莲子镇	371327111
港上镇	371322107	庄坞镇	371324112	岭泉镇	371327112
高峰头镇	371322108	矿坑镇	371324113	筵宾镇	371327113
庙山镇	371322109	鲁城镇	371324114	涝坡镇	371327114
胜利镇	371322111	芦柞镇	371324115	道口镇	371327115

续表 11

行政区划名称	行政区划代码	行政区划名称	行政区划代码	行政区划名称	行政区划代码
相沟镇	371327116	陵城区（2 街道，10 镇，1 乡）	371403	临盘街道	371424001
团林镇	371327117	安德街道	371403001	邢侗街道	371424002
坪上镇	371327118	临齐街道	371403002	恒源街道	371424003
壮岗镇	371327119	郑家寨镇	371403100	临邑镇	371424100
朱芦镇	371327120	糜镇	371403101	临南镇	371424102
蒙阴县（1 街道，8 镇，1 乡）	371328	宋家镇	371403102	德平镇	371424103
蒙阴街道	371328001	徽王庄镇	371403103	林子镇	371424104
常路镇	371328101	神头镇	371403104	兴隆镇	371424105
岱崮镇	371328102	滋镇	371403105	孟寺镇	371424106
坦埠镇	371328103	前孙镇	371403106	翟家镇	371424107
垛庄镇	371328104	边临镇	371403107	理合务镇	371424108
高都镇	371328105	义渡口镇	371403108	宿安乡	371424200
野店镇	371328106	丁庄镇	371403109	齐河县（2 街道，11 镇，2 乡）	371425
桃墟镇	371328107	于集乡	371403200	晏城街道	371425001
联城镇	371328109	宁津县（2 街道，9 镇，1 乡）	371422	晏北街道	371425002
旧寨乡	371328201	宁城街道	371422001	表白寺镇	371425101
临沭县（2 街道，7 镇）	371329	津城街道	371422002	焦庙镇	371425102
临沭街道	371329001	柴胡店镇	371422101	赵官镇	371425103
郑山街道	371329002	长官镇	371422102	祝阿镇	371425104
蛟龙镇	371329101	杜集镇	371422103	仁里集镇	371425105
大兴镇	371329102	保店镇	371422104	潘店镇	371425106
石门镇	371329103	大柳镇	371422105	胡官屯镇	371425107
曹庄镇	371329104	大曹镇	371422106	宣章屯镇	371425108
青云镇	371329108	相衙镇	371422107	马集镇	371425109
玉山镇	371329109	时集镇	371422108	华店镇	371425110
店头镇	371329110	张大庄镇	371422109	刘桥镇	371425111
德州市（29 街道，91 镇，14 乡）	371400	刘营伍乡	371422201	安头乡	371425201
德城区（7 街道，5 镇）	371402	庆云县（1 街道，5 镇，3 乡）	371423	大黄乡	371425204
新湖街道	371402001	渤海路街道	371423001	平原县（3 街道，8 镇，1 乡）	371426
新华街道	371402003	庆云镇	371423100	龙门街道	371426001
天衢街道	371402004	常家镇	371423101	桃园街道	371426002
广川街道	371402005	尚堂镇	371423102	德原街道	371426003
运河街道	371402006	崔口镇	371423103	王凤楼镇	371426101
长河街道	371402007	东辛店镇	371423104	前曹镇	371426102
宋官屯街道	371402008	严务乡	371423200	恩城镇	371426103
黄河涯镇	371402101	中丁乡	371423202	王庙镇	371426104
二屯镇	371402102	徐园子乡	371423203	王杲铺镇	371426105
赵虎镇	371402103	临邑县（3 街道，8 镇，1 乡）	371424	张华镇	371426106
抬头寺镇	371402104			腰站镇	371426107
袁桥镇	371402105			王打卦镇	371426108

续表 12

行政区划名称	行政区划代码	行政区划名称	行政区划代码	行政区划名称	行政区划代码
三唐乡	371426202	西段乡	371481200	广平镇	371502116
夏津县（2 街道，10 镇，2 乡）	371427	大孙乡	371481201	茌平区（3 街道，10 镇，1 乡）	371503
银城街道	371427001	寨头堡乡	371481203	振兴街道	371503001
北城街道	371427002	禹城市（2 街道，9 镇）	371482	信发街道	371503002
南城镇	371427100	市中街道	371482001	温陈街道	371503003
苏留庄镇	371427101	禹兴街道	371482003	乐平铺镇	371503101
新盛店镇	371427102	伦镇	371482100	冯官屯镇	371503102
雷集镇	371427103	房寺镇	371482101	菜屯镇	371503103
郑保屯镇	371427104	张庄镇	371482102	博平镇	371503104
白马湖镇	371427105	辛店镇	371482103	杜郎口镇	371503105
东李官屯镇	371427106	安仁镇	371482104	韩屯镇	371503106
宋楼镇	371427107	辛寨镇	371482105	胡屯镇	371503107
香赵庄镇	371427108	梁家镇	371482106	肖家庄镇	371503108
双庙镇	371427109	十里望回族镇	371482107	贾寨镇	371503109
渡口驿乡	371427200	莒镇	371482108	洪官屯镇	371503110
田庄乡	371427204	聊城市（32 街道，98 镇，5 乡）	371500	杨官屯乡	371503201
武城县（1 街道，7 镇）	371428	东昌府区（10 街道，13 镇）	371502	阳谷县（3 街道，14 镇，1 乡）	371521
广运街道	371428001			博济桥街道	371521001
武城镇	371428100	古楼街道	371502001	狮子楼街道	371521002
老城镇	371428101	新区街道	371502002	侨润街道	371521003
郝王庄镇	371428104	柳园街道	371502003	阿城镇	371521101
鲁权屯镇	371428105	湖西街道	371502004	七级镇	371521102
四女寺镇	371428106	李海务街道	371502005	安乐镇	371521103
甲马营镇	371428107	闫寺街道	371502006	寿张镇	371521104
李家户镇	371428108	道口铺街道	371502008	张秋镇	371521105
乐陵市（4 街道，9 镇，3 乡）	371481	东城街道	371502009	阎楼镇	371521106
市中街道	371481001	蒋官屯街道	371502010	石佛镇	371521108
胡家街道	371481002	北城街道	371502011	李台镇	371521109
云红街道	371481003	沙镇镇	371502102	十五里园镇	371521111
郭家街道	371481004	侯营镇	371502103	定水镇	371521112
杨安镇	371481100	堂邑镇	371502104	西湖镇	371521113
朱集镇	371481101	梁水镇镇	371502105	郭屯镇	371521114
黄夹镇	371481102	斗虎屯镇	371502106	高庙王镇	371521115
丁坞镇	371481103	张炉集镇	371502108	金斗营镇	371521116
花园镇	371481104	于集镇	371502109	大布乡	371521203
郑店镇	371481105	郑家镇	371502110	莘县（4 街道，20 镇）	371522
化楼镇	371481106	朱老庄镇	371502112	莘州街道	371522001
孔镇镇	371481107	许营镇	371502113	莘亭街道	371522002
铁营镇	371481108	顾官屯镇	371502114	东鲁街道	371522003
		韩集镇	371502115		

续表 13

行政区划名称	行政区划代码	行政区划名称	行政区划代码	行政区划名称	行政区划代码
燕塔街道	371522004	东古城镇	371525105	尚店镇	371581113
张鲁回族镇	371522101	北馆陶镇	371525106	**滨州市(29街道,58镇,4乡)**	**371600**
朝城镇	371522102	店子镇	371525107	**滨城区(12街道,2镇,1乡)**	**371602**
观城镇	371522103	定远寨镇	371525108	市中街道	371602001
古城镇	371522104	辛集镇	371525109	市西街道	371602002
大张家镇	371522105	梁堂镇	371525110	北镇街道	371602003
古云镇	371522106	范寨镇	371525111	市东街道	371602004
十八里铺镇	371522107	甘官屯镇	371525112	彭李街道	371602005
燕店镇	371522109	斜店乡	371525200	滨北街道	371602007
董杜庄镇	371522110	兰沃乡	371525206	梁才街道	371602009
王奉镇	371522111	万善乡	371525209	青田街道	371602010
樱桃园镇	371522112	**高唐县(3街道,9镇)**	**371526**	小营街道	371602011
河店镇	371522113	鱼邱湖街道	371526001	杜店街道	371602012
姝冢镇	371522114	人和街道	371526002	沙河街道	371602013
魏庄镇	371522115	汇鑫街道	371526003	里则街道	371602014
张寨镇	371522116	梁村镇	371526101	杨柳雪镇	371602101
大王寨镇	371522117	尹集镇	371526102	三河湖镇	371602105
徐庄镇	371522118	清平镇	371526103	秦皇台乡	371602203
王庄集镇	371522119	固河镇	371526104	**沽化区(2街道,7镇,2乡)**	**371603**
柿子园镇	371522120	三十里铺镇	371526105	富国街道	371603001
俎店镇	371522121	琉璃寺镇	371526106	富源街道	371603002
东阿县(2街道,8镇)	**371524**	赵寨子镇	371526107	下洼镇	371603100
铜城街道	371524001	姜店镇	371526108	古城镇	371603101
新城街道	371524002	杨屯镇	371526109	冯家镇	371603102
刘集镇	371524101	**临清市(4街道,12镇)**	**371581**	泊头镇	371603103
牛角店镇	371524102	青年路街道	371581001	大高镇	371603104
大桥镇	371524103	新华路街道	371581002	黄升镇	371603105
高集镇	371524104	先锋路街道	371581003	滨海镇	371603106
姜楼镇	371524105	大辛庄街道	371581004	下河乡	371603200
姚寨镇	371524107	松林镇	371581101	利国乡	371603201
鱼山镇	371524108	老赵庄镇	371581102	**惠民县(3街道,12镇)**	**371621**
陈集镇	371524109	康庄镇	371581103	孙武街道	371621001
冠县(3街道,12镇,3乡)	**371525**	魏湾镇	371581104	武定府街道	371621002
清泉街道	371525001	刘垓子镇	371581105	何坊街道	371621003
崇文街道	371525002	八岔路镇	371581107	石庙镇	371621101
烟庄街道	371525003	潘庄镇	371581108	桑落墅镇	371621102
贾镇	371525101	烟店镇	371581109	淄角镇	371621103
桑阿镇	371525102	唐园镇	371581110	胡集镇	371621104
柳林镇	371525103	金郝庄镇	371581111	李庄镇	371621105
清水镇	371525104	戴湾镇	371581112	麻店镇	371621107

续表 14

行政区划名称	行政区划代码	行政区划名称	行政区划代码	行政区划名称	行政区划代码
魏集镇	371621108	纯化镇	371625108	李村镇	371702107
清河镇	371621109	庞家镇	371625109	马岭岗镇	371702108
姜楼镇	371621111	乔庄镇	371625110	安兴镇	371702109
辛店镇	371621113	邹平市（5 街道，11 镇）	**371681**	大黄集镇	371702110
大年陈镇	371621114	黛溪街道	371681001	胡集镇	371702112
皂户李镇	371621115	黄山街道	371681002	吕陵镇	371702113
阳信县（2 街道，7 镇，1 乡）	**371622**	高新街道	371681003	定陶区（2 街道，10 镇）	**371703**
信城街道	371622001	好生街道	371681004	天中街道	371703001
金阳街道	371622002	西董街道	371681005	滨河街道	371703002
商店镇	371622101	长山镇	371681100	陈集镇	371703101
温店镇	371622102	魏桥镇	371681101	冉堌镇	371703102
河流镇	371622103	临池镇	371681102	张湾镇	371703103
翟王镇	371622104	焦桥镇	371681103	黄店镇	371703104
流坡坞镇	371622105	韩店镇	371681104	孟海镇	371703105
水落坡镇	371622106	孙镇	371681105	马集镇	371703106
劳店镇	371622107	九户镇	371681106	半堤镇	371703107
洋湖乡	371622204	青阳镇	371681107	仿山镇	371703108
无棣县（2 街道，10 镇）	**371623**	明集镇	371681108	杜堂镇	371703109
海丰街道	371623001	台子镇	371681109	南王店镇	371703110
棣丰街道	371623002	码头镇	371681110	曹县（5 街道，21 镇）	**371721**
水湾镇	371623101	菏泽市（34 街道，127 镇，6 乡）	**371700**	青菏街道	371721001
碣石山镇	371623102			曹城街道	371721002
小泊头镇	371623103	牡丹区（11 街道，13 镇）	**371702**	磐石街道	371721003
埕口镇	371623104	东城街道	371702001	郑庄街道	371721004
车王镇	371623106	西城街道	371702002	倪集街道	371721005
柳堡镇	371623107	南城街道	371702003	庄寨镇	371721101
佘家镇	371623108	北城街道	371702004	普连集镇	371721102
信阳镇	371623109	牡丹街道	371702005	青堌集镇	371721103
西小王镇	371623110	万福街道	371702009	韩集镇	371721105
马山子镇	371623111	何楼街道	371702010	砖庙镇	371721106
博兴县（3 街道，9 镇）	**371625**	丹阳街道	371702011	古营集镇	371721107
博昌街道	371625001	岳程街道	371702012	魏湾镇	371721108
城东街道	371625002	佃户屯街道	371702013	侯集回族镇	371721109
锦秋街道	371625003	皇镇街道	371702014	苏集镇	371721110
曹王镇	371625101	沙土镇	371702100	孙老家镇	371721111
兴福镇	371625102	吴店镇	371702101	阎店楼镇	371721112
陈户镇	371625103	王浩屯镇	371702102	梁堤头镇	371721113
湖滨镇	371625104	黄堽镇	371702103	安蔡楼镇	371721114
店子镇	371625106	都司镇	371702104	邵庄镇	371721115
吕艺镇	371625107	高庄镇	371702105	王集镇	371721116
		小留镇	371702106		

续表 15

行政区划名称	行政区划代码	行政区划名称	行政区划代码	行政区划名称	行政区划代码
青岗集镇	371721118	孙寺镇	371723108	唐庙镇	371725115
常乐集镇	371721120	九女集镇	371723109	李集镇	371725116
大集镇	371721121	党集镇	371723110	黄集镇	371725117
仵楼镇	371721122	张楼镇	371723111	张鲁集镇	371725118
楼庄镇	371721123	**巨野县 (2 街道，15 镇)**	**371724**	水堡乡	371725208
朱洪庙镇	371721124	永丰街道	371724001	陈坡乡	371725209
单县 (4 街道，16 镇，2 乡)	**371722**	凤凰街道	371724002	**鄄城县 (2 街道，15 镇)**	**371726**
南城街道	371722001	龙堌镇	371724101	陈王街道	371726001
北城街道	371722002	大义镇	371724102	古泉街道	371726002
园艺街道	371722003	柳林镇	371724103	什集镇	371726101
东城街道	371722004	章缝镇	371724104	红船镇	371726102
郭村镇	371722101	大谢集镇	371724105	旧城镇	371726103
黄岗镇	371722102	独山镇	371724106	阎什镇	371726104
终兴镇	371722103	麒麟镇	371724107	箕山镇	371726105
高韦庄镇	371722105	核桃园镇	371724108	李进士堂镇	371726106
徐寨镇	371722106	田庄镇	371724109	董口镇	371726107
蔡堂镇	371722107	太平镇	371724110	临濮镇	371726108
朱集镇	371722108	万丰镇	371724111	彭楼镇	371726109
李新庄镇	371722109	陶庙镇	371724112	凤凰镇	371726110
浮岗镇	371722110	董官屯镇	371724113	郑营镇	371726111
莱河镇	371722111	田桥镇	371724114	大埝镇	371726112
时楼镇	371722112	营里镇	371724115	引马镇	371726113
杨楼镇	371722113	**郓城县 (4 街道，16 镇，2 乡)**	**371725**	左营镇	371726114
张集镇	371722114	郓州街道	371725001	富春镇	371726115
龙王庙镇	371722115	唐塔街道	371725002	**东明县 (2 街道，10 镇，2 乡)**	**371728**
谢集镇	371722116	丁里长街道	371725003	城关街道	371728001
李田楼镇	371722117	张营街道	371725004	渔沃街道	371728002
高老家乡	371722201	黄安镇	371725101	东明集镇	371728101
曹庄乡	371722202	杨庄集镇	371725102	刘楼镇	371728102
成武县 (2 街道，11 镇)	**371723**	侯咽集镇	371725103	陆圈镇	371728103
文亭街道	371723001	武安镇	371725104	马头镇	371728104
永昌街道	371723002	郭屯镇	371725105	三春集镇	371728105
大田集镇	371723101	玉皇庙镇	371725107	大屯镇	371728106
天宫庙镇	371723102	程屯镇	371725108	武胜桥镇	371728107
汶上集镇	371723103	随官屯镇	371725109	菜园集镇	371728108
南鲁集镇	371723104	潘渡镇	371725111	沙窝镇	371728109
伯乐集镇	371723105	双桥镇	371725112	小井镇	371728110
苟村集镇	371723106	南赵楼镇	371725113	长兴集乡	371728204
白浮图镇	371723107	黄泥冈镇	371725114	焦园乡	371728205

河南省

河南省（豫）

行政区划名称	行政区划代码	行政区划名称	行政区划代码	行政区划名称	行政区划代码
河南省（692街道，1180镇，574乡，12民族乡）	410000	北下街道	410104001	新城街道	410108011
		西大街街道	410104002	刘寨街道	410108012
郑州市（92街道，72镇，14乡，1民族乡）	410100	南关街道	410104003	江山路街道	410108013
		城东路街道	410104004	长兴路街道	410108014
中原区（14街道，1镇，1乡）	410102	东大街街道	410104005	迎宾路街道	410108015
		二里岗街道	410104006	大河路街道	410108016
林山寨街道	410102001	陇海马路街道	410104007	古荥镇	410108105
建设路街道	410102002	紫荆山南路街道	410104008	花园口镇	410108106
棉纺路街道	410102003	航海东路街道	410104009	中牟县（4街道，14镇，1乡）	410122
秦岭路街道	410102004	十八里河街道	410104010		
桐柏路街道	410102005	南曹街道	410104011	青年路街道	410122001
三官庙街道	410102006	金岱街道	410104012	东风路街道	410122002
绿东村街道	410102007	圃田乡	410104202	广惠街街道	410122003
汝河路街道	410102008	金水区（19街道）	410105	大孟街道	410122004
航海西路街道	410102009	经八路街道	410105001	韩寺镇	410122101
中原西路街道	410102010	花园路街道	410105002	官渡镇	410122102
须水街道	410102011	人民路街道	410105003	狼城岗镇	410122103
西流湖街道	410102012	杜岭街道	410105004	万滩镇	410122104
柳湖街道	410102013	大石桥街道	410105005	白沙镇	410122105
莲湖街道	410102014	南阳路街道	410105006	郑庵镇	410122106
石佛镇	410102100	南阳新村街道	410105007	九龙镇	410122107
沟赵乡	410102200	文化路街道	410105008	张庄镇	410122108
二七区（15街道，1镇）	410103	丰产路街道	410105009	黄店镇	410122109
淮河路街道	410103001	东风路街道	410105010	刘集镇	410122111
铭功路街道	410103003	北林路街道	410105011	八岗镇	410122112
一马路街道	410103004	未来路街道	410105012	雁鸣湖镇	410122113
蜜蜂张街道	410103005	凤凰台街道	410105015	三官庙镇	410122114
五里堡街道	410103006	兴达路街道	410105016	姚家镇	410122115
大学路街道	410103007	国基路街道	410105017	刁家乡	410122208
建中街街道	410103008	杨金路街道	410105018	巩义市（5街道，15镇）	410181
福华街街道	410103009	丰庆路街道	410105019	新华路街道	410181001
德化街街道	410103010	祭城路街道	410105020	杜甫路街道	410181002
嵩山路街道	410103011	龙子湖街道	410105021	永安路街道	410181003
长江路街道	410103012	上街区（5街道，1镇）	410106	紫荆路街道	410181004
京广路街道	410103013	济源路街道	410106001	孝义街道	410181005
人和路街道	410103014	中心路街道	410106002	米河镇	410181100
侯寨街道	410103015	新安路街道	410106003	新中镇	410181101
金水源街道	410103016	工业路街道	410106004	小关镇	410181102
马寨镇	410103100	矿山街道	410106005	竹林镇	410181103
管城回族区（12街道，1乡）	410104	峡窝镇	410106100	大峪沟镇	410181104
		惠济区（6街道，2镇）	410108	河洛镇	410181105

续表 1

行政区划名称	行政区划代码	行政区划名称	行政区划代码	行政区划名称	行政区划代码
站街镇	410181106	袁庄乡	410183200	大兴街道	410202003
康店镇	410181108	新郑市（3街道，9镇，	410184	北道门街道	410202005
北山口镇	410181110	5乡）		城西街道	410202006
西村镇	410181111	新建路街道	410184001	梁苑街道	410202007
芝田镇	410181112	新华路街道	410184002	杏花营街道	410202008
回郭镇	410181113	新烟街街道	410184003	金耀街道	410202009
鲁庄镇	410181114	新村镇	410184101	金明池街道	410202010
夹津口镇	410181115	辛店镇	410184102	西湖街道	410202011
涉村镇	410181116	观音寺镇	410184103	北郊乡	410202200
荥阳市（2街道，9镇，	410182	梨河镇	410184104	柳园口乡	410202201
2乡，1民族乡）		和庄镇	410184105	水稻乡	410202202
索河街道	410182001	薛店镇	410184106	顺河回族区（8街道）	410203
京城路街道	410182002	孟庄镇	410184107	清平街道	410203001
乔楼镇	410182101	郭店镇	410184108	铁塔街道	410203002
豫龙镇	410182102	龙湖镇	410184109	曹门街道	410203003
广武镇	410182103	城关乡	410184200	宋门街道	410203004
王村镇	410182104	八千乡	410184202	工业街道	410203005
汜水镇	410182105	龙王乡	410184203	苹果园街道	410203006
高山镇	410182106	大马乡	410184204	东苑街道	410203007
刘河镇	410182108	岗李乡	410184205	土柏岗街道	410203008
崔庙镇	410182109	登封市（4街道，8镇，	410185	鼓楼区（8街道）	410204
贾峪镇	410182110	3乡）		相国寺街道	410204001
城关乡	410182200	嵩阳街道	410185001	新华街道	410204002
高村乡	410182201	少林街道	410185002	卧龙街道	410204003
金寨回族乡	410182204	中岳街道	410185003	州桥街道	410204004
新密市（3街道，	410183	卢店街道	410185004	西司门街道	410204005
12镇，1乡）		大金店镇	410185100	五一街道	410204006
青屏街街道	410183001	颍阳镇	410185101	南苑街道	410204007
新华路街道	410183002	告成镇	410185103	仙人庄街道	410204008
西大街街道	410183003	大冶镇	410185105	禹王台区（5街道，2乡）	410205
城关镇	410183100	宣化镇	410185106	三里堡街道	410205001
米村镇	410183101	徐庄镇	410185107	新门关街道	410205002
牛店镇	410183102	东华镇	410185108	繁塔街道	410205003
平陌镇	410183103	唐庄镇	410185109	官坊街道	410205004
超化镇	410183104	白坪乡	410185202	菜市街道	410205005
苟堂镇	410183105	君召乡	410185203	南郊乡	410205201
大隗镇	410183106	石道乡	410185204	汪屯乡	410205202
刘寨镇	410183107	开封市（39街道，	410200	祥符区（1街道，6镇，	410212
白寨镇	410183108	35镇，42乡）		8乡）	
岳村镇	410183109	龙亭区（10街道，3乡）	410202	城东街道	410212001
来集镇	410183110	北书店街道	410202001	陈留镇	410212101
曲梁镇	410183111	午朝门街道	410202002	仇楼镇	410212102

续表 2

行政区划名称	行政区划代码	行政区划名称	行政区划代码	行政区划名称	行政区划代码
八里湾镇	410212103	朱砂镇	410222104	阎楼乡	410225209
曲兴镇	410212104	长智镇	410222105	洛阳市（66 街道，99 镇，	410300
朱仙镇	410212105	冯庄乡	410222200	22 乡，1 民族乡）	
罗王镇	410212106	孙营乡	410222201	老城区（8 街道）	410302
半坡店乡	410212200	大岗李乡	410222202	西关街道	410302001
刘店乡	410212202	邸阁乡	410222203	西南隅街道	410302002
袁坊乡	410212203	练城乡	410222204	西北隅街道	410302003
杜良乡	410212204	厉庄乡	410222205	东南隅街道	410302004
兴隆乡	410212205	尉氏县（1 街道，9 镇，	410223	东北隅街道	410302005
西姜寨乡	410212206	5 乡）		南关街道	410302006
万隆乡	410212207	两湖街道	410223001	洛浦街道	410302007
范村乡	410212208	洧川镇	410223101	邙山街道	410302008
杞县（1 街道，7 镇，	410221	朱曲镇	410223102	西工区（10 街道）	410303
13 乡）		蔡庄镇	410223103	王城路街道	410303001
金城街道	410221001	永兴镇	410223104	金谷园街道	410303002
五里河镇	410221101	张市镇	410223105	西工街道	410303003
傅集镇	410221102	十八里镇	410223106	邙岭路街道	410303004
圉镇镇	410221103	水坡镇	410223107	道北路街道	410303005
高阳镇	410221104	大营镇	410223108	唐宫路街道	410303006
葛岗镇	410221105	庄头镇	410223109	汉屯路街道	410303007
阳堌镇	410221106	邢庄乡	410223200	凯旋东路街道	410303008
邢口镇	410221107	门楼任乡	410223205	红山街道	410303009
裴村店乡	410221200	大桥乡	410223206	洛北街道	410303010
宗店乡	410221202	南曹乡	410223207	瀍河回族区（7 街道，	410304
板木乡	410221203	小陈乡	410223208	1 民族乡）	
竹林乡	410221204	兰考县（3 街道，8 镇，	410225	东关街道	410304001
官庄乡	410221205	5 乡）		瀍西街道	410304002
湖岗乡	410221206	兰阳街道	410225001	五股路街道	410304003
苏木乡	410221207	桐乡街道	410225002	北窑街道	410304004
沙沃乡	410221208	惠安街道	410225003	塔湾街道	410304005
平城乡	410221209	堌阳镇	410225101	杨文街道	410304006
泥沟乡	410221210	南彰镇	410225102	华林街道	410304007
柿园乡	410221211	考城镇	410225103	瀍河回族乡	410304200
西寨乡	410221212	红庙镇	410225104	涧西区（13 街道）	410305
城郊乡	410221213	谷营镇	410225105	湖北路街道	410305001
通许县（2 街道，5 镇，	410222	东坝头镇	410225106	天津路街道	410305002
6 乡）		小宋镇	410225107	长春路街道	410305003
咸平街道	410222001	仪封镇	410225108	南昌路街道	410305004
许城街道	410222002	三义寨乡	410225201	长安路街道	410305005
竖岗镇	410222101	孟寨乡	410225206	重庆路街道	410305006
玉皇庙镇	410222102	许河乡	410225207	郑州路街道	410305007
四所楼镇	410222103	葡萄架乡	410225208	武汉路街道	410305008

续表 3

行政区划名称	行政区划代码	行政区划名称	行政区划代码	行政区划名称	行政区划代码
徐家营街道	410305009	龙门街道	410311007	城关镇	410325100
珠江路街道	410305010	龙门石窟街道	410311008	田湖镇	410325101
周山路街道	410305011	翠云路街道	410311009	旧县镇	410325102
工农街道	410305012	辛店街道	410311010	车村镇	410325103
瀍洲街道	410305013	李村街道	410311011	闫庄镇	410325104
偃师区（4街道，9镇）	**410307**	李楼街道	410311012	德亭镇	410325107
首阳山街道	410307004	安乐街道	410311013	大章镇	410325108
商城街道	410307005	丰李街道	410311014	白河镇	410325109
槐新街道	410307006	白马寺镇	410311103	纸房镇	410325110
伊洛街道	410307007	寇店镇	410311107	饭坡镇	410325111
翟镇镇	410307103	诸葛镇	410311109	九皋镇	410325112
岳滩镇	410307104	庞村镇	410311110	陆浑镇	410325113
顾县镇	410307105	佃庄镇	410311111	大坪乡	410325201
缑氏镇	410307106	**新安县（1街道，10镇）**	**410323**	何村乡	410325203
府店镇	410307107	汉关街道	410323001	黄庄乡	410325209
高龙镇	410307108	石寺镇	410323101	木植街乡	410325210
山化镇	410307109	五头镇	410323102	**汝阳县（8镇，5乡）**	**410326**
大口镇	410307110	磁涧镇	410323103	城关镇	410326100
邙岭镇	410307111	铁门镇	410323104	上店镇	410326101
孟津区（4街道，10镇）	**410308**	北冶镇	410323105	付店镇	410326102
西霞院街道	410308004	南李村镇	410323106	小店镇	410326103
康乐街道	410308005	仓头镇	410323107	刘店镇	410326104
吉利街道	410308006	石井镇	410323108	内埠镇	410326105
河阳街道	410308007	正村镇	410323109	三屯镇	410326106
城关镇	410308100	青要山镇	410323110	陶营镇	410326107
会盟镇	410308101	**栾川县（1街道，11镇，2乡）**	**410324**	柏树乡	410326200
平乐镇	410308102			十八盘乡	410326202
送庄镇	410308103	耕莘街道	410324001	靳村乡	410326203
白鹤镇	410308104	赤土店镇	410324101	王坪乡	410326204
朝阳镇	410308105	合峪镇	410324102	蔡店乡	410326209
麻屯镇	410308106	潭头镇	410324103	**宜阳县（1街道，11镇，4乡）**	**410327**
马屯镇	410308107	三川镇	410324104		
横水镇	410308108	冷水镇	410324105	兴宜街道	410327001
常袋镇	410308109	陶湾镇	410324106	柳泉镇	410327102
洛龙区（14街道，5镇）	**410311**	石庙镇	410324107	韩城镇	410327103
定鼎门街道	410311001	庙子镇	410324108	白杨镇	410327104
开元路街道	410311002	狮子庙镇	410324109	香鹿山镇	410327105
关林街道	410311003	白土镇	410324110	锦屏镇	410327106
太康东路街道	410311004	叫河镇	410324111	三乡镇	410327107
古城街道	410311005	栾川乡	410324200	张坞镇	410327108
科技园街道	410311006	秋扒乡	410324203	莲庄镇	410327109
		嵩县（12镇，4乡）	**410325**	赵保镇	410327111

续表 4

行政区划名称	行政区划代码	行政区划名称	行政区划代码	行政区划名称	行政区划代码
樊村镇	410327112	平等乡	410329203	北渡街道	410411007
高村镇	410327113	平顶山市（59 街道，	**410400**	荆山街道	410411008
盐镇乡	410327203	51 镇，31 乡，2 民族乡）		河滨街道	410411009
花果山乡	410327208	新华区（10 街道，2 镇）	**410402**	曹镇乡	410411200
上观乡	410327209	曙光街街道	410402001	宝丰县（2 街道，7 镇，	**410421**
董王庄乡	410327212	光明路街道	410402002	3 乡）	
洛宁县（1 街道，	**410328**	中兴路街道	410402003	文峰街道	410421001
11 镇，6 乡）		矿工路街道	410402004	父城街道	410421002
永宁街道	410328001	西市场街道	410402005	周庄镇	410421101
王范回族镇	410328101	新新街道	410402006	闹店镇	410421102
上戈镇	410328102	青石山街道	410402007	石桥镇	410421103
下峪镇	410328103	湛河北路街道	410402008	商酒务镇	410421104
河底镇	410328104	湖滨路街道	410402009	大营镇	410421105
兴华镇	410328105	西高皇街道	410402010	张八桥镇	410421106
东宋镇	410328106	焦店镇	410402100	赵庄镇	410421108
马店镇	410328107	滍阳镇	410402101	肖旗乡	410421200
故县镇	410328108	卫东区（13 街道）	**410403**	前营乡	410421202
赵村镇	410328109	东安路街道	410403001	李庄乡	410421204
长水镇	410328110	优越路街道	410403002	叶县（3 街道，10 镇，	**410422**
景阳镇	410328111	五一路街道	410403003	5 乡，1 民族乡）	
城郊乡	410328200	建设路街道	410403004	昆阳街道	410422001
小界乡	410328205	东环路街道	410403005	九龙街道	410422002
罗岭乡	410328209	东工人镇街道	410403006	盐都街道	410422003
底张乡	410328213	光华路街道	410403007	任店镇	410422101
陈吴乡	410328216	鸿鹰街道	410403008	保安镇	410422102
涧口乡	410328217	皇台街道	410403009	仙台镇	410422103
伊川县（2 街道，	**410329**	北环路街道	410403010	遵化店镇	410422104
12 镇，1 乡）		东高皇街道	410403011	叶邑镇	410422105
城关街道	410329001	蒲城街道	410403012	廉村镇	410422106
河滨街道	410329002	申楼街道	410403013	常村镇	410422107
鸣皋镇	410329101	石龙区（4 街道）	**410404**	辛店镇	410422108
水寨镇	410329102	高庄街道	410404001	洪庄杨镇	410422109
彭婆镇	410329103	龙兴街道	410404002	龚店镇	410422110
白沙镇	410329104	人民路街道	410404003	夏李乡	410422201
江左镇	410329105	龙河街道	410404004	马庄回族乡	410422203
高山镇	410329106	湛河区（9 街道，1 乡）	**410411**	田庄乡	410422204
吕店镇	410329107	马庄街道	410411001	龙泉乡	410422207
半坡镇	410329108	南环路街道	410411002	水寨乡	410422208
酒后镇	410329109	姚孟街道	410411003	邓李乡	410422210
白元镇	410329110	九里山街道	410411004	鲁山县（4 街道，7 镇，	**410423**
葛寨镇	410329111	轻工路街道	410411005	13 乡）	
鸦岭镇	410329112	高阳路街道	410411006	露峰街道	410423001

续表 5

行政区划名称	行政区划代码	行政区划名称	行政区划代码	行政区划名称	行政区划代码
琴台街道	410423002	垭口街道	410481001	东关街道	410502004
鲁阳街道	410423003	寺坡街道	410481002	南关街道	410502005
汇源街道	410423004	朱兰街道	410481003	西大街街道	410502006
下汤镇	410423101	院岭街道	410481004	西关街道	410502007
梁洼镇	410423102	矿建街道	410481005	北大街街道	410502008
张官营镇	410423103	铁山街道	410481006	紫薇大道街道	410502009
张良镇	410423104	尚店镇	410481100	光华路街道	410502010
尧山镇	410423105	八台镇	410481101	中华路街道	410502011
赵村镇	410423106	尹集镇	410481102	永明路街道	410502012
瓦屋镇	410423107	枣林镇	410481103	峨嵋大街街道	410502013
四棵树乡	410423201	庙街乡	410481202	银杏大街街道	410502014
团城乡	410423202	武功乡	410481204	商颂大街街道	410502015
熊背乡	410423203	杨庄乡	410481205	宝莲寺镇	410502100
瀼河乡	410423204	**汝州市（6 街道，**	**410482**	**北关区（9 街道，1 镇）**	**410503**
观音寺乡	410423206	**13 镇，2 乡）**		红旗路街道	410503001
背孜乡	410423208	钟楼街道	410482001	解放路街道	410503003
仓头乡	410423209	风穴路街道	410482002	灯塔路街道	410503004
董周乡	410423210	煤山街道	410482003	豆腐营街道	410503005
张店乡	410423211	洗耳河街道	410482004	洹北街道	410503006
辛集乡	410423212	汝南街道	410482005	曙光路街道	410503011
磙子营乡	410423213	紫云路街道	410482006	民航路街道	410503012
马楼乡	410423214	寄料镇	410482101	彰东街道	410503013
昭平台库区乡	410423215	温泉镇	410482102	彰北街道	410503014
郏县（2 街道，8 镇，	**410425**	临汝镇	410482103	柏庄镇	410503100
4 乡，1 民族乡）		小屯镇	410482104	**殷都区（9 街道，2 镇，**	**410505**
龙山街道	410425001	杨楼镇	410482105	**1 乡）**	
东城街道	410425002	蟒川镇	410482106	梅园庄街道	410505001
冢头镇	410425101	庙下镇	410482107	李珍街道	410505002
安良镇	410425102	陵头镇	410482108	水冶街道	410505003
堂街镇	410425103	米庙镇	410482109	铁西路街道	410505005
薛店镇	410425104	纸坊镇	410482110	电厂路街道	410505006
长桥镇	410425105	大峪镇	410482111	清风街道	410505008
茨芭镇	410425106	夏店镇	410482112	纱厂路街道	410505009
黄道镇	410425107	焦村镇	410482113	北蒙街道	410505010
李口镇	410425108	王寨乡	410482202	相台街道	410505011
王集乡	410425200	骑岭乡	410482207	曲沟镇	410505100
姚庄回族乡	410425202	**安阳市（48 街道，**	**410500**	水冶镇	410505101
白庙乡	410425203	**65 镇，22 乡）**		西郊乡	410505200
广阔天地乡	410425204	**文峰区（15 街道，1 镇）**	**410502**	**龙安区（6 街道，3 镇，**	**410506**
渣园乡	410425205	东大街街道	410502001	**2 乡）**	
舞钢市（6 街道，4 镇，	**410481**	头二三道街街道	410502002	文昌大道街道	410506001
3 乡）		甜水井街道	410502003	田村街道	410506002

续表 6

行政区划名称	行政区划代码	行政区划名称	行政区划代码	行政区划名称	行政区划代码
彰武街道	410506003	白道口镇	410526102	开元街道	410581003
文明大道街道	410506004	留固镇	410526103	龙山街道	410581004
太行小区街道	410506005	上官镇	410526104	合涧镇	410581101
中州路街道	410506006	牛屯镇	410526105	临淇镇	410581102
龙泉镇	410506100	万古镇	410526106	东姚镇	410581103
马投涧镇	410506101	高平镇	410526107	横水镇	410581104
善应镇	410506102	王庄镇	410526108	河顺镇	410581105
东风乡	410506203	老店镇	410526109	任村镇	410581106
马家乡	410506204	慈周寨镇	410526110	姚村镇	410581107
安阳县（10镇，6乡）	**410522**	焦虎镇	410526111	陵阳镇	410581108
铜冶镇	410522102	四间房镇	410526112	原康镇	410581109
白璧镇	410522106	八里营镇	410526113	五龙镇	410581110
吕村镇	410522108	赵营镇	410526114	采桑镇	410581111
伦掌镇	410522109	半坡店镇	410526115	东岗镇	410581112
崔家桥镇	410522110	枣村乡	410526200	桂林镇	410581113
辛村镇	410522111	大寨乡	410526204	茶店镇	410581114
韩陵镇	410522113	桑村乡	410526205	石板岩镇	410581115
永和镇	410522114	老爷庙乡	410526206	黄华镇	410581116
都里镇	410522115	瓦岗寨乡	410526209	**鹤壁市（25街道，15镇，4乡）**	**410600**
高庄镇	410522116	小铺乡	410526212		
磊口乡	410522203	**内黄县（2街道，9镇，6乡）**	**410527**	**鹤山区（5街道，1镇，1乡）**	**410602**
许家沟乡	410522204				
安丰乡	410522210	繁阳街道	410527001	中山北路街道	410602001
洪河屯乡	410522211	龙庆街道	410527002	中山路街道	410602002
瓦店乡	410522214	东庄镇	410527101	新华街道	410602003
北郭乡	410522216	井店镇	410527102	鹤山街道	410602004
汤阴县（9镇，1乡）	**410523**	梁庄镇	410527103	九矿广场街道	410602005
城关镇	410523100	后河镇	410527104	鹤壁集镇	410602100
菜园镇	410523101	楚旺镇	410527105	姬家山乡	410602201
任固镇	410523102	田氏镇	410527106	**山城区（7街道，1镇）**	**410603**
五陵镇	410523103	二安镇	410527107	红旗街道	410603001
宜沟镇	410523104	亳城镇	410527108	长风中路街道	410603002
白营镇	410523105	豆公镇	410527109	山城路街道	410603003
伏道镇	410523106	马上乡	410527201	汤河桥街道	410603004
古贤镇	410523107	高堤乡	410527202	鹿楼街道	410603005
韩庄镇	410523108	六村乡	410527205	宝山街道	410603006
瓦岗乡	410523203	中召乡	410527206	大胡街道	410603007
滑县（3街道，14镇，6乡）	**410526**	宋村乡	410527207	石林镇	410603100
		石盘屯乡	410527209	**淇滨区（5街道，2镇，2乡）**	**410611**
道口镇街道	410526001	**林州市（4街道，16镇）**	**410581**		
城关街道	410526002	振林街道	410581001	金山街道	410611003
锦和街道	410526003	桂园街道	410581002	九州路街道	410611004

续表 7

行政区划名称	行政区划代码	行政区划名称	行政区划代码	行政区划名称	行政区划代码
黎阳路街道	410611006	小店镇	410702101	冯庄镇	410724105
长江路街道	410611007	关堤乡	410702200	亢村镇	410724106
泰山路街道	410611008	**卫滨区 (7街道，1镇)**	**410703**	史庄镇	410724107
大赉店镇	410611100	胜利路街道	410703001	太山镇	410724108
钜桥镇	410611101	解放路街道	410703002	位庄乡	410724200
上峪乡	410611200	中同街街道	410703003	大新庄乡	410724203
大河涧乡	410611201	健康路街道	410703004	**原阳县 (3街道，8镇，8乡)**	**410725**
浚县 (4街道，7镇)	**410621**	自由路街道	410703007		
黎阳街道	410621001	南桥街道	410703008	龙源街道	410725001
卫溪街道	410621003	铁西街道	410703009	原兴街道	410725002
浚州街道	410621004	平原镇	410703100	阳和街道	410725003
伾山街道	410621005	**凤泉区 (2街道，2镇，1乡)**	**410704**	师寨镇	410725102
善堂镇	410621101			齐街镇	410725103
屯子镇	410621102	宝山西路街道	410704001	太平镇	410725104
王庄镇	410621103	宝山东路街道	410704002	福宁集镇	410725105
新镇镇	410621104	大块镇	410704100	韩董庄镇	410725106
小河镇	410621105	耿黄镇	410704101	原武镇	410725107
卫贤镇	410621107	潞王坟乡	410704200	官厂镇	410725108
白寺镇	410621108	**牧野区 (7街道，2镇)**	**410711**	大宾镇	410725109
淇县 (4街道，4镇，1乡)	**410622**	卫北街道	410711001	葛埠口乡	410725200
		新辉路街道	410711002	蒋庄乡	410725206
朝歌街道	410622001	荣校路街道	410711003	陡门乡	410725211
桥盟街道	410622002	北干道街道	410711004	路寨乡	410725215
卫都街道	410622003	花园街道	410711005	阳阿乡	410725216
灵山街道	410622004	东干道街道	410711006	靳堂乡	410725218
高村镇	410622101	和平路街道	410711007	祝楼乡	410725219
北阳镇	410622102	王村镇	410711100	桥北乡	410725220
西岗镇	410622103	牧野镇	410711101	**延津县 (3街道，4镇，6乡)**	**410726**
庙口镇	410622104	**新乡县 (6镇，1乡)**	**410721**		
黄洞乡	410622202	翟坡镇	410721101	文岩街道	410726002
新乡市 (36街道，78镇，39乡，1民族乡)	**410700**	小冀镇	410721102	潭龙街道	410726003
		七里营镇	410721103	塔铺街道	410726004
红旗区 (7街道，2镇，1乡)	**410702**	朗公庙镇	410721104	丰庄镇	410726102
		古固寨镇	410721105	东屯镇	410726103
西街街道	410702001	大召营镇	410721107	石婆固镇	410726104
东街街道	410702002	合河乡	410721200	王楼镇	410726105
渠东街道	410702003	**获嘉县 (9镇，2乡)**	**410724**	僧固乡	410726200
文化街街道	410702007	城关镇	410724100	魏邱乡	410726203
向阳街道	410702009	照境镇	410724101	司寨乡	410726204
振中街街道	410702010	黄堤镇	410724102	马庄乡	410726207
纬七路街道	410702011	中和镇	410724103	胙城乡	410726209
洪门镇	410702100	徐营镇	410724104	榆林乡	410726210

续表 8

行政区划名称	行政区划代码	行政区划名称	行政区划代码	行政区划名称	行政区划代码
封丘县（13镇，5乡，1民族乡）	410727	孟庄镇	410782104	新华街道	410802003
城关镇	410727100	常村镇	410782105	焦西街道	410802004
黄陵镇	410727101	吴村镇	410782106	焦南街道	410802005
黄德镇	410727102	南村镇	410782107	焦北街道	410802006
应举镇	410727103	南寨镇	410782108	七百间街道	410802007
陈桥镇	410727104	上八里镇	410782109	上白作街道	410802008
赵岗镇	410727105	北云门镇	410782110	王褚街道	410802009
留光镇	410727106	占城镇	410782111	中站区（10街道）	410803
潘店镇	410727107	冀屯镇	410782112	李封街道	410803001
鲁岗镇	410727108	赵固镇	410782113	王封街道	410803002
陈固镇	410727109	黄水乡	410782200	朱村街道	410803003
李庄镇	410727110	拍石头乡	410782201	冯封街道	410803004
居厢镇	410727111	高庄乡	410782202	龙洞街道	410803005
尹岗镇	410727112	张村乡	410782203	月山街道	410803006
城关乡	410727200	洪洲乡	410782207	丹河街道	410803007
荆乡回族乡	410727201	西平罗乡	410782210	府城街道	410803008
王村乡	410727202	沙窑乡	410782212	许衡街道	410803009
荆隆宫乡	410727209	长垣市（5街道，11镇，2乡）	410783	龙翔街道	410803010
曹岗乡	410727215	蒲东街道	410783001	马村区（7街道）	410804
冯村乡	410727219	蒲北街道	410783002	马村街道	410804001
卫辉市（7镇，6乡）	410781	南蒲街道	410783003	武王街道	410804002
汲水镇	410781100	蒲西街道	410783004	冯营街道	410804003
太公镇	410781101	魏庄街道	410783005	九里山街道	410804004
孙杏村镇	410781102	丁栾镇	410783100	待王街道	410804005
后河镇	410781103	樊相镇	410783101	安阳城街道	410804006
李源屯镇	410781104	恼里镇	410783102	演马街道	410804007
唐庄镇	410781105	赵堤镇	410783103	山阳区（12街道，2镇，1乡）	410811
上乐村镇	410781106	常村镇	410783104	东方红街道	410811001
狮豹头乡	410781201	孟岗镇	410783105	焦东街道	410811002
安都乡	410781203	满村镇	410783106	百间房街道	410811003
顿坊店乡	410781204	苗寨镇	410783107	太行街道	410811004
柳庄乡	410781205	张三寨镇	410783108	艺新街道	410811005
庞寨乡	410781206	方里镇	410783109	光亚街道	410811006
城郊乡	410781208	佘家镇	410783110	定和街道	410811007
辉县市（2街道，13镇，7乡）	410782	芦岗乡	410783200	新城街道	410811008
胡桥街道	410782001	武邱乡	410783201	中星街道	410811009
城关街道	410782002	焦作市（56街道，35镇，17乡）	410800	李万街道	410811010
薄壁镇	410782101	解放区（9街道）	410802	文苑街道	410811011
峪河镇	410782102	民生街道	410802001	文昌街道	410811012
百泉镇	410782103	民主街道	410802002	阳庙镇	410811100
				宁郭镇	410811101

续表 9

行政区划名称	行政区划代码	行政区划名称	行政区划代码	行政区划名称	行政区划代码
苏家作乡	410811200	张羌街道	410825003	胜利路街道	410902002
修武县 (5镇，3乡)	**410821**	黄河街道	410825004	建设路街道	410902003
城关镇	410821100	祥云镇	410825101	人民路街道	410902004
七贤镇	410821101	番田镇	410825102	大庆路街道	410902005
郇封镇	410821102	黄庄镇	410825104	黄河路街道	410902006
周庄镇	410821103	赵堡镇	410825106	任丘路街道	410902007
云台山镇	410821104	武德镇	410825108	濮东街道	410902008
王屯乡	410821202	招贤乡	410825201	昆吾街道	410902009
五里源乡	410821204	北冷乡	410825203	长庆路街道	410902010
西村乡	410821206	**沁阳市 (4街道，6镇，3乡)**	**410882**	皇甫街道	410902011
博爱县 (2街道，5镇，2乡)	**410822**	覃怀街道	410882001	开州街道	410902012
清化镇街道	410822001	怀庆街道	410882002	濮上街道	410902013
鸿昌街道	410822002	太行街道	410882003	昌湖街道	410902014
柏山镇	410822101	沁园街道	410882004	王助镇	410902100
月山镇	410822102	崇义镇	410882100	岳村镇	410902101
许良镇	410822103	西向镇	410882101	孟轲乡	410902203
磨头镇	410822105	西万镇	410882102	胡村乡	410902204
孝敬镇	410822106	柏香镇	410882103	**清丰县 (8镇，9乡)**	**410922**
寨豁乡	410822200	山王庄镇	410882104	城关镇	410922100
金城乡	410822203	紫陵镇	410882105	马庄桥镇	410922101
武陟县 (4街道，6镇，5乡)	**410823**	常平乡	410882200	瓦屋头镇	410922102
木城街道	410823001	王召乡	410882201	柳格镇	410922103
龙源街道	410823002	王曲乡	410882205	仙庄镇	410922104
龙泉街道	410823003	**孟州市 (4街道，6镇，1乡)**	**410883**	韩村镇	410922105
木栾街道	410823004	大定街道	410883001	阳邵镇	410922106
詹店镇	410823101	会昌街道	410883002	固城镇	410922107
西陶镇	410823102	河雍街道	410883003	六塔乡	410922200
谢旗营镇	410823103	河阳街道	410883004	巩营乡	410922202
大封镇	410823104	化工镇	410883101	马村乡	410922203
乔庙镇	410823105	南庄镇	410883102	高堡乡	410922204
圪垱店镇	410823107	城伯镇	410883104	古城乡	410922205
嘉应观乡	410823200	谷旦镇	410883105	大流乡	410922206
三阳乡	410823203	西虢镇	410883107	大屯乡	410922208
小董乡	410823204	赵和镇	410883108	双庙乡	410922212
大虹桥乡	410823205	槐树乡	410883201	纸房乡	410922213
北郭乡	410823206	**濮阳市 (14街道，44镇，31乡)**	**410900**	**南乐县 (7镇，5乡)**	**410923**
温县 (4街道，5镇，2乡)	**410825**	**华龙区 (14街道，2镇，2乡)**	**410902**	城关镇	410923100
温泉街道	410825001	中原路街道	410902001	韩张镇	410923101
岳村街道	410825002			元村镇	410923102
				福堪镇	410923103
				张果屯镇	410923104

续表 **10**

行政区划名称	行政区划代码	行政区划名称	行政区划代码	行政区划名称	行政区划代码
千口镇	410923105	王称堌镇	410928110	灵井镇	411003106
谷金楼镇	410923106	新习镇	410928111	陈曹乡	411003200
杨村乡	410923200	梁庄镇	410928112	河街乡	411003203
西邵乡	410923205	清河头乡	410928202	桂村乡	411003204
寺庄乡	410923206	白堽乡	410928206	椹涧乡	411003205
梁村乡	410923207	梨园乡	410928207	榆林乡	411003206
近德固乡	410923208	五星乡	410928208	艾庄回族乡	411003208
范县（8镇，4乡）	**410926**	郎中乡	410928211	鄢陵县（12镇）	**411024**
城关镇	410926100	海通乡	410928212	安陵镇	411024100
濮城镇	410926101	渠村乡	410928213	马栏镇	411024101
龙王庄镇	410926102	习城乡	410928214	柏梁镇	411024102
高码头镇	410926103	许昌市(31街道,59镇,	**411000**	陈化店镇	411024103
王楼镇	410926104	11乡,2民族乡)		望田镇	411024104
辛庄镇	410926105	魏都区（15街道）	**411002**	张桥镇	411024105
陈庄镇	410926106	西大街街道	411002001	陶城镇	411024106
张庄镇	410926107	东大街街道	411002002	大马镇	411024107
杨集乡	410926201	西关街道	411002003	只乐镇	411024108
白衣阁乡	410926203	南关街道	411002004	彭店镇	411024109
颜村铺乡	410926205	北大街街道	411002005	南坞镇	411024110
陆集乡	410926208	五一路街道	411002006	马坊镇	411024111
台前县（6镇，3乡）	**410927**	丁庄街道	411002007	襄城县（2街道，9镇，	**411025**
城关镇	410927100	灞陵街道	411002008	5乡）	
侯庙镇	410927101	颍昌街道	411002009	城关街道	411025001
孙口镇	410927102	高桥营街道	411002010	茨沟街道	411025002
打渔陈镇	410927103	文峰街道	411002011	颍桥回族镇	411025101
吴坝镇	410927104	新兴街道	411002012	麦岭镇	411025102
马楼镇	410927105	魏北街道	411002013	颍阳镇	411025103
后方乡	410927200	半截河街道	411002014	王洛镇	411025104
清水河乡	410927201	天宝路街道	411002015	紫云镇	411025105
夹河乡	410927205	建安区（5街道，7镇，	**411003**	库庄镇	411025106
濮阳县（13镇，8乡）	**410928**	5乡，1民族乡）		十里铺镇	411025107
城关镇	410928100	新元街道	411003001	山头店镇	411025108
柳屯镇	410928101	许由街道	411003002	汾陈镇	411025109
文留镇	410928102	邓庄街道	411003003	湛北乡	411025200
庆祖镇	410928103	长村张街道	411003004	丁营乡	411025203
八公桥镇	410928104	小召街道	411003005	姜庄乡	411025204
户部寨镇	410928105	将官池镇	411003100	范湖乡	411025205
徐镇镇	410928106	五女店镇	411003101	双庙乡	411025206
鲁河镇	410928107	尚集镇	411003102	禹州市(5街道,19镇,	**411081**
子岸镇	410928108	苏桥镇	411003103	1乡,1民族乡)	
胡状镇	410928109	蒋李集镇	411003104	颍川街道	411081001
		张潘镇	411003105	夏都街道	411081002

续表 11

行政区划名称	行政区划代码	行政区划名称	行政区划代码	行政区划名称	行政区划代码
韩城街道	411081003	**漯河市（10 街道，**	**411100**	章化镇	411121109
钧台街道	411081004	**37 镇，9 乡）**		文峰乡	411121200
褚河街道	411081005	**源汇区（4 街道，3 镇，**	**411102**	保和乡	411121201
火龙镇	411081100	**1 乡）**		马村乡	411121202
顺店镇	411081101	干河陈街道	411102001	姜店乡	411121204
方山镇	411081102	马路街街道	411102002	**临颍县（2 街道，**	**411122**
神垕镇	411081103	老街街道	411102003	**10 镇，4 乡）**	
鸿畅镇	411081104	顺河街街道	411102004	城关街道	411122001
梁北镇	411081105	大刘镇	411102101	新城街道	411122002
古城镇	411081106	阴阳赵镇	411102102	繁城回族镇	411122101
无梁镇	411081107	空冢郭镇	411102103	杜曲镇	411122102
文殊镇	411081108	问十乡	411102201	王岗镇	411122103
鸠山镇	411081109	**郾城区（2 街道，7 镇）**	**411103**	台陈镇	411122104
郭连镇	411081111	沙北街道	411103001	巨陵镇	411122105
范坡镇	411081112	龙塔街道	411103002	瓦店镇	411122106
朱阁镇	411081113	孟庙镇	411103101	三家店镇	411122107
浅井镇	411081114	商桥镇	411103102	窝城镇	411122108
方岗镇	411081115	龙城镇	411103103	王孟镇	411122109
花石镇	411081116	新店镇	411103104	大郭镇	411122110
张得镇	411081117	裴城镇	411103105	皇帝庙乡	411122201
苌庄镇	411081118	李集镇	411103106	固厢乡	411122202
小吕镇	411081119	黑龙潭镇	411103107	石桥乡	411122203
磨街乡	411081204	**召陵区（2 街道，7 镇）**	**411104**	陈庄乡	411122204
山货回族乡	411081210	天桥街道	411104001	**三门峡市（13 街道，**	**411200**
长葛市（4 街道，12 镇）	**411082**	翟庄街道	411104002	**29 镇，32 乡）**	
建设路街道	411082001	老窝镇	411104101	**湖滨区（5 街道，3 乡）**	**411202**
长兴路街道	411082002	召陵镇	411104102	湖滨街道	411202001
长社路街道	411082003	万金镇	411104103	前进街道	411202002
金桥路街道	411082004	邓襄镇	411104104	车站街道	411202003
和尚桥镇	411082100	姬石镇	411104105	涧河街道	411202004
坡胡镇	411082101	青年镇	411104106	大安街道	411202005
后河镇	411082102	后谢镇	411104107	交口乡	411202201
石固镇	411082103	**舞阳县（10 镇，4 乡）**	**411121**	磁钟乡	411202202
老城镇	411082104	舞泉镇	411121100	高庙乡	411202203
南席镇	411082105	吴城镇	411121101	**陕州区（1 街道，4 镇，**	**411203**
大周镇	411082106	北舞渡镇	411121102	**8 乡）**	
董村镇	411082107	莲花镇	411121103	甘棠街道	411203001
石象镇	411082108	辛安镇	411121104	大营镇	411203100
古桥镇	411082109	孟寨镇	411121105	原店镇	411203101
增福镇	411082110	太尉镇	411121106	西张村镇	411203102
佛耳湖镇	411082111	侯集镇	411121107	观音堂镇	411203103
		九街镇	411121108	张汴乡	411203200

续表 12

行政区划名称	行政区划代码	行政区划名称	行政区划代码	行政区划名称	行政区划代码
菜园乡	411203203	千秋路街道	411281001	溧河乡	411302201
张茅乡	411203205	朝阳路街道	411281002	汉冢乡	411302202
王家后乡	411203206	新义街街道	411281003	茶庵乡	411302204
硖石乡	411203207	常村路街道	411281004	新店乡	411302206
西李村乡	411203210	泰山路街道	411281005	**卧龙区**（9街道，9镇，	**411303**
宫前乡	411203211	新区街道	411281006	2乡）	
店子乡	411203212	东区街道	411281007	七一街道	411303002
渑池县（6镇，6乡）	**411221**	**灵宝市**（10镇，5乡）	**411282**	卧龙岗街道	411303003
城关镇	411221100	城关镇	411282100	武侯街道	411303004
英豪镇	411221101	尹庄镇	411282101	梅溪街道	411303005
张村镇	411221102	朱阳镇	411282102	车站街道	411303006
洪阳镇	411221103	阳平镇	411282103	光武街道	411303007
天池镇	411221104	故县镇	411282104	靳岗街道	411303008
仰韶镇	411221105	豫灵镇	411282105	张衡街道	411303009
仁村乡	411221203	大王镇	411282106	百里奚街道	411303010
果园乡	411221206	阳店镇	411282107	石桥镇	411303101
陈村乡	411221207	函谷关镇	411282108	潦河镇	411303102
坡头乡	411221208	焦村镇	411282109	安皋镇	411303103
段村乡	411221209	川口乡	411282200	蒲山镇	411303104
南村乡	411221210	寺河乡	411282201	陆营镇	411303105
卢氏县（9镇，10乡）	**411224**	苏村乡	411282202	青华镇	411303106
城关镇	411224100	五亩乡	411282203	英庄镇	411303107
杜关镇	411224101	西阎乡	411282204	潦河坡镇	411303108
五里川镇	411224102	**南阳市**（39街道，159镇，	**411300**	谢庄镇	411303109
官道口镇	411224103	43乡，2民族乡）		七里园乡	411303200
朱阳关镇	411224104	**宛城区**（9街道，6镇，	**411302**	王村乡	411303206
官坡镇	411224105	4乡）		**南召县**（8镇，8乡）	**411321**
范里镇	411224106	东关街道	411302001	城关镇	411321100
东明镇	411224107	新华街道	411302002	留山镇	411321101
双龙湾镇	411224108	汉冶街道	411302003	云阳镇	411321102
文峪乡	411224200	仲景街道	411302004	皇路店镇	411321103
横涧乡	411224201	白河街道	411302005	南河店镇	411321104
双槐树乡	411224203	枣林街道	411302006	板山坪镇	411321105
汤河乡	411224204	赤虎街道	411302007	乔端镇	411321106
瓦窑沟乡	411224205	五里堡街道	411302008	白土岗镇	411321107
狮子坪乡	411224206	姜营街道	411302009	城郊乡	411321200
沙河乡	411224207	官庄镇	411302102	小店乡	411321201
徐家湾乡	411224208	瓦店镇	411302103	皇后乡	411321202
潘河乡	411224209	红泥湾镇	411302104	太山庙乡	411321203
木桐乡	411224210	黄台岗镇	411302105	石门乡	411321204
义马市（7街道）	**411281**	金华镇	411302106	四棵树乡	411321205
		高庙镇	411302107	马市坪乡	411321208

续表 13

行政区划名称	行政区划代码	行政区划名称	行政区划代码	行政区划名称	行政区划代码
崔庄乡	411321210	镇平县（3街道，15镇，3乡，1民族乡）	**411324**	淅川县（2街道，11镇，4乡）	**411326**
方城县（2街道，14镇，1民族乡）	**411322**	涅阳街道	411324001	龙城街道	411326001
凤瑞街道	411322001	雪枫街道	411324002	商圣街道	411326002
释之街道	411322002	玉都街道	411324003	荆紫关镇	411326101
独树镇	411322101	石佛寺镇	411324101	老城镇	411326102
博望镇	411322102	晁陂镇	411324102	香花镇	411326103
拐河镇	411322103	贾宋镇	411324103	厚坡镇	411326104
小史店镇	411322104	侯集镇	411324104	丹阳镇	411326105
赵河镇	411322105	老庄镇	411324105	盛湾镇	411326106
广阳镇	411322106	卢医镇	411324106	金河镇	411326107
二郎庙镇	411322107	遮山镇	411324107	寺湾镇	411326108
杨楼镇	411322108	高丘镇	411324108	仓房镇	411326109
券桥镇	411322109	曲屯镇	411324109	上集镇	411326110
清河镇	411322110	枣园镇	411324110	马蹬镇	411326111
四里店镇	411322111	杨营镇	411324111	西簧乡	411326201
杨集镇	411322112	柳泉铺镇	411324112	毛堂乡	411326202
古庄店镇	411322113	安字营镇	411324113	大石桥乡	411326203
柳河镇	411322114	张林镇	411324114	滔河乡	411326204
袁店回族乡	411322211	彭营镇	411324115	社旗县（2街道，13镇，1乡）	**411327**
西峡县（3街道，15镇，1乡）	**411323**	二龙乡	411324203	赵河街道	411327001
		王岗乡	411324206	潘河街道	411327002
白羽街道	411323001	马庄乡	411324209	赊店镇	411327100
紫金街道	411323002	郭庄回族乡	411324215	桥头镇	411327101
莲花街道	411323003	内乡县（12镇，4乡）	**411325**	饶良镇	411327103
丹水镇	411323101	城关镇	411325100	兴隆镇	411327104
西坪镇	411323102	夏馆镇	411325101	晋庄镇	411327105
双龙镇	411323103	师岗镇	411325102	李店镇	411327106
回车镇	411323104	马山口镇	411325103	苗店镇	411327107
丁河镇	411323105	湍东镇	411325104	郝寨镇	411327108
桑坪镇	411323106	赤眉镇	411325105	朱集镇	411327109
米坪镇	411323107	瓦亭镇	411325106	下洼镇	411327111
五里桥镇	411323108	王店镇	411325107	大冯营镇	411327112
重阳镇	411323109	灌涨镇	411325108	太和镇	411327113
太平镇	411323110	桃溪镇	411325109	陌陂镇	411327114
二郎坪镇	411323111	岞㟂镇	411325110	唐庄乡	411327213
阳城镇	411323112	余关镇	411325111	唐河县（4街道，14镇，5乡）	**411328**
军马河镇	411323113	板场乡	411325200		
石界河镇	411323114	大桥乡	411325201	滨河街道	411328001
田关镇	411323115	赵店乡	411325202	文峰街道	411328002
寨根乡	411323207	七里坪乡	411325206	东兴街道	411328003

续表 14

行政区划名称	行政区划代码	行政区划名称	行政区划代码	行政区划名称	行政区划代码
兴唐街道	411328004	毛集镇	411330104	商丘市（33街道，105镇，58乡，2民族乡）	411400
源潭镇	411328101	大河镇	411330105		
张店镇	411328102	埠江镇	411330106	梁园区（12街道，7镇，3乡）	411402
郭滩镇	411328103	平氏镇	411330107		
湖阳镇	411328104	淮源镇	411330108	前进街道	411402001
黑龙镇	411328105	黄岗镇	411330109	长征街道	411402002
大河屯镇	411328106	安棚镇	411330110	八八街道	411402003
龙潭镇	411328107	程湾镇	411330111	东风街道	411402004
桐寨铺镇	411328108	朱庄镇	411330112	中州街道	411402005
苍台镇	411328109	城郊乡	411330200	白云街道	411402006
上屯镇	411328110	回龙乡	411330201	平原街道	411402007
毕店镇	411328111	新集乡	411330206	建设街道	411402008
少拜寺镇	411328112	邓州市（3街道，21镇，3乡）	411381	解放街道	411402009
祁仪镇	411328113			平安街道	411402010
马振抚镇	411328114	古城街道	411381001	平台街道	411402011
城郊乡	411328200	花洲街道	411381002	陇海街道	411402012
桐河乡	411328201	湍河街道	411381003	双八镇	411402101
昝岗乡	411328206	罗庄镇	411381102	张阁镇	411402102
古城乡	411328209	急滩镇	411381103	谢集镇	411402103
东王集乡	411328211	穰东镇	411381104	观堂镇	411402104
新野县（2街道，8镇，5乡）	411329	孟楼镇	411381105	刘口镇	411402105
		林扒镇	411381106	水池铺镇	411402106
汉城街道	411329001	构林镇	411381107	李庄镇	411402107
汉华街道	411329002	十林镇	411381108	周集乡	411402200
王庄镇	411329101	张村镇	411381109	王楼乡	411402203
沙堰镇	411329102	都司镇	411381110	孙福集乡	411402205
新甸铺镇	411329103	赵集镇	411381111	睢阳区（7街道，11镇，2乡）	411403
施庵镇	411329104	刘集镇	411381112		
歪子镇	411329105	桑庄镇	411381113	古城街道	411403001
五星镇	411329106	彭桥镇	411381114	文化街道	411403002
溧河铺镇	411329107	九龙镇	411381115	东方街道	411403003
王集镇	411329108	白牛镇	411381116	新城街道	411403004
城郊乡	411329200	腰店镇	411381117	古宋街道	411403005
前高庙乡	411329203	文渠镇	411381118	宋城街道	411403008
樊集乡	411329205	高集镇	411381119	民欣街道	411403009
上庄乡	411329207	陶营镇	411381120	宋集镇	411403100
上港乡	411329209	夏集镇	411381121	郭村镇	411403101
桐柏县（13镇，3乡）	411330	小杨营镇	411381122	李口镇	411403102
城关镇	411330100	张楼乡	411381200	高辛镇	411403103
月河镇	411330101	裴营乡	411381203	坞墙镇	411403104
吴城镇	411330102	龙堰乡	411381209	冯桥镇	411403106
固县镇	411330103			路河镇	411403107

续表 15

行政区划名称	行政区划代码	行政区划名称	行政区划代码	行政区划名称	行政区划代码
闫集镇	411403108	白楼乡	411422204	惠济乡	411424208
毛堌堆镇	411403109	河堤乡	411422205	申桥乡	411424212
包公庙镇	411403110	白庙乡	411422206	李原乡	411424213
临河店镇	411403111	胡堂乡	411422207	皇集乡	411424214
娄店乡	411403205	尤吉屯乡	411422208	**虞城县（13镇，13乡）**	**411425**
勒马乡	411403208	涧岗乡	411422211	城关镇	411425100
民权县（2街道，11镇，4乡，2民族乡）	**411421**	匡城乡	411422213	界沟镇	411425101
		宁陵县（7镇，7乡）	**411423**	木兰镇	411425102
绿洲街道	411421001	城关回族镇	411423100	杜集镇	411425103
南华街道	411421002	张弓镇	411423101	谷熟镇	411425104
人和镇	411421101	柳河镇	411423102	大杨集镇	411425105
龙塘镇	411421102	逻岗镇	411423103	贾寨镇	411425106
北关镇	411421103	石桥镇	411423104	利民镇	411425107
程庄镇	411421104	黄岗镇	411423105	张集镇	411425108
孙六镇	411421105	华堡镇	411423106	站集镇	411425109
王庄寨镇	411421106	刘楼乡	411423203	稍岗镇	411425110
白云寺镇	411421107	程楼乡	411423204	乔集镇	411425111
庄子镇	411421108	乔楼乡	411423205	大侯镇	411425112
王桥镇	411421109	城郊乡	411423206	黄冢乡	411425200
双塔镇	411421110	阳驿乡	411423207	沙集乡	411425201
野岗镇	411421111	孔集乡	411423209	店集乡	411425202
伯党回族乡	411421200	赵村乡	411423210	闻集乡	411425204
花园乡	411421201	**柘城县（4街道，11镇，7乡）**	**411424**	芒种桥乡	411425205
林七乡	411421206			刘店乡	411425207
胡集回族乡	411421207	浦东街道	411424001	城郊乡	411425210
褚庙乡	411421208	凤凰街道	411424002	郑集乡	411425211
老颜集乡	411421210	春水街道	411424003	李老家乡	411425212
睢县（2街道，8镇，10乡）	**411422**	双河街道	411424004	镇里堌乡	411425214
		陈青集镇	411424101	古王集乡	411425215
凤城街道	411422001	起台镇	411424102	刘集乡	411425219
董店街道	411422002	胡襄镇	411424103	田庙乡	411425221
长岗镇	411422100	慈圣镇	411424104	**夏邑县（13镇，11乡）**	**411426**
平岗镇	411422101	安平镇	411424105	城关镇	411426100
周堂镇	411422102	远襄镇	411424106	会亭镇	411426101
蓼堤镇	411422103	岗王镇	411424107	马头镇	411426102
西陵寺镇	411422104	伯岗镇	411424108	济阳镇	411426103
城关回族镇	411422105	张桥镇	411424109	李集镇	411426104
潮庄镇	411422106	朱襄镇	411424110	车站镇	411426105
尚屯镇	411422107	老王集镇	411424111	杨集镇	411426106
后台乡	411422200	洪恩乡	411424203	韩道口镇	411426107
河集乡	411422202	马集乡	411424206	罗庄镇	411426108
孙聚寨乡	411422203	牛城乡	411424207		

续表 16

行政区划名称	行政区划代码	行政区划名称	行政区划代码	行政区划名称	行政区划代码
太平镇	411426109	双桥镇	411481124	平昌关镇	411503105
火店镇	411426110	卧龙镇	411481125	五里镇	411503106
北岭镇	411426111	黄口镇	411481126	洋河镇	411503107
郭店镇	411426112	新桥镇	411481127	肖王镇	411503108
曹集乡	411426200	条河镇	411481128	龙井乡	411503202
胡桥乡	411426201	陈官庄乡	411481219	胡店乡	411503203
歧河乡	411426202	信阳市（41 街道，85 镇，84 乡）	411500	彭家湾乡	411503205
业庙乡	411426204			长台关乡	411503206
中峰乡	411426205	浉河区（9 街道，5 镇，4 乡）	411502	肖店乡	411503207
桑堌乡	411426207			王岗乡	411503209
何营乡	411426208	老城街道	411502001	高梁店乡	411503210
王集乡	411426210	民权街道	411502002	查山乡	411503211
刘店集乡	411426211	车站街道	411502003	罗山县（3 街道，11 镇，6 乡）	411521
骆集乡	411426212	五里墩街道	411502004		
孔庄乡	411426214	五星街道	411502005	宝城街道	411521001
永城市（6 街道，24 镇，1 乡）	411481	金牛山街道	411502006	龙山街道	411521002
		南湾街道	411502007	丽水街道	411521003
演集街道	411481001	湖东街道	411502008	周党镇	411521101
崇法寺街道	411481002	双井街道	411502009	竹竿镇	411521102
侯岭街道	411481003	吴家店镇	411502101	灵山镇	411521103
沱滨街道	411481004	东双河镇	411502102	子路镇	411521104
日月湖街道	411481005	李家寨镇	411502103	楠杆镇	411521105
雪枫街道	411481006	董家河镇	411502104	青山镇	411521106
芒山镇	411481102	浉河港镇	411502105	潘新镇	411521107
高庄镇	411481103	游河乡	411502203	彭新镇	411521108
鄷城镇	411481104	谭家河乡	411502206	莽张镇	411521109
裴桥镇	411481105	柳林乡	411502207	东铺镇	411521110
马桥镇	411481106	十三里桥乡	411502208	铁铺镇	411521111
薛湖镇	411481107	平桥区（10 街道，6 镇，8 乡）	411503	庙仙乡	411521202
太丘镇	411481111			定远乡	411521204
十八里镇	411481112	甘岸街道	411503001	山店乡	411521205
陈集镇	411481113	平桥街道	411503002	朱堂乡	411521207
蒋口镇	411481114	前进街道	411503003	尤店乡	411521208
苗桥镇	411481115	羊山街道	411503004	高店乡	411521209
茴村镇	411481116	南京路街道	411503005	光山县（2 街道，7 镇，10 乡）	411522
顺和镇	411481117	五里店街道	411503006		
李寨镇	411481118	平西街道	411503007	弦山街道	411522001
龙岗镇	411481119	平东街道	411503008	紫水街道	411522002
鄷阳镇	411481120	震雷山街道	411503009	十里镇	411522101
马牧镇	411481121	龙飞山街道	411503010	寨河镇	411522102
大王集镇	411481122	明港镇	411503101	孙铁铺镇	411522103
刘河镇	411481123	邢集镇	411503103	马畈镇	411522104

续表 17

行政区划名称	行政区划代码	行政区划名称	行政区划代码	行政区划名称	行政区划代码
泼陂河镇	411522105	观庙镇	411524108	丰港乡	411525222
白雀园镇	411522106	汪岗镇	411524109	柳树店乡	411525223
砖桥镇	411522107	金刚台镇	411524110	观堂乡	411525224
仙居乡	411522201	河凤桥乡	411524203	**潢川县（4 街道，10 镇，**	**411526**
北向店乡	411522203	李集乡	411524204	**7 乡）**	
罗陈乡	411522204	苏仙石乡	411524207	弋阳街道	411526001
殷棚乡	411522206	伏山乡	411524209	春申街道	411526002
南向店乡	411522207	吴河乡	411524212	定城街道	411526003
晏河乡	411522208	冯店乡	411524213	老城街道	411526004
凉亭乡	411522210	长竹园乡	411524215	双柳树镇	411526101
斛山乡	411522212	**固始县（3 街道，20 镇，**	**411525**	伞陂镇	411526102
槐店乡	411522213	**10 乡）**		卜塔集镇	411526103
文殊乡	411522215	蓼城街道	411525001	仁和镇	411526105
新县（1 街道，5 镇，	**411523**	番城街道	411525002	付店镇	411526106
10 乡）		秀水街道	411525003	踅孜镇	411526107
金兰山街道	411523001	陈淋子镇	411525101	桃林铺镇	411526108
新集镇	411523100	黎集镇	411525102	黄寺岗镇	411526109
沙窝镇	411523101	蒋集镇	411525103	江家集镇	411526110
吴陈河镇	411523103	往流镇	411525104	魏岗镇	411526111
苏河镇	411523104	郭陆滩镇	411525105	传流店乡	411526201
八里畈镇	411523105	胡族铺镇	411525106	张集乡	411526203
周河乡	411523201	方集镇	411525107	来龙乡	411526204
陡山河乡	411523202	三河尖镇	411525108	隆古乡	411526205
浒湾乡	411523203	段集镇	411525109	谈店乡	411526206
千斤乡	411523204	张广庙镇	411525110	上油岗乡	411526207
卡房乡	411523205	汪棚镇	411525111	白店乡	411526209
郭家河乡	411523206	分水亭镇	411525112	**淮滨县（4 街道，5 镇，**	**411527**
陈店乡	411523207	石佛店镇	411525113	**10 乡）**	
箭厂河乡	411523208	陈集镇	411525114	顺河街道	411527001
泗店乡	411523209	武庙集镇	411525115	滨湖街道	411527002
田铺乡	411523210	泉河铺镇	411525116	栏杆街道	411527003
商城县（2 街道，	**411524**	祖师庙镇	411525117	桂花街道	411527004
10 镇，7 乡）		李店镇	411525118	马集镇	411527101
赤城街道	411524001	沙河铺镇	411525119	防胡镇	411527103
鲇鱼山街道	411524002	徐集镇	411525120	新里镇	411527104
上石桥镇	411524101	洪埠乡	411525201	期思镇	411527105
鄢岗镇	411524102	杨集乡	411525202	赵集镇	411527106
双椿铺镇	411524103	马堽集乡	411525203	台头乡	411527200
汪桥镇	411524104	草庙集乡	411525204	王家岗乡	411527201
余集镇	411524105	南大桥乡	411525206	固城乡	411527202
达权店镇	411524106	赵岗乡	411525208	三空桥乡	411527203
丰集镇	411524107	张老埠乡	411525211	张里乡	411527204

续表 18

行政区划名称	行政区划代码	行政区划名称	行政区划代码	行政区划名称	行政区划代码
邓湾乡	411527206	淮河路街道	411602016	城郊乡	411621205
张庄乡	411527207	金海路街道	411602017	西华县（4 街道，9 镇，8 乡）	411622
王店乡	411527208	许湾街道	411602018		
谷堆乡	411527209	李埠口街道	411602019	娲城街道	411622001
芦集乡	411527212	淮阳区（2 街道，8 镇，9 乡）	411603	箕子台街道	411622002
息县（3 街道，6 镇，12 乡）	411528			昆山街道	411622003
		柳湖街道	411603001	皮营街道	411622004
谯楼街道	411528001	王店街道	411603002	西夏亭镇	411622101
龙湖街道	411528002	城关回族镇	411603100	逍遥镇	411622102
淮河街道	411528003	新站镇	411603101	奉母镇	411622103
包信镇	411528101	鲁台镇	411603102	红花集镇	411622104
夏庄镇	411528102	四通镇	411603103	聂堆镇	411622105
东岳镇	411528103	临蔡镇	411603104	东夏亭镇	411622106
项店镇	411528104	安岭镇	411603105	西华营镇	411622107
小茴店镇	411528105	白楼镇	411603106	址坊镇	411622108
曹黄林镇	411528106	刘振屯镇	411603107	迟营镇	411622109
孙庙乡	411528201	朱集乡	411603200	田口乡	411622200
路口乡	411528202	豆门乡	411603201	清河驿乡	411622201
彭店乡	411528203	冯塘乡	411603202	东王营乡	411622203
杨店乡	411528204	大连乡	411603205	大王庄乡	411622204
张陶乡	411528205	葛店乡	411603206	李大庄乡	411622205
白土店乡	411528206	黄集乡	411603207	叶埠口乡	411622206
岗李店乡	411528207	齐老乡	411603208	黄桥乡	411622208
长陵乡	411528208	郑集乡	411603209	艾岗乡	411622209
陈棚乡	411528209	曹河乡	411603210	商水县（4 街道，12 镇，7 乡）	411623
临河乡	411528210	扶沟县（2 街道，8 镇，6 乡）	411621		
关店乡	411528211			东城街道	411623001
八里岔乡	411528214	桐丘街道	411621001	新城街道	411623002
周口市（42 街道，105 镇，59 乡）	411600	扶亭街道	411621002	老城街道	411623003
		崔桥镇	411621101	阳城街道	411623004
川汇区（15 街道）	411602	江村镇	411621102	黄寨镇	411623101
陈州街回族街道	411602001	白潭镇	411621103	练集镇	411623102
七一路街道	411602002	韭园镇	411621104	魏集镇	411623103
荷花路街道	411602003	练寺镇	411621105	固墙镇	411623104
人和街道	411602004	大新镇	411621106	白寺镇	411623105
小桥街街道	411602005	包屯镇	411621107	巴村镇	411623106
城南街道	411602010	汴岗镇	411621108	谭庄镇	411623107
城北街道	411602011	曹里乡	411621200	邓城镇	411623108
文昌街道	411602012	柴岗乡	411621201	胡吉镇	411623109
搬口街道	411602013	固城乡	411621202	姚集镇	411623110
华耀城街道	411602014	吕潭乡	411621203	郝岗镇	411623111
太昊路街道	411602015	大李庄乡	411621204	张庄镇	411623112

续表 19

行政区划名称	行政区划代码	行政区划名称	行政区划代码	行政区划名称	行政区划代码
平店乡	411623202	汲冢镇	411625107	真源街道	411628004
袁老乡	411623203	石槽镇	411625108	玄武镇	411628101
化河乡	411623204	汲水镇	411625109	宋河镇	411628102
舒庄乡	411623206	城郊乡	411625200	太清宫镇	411628103
大武乡	411623207	虎岗乡	411625201	王皮溜镇	411628104
张明乡	411623208	张完集乡	411625203	试量镇	411628105
汤庄乡	411623211	丁村乡	411625204	辛集镇	411628106
沈丘县（2 街道，16 镇，4 乡）	**411624**	双楼乡	411625205	马铺镇	411628107
		秋渠乡	411625206	涡北镇	411628108
东城街道	411624001	东风乡	411625207	杨湖口镇	411628109
北城街道	411624002	巴集乡	411625208	贾滩镇	411628110
槐店回族镇	411624100	李楼乡	411625209	张店镇	411628111
刘庄店镇	411624101	胡集乡	411625210	观堂镇	411628112
留福镇	411624102	**太康县（15 镇，8 乡）**	**411627**	生铁冢镇	411628114
老城镇	411624103	城关回族镇	411627100	郑家集乡	411628201
赵德营镇	411624104	常营镇	411627101	赵村乡	411628205
付井镇	411624105	逊母口镇	411627102	任集乡	411628206
纸店镇	411624106	老冢镇	411627103	唐集乡	411628207
新安集镇	411624107	朱口镇	411627104	高集乡	411628208
白集镇	411624108	马头镇	411627105	邱集乡	411628209
刘湾镇	411624109	龙曲镇	411627106	穆店乡	411628210
莲池镇	411624110	板桥镇	411627107	**项城市（6 街道，15 镇）**	**411681**
洪山镇	411624111	符草楼镇	411627108	花园街道	411681001
周营镇	411624112	马厂镇	411627109	水寨街道	411681002
邢庄镇	411624113	毛庄镇	411627110	东方街道	411681003
北杨集镇	411624114	张集镇	411627111	莲花街道	411681004
冯营镇	411624115	清集镇	411627112	千佛阁街道	411681005
石槽集乡	411624201	大许寨镇	411627113	光武街道	411681006
范营乡	411624202	转楼镇	411627114	南顿镇	411681101
李老庄乡	411624203	城郊乡	411627200	孙店镇	411681102
卞路口乡	411624209	杨庙乡	411627201	李寨镇	411681103
郸城县（3 街道，9 镇，10 乡）	**411625**	王集乡	411627202	贾岭镇	411681104
		高贤乡	411627203	高寺镇	411681105
洺南街道	411625001	芝麻洼乡	411627204	新桥镇	411681106
洺北街道	411625002	独塘乡	411627206	付集镇	411681107
新城街道	411625003	五里口乡	411627208	官会镇	411681108
吴台镇	411625101	高朗乡	411627210	丁集镇	411681109
南丰镇	411625102	**鹿邑县（4 街道，13 镇，7 乡）**	**411628**	郑郭镇	411681110
白马镇	411625103			秣陵镇	411681111
宁平镇	411625104	卫真街道	411628001	王明口镇	411681112
宜路镇	411625105	鸣鹿街道	411628002	范集镇	411681113
钱店镇	411625106	谷阳街道	411628003		

续表 20

行政区划名称	行政区划代码	行政区划名称	行政区划代码	行政区划名称	行政区划代码
永丰镇	411681114	重渠乡	411721201	东皇街道	411723003
三店镇	411681115	人和乡	411721203	郭楼街道	411723004
驻马店市（43 街道，96 镇，56 乡，1 民族乡）	**411700**	谭店乡	411721205	杨埠镇	411723101
		芦庙乡	411721208	东和店镇	411723102
驿城区（12 街道，5 镇，4 乡）	**411702**	杨庄乡	411721209	庙湾镇	411723103
		专探乡	411721210	射桥镇	411723104
人民街街道	411702001	蔡寨回族乡	411721212	西洋店镇	411723105
东风路街道	411702002	焦庄乡	411721213	阳城镇	411723106
西园街街道	411702003	上蔡县（4 街道，13 镇，9 乡）	**411722**	李屯镇	411723108
新华街街道	411702004			万金店镇	411723109
南海街道	411702005	蔡都街道	411722001	高杨店镇	411723110
雪松街道	411702006	芦岗街道	411722002	万冢镇	411723111
顺河街道	411702007	卧龙街道	411722003	十字路乡	411723202
老街街道	411702008	重阳街道	411722004	玉皇庙乡	411723205
橡林街道	411702009	黄埠镇	411722101	老王岗乡	411723208
刘阁街道	411702010	杨集镇	411722102	辛店乡	411723209
香山街道	411702012	洙湖镇	411722103	双庙乡	411723211
古城街道	411702013	党店镇	411722104	正阳县（2 街道，8 镇，10 乡）	**411724**
水屯镇	411702100	朱里镇	411722105		
蚁蜂镇	411702101	华陂镇	411722106	真阳街道	411724001
沙河店镇	411702102	塔桥镇	411722107	清源街道	411724002
板桥镇	411702103	东洪镇	411722108	寒冻镇	411724101
诸市镇	411702104	邵店镇	411722109	汝南埠镇	411724102
朱古洞乡	411702207	和店镇	411722110	铜钟镇	411724103
胡庙乡	411702208	五龙镇	411722111	陡沟镇	411724104
老河乡	411702211	韩寨镇	411722112	熊寨镇	411724105
关王庙乡	411702212	蔡沟镇	411722113	大林镇	411724106
西平县（3 街道，8 镇，7 乡，1 民族乡）	**411721**	大路李乡	411722201	永兴镇	411724107
		无量寺乡	411722202	袁寨镇	411724108
柏城街道	411721001	杨屯乡	411722205	慎水乡	411724200
柏亭街道	411721002	齐海乡	411722209	傅寨乡	411724201
柏苑街道	411721003	崇礼乡	411722210	新阮店乡	411724203
五沟营镇	411721101	东岸乡	411722212	油坊店乡	411724204
权寨镇	411721102	小岳寺乡	411722215	雷寨乡	411724207
师灵镇	411721103	西洪乡	411722216	王勿桥乡	411724208
出山镇	411721104	百尺乡	411722217	闾河乡	411724210
盆尧镇	411721105	平舆县（4 街道，10 镇，5 乡）	**411723**	皮店乡	411724212
嫘祖镇	411721106			彭桥乡	411724213
宋集镇	411721107	古槐街道	411723001	兰青乡	411724214
二郎镇	411721108	清河街道	411723002		

续表 21

行政区划名称	行政区划代码	行政区划名称	行政区划代码	行政区划名称	行政区划代码
确山县 (3 街道, 10 镇)	**411725**	汝宁街道	411727001	砖店镇	411729101
盘龙街道	411725001	古塔街道	411727002	陈店镇	411729102
三里河街道	411725002	三门闸街道	411727003	佛阁寺镇	411729103
朗陵街道	411725003	宿鸭湖街道	411727004	练村镇	411729104
竹沟镇	411725101	王岗镇	411727101	棠村镇	411729105
任店镇	411725102	梁祝镇	411727102	韩集镇	411729106
新安店镇	411725103	和孝镇	411727103	龙口镇	411729107
留庄镇	411725104	老君庙镇	411727104	李桥回族镇	411729108
刘店镇	411725105	留盆镇	411727105	黄楼镇	411729109
瓦岗镇	411725107	金铺镇	411727106	孙召镇	411729110
双河镇	411725108	东官庄镇	411727107	余店镇	411729111
石滚河镇	411725109	罗店镇	411727108	河坞乡	411729204
李新店镇	411725110	常兴镇	411727109	关津乡	411729205
普会寺镇	411725111	韩庄镇	411727110	宋岗乡	411729206
泌阳县 (3 街道, 11 镇, 8 乡)	**411726**	三桥镇	411727111	顿岗乡	411729207
		张楼镇	411727112	涧头乡	411729208
泌水街道	411726001	南余店乡	411727204	杨庄户乡	411729209
花园街道	411726002	板店乡	411727212	化庄乡	411729210
古城街道	411726003	**遂平县 (5 街道, 8 镇, 2 乡)**	**411728**	栎城乡	411729211
羊册镇	411726102			弥陀寺乡	411729213
马谷田镇	411726103	莲花湖街道	411728001	**济源市 (5 街道, 11 镇)**	**419001**
春水镇	411726105	瀙阳街道	411728002	沁园街道	419001001
赊湾镇	411726106	车站街道	411728003	济水街道	419001002
官庄镇	411726107	褚堂街道	411728004	北海街道	419001003
郭集镇	411726108	吴房街道	411728005	天坛街道	419001004
泰山庙镇	411726109	玉山镇	411728102	玉泉街道	419001005
王店镇	411726110	嵖岈山镇	411728103	克井镇	419001100
杨家集镇	411726111	石寨铺镇	411728104	五龙口镇	419001101
高店镇	411726112	和兴镇	411728105	轵城镇	419001102
高邑镇	411726113	沈寨镇	411728106	承留镇	419001103
盘古乡	411726201	阳丰镇	411728107	邵原镇	419001104
铜山乡	411726204	常庄镇	411728108	坡头镇	419001105
下碑寺乡	411726206	花庄镇	411728109	梨林镇	419001106
象河乡	411726207	槐树乡	411728204	大峪镇	419001107
付庄乡	411726208	文城乡	411728209	思礼镇	419001108
贾楼乡	411726209	**新蔡县 (3 街道, 11 镇, 9 乡)**	**411729**	王屋镇	419001109
黄山口乡	411726210			下冶镇	419001110
双庙街乡	411726215	古吕街道	411729001		
汝南县 (4 街道, 12 镇, 2 乡)	**411727**	今是街道	411729002		
		月亮湾街道	411729003		

湖北省

湖北省（鄂）

行政区划名称	行政区划代码	行政区划名称	行政区划代码	行政区划名称	行政区划代码
湖北省（335街道，761镇，151乡，10民族乡）	420000	宗关街道	420104003	冶金街道	420107002
		汉水桥街道	420104004	新沟桥街道	420107003
武汉市（156街道，1镇，3乡）	420100	宝丰街道	420104005	红钢城街道	420107004
		荣华街道	420104006	工人村街道	420107005
江岸区（16街道）	420102	汉中街道	420104008	青山镇街道	420107006
大智街道	420102002	汉正街道	420104009	武东街道	420107008
一元街道	420102003	六角亭街道	420104010	白玉山街道	420107009
车站街道	420102004	长丰街道	420104011	钢花村街道	420107010
四唯街道	420102005	易家街道	420104012	钢都花园街道	420107011
永清街道	420102006	汉阳区（11街道）	420105	洪山区（13街道，1乡）	420111
西马街道	420102007	建桥街道	420105002	珞南街道	420111001
球场街道	420102008	晴川街道	420105004	关山街道	420111002
劳动街道	420102009	鹦鹉街道	420105005	狮子山街道	420111003
二七街道	420102010	洲头街道	420105006	张家湾街道	420111004
新村街道	420102011	五里墩街道	420105007	梨园街道	420111005
丹水池街道	420102012	琴断口街道	420105008	卓刀泉街道	420111006
台北街道	420102014	江汉二桥街道	420105009	洪山街道	420111007
花桥街道	420102015	永丰街道	420105010	和平街道	420111008
谌家矶街道	420102016	江堤街道	420105011	青菱街道	420111011
后湖街道	420102017	四新街道	420105012	九峰街道	420111012
塔子湖街道	420102018	龙阳街道	420105013	左岭街道	420111013
江汉区（13街道）	420103	武昌区（14街道）	420106	花山街道	420111014
民族街道	420103001	积玉桥街道	420106001	八吉府街道	420111015
花楼街道	420103002	杨园街道	420106002	天兴乡	420111205
水塔街道	420103003	徐家棚街道	420106003	东西湖区（11街道）	420112
民权街道	420103004	粮道街道	420106005	吴家山街道	420112001
满春街道	420103005	中华路街道	420106006	柏泉街道	420112002
民意街道	420103006	黄鹤楼街道	420106007	将军路街道	420112004
新华街道	420103007	紫阳街道	420106008	慈惠街道	420112005
万松街道	420103008	白沙洲街道	420106009	走马岭街道	420112006
唐家墩街道	420103009	首义路街道	420106010	径河街道	420112007
北湖街道	420103010	中南路街道	420106011	长青街道	420112008
前进街道	420103011	水果湖街道	420106012	新沟镇街道	420112009
常青街道	420103012	珞珈山街道	420106013	辛安渡街道	420112011
汉兴街道	420103013	石洞街道	420106014	东山街道	420112012
硚口区（11街道）	420104	南湖街道	420106015	金银湖街道	420112014
古田街道	420104001	青山区（10街道）	420107	汉南区（4街道）	420113
韩家墩街道	420104002	红卫路街道	420107001	纱帽街道	420113001

续表 1

行政区划名称	行政区划代码	行政区划名称	行政区划代码	行政区划名称	行政区划代码
东荆街道	420113002	天河街道	420116007	老下陆街道	420204002
湘口街道	420113003	武湖街道	420116008	东方山街道	420204003
邓南街道	420113004	王家河街道	420116009	团城山街道	420204004
蔡甸区（11街道，1乡）	**420114**	长轩岭街道	420116010	**铁山区（1街道）**	**420205**
蔡甸街道	420114001	李家集街道	420116011	铁山街道	420205001
奓山街道	420114002	姚家集街道	420116012	**阳新县（16镇）**	**420222**
永安街道	420114003	蔡家榨街道	420116013	兴国镇	420222100
侏儒山街道	420114004	三里桥街道	420116014	富池镇	420222101
大集街道	420114005	蔡店街道	420116015	黄颡口镇	420222102
张湾街道	420114006	木兰乡	420116201	沣源口镇	420222103
索河街道	420114007	**新洲区（12街道，1镇）**	**420117**	太子镇	420222104
沌口街道	420114008	邾城街道	420117001	大王镇	420222105
军山街道	420114009	阳逻街道	420117002	陶港镇	420222106
沌阳街道	420114010	仓埠街道	420117003	白沙镇	420222107
玉贤街道	420114011	汪集街道	420117004	浮屠镇	420222108
消泗乡	420114200	李集街道	420117005	三溪镇	420222109
江夏区（15街道）	**420115**	三店街道	420117006	龙港镇	420222110
纸坊街道	420115001	潘塘街道	420117007	洋港镇	420222111
金口街道	420115002	旧街街道	420117008	排市镇	420222112
乌龙泉街道	420115003	双柳街道	420117009	木港镇	420222113
郑店街道	420115005	涨渡湖街道	420117010	枫林镇	420222114
五里界街道	420115010	辛冲街道	420117012	王英镇	420222115
安山街道	420115011	徐古街道	420117013	**大冶市（5街道，10镇，1乡）**	**420281**
山坡街道	420115013	凤凰镇	420117102	东岳路街道	420281001
法泗街道	420115017	**黄石市（19街道，27镇，1乡）**	**420200**	东风路街道	420281002
湖泗街道	420115018			金湖街道	420281003
舒安街道	420115019	**黄石港区（4街道）**	**420202**	罗家桥街道	420281004
关东街道	420115020	沈家营街道	420202001	金山街道	420281005
佛祖岭街道	420115021	黄石港街道	420202002	金牛镇	420281100
豹澥街道	420115022	胜阳港街道	420202003	保安镇	420281101
龙泉街道	420115023	花湖街道	420202005	灵乡镇	420281102
滨湖街道	420115024	**西塞山区（5街道，1镇）**	**420203**	金山店镇	420281103
黄陂区（15街道，1乡）	**420116**	八泉街道	420203001	还地桥镇	420281106
前川街道	420116001	黄思湾街道	420203002	殷祖镇	420281107
祁家湾街道	420116002	澄月街道	420203003	刘仁八镇	420281109
横店街道	420116003	牧羊湖街道	420203004	陈贵镇	420281110
罗汉寺街道	420116004	章山街道	420203007	大箕铺镇	420281111
滠口街道	420116005	河口镇	420203100	汪仁镇	420281112
六指街道	420116006	**下陆区（4街道）**	**420204**	茗山乡	420281202
		新下陆街道	420204001		

续表 2

行政区划名称	行政区划代码	行政区划名称	行政区划代码	行政区划名称	行政区划代码
十堰市（13街道，72镇，33乡，1民族乡）	420300	叶大乡	420304202	中峰镇	420324102
茅箭区（4街道，1镇，2乡）	420302	郧西县（9镇，6乡，1民族乡）	420322	水坪镇	420324103
				县河镇	420324104
武当路街道	420302001	城关镇	420322100	泉溪镇	420324105
二堰街道	420302002	土门镇	420322101	丰溪镇	420324106
五堰街道	420302003	上津镇	420322102	龙坝镇	420324107
白浪街道	420302005	店子镇	420322103	兵营镇	420324108
大川镇	420302100	夹河镇	420322104	汇湾镇	420324109
茅塔乡	420302200	羊尾镇	420322105	新洲镇	420324110
鸳鸯乡	420302201	观音镇	420322106	鄂坪乡	420324201
张湾区（4街道，2镇，2乡）	420303	马安镇	420322107	天宝乡	420324203
		河夹镇	420322108	桃源乡	420324206
花果街道	420303001	香口乡	420322200	向坝乡	420324207
红卫街道	420303002	关防乡	420322201	房县（12镇，8乡）	420325
车城路街道	420303003	湖北口回族乡	420322202	城关镇	420325100
汉江路街道	420303004	景阳乡	420322203	军店镇	420325101
黄龙镇	420303100	六郎乡	420322204	化龙堰镇	420325102
柏林镇	420303101	涧池乡	420322205	土城镇	420325103
方滩乡	420303200	安家乡	420322206	大木厂镇	420325104
西沟乡	420303201	竹山县（9镇，8乡）	420323	青峰镇	420325105
郧阳区（16镇，3乡）	420304	城关镇	420323100	门古寺镇	420325106
城关镇	420304100	溢水镇	420323101	白鹤镇	420325107
安阳镇	420304101	麻家渡镇	420323102	野人谷镇	420325108
杨溪铺镇	420304102	宝丰镇	420323103	红塔镇	420325109
青曲镇	420304103	擂鼓镇	420323104	窑淮镇	420325110
白桑关镇	420304104	秦古镇	420323105	尹吉甫镇	420325111
南化塘镇	420304105	得胜镇	420323106	姚坪乡	420325203
白浪镇	420304106	上庸镇	420323107	沙河乡	420325205
刘洞镇	420304107	官渡镇	420323108	万峪河乡	420325206
谭山镇	420304108	潘口乡	420323200	上龛乡	420325208
梅铺镇	420304109	竹坪乡	420323201	中坝乡	420325209
青山镇	420304110	大庙乡	420323202	九道乡	420325210
茶店镇	420304111	双台乡	420323203	回龙乡	420325211
柳陂镇	420304112	楼台乡	420323204	五台乡	420325212
鲍峡镇	420304113	文峰乡	420323205	丹江口市（5街道，12镇）	420381
胡家营镇	420304114	深河乡	420323206	均州路街道	420381001
谭家湾镇	420304115	柳林乡	420323207	大坝街道	420381002
大柳乡	420304200	竹溪县（11镇，4乡）	420324	丹赵路街道	420381003
五峰乡	420304201	城关镇	420324100	武当山街道	420381004
		蒋家堰镇	420324101		

续表 3

行政区划名称	行政区划代码	行政区划名称	行政区划代码	行政区划名称	行政区划代码
三官殿街道	420381005	古老背街道	420505001	郭家坝镇	420527106
土关垭镇	420381100	虎牙街道	420505002	杨林桥镇	420527107
浪河镇	420381101	云池街道	420505003	九畹溪镇	420527108
丁家营镇	420381102	夷陵区（1 街道，9 镇，2 乡）	420506	水田坝乡	420527201
六里坪镇	420381103			泄滩乡	420527202
盐池河镇	420381104	小溪塔街道	420506001	梅家河乡	420527203
均县镇	420381105	樟村坪镇	420506101	磨坪乡	420527204
习家店镇	420381106	雾渡河镇	420506102	长阳土家族自治县（8 镇，3 乡）	420528
蒿坪镇	420381107	太平溪镇	420506103		
石鼓镇	420381108	三斗坪镇	420506104	龙舟坪镇	420528101
凉水河镇	420381109	乐天溪镇	420506105	高家堰镇	420528102
官山镇	420381110	分乡镇	420506106	磨市镇	420528103
龙山镇	420381111	龙泉镇	420506107	都镇湾镇	420528104
宜昌市（24 街道，67 镇，18 乡，1 民族乡）	420500	鸦鹊岭镇	420506108	资丘镇	420528105
		黄花镇	420506109	渔峡口镇	420528106
西陵区（10 街道）	420502	下堡坪乡	420506201	榔坪镇	420528107
西陵街道	420502001	邓村乡	420506203	贺家坪镇	420528108
学院街道	420502002	远安县（6 镇，1 乡）	420525	大堰乡	420528201
云集街道	420502003	鸣凤镇	420525101	鸭子口乡	420528202
西坝街道	420502005	花林寺镇	420525102	火烧坪乡	420528203
葛洲坝街道	420502006	旧县镇	420525103	五峰土家族自治县（5 镇，3 乡）	420529
夜明珠街道	420502007	洋坪镇	420525104		
东苑街道	420502008	茅坪场镇	420525105	五峰镇	420529101
南苑街道	420502009	嫘祖镇	420525106	长乐坪镇	420529102
北苑街道	420502010	河口乡	420525201	渔洋关镇	420529103
窑湾街道	420502011	兴山县（6 镇，2 乡）	420526	仁和坪镇	420529104
伍家岗区（4 街道，1 乡）	420503	昭君镇	420526101	湾潭镇	420529105
大公桥街道	420503001	峡口镇	420526102	傅家堰乡	420529201
万寿桥街道	420503002	南阳镇	420526103	牛庄乡	420529202
宝塔河街道	420503003	古夫镇	420526104	采花乡	420529203
伍家岗街道	420503004	黄粮镇	420526105	宜都市（1 街道，8 镇，1 民族乡）	420581
伍家乡	420503201	水月寺镇	420526106		
点军区（1 街道，2 镇，2 乡）	420504	高桥乡	420526201	陆城街道	420581001
		榛子乡	420526202	红花套镇	420581101
点军街道	420504001	秭归县（8 镇，4 乡）	420527	高坝洲镇	420581102
艾家镇	420504101	茅坪镇	420527101	聂家河镇	420581103
桥边镇	420504102	归州镇	420527102	松木坪镇	420581104
联棚乡	420504202	屈原镇	420527103	枝城镇	420581105
土城乡	420504203	沙镇溪镇	420527104	姚家店镇	420581106
猇亭区（3 街道）	420505	两河口镇	420527105	五眼泉镇	420581107

续表 4

行政区划名称	行政区划代码	行政区划名称	行政区划代码	行政区划名称	行政区划代码
王家畈镇	420581108	定中门街道	420606004	**谷城县（9镇，1乡）**	**420625**
潘家湾土家族乡	420581203	清河口街道	420606005	城关镇	420625100
当阳市（3街道，7镇）	**420582**	屏襄门街道	420606006	石花镇	420625101
玉阳街道	420582001	米公街道	420606007	盛康镇	420625102
坝陵街道	420582002	柿铺街道	420606008	庙滩镇	420625103
玉泉街道	420582003	七里河街道	420606009	茨河镇	420625104
两河镇	420582101	紫贞街道	420606010	南河镇	420625105
河溶镇	420582102	牛首镇	420606100	紫金镇	420625106
淯溪镇	420582103	太平店镇	420606101	冷集镇	420625107
庙前镇	420582104	团山镇	420606102	五山镇	420625108
王店镇	420582105	**襄州区（4街道，13镇）**	**420607**	赵湾乡	420625200
半月镇	420582106	张湾街道	420607001	**保康县（10镇，1乡）**	**420626**
草埠湖镇	420582107	刘集街道	420607002	城关镇	420626100
枝江市（1街道，8镇）	**420583**	肖湾街道	420607003	黄堡镇	420626101
马家店街道	420583001	六两河街道	420607004	后坪镇	420626102
安福寺镇	420583101	龙王镇	420607101	龙坪镇	420626103
白洋镇	420583102	石桥镇	420607102	店垭镇	420626104
顾家店镇	420583103	黄集镇	420607103	马良镇	420626105
董市镇	420583104	伙牌镇	420607104	歇马镇	420626106
仙女镇	420583105	古驿镇	420607105	马桥镇	420626107
问安镇	420583106	朱集镇	420607106	寺坪镇	420626108
七星台镇	420583107	程河镇	420607107	过渡湾镇	420626109
百里洲镇	420583108	双沟镇	420607108	两峪乡	420626200
襄阳市（28街道，74镇，4乡）	**420600**	张家集镇	420607109	**老河口市（2街道，7镇，1乡）**	**420682**
		黄龙镇	420607110		
襄城区（6街道，2镇，1乡）	**420602**	峪山镇	420607111	光化街道	420682001
		东津镇	420607112	酂阳街道	420682002
古城街道	420602001	米庄镇	420607113	孟楼镇	420682100
真武山街道	420602002	**南漳县（10镇）**	**420624**	竹林桥镇	420682101
庞公街道	420602003	城关镇	420624100	薛集镇	420682102
檀溪街道	420602004	武安镇	420624101	张集镇	420682103
隆中街道	420602005	九集镇	420624102	仙人渡镇	420682104
余家湖街道	420602006	李庙镇	420624103	洪山嘴镇	420682105
欧庙镇	420602100	长坪镇	420624104	李楼镇	420682106
卧龙镇	420602101	薛坪镇	420624105	袁冲乡	420682200
尹集乡	420602200	板桥镇	420624106	**枣阳市（3街道，12镇）**	**420683**
樊城区（10街道，3镇）	**420606**	巡检镇	420624107	北城街道	420683001
汉江街道	420606001	东巩镇	420624108	南城街道	420683002
王寨街道	420606002	肖堰镇	420624109	环城街道	420683003
中原街道	420606003			琚湾镇	420683100

续表 5

行政区划名称	行政区划代码	行政区划名称	行政区划代码	行政区划名称	行政区划代码
七方镇	420683101	凤凰街道	420704001	后港镇	420822105
杨垱镇	420683102	古楼街道	420704002	毛李镇	420822107
太平镇	420683103	西山街道	420704003	官垱镇	420822108
新市镇	420683104	樊口街道	420704004	李市镇	420822109
鹿头镇	420683105	泽林镇	420704100	马良镇	420822110
刘升镇	420683106	杜山镇	420704101	高阳镇	420822111
兴隆镇	420683107	新庙镇	420704102	沈集镇	420822112
王城镇	420683108	碧石渡镇	420704103	曾集镇	420822113
吴店镇	420683109	汀祖镇	420704104	钟祥市（2 街道，15 镇，1 民族乡）	420881
熊集镇	420683110	燕矶镇	420704105		
平林镇	420683111	杨叶镇	420704106	郢中街道	420881001
宜城市（3 街道，8 镇）	420684	花湖镇	420704107	皇庄街道	420881002
鄢城街道	420684001	长港镇	420704108	洋梓镇	420881100
南营街道	420684002	沙窝乡	420704200	长寿镇	420881101
龙头街道	420684003	荆门市（11 街道，48 镇，1 乡，1 民族乡）	420800	丰乐镇	420881102
郑集镇	420684100			胡集镇	420881103
小河镇	420684101	东宝区（2 街道，6 镇，1 乡）	420802	双河镇	420881104
刘猴镇	420684102			磷矿镇	420881105
孔湾镇	420684103	龙泉街道	420802001	文集镇	420881106
流水镇	420684104	泉口街道	420802002	冷水镇	420881107
板桥店镇	420684105	栗溪镇	420802100	石牌镇	420881108
王集镇	420684106	子陵铺镇	420802101	旧口镇	420881109
雷河镇	420684107	漳河镇	420802102	柴湖镇	420881110
鄂州市（4 街道，18 镇，3 乡）	420700	马河镇	420802103	长滩镇	420881111
		石桥驿镇	420802104	东桥镇	420881112
梁子湖区（5 镇）	420702	牌楼镇	420802105	客店镇	420881113
太和镇	420702100	仙居乡	420802200	张集镇	420881114
东沟镇	420702101	掇刀区（4 街道，2 镇）	420804	九里回族乡	420881200
梁子镇	420702102	掇刀石街道	420804001	京山市（3 街道，12 镇）	420882
涂家垴镇	420702103	白庙街道	420804002		
沼山镇	420702104	兴隆街道	420804003	新市街道	420882001
华容区（4 镇，2 乡）	420703	双喜街道	420804004	永兴街道	420882002
华容镇	420703100	团林铺镇	420804100	温泉街道	420882003
葛店镇	420703101	麻城镇	420804101	曹武镇	420882102
庙岭镇	420703102	沙洋县（13 镇）	420822	罗店镇	420882103
段店镇	420703103	沙洋镇	420822100	宋河镇	420882105
临江乡	420703200	五里铺镇	420822101	坪坝镇	420882106
蒲团乡	420703201	十里铺镇	420822102	三阳镇	420882107
鄂城区（4 街道，9 镇，1 乡）	420704	纪山镇	420822103	绿林镇	420882108
		拾回桥镇	420822104	杨集镇	420882109
				孙桥镇	420882110

续表 6

行政区划名称	行政区划代码	行政区划名称	行政区划代码	行政区划名称	行政区划代码
石龙镇	420882111	新城镇	420922103	陈河镇	420981107
永漋镇	420882112	夏店镇	420922104	杨岭镇	420981108
雁门口镇	420882114	刘集镇	420922105	汤池镇	420981109
钱场镇	420882115	河口镇	420922106	黄滩镇	420981110
孝感市（13街道，72镇，23乡）	**420900**	四姑镇	420922107	**安陆市（2街道，9镇，4乡）**	**420982**
孝南区（4街道，8镇，3乡）	**420902**	吕王镇	420922108	府城街道	420982001
		黄站镇	420922109	南城街道	420982002
书院街道	420902001	宣化店镇	420922110	赵棚镇	420982100
新华街道	420902002	丰店镇	420922111	李店镇	420982101
广场街道	420902003	大新镇	420922112	巡店镇	420982102
车站街道	420902004	三里城镇	420922113	棠棣镇	420982103
新铺镇	420902100	高店乡	420922201	雷公镇	420982104
西河镇	420902101	彭店乡	420922202	王义贞镇	420982105
杨店镇	420902102	东新乡	420922203	孛畈镇	420982106
陡岗镇	420902103	**云梦县（9镇，3乡）**	**420923**	烟店镇	420982107
肖港镇	420902104	城关镇	420923100	洑水镇	420982108
毛陈镇	420902105	义堂镇	420923101	陈店乡	420982200
三汊镇	420902106	曾店镇	420923102	辛榨乡	420982201
祝站镇	420902107	吴铺镇	420923103	木梓乡	420982202
朋兴乡	420902200	伍洛镇	420923104	接官乡	420982203
卧龙乡	420902201	下辛店镇	420923105	**汉川市（2街道，14镇，6乡）**	**420984**
闵集乡	420902202	道桥镇	420923106		
孝昌县（8镇，4乡）	**420921**	隔蒲潭镇	420923107	仙女山街道	420984001
花园镇	420921100	胡金店镇	420923108	汈东街道	420984002
丰山镇	420921101	倒店乡	420923200	马口镇	420984101
周巷镇	420921102	沙河乡	420923201	脉旺镇	420984102
小河镇	420921103	清明河乡	420923202	城隍镇	420984103
王店镇	420921104	**应城市（5街道，10镇）**	**420981**	分水镇	420984104
卫店镇	420921105	城中街道	420981001	沉湖镇	420984105
白沙镇	420921106	城北街道	420981002	田二河镇	420984106
邹岗镇	420921107	四里棚街道	420981003	回龙镇	420984107
小悟乡	420921200	东马坊街道	420981004	新堰镇	420984108
季店乡	420921201	长江埠街道	420981005	垌塚镇	420984109
花西乡	420921202	田店镇	420981100	麻河镇	420984110
陡山乡	420921203	杨河镇	420981101	刘家隔镇	420984111
大悟县（14镇，3乡）	**420922**	三合镇	420981102	新河镇	420984112
城关镇	420922100	郎君镇	420981103	庙头镇	420984113
阳平镇	420922101	天鹅镇	420981105	杨林沟镇	420984114
芳畈镇	420922102	义和镇	420981106	西江乡	420984200

续表 7

行政区划名称	行政区划代码	行政区划名称	行政区划代码	行政区划名称	行政区划代码
湾潭乡	420984201	杨家厂镇	421022104	新堤街道	421083001
南河乡	420984202	麻豪口镇	421022105	滨湖街道	421083004
马鞍乡	420984203	藕池镇	421022106	螺山镇	421083100
里潭乡	420984204	黄山头镇	421022107	乌林镇	421083101
韩集乡	420984205	孟家溪镇	421022108	龙口镇	421083102
荆州市（19 街道，88 镇，10 乡，2 民族乡）	**421000**	南平镇	421022109	燕窝镇	421083103
沙市区（8 街道，4 镇，1 乡）	**421002**	章庄铺镇	421022110	新滩镇	421083104
		狮子口镇	421022111	峰口镇	421083105
中山路街道	421002001	斑竹垱镇	421022112	曹市镇	421083106
崇文街街道	421002002	毛家港镇	421022113	府场镇	421083107
解放路街道	421002003	甘家厂乡	421022200	戴家场镇	421083108
胜利街街道	421002004	章田寺乡	421022201	瞿家湾镇	421083109
朝阳路街道	421002005	**江陵县（7 镇，2 乡）**	**421024**	沙口镇	421083110
西湖街道	421002006	资市镇	421024100	万全镇	421083111
立新街道	421002007	滩桥镇	421024101	汊河镇	421083112
鱼农桥街道	421002008	熊河镇	421024102	黄家口镇	421083113
锣场镇	421002100	白马寺镇	421024103	老湾回族乡	421083200
岑河镇	421002101	沙岗镇	421024104	**松滋市（2 街道，13 镇，1 乡，1 民族乡）**	**421087**
观音垱镇	421002102	普济镇	421024105		
关沮镇	421002103	郝穴镇	421024106	新江口街道	421087001
联合乡	421002202	马家寨乡	421024200	乐乡街道	421087002
荆州区（5 街道，7 镇）	**421003**	秦市乡	421024201	南海镇	421087101
西城街道	421003001	**石首市（2 街道，11 镇，1 乡）**	**421081**	八宝镇	421087102
东城街道	421003002			涴市镇	421087103
城南街道	421003003	绣林街道	421081001	老城镇	421087104
凤凰街道	421003004	笔架山街道	421081002	陈店镇	421087105
太湖港街道	421003005	新厂镇	421081100	王家桥镇	421087106
纪南镇	421003100	横沟市镇	421081101	斯家场镇	421087107
川店镇	421003101	小河口镇	421081102	杨林市镇	421087108
马山镇	421003102	桃花山镇	421081103	纸厂河镇	421087109
八岭山镇	421003103	调关镇	421081104	街河市镇	421087110
李埠镇	421003104	东升镇	421081105	涴水镇	421087111
弥市镇	421003105	高基庙镇	421081106	刘家场镇	421087112
郢城镇	421003106	南口镇	421081107	沙道观镇	421087113
公安县（14 镇，2 乡）	**421022**	高陵镇	421081108	万家乡	421087200
埠河镇	421022100	团山寺镇	421081109	卸甲坪土家族乡	421087201
斗湖堤镇	421022101	大垸镇	421081120	**监利市（18 镇，3 乡）**	**421088**
夹竹园镇	421022102	久合垸乡	421081202	容城镇	421088100
闸口镇	421022103	**洪湖市（2 街道，14 镇，1 民族乡）**	**421083**	朱河镇	421088101
				新沟镇	421088102

续表 **8**

行政区划名称	行政区划代码	行政区划名称	行政区划代码	行政区划名称	行政区划代码
龚场镇	421088103	贾庙乡	421121200	浠水县（12镇，1乡）	421125
周老嘴镇	421088104	杜皮乡	421121201	清泉镇	421125100
黄歇口镇	421088105	红安县（10镇，1乡）	421122	巴河镇	421125101
汪桥镇	421088106	城关镇	421122100	竹瓦镇	421125102
程集镇	421088107	七里坪镇	421122101	汪岗镇	421125103
分盐镇	421088108	华家河镇	421122102	团陂镇	421125104
毛市镇	421088109	二程镇	421122103	关口镇	421125105
福田寺镇	421088110	上新集镇	421122104	白莲镇	421125106
上车湾镇	421088111	高桥镇	421122105	蔡河镇	421125107
汴河镇	421088112	觅儿寺镇	421122106	洗马镇	421125108
尺八镇	421088113	八里湾镇	421122107	丁司垱镇	421125109
白螺镇	421088114	太平桥镇	421122108	散花镇	421125110
网市镇	421088115	永佳河镇	421122109	兰溪镇	421125111
三洲镇	421088116	杏花乡	421122200	绿杨乡	421125200
桥市镇	421088117	罗田县（10镇，2乡）	421123	蕲春县（13镇，1乡）	421126
红城乡	421088200	凤山镇	421123100	漕河镇	421126100
棋盘乡	421088201	骆驼坳镇	421123101	赤东镇	421126101
柘木乡	421088202	大河岸镇	421123103	蕲州镇	421126102
黄冈市（12街道，99镇，16乡）	421100	九资河镇	421123104	管窑镇	421126103
黄州区（5街道，3镇，1乡）	421102	胜利镇	421123105	彭思镇	421126104
赤壁街道	421102001	河铺镇	421123106	横车镇	421126105
东湖街道	421102002	三里畈镇	421123107	株林镇	421126106
禹王街道	421102003	匡河镇	421123108	刘河镇	421126107
南湖街道	421102004	白庙河镇	421123109	狮子镇	421126108
西湖街道	421102005	大崎镇	421123110	青石镇	421126109
路口镇	421102101	白莲河乡	421123201	张塝镇	421126110
堵城镇	421102102	平湖乡	421123209	大同镇	421126111
陈策楼镇	421102103	英山县（8镇，3乡）	421124	檀林镇	421126112
陶店乡	421102200	温泉镇	421124100	向桥乡	421126200
团风县（8镇，2乡）	421121	南河镇	421124101	黄梅县（12镇，4乡）	421127
团风镇	421121100	红山镇	421124102	黄梅镇	421127100
淋山河镇	421121101	金家铺镇	421124103	孔垄镇	421127101
方高坪镇	421121102	石头咀镇	421124104	小池镇	421127102
回龙山镇	421121103	草盘地镇	421124105	下新镇	421127103
马曹庙镇	421121104	雷家店镇	421124106	大河镇	421127104
上巴河镇	421121105	杨柳湾镇	421124107	停前镇	421127105
总路咀镇	421121106	方家咀乡	421124200	五祖镇	421127106
但店镇	421121107	孔家坊乡	421124201	濯港镇	421127107
		陶家河乡	421124202	蔡山镇	421127108

续表 9

行政区划名称	行政区划代码	行政区划名称	行政区划代码	行政区划名称	行政区划代码
新开镇	421127109	龙坪镇	421182107	天城镇	421223100
独山镇	421127110	**咸宁市（6 街道，**	**421200**	沙坪镇	421223101
分路镇	421127111	**52 镇，12 乡）**		石城镇	421223102
柳林乡	421127200	**咸安区（3 街道，9 镇，**	**421202**	桂花泉镇	421223103
杉木乡	421127201	**1 乡）**		白霓镇	421223104
苦竹乡	421127202	温泉街道	421202001	路口镇	421223105
刘佐乡	421127203	浮山街道	421202002	金塘镇	421223106
麻城市（3 街道，15 镇，	**421181**	永安街道	421202003	青山镇	421223107
1 乡）		汀泗桥镇	421202100	肖岭乡	421223200
鼓楼街道	421181002	向阳湖镇	421202101	铜钟乡	421223201
南湖街道	421181003	官埠桥镇	421202102	港口乡	421223202
龙池桥街道	421181004	横沟桥镇	421202103	高枧乡	421223203
中馆驿镇	421181100	贺胜桥镇	421202104	**通山县（8 镇，4 乡）**	**421224**
宋埠镇	421181101	双溪桥镇	421202105	通羊镇	421224100
歧亭镇	421181102	马桥镇	421202106	南林桥镇	421224101
白果镇	421181103	桂花镇	421202107	厦铺镇	421224102
夫子河镇	421181104	高桥镇	421202108	闯王镇	421224103
阎家河镇	421181105	大幕乡	421202200	九宫山镇	421224104
张家畈镇	421181106	**嘉鱼县（8 镇）**	**421221**	洪港镇	421224105
木子店镇	421181107	陆溪镇	421221100	大畈镇	421224106
盐田河镇	421181108	高铁岭镇	421221101	黄沙铺镇	421224108
三河口镇	421181109	官桥镇	421221102	大路乡	421224200
黄土岗镇	421181110	鱼岳镇	421221103	杨芳林乡	421224201
福田河镇	421181111	新街镇	421221104	燕厦乡	421224202
乘马岗镇	421181112	渡普镇	421221105	慈口乡	421224203
顺河镇	421181113	潘家湾镇	421221106	**赤壁市（3 街道，10 镇，**	**421281**
龟山镇	421181114	簰洲湾镇	421221107	**1 乡）**	
铁门岗乡	421181200	**通城县（9 镇，2 乡）**	**421222**	蒲圻街道	421281001
武穴市（4 街道，8 镇）	**421182**	隽水镇	421222100	陆水湖街道	421281002
武穴街道	421182001	麦市镇	421222101	赤马港街道	421281003
刊江街道	421182002	塘湖镇	421222102	新店镇	421281100
田家镇街道	421182003	关刀镇	421222103	赵李桥镇	421281101
万丈湖街道	421182004	沙堆镇	421222104	茶庵岭镇	421281102
梅川镇	421182100	五里镇	421222105	中伙铺镇	421281103
余川镇	421182101	石南镇	421222106	官塘驿镇	421281104
花桥镇	421182102	北港镇	421222107	神山镇	421281105
大金镇	421182103	马港镇	421222108	车埠镇	421281106
石佛寺镇	421182104	四庄乡	421222200	周郎嘴回族镇	421281107
四望镇	421182105	大坪乡	421222201	柳山湖镇	421281108
大法寺镇	421182106	**崇阳县（8 镇，4 乡）**	**421223**	黄盖湖镇	421281109

续表 **10**

行政区划名称	行政区划代码	行政区划名称	行政区划代码	行政区划名称	行政区划代码
余家桥乡	421281200	杨寨镇	421381101	柏杨坝镇	422802101
随州市（9街道，37镇）	**421300**	陈巷镇	421381102	汪营镇	422802102
曾都区（5街道，5镇）	**421303**	长岭镇	421381104	建南镇	422802103
西城街道	421303001	马坪镇	421381105	忠路镇	422802104
东城街道	421303002	关庙镇	421381106	团堡镇	422802105
南郊街道	421303003	余店镇	421381107	谋道镇	422802106
北郊街道	421303004	吴店镇	421381108	毛坝镇	422802107
㵐水街道	421303005	郝店镇	421381109	文斗镇	422802108
淅河镇	421303100	蔡河镇	421381110	凉雾乡	422802200
万店镇	421303101	太平镇	421381111	元堡乡	422802201
何店镇	421303122	李店镇	421381112	南坪乡	422802202
洛阳镇	421303123	骆店镇	421381113	沙溪乡	422802205
府河镇	421303124	**恩施土家族苗族自治州（7街道，54镇，25乡，4民族乡）**	**422800**	**建始县（7镇，3乡）**	**422822**
随县（19镇）	**421321**			业州镇	422822100
高城镇	421321100	**恩施市（5街道，6镇，6乡，1民族乡）**	**422801**	高坪镇	422822101
殷店镇	421321101			红岩寺镇	422822102
草店镇	421321102	舞阳坝街道	422801001	景阳镇	422822103
小林镇	421321103	六角亭街道	422801002	官店镇	422822104
淮河镇	421321104	小渡船街道	422801003	花坪镇	422822105
万和镇	421321105	金子坝街道	422801004	长梁镇	422822106
尚市镇	421321106	七里坪街道	422801005	茅田乡	422822201
厉山镇	421321107	龙凤镇	422801100	龙坪乡	422822202
唐县镇	421321108	崔家坝镇	422801101	三里乡	422822203
吴山镇	421321109	板桥镇	422801102	**巴东县（10镇，2乡）**	**422823**
安居镇	421321110	白杨坪镇	422801103	信陵镇	422823100
新街镇	421321111	三岔镇	422801104	东瀼口镇	422823101
澴潭镇	421321112	盛家坝镇	422801105	沿渡河镇	422823102
洪山镇	421321113	新塘乡	422801201	官渡口镇	422823103
长岗镇	421321114	红土乡	422801202	茶店子镇	422823104
三里岗镇	421321115	沙地乡	422801203	绿葱坡镇	422823105
柳林镇	421321116	太阳河乡	422801205	大支坪镇	422823106
均川镇	421321117	屯堡乡	422801206	野三关镇	422823107
万福镇	421321118	白果乡	422801207	水布垭镇	422823108
广水市（4街道，13镇）	**421381**	芭蕉侗族乡	422801208	清太坪镇	422823109
应山街道	421381001	**利川市（2街道，8镇，4乡）**	**422802**	溪丘湾乡	422823200
十里街道	421381002			金果坪乡	422823201
广水街道	421381003	都亭街道	422802001	**宣恩县（5镇，2乡，2民族乡）**	**422825**
城郊街道	421381004	东城街道	422802002		
武胜关镇	421381100			珠山镇	422825100

续表 11

行政区划名称	行政区划代码	行政区划名称	行政区划代码	行政区划名称	行政区划代码
椒园镇	422825101	**仙桃市（4街道，15镇）**	**429004**	**天门市（3街道，21镇，1乡）**	**429006**
沙道沟镇	422825102	沙嘴街道	429004001		
李家河镇	422825103	干河街道	429004002	竟陵街道	429006001
高罗镇	422825104	龙华山街道	429004003	侯口街道	429006002
万寨乡	422825200	杜湖街道	429004004	杨林街道	429006003
长潭河侗族乡	422825201	郑场镇	429004101	多宝镇	429006100
晓关侗族乡	422825203	毛嘴镇	429004102	拖市镇	429006101
椿木营乡	422825205	剅河镇	429004103	张港镇	429006102
咸丰县（7镇，3乡）	**422826**	三伏潭镇	429004104	蒋场镇	429006103
高乐山镇	422826100	胡场镇	429004105	汪场镇	429006104
朝阳寺镇	422826101	长埫口镇	429004106	渔薪镇	429006105
坪坝营镇	422826102	西流河镇	429004107	黄潭镇	429006106
忠堡镇	422826103	沙湖镇	429004108	岳口镇	429006107
清坪镇	422826104	杨林尾镇	429004109	横林镇	429006108
唐崖镇	422826105	彭场镇	429004110	彭市镇	429006109
曲江镇	422826106	张沟镇	429004111	麻洋镇	429006110
活龙坪乡	422826202	郭河镇	429004112	多祥镇	429006111
小村乡	422826203	沔城回族镇	429004113	干驿镇	429006112
黄金洞乡	422826204	通海口镇	429004114	马湾镇	429006113
来凤县（6镇，2乡）	**422827**	陈场镇	429004115	卢市镇	429006114
翔凤镇	422827100	**潜江市（7街道，10镇）**	**429005**	小板镇	429006115
百福司镇	422827101	园林街道	429005001	九真镇	429006116
大河镇	422827102	泽口街道	429005002	皂市镇	429006118
绿水镇	422827103	广华寺街道	429005003	胡市镇	429006119
旧司镇	422827104	周矶街道	429005004	石家河镇	429006120
革勒车镇	422827105	杨市街道	429005005	佛子山镇	429006121
漫水乡	422827201	泰丰街道	429005006	净潭乡	429006201
三胡乡	422827203	高场街道	429005007	**神农架林区（6镇，1乡，1民族乡）**	**429021**
鹤峰县（5镇，3乡，1民族乡）	**422828**	竹根滩镇	429005100		
容美镇	422828100	渔洋镇	429005101	松柏镇	429021100
走马镇	422828101	老新镇	429005102	阳日镇	429021101
太平镇	422828102	熊口镇	429005103	木鱼镇	429021102
燕子镇	422828103	王场镇	429005104	红坪镇	429021103
中营镇	422828104	高石碑镇	429005105	新华镇	429021104
铁炉白族乡	422828201	积玉口镇	429005106	大九湖镇	429021105
五里乡	422828202	浩口镇	429005107	宋洛乡	429021201
下坪乡	422828204	张金镇	429005108	下谷坪土家族乡	429021203
邬阳乡	422828205	龙湾镇	429005109		

湖南省

湖南省（湘）

行政区划名称	行政区划代码	行政区划名称	行政区划代码	行政区划名称	行政区划代码
湖南省（422 街道，1134 镇，305 乡，83 民族乡）	**430000**	望城坡街道	430104006	洞井街道	430111009
		西湖街道	430104007	黎托街道	430111010
长沙市（94 街道，69 镇，5 乡）	**430100**	咸嘉湖街道	430104008	同升街道	430111011
		望岳街道	430104009	东山街道	430111012
芙蓉区（13 街道）	**430102**	梅溪湖街道	430104010	跳马镇	430111100
文艺路街道	430102001	麓谷街道	430104011	望城区（10 街道，5 镇）	**430112**
朝阳街街道	430102002	坪塘街道	430104012	高塘岭街道	430112001
韭菜园街道	430102003	含浦街道	430104013	白沙洲街道	430112006
五里牌街道	430102008	天顶街道	430104014	大泽湖街道	430112007
火星街道	430102009	洋湖街道	430104015	月亮岛街道	430112008
马王堆街道	430102010	学士街道	430104016	丁字湾街道	430112009
东屯渡街道	430102011	莲花镇	430104101	金山桥街道	430112011
湘湖街道	430102012	雨敞坪镇	430104104	黄金园街道	430112012
东岸街道	430102013	开福区（16 街道）	**430105**	铜官街道	430112014
荷花园街道	430102014	芙蓉北路街道	430105001	乌山街道	430112015
马坡岭街道	430102015	东风路街道	430105002	雷锋街道	430112016
东湖街道	430102016	清水塘街道	430105003	桥驿镇	430112101
定王台街道	430102017	望麓园街道	430105004	茶亭镇	430112103
天心区（14 街道）	**430103**	湘雅路街道	430105005	靖港镇	430112106
坡子街街道	430103002	伍家岭街道	430105006	乔口镇	430112107
城南路街道	430103004	新河街道	430105009	白箬铺镇	430112115
裕南街街道	430103005	通泰街街道	430105010	长沙县（5 街道，13 镇）	**430121**
金盆岭街道	430103006	四方坪街道	430105012	星沙街道	430121001
新开铺街道	430103007	洪山街道	430105013	湘龙街道	430121002
青园街道	430103008	捞刀河街道	430105015	泉塘街道	430121003
桂花坪街道	430103009	浏阳河街道	430105016	㮾梨街道	430121004
先锋街道	430103010	月湖街道	430105017	长龙街道	430121005
赤岭路街道	430103011	沙坪街道	430105018	黄兴镇	430121102
文源街道	430103012	秀峰街道	430105019	江背镇	430121104
黑石铺街道	430103013	青竹湖街道	430105020	黄花镇	430121105
大托铺街道	430103014	雨花区（12 街道，1 镇）	**430111**	春华镇	430121106
暮云街道	430103015	侯家塘街道	430111001	果园镇	430121107
南托街道	430103016	左家塘街道	430111002	路口镇	430121108
岳麓区（16 街道，2 镇）	**430104**	圭塘街道	430111003	高桥镇	430121109
望月湖街道	430104001	砂子塘街道	430111004	金井镇	430121110
岳麓街道	430104002	东塘街道	430111005	福临镇	430121111
桔子洲街道	430104003	雨花亭街道	430111006	青山铺镇	430121112
银盆岭街道	430104004	高桥街道	430111007	安沙镇	430121113
观沙岭街道	430104005	井湾子街道	430111008	北山镇	430121114

续表 1

行政区划名称	行政区划代码	行政区划名称	行政区划代码	行政区划名称	行政区划代码
开慧镇	430121117	历经铺街道	430182004	董家塅街道	430203004
浏阳市（4 街道，27 镇，1 乡）	**430181**	道林镇	430182101	庆云街道	430203005
		花明楼镇	430182102	龙泉街道	430203006
淮川街道	430181001	东湖塘镇	430182103	枫溪街道	430203007
集里街道	430181002	夏铎铺镇	430182104	白关镇	430203100
荷花街道	430181003	双江口镇	430182105	**石峰区（7 街道，1 镇）**	**430204**
关口街道	430181004	煤炭坝镇	430182106	田心街道	430204001
沙市镇	430181100	坝塘镇	430182107	响石岭街道	430204002
淳口镇	430181101	灰汤镇	430182109	清水塘街道	430204003
社港镇	430181102	双凫铺镇	430182110	铜塘湾街道	430204004
大围山镇	430181103	老粮仓镇	430182111	井龙街道	430204005
官渡镇	430181104	流沙河镇	430182112	学林街道	430204006
张坊镇	430181105	巷子口镇	430182113	龙头铺街道	430204007
达浒镇	430181106	龙田镇	430182114	云田镇	430204101
沿溪镇	430181107	黄材镇	430182115	**天元区（4 街道，3 镇）**	**430211**
古港镇	430181108	横市镇	430182116	嵩山路街道	430211001
永和镇	430181109	回龙铺镇	430182117	泰山路街道	430211002
大瑶镇	430181110	大成桥镇	430182118	栗雨街道	430211003
金刚镇	430181111	青山桥镇	430182119	马家河街道	430211004
文家市镇	430181112	金洲镇	430182120	群丰镇	430211101
枨冲镇	430181114	大屯营镇	430182121	雷打石镇	430211102
镇头镇	430181115	资福镇	430182122	三门镇	430211103
普迹镇	430181116	菁华铺乡	430182203	**渌口区（8 镇）**	**430212**
永安镇	430181117	喻家坳乡	430182209	渌口镇	430212100
北盛镇	430181118	沩山乡	430182211	朱亭镇	430212101
龙伏镇	430181120	沙田乡	430182213	淦田镇	430212102
澄潭江镇	430181121	**株洲市（37 街道，61 镇，6 乡，1 民族乡）**	**430200**	古岳峰镇	430212103
中和镇	430181122			南洲镇	430212104
柏加镇	430181123	**荷塘区（6 街道，1 镇）**	**430202**	龙潭镇	430212105
洞阳镇	430181124	月塘街道	430202001	龙船镇	430212106
高坪镇	430181125	茨菇塘街道	430202002	龙门镇	430212107
官桥镇	430181127	宋家桥街道	430202003	**攸县（4 街道，13 镇）**	**430223**
葛家镇	430181128	金山街道	430202004	春联街道	430223003
蕉溪镇	430181132	桂花街道	430202005	谭桥街道	430223004
小河乡	430181201	明照街道	430202006	联星街道	430223005
宁乡市（4 街道，21 镇，4 乡）	**430182**	仙庾镇	430202100	江桥街道	430223006
		芦淞区（7 街道，1 镇）	**430203**	酒埠江镇	430223102
玉潭街道	430182001	贺家土街道	430203001	桃水镇	430223103
城郊街道	430182002	建设街道	430203002	鸾山镇	430223104
白马桥街道	430182003	建宁街道	430203003		

续表 2

行政区划名称	行政区划代码	行政区划名称	行政区划代码	行政区划名称	行政区划代码
丫江桥镇	430223108	**醴陵市（5街道，19镇）**	**430281**	楠竹山镇	430302101
渌田镇	430223109	阳三石街道	430281002	姜畲镇	430302102
石羊塘镇	430223115	来龙门街道	430281006	长城乡	430302202
皇图岭镇	430223119	仙岳山街道	430281008	响水乡	430302205
菜花坪镇	430223120	国瓷街道	430281009	**岳塘区（11街道，1镇）**	**430304**
莲塘坳镇	430223121	长庆街道	430281010	岳塘街道	430304001
黄丰桥镇	430223122	白兔潭镇	430281102	东坪街道	430304002
新市镇	430223123	浦口镇	430281103	书院路街道	430304004
宁家坪镇	430223124	王仙镇	430281105	下摄司街道	430304005
网岭镇	430223125	东富镇	430281106	建设路街道	430304006
茶陵县（4街道，10镇，2乡）	**430224**	泗汾镇	430281107	五里堆街道	430304008
云阳街道	430224001	沈潭镇	430281108	宝塔街道	430304010
思聪街道	430224002	船湾镇	430281109	霞城街道	430304012
洣江街道	430224003	均楚镇	430281116	荷塘街道	430304013
下东街道	430224004	石亭镇	430281117	板塘街道	430304014
界首镇	430224101	李畋镇	430281120	双马街道	430304015
严塘镇	430224102	明月镇	430281121	昭山镇	430304101
湖口镇	430224103	茶山镇	430281122	**湘潭县（14镇，3乡）**	**430321**
马江镇	430224105	左权镇	430281123	易俗河镇	430321100
高陇镇	430224106	枫林镇	430281124	谭家山镇	430321102
虎踞镇	430224109	沩山镇	430281125	中路铺镇	430321103
枣市镇	430224111	孙家湾镇	430281126	茶恩寺镇	430321104
火田镇	430224112	嘉树镇	430281127	河口镇	430321105
秩堂镇	430224113	板杉镇	430281128	射埠镇	430321106
腰潞镇	430224114	官庄镇	430281129	花石镇	430321107
桃坑乡	430224201	**湘潭市（25街道，35镇，10乡）**	**430300**	青山桥镇	430321108
舲舫乡	430224203			石鼓镇	430321109
炎陵县（5镇，4乡，1民族乡）	**430225**	**雨湖区（10街道，3镇，2乡）**	**430302**	云湖桥镇	430321111
				石潭镇	430321112
霞阳镇	430225100	雨湖路街道	430302001	杨嘉桥镇	430321113
沔渡镇	430225101	城正街街道	430302002	乌石镇	430321114
十都镇	430225102	云塘街道	430302004	白石镇	430321115
水口镇	430225103	广场街道	430302005	分水乡	430321202
鹿原镇	430225105	窑湾街道	430302007	排头乡	430321203
垄溪乡	430225200	昭潭街道	430302009	锦石乡	430321205
策源乡	430225202	先锋街道	430302010	**湘乡市（4街道，15镇，3乡）**	**430381**
下村乡	430225203	万楼街道	430302011		
船形乡	430225207	和平街道	430302012	望春门街道	430381001
中村瑶族乡	430225208	九华街道	430302013	新湘路街道	430381002
		鹤岭镇	430302100	昆仑桥街道	430381003

续表 3

行政区划名称	行政区划代码	行政区划名称	行政区划代码	行政区划名称	行政区划代码
东山街道	430381004	雁峰街道	430406002	台源镇	430421113
山枣镇	430381100	天马山街道	430406003	关市镇	430421114
栗山镇	430381101	黄茶岭街道	430406004	库宗桥镇	430421115
中沙镇	430381102	白沙洲街道	430406005	岘山镇	430421116
虞唐镇	430381103	金龙坪街道	430406006	石市镇	430421117
潭市镇	430381104	岳屏镇	430406100	樟木乡	430421200
棋梓镇	430381105	**石鼓区（7街道，1镇）**	**430407**	岣嵝乡	430421201
壶天镇	430381106	人民路街道	430407001	栏垅乡	430421205
翻江镇	430381107	青山街道	430407002	大安乡	430421207
金石镇	430381108	潇湘街道	430407003	溪江乡	430421208
白田镇	430381109	五一街道	430407004	长安乡	430421210
月山镇	430381110	合江街道	430407005	板市乡	430421211
泉塘镇	430381111	黄沙湾街道	430407006	樟树乡	430421212
梅桥镇	430381112	金源街道	430407007	**衡南县（3街道，19镇，1乡）**	**430422**
毛田镇	430381113	角山镇	430407101	云集街道	430422001
龙洞镇	430381114	**蒸湘区（4街道，2镇）**	**430408**	车江街道	430422002
东郊乡	430381200	红湘街道	430408002	向阳桥街道	430422003
金薮乡	430381202	华兴街道	430408003	茶市镇	430422103
育塅乡	430381203	联合街道	430408004	冠市镇	430422104
韶山市（2镇，2乡）	**430382**	蒸湘街道	430408005	江口镇	430422105
清溪镇	430382100	呆鹰岭镇	430408100	宝盖镇	430422106
银田镇	430382101	雨母山镇	430408101	铁丝塘镇	430422108
韶山乡	430382200	**南岳区（1街道，1镇，1乡）**	**430412**	泉溪镇	430422109
杨林乡	430382203	祝融街道	430412001	洪山镇	430422110
衡阳市（42街道，114镇，30乡，1民族乡）	**430400**	南岳镇	430412100	谭子山镇	430422112
珠晖区（7街道，1镇，2乡）	**430405**	寿岳乡	430412203	泉湖镇	430422114
广东路街道	430405001	**衡阳县（17镇，8乡）**	**430421**	栉市镇	430422115
东风街道	430405002	西渡镇	430421100	茅市镇	430422116
冶金街道	430405003	集兵镇	430421101	硫市镇	430422117
苗圃街道	430405004	杉桥镇	430421103	栗江镇	430422118
粤汉街道	430405005	井头镇	430421104	近尾洲镇	430422119
衡州路街道	430405007	演陂镇	430421105	咸塘镇	430422121
东阳渡街道	430405008	金兰镇	430421106	松江镇	430422122
茶山坳镇	430405100	洪市镇	430421107	三塘镇	430422124
和平乡	430405200	曲兰镇	430421108	花桥镇	430422125
酃湖乡	430405201	金溪镇	430421109	岐山镇	430422127
雁峰区（6街道，1镇）	**430406**	界牌镇	430421110	相市乡	430422200
先锋街道	430406001	渣江镇	430421111	**衡山县（7镇，5乡）**	**430423**
		三湖镇	430421112	长江镇	430423104

续表 4

行政区划名称	行政区划代码	行政区划名称	行政区划代码	行政区划名称	行政区划代码
新桥镇	430423105	过水坪镇	430426107	大义镇	430481119
店门镇	430423107	双桥镇	430426108	东湖圩镇	430481120
东湖镇	430423108	灵官镇	430426109	亮源乡	430481201
白果镇	430423109	凤石堰镇	430426110	太平圩乡	430481203
萱洲镇	430423110	白地市镇	430426111	长坪乡	430481213
开云镇	430423111	黄土铺镇	430426112	大和圩乡	430481214
永和乡	430423201	石亭子镇	430426113	坛下乡	430481215
福田铺乡	430423203	官家嘴镇	430426114	常宁市（4街道，14镇，3乡，1民族乡）	430482
贯塘乡	430423207	步云桥镇	430426115		
江东乡	430423208	砖塘镇	430426116	泉峰街道	430482001
岭坡乡	430423209	蒋家桥镇	430426117	培元街道	430482002
衡东县（15镇，2乡）	430424	太和堂镇	430426118	宜阳街道	430482003
石湾镇	430424101	马杜桥乡	430426200	曲潭街道	430482005
新塘镇	430424102	凤歧坪乡	430426201	柏坊镇	430482101
大浦镇	430424103	城连墟乡	430426202	烟洲镇	430482103
吴集镇	430424104	耒阳市（6街道，19镇，5乡）	430481	荫田镇	430482104
甘溪镇	430424105			白沙镇	430482105
杨林镇	430424106	蔡子池街道	430481001	西岭镇	430482106
草市镇	430424107	灶市街道	430481002	三角塘镇	430482108
杨桥镇	430424108	水东江街道	430481003	洋泉镇	430482109
霞流镇	430424109	五里牌街道	430481004	庙前镇	430482110
荣桓镇	430424110	三架街道	430481006	罗桥镇	430482111
高湖镇	430424111	余庆街道	430481007	板桥镇	430482112
白莲镇	430424112	黄市镇	430481100	胜桥镇	430482113
蓬源镇	430424114	小水镇	430481101	官岭镇	430482114
洣水镇	430424115	公平圩镇	430481102	新河镇	430482115
三樟镇	430424117	三都镇	430481104	水口山镇	430482116
南湾乡	430424204	南阳镇	430481105	蓬塘乡	430482201
石滩乡	430424211	夏塘镇	430481107	兰江乡	430482202
祁东县（4街道，17镇，3乡）	430426	龙塘镇	430481108	大堡乡	430482203
		哲桥镇	430481109	塔山瑶族乡	430482206
洪桥街道	430426001	永济镇	430481110	邵阳市（36街道，113镇，38乡，15民族乡）	430500
玉合街道	430426002	遥田镇	430481111		
永昌街道	430426003	新市镇	430481112	双清区（9街道，2镇，1乡）	430502
白鹤街道	430426004	泗田镇	430481113		
金桥镇	430426102	仁义镇	430481114	兴隆街道	430502001
鸟江镇	430426103	南京镇	430481115	龙须塘街道	430502002
粮市镇	430426104	大市镇	430481116	汽车站街道	430502003
河洲镇	430426105	导子镇	430481117	小江湖街道	430502004
归阳镇	430426106	马水镇	430481118	东风路街道	430502005

续表 5

行政区划名称	行政区划代码	行政区划名称	行政区划代码	行政区划名称	行政区划代码
桥头街道	430502006	小塘镇	430522110	西洋江镇	430524111
滨江街道	430502007	太芝庙镇	430522111	岩口镇	430524113
石桥街道	430502008	大新镇	430522112	北山镇	430524114
爱莲街道	430502009	潭府乡	430522200	三阁司镇	430524115
高崇山镇	430502100	迎光乡	430522203	七江镇	430524116
渡头桥镇	430502101	**邵阳县（12镇，8乡）**	**430523**	南岳庙镇	430524117
火车站乡	430502202	塘渡口镇	430523100	罗洪镇	430524118
大祥区（11街道，1镇，2乡）	**430503**	白仓镇	430523101	羊古坳镇	430524119
中心路街道	430503001	金称市镇	430523102	麻塘山乡	430524200
红旗路街道	430503002	塘田市镇	430523103	虎形山瑶族乡	430524201
城北路街道	430503003	黄亭市镇	430523104	大水田乡	430524203
城西街道	430503004	长阳铺镇	430523105	荷田乡	430524207
翠园街道	430503005	岩口铺镇	430523106	山界回族乡	430524212
百春园街道	430503006	九公桥镇	430523107	**洞口县（3街道，14镇，3乡，3民族乡）**	**430525**
城南街道	430503007	下花桥镇	430523108	文昌街道	430525001
火车南站街道	430503008	谷洲镇	430523109	雪峰街道	430525002
学院路街道	430503009	郦家坪镇	430523110	花古街道	430525003
雨溪街道	430503010	五峰铺镇	430523111	江口镇	430525101
檀江街道	430503011	小溪市乡	430523201	毓兰镇	430525102
罗市镇	430503101	长乐乡	430523203	高沙镇	430525103
蔡锷乡	430503203	蔡桥乡	430523204	竹市镇	430525104
板桥乡	430503204	河伯乡	430523205	石江镇	430525105
北塔区（4街道，1镇）	**430511**	黄荆乡	430523206	黄桥镇	430525106
新滩镇街道	430511001	诸甲亭乡	430523207	山门镇	430525107
状元洲街道	430511002	罗城乡	430523208	醪田镇	430525108
茶元头街道	430511003	金江乡	430523209	花园镇	430525109
田江街道	430511004	**隆回县（2街道，18镇，3乡，2民族乡）**	**430524**	岩山镇	430525110
陈家桥镇	430511101	桃花坪街道	430524001	水东镇	430525111
新邵县（13镇，2乡）	**430522**	花门街道	430524002	杨林镇	430525112
酿溪镇	430522100	小沙江镇	430524101	石柱镇	430525113
严塘镇	430522101	金石桥镇	430524102	月溪镇	430525114
雀塘镇	430522102	司门前镇	430524103	古楼乡	430525201
陈家坊镇	430522103	高平镇	430524104	长塘瑶族乡	430525202
潭溪镇	430522104	六都寨镇	430524105	那溪瑶族乡	430525203
寸石镇	430522105	荷香桥镇	430524106	渣坪乡	430525205
坪上镇	430522106	横板桥镇	430524107	桐山乡	430525211
龙溪铺镇	430522107	周旺镇	430524108	大屋瑶族乡	430525212
巨口铺镇	430522108	滩头镇	430524109	**绥宁县（8镇，1乡，8民族乡）**	**430527**
新田铺镇	430522109	鸭田镇	430524110		

续表 6

行政区划名称	行政区划代码	行政区划名称	行政区划代码	行政区划名称	行政区划代码
长铺镇	430527100	丹口镇	430529103	团山镇	430582107
武阳镇	430527101	五团镇	430529104	灵官殿镇	430582108
李熙桥镇	430527102	长安营镇	430529106	九龙岭镇	430582109
红岩镇	430527103	白毛坪镇	430529107	流光岭镇	430582110
唐家坊镇	430527104	威溪乡	430529200	流泽镇	430582111
金屋塘镇	430527105	兰蓉乡	430529203	魏家桥镇	430582112
瓦屋塘镇	430527106	汀坪乡	430529204	杨桥镇	430582113
黄土矿镇	430527107	蒋坊乡	430529205	水东江镇	430582114
东山侗族乡	430527200	金紫乡	430529206	野鸡坪镇	430582115
鹅公岭侗族苗族乡	430527201	**武冈市（4 街道，11 镇，**	**430581**	黑田铺镇	430582116
寨市苗族侗族乡	430527203	**3 乡）**		简家陇镇	430582117
乐安铺苗族侗族乡	430527204	辕门口街道	430581001	界岭镇	430582118
关峡苗族乡	430527206	迎春亭街道	430581002	双凤乡	430582201
长铺子苗族侗族乡	430527207	法相岩街道	430581003	周官桥乡	430582202
麻塘苗族瑶族乡	430527210	水西门街道	430581004	堡面前乡	430582203
河口苗族乡	430527212	邓元泰镇	430581100	斫𥕢乡	430582204
水口乡	430527217	湾头桥镇	430581101	**岳阳市（29 街道，**	**430600**
新宁县（8 镇，6 乡，	**430528**	文坪镇	430581102	**88 镇，14 乡）**	
2 民族乡）		荆竹铺镇	430581103	**岳阳楼区（17 街道，**	**430602**
水庙镇	430528101	稠树塘镇	430581104	**1 镇，2 乡）**	
崀山镇	430528102	邓家铺镇	430581105	岳阳楼街道	430602001
黄龙镇	430528104	龙溪镇	430581106	三眼桥街道	430602002
高桥镇	430528105	司马冲镇	430581107	吕仙亭街道	430602003
回龙寺镇	430528106	秦桥镇	430581108	金鹗山街道	430602004
一渡水镇	430528107	大甸镇	430581109	东茅岭街道	430602005
马头桥镇	430528108	双牌镇	430581110	五里牌街道	430602006
金石镇	430528109	马坪乡	430581204	望岳路街道	430602007
黄金瑶族乡	430528200	晏田乡	430581205	城陵矶街道	430602008
麻林瑶族乡	430528201	水浸坪乡	430581207	枫桥湖街道	430602009
万塘乡	430528203	**邵东市（3 街道，18 镇，**	**430582**	奇家岭街道	430602010
清江桥乡	430528204	**4 乡）**		洛王街道	430602012
安山乡	430528205	两市塘街道	430582001	站前路街道	430602014
丰田乡	430528206	宋家塘街道	430582002	王家河街道	430602015
巡田乡	430528208	大禾塘街道	430582003	湖滨街道	430602016
靖位乡	430528209	牛马司镇	430582101	南湖街道	430602017
城步苗族自治县	**430529**	廉桥镇	430582102	求索街道	430602018
（7 镇，5 乡）		火厂坪镇	430582103	梅溪街道	430602020
儒林镇	430529100	仙槎桥镇	430582104	西塘镇	430602100
茅坪镇	430529101	佘田桥镇	430582105	郭镇乡	430602201
西岩镇	430529102	砂石镇	430582106	康王乡	430602202

续表 7

行政区划名称	行政区划代码	行政区划名称	行政区划代码	行政区划名称	行政区划代码
云溪区（3 街道，2 镇）	**430603**	禹山镇	430623115	石牛寨镇	430626117
长岭街道	430603001	新河乡	430623201	余坪镇	430626118
云溪街道	430603002	团洲乡	430623207	三阳乡	430626200
松杨湖街道	430603003	湘阴县（1 街道，12 镇，2 乡）	**430624**	木金乡	430626205
陆城镇	430603101			板江乡	430626208
路口镇	430603102	文星街道	430624001	大洲乡	430626209
君山区（1 街道，4 镇）	**430611**	东塘镇	430624101	三墩乡	430626211
柳林洲街道	430611002	樟树镇	430624104	汨罗市（1 街道，17 镇，1 乡）	**430681**
广兴洲镇	430611101	鹤龙湖镇	430624105		
许市镇	430611102	新泉镇	430624107	天问街道	430681001
钱粮湖镇	430611103	南湖洲镇	430624111	汨罗镇	430681101
良心堡镇	430611104	岭北镇	430624114	新市镇	430681102
岳阳县（12 镇，2 乡）	**430621**	湘滨镇	430624115	古培镇	430681103
荣家湾镇	430621100	三塘镇	430624117	白水镇	430681104
黄沙街镇	430621104	静河镇	430624120	川山坪镇	430681105
新墙镇	430621105	石塘镇	430624124	弼时镇	430681107
柏祥镇	430621106	洋沙湖镇	430624125	大荆镇	430681111
筻口镇	430621107	金龙镇	430624126	桃林寺镇	430681112
公田镇	430621108	六塘乡	430624201	三江镇	430681113
毛田镇	430621109	杨林寨乡	430624217	屈子祠镇	430681118
月田镇	430621110	平江县（2 街道，18 镇，5 乡）	**430626**	白塘镇	430681119
张谷英镇	430621111			河市镇	430681120
新开镇	430621112	汉昌街道	430626001	营田镇	430681121
步仙镇	430621113	天岳街道	430626002	罗江镇	430681124
杨林街镇	430621114	安定镇	430626101	归义镇	430681125
中洲乡	430621202	三市镇	430626102	神鼎山镇	430681126
长湖乡	430621203	加义镇	430626103	长乐镇	430681127
华容县（12 镇，2 乡）	**430623**	长寿镇	430626104	凤凰乡	430681215
三封寺镇	430623101	龙门镇	430626105	临湘市（4 街道，10 镇）	**430682**
治河渡镇	430623102	虹桥镇	430626106		
北景港镇	430623103	南江镇	430626107	长安街道	430682001
鲇鱼须镇	430623104	梅仙镇	430626108	桃矿街道	430682003
万庾镇	430623106	浯口镇	430626109	五里牌街道	430682004
梅田湖镇	430623109	瓮江镇	430626110	云湖街道	430682006
插旗镇	430623110	伍市镇	430626111	忠防镇	430682101
注滋口镇	430623111	向家镇	430626112	聂市镇	430682103
操军镇	430623112	童市镇	430626113	江南镇	430682105
东山镇	430623113	岑川镇	430626114	羊楼司镇	430682106
章华镇	430623114	福寿山镇	430626115	桃林镇	430682107
		上塔市镇	430626116	长塘镇	430682108
				白羊田镇	430682109

续表 8

行政区划名称	行政区划代码	行政区划名称	行政区划代码	行政区划名称	行政区划代码
詹桥镇	430682110	石公桥镇	430703106	沧港镇	430722107
黄盖镇	430682113	镇德桥镇	430703107	朱家铺镇	430722108
坦渡镇	430682114	周家店镇	430703108	太子庙镇	430722109
常德市（43街道，107镇，15乡，4民族乡）	**430700**	双桥坪镇	430703110	崔家桥镇	430722111
		蔡家岗镇	430703112	军山铺镇	430722112
武陵区（15街道，2镇，2乡）	**430702**	草坪镇	430703114	百禄桥镇	430722113
		谢家铺镇	430703116	西湖镇	430722114
启明街道	430702001	黄土店镇	430703117	洋淘湖镇	430722115
府坪街道	430702002	尧天坪镇	430703118	丰家铺镇	430722116
穿紫河街道	430702003	花岩溪镇	430703119	龙潭桥镇	430722117
丹阳街道	430702004	石板滩镇	430703121	聂家桥乡	430722205
白马湖街道	430702005	石门桥镇	430703122	毛家滩回族维吾尔族乡	430722206
长庚街道	430702006	祝丰镇	430703123		
南坪街道	430702007	许家桥回族维吾尔族乡	430703204	西洲乡	430722217
东江街道	430702008			澧县（4街道，15镇）	**430723**
永安街道	430702009	安乡县（8镇，4乡）	**430721**	澧西街道	430723001
芙蓉街道	430702010	深柳镇	430721100	澧阳街道	430723002
芷兰街道	430702011	黄山头镇	430721102	澧浦街道	430723003
德山街道	430702012	下渔口镇	430721105	澧澹街道	430723004
柳叶湖街道	430702013	大鲸港镇	430721108	城头山镇	430723101
七里桥街道	430702014	官垱镇	430721109	小渡口镇	430723102
樟木桥街道	430702015	陈家嘴镇	430721110	梦溪镇	430723103
河洑镇	430702100	三岔河镇	430721111	复兴镇	430723104
白鹤镇	430702104	大湖口镇	430721112	盐井镇	430723105
芦荻山乡	430702200	安障乡	430721201	大堰垱镇	430723107
丹洲乡	430702204	安全乡	430721205	王家厂镇	430723108
鼎城区（7街道，18镇，1民族乡）	**430703**	安丰乡	430721208	金罗镇	430723109
		安康乡	430721210	码头铺镇	430723110
玉霞街道	430703001	汉寿县（4街道，16镇，2乡，1民族乡）	**430722**	甘溪滩镇	430723112
红云街道	430703002			火连坡镇	430723113
郭家铺街道	430703003	辰阳街道	430722001	澧南镇	430723114
斗姆湖街道	430703004	龙阳街道	430722002	如东镇	430723115
金凤街道	430703005	沧浪街道	430722003	涔南镇	430723116
龙泉街道	430703006	株木山街道	430722004	官垸镇	430723117
灌溪街道	430703007	蒋家嘴镇	430722101	临澧县（2街道，7镇，2乡）	**430724**
蒿子港镇	430703101	岩汪湖镇	430722102		
中河口镇	430703102	坡头镇	430722103	安福街道	430724001
十美堂镇	430703103	西港镇	430722104	望城街道	430724002
牛鼻滩镇	430703104	洲口镇	430722105	合口镇	430724101
韩公渡镇	430703105	罐头嘴镇	430722106	新安镇	430724102

续表 9

行政区划名称	行政区划代码	行政区划名称	行政区划代码	行政区划名称	行政区划代码
余市桥镇	430724103	楚江街道	430726001	南庄坪街道	430802006
太浮镇	430724104	永兴街道	430726002	新桥镇	430802100
四新岗镇	430724105	宝峰街道	430726003	茅岩河镇	430802101
停弦渡镇	430724106	二都街道	430726004	教字垭镇	430802102
修梅镇	430724107	蒙泉镇	430726101	天门山镇	430802103
烽火乡	430724204	夹山镇	430726102	沅古坪镇	430802104
刻木山乡	430724209	易家渡镇	430726103	尹家溪镇	430802105
桃源县(2街道, 24镇,1乡,2民族乡)	**430725**	新关镇	430726104	王家坪镇	430802108
漳江街道	430725001	皂市镇	430726105	三家馆乡	430802201
浔阳街道	430725002	维新镇	430726106	合作桥乡	430802204
陬市镇	430725101	太平镇	430726107	谢家垭乡	430802206
盘塘镇	430725102	磨市镇	430726108	罗塔坪乡	430802208
热市镇	430725103	壶瓶山镇	430726109	罗水乡	430802209
黄石镇	430725104	南北镇	430726110	桥头乡	430802210
漆河镇	430725105	白云镇	430726111	四都坪乡	430802212
理公港镇	430725106	子良镇	430726112	武陵源区 (2街道, 2乡)	**430811**
观音寺镇	430725107	新铺镇	430726113	军地坪街道	430811004
龙潭镇	430725108	三圣乡	430726203	锣鼓塔街道	430811005
三阳港镇	430725109	所街乡	430726205	协合乡	430811201
剪市镇	430725110	雁池乡	430726206	中湖乡	430811202
茶庵铺镇	430725111	罗坪乡	430726207	慈利县 (2街道, 14镇, 3乡, 7民族乡)	**430821**
西安镇	430725112	津市市 (5街道, 4镇)	**430781**	零阳街道	430821001
沙坪镇	430725113	三洲驿街道	430781001	金慈街道	430821002
桃花源镇	430725114	汪家桥街道	430781002	岩泊渡镇	430821101
架桥镇	430725115	襄阳街道	430781003	溪口镇	430821102
马鬃岭镇	430725116	金鱼岭街道	430781004	东岳观镇	430821103
夷望溪镇	430725117	嘉山街道	430781005	通津铺镇	430821104
杨溪桥镇	430725118	新洲镇	430781100	杉木桥镇	430821105
郑家驿镇	430725119	药山镇	430781101	象市镇	430821106
双溪口镇	430725120	毛里湖镇	430781102	江垭镇	430821107
牛车河镇	430725121	白衣镇	430781103	苗市镇	430821108
九溪镇	430725122	张家界市(10街道, 33镇,18乡,12民族乡)	**430800**	高桥镇	430821110
木塘垸镇	430725123	永定区 (6街道, 7镇, 7乡)	**430802**	广福桥镇	430821112
佘家坪镇	430725124			零溪镇	430821113
青林回族维吾尔族乡	430725200	永定街道	430802001	二坊坪镇	430821114
枫树维吾尔族回族乡	430725202	大庸桥街道	430802002	三合镇	430821115
泥窝潭乡	430725216	西溪坪街道	430802003	龙潭河镇	430821116
石门县 (4街道, 13镇, 4乡)	**430726**	官黎坪街道	430802004	南山坪乡	430821200
		崇文街道	430802005	洞溪乡	430821202

续表 **10**

行政区划名称	行政区划代码	行政区划名称	行政区划代码	行政区划名称	行政区划代码
杨柳铺乡	430821209	新桥河镇	430902101	乌嘴乡	430921201
三官寺土家族乡	430821211	迎风桥镇	430902102	**桃江县（13镇，1乡，**	**430922**
高峰土家族乡	430821212	沙头镇	430902104	**1民族乡）**	
许家坊土家族乡	430821213	茈湖口镇	430902105	桃花江镇	430922100
金岩土家族乡	430821214	张家塞乡	430902203	修山镇	430922101
赵家岗土家族乡	430821215	**赫山区（7街道，**	**430903**	三堂街镇	430922102
阳和土家族乡	430821217	**10镇，1乡）**		鸬鹚渡镇	430922103
甘堰土家族乡	430821218	赫山街道	430903001	大栗港镇	430922104
桑植县（12镇，6乡，	**430822**	桃花仑街道	430903002	武潭镇	430922105
5民族乡）		金银山街道	430903003	马迹塘镇	430922106
澧源镇	430822100	会龙山街道	430903004	石牛江镇	430922107
瑞塔铺镇	430822101	鱼形山街道	430903005	牛田镇	430922108
官地坪镇	430822102	龙光桥街道	430903006	松木塘镇	430922109
凉水口镇	430822103	朝阳街道	430903007	灰山港镇	430922111
龙潭坪镇	430822104	兰溪镇	430903100	沾溪镇	430922112
五道水镇	430822105	八字哨镇	430903101	高桥镇	430922113
陈家河镇	430822106	泉交河镇	430903103	浮邱山乡	430922202
廖家村镇	430822107	欧江岔镇	430903104	鲊埠回族乡	430922208
利福塔镇	430822108	沧水铺镇	430903105	**安化县（19镇，4乡）**	**430923**
人潮溪镇	430822109	衡龙桥镇	430903106	东坪镇	430923100
八大公山镇	430822110	岳家桥镇	430903107	清塘铺镇	430923101
桥自弯镇	430822111	泥江口镇	430903108	梅城镇	430923102
空壳树乡	430822200	新市渡镇	430903110	仙溪镇	430923103
竹叶坪乡	430822202	谢林港镇	430903111	大福镇	430923104
走马坪白族乡	430822203	笔架山乡	430903203	长塘镇	430923105
刘家坪白族乡	430822207	**南县（14镇，1乡）**	**430921**	小淹镇	430923106
芙蓉桥白族乡	430822208	南洲镇	430921100	江南镇	430923107
马合口白族乡	430822210	华阁镇	430921101	羊角塘镇	430923108
洪家关白族乡	430822213	明山头镇	430921102	冷市镇	430923109
沙塔坪乡	430822216	青树嘴镇	430921103	马路镇	430923110
河口乡	430822224	三仙湖镇	430921104	奎溪镇	430923111
上河溪乡	430822225	茅草街镇	430921105	烟溪镇	430923112
上洞街乡	430822228	厂窖镇	430921106	渠江镇	430923113
益阳市（11街道，72镇，	**430900**	武圣宫镇	430921107	平口镇	430923114
8乡，1民族乡）		麻河口镇	430921108	柘溪镇	430923115
资阳区（2街道，5镇，	**430902**	浪拔湖镇	430921125	乐安镇	430923116
1乡）		中鱼口镇	430921126	滔溪镇	430923117
大码头街道	430902001	金盆镇	430921127	龙塘镇	430923123
汽车路街道	430902003	北洲子镇	430921128	高明乡	430923200
长春镇	430902100	河坝镇	430921129	田庄乡	430923209

续表 11

行政区划名称	行政区划代码	行政区划名称	行政区划代码	行政区划名称	行政区划代码
南金乡	430923211	观山洞街道	431003006	栗源镇	431022109
古楼乡	430923212	白露塘镇	431003101	岩泉镇	431022110
沅江市 (2街道，11镇)	**430981**	良田镇	431003102	玉溪镇	431022111
琼湖街道	430981006	栖凤渡镇	431003103	瑶岗仙镇	431022112
胭脂湖街道	430981007	坳上镇	431003104	杨梅山镇	431022113
南大膳镇	430981100	五盖山镇	431003108	笆篱镇	431022114
黄茅洲镇	430981101	五里牌镇	431003110	五岭镇	431022115
四季红镇	430981102	许家洞镇	431003111	里田镇	431022116
阳罗洲镇	430981103	飞天山镇	431003112	天塘镇	431022117
草尾镇	430981104	**桂阳县 (3街道，17镇，1乡，1民族乡)**	**431021**	浆水乡	431022201
泗湖山镇	430981105			长村乡	431022202
共华镇	430981106	龙潭街道	431021001	莽山瑶族乡	431022205
南嘴镇	430981107	鹿峰街道	431021002	关溪乡	431022208
新湾镇	430981108	黄沙坪街道	431021003	赤石乡	431022212
茶盘洲镇	430981110	仁义镇	431021102	**永兴县 (2街道，10镇，4乡)**	**431023**
千山红镇	430981111	太和镇	431021103		
郴州市 (23街道，99镇，28乡，9民族乡)	**431000**	洋市镇	431021104	便江街道	431023001
		和平镇	431021105	湘阴渡街道	431023002
北湖区 (10街道，2镇，2民族乡)	**431002**	流峰镇	431021106	马田镇	431023101
		塘市镇	431021107	金龟镇	431023104
人民路街道	431002001	莲塘镇	431021108	柏林镇	431023105
北湖街道	431002002	荷叶镇	431021110	鲤鱼塘镇	431023106
燕泉街道	431002003	方元镇	431021111	悦来镇	431023108
下湄桥街道	431002004	樟市镇	431021112	黄泥镇	431023111
郴江街道	431002005	敖泉镇	431021113	樟树镇	431023112
骆仙街道	431002006	正和镇	431021114	太和镇	431023113
增福街道	431002007	春陵江镇	431021116	油麻镇	431023115
涌泉街道	431002008	雷坪镇	431021122	高亭司镇	431023116
石盖塘街道	431002009	四里镇	431021123	洋塘乡	431023203
安和街道	431002010	欧阳海镇	431021124	大布江乡	431023214
华塘镇	431002101	浩塘镇	431021125	龙形市乡	431023215
鲁塘镇	431002102	桥市乡	431021209	七甲乡	431023216
仰天湖瑶族乡	431002209	白水瑶族乡	431021226	**嘉禾县 (9镇，1乡)**	**431024**
保和瑶族乡	431002210	**宜章县 (14镇，4乡，1民族乡)**	**431022**	塘村镇	431024102
苏仙区 (6街道，8镇)	**431003**			袁家镇	431024103
苏仙岭街道	431003001	白石渡镇	431022101	行廊镇	431024104
南塔街道	431003002	梅田镇	431022104	龙潭镇	431024106
白鹿洞街道	431003003	黄沙镇	431022106	石桥镇	431024107
王仙岭街道	431003004	迎春镇	431022107	珠泉镇	431024108
卜里坪街道	431003005	一六镇	431022108	坦坪镇	431024110

续表 12

行政区划名称	行政区划代码	行政区划名称	行政区划代码	行政区划名称	行政区划代码
广发镇	431024111	寨前镇	431027106	南津渡街道	431102002
晋屏镇	431024120	普乐镇	431027107	七里店街道	431102003
普满乡	431024201	桥头乡	431027200	徐家井街道	431102004
临武县 (9镇，3乡，1民族乡)	431025	新坊乡	431027208	接履桥街道	431102005
金江镇	431025101	东洛乡	431027210	石山脚街道	431102006
南强镇	431025105	青山乡	431027213	水口山镇	431102101
麦市镇	431025109	安仁县 (5镇，8乡)	431028	珠山镇	431102102
楚江镇	431025110	安平镇	431028101	黄田铺镇	431102103
香花镇	431025111	龙海镇	431028102	富家桥镇	431102104
舜峰镇	431025112	灵官镇	431028105	菱角塘镇	431102105
汾市镇	431025113	永乐江镇	431028106	邮亭圩镇	431102106
水东镇	431025114	金紫仙镇	431028107	石岩头镇	431102108
武水镇	431025115	龙市乡	431028201	大庆坪乡	431102200
花塘乡	431025208	渡口乡	431028204	梳子铺乡	431102201
万水乡	431025211	华王乡	431028205	凼底乡	431102203
镇南乡	431025214	牌楼乡	431028206	冷水滩区 (10街道，8镇，1乡)	431103
西山瑶族乡	431025217	平背乡	431028207	梅湾街道	431103001
汝城县 (9镇，3乡，2民族乡)	431026	承坪乡	431028209	菱角山街道	431103002
热水镇	431026102	竹山乡	431028210	肖家园街道	431103003
泉水镇	431026104	洋际乡	431028214	杨家桥街道	431103004
大坪镇	431026106	资兴市 (2街道，9镇，2民族乡)	431081	凤凰街道	431103005
三江口镇	431026107	唐洞街道	431081001	梧桐街道	431103006
卢阳镇	431026108	东江街道	431081002	珊瑚街道	431103007
马桥镇	431026110	滁口镇	431081100	曲河街道	431103008
暖水镇	431026111	三都镇	431081102	岚角山街道	431103009
土桥镇	431026112	蓼江镇	431081103	仁湾街道	431103010
井坡镇	431026113	兴宁镇	431081105	花桥街镇	431103101
南洞乡	431026207	州门司镇	431081106	普利桥镇	431103102
濠头乡	431026209	黄草镇	431081108	牛角坝镇	431103103
集益乡	431026215	汤溪镇	431081110	高溪市镇	431103104
延寿瑶族乡	431026216	白廊镇	431081112	黄阳司镇	431103105
文明瑶族乡	431026217	清江镇	431081113	上岭桥镇	431103106
桂东县 (7镇，4乡)	431027	回龙山瑶族乡	431081219	伊塘镇	431103108
沙田镇	431027101	八面山瑶族乡	431081220	蔡市镇	431103110
清泉镇	431027102	永州市 (32街道，111镇，18乡，21民族乡)	431100	杨村甸乡	431103201
大塘镇	431027103	零陵区 (6街道，7镇，3乡)	431102	东安县 (13镇，2乡)	431122
四都镇	431027104			白牙市镇	431122100
沤江镇	431027105	朝阳街道	431102001	大庙口镇	431122101
				紫溪市镇	431122102

续表 13

行政区划名称	行政区划代码	行政区划名称	行政区划代码	行政区划名称	行政区划代码
横塘镇	431122103	四马桥镇	431124107	棉花坪瑶族乡	431126203
石期市镇	431122104	白马渡镇	431124108	桐木漯瑶族乡	431126204
井头圩镇	431122105	柑子园镇	431124109	**蓝山县（8镇，6民族乡）**	**431127**
端桥铺镇	431122106	白芒铺镇	431124111	塔峰镇	431127100
鹿马桥镇	431122107	桥头镇	431124112	毛俊镇	431127102
芦洪市镇	431122108	乐福堂镇	431124113	楠市镇	431127103
新圩江镇	431122109	审章塘瑶族乡	431124210	所城镇	431127104
花桥镇	431122110	横岭瑶族乡	431124212	新圩镇	431127105
大盛镇	431122111	洪塘营瑶族乡	431124213	土市镇	431127106
南桥镇	431122112	**江永县（6镇，4民族乡）**	**431125**	太平圩镇	431127107
川岩乡	431122201	潇浦镇	431125100	祠堂圩镇	431127108
水岭乡	431122202	上江圩镇	431125101	汇源瑶族乡	431127200
双牌县（6镇，4乡，1民族乡）	**431123**	夏层铺镇	431125103	犁头瑶族乡	431127201
泷泊镇	431123100	桃川镇	431125104	浆洞瑶族乡	431127202
江村镇	431123101	粗石江镇	431125105	大桥瑶族乡	431127204
五里牌镇	431123102	回龙圩镇	431125106	荆竹瑶族乡	431127205
茶林镇	431123103	松柏瑶族乡	431125200	湘江源瑶族乡	431127209
何家洞镇	431123104	千家峒瑶族乡	431125202	**新田县（2街道，10镇，1民族乡）**	**431128**
麻江镇	431123105	兰溪瑶族乡	431125203	龙泉街道	431128001
塘底乡	431123206	源口瑶族乡	431125204	中山街道	431128002
上梧江瑶族乡	431123207	**宁远县（4街道，12镇，4民族乡）**	**431126**	金陵镇	431128101
理家坪乡	431123208	文庙街道	431126001	骥村镇	431128102
五星岭乡	431123209	舜陵街道	431126002	枧头镇	431128103
打鼓坪乡	431123210	桐山街道	431126003	新圩镇	431128104
道县（7街道，12镇，3民族乡）	**431124**	东溪街道	431126004	石羊镇	431128105
濂溪街道	431124001	天堂镇	431126101	新隆镇	431128106
西洲街道	431124002	水市镇	431126102	大坪塘镇	431128108
上关街道	431124003	湾井镇	431126103	陶岭镇	431128109
营江街道	431124004	冷水镇	431126104	金盆镇	431128110
东门街道	431124005	太平镇	431126105	三井镇	431128111
富塘街道	431124006	禾亭镇	431126106	门楼下瑶族乡	431128202
万家庄街道	431124007	仁和镇	431126107	**江华瑶族自治县（9镇，6乡，1民族乡）**	**431129**
梅花镇	431124101	中和镇	431126108	沱江镇	431129100
寿雁镇	431124102	柏家坪镇	431126109	大路铺镇	431129103
仙子脚镇	431124103	清水桥镇	431126110	白芒营镇	431129104
清塘镇	431124104	鲤溪镇	431126111	涛圩镇	431129105
祥霖铺镇	431124105	保安镇	431126112	河路口镇	431129106
蚣坝镇	431124106	九疑瑶族乡	431126200	大圩镇	431129108
		五龙山瑶族乡	431126202		

续表 14

行政区划名称	行政区划代码	行政区划名称	行政区划代码	行政区划名称	行政区划代码
水口镇	431129109	鹤城区（7街道，1镇，2乡）	431202	楠木铺乡	431222224
码市镇	431129110			马底驿乡	431222225
涔天河镇	431129111	城中街道	431202001	北溶乡	431222228
界牌乡	431129200	城北街道	431202002	肖家桥乡	431222230
桥市乡	431129201	红星街道	431202003	大合坪乡	431222232
大石桥乡	431129202	迎丰街道	431202004	火场土家族乡	431222234
湘江乡	431129207	河西街道	431202006	借母溪乡	431222235
蔚竹口乡	431129209	城南街道	431202008	陈家滩乡	431222238
大锡乡	431129210	坨院街道	431202009	清浪乡	431222239
小圩壮族乡	431129211	黄金坳镇	431202102	辰溪县（9镇，9乡，5民族乡）	431223
祁阳市（3街道，20镇，2乡，1民族乡）	431181	盈口乡	431202201		
		凉亭坳乡	431202206	辰阳镇	431223100
龙山街道	431181001	中方县（11镇，1民族乡）	431221	孝坪镇	431223101
长虹街道	431181002			田湾镇	431223102
浯溪街道	431181003	桐木镇	431221105	火马冲镇	431223103
观音滩镇	431181101	新建镇	431221107	黄溪口镇	431223104
茅竹镇	431181102	接龙镇	431221108	潭湾镇	431223105
三口塘镇	431181103	铜鼎镇	431221109	安坪镇	431223106
大忠桥镇	431181104	中方镇	431221111	修溪镇	431223107
肖家镇	431181105	泸阳镇	431221112	锦滨镇	431223108
八宝镇	431181106	花桥镇	431221113	船溪乡	431223200
白水镇	431181107	铜湾镇	431221114	长田湾乡	431223204
进宝塘镇	431181108	铁坡镇	431221115	小龙门乡	431223205
黄泥塘镇	431181109	新路河镇	431221116	后塘瑶族乡	431223206
羊角塘镇	431181110	袁家镇	431221117	苏木溪瑶族乡	431223207
梅溪镇	431181111	蒿吉坪瑶族乡	431221214	罗子山瑶族乡	431223208
潘市镇	431181112	沅陵县（8镇，11乡，2民族乡）	431222	上蒲溪瑶族乡	431223209
七里桥镇	431181113			仙人湾瑶族乡	431223210
下马渡镇	431181114	明溪口镇	431222101	龙头庵乡	431223211
黎家坪镇	431181115	麻溪铺镇	431222102	大水田乡	431223215
文富市镇	431181116	凉水井镇	431222103	桥头溪乡	431223216
大村甸镇	431181117	官庄镇	431222104	龙泉岩乡	431223218
文明铺镇	431181118	五强溪镇	431222105	柿溪乡	431223221
龚家坪镇	431181119	筲箕湾镇	431222107	谭家场乡	431223222
金洞镇	431181120	七甲坪镇	431222108	溆浦县（18镇，7乡）	431224
凤凰乡	431181201	沅陵镇	431222109		
石鼓源乡	431181202	盘古乡	431222204	卢峰镇	431224100
晒北滩瑶族乡	431181203	二酉苗族乡	431222207	大江口镇	431224101
怀化市（11街道，103镇，71乡，19民族乡）	431200	荔溪乡	431222215	低庄镇	431224102
		杜家坪乡	431222223	桥江镇	431224103
				龙潭镇	431224104

续表 15

行政区划名称	行政区划代码	行政区划名称	行政区划代码	行政区划名称	行政区划代码
均坪镇	431224105	**麻阳苗族自治县**	**431226**	三道坑镇	431228108
观音阁镇	431224106	**(8 镇，10 乡)**		岩桥镇	431228109
双井镇	431224107	高村镇	431226100	楠木坪镇	431228110
水东镇	431224108	锦和镇	431226101	芷江镇	431228111
两丫坪镇	431224109	江口墟镇	431226102	牛牯坪乡	431228201
黄茅园镇	431224110	岩门镇	431226103	水宽乡	431228204
祖师殿镇	431224111	兰里镇	431226104	大树坳乡	431228212
葛竹坪镇	431224112	吕家坪镇	431226105	梨溪口乡	431228215
深子湖镇	431224114	尧市镇	431226106	洞下场乡	431228216
三江镇	431224115	郭公坪镇	431226107	禾梨坳乡	431228220
北斗溪镇	431224116	文昌阁乡	431226204	冷水溪乡	431228221
思蒙镇	431224117	大桥江乡	431226205	晓坪乡	431228223
统溪河镇	431224118	舒家村乡	431226206	罗卜田乡	431228224
舒溶溪乡	431224204	隆家堡乡	431226207	**靖州苗族侗族自治县**	**431229**
油洋乡	431224213	谭家寨乡	431226208	**(6 镇，5 乡)**	
小横垅乡	431224219	石羊哨乡	431226209	渠阳镇	431229100
淘金坪乡	431224222	板栗树乡	431226210	甘棠镇	431229101
中都乡	431224223	兰村乡	431226213	大堡子镇	431229102
沿溪乡	431224224	和平溪乡	431226216	坳上镇	431229103
龙庄湾乡	431224230	黄桑乡	431226217	新厂镇	431229104
会同县 (8 镇，4 乡，	**431225**	**新晃侗族自治县**	**431227**	平茶镇	431229105
6 民族乡)		**(9 镇，2 民族乡)**		太阳坪乡	431229200
林城镇	431225100	波洲镇	431227101	三锹乡	431229201
坪村镇	431225101	鱼市镇	431227103	文溪乡	431229202
堡子镇	431225102	中寨镇	431227106	寨牙乡	431229203
团河镇	431225103	晃州镇	431227107	藕团乡	431229206
若水镇	431225104	凉伞镇	431227108	**通道侗族自治县 (9 镇，**	**431230**
广坪镇	431225106	林冲镇	431227109	**1 乡，1 民族乡)**	
马鞍镇	431225107	禾滩镇	431227110	播阳镇	431230102
金竹镇	431225110	贡溪镇	431227111	牙屯堡镇	431230104
沙溪乡	431225200	扶罗镇	431227112	菁芜洲镇	431230105
金子岩侗族苗族乡	431225201	步头降苗族乡	431227200	双江镇	431230108
高椅乡	431225204	米贝苗族乡	431227215	陇城镇	431230109
宝田侗族苗族乡	431225209	**芷江侗族自治县**	**431228**	万佛山镇	431230110
漠滨侗族苗族乡	431225210	**(9 镇，9 乡)**		溪口镇	431230111
蒲稳侗族苗族乡	431225211	罗旧镇	431228101	县溪镇	431230112
青朗侗族苗族乡	431225212	公坪镇	431228104	独坡镇	431230113
炮团侗族苗族乡	431225213	新店坪镇	431228105	大高坪苗族乡	431230203
地灵乡	431225214	碧涌镇	431228106	坪坦乡	431230220
连山乡	431225215	土桥镇	431228107		

续表 16

行政区划名称	行政区划代码	行政区划名称	行政区划代码	行政区划名称	行政区划代码
洪江市(4 街道,7 镇, 13 乡,2 民族乡)	431281	水洞底镇	431302106	科头乡	431322200
河滨路街道	431281001	双江乡	431302204	维山乡	431322201
沅江路街道	431281002	双峰县 (2 街道, 11 镇,3 乡)	431321	天门乡	431322202
新街街道	431281003	永丰街道	431321001	荣华乡	431322203
高坡街街道	431281004	金开街道	431321002	金凤乡	431322204
黔城镇	431281101	荷叶镇	431321101	油溪乡	431322205
安江镇	431281102	井字镇	431321102	坐石乡	431322206
托口镇	431281103	梓门桥镇	431321103	冷水江市 (4 街道, 5 镇,1 乡)	431381
雪峰镇	431281104	杏子铺镇	431321104	布溪街道	431381004
江市镇	431281106	走马街镇	431321105	锡矿山街道	431381005
沅河镇	431281107	洪山殿镇	431321107	沙塘湾街道	431381006
塘湾镇	431281108	甘棠镇	431321108	冷水江街道	431381007
岔头乡	431281202	三塘铺镇	431321109	三尖镇	431381105
茅渡乡	431281203	青树坪镇	431321110	金竹山镇	431381106
大崇乡	431281204	花门镇	431321111	铎山镇	431381107
熟坪乡	431281205	锁石镇	431321112	渣渡镇	431381108
铁山乡	431281206	石牛乡	431321200	禾青镇	431381109
群峰乡	431281207	沙塘乡	431321201	中连乡	431381205
湾溪乡	431281208	印塘乡	431321202	涟源市 (3 街道, 15 镇,2 乡)	431382
洗马乡	431281209	新化县 (3 街道, 18 镇,7 乡)	431322	蓝田街道	431382001
沙湾乡	431281211	上梅街道	431322001	六亩塘街道	431382002
深渡苗族乡	431281212	上渡街道	431322002	石马山街道	431382003
龙船塘瑶族乡	431281213	枫林街道	431322003	安平镇	431382102
太平乡	431281214	石冲口镇	431322101	湄江镇	431382103
岩垅乡	431281217	洋溪镇	431322102	伏口镇	431382104
横岩乡	431281218	槎溪镇	431322103	桥头河镇	431382105
桂花园乡	431281220	水车镇	431322104	七星街镇	431382106
娄底市(19 街道, 54 镇,14 乡)	431300	文田镇	431322105	杨市镇	431382107
娄星区 (7 街道,5 镇, 1 乡)	431302	奉家镇	431322106	枫坪镇	431382108
乐坪街道	431302001	炉观镇	431322107	斗笠山镇	431382109
花山街道	431302002	游家镇	431322108	白马镇	431382111
黄泥塘街道	431302003	西河镇	431322109	茅塘镇	431382112
长青街道	431302004	孟公镇	431322110	荷塘镇	431382113
大科街道	431302005	琅塘镇	431322111	金石镇	431382114
大埠桥街道	431302006	白溪镇	431322112	龙塘镇	431382115
涟滨街道	431302007	圳上镇	431322113	渡头塘镇	431382116
杉山镇	431302100	吉庆镇	431322114	湖泉镇	431382117
万宝镇	431302101	温塘镇	431322115	三甲乡	431382200
石井镇	431302104	田坪镇	431322116	古塘乡	431382202
蛇形山镇	431302105	桑梓镇	431322117		
		曹家镇	431322118		

续表 17

行政区划名称	行政区划代码	行政区划名称	行政区划代码	行政区划名称	行政区划代码
湘西土家族苗族自治州（10 街道，75 镇，30 乡）	433100	水打田乡	433123204	塔卧镇	433127106
		林峰乡	433123205	万坪镇	433127107
		麻冲乡	433123216	青坪镇	433127109
吉首市（6 街道，5 镇，1 乡）	433101	两林乡	433123220	砂坝镇	433127110
		花垣县（9 镇，3 乡）	433124	松柏镇	433127111
镇溪街道	433101005	花垣镇	433124100	灵溪镇	433127112
峒河街道	433101006	边城镇	433124101	小溪镇	433127113
乾州街道	433101007	龙潭镇	433124102	芙蓉镇	433127114
吉凤街道	433101008	民乐镇	433124103	两岔乡	433127200
石家冲街道	433101009	吉卫镇	433124105	西歧乡	433127202
双塘街道	433101010	麻栗场镇	433124106	对山乡	433127203
矮寨镇	433101100	雅西镇	433124107	高坪乡	433127210
马颈坳镇	433101101	双龙镇	433124108	朗溪乡	433127216
河溪镇	433101102	石栏镇	433124109	润雅乡	433127220
丹青镇	433101104	长乐乡	433124200	车坪乡	433127222
太平镇	433101105	猫儿乡	433124206	毛坝乡	433127228
己略乡	433101203	补抽乡	433124208	万民乡	433127229
泸溪县（7 镇，4 乡）	433122	保靖县（10 镇，2 乡）	433125	盐井乡	433127230
浦市镇	433122101	迁陵镇	433125100	颗砂乡	433127236
达岚镇	433122102	水田河镇	433125101	龙山县（4 街道，12 镇，5 乡）	433130
合水镇	433122103	葫芦镇	433125102		
兴隆场镇	433122104	毛沟镇	433125103	民安街道	433130001
潭溪镇	433122105	普戎镇	433125104	华塘街道	433130002
洗溪镇	433122106	比耳镇	433125105	石羔街道	433130004
武溪镇	433122107	清水坪镇	433125106	兴隆街道	433130005
石榴坪乡	433122203	复兴镇	433125108	茨岩塘镇	433130102
解放岩乡	433122206	碗米坡镇	433125109	红岩溪镇	433130103
小章乡	433122207	吕洞山镇	433125110	洗车河镇	433130104
白羊溪乡	433122208	阳朝乡	433125201	苗儿滩镇	433130105
凤凰县（13 镇，4 乡）	433123	长潭河乡	433125216	里耶镇	433130107
沱江镇	433123100	古丈县（7 镇）	433126	召市镇	433130108
廖家桥镇	433123101	默戎镇	433126101	桂塘镇	433130109
木江坪镇	433123102	红石林镇	433126103	石牌镇	433130110
阿拉营镇	433123103	断龙山镇	433126105	靛房镇	433130111
茶田镇	433123104	古阳镇	433126106	洗洛镇	433130112
吉信镇	433123105	岩头寨镇	433126107	水田坝镇	433130113
山江镇	433123106	高峰镇	433126108	农车镇	433130114
腊尔山镇	433123107	坪坝镇	433126109	洛塔乡	433130200
禾库镇	433123108	永顺县（12 镇，11 乡）	433127	大安乡	433130210
新场镇	433123109	首车镇	433127101	茅坪乡	433130215
竿子坪镇	433123110	泽家镇	433127102	内溪乡	433130222
千工坪镇	433123111	永茂镇	433127104	咱果乡	433130236
落潮井镇	433123112	石堤镇	433127105		

广东省

广东省（粤）

行政区划名称	行政区划代码	行政区划名称	行政区划代码	行政区划名称	行政区划代码
广东省（489 街道，1112 镇，4 乡，7 民族乡）	440000	大东街道	440104019	凤凰街道	440106017
		白云街道	440104020	龙洞街道	440106018
广州市（142 街道，34 镇）	440100	登峰街道	440104021	长兴街道	440106019
荔湾区（22 街道）	440103	矿泉街道	440104022	前进街道	440106020
沙面街道	440103001	建设街道	440104024	珠吉街道	440106021
岭南街道	440103002	海珠区（18 街道）	440105	新塘街道	440106022
华林街道	440103003	赤岗街道	440105001	白云区（20 街道，4 镇）	440111
多宝街道	440103004	新港街道	440105002	三元里街道	440111002
昌华街道	440103005	昌岗街道	440105003	松洲街道	440111003
逢源街道	440103006	江南中街道	440105004	景泰街道	440111004
龙津街道	440103007	滨江街道	440105005	同德街道	440111005
金花街道	440103008	素社街道	440105006	黄石街道	440111006
彩虹街道	440103009	海幢街道	440105007	棠景街道	440111007
南源街道	440103010	南华西街道	440105008	新市街道	440111008
西村街道	440103011	龙凤街道	440105009	同和街道	440111009
站前街道	440103012	沙园街道	440105010	京溪街道	440111010
桥中街道	440103013	南石头街道	440105011	永平街道	440111011
白鹤洞街道	440103014	凤阳街道	440105012	嘉禾街道	440111012
冲口街道	440103015	瑞宝街道	440105013	均禾街道	440111013
花地街道	440103016	江海街道	440105014	石井街道	440111014
石围塘街道	440103017	琶洲街道	440105015	金沙街道	440111015
茶滘街道	440103018	南洲街道	440105016	云城街道	440111016
东漖街道	440103019	华洲街道	440105017	鹤龙街道	440111017
海龙街道	440103020	官洲街道	440105018	白云湖街道	440111018
东沙街道	440103021	天河区（21 街道）	440106	石门街道	440111019
中南街道	440103022	五山街道	440106001	龙归街道	440111020
越秀区（18 街道）	440104	员村街道	440106002	大源街道	440111021
洪桥街道	440104001	车陂街道	440106003	人和镇	440111103
北京街道	440104003	沙河街道	440106004	太和镇	440111107
六榕街道	440104004	石牌街道	440106006	钟落潭镇	440111108
流花街道	440104005	沙东街道	440106007	江高镇	440111113
光塔街道	440104007	天河南街道	440106008	黄埔区（16 街道，1 镇）	440112
人民街道	440104010	林和街道	440106009	黄埔街道	440112001
东山街道	440104011	兴华街道	440106010	红山街道	440112002
农林街道	440104012	棠下街道	440106011	鱼珠街道	440112003
梅花村街道	440104013	天园街道	440106012	大沙街道	440112005
黄花岗街道	440104014	猎德街道	440106013	文冲街道	440112006
华乐街道	440104015	冼村街道	440106014	穗东街道	440112007
大塘街道	440104017	元岗街道	440106015	南岗街道	440112008
珠光街道	440104018	黄村街道	440106016	长洲街道	440112010

续表 1

行政区划名称	行政区划代码	行政区划名称	行政区划代码	行政区划名称	行政区划代码
夏港街道	440112011	黄阁镇	440115103	花坪镇	440204102
萝岗街道	440112012	东涌镇	440115104	犁市镇	440204103
联和街道	440112014	大岗镇	440115105	十里亭镇	440204104
永和街道	440112015	榄核镇	440115106	**曲江区 (1 街道, 9 镇)**	**440205**
长岭街道	440112016	**从化区 (3 街道, 5 镇)**	**440117**	松山街道	440205001
云埔街道	440112017	街口街道	440117001	马坝镇	440205100
龙湖街道	440112018	城郊街道	440117002	大塘镇	440205103
九佛街道	440112019	江埔街道	440117003	枫湾镇	440205104
新龙镇	440112101	温泉镇	440117100	小坑镇	440205105
番禺区 (11 街道, 5 镇)	**440113**	良口镇	440117101	沙溪镇	440205106
沙湾街道	440113002	吕田镇	440117102	乌石镇	440205108
钟村街道	440113003	太平镇	440117103	樟市镇	440205109
大石街道	440113004	鳌头镇	440117104	白土镇	440205110
市桥街道	440113005	**增城区 (6 街道, 7 镇)**	**440118**	罗坑镇	440205119
沙头街道	440113006	荔城街道	440118001	**始兴县 (9 镇, 1 民族乡)**	**440222**
东环街道	440113007	增江街道	440118002	太平镇	440222100
桥南街道	440113008	朱村街道	440118003	马市镇	440222101
小谷围街道	440113009	永宁街道	440118004	澄江镇	440222102
洛浦街道	440113010	荔湖街道	440118005	顿岗镇	440222103
石壁街道	440113011	宁西街道	440118006	罗坝镇	440222104
大龙街道	440113012	正果镇	440118100	司前镇	440222105
石碁镇	440113102	石滩镇	440118101	隘子镇	440222106
南村镇	440113103	新塘镇	440118102	城南镇	440222107
新造镇	440113104	中新镇	440118103	沈所镇	440222108
化龙镇	440113105	派潭镇	440118104	深渡水瑶族乡	440222203
石楼镇	440113106	小楼镇	440118105	**仁化县 (1 街道, 10 镇)**	**440224**
花都区 (4 街道, 6 镇)	**440114**	仙村镇	440118106	丹霞街道	440224001
新华街道	440114001	**韶关市 (10 街道,**	**440200**	闻韶镇	440224102
新雅街道	440114002	**94 镇, 1 民族乡)**		扶溪镇	440224103
花城街道	440114003	**武江区 (2 街道, 5 镇)**	**440203**	长江镇	440224104
秀全街道	440114004	新华街道	440203001	城口镇	440224105
梯面镇	440114103	惠民街道	440203002	红山镇	440224106
花山镇	440114104	西联镇	440203100	石塘镇	440224107
花东镇	440114105	西河镇	440203101	董塘镇	440224108
炭步镇	440114107	重阳镇	440203102	黄坑镇	440224109
赤坭镇	440114108	龙归镇	440203103	周田镇	440224110
狮岭镇	440114109	江湾镇	440203104	大桥镇	440224111
南沙区 (3 街道, 6 镇)	**440115**	**浈江区 (3 街道, 5 镇)**	**440204**	**翁源县 (8 镇)**	**440229**
南沙街道	440115001	东河街道	440204001	龙仙镇	440229100
珠江街道	440115002	车站街道	440204002	坝仔镇	440229104
龙穴街道	440115003	风采街道	440204006	江尾镇	440229106
横沥镇	440115101	新韶镇	440204100	官渡镇	440229109
万顷沙镇	440115102	乐园镇	440204101	周陂镇	440229111

续表 2

行政区划名称	行政区划代码	行政区划名称	行政区划代码	行政区划名称	行政区划代码
翁城镇	440229113	坪田镇	440282104	招商街道	440305006
新江镇	440229114	黄坑镇	440282105	粤海街道	440305007
铁龙镇	440229115	邓坊镇	440282106	桃源街道	440305008
乳源瑶族自治县（9镇）	**440232**	油山镇	440282107	西丽街道	440305009
乳城镇	440232100	南亩镇	440282109	**宝安区（10街道）**	**440306**
一六镇	440232103	水口镇	440282110	新安街道	440306001
桂头镇	440232104	江头镇	440282111	西乡街道	440306003
洛阳镇	440232106	湖口镇	440282112	福永街道	440306004
大布镇	440232108	珠玑镇	440282113	沙井街道	440306005
大桥镇	440232109	主田镇	440282115	松岗街道	440306006
东坪镇	440232111	古市镇	440282116	石岩街道	440306008
游溪镇	440232112	全安镇	440282118	航城街道	440306009
必背镇	440232113	百顺镇	440282120	福海街道	440306010
新丰县（1街道，6镇）	**440233**	澜河镇	440282121	新桥街道	440306011
丰城街道	440233001	帽子峰镇	440282122	燕罗街道	440306012
黄磜镇	440233101	**深圳市（74街道）**	**440300**	**龙岗区（14街道）**	**440307**
马头镇	440233102	**罗湖区（10街道）**	**440303**	横岗街道	440307003
梅坑镇	440233103	桂园街道	440303001	布吉街道	440307004
沙田镇	440233104	黄贝街道	440303002	葵涌街道	440307005
遥田镇	440233105	东门街道	440303003	大鹏街道	440307006
回龙镇	440233106	翠竹街道	440303004	南澳街道	440307007
乐昌市（1街道，16镇）	**440281**	南湖街道	440303005	平湖街道	440307008
乐城街道	440281001	笋岗街道	440303006	坪地街道	440307009
北乡镇	440281102	东湖街道	440303007	龙岗街道	440307011
九峰镇	440281103	莲塘街道	440303008	龙城街道	440307012
廊田镇	440281104	东晓街道	440303009	坂田街道	440307013
长来镇	440281105	清水河街道	440303010	南湾街道	440307014
梅花镇	440281106	**福田区（10街道）**	**440304**	吉华街道	440307015
三溪镇	440281107	南园街道	440304001	园山街道	440307016
坪石镇	440281108	园岭街道	440304002	宝龙街道	440307017
黄圃镇	440281110	福田街道	440304004	**盐田区（4街道）**	**440308**
五山镇	440281111	沙头街道	440304005	梅沙街道	440308001
两江镇	440281112	香蜜湖街道	440304006	盐田街道	440308002
沙坪镇	440281113	梅林街道	440304007	沙头角街道	440308003
云岩镇	440281114	莲花街道	440304008	海山街道	440308004
秀水镇	440281115	华富街道	440304009	**龙华区（6街道）**	**440309**
大源镇	440281117	华强北街道	440304010	龙华街道	440309001
庆云镇	440281118	福保街道	440304011	大浪街道	440309002
白石镇	440281119	**南山区（8街道）**	**440305**	民治街道	440309003
南雄市（1街道，17镇）	**440282**	南头街道	440305001	观澜街道	440309004
雄州街道	440282001	南山街道	440305002	观湖街道	440309005
乌迳镇	440282100	沙河街道	440305003	福城街道	440309006
界址镇	440282103	蛇口街道	440305005	**坪山区（6街道）**	**440310**

续表 3

行政区划名称	行政区划代码	行政区划名称	行政区划代码	行政区划名称	行政区划代码
坪山街道	440310001	龙湖区（10 街道）	**440507**	西胪镇	440513107
坑梓街道	440310002	金霞街道	440507001	关埠镇	440513108
马峦街道	440310003	龙祥街道	440507002	金灶镇	440513110
碧岭街道	440310004	鸥汀街道	440507003	潮南区（1 街道，10 镇）	**440514**
石井街道	440310005	新津街道	440507004	峡山街道	440514001
龙田街道	440310006	龙华街道	440507006	井都镇	440514101
光明区（6 街道）	**440311**	外砂街道	440507007	陇田镇	440514102
公明街道	440311001	珠池街道	440507008	成田镇	440514104
光明街道	440311002	新溪街道	440507009	胪岗镇	440514105
新湖街道	440311003	新海街道	440507010	两英镇	440514107
凤凰街道	440311004	龙腾街道	440507011	司马浦镇	440514108
玉塘街道	440311005	金平区（12 街道）	**440511**	陈店镇	440514109
马田街道	440311006	鮀莲街道	440511006	仙城镇	440514111
珠海市（10 街道，15 镇）	**440400**	鮀江街道	440511007	红场镇	440514112
香洲区（9 街道，6 镇）	**440402**	大华街道	440511009	雷岭镇	440514113
翠香街道	440402001	石炮台街道	440511010	澄海区（3 街道，8 镇）	**440515**
梅华街道	440402002	东方街道	440511011	凤翔街道	440515001
前山街道	440402003	金砂街道	440511013	澄华街道	440515002
吉大街道	440402004	广厦街道	440511015	广益街道	440515003
拱北街道	440402005	岐山街道	440511016	东里镇	440515101
香湾街道	440402006	月浦街道	440511017	盐鸿镇	440515102
狮山街道	440402007	小公园街道	440511018	莲华镇	440515103
湾仔街道	440402008	金东街道	440511019	溪南镇	440515104
凤山街道	440402009	光华街道	440511020	隆都镇	440515105
唐家湾镇	440402100	濠江区（7 街道）	**440512**	莲上镇	440515106
南屏镇	440402102	礐石街道	440512001	莲下镇	440515107
横琴镇	440402104	达濠街道	440512002	上华镇	440515108
桂山镇	440402105	马滘街道	440512003	南澳县（3 镇）	**440523**
担杆镇	440402106	广澳街道	440512004	后宅镇	440523101
万山镇	440402107	河浦街道	440512005	云澳镇	440523102
斗门区（1 街道，5 镇）	**440403**	玉新街道	440512006	深澳镇	440523103
白藤街道	440403001	滨海街道	440512007	佛山市（11 街道，21 镇）	**440600**
莲洲镇	440403102	潮阳区（4 街道，9 镇）	**440513**	禅城区（3 街道，1 镇）	**440604**
斗门镇	440403103	文光街道	440513001	祖庙街道	440604001
乾务镇	440403105	城南街道	440513002	石湾镇街道	440604002
白蕉镇	440403106	棉北街道	440513003	张槎街道	440604003
井岸镇	440403107	金浦街道	440513004	南庄镇	440604100
金湾区（4 镇）	**440404**	海门镇	440513101	南海区（1 街道，6 镇）	**440605**
三灶镇	440404100	和平镇	440513102	桂城街道	440605001
南水镇	440404101	贵屿镇	440513103	里水镇	440605100
红旗镇	440404103	铜盂镇	440513104	九江镇	440605101
平沙镇	440404104	谷饶镇	440513105	丹灶镇	440605102
汕头市（37 街道，30 镇）	**440500**	河溪镇	440513106	西樵镇	440605104

续表 4

行政区划名称	行政区划代码	行政区划名称	行政区划代码	行政区划名称	行政区划代码
大沥镇	440605105	古井镇	440705111	龙口镇	440784101
狮山镇	440605106	三江镇	440705112	雅瑶镇	440784102
顺德区（4街道，6镇）	440606	睦洲镇	440705113	古劳镇	440784103
容桂街道	440606001	大鳌镇	440705114	桃源镇	440784104
伦教街道	440606002	罗坑镇	440705119	鹤城镇	440784105
勒流街道	440606003	双水镇	440705120	共和镇	440784106
大良街道	440606004	崖门镇	440705121	址山镇	440784107
陈村镇	440606100	台山市（1街道，16镇）	440781	宅梧镇	440784108
北滘镇	440606101	台城街道	440781001	双合镇	440784110
乐从镇	440606102	大江镇	440781101	恩平市（1街道，10镇）	440785
龙江镇	440606103	水步镇	440781102	恩城街道	440785001
杏坛镇	440606104	四九镇	440781103	横陂镇	440785100
均安镇	440606105	白沙镇	440781105	圣堂镇	440785101
三水区（2街道，5镇）	440607	三合镇	440781106	良西镇	440785102
西南街道	440607001	冲蒌镇	440781107	沙湖镇	440785103
云东海街道	440607004	斗山镇	440781108	牛江镇	440785104
大塘镇	440607101	都斛镇	440781109	君堂镇	440785105
乐平镇	440607103	赤溪镇	440781110	大田镇	440785106
白坭镇	440607104	端芬镇	440781111	那吉镇	440785107
芦苞镇	440607105	广海镇	440781112	大槐镇	440785108
南山镇	440607106	海宴镇	440781113	东成镇	440785109
高明区（1街道，3镇）	440608	汶村镇	440781114	湛江市（38街道，82镇，2乡）	440800
荷城街道	440608001	深井镇	440781115	赤坎区（8街道）	440802
明城镇	440608103	北陡镇	440781117	中华街道	440802001
杨和镇	440608107	川岛镇	440781120	寸金街道	440802002
更合镇	440608108	开平市（2街道，13镇）	440783	民主街道	440802003
江门市（12街道，61镇）	440700	三埠街道	440783001	中山街道	440802004
蓬江区（3街道，3镇）	440703	长沙街道	440783002	调顺街道	440802005
白沙街道	440703002	月山镇	440783101	沙湾街道	440802006
潮连街道	440703005	水口镇	440783102	南桥街道	440802007
环市街道	440703006	沙塘镇	440783103	北桥街道	440802008
荷塘镇	440703101	苍城镇	440783104	霞山区（12街道）	440803
杜阮镇	440703102	龙胜镇	440783105	解放街道	440803001
棠下镇	440703103	大沙镇	440783106	爱国街道	440803002
江海区（3街道）	440704	马冈镇	440783107	工农街道	440803003
江南街道	440704001	塘口镇	440783108	友谊街道	440803004
外海街道	440704004	赤坎镇	440783109	新兴街道	440803005
礼乐街道	440704005	百合镇	440783110	海滨街道	440803006
新会区（1街道，10镇）	440705	蚬冈镇	440783111	建设街道	440803009
会城街道	440705001	金鸡镇	440783112	东新街道	440803010
大泽镇	440705101	赤水镇	440783113	新园街道	440803011
司前镇	440705103	鹤山市（1街道，9镇）	440784	海头街道	440803012
沙堆镇	440705110	沙坪街道	440784001		

续表 5

行政区划名称	行政区划代码	行政区划名称	行政区划代码	行政区划名称	行政区划代码
乐华街道	440803013	下桥镇	440825107	南兴镇	440882109
泉庄街道	440803014	龙塘镇	440825108	松竹镇	440882110
坡头区（2 街道，5 镇）	**440804**	下洋镇	440825109	调风镇	440882111
南调街道	440804001	锦和镇	440825110	雷高镇	440882112
麻斜街道	440804002	和安镇	440825111	东里镇	440882113
南三镇	440804100	新寮镇	440825112	龙门镇	440882114
坡头镇	440804101	南山镇	440825113	英利镇	440882115
乾塘镇	440804102	城北乡	440825201	北和镇	440882116
龙头镇	440804103	角尾乡	440825204	覃斗镇	440882118
官渡镇	440804104	**廉江市（3 街道，18 镇）**	**440881**	乌石镇	440882119
麻章区（3 街道，4 镇）	**440811**	罗州街道	440881001	**吴川市（5 街道，10 镇）**	**440883**
东山街道	440811001	城北街道	440881002	梅菉街道	440883001
东简街道	440811002	城南街道	440881003	塘尾街道	440883002
民安街道	440811003	石城镇	440881101	大山江街道	440883003
麻章镇	440811100	新民镇	440881102	博铺街道	440883004
太平镇	440811101	吉水镇	440881103	海滨街道	440883005
湖光镇	440811102	河唇镇	440881104	浅水镇	440883100
硇洲镇	440811106	石角镇	440881105	长岐镇	440883101
遂溪县（1 街道，15 镇）	**440823**	良垌镇	440881106	覃巴镇	440883102
遂城街道	440823001	横山镇	440881109	王村港镇	440883103
黄略镇	440823101	安铺镇	440881110	振文镇	440883104
洋青镇	440823102	营仔镇	440881111	樟铺镇	440883105
界炮镇	440823104	青平镇	440881112	吴阳镇	440883106
杨柑镇	440823106	车板镇	440881113	塘塅镇	440883107
城月镇	440823107	高桥镇	440881114	黄坡镇	440883109
乌塘镇	440823108	石岭镇	440881115	兰石镇	440883111
建新镇	440823109	雅塘镇	440881117	**茂名市（26 街道，86 镇）**	**440900**
岭北镇	440823110	石颈镇	440881118	**茂南区（8 街道，9 镇）**	**440902**
北坡镇	440823111	长山镇	440881119	红旗街道	440902001
港门镇	440823112	塘蓬镇	440881120	河西街道	440902002
草潭镇	440823113	和寮镇	440881121	河东街道	440902003
河头镇	440823115	**雷州市（3 街道，18 镇）**	**440882**	露天矿街道	440902004
乐民镇	440823116	雷城街道	440882001	新华街道	440902005
江洪镇	440823117	新城街道	440882002	官渡街道	440902006
附城镇	440823118	西湖街道	440882003	站前街道	440902007
徐闻县（1 街道，12 镇，2 乡）	**440825**	附城镇	440882101	城南街道	440902008
		白沙镇	440882102	金塘镇	440902100
徐城街道	440825001	沈塘镇	440882103	公馆镇	440902101
迈陈镇	440825102	客路镇	440882104	新坡镇	440902102
海安镇	440825103	杨家镇	440882105	镇盛镇	440902103
曲界镇	440825104	唐家镇	440882106	鳌头镇	440902104
前山镇	440825105	纪家镇	440882107	袂花镇	440902105
西连镇	440825106	企水镇	440882108	高山镇	440902106

续表 6

行政区划名称	行政区划代码	行政区划名称	行政区划代码	行政区划名称	行政区划代码
山阁镇	440902107	荷花镇	440981111	丁堡镇	440983105
羊角镇	440902108	石板镇	440981112	池洞镇	440983106
电白区（5 街道，19 镇）	**440904**	东岸镇	440981113	金垌镇	440983107
南海街道	440904001	大井镇	440981115	朱砂镇	440983109
高地街道	440904002	潭头镇	440981116	贵子镇	440983112
水东街道	440904003	长坡镇	440981117	怀乡镇	440983113
电海街道	440904004	大坡镇	440981119	茶山镇	440983114
陈村街道	440904005	平山镇	440981120	洪冠镇	440983115
坡心镇	440904101	深镇镇	440981121	白石镇	440983116
小良镇	440904102	马贵镇	440981122	大成镇	440983117
沙院镇	440904103	古丁镇	440981123	钱排镇	440983118
马踏镇	440904104	曹江镇	440981124	合水镇	440983119
岭门镇	440904105	荷塘镇	440981126	新宝镇	440983120
树仔镇	440904106	**化州市（6 街道，17 镇）**	**440982**	平塘镇	440983121
麻岗镇	440904107	河西街道	440982001	思贺镇	440983122
旦场镇	440904108	东山街道	440982002	**肇庆市（17 街道，87 镇，1 民族乡）**	**441200**
林头镇	440904109	下郭街道	440982003		
霞洞镇	440904110	南盛街道	440982004	**端州区（4 街道）**	**441202**
观珠镇	440904111	石湾街道	440982005	城东街道	441202001
沙琅镇	440904112	鉴江街道	440982006	城西街道	441202003
黄岭镇	440904113	长岐镇	440982100	黄岗街道	441202005
望夫镇	440904114	同庆镇	440982101	睦岗街道	441202006
罗坑镇	440904115	杨梅镇	440982102	**鼎湖区（3 街道，4 镇）**	**441203**
那霍镇	440904116	良光镇	440982103	坑口街道	441203001
电城镇	440904118	笪桥镇	440982104	桂城街道	441203002
博贺镇	440904119	丽岗镇	440982106	广利街道	441203003
七迳镇	440904120	新安镇	440982107	永安镇	441203101
高州市（5 街道，23 镇）	**440981**	官桥镇	440982108	沙浦镇	441203102
石仔岭街道	440981002	林尘镇	440982110	凤凰镇	441203103
山美街道	440981003	中垌镇	440982111	莲花镇	441203104
金山街道	440981006	合江镇	440982112	**高要区（1 街道，16 镇）**	**441204**
宝光街道	440981007	那务镇	440982113	南岸街道	441204001
潘州街道	440981008	播扬镇	440982114	河台镇	441204100
谢鸡镇	440981100	宝圩镇	440982115	乐城镇	441204101
新垌镇	440981101	平定镇	440982116	水南镇	441204102
云潭镇	440981102	文楼镇	440982117	禄步镇	441204103
分界镇	440981103	江湖镇	440982118	小湘镇	441204104
根子镇	440981104	**信宜市（2 街道，18 镇）**	**440983**	大湾镇	441204105
泗水镇	440981105	东镇街道	440983001	新桥镇	441204106
石鼓镇	440981106	玉都街道	440983002	白诸镇	441204107
镇江镇	440981107	镇隆镇	440983101	莲塘镇	441204108
沙田镇	440981109	水口镇	440983102	活道镇	441204109
南塘镇	440981110	北界镇	440983103	蛟塘镇	441204110

续表 7

行政区划名称	行政区划代码	行政区划名称	行政区划代码	行政区划名称	行政区划代码
回龙镇	441204111	江口街道	441225001	江谷镇	441284110
白土镇	441204112	江川镇	441225101	下茆镇	441284113
金渡镇	441204113	白垢镇	441225102	**惠州市（22 街道，48 镇，1 民族乡）**	**441300**
金利镇	441204114	大洲镇	441225103	**惠城区（10 街道，8 镇）**	**441302**
蚬岗镇	441204115	渔涝镇	441225104	桥东街道	441302001
广宁县（1 街道，14 镇）	**441223**	河儿口镇	441225105	桥西街道	441302002
南街街道	441223001	莲都镇	441225106	江南街道	441302003
排沙镇	441223100	杏花镇	441225107	江北街道	441302004
潭布镇	441223102	罗董镇	441225108	龙丰街道	441302005
江屯镇	441223103	长岗镇	441225109	小金口街道	441302006
螺岗镇	441223105	平凤镇	441225110	惠环街道	441302007
北市镇	441223106	南丰镇	441225111	河南岸街道	441302008
坑口镇	441223107	大玉口镇	441225112	陈江街道	441302009
赤坑镇	441223108	都平镇	441225113	水口街道	441302010
宾亨镇	441223110	金装镇	441225114	汝湖镇	441302100
五和镇	441223111	长安镇	441225115	三栋镇	441302103
横山镇	441223112	**德庆县（1 街道，12 镇）**	**441226**	沥林镇	441302106
木格镇	441223113	德城街道	441226001	潼湖镇	441302107
石咀镇	441223114	新圩镇	441226101	马安镇	441302108
古水镇	441223115	回龙镇	441226102	横沥镇	441302110
洲仔镇	441223116	官圩镇	441226103	芦洲镇	441302113
怀集县（2 街道，16 镇，1 民族乡）	**441224**	马圩镇	441226105	潼侨镇	441302114
怀城街道	441224001	高良镇	441226106	**惠阳区（6 街道，6 镇）**	**441303**
幸福街道	441224002	莫村镇	441226107	淡水街道	441303001
坳仔镇	441224102	永丰镇	441226109	秋长街道	441303002
汶朗镇	441224103	武垄镇	441226110	三和街道	441303003
甘洒镇	441224104	播植镇	441226111	西区街道	441303004
凤岗镇	441224105	凤村镇	441226112	澳头街道	441303005
洽水镇	441224106	悦城镇	441226113	霞涌街道	441303006
梁村镇	441224107	九市镇	441226114	沙田镇	441303101
大岗镇	441224108	**四会市（4 街道，10 镇）**	**441284**	新圩镇	441303103
岗坪镇	441224109	城中街道	441284001	镇隆镇	441303104
冷坑镇	441224110	东城街道	441284002	永湖镇	441303108
马宁镇	441224111	贞山街道	441284003	良井镇	441303109
蓝钟镇	441224112	大旺街道	441284004	平潭镇	441303110
永固镇	441224113	龙甫镇	441284100	**博罗县（2 街道，15 镇）**	**441322**
诗洞镇	441224114	地豆镇	441284101	罗阳街道	441322001
桥头镇	441224115	威整镇	441284102	龙溪街道	441322002
中洲镇	441224116	罗源镇	441284103	石坝镇	441322100
连麦镇	441224118	迳口镇	441284104	麻陂镇	441322102
下帅壮族瑶族乡	441224200	大沙镇	441284105	观音阁镇	441322103
封开县（1 街道，15 镇）	**441225**	石狗镇	441284107	公庄镇	441322104
		黄田镇	441284108		

续表 8

行政区划名称	行政区划代码	行政区划名称	行政区划代码	行政区划名称	行政区划代码
杨村镇	441322105	三角镇	441402102	八乡山镇	441423108
柏塘镇	441322106	长沙镇	441402103	丰良镇	441423109
泰美镇	441322108	城北镇	441402105	建桥镇	441423110
湖镇镇	441322113	西阳镇	441402106	龙岗镇	441423111
长宁镇	441322115	**梅县区（17镇）**	**441403**	潘田镇	441423112
福田镇	441322116	松口镇	441403100	黄金镇	441423114
龙华镇	441322117	城东镇	441403101	鄡隍镇	441423115
园洲镇	441322119	石扇镇	441403102	大龙华镇	441423118
石湾镇	441322121	梅西镇	441403103	潭江镇	441423120
杨侨镇	441322122	大坪镇	441403104	小胜镇	441423122
横河镇	441322123	石坑镇	441403105	砂田镇	441423123
惠东县（2街道，12镇）	**441323**	南口镇	441403106	**五华县（16镇）**	**441424**
平山街道	441323001	畲江镇	441403107	水寨镇	441424100
大岭街道	441323002	水车镇	441403108	河东镇	441424101
白花镇	441323102	梅南镇	441403109	转水镇	441424103
梁化镇	441323103	丙村镇	441403110	华城镇	441424104
稔山镇	441323104	雁洋镇	441403111	岐岭镇	441424106
铁涌镇	441323105	白渡镇	441403112	潭下镇	441424108
平海镇	441323106	松源镇	441403113	长布镇	441424109
吉隆镇	441323109	隆文镇	441403114	周江镇	441424111
多祝镇	441323113	桃尧镇	441403115	横陂镇	441424113
安墩镇	441323115	程江镇	441403116	郭田镇	441424117
高潭镇	441323118	**大埔县（14镇）**	**441422**	双华镇	441424118
宝口镇	441323120	湖寮镇	441422100	安流镇	441424120
白盆珠镇	441323121	茶阳镇	441422101	棉洋镇	441424123
黄埠镇	441323124	高陂镇	441422102	梅林镇	441424125
龙门县（2街道，7镇，1民族乡）	**441324**	青溪镇	441422103	华阳镇	441424126
		三河镇	441422105	龙村镇	441424127
龙城街道	441324001	大麻镇	441422107	**平远县（12镇）**	**441426**
平陵街道	441324002	银江镇	441422108	大柘镇	441426100
麻榨镇	441324100	洲瑞镇	441422109	石正镇	441426101
永汉镇	441324101	光德镇	441422112	东石镇	441426102
龙华镇	441324103	桃源镇	441422113	仁居镇	441426103
龙江镇	441324105	枫朗镇	441422114	八尺镇	441426104
龙田镇	441324107	百侯镇	441422116	差干镇	441426105
龙潭镇	441324109	大东镇	441422117	河头镇	441426107
地派镇	441324110	西河镇	441422118	中行镇	441426108
蓝田瑶族乡	441324200	**丰顺县（16镇）**	**441423**	上举镇	441426109
梅州市（6街道，104镇）	**441400**	汤坑镇	441423100	泗水镇	441426110
梅江区（3街道，4镇）	**441402**	北斗镇	441423103	长田镇	441426114
江南街道	441402004	汤西镇	441423104	热柘镇	441426115
金山街道	441402006	汤南镇	441423105	**蕉岭县（8镇）**	**441427**
西郊街道	441402007	埔寨镇	441423106	蕉城镇	441427100

续表 9

行政区划名称	行政区划代码	行政区划名称	行政区划代码	行政区划名称	行政区划代码
长潭镇	441427102	赤石街道	441521003	西南镇	441581119
三圳镇	441427103	鲘门街道	441521004	河源市（6街道，94镇，	441600
新铺镇	441427104	海城镇	441521100	1民族乡）	
文福镇	441427106	梅陇镇	441521101	源城区（6街道，2镇）	441602
广福镇	441427107	联安镇	441521106	上城街道	441602001
蓝坊镇	441427108	陶河镇	441521107	新江街道	441602002
南磜镇	441427110	赤坑镇	441521108	东埔街道	441602003
兴宁市（3街道，17镇）	441481	大湖镇	441521109	源西街道	441602004
福兴街道	441481001	可塘镇	441521110	高埔岗街道	441602005
兴田街道	441481002	公平镇	441521111	城东街道	441602006
宁新街道	441481003	黄羌镇	441521112	源南镇	441602100
宁中镇	441481102	平东镇	441521113	埔前镇	441602101
新陂镇	441481104	附城镇	441521114	紫金县（18镇）	441621
刁坊镇	441481105	城东镇	441521115	紫城镇	441621100
永和镇	441481107	陆河县（8镇）	441523	龙窝镇	441621102
径南镇	441481108	河田镇	441523100	九和镇	441621103
坭陂镇	441481110	水唇镇	441523101	上义镇	441621104
新圩镇	441481111	河口镇	441523102	蓝塘镇	441621105
水口镇	441481112	新田镇	441523103	凤安镇	441621106
罗浮镇	441481115	上护镇	441523104	义容镇	441621107
罗岗镇	441481116	螺溪镇	441523105	古竹镇	441621108
黄槐镇	441481117	东坑镇	441523106	临江镇	441621109
黄陂镇	441481118	南万镇	441523107	柏埔镇	441621110
合水镇	441481122	陆丰市（3街道，17镇）	441581	黄塘镇	441621111
龙田镇	441481123	东海街道	441581001	敬梓镇	441621112
石马镇	441481124	城东街道	441581002	水墩镇	441621114
大坪镇	441481125	河西街道	441581003	南岭镇	441621116
叶塘镇	441481126	甲子镇	441581101	苏区镇	441621117
汕尾市（14街道，40镇）	441500	碣石镇	441581102	瓦溪镇	441621119
城区（7街道，3镇）	441502	湖东镇	441581103	好义镇	441621120
新港街道	441502001	大安镇	441581104	中坝镇	441621122
香洲街道	441502002	博美镇	441581105	龙川县（24镇）	441622
凤山街道	441502003	内湖镇	441581106	老隆镇	441622100
田墘街道	441502004	南塘镇	441581107	义都镇	441622102
东洲街道	441502005	陂洋镇	441581108	佗城镇	441622103
遮浪街道	441502006	八万镇	441581109	鹤市镇	441622104
马宫街道	441502007	金厢镇	441581110	黄布镇	441622105
红草镇	441502100	潭西镇	441581111	紫市镇	441622106
东涌镇	441502102	甲东镇	441581112	通衢镇	441622107
捷胜镇	441502103	河东镇	441581115	登云镇	441622109
海丰县（4街道，12镇）	441521	上英镇	441581116	丰稔镇	441622110
小漠街道	441521001	桥冲镇	441581117	四都镇	441622111
鹅埠街道	441521002	甲西镇	441581118	铁场镇	441622112

续表 10

行政区划名称	行政区划代码	行政区划名称	行政区划代码	行政区划名称	行政区划代码
龙母镇	441622114	礼士镇	441624118	东平镇	441704103
田心镇	441622115	林寨镇	441624119	雅韶镇	441704104
黎咀镇	441622116	东源县（20镇，1民族乡）	441625	大沟镇	441704105
黄石镇	441622117			新洲镇	441704106
赤光镇	441622118	仙塘镇	441625100	合山镇	441704107
廻龙镇	441622119	灯塔镇	441625101	塘坪镇	441704108
新田镇	441622120	骆湖镇	441625102	大八镇	441704109
车田镇	441622121	船塘镇	441625103	红丰镇	441704110
岩镇	441622123	顺天镇	441625104	阳西县（8镇）	441721
麻布岗镇	441622124	上莞镇	441625105	织篢镇	441721100
贝岭镇	441622125	曾田镇	441625106	程村镇	441721101
细坳镇	441622126	柳城镇	441625107	塘口镇	441721102
上坪镇	441622127	义合镇	441625108	上洋镇	441721103
连平县（13镇）	441623	蓝口镇	441625109	溪头镇	441721104
元善镇	441623100	黄田镇	441625110	儒洞镇	441721106
上坪镇	441623101	叶潭镇	441625111	新墟镇	441721107
内莞镇	441623102	黄村镇	441625112	沙扒镇	441721108
陂头镇	441623104	康禾镇	441625113	阳春市（2街道，15镇）	441781
溪山镇	441623105	锡场镇	441625114	春城街道	441781001
隆街镇	441623107	新港镇	441625115	河西街道	441781002
田源镇	441623108	双江镇	441625116	河㙟镇	441781101
油溪镇	441623109	涧头镇	441625117	松柏镇	441781102
忠信镇	441623110	新回龙镇	441625121	石望镇	441781103
高莞镇	441623111	半江镇	441625122	春湾镇	441781105
大湖镇	441623113	漳溪畲族乡	441625200	合水镇	441781106
三角镇	441623114	阳江市（10街道，38镇）	441700	陂面镇	441781107
绣缎镇	441623115	江城区（8街道，4镇）	441702	圭岗镇	441781108
和平县（17镇）	441624	南恩街道	441702001	永宁镇	441781109
阳明镇	441624100	城南街道	441702002	马水镇	441781110
大坝镇	441624102	中洲街道	441702005	岗美镇	441781111
长塘镇	441624103	城东街道	441702006	河口镇	441781112
下车镇	441624104	城北街道	441702007	潭水镇	441781113
上陵镇	441624105	白沙街道	441702008	三甲镇	441781114
优胜镇	441624106	岗列街道	441702009	双滘镇	441781116
贝墩镇	441624107	城西街道	441702010	八甲镇	441781117
古寨镇	441624108	埠场镇	441702102	清远市（5街道，77镇，3民族乡）	441800
彭寨镇	441624110	平冈镇	441702103		
合水镇	441624112	闸坡镇	441702105	清城区（4街道，4镇）	441802
公白镇	441624113	双捷镇	441702106	凤城街道	441802001
青州镇	441624114	阳东区（11镇）	441704	东城街道	441802002
浰源镇	441624115	东城镇	441704100	洲心街道	441802003
热水镇	441624116	北惯镇	441704101	横荷街道	441802004
东水镇	441624117	那龙镇	441704102	源潭镇	441802100

续表 11

行政区划名称	行政区划代码	行政区划名称	行政区划代码	行政区划名称	行政区划代码
龙塘镇	441802101	连南瑶族自治县（7镇）	**441826**	九陂镇	441882109
石角镇	441802102	三江镇	441826100	西江镇	441882118
飞来峡镇	441802103	大麦山镇	441826101	瑶安瑶族乡	441882200
清新区（8镇）	**441803**	寨岗镇	441826102	三水瑶族乡	441882201
太和镇	441803102	三排镇	441826105	**东莞市（4街道，28镇）**	**441900**
太平镇	441803104	涡水镇	441826106	东城街道	441900003
山塘镇	441803105	大坪镇	441826108	南城街道	441900004
三坑镇	441803106	香坪镇	441826109	万江街道	441900005
龙颈镇	441803112	**英德市（1街道，23镇）**	**441881**	莞城街道	441900006
禾云镇	441803113	英城街道	441881001	石碣镇	441900101
浸潭镇	441803117	沙口镇	441881101	石龙镇	441900102
石潭镇	441803118	望埠镇	441881102	茶山镇	441900103
佛冈县（6镇）	**441821**	横石水镇	441881103	石排镇	441900104
石角镇	441821100	东华镇	441881104	企石镇	441900105
水头镇	441821101	桥头镇	441881105	横沥镇	441900106
汤塘镇	441821102	青塘镇	441881106	桥头镇	441900107
龙山镇	441821103	白沙镇	441881108	谢岗镇	441900108
高岗镇	441821104	大站镇	441881109	东坑镇	441900109
迳头镇	441821107	西牛镇	441881110	常平镇	441900110
阳山县（12镇，1民族乡）	**441823**	九龙镇	441881111	寮步镇	441900111
青莲镇	441823100	浛洸镇	441881112	樟木头镇	441900112
江英镇	441823101	大湾镇	441881114	大朗镇	441900113
杜步镇	441823104	石灰铺镇	441881115	黄江镇	441900114
七拱镇	441823105	石牯塘镇	441881116	清溪镇	441900115
太平镇	441823107	下太镇	441881120	塘厦镇	441900116
杨梅镇	441823108	黄花镇	441881121	凤岗镇	441900117
大崀镇	441823110	波罗镇	441881124	大岭山镇	441900118
小江镇	441823111	横石塘镇	441881125	长安镇	441900119
岭背镇	441823113	大洞镇	441881126	虎门镇	441900121
黄坌镇	441823115	连江口镇	441881129	厚街镇	441900122
黎埠镇	441823116	黎溪镇	441881130	沙田镇	441900123
阳城镇	441823119	水边镇	441881131	道滘镇	441900124
秤架瑶族乡	441823201	英红镇	441881132	洪梅镇	441900125
连山壮族瑶族自治县（7镇）	**441825**	**连州市（10镇，2民族乡）**	**441882**	麻涌镇	441900126
永和镇	441825100	连州镇	441882100	望牛墩镇	441900127
吉田镇	441825104	星子镇	441882101	中堂镇	441900128
太保镇	441825105	大路边镇	441882102	高埗镇	441900129
禾洞镇	441825106	龙坪镇	441882103	**中山市（8街道，15镇）**	**442000**
福堂镇	441825108	西岸镇	441882104	石岐街道	442000001
小三江镇	441825109	保安镇	441882105	东区街道	442000002
上帅镇	441825111	丰阳镇	441882106	中山港街道	442000003
		东陂镇	441882107	西区街道	442000004
				南区街道	442000005

续表 12

行政区划名称	行政区划代码	行政区划名称	行政区划代码	行政区划名称	行政区划代码
五桂山街道	442000006	庵埠镇	445103109	东兴街道	445202010
民众街道	442000007	江东镇	445103110	仙桥街道	445202011
南朗街道	442000008	归湖镇	445103111	梅云街道	445202012
黄圃镇	442000101	文祠镇	445103112	渔湖街道	445202013
东凤镇	442000103	凤凰镇	445103113	溪南街道	445202014
古镇镇	442000105	赤凤镇	445103114	凤美街道	445202015
沙溪镇	442000106	枫溪镇	445103115	京冈街道	445202016
坦洲镇	442000107	**饶平县（21镇）**	**445122**	地都镇	445202102
港口镇	442000108	黄冈镇	445122100	砲台镇	445202103
三角镇	442000109	上饶镇	445122102	登岗镇	445202104
横栏镇	442000110	饶洋镇	445122103	**揭东区（2街道，11镇）**	**445203**
南头镇	442000111	新丰镇	445122104	曲溪街道	445203001
阜沙镇	442000112	建饶镇	445122106	磐东街道	445203002
三乡镇	442000114	三饶镇	445122107	云路镇	445203100
板芙镇	442000115	新塘镇	445122108	霖磐镇	445203102
大涌镇	442000116	汤溪镇	445122109	月城镇	445203103
神湾镇	442000117	浮滨镇	445122110	白塔镇	445203104
小榄镇	442000118	浮山镇	445122112	龙尾镇	445203105
潮州市（5街道，41镇）	**445100**	东山镇	445122113	桂岭镇	445203106
湘桥区（5街道，4镇）	**445102**	新圩镇	445122114	锡场镇	445203107
桥东街道	445102007	樟溪镇	445122116	新亨镇	445203108
城西街道	445102008	钱东镇	445122117	玉湖镇	445203109
凤新街道	445102009	高堂镇	445122118	埔田镇	445203110
太平街道	445102010	联饶镇	445122119	玉滘镇	445203112
西新街道	445102011	所城镇	445122120	**揭西县（1街道，15镇，1乡）**	**445222**
意溪镇	445102100	大埕镇	445122121		
磷溪镇	445102101	柘林镇	445122122	河婆街道	445222001
官塘镇	445102102	洪洲镇	445122123	龙潭镇	445222102
铁铺镇	445102103	海山镇	445122124	南山镇	445222103
潮安区（16镇）	**445103**	**揭阳市（24街道，62镇，2乡）**	**445200**	五经富镇	445222104
古巷镇	445103100			京溪园镇	445222105
登塘镇	445103101	**榕城区（14街道，3镇）**	**445202**	灰寨镇	445222106
凤塘镇	445103102	榕华街道	445202001	塔头镇	445222107
浮洋镇	445103103	新兴街道	445202002	东园镇	445222108
龙湖镇	445103104	中山街道	445202003	凤江镇	445222109
金石镇	445103105	西马街道	445202004	棉湖镇	445222110
沙溪镇	445103106	榕东街道	445202006	金和镇	445222111
彩塘镇	445103107	东阳街道	445202008	大溪镇	445222112
东凤镇	445103108	东升街道	445202009	钱坑镇	445222113

续表 13

行政区划名称	行政区划代码	行政区划名称	行政区划代码	行政区划名称	行政区划代码
坪上镇	445222114	高埔镇	445281113	六祖镇	445321115
五云镇	445222115	云落镇	445281114	**郁南县（15 镇）**	**445322**
上砂镇	445222116	大坪镇	445281115	都城镇	445322100
良田乡	445222201	船埔镇	445281116	平台镇	445322101
惠来县（15 镇）	**445224**	梅林镇	445281117	桂圩镇	445322102
惠城镇	445224100	里湖镇	445281119	通门镇	445322104
靖海镇	445224101	梅塘镇	445281121	建城镇	445322105
神泉镇	445224102	普侨镇	445281122	宝珠镇	445322106
仙庵镇	445224103	鮜溪乡	445281201	大方镇	445322108
周田镇	445224104	**云浮市（8 街道，55 镇）**	**445300**	千官镇	445322110
华湖镇	445224105	**云城区（4 街道，4 镇）**	**445302**	大湾镇	445322111
前詹镇	445224106	云城街道	445302001	河口镇	445322112
葵潭镇	445224107	高峰街道	445302002	宋桂镇	445322113
隆江镇	445224108	河口街道	445302003	东坝镇	445322114
溪西镇	445224109	安塘街道	445302004	连滩镇	445322115
鳌江镇	445224110	腰古镇	445302102	历洞镇	445322116
东港镇	445224111	思劳镇	445302103	南江口镇	445322117
东陇镇	445224112	前锋镇	445302105	**罗定市（4 街道，17 镇）**	**445381**
岐石镇	445224113	南盛镇	445302106	罗城街道	445381001
侨园镇	445224114	**云安区（7 镇）**	**445303**	素龙街道	445381002
普宁市（7 街道，18 镇，1 乡）	**445281**	六都镇	445303100	附城街道	445381003
		高村镇	445303101	双东街道	445381004
池尾街道	445281001	白石镇	445303102	罗镜镇	445381100
流沙北街道	445281002	镇安镇	445303103	太平镇	445381101
流沙西街道	445281003	富林镇	445303104	分界镇	445381102
流沙东街道	445281004	石城镇	445303107	罗平镇	445381104
流沙南街道	445281005	都杨镇	445303108	船步镇	445381105
燎原街道	445281006	**新兴县（12 镇）**	**445321**	苘塘镇	445381106
大南山街道	445281007	新城镇	445321100	苹塘镇	445381107
赤岗镇	445281102	车岗镇	445321101	金鸡镇	445381108
大坝镇	445281103	水台镇	445321103	围底镇	445381109
洪阳镇	445281104	稔村镇	445321104	华石镇	445381110
南溪镇	445281105	东成镇	445321105	㯶滨镇	445381111
广太镇	445281106	太平镇	445321107	黎少镇	445381113
麒麟镇	445281107	里洞镇	445321108	生江镇	445381114
南径镇	445281108	大江镇	445321110	连州镇	445381115
占陇镇	445281109	天堂镇	445321112	泗纶镇	445381116
军埠镇	445281110	河头镇	445321113	加益镇	445381118
下架山镇	445281111	簕竹镇	445321114	龙湾镇	445381119

广西壮族自治区

广西壮族自治区（桂）

行政区划名称	行政区划代码	行政区划名称	行政区划代码	行政区划名称	行政区划代码
广西壮族自治区(135街道,806镇,253乡,59民族乡)	450000	安宁街道	450107008	乔建镇	450123104
		石埠街道	450107009	丁当镇	450123105
		心圩街道	450107010	古潭乡	450123201
南宁市（25街道，89镇，10乡，3民族乡）	450100	金陵镇	450107100	都结乡	450123203
		双定镇	450107101	布泉乡	450123204
兴宁区（3街道，3镇）	450102	坛洛镇	450107105	屏山乡	450123205
民生街道	450102001	良庆区（2街道，5镇）	450108	马山县（7镇，2乡，2民族乡）	450124
朝阳街道	450102002	大沙田街道	450108001		
兴东街道	450102003	玉洞街道	450108002	白山镇	450124100
三塘镇	450102101	良庆镇	450108100	百龙滩镇	450124101
五塘镇	450102107	那马镇	450108101	林圩镇	450124102
昆仑镇	450102109	那陈镇	450108102	古零镇	450124103
青秀区（5街道，4镇）	450103	大塘镇	450108103	金钗镇	450124104
新竹街道	450103001	南晓镇	450108104	周鹿镇	450124105
中山街道	450103002	邕宁区（5镇）	450109	永州镇	450124106
建政街道	450103003	蒲庙镇	450109100	乔利乡	450124200
南湖街道	450103004	那楼镇	450109101	加方乡	450124201
津头街道	450103005	新江镇	450109102	古寨瑶族乡	450124202
刘圩镇	450103100	百济镇	450109103	里当瑶族乡	450124203
南阳镇	450103101	中和镇	450109104	上林县（7镇，3乡，1民族乡）	450125
伶俐镇	450103102	武鸣区（13镇）	450110		
长塘镇	450103103	城厢镇	450110100	大丰镇	450125100
江南区（5街道，4镇）	450105	太平镇	450110102	明亮镇	450125101
福建园街道	450105001	双桥镇	450110103	巷贤镇	450125102
江南街道	450105002	宁武镇	450110104	白圩镇	450125103
沙井街道	450105003	锣圩镇	450110105	三里镇	450125104
那洪街道	450105004	仙湖镇	450110106	乔贤镇	450125105
金凯街道	450105005	府城镇	450110107	西燕镇	450125106
吴圩镇	450105102	陆斡镇	450110108	澄泰乡	450125200
苏圩镇	450105103	两江镇	450110109	木山乡	450125202
延安镇	450105104	罗波镇	450110110	塘红乡	450125203
江西镇	450105105	灵马镇	450110111	镇圩瑶族乡	450125205
西乡塘区(10街道,3镇)	450107	甘圩镇	450110112	宾阳县（16镇）	450126
衡阳街道	450107001	马头镇	450110113	宾州镇	450126100
北湖街道	450107002	隆安县（6镇，4乡）	450123	黎塘镇	450126101
西乡塘街道	450107003	城厢镇	450123100	甘棠镇	450126102
安吉街道	450107004	南圩镇	450123101	思陇镇	450126103
华强街道	450107005	雁江镇	450123102	新桥镇	450126104
新阳街道	450107006	那桐镇	450123103	新圩镇	450126105
上尧街道	450107007			邹圩镇	450126106

续表 1

行政区划名称	行政区划代码	行政区划名称	行政区划代码	行政区划名称	行政区划代码
大桥镇	450126107	箭盘山街道	450203003	三都镇	450206106
武陵镇	450126108	五里亭街道	450203004	里高镇	450206107
中华镇	450126109	荣军街道	450203005	进德镇	450206108
古辣镇	450126110	白莲街道	450203007	穿山镇	450206109
露圩镇	450126111	麒麟街道	450203008	土博镇	450206110
王灵镇	450126112	阳和街道	450203009	柳城县（10镇，1乡，1民族乡）	450222
和吉镇	450126113	洛埠镇	450203100	大埔镇	450222100
洋桥镇	450126114	雒容镇	450203101	龙头镇	450222101
陈平镇	450126115	里雍镇	450203102	太平镇	450222102
横州市（16镇，1乡）	450181	白沙镇	450203103	沙埔镇	450222103
横州镇	450181100	柳南区（8街道，3镇）	450204	东泉镇	450222104
百合镇	450181101	河西街道	450204001	凤山镇	450222105
那阳镇	450181102	柳南街道	450204002	六塘镇	450222106
南乡镇	450181103	柳石街道	450204003	冲脉镇	450222107
新福镇	450181104	南站街道	450204004	寨隆镇	450222108
莲塘镇	450181105	鹅山街道	450204005	马山镇	450222109
平马镇	450181106	银山街道	450204006	社冲乡	450222201
峦城镇	450181107	潭西街道	450204007	古砦仫佬族乡	450222202
六景镇	450181108	南环街道	450204008	鹿寨县（6镇，3乡）	450223
石塘镇	450181110	太阳村镇	450204100	鹿寨镇	450223100
陶圩镇	450181112	洛满镇	450204101	中渡镇	450223102
校椅镇	450181113	流山镇	450204102	寨沙镇	450223103
云表镇	450181114	柳北区（9街道，3镇）	450205	平山镇	450223104
马岭镇	450181115	解放街道	450205001	黄冕镇	450223105
马山镇	450181116	雅儒街道	450205002	四排镇	450223106
平朗镇	450181117	胜利街道	450205003	江口乡	450223202
镇龙乡	450181204	雀儿山街道	450205004	导江乡	450223203
柳州市（32街道，53镇，27乡，6民族乡）	450200	钢城街道	450205005	拉沟乡	450223205
城中区（7街道）	450202	柳长街道	450205006	融安县（6镇，6乡）	450224
城中街道	450202001	锦绣街道	450205007	长安镇	450224100
公园街道	450202002	白露街道	450205008	浮石镇	450224101
中南街道	450202003	跃进街道	450205009	泗顶镇	450224102
沿江街道	450202004	石碑坪镇	450205100	板榄镇	450224103
潭中街道	450202005	沙塘镇	450205101	大将镇	450224104
河东街道	450202006	长塘镇	450205102	大良镇	450224105
静兰街道	450202007	柳江区（8镇）	450206	雅瑶乡	450224202
鱼峰区（8街道，4镇）	450203	拉堡镇	450206100	大坡乡	450224203
天马街道	450203001	百朋镇	450206102	东起乡	450224204
驾鹤街道	450203002	成团镇	450206103	沙子乡	450224205

续表 2

行政区划名称	行政区划代码	行政区划名称	行政区划代码	行政区划名称	行政区划代码
桥板乡	450224206	同乐苗族乡	450226212	黄沙瑶族乡	450312204
潭头乡	450224207	桂林市（13街道，88镇，31乡，15民族乡）	450300	阳朔县（6镇，3乡）	450321
融水苗族自治县（7镇，11乡，2民族乡）	450225			阳朔镇	450321100
		秀峰区（3街道）	450302	白沙镇	450321101
融水镇	450225100	秀峰街道	450302001	福利镇	450321102
和睦镇	450225101	丽君街道	450302002	兴坪镇	450321103
三防镇	450225102	甲山街道	450302003	葡萄镇	450321104
怀宝镇	450225103	叠彩区（2街道，1乡）	450303	高田镇	450321105
洞头镇	450225104	叠彩街道	450303001	金宝乡	450321200
大浪镇	450225105	北门街道	450303002	普益乡	450321201
永乐镇	450225106	大河乡	450303200	杨堤乡	450321202
四荣乡	450225202	象山区（3街道，1乡）	450304	灵川县（7镇，3乡，2民族乡）	450323
香粉乡	450225203	南门街道	450304001		
安太乡	450225204	象山街道	450304002	灵川镇	450323100
汪洞乡	450225206	平山街道	450304003	大圩镇	450323101
同练瑶族乡	450225207	二塘乡	450304200	定江镇	450323102
滚贝侗族乡	450225208	七星区（4街道，1乡）	450305	三街镇	450323103
杆洞乡	450225209	七星街道	450305001	潭下镇	450323104
安陲乡	450225210	东江街道	450305002	九屋镇	450323106
白云乡	450225212	穿山街道	450305003	灵田镇	450323107
红水乡	450225213	漓东街道	450305004	潮田乡	450323200
拱洞乡	450225214	朝阳乡	450305201	大境瑶族乡	450323201
良寨乡	450225215	雁山区（1街道，2镇，1乡，1民族乡）	450311	海洋乡	450323202
大年乡	450225216			兰田瑶族乡	450323206
三江侗族自治县（6镇，6乡，3民族乡）	450226	良丰街道	450311001	公平乡	450323207
		雁山镇	450311100	全州县（15镇，1乡，2民族乡）	450324
古宜镇	450226100	柘木镇	450311101		
丹洲镇	450226101	大埠乡	450311200	全州镇	450324100
斗江镇	450226102	草坪回族乡	450311201	黄沙河镇	450324101
林溪镇	450226103	临桂区（9镇，2民族乡）	450312	庙头镇	450324102
八江镇	450226104	临桂镇	450312100	文桥镇	450324103
独峒镇	450226105	六塘镇	450312101	大西江镇	450324104
程村乡	450226201	会仙镇	450312102	龙水镇	450324105
和平乡	450226202	两江镇	450312103	才湾镇	450324106
老堡乡	450226203	五通镇	450312104	绍水镇	450324107
高基瑶族乡	450226204	四塘镇	450312105	石塘镇	450324108
良口乡	450226205	南边山镇	450312106	安和镇	450324109
洋溪乡	450226206	中庸镇	450312107	两河镇	450324110
富禄苗族乡	450226207	茶洞镇	450312108	凤凰镇	450324111
梅林乡	450226208	宛田瑶族乡	450312203	咸水镇	450324112

续表 3

行政区划名称	行政区划代码	行政区划名称	行政区划代码	行政区划名称	行政区划代码
枧塘镇	450324113	龙胜镇	450328100	观音乡	450332204
永岁镇	450324114	瓢里镇	450328101	龙虎乡	450332205
蕉江瑶族乡	450324204	三门镇	450328102	**荔浦市（10镇，2乡，**	**450381**
白宝乡	450324208	平等镇	450328103	**1民族乡）**	
东山瑶族乡	450324209	龙脊镇	450328104	荔城镇	450381100
兴安县（6镇，3乡，	**450325**	乐江镇	450328105	东昌镇	450381101
1民族乡）		泗水乡	450328201	新坪镇	450381102
兴安镇	450325100	江底乡	450328202	杜莫镇	450381103
湘漓镇	450325101	马堤乡	450328203	青山镇	450381104
界首镇	450325102	伟江乡	450328204	修仁镇	450381105
高尚镇	450325103	**资源县（3镇，1乡，**	**450329**	大塘镇	450381106
严关镇	450325104	**3民族乡）**		花篢镇	450381107
溶江镇	450325105	资源镇	450329101	双江镇	450381108
漠川乡	450325200	梅溪镇	450329102	马岭镇	450381109
白石乡	450325201	中峰镇	450329103	龙怀乡	450381200
崔家乡	450325202	瓜里乡	450329203	茶城乡	450381201
华江瑶族乡	450325203	车田苗族乡	450329204	蒲芦瑶族乡	450381202
永福县（6镇，3乡）	**450326**	两水苗族乡	450329205	**梧州市（8街道，53镇，**	**450400**
永福镇	450326100	河口瑶族乡	450329206	**3乡，2民族乡）**	
罗锦镇	450326101	**平乐县（6镇，3乡，**	**450330**	**万秀区（5街道，3镇）**	**450403**
百寿镇	450326102	**1民族乡）**		城南街道	450403002
苏桥镇	450326103	平乐镇	450330100	城北街道	450403004
三皇镇	450326104	二塘镇	450330101	角嘴街道	450403005
堡里镇	450326105	沙子镇	450330102	东兴街道	450403006
广福乡	450326202	同安镇	450330103	富民街道	450403007
永安乡	450326204	张家镇	450330104	城东镇	450403105
龙江乡	450326205	源头镇	450330105	龙湖镇	450403107
灌阳县（6镇，1乡，	**450327**	阳安乡	450330201	夏郢镇	450403108
2民族乡）		青龙乡	450330202	**长洲区（3街道，2镇）**	**450405**
灌阳镇	450327100	桥亭乡	450330203	大塘街道	450405001
黄关镇	450327101	大发瑶族乡	450330205	兴龙街道	450405002
文市镇	450327102	**恭城瑶族自治县**	**450332**	红岭街道	450405003
新街镇	450327103	**（6镇，3乡）**		长洲镇	450405101
新圩镇	450327104	恭城镇	450332100	倒水镇	450405102
水车镇	450327105	栗木镇	450332101	**龙圩区（4镇）**	**450406**
洞井瑶族乡	450327200	莲花镇	450332102	龙圩镇	450406100
观音阁乡	450327201	嘉会镇	450332103	新地镇	450406101
西山瑶族乡	450327202	西岭镇	450332104	广平镇	450406102
龙胜各族自治县	**450328**	平安镇	450332105	大坡镇	450406103
（6镇，4乡）		三江乡	450332201	**苍梧县（9镇）**	**450421**

续表 4

行政区划名称	行政区划代码	行政区划名称	行政区划代码	行政区划名称	行政区划代码
岭脚镇	450421105	马路镇	450481102	公馆镇	450521106
京南镇	450421108	南渡镇	450481103	白沙镇	450521107
狮寨镇	450421109	水汶镇	450481105	山口镇	450521108
六堡镇	450421112	大隆镇	450481106	沙田镇	450521109
梨埠镇	450421113	梨木镇	450481107	石湾镇	450521110
木双镇	450421114	大业镇	450481108	石康镇	450521111
石桥镇	450421115	筋竹镇	450481109	常乐镇	450521112
沙头镇	450421116	诚谏镇	450481110	星岛湖镇	450521113
旺甫镇	450421117	归义镇	450481111	曲樟乡	450521200
藤县 (15镇，2乡)	450422	糯垌镇	450481112	防城港市 (7街道，17镇，4乡，2民族乡)	450600
藤州镇	450422100	安平镇	450481113	港口区 (4街道，2镇)	450602
塘步镇	450422103	三堡镇	450481114	渔洲坪街道	450602001
埌南镇	450422104	波塘镇	450481115	白沙沥街道	450602002
同心镇	450422105	北海市 (7街道，22镇，1乡)	450500	沙潭江街道	450602003
金鸡镇	450422106	海城区 (7街道，1镇)	450502	王府街道	450602004
新庆镇	450422107	中街街道	450502001	企沙镇	450602100
象棋镇	450422108	东街街道	450502002	光坡镇	450602101
岭景镇	450422109	西街街道	450502003	防城区 (3街道，8镇，1乡，1民族乡)	450603
天平镇	450422110	海角街道	450502004	水营街道	450603001
濛江镇	450422111	地角街道	450502005	珠河街道	450603002
和平镇	450422112	高德街道	450502006	文昌街道	450603003
太平镇	450422113	驿马街道	450502007	大菉镇	450603101
古龙镇	450422114	涠洲镇	450502100	华石镇	450603102
东荣镇	450422115	银海区 (4镇)	450503	那梭镇	450603103
大黎镇	450422116	福成镇	450503100	那良镇	450603104
平福乡	450422200	银滩镇	450503101	峒中镇	450603105
宁康乡	450422201	平阳镇	450503102	茅岭镇	450603106
蒙山县 (6镇，1乡，2民族乡)	450423	侨港镇	450503103	江山镇	450603107
蒙山镇	450423100	铁山港区 (3镇)	450512	扶隆镇	450603108
西河镇	450423101	南康镇	450512100	滩营乡	450603204
新圩镇	450423102	营盘镇	450512101	十万山瑶族乡	450603209
文圩镇	450423103	兴港镇	450512102	上思县 (4镇，3乡，1民族乡)	450621
黄村镇	450423104	合浦县 (14镇，1乡)	450521	思阳镇	450621100
陈塘镇	450423105	廉州镇	450521100	在妙镇	450621101
汉豪乡	450423200	党江镇	450521101	华兰镇	450621102
长坪瑶族乡	450423201	西场镇	450521102	叫安镇	450621103
夏宜瑶族乡	450423202	沙岗镇	450521103	南屏瑶族乡	450621203
岑溪市 (14镇)	450481	乌家镇	450521104		
岑城镇	450481100	闸口镇	450521105		

续表 5

行政区划名称	行政区划代码	行政区划名称	行政区划代码	行政区划名称	行政区划代码
平福乡	450621204	灵山县（2 街道，17 镇）	**450721**	港北区（2 街道，4 镇，2 乡）	**450802**
那琴乡	450621206	三海街道	450721001		
公正乡	450621208	灵城街道	450721002	贵城街道	450802001
东兴市（3 镇）	**450681**	新圩镇	450721102	港城街道	450802002
东兴镇	450681100	丰塘镇	450721103	大圩镇	450802101
江平镇	450681101	平山镇	450721104	庆丰镇	450802102
马路镇	450681102	石塘镇	450721105	根竹镇	450802103
钦州市（12 街道，54 镇）	**450700**	佛子镇	450721106	武乐镇	450802104
钦南区（5 街道，11 镇）	**450702**	平南镇	450721107	奇石乡	450802200
向阳街道	450702001	烟墩镇	450721108	中里乡	450802201
水东街道	450702002	檀圩镇	450721109	**港南区（2 街道，7 镇）**	**450803**
文峰街道	450702003	那隆镇	450721110	江南街道	450803001
南珠街道	450702004	三隆镇	450721111	八塘街道	450803002
尖山街道	450702005	陆屋镇	450721112	桥圩镇	450803100
沙埠镇	450702100	旧州镇	450721113	木格镇	450803101
康熙岭镇	450702101	太平镇	450721114	木梓镇	450803102
黄屋屯镇	450702102	沙坪镇	450721115	湛江镇	450803103
大番坡镇	450702104	武利镇	450721116	东津镇	450803104
龙门港镇	450702105	文利镇	450721117	新塘镇	450803106
犀牛脚镇	450702106	伯劳镇	450721118	瓦塘镇	450803107
久隆镇	450702107	**浦北县（2 街道，15 镇）**	**450722**	**覃塘区（1 街道，7 镇，2 乡）**	**450804**
东场镇	450702108	小江街道	450722001		
那丽镇	450702109	江城街道	450722002	覃塘街道	450804001
那彭镇	450702110	泉水镇	450722101	东龙镇	450804101
那思镇	450702111	石埇镇	450722102	三里镇	450804102
钦北区（3 街道，11 镇）	**450703**	安石镇	450722103	黄练镇	450804103
长田街道	450703001	张黄镇	450722104	石卡镇	450804104
鸿亭街道	450703002	大成镇	450722105	五里镇	450804105
子材街道	450703003	白石水镇	450722106	樟木镇	450804106
大垌镇	450703100	北通镇	450722107	蒙公镇	450804107
平吉镇	450703101	三合镇	450722108	山北乡	450804200
青塘镇	450703102	龙门镇	450722109	大岭乡	450804203
小董镇	450703103	福旺镇	450722111	**平南县（2 街道，16 镇，1 乡，2 民族乡）**	**450821**
板城镇	450703104	寨圩镇	450722112		
那蒙镇	450703106	乐民镇	450722113	平南街道	450821001
长滩镇	450703107	六硍镇	450722114	上渡街道	450821002
新棠镇	450703108	平睦镇	450722115	平山镇	450821101
大直镇	450703109	官垌镇	450722116	寺面镇	450821102
大寺镇	450703110	**贵港市（7 街道，55 镇，10 乡，2 民族乡）**	**450800**	六陈镇	450821103
贵台镇	450703111			大新镇	450821104

续表 6

行政区划名称	行政区划代码	行政区划名称	行政区划代码	行政区划名称	行政区划代码
大安镇	450821105	罗播乡	450881203	珊罗镇	450922104
武林镇	450821106	厚禄乡	450881204	平乐镇	450922105
大坡镇	450821107	**玉林市（8街道，102镇）**	**450900**	沙坡镇	450922106
大洲镇	450821108	**玉州区（5街道，4镇）**	**450902**	大桥镇	450922107
镇隆镇	450821109	玉城街道	450902001	乌石镇	450922108
安怀镇	450821112	南江街道	450902002	良田镇	450922109
丹竹镇	450821113	城西街道	450902003	清湖镇	450922110
官成镇	450821114	城北街道	450902004	古城镇	450922111
思旺镇	450821115	名山街道	450902005	横山镇	450922112
大鹏镇	450821116	茂林镇	450902101	滩面镇	450922113
同和镇	450821117	仁东镇	450902102	沙湖镇	450922114
东华镇	450821118	仁厚镇	450902103	**博白县（28镇）**	**450923**
思界乡	450821202	大塘镇	450902104	博白镇	450923100
国安瑶族乡	450821203	**福绵区（6镇）**	**450903**	径口镇	450923101
马练瑶族乡	450821204	福绵镇	450903100	双凤镇	450923102
桂平市（21镇，5乡）	**450881**	成均镇	450903101	顿谷镇	450923105
西山镇	450881100	樟木镇	450903102	水鸣镇	450923106
木乐镇	450881101	新桥镇	450903103	那林镇	450923107
木圭镇	450881102	沙田镇	450903104	江宁镇	450923108
石咀镇	450881103	石和镇	450903105	三滩镇	450923109
油麻镇	450881104	**容县（15镇）**	**450921**	黄凌镇	450923110
社坡镇	450881105	容州镇	450921100	亚山镇	450923111
罗秀镇	450881106	杨梅镇	450921102	旺茂镇	450923112
麻垌镇	450881107	灵山镇	450921103	东平镇	450923114
社步镇	450881108	六王镇	450921104	沙河镇	450923115
下湾镇	450881109	黎村镇	450921105	菱角镇	450923116
木根镇	450881110	杨村镇	450921106	新田镇	450923117
中沙镇	450881111	县底镇	450921107	凤山镇	450923118
大洋镇	450881113	自良镇	450921108	宁潭镇	450923119
大湾镇	450881114	松山镇	450921109	文地镇	450923120
白沙镇	450881115	罗江镇	450921110	英桥镇	450923121
石龙镇	450881116	石头镇	450921111	那卜镇	450923122
蒙圩镇	450881117	石寨镇	450921112	大垌镇	450923123
紫荆镇	450881118	十里镇	450921113	沙陂镇	450923124
南木镇	450881119	容西镇	450921114	双旺镇	450923125
江口镇	450881120	浪水镇	450921115	松旺镇	450923126
金田镇	450881121	**陆川县（14镇）**	**450922**	龙潭镇	450923127
马皮乡	450881200	温泉镇	450922101	大坝镇	450923128
垌心乡	450881201	米场镇	450922102	永安镇	450923129
寻旺乡	450881202	马坡镇	450922103	浪平镇	450923130

续表 7

行政区划名称	行政区划代码	行政区划名称	行政区划代码	行政区划名称	行政区划代码
兴业县（13镇）	**450924**	百色市（2街道，75镇，45乡，13民族乡）	**451000**	马隘镇	451024122
石南镇	450924100			东凌镇	451024123
大平山镇	450924101	右江区（2街道，4镇，2乡，1民族乡）	**451002**	那甲镇	451024124
葵阳镇	450924102			都安乡	451024201
城隍镇	450924103	百城街道	451002001	荣华乡	451024205
山心镇	450924104	龙景街道	451002002	燕峒乡	451024207
沙塘镇	450924105	阳圩镇	451002101	龙光乡	451024208
蒲塘镇	450924106	四塘镇	451002102	巴头乡	451024210
北市镇	450924107	龙川镇	451002103	那坡县（3镇，6乡）	**451026**
龙安镇	450924108	永乐镇	451002104	城厢镇	451026100
高峰镇	450924109	汪甸瑶族乡	451002202	平孟镇	451026101
小平山镇	450924110	大楞乡	451002204	龙合镇	451026102
卖酒镇	450924111	泮水乡	451002206	坡荷乡	451026200
洛阳镇	450924124	田阳区（9镇，1乡）	**451003**	德隆乡	451026203
北流市（3街道，22镇）	**450981**	田州镇	451003100	百合乡	451026204
陵城街道	450981001	那坡镇	451003101	百南乡	451026205
城南街道	450981002	坡洪镇	451003102	百省乡	451026207
城北街道	450981003	那满镇	451003103	百都乡	451026208
北流镇	450981100	百育镇	451003104	凌云县（4镇，4民族乡）	**451027**
新荣镇	450981101	玉凤镇	451003105	泗城镇	451027100
民安镇	450981102	头塘镇	451003106	逻楼镇	451027101
山围镇	450981103	五村镇	451003107	加尤镇	451027102
民乐镇	450981104	洞靖镇	451003108	下甲镇	451027103
西埌镇	450981105	巴别乡	451003204	伶站瑶族乡	451027201
新圩镇	450981106	田东县（9镇，1民族乡）	**451022**	朝里瑶族乡	451027202
大里镇	450981107	平马镇	451022100	沙里瑶族乡	451027203
塘岸镇	450981108	祥周镇	451022101	玉洪瑶族乡	451027205
清水口镇	450981109	林逢镇	451022103	乐业县（4镇，4乡）	**451028**
隆盛镇	450981110	思林镇	451022105	同乐镇	451028100
大坡外镇	450981111	印茶镇	451022106	甘田镇	451028101
六麻镇	450981112	江城镇	451022107	新化镇	451028102
新丰镇	450981113	朔良镇	451022108	花坪镇	451028103
沙垌镇	450981114	义圩镇	451022109	逻沙乡	451028201
平政镇	450981115	那拔镇	451022110	逻西乡	451028203
白马镇	450981116	作登瑶族乡	451022201	幼平乡	451028204
大伦镇	450981117	德保县（7镇，5乡）	**451024**	雅长乡	451028205
扶新镇	450981118	城关镇	451024100	田林县（5镇，5乡，4民族乡）	**451029**
六靖镇	450981119	隆桑镇	451024101		
石窝镇	450981120	敬德镇	451024102	乐里镇	451029100
清湾镇	450981122	足荣镇	451024103	旧州镇	451029101

续表 8

行政区划名称	行政区划代码	行政区划名称	行政区划代码	行政区划名称	行政区划代码
定安镇	451029102	**靖西市（11镇，8乡）**	**451081**	贺街镇	451102101
六隆镇	451029103	新靖镇	451081100	步头镇	451102102
浪平镇	451029104	化峒镇	451081101	莲塘镇	451102103
潞城瑶族乡	451029200	湖润镇	451081102	大宁镇	451102104
利周瑶族乡	451029202	安德镇	451081103	南乡镇	451102105
平塘乡	451029203	龙临镇	451081104	桂岭镇	451102106
八桂瑶族乡	451029206	渠洋镇	451081105	开山镇	451102107
八渡瑶族乡	451029208	岳圩镇	451081106	里松镇	451102109
那比乡	451029210	龙邦镇	451081107	信都镇	451102114
高龙乡	451029211	武平镇	451081108	灵峰镇	451102115
百乐乡	451029213	禄峒镇	451081109	仁义镇	451102116
者苗乡	451029215	地州镇	451081110	铺门镇	451102117
西林县（4镇，1乡，3民族乡）	**451030**	同德乡	451081200	黄洞瑶族乡	451102200
八达镇	451030100	壬庄乡	451081201	**平桂区（1街道，7镇，1民族乡）**	**451103**
古障镇	451030101	安宁乡	451081202	西湾街道	451103001
那劳镇	451030102	南坡乡	451081206	黄田镇	451103100
马蚌镇	451030103	吞盘乡	451081207	鹅塘镇	451103101
普合苗族乡	451030203	果乐乡	451081209	沙田镇	451103102
西平乡	451030204	新甲乡	451081210	公会镇	451103103
那佐苗族乡	451030206	魁圩乡	451081215	水口镇	451103104
足别瑶族苗族乡	451030208	**平果市（9镇，3乡）**	**451082**	望高镇	451103105
隆林各族自治县（6镇，10乡）	**451031**	马头镇	451082100	羊头镇	451103106
新州镇	451031100	新安镇	451082101	大平瑶族乡	451103200
桠杈镇	451031101	果化镇	451082102	**昭平县（9镇，2乡，1民族乡）**	**451121**
天生桥镇	451031102	太平镇	451082103	昭平镇	451121100
平班镇	451031103	坡造镇	451082104	文竹镇	451121101
德峨镇	451031104	四塘镇	451082105	黄姚镇	451121102
隆或镇	451031105	旧城镇	451082106	富罗镇	451121103
沙梨乡	451031200	榜圩镇	451082107	北陀镇	451121104
者保乡	451031203	凤梧镇	451082108	马江镇	451121105
者浪乡	451031204	海城乡	451082202	五将镇	451121107
革步乡	451031205	黎明乡	451082205	走马镇	451121108
金钟山乡	451031206	同老乡	451082206	樟木林镇	451121109
猪场乡	451031208	**贺州市（4街道，47镇，5乡，5民族乡）**	**451100**	仙回瑶族乡	451121201
蛇场乡	451031210	**八步区（3街道，12镇，1民族乡）**	**451102**	凤凰乡	451121206
克长乡	451031211	八步街道	451102001	木格乡	451121208
岩茶乡	451031213	城东街道	451102002	**钟山县（10镇，2民族乡）**	**451122**
介廷乡	451031215	江南街道	451102003		

续表 9

行政区划名称	行政区划代码	行政区划名称	行政区划代码	行政区划名称	行政区划代码
钟山镇	451122100	保平乡	451202204	下老乡	451222206
回龙镇	451122105	长老乡	451202205	坡结乡	451222207
石龙镇	451122106	宜州区 (9镇, 5乡, 2民族乡)	451203	三堡乡	451222208
凤翔镇	451122107			凤山县 (1街道, 3镇, 3乡, 3民族乡)	451223
珊瑚镇	451122108	庆远镇	451203100		
同古镇	451122109	三岔镇	451203101	思源街道	451223001
公安镇	451122110	洛西镇	451203102	凤城镇	451223100
清塘镇	451122112	怀远镇	451203103	长洲镇	451223101
燕塘镇	451122113	德胜镇	451203104	三门海镇	451223102
红花镇	451122114	石别镇	451203105	砦牙乡	451223201
花山瑶族乡	451122200	北山镇	451203106	乔音乡	451223203
两安瑶族乡	451122201	洛东镇	451203107	金牙瑶族乡	451223205
富川瑶族自治县 (9镇, 3乡)	451123	刘三姐镇	451203108	中亭乡	451223207
		祥贝乡	451203200	平乐瑶族乡	451223208
富阳镇	451123100	屏南乡	451203203	江洲瑶族乡	451223209
白沙镇	451123101	福龙瑶族乡	451203207	东兰县 (6镇, 7乡, 1民族乡)	451224
莲山镇	451123102	北牙瑶族乡	451203208		
古城镇	451123103	同德乡	451203210	东兰镇	451224100
福利镇	451123104	安马乡	451203211	隘洞镇	451224101
麦岭镇	451123105	龙头乡	451203213	长乐镇	451224102
葛坡镇	451123106	南丹县 (8镇, 3民族乡)	451221	三石镇	451224103
城北镇	451123107	城关镇	451221100	武篆镇	451224104
朝东镇	451123108	大厂镇	451221101	长江镇	451224105
新华乡	451123200	车河镇	451221102	泗孟乡	451224200
石家乡	451123201	芒场镇	451221103	兰木乡	451224201
柳家乡	451123203	六寨镇	451221104	巴畴乡	451224203
河池市 (3街道, 65镇, 62乡, 11民族乡)	451200	月里镇	451221105	金谷乡	451224204
		吾隘镇	451221106	三弄瑶族乡	451224205
金城江区 (1街道, 7镇, 4乡)	451202	罗富镇	451221107	大同乡	451224206
		中堡苗族乡	451221202	花香乡	451224207
金城江街道	451202001	八圩瑶族乡	451221203	切学乡	451224208
东江镇	451202101	里湖瑶族乡	451221204	罗城仫佬族自治县 (7镇, 4乡)	451225
六圩镇	451202102	天峨县 (2镇, 6乡, 1民族乡)	451222		
六甲镇	451202103			东门镇	451225100
河池镇	451202104	六排镇	451222100	龙岸镇	451225101
拔贡镇	451202105	向阳镇	451222101	黄金镇	451225102
九圩镇	451202106	岜暮乡	451222200	小长安镇	451225103
五圩镇	451202107	八腊瑶族乡	451222201	四把镇	451225105
白土乡	451202200	纳直乡	451222203	天河镇	451225106
侧岭乡	451202203	更新乡	451222204	怀群镇	451225107

续表 10

行政区划名称	行政区划代码	行政区划名称	行政区划代码	行政区划名称	行政区划代码
宝坛乡	451225200	大兴镇	451228107	小平阳镇	451302103
乔善乡	451225202	拉仁镇	451228108	迁江镇	451302104
纳翁乡	451225203	永安镇	451228109	石陵镇	451302105
兼爱乡	451225204	东庙乡	451228204	平阳镇	451302106
环江毛南族自治县 （1街道，6镇，5乡， 1民族乡）	451226	隆福乡	451228208	蒙村镇	451302107
城西街道	451226001	保安乡	451228209	大湾镇	451302108
思恩镇	451226100	板岭乡	451228210	桥巩镇	451302109
水源镇	451226101	三只羊乡	451228212	寺山镇	451302110
洛阳镇	451226102	龙湾乡	451228213	城厢镇	451302111
川山镇	451226103	菁盛乡	451228214	三五镇	451302112
明伦镇	451226104	加贵乡	451228217	陶邓镇	451302113
东兴镇	451226105	九渡乡	451228219	石牙镇	451302114
大才乡	451226200	大化瑶族自治县 （4镇，12乡）	451229	五山镇	451302115
下南乡	451226202	大化镇	451229100	良塘镇	451302116
大安乡	451226204	都阳镇	451229101	七洞乡	451302206
长美乡	451226205	岩滩镇	451229102	南泗乡	451302213
龙岩乡	451226206	北景镇	451229103	高安乡	451302214
驯乐苗族乡	451226207	共和乡	451229200	正龙乡	451302216
巴马瑶族自治县 （3镇，7乡）	451227	贡川乡	451229201	忻城县 （6镇，6乡）	451321
巴马镇	451227100	百马乡	451229202	城关镇	451321100
甲篆镇	451227101	古河乡	451229203	大塘镇	451321101
燕洞镇	451227102	古文乡	451229204	思练镇	451321102
那社乡	451227202	江南乡	451229205	红渡镇	451321103
所略乡	451227203	羌圩乡	451229206	古蓬镇	451321104
西山乡	451227205	乙圩乡	451229207	果遂镇	451321105
东山乡	451227207	板升乡	451229210	马泗乡	451321201
凤凰乡	451227208	七百弄乡	451229211	欧洞乡	451321202
百林乡	451227209	雅龙乡	451229213	安东乡	451321203
那桃乡	451227210	六也乡	451229214	新圩乡	451321205
都安瑶族自治县 （10镇，9乡）	451228	来宾市 （4街道， 45镇，21乡）	451300	遂意乡	451321206
安阳镇	451228100	兴宾区 （4街道， 16镇，4乡）	451302	北更乡	451321207
高岭镇	451228101	城北街道	451302001	象州县 （8镇，3乡）	451322
地苏镇	451228102	城东街道	451302002	象州镇	451322100
下坳镇	451228103	河西街道	451302003	石龙镇	451322101
拉烈镇	451228104	来华街道	451302004	运江镇	451322102
百旺镇	451228105	凤凰镇	451302101	寺村镇	451322103
澄江镇	451228106	良江镇	451302102	中平镇	451322104
				罗秀镇	451322105
				大乐镇	451322106
				马坪镇	451322107

续表 11

行政区划名称	行政区划代码	行政区划名称	行政区划代码	行政区划名称	行政区划代码
妙皇乡	451322201	左州镇	451402104	上龙乡	451423204
百丈乡	451322202	那隆镇	451402105	武德乡	451423205
水晶乡	451322203	驮卢镇	451402106	逐卜乡	451423206
武宣县（9镇，1乡）	**451323**	罗白乡	451402201	上金乡	451423207
武宣镇	451323100	板利乡	451402202	**大新县（5镇，9乡）**	**451424**
桐岭镇	451323101	**扶绥县（8镇，3乡）**	**451421**	桃城镇	451424100
通挽镇	451323102	新宁镇	451421100	全茗镇	451424101
东乡镇	451323103	渠黎镇	451421101	雷平镇	451424102
三里镇	451323104	渠旧镇	451421102	硕龙镇	451424103
二塘镇	451323105	柳桥镇	451421103	下雷镇	451424104
黄茆镇	451323106	东门镇	451421104	五山乡	451424200
禄新镇	451323107	山圩镇	451421105	龙门乡	451424201
思灵镇	451323108	中东镇	451421106	昌明乡	451424202
金鸡乡	451323205	东罗镇	451421107	福隆乡	451424203
金秀瑶族自治县（3镇，7乡）	**451324**	龙头乡	451421201	那岭乡	451424204
		岜盆乡	451421202	恩城乡	451424205
金秀镇	451324100	昌平乡	451421203	榄圩乡	451424206
桐木镇	451324101	**宁明县（7镇，6乡）**	**451422**	宝圩乡	451424207
头排镇	451324102	城中镇	451422100	堪圩乡	451424208
三角乡	451324200	爱店镇	451422101	**天等县（6镇，7乡）**	**451425**
忠良乡	451324201	明江镇	451422102	天等镇	451425100
罗香乡	451324202	海渊镇	451422103	龙茗镇	451425101
长垌乡	451324203	那堪镇	451422104	进结镇	451425102
大樟乡	451324204	桐棉镇	451422105	向都镇	451425103
六巷乡	451324205	亭亮镇	451422106	东平镇	451425104
三江乡	451324207	寨安乡	451422202	福新镇	451425105
合山市（3镇）	**451381**	峙浪乡	451422203	都康乡	451425200
岭南镇	451381100	东安乡	451422204	宁干乡	451425201
北泗镇	451381101	板棍乡	451422205	驮堪乡	451425202
河里镇	451381102	北江乡	451422206	进远乡	451425205
崇左市（3街道，41镇，34乡）	**451400**	那楠乡	451422209	上映乡	451425206
江州区（3街道，6镇，2乡）	**451402**	**龙州县（5镇，7乡）**	**451423**	把荷乡	451425207
		龙州镇	451423100	小山乡	451425208
太平街道	451402001	下冻镇	451423101	**凭祥市（4镇）**	**451481**
江南街道	451402002	水口镇	451423102	凭祥镇	451481100
石景林街道	451402003	金龙镇	451423103	友谊镇	451481101
新和镇	451402101	响水镇	451423104	上石镇	451481102
濑湍镇	451402102	八角乡	451423201	夏石镇	451481103
江州镇	451402103	上降乡	451423202		
		彬桥乡	451423203		

海南省

海南省（琼）

行政区划名称	行政区划代码	行政区划名称	行政区划代码	行政区划名称	行政区划代码
海南省（22街道，175镇，21乡）	460000	白龙街道	460108006	琼海市（12镇）	469002
		和平南街道	460108007	嘉积镇	469002100
海口市（21街道，22镇）	460100	白沙街道	460108008	万泉镇	469002101
秀英区（2街道，6镇）	460105	新埠街道	460108009	石壁镇	469002102
秀英街道	460105001	灵山镇	460108101	中原镇	469002103
海秀街道	460105002	演丰镇	460108102	博鳌镇	469002104
长流镇	460105100	三江镇	460108103	阳江镇	469002105
西秀镇	460105101	大致坡镇	460108104	龙江镇	469002106
海秀镇	460105102	三亚市（0街道）	460200	潭门镇	469002107
石山镇	460105103	海棠区（0街道）	460202	塔洋镇	469002108
永兴镇	460105104	吉阳区（0街道）	460203	长坡镇	469002109
东山镇	460105105	天涯区（0街道）	460204	大路镇	469002110
龙华区（6街道，5镇）	460106	崖州区（0街道）	460205	会山镇	469002111
中山街道	460106001	三沙市（0街道）	460300	文昌市（17镇）	469005
滨海街道	460106002	西沙区（0街道）		文城镇	469005100
金贸街道	460106003	南沙区（0街道）		重兴镇	469005101
大同街道	460106004	儋州市（1街道，16镇）	460400	蓬莱镇	469005102
海垦街道	460106005	三都街道	460400001	会文镇	469005103
金宇街道	460106006	那大镇	460400100	东路镇	469005104
城西镇	460106100	和庆镇	460400101	潭牛镇	469005105
龙桥镇	460106101	南丰镇	460400102	东阁镇	469005106
新坡镇	460106102	大成镇	460400103	文教镇	469005107
遵谭镇	460106103	雅星镇	460400104	东郊镇	469005108
龙泉镇	460106104	兰洋镇	460400105	龙楼镇	469005109
琼山区（4街道，7镇）	460107	光村镇	460400106	昌洒镇	469005110
国兴街道	460107001	木棠镇	460400107	翁田镇	469005111
府城街道	460107002	海头镇	460400108	抱罗镇	469005112
滨江街道	460107003	峨蔓镇	460400109	冯坡镇	469005113
凤翔街道	460107004	王五镇	460400111	锦山镇	469005114
龙塘镇	460107101	白马井镇	460400112	铺前镇	469005115
云龙镇	460107102	中和镇	460400113	公坡镇	469005116
红旗镇	460107103	排浦镇	460400114	万宁市（12镇）	469006
三门坡镇	460107104	东成镇	460400115	万城镇	469006100
大坡镇	460107105	新州镇	460400116	龙滚镇	469006101
甲子镇	460107106	五指山市（4镇，3乡）	469001	和乐镇	469006102
旧州镇	460107107	通什镇	469001100	后安镇	469006103
美兰区（9街道，4镇）	460108	南圣镇	469001101	大茂镇	469006104
海府街道	460108001	毛阳镇	469001102	东澳镇	469006105
蓝天街道	460108002	番阳镇	469001103	礼纪镇	469006106
博爱街道	460108003	畅好乡	469001200	长丰镇	469006107
海甸街道	460108004	毛道乡	469001201	山根镇	469006108
人民路街道	460108005	水满乡	469001202	北大镇	469006109

续表 1

行政区划名称	行政区划代码	行政区划名称	行政区划代码	行政区划名称	行政区划代码
南桥镇	469006110	桥头镇	469023109	九所镇	469027105
三更罗镇	469006111	大丰镇	469023110	利国镇	469027106
东方市（8镇，2乡）	**469007**	**临高县（11镇）**	**469024**	黄流镇	469027107
八所镇	469007100	临城镇	469024100	佛罗镇	469027108
东河镇	469007101	波莲镇	469024101	尖峰镇	469027109
大田镇	469007102	东英镇	469024102	莺歌海镇	469027110
感城镇	469007103	博厚镇	469024103	**陵水黎族自治县**	**469028**
板桥镇	469007104	皇桐镇	469024104	**（9镇，2乡）**	
三家镇	469007105	多文镇	469024105	椰林镇	469028100
四更镇	469007106	和舍镇	469024106	光坡镇	469028101
新龙镇	469007107	南宝镇	469024107	三才镇	469028102
天安乡	469007200	新盈镇	469024108	英州镇	469028103
江边乡	469007201	调楼镇	469024109	隆广镇	469028104
定安县（10镇）	**469021**	加来镇	469024110	文罗镇	469028105
定城镇	469021100	**白沙黎族自治县**	**469025**	本号镇	469028106
新竹镇	469021101	**（4镇，7乡）**		新村镇	469028107
龙湖镇	469021102	牙叉镇	469025100	黎安镇	469028108
黄竹镇	469021103	七坊镇	469025101	提蒙乡	469028200
雷鸣镇	469021104	邦溪镇	469025102	群英乡	469028201
龙门镇	469021105	打安镇	469025103	**保亭黎族苗族自治县**	**469029**
龙河镇	469021106	细水乡	469025200	**（6镇，3乡）**	
岭口镇	469021107	元门乡	469025201	保城镇	469029100
翰林镇	469021108	南开乡	469025202	什玲镇	469029101
富文镇	469021109	阜龙乡	469025203	加茂镇	469029102
屯昌县（8镇）	**469022**	青松乡	469025204	响水镇	469029103
屯城镇	469022100	金波乡	469025205	新政镇	469029104
新兴镇	469022101	荣邦乡	469025206	三道镇	469029105
枫木镇	469022102	**昌江黎族自治县**	**469026**	六弓乡	469029200
乌坡镇	469022103	**（7镇，1乡）**		南林乡	469029201
南吕镇	469022104	石碌镇	469026100	毛感乡	469029202
南坤镇	469022105	叉河镇	469026101	**琼中黎族苗族自治县**	**469030**
坡心镇	469022106	十月田镇	469026102	**（7镇，3乡）**	
西昌镇	469022107	乌烈镇	469026103	营根镇	469030100
澄迈县（11镇）	**469023**	昌化镇	469026104	湾岭镇	469030101
金江镇	469023100	海尾镇	469026105	黎母山镇	469030102
老城镇	469023101	七叉镇	469026106	和平镇	469030103
瑞溪镇	469023102	王下乡	469026200	长征镇	469030104
永发镇	469023103	**乐东黎族自治县（11镇）**	**469027**	红毛镇	469030105
加乐镇	469023104	抱由镇	469027100	中平镇	469030106
文儒镇	469023105	万冲镇	469027101	吊罗山乡	469030200
中兴镇	469023106	大安镇	469027102	上安乡	469030201
仁兴镇	469023107	志仲镇	469027103	什运乡	469030202
福山镇	469023108	千家镇	469027104		

重庆市

重庆市（渝）

行政区划名称	行政区划代码	行政区划名称	行政区划代码	行政区划名称	行政区划代码
重庆市（245街道，625镇，147乡，14民族乡）	500000	走马镇	500101121	南沱镇	500102103
		罗田镇	500101122	焦石镇	500102104
万州区（14街道，27镇，9乡，2民族乡）	500101	龙驹镇	500101123	马武镇	500102106
		白土镇	500101124	青羊镇	500102107
高笋塘街道	500101001	长滩镇	500101125	龙潭镇	500102108
太白街道	500101002	太安镇	500101126	新妙镇	500102112
牌楼街道	500101003	白羊镇	500101127	石沱镇	500102113
双河口街道	500101004	太龙镇	500101128	同乐镇	500102116
龙都街道	500101005	郭村镇	500101129	大顺镇	500102117
周家坝街道	500101006	柱山乡	500101201	增福镇	500102118
沙河街道	500101007	铁峰乡	500101203	罗云镇	500102119
钟鼓楼街道	500101008	茨竹乡	500101204	大木乡	500102206
百安坝街道	500101009	溪口乡	500101205	武陵山乡	500102208
五桥街道	500101010	长坪乡	500101206	渝中区（11街道）	500103
陈家坝街道	500101011	燕山乡	500101207	七星岗街道	500103001
高峰街道	500101012	梨树乡	500101208	解放碑街道	500103003
天城街道	500101013	恒合土家族乡	500101209	两路口街道	500103004
九池街道	500101014	普子乡	500101210	上清寺街道	500103005
龙沙镇	500101102	地宝土家族乡	500101211	菜园坝街道	500103007
响水镇	500101103	黄柏乡	500101212	南纪门街道	500103008
武陵镇	500101104	涪陵区（11街道，14镇，2乡）	500102	朝天门街道	500103010
瀼渡镇	500101105			大溪沟街道	500103011
甘宁镇	500101106	敦仁街道	500102001	大坪街道	500103012
熊家镇	500101108	崇义街道	500102002	化龙桥街道	500103013
小周镇	500101109	荔枝街道	500102003	石油路街道	500103014
大周镇	500101110	江北街道	500102004	大渡口区（5街道，3镇）	500104
高梁镇	500101111	江东街道	500102005	新山村街道	500104001
李河镇	500101112	李渡街道	500102006	跃进村街道	500104002
分水镇	500101113	龙桥街道	500102007	九宫庙街道	500104003
孙家镇	500101114	白涛街道	500102008	茄子溪街道	500104004
余家镇	500101115	马鞍街道	500102009	春晖路街道	500104005
后山镇	500101116	蔺市街道	500102010	八桥镇	500104101
弹子镇	500101117	义和街道	500102011	建胜镇	500104102
长岭镇	500101118	百胜镇	500102100	跳磴镇	500104103
新田镇	500101119	珍溪镇	500102101	江北区（9街道，3镇）	500105
新乡镇	500101120	清溪镇	500102102		

续表 1

行政区划名称	行政区划代码	行政区划名称	行政区划代码	行政区划名称	行政区划代码
华新街街道	500105004	回龙坝镇	500106106	长生桥镇	500108106
寸滩街道	500105005	曾家镇	500106108	迎龙镇	500108107
观音桥街道	500105006	中梁镇	500106112	广阳镇	500108108
五里店街道	500105007	九龙坡区（9街道，10镇）	500107	北碚区（9街道，8镇）	500109
郭家沱街道	500105008	杨家坪街道	500107001	天生街道	500109001
铁山坪街道	500105009	黄桷坪街道	500107002	朝阳街道	500109002
江北城街道	500105010	谢家湾街道	500107003	龙凤桥街道	500109003
石马河街道	500105011	石坪桥街道	500107004	北温泉街道	500109004
大石坝街道	500105012	中梁山街道	500107006	东阳街道	500109005
鱼嘴镇	500105100	渝州路街道	500107007	蔡家岗街道	500109006
复盛镇	500105101	石桥铺街道	500107008	歇马街道	500109007
五宝镇	500105102	二郎街道	500107009	水土街道	500109008
沙坪坝区（21街道，5镇）	500106	九龙街道	500107010	复兴街道	500109009
小龙坎街道	500106001	华岩镇	500107102	澄江镇	500109102
沙坪坝街道	500106002	含谷镇	500107103	童家溪镇	500109104
渝碚路街道	500106003	金凤镇	500107104	天府镇	500109105
磁器口街道	500106004	白市驿镇	500107105	施家梁镇	500109106
童家桥街道	500106005	走马镇	500107106	静观镇	500109108
石井坡街道	500106006	石板镇	500107107	柳荫镇	500109109
双碑街道	500106007	巴福镇	500107108	三圣镇	500109111
井口街道	500106008	陶家镇	500107109	金刀峡镇	500109112
歌乐山街道	500106009	西彭镇	500107110	綦江区（7街道，24镇）	500110
山洞街道	500106010	铜罐驿镇	500107111	万盛街道	500110001
新桥街道	500106011	南岸区（8街道，7镇）	500108	东林街道	500110002
天星桥街道	500106012	铜元局街道	500108001	古南街道	500110003
土湾街道	500106013	花园路街道	500108002	文龙街道	500110004
覃家岗街道	500106014	南坪街道	500108003	三江街道	500110005
陈家桥街道	500106015	海棠溪街道	500108004	新盛街道	500110006
虎溪街道	500106016	龙门浩街道	500108005	通惠街道	500110007
西永街道	500106017	弹子石街道	500108006	万东镇	500110100
联芳街道	500106018	南山街道	500108007	南桐镇	500110101
丰文街道	500106019	天文街道	500108008	青年镇	500110102
香炉山街道	500106020	南坪镇	500108101	关坝镇	500110103
土主街道	500106021	涂山镇	500108102	丛林镇	500110104
青木关镇	500106104	鸡冠石镇	500108103	石林镇	500110105
凤凰镇	500106105	峡口镇	500108105	金桥镇	500110106
				黑山镇	500110107

续表 2

行政区划名称	行政区划代码	行政区划名称	行政区划代码	行政区划名称	行政区划代码
石角镇	500110108	龙石镇	500111117	玉峰山镇	500112130
东溪镇	500110109	邮亭镇	500111118	**巴南区（9街道，14镇）**	**500113**
赶水镇	500110110	铁山镇	500111119	鱼洞街道	500113001
打通镇	500110111	高升镇	500111120	李家沱街道	500113002
石壕镇	500110112	季家镇	500111121	龙洲湾街道	500113003
永新镇	500110113	古龙镇	500111122	花溪街道	500113004
三角镇	500110114	高坪镇	500111123	南泉街道	500113005
隆盛镇	500110115	**渝北区（19街道，11镇）**	**500112**	南彭街道	500113006
郭扶镇	500110116	双凤桥街道	500112001	一品街道	500113007
篆塘镇	500110117	双龙湖街道	500112002	惠民街道	500113008
丁山镇	500110118	龙溪街道	500112003	莲花街道	500113009
安稳镇	500110119	回兴街道	500112004	界石镇	500113103
扶欢镇	500110120	龙山街道	500112005	安澜镇	500113107
永城镇	500110121	龙塔街道	500112006	圣灯山镇	500113108
中峰镇	500110123	悦来街道	500112007	木洞镇	500113109
横山镇	500110124	两路街道	500112008	双河口镇	500113110
大足区（6街道，21镇）	**500111**	王家街道	500112009	麻柳嘴镇	500113111
龙滩子街道	500111001	宝圣湖街道	500112010	丰盛镇	500113112
龙岗街道	500111002	人和街道	500112011	二圣镇	500113113
棠香街道	500111003	大竹林街道	500112012	东温泉镇	500113114
双路街道	500111004	天宫殿街道	500112013	姜家镇	500113115
通桥街道	500111005	鸳鸯街道	500112014	天星寺镇	500113116
智凤街道	500111006	翠云街道	500112015	接龙镇	500113117
龙水镇	500111102	礼嘉街道	500112016	石滩镇	500113118
宝顶镇	500111104	金山街道	500112017	石龙镇	500113119
中敖镇	500111105	康美街道	500112018	**黔江区（6街道，18镇，6乡）**	**500114**
三驱镇	500111106	仙桃街道	500112019		
宝兴镇	500111107	木耳镇	500112111	城东街道	500114001
玉龙镇	500111108	兴隆镇	500112113	城南街道	500114002
石马镇	500111109	茨竹镇	500112115	城西街道	500114003
拾万镇	500111110	大湾镇	500112117	正阳街道	500114004
回龙镇	500111111	龙兴镇	500112119	舟白街道	500114005
金山镇	500111112	石船镇	500112120	冯家街道	500114006
万古镇	500111113	统景镇	500112121	小南海镇	500114102
国梁镇	500111114	大盛镇	500112123	邻鄂镇	500114104
雍溪镇	500111115	洛碛镇	500112125	阿蓬江镇	500114105
珠溪镇	500111116	古路镇	500112126	石会镇	500114106

续表 3

行政区划名称	行政区划代码	行政区划名称	行政区划代码	行政区划名称	行政区划代码
黑溪镇	500114107	葛兰镇	500115110	南津街街道	500117003
黄溪镇	500114108	洪湖镇	500115113	云门街道	500117004
黎水镇	500114109	万顺镇	500115114	大石街道	500117005
金溪镇	500114110	**江津区（5街道，25镇）**	**500116**	盐井街道	500117006
马喇镇	500114111	几江街道	500116001	草街街道	500117007
濯水镇	500114112	德感街道	500116002	钱塘镇	500117101
石家镇	500114113	双福街道	500116004	沙鱼镇	500117102
鹅池镇	500114114	鼎山街道	500116005	官渡镇	500117103
中塘镇	500114115	圣泉街道	500116006	涞滩镇	500117104
沙坝镇	500114116	油溪镇	500116100	龙市镇	500117105
白石镇	500114117	吴滩镇	500116101	肖家镇	500117106
太极镇	500114118	石门镇	500116102	古楼镇	500117108
五里镇	500114119	朱杨镇	500116103	三庙镇	500117109
水市镇	500114120	石蟆镇	500116104	燕窝镇	500117110
蓬东乡	500114201	永兴镇	500116105	二郎镇	500117111
杉岭乡	500114204	塘河镇	500116106	龙凤镇	500117112
水田乡	500114206	白沙镇	500116107	太和镇	500117113
白土乡	500114207	龙华镇	500116108	隆兴镇	500117114
金洞乡	500114208	李市镇	500116109	铜溪镇	500117115
新华乡	500114211	慈云镇	500116110	渭沱镇	500117116
长寿区（7街道，12镇）	**500115**	蔡家镇	500116111	双凤镇	500117119
凤城街道	500115001	中山镇	500116112	狮滩镇	500117120
晏家街道	500115002	嘉平镇	500116113	清平镇	500117121
江南街道	500115003	柏林镇	500116114	土场镇	500117122
渡舟街道	500115004	先锋镇	500116115	小河镇	500117123
八颗街道	500115005	珞璜镇	500116116	双槐镇	500117124
新市街道	500115006	贾嗣镇	500116117	三汇镇	500117125
菩提街道	500115007	夏坝镇	500116118	香龙镇	500117126
邻封镇	500115101	西湖镇	500116119	**永川区（7街道，16镇）**	**500118**
但渡镇	500115102	杜市镇	500116120	中山路街道	500118001
云集镇	500115103	广兴镇	500116121	胜利路街道	500118002
长寿湖镇	500115104	四面山镇	500116122	南大街街道	500118003
双龙镇	500115105	支坪镇	500116123	茶山竹海街道	500118004
龙河镇	500115106	四屏镇	500116124	卫星湖街道	500118005
石堰镇	500115107	**合川区（7街道，23镇）**	**500117**	大安街道	500118006
云台镇	500115108	合阳城街道	500117001	陈食街道	500118007
海棠镇	500115109	钓鱼城街道	500117002	临江镇	500118102

续表 4

行政区划名称	行政区划代码	行政区划名称	行政区划代码	行政区划名称	行政区划代码
何埂镇	500118104	楠竹山镇	500119117	二坪镇	500151102
松溉镇	500118105	石溪镇	500119118	水口镇	500151103
朱沱镇	500118106	民主镇	500119119	安居镇	500151104
仙龙镇	500118107	德隆镇	500119120	白羊镇	500151105
五间镇	500118108	福寿镇	500119121	平滩镇	500151106
来苏镇	500118109	河图镇	500119122	虎峰镇	500151107
宝峰镇	500118110	古花镇	500119123	石鱼镇	500151108
红炉镇	500118111	庆元镇	500119124	福果镇	500151109
永荣镇	500118112	乾丰镇	500119125	少云镇	500151110
双石镇	500118113	石莲镇	500119126	维新镇	500151111
三教镇	500118114	冷水关镇	500119127	高楼镇	500151112
板桥镇	500118115	骑龙镇	500119128	大庙镇	500151113
青峰镇	500118116	中桥乡	500119207	围龙镇	500151114
金龙镇	500118117	峰岩乡	500119212	华兴镇	500151115
吉安镇	500118118	**璧山区（6 街道，9 镇）**	**500120**	永嘉镇	500151117
南川区（3 街道，29 镇，2 乡）	**500119**	璧城街道	500120001	安溪镇	500151118
		青杠街道	500120002	西河镇	500151119
东城街道	500119001	璧泉街道	500120003	侣俸镇	500151120
南城街道	500119002	来凤街道	500120004	太平镇	500151121
西城街道	500119003	丁家街道	500120005	小林镇	500151122
三泉镇	500119100	大路街道	500120006	双山镇	500151123
南平镇	500119101	河边镇	500120100	庆隆镇	500151124
神童镇	500119102	福禄镇	500120101	**潼南区（3 街道，20 镇）**	**500152**
鸣玉镇	500119103	大兴镇	500120102	梓潼街道	500152001
大观镇	500119104	广普镇	500120103	桂林街道	500152002
兴隆镇	500119105	三合镇	500120104	大佛街道	500152003
太平场镇	500119106	正兴镇	500120105	上和镇	500152100
白沙镇	500119107	八塘镇	500120106	龙形镇	500152101
水江镇	500119108	七塘镇	500120107	古溪镇	500152102
石墙镇	500119109	健龙镇	500120108	宝龙镇	500152103
金山镇	500119110	**铜梁区（5 街道，23 镇）**	**500151**	玉溪镇	500152104
头渡镇	500119111	东城街道	500151001	米心镇	500152105
大有镇	500119112	南城街道	500151002	群力镇	500152106
合溪镇	500119113	巴川街道	500151003	双江镇	500152107
黎香湖镇	500119114	蒲吕街道	500151004	花岩镇	500152108
山王坪镇	500119115	旧县街道	500151005	柏梓镇	500152109
木凉镇	500119116	土桥镇	500151100	崇龛镇	500152110

续表 5

行政区划名称	行政区划代码	行政区划名称	行政区划代码	行政区划名称	行政区划代码
塘坝镇	500152111	白鹤街道	500154004	紫水乡	500154206
新胜镇	500152112	文峰街道	500154005	梁平区（5 街道，	500155
太安镇	500152113	云枫街道	500154006	26 镇，2 乡）	
小渡镇	500152114	赵家街道	500154007	梁山街道	500155001
卧佛镇	500152115	正安街道	500154008	双桂街道	500155002
五桂镇	500152116	大进镇	500154100	合兴街道	500155003
田家镇	500152117	厚坝镇	500154101	仁贤街道	500155004
别口镇	500152118	长沙镇	500154102	金带街道	500155005
寿桥镇	500152119	郭家镇	500154103	礼让镇	500155102
荣昌区（6 街道，15 镇）	500153	临江镇	500154104	云龙镇	500155103
昌元街道	500153001	天和镇	500154105	屏锦镇	500155104
广顺街道	500153002	温泉镇	500154106	袁驿镇	500155106
昌州街道	500153003	铁桥镇	500154107	新盛镇	500155107
峰高街道	500153004	义和镇	500154108	福禄镇	500155108
安富街道	500153005	中和镇	500154109	聚奎镇	500155110
双河街道	500153006	岳溪镇	500154110	明达镇	500155111
直升镇	500153100	南门镇	500154111	荫平镇	500155112
万灵镇	500153101	南雅镇	500154112	和林镇	500155113
清江镇	500153102	河堰镇	500154113	回龙镇	500155114
仁义镇	500153103	和谦镇	500154114	碧山镇	500155115
河包镇	500153104	九龙山镇	500154115	虎城镇	500155116
古昌镇	500153105	敦好镇	500154117	七星镇	500155117
吴家镇	500153106	竹溪镇	500154118	龙门镇	500155118
观胜镇	500153107	渠口镇	500154119	文化镇	500155119
铜鼓镇	500153108	高桥镇	500154120	石安镇	500155121
清流镇	500153109	金峰镇	500154121	柏家镇	500155122
盘龙镇	500153110	大德镇	500154122	大观镇	500155123
远觉镇	500153111	白桥镇	500154123	竹山镇	500155124
清升镇	500153112	巫山镇	500154124	蟠龙镇	500155125
荣隆镇	500153113	谭家镇	500154125	星桥镇	500155126
龙集镇	500153114	满月镇	500154126	曲水镇	500155127
开州区（8 街道，	500154	雪宝山镇	500154127	安胜镇	500155128
27 镇，5 乡）		三汇口乡	500154200	复平镇	500155129
汉丰街道	500154001	五通乡	500154201	紫照镇	500155130
丰乐街道	500154002	关面乡	500154203	铁门乡	500155201
镇东街道	500154003	麻柳乡	500154205	龙胜乡	500155202

续表 6

行政区划名称	行政区划代码	行政区划名称	行政区划代码	行政区划名称	行政区划代码
武隆区（4 街道，10 镇，8 乡，4 民族乡）	**500156**	高观镇	500229108	湛普镇	500230116
		高燕镇	500229109	保合镇	500230118
凤山街道	500156001	东安镇	500229110	南天湖镇	500230119
芙蓉街道	500156002	咸宜镇	500229111	仁沙镇	500230120
仙女山街道	500156003	高楠镇	500229112	兴龙镇	500230121
羊角街道	500156004	龙田乡	500229201	龙孔镇	500230122
桐梓镇	500156101	北屏乡	500229202	暨龙镇	500230123
火炉镇	500156102	左岚乡	500229205	双龙镇	500230124
江口镇	500156103	沿河乡	500229208	仙女湖镇	500230125
长坝镇	500156106	双河乡	500229210	青龙乡	500230202
白马镇	500156107	蓼子乡	500229211	太平坝乡	500230206
鸭江镇	500156108	鸡鸣乡	500229212	都督乡	500230207
平桥镇	500156109	周溪乡	500229214	栗子乡	500230209
和顺镇	500156111	明中乡	500229216	三建乡	500230210
双河镇	500156112	治平乡	500229217	垫江县（2 街道，22 镇，2 乡）	**500231**
凤来镇	500156113	岚天乡	500229219		
黄莺乡	500156201	厚坪乡	500229220	桂溪街道	500231001
后坪苗族土家族乡	500156207	河鱼乡	500229221	桂阳街道	500231002
接龙乡	500156209	丰都县（2 街道，23 镇，5 乡）	**500230**	新民镇	500231101
土地乡	500156210			沙坪镇	500231102
沧沟乡	500156213	三合街道	500230001	周嘉镇	500231103
石桥苗族土家族乡	500156216	名山街道	500230002	普顺镇	500231104
浩口苗族仡佬族乡	500156218	虎威镇	500230101	永安镇	500231105
文复苗族土家族乡	500156219	社坛镇	500230102	高安镇	500231106
赵家乡	500156225	三元镇	500230103	高峰镇	500231107
白云乡	500156226	许明寺镇	500230104	五洞镇	500231108
大洞河乡	500156227	董家镇	500230105	太平镇	500231109
庙垭乡	500156231	树人镇	500230106	澄溪镇	500231110
城口县（2 街道，10 镇，13 乡）	**500229**	十直镇	500230107	砚台镇	500231111
		高家镇	500230109	鹤游镇	500231112
葛城街道	500229001	兴义镇	500230110	坪山镇	500231113
复兴街道	500229002	双路镇	500230111	曹回镇	500231114
巴山镇	500229102	江池镇	500230112	杠家镇	500231115
坪坝镇	500229104	龙河镇	500230113	包家镇	500231116
庙坝镇	500229105	武平镇	500230114	白家镇	500231117
明通镇	500229106	包鸾镇	500230115	裴兴镇	500231118
修齐镇	500229107				

续表 7

行政区划名称	行政区划代码	行政区划名称	行政区划代码	行政区划名称	行政区划代码
三溪镇	500231119	兴峰乡	500233210	大阳镇	500235137
永平镇	500231120	云阳县 (4街道, 31镇,	**500235**	耀灵镇	500235138
黄沙镇	500231121	6乡, 1民族乡)		外郎乡	500235208
长龙镇	500231122	青龙街道	500235001	新津乡	500235215
沙河乡	500231202	双江街道	500235002	普安乡	500235216
大石乡	500231204	人和街道	500235003	洞鹿乡	500235218
忠县 (4街道, 19镇,	**500233**	盘龙街道	500235004	石门乡	500235219
5乡, 1民族乡)		云阳镇	500235100	上坝乡	500235239
忠州街道	500233001	云安镇	500235101	清水土家族乡	500235241
白公街道	500233002	凤鸣镇	500235103	奉节县 (4街道, 18镇,	**500236**
新生街道	500233003	龙角镇	500235105	7乡, 4民族乡)	
乌杨街道	500233004	宝坪镇	500235106	夔门街道	500236001
任家镇	500233102	故陵镇	500235107	鱼复街道	500236002
洋渡镇	500233104	红狮镇	500235108	永安街道	500236003
东溪镇	500233105	南溪镇	500235109	夔州街道	500236004
复兴镇	500233106	双土镇	500235111	白帝镇	500236101
石宝镇	500233107	桑坪镇	500235112	草堂镇	500236102
汝溪镇	500233108	江口镇	500235113	汾河镇	500236103
野鹤镇	500233109	路阳镇	500235115	康乐镇	500236104
官坝镇	500233110	农坝镇	500235116	大树镇	500236105
石黄镇	500233111	高阳镇	500235117	竹园镇	500236106
马灌镇	500233112	渠马镇	500235118	公平镇	500236107
金鸡镇	500233113	黄石镇	500235121	朱衣镇	500236108
新立镇	500233114	巴阳镇	500235122	甲高镇	500236109
双桂镇	500233115	鱼泉镇	500235124	羊市镇	500236110
拔山镇	500233116	平安镇	500235126	吐祥镇	500236111
花桥镇	500233117	沙市镇	500235127	青龙镇	500236112
永丰镇	500233118	双龙镇	500235128	兴隆镇	500236113
三汇镇	500233119	栖霞镇	500235129	新民镇	500236114
白石镇	500233120	水口镇	500235130	永乐镇	500236115
黄金镇	500233122	蔈草镇	500235131	青莲镇	500236116
善广乡	500233201	泥溪镇	500235132	五马镇	500236117
石子乡	500233203	养鹿镇	500235133	安坪镇	500236118
磨子土家族乡	500233204	后叶镇	500235134	红土乡	500236200
涂井乡	500233206	龙洞镇	500235135	平安乡	500236201
金声乡	500233208	堰坪镇	500235136	岩湾乡	500236203

续表 8

行政区划名称	行政区划代码	行政区划名称	行政区划代码	行政区划名称	行政区划代码
石岗乡	500236204	巫溪县（2 街道，19 镇，11 乡）	500238	万安街道	500240002
康坪乡	500236205			下路街道	500240003
云雾土家族乡	500236207	宁河街道	500238001	西沱镇	500240101
太和土家族乡	500236208	柏杨街道	500238002	悦崃镇	500240103
龙桥土家族乡	500236209	城厢镇	500238100	临溪镇	500240104
长安土家族乡	500236210	凤凰镇	500238101	黄水镇	500240105
冯坪乡	500236211	宁厂镇	500238102	马武镇	500240106
鹤峰乡	500236213	上磺镇	500238103	沙子镇	500240107
巫山县（2 街道，11 镇，11 乡，2 民族乡）	500237	古路镇	500238104	王场镇	500240108
		文峰镇	500238105	沿溪镇	500240109
高唐街道	500237001	徐家镇	500238106	龙沙镇	500240110
龙门街道	500237002	白鹿镇	500238107	鱼池镇	500240111
巫峡镇	500237100	尖山镇	500238108	大歇镇	500240112
庙宇镇	500237101	下堡镇	500238109	三河镇	500240113
大昌镇	500237102	峰灵镇	500238110	万朝镇	500240114
福田镇	500237103	塘坊镇	500238111	桥头镇	500240115
龙溪镇	500237104	朝阳镇	500238112	冷水镇	500240116
双龙镇	500237105	田坝镇	500238113	黄鹤镇	500240117
官阳镇	500237106	通城镇	500238114	枫木镇	500240118
骡坪镇	500237107	土城镇	500238115	黎场乡	500240203
抱龙镇	500237108	菱角镇	500238116	三星乡	500240204
官渡镇	500237109	蒲莲镇	500238117	六塘乡	500240205
铜鼓镇	500237110	红池坝镇	500238118	三益乡	500240207
红椿土家族乡	500237200	胜利乡	500238200	王家乡	500240208
两坪乡	500237207	大河乡	500238202	河嘴乡	500240209
曲尺乡	500237208	天星乡	500238203	石家乡	500240210
建平乡	500237210	长桂乡	500238204	中益乡	500240213
大溪乡	500237211	鱼鳞乡	500238209	洗新乡	500240214
金坪乡	500237214	乌龙乡	500238210	龙潭乡	500240216
平河乡	500237216	花台乡	500238214	新乐乡	500240217
当阳乡	500237219	兰英乡	500238215	金铃乡	500240218
竹贤乡	500237222	双阳乡	500238216	金竹乡	500240219
三溪乡	500237225	中梁乡	500238217	秀山土家族苗族自治县（5 街道，18 镇，4 乡）	500241
培石乡	500237227	天元乡	500238218		
笃坪乡	500237229	石柱土家族自治县（3 街道，17 镇，13 乡）	500240	乌杨街道	500241001
邓家土家族乡	500237231			中和街道	500241002
		南宾街道	500240001		

续表 9

行政区划名称	行政区划代码	行政区划名称	行政区划代码	行政区划名称	行政区划代码
平凯街道	500241003	龚滩镇	500242108	郁山镇	500243102
官庄街道	500241004	李溪镇	500242109	高谷镇	500243103
清溪场街道	500241005	沿溪镇	500242110	桑柘镇	500243104
隘口镇	500241103	西水河镇	500242111	鹿角镇	500243105
溶溪镇	500241104	苍岭镇	500242112	黄家镇	500243106
龙池镇	500241106	小河镇	500242113	普子镇	500243107
石堤镇	500241107	板溪镇	500242114	龙射镇	500243108
峨溶镇	500241108	涂市镇	500242115	连湖镇	500243109
洪安镇	500241109	铜鼓镇	500242116	万足镇	500243110
雅江镇	500241110	万木镇	500242117	新田镇	500243111
石耶镇	500241111	五福镇	500242118	鞍子镇	500243112
梅江镇	500241112	南腰界镇	500242119	平安镇	500243113
兰桥镇	500241113	可大乡	500242204	长生镇	500243114
膏田镇	500241114	偏柏乡	500242205	梅子垭镇	500243115
溪口镇	500241115	木叶乡	500242207	太原镇	500243116
妙泉镇	500241116	毛坝乡	500242208	龙溪镇	500243117
宋农镇	500241117	花田乡	500242209	大同镇	500243118
钟灵镇	500241118	后坪乡	500242210	岩东乡	500243201
里仁镇	500241119	天馆乡	500242211	鹿鸣乡	500243202
龙凤坝镇	500241120	宜居乡	500242212	棣棠乡	500243204
涌洞镇	500241121	两罾乡	500242214	三义乡	500243206
海洋乡	500241207	板桥乡	500242215	联合乡	500243207
大溪乡	500241208	官清乡	500242216	石柳乡	500243208
中平乡	500241214	车田乡	500242218	走马乡	500243210
岑溪乡	500241215	腴地乡	500242219	芦塘乡	500243211
酉阳土家族苗族自治县	**500242**	清泉乡	500242220	乔梓乡	500243213
（2 街道，19 镇，		庙溪乡	500242221	诸佛乡	500243217
18 乡）		浪坪乡	500242222	桐楼乡	500243219
钟多街道	500242001	双泉乡	500242223	善感乡	500243222
桃花源街道	500242002	楠木乡	500242224	双龙乡	500243223
龙潭镇	500242101	**彭水苗族土家族自治县**	**500243**	石盘乡	500243224
麻旺镇	500242102	**（3 街道，18 镇，**		大垭乡	500243225
西酬镇	500242103	**18 乡）**		润溪乡	500243226
大溪镇	500242104	汉葭街道	500243001	朗溪乡	500243227
兴隆镇	500242105	绍庆街道	500243002	龙塘乡	500243228
黑水镇	500242106	靛水街道	500243003		
丁市镇	500242107	保家镇	500243101		

四川省

四川省（川、蜀）

行政区划名称	行政区划代码	行政区划名称	行政区划代码	行政区划名称	行政区划代码
四川省（459 街道，2016 镇，543 乡，83 民族乡）	**510000**	沙河源街道	510106017	洛带镇	510112102
		天回镇街道	510106018	洪安镇	510112108
		西华街道	510106019	山泉镇	510112115
成都市（161 街道，100 镇）	**510100**	凤凰山街道	510106020	青白江区（2 街道，5 镇）	**510113**
锦江区（11 街道）	**510104**	武侯区（15 街道）	**510107**	大弯街道	510113002
春熙路街道	510104003	浆洗街街道	510107001	大同街道	510113003
书院街街道	510104004	红牌楼街道	510107002	弥牟镇	510113102
牛市口街道	510104007	簇桥街道	510107003	城厢镇	510113104
沙河街道	510104011	望江路街道	510107004	姚渡镇	510113106
狮子山街道	510104013	玉林街道	510107005	清泉镇	510113107
成龙路街道	510104014	火车南站街道	510107007	福洪镇	510113108
柳江街道	510104015	晋阳街道	510107011	新都区（7 街道，2 镇）	**510114**
三圣街道	510104016	机投桥街道	510107012	三河街道	510114001
锦官驿街道	510104017	金花桥街道	510107013	大丰街道	510114002
东湖街道	510104018	华兴街道	510107016	新都街道	510114003
锦华路街道	510104019	簇锦街道	510107017	新繁街道	510114005
青羊区（12 街道）	**510105**	肖家河街道	510107018	石板滩街道	510114006
草市街街道	510105002	芳草街街道	510107019	斑竹园街道	510114007
西御河街道	510105003	石羊街道	510107020	桂湖街道	510114008
草堂街道	510105007	桂溪街道	510107021	清流镇	510114109
府南街道	510105008	成华区（11 街道）	**510108**	军屯镇	510114116
光华街道	510105009	府青路街道	510108001	温江区（6 街道，3 镇）	**510115**
黄田坝街道	510105012	双水碾街道	510108003	柳城街道	510115001
文家街道	510105014	万年场街道	510108005	公平街道	510115002
少城街道	510105015	双桥子街道	510108006	天府街道	510115003
苏坡街道	510105016	猛追湾街道	510108007	涌泉街道	510115004
金沙街道	510105017	跳蹬河街道	510108008	金马街道	510115005
蔡桥街道	510105018	二仙桥街道	510108009	永宁街道	510115006
康河街道	510105019	保和街道	510108012	和盛镇	510115101
金牛区（13 街道）	**510106**	青龙街道	510108013	万春镇	510115106
荷花池街道	510106002	龙潭街道	510108014	寿安镇	510115110
驷马桥街道	510106007	白莲池街道	510108015	双流区（15 街道，4 镇）	**510116**
茶店子街道	510106009	龙泉驿区（7 街道，3 镇）	**510112**	东升街道	510116001
营门口街道	510106010	龙泉街道	510112001	西航港街道	510116002
九里堤街道	510106012	大面街道	510112002	中和街道	510116003
西安路街道	510106013	同安街道	510112003	华阳街道	510116004
抚琴街道	510106014	十陵街道	510112004	九江街道	510116005
五块石街道	510106015	西河街道	510112005	黄甲街道	510116006
金泉街道	510106016	柏合街道	510112006	怡心街道	510116017
		东安街道	510112007	万安街道	510116018

续表 1

行政区划名称	行政区划代码	行政区划名称	行政区划代码	行政区划名称	行政区划代码
正兴街道	510116019	五凤镇	510121106	石羊镇	510181106
兴隆街道	510116020	三溪镇	510121109	青城山镇	510181110
煎茶街道	510116021	福兴镇	510121110	龙池镇	510181111
新兴街道	510116022	金龙镇	510121111	**彭州市（4 街道，9 镇）**	**510182**
籍田街道	510116023	赵家镇	510121112	天彭街道	510182001
太平街道	510116024	竹篙镇	510121113	隆丰街道	510182002
永兴街道	510116025	转龙镇	510121116	濛阳街道	510182003
彭镇	510116108	土桥镇	510121117	致和街道	510182004
黄龙溪镇	510116111	云合镇	510121118	龙门山镇	510182101
永安镇	510116112	又新镇	510121119	丽春镇	510182103
黄水镇	510116115	**大邑县（3 街道，8 镇）**	**510129**	九尺镇	510182104
郫都区（9 街道，3 镇）	**510117**	晋原街道	510129001	通济镇	510182106
郫筒街道	510117001	沙渠街道	510129002	丹景山镇	510182107
合作街道	510117002	青霞街道	510129003	敖平镇	510182109
西园街道	510117003	王泗镇	510129101	桂花镇	510182111
安德街道	510117004	新场镇	510129103	白鹿镇	510182121
红光街道	510117005	悦来镇	510129104	葛仙山镇	510182122
犀浦街道	510117006	安仁镇	510129105	**邛崃市（6 街道，8 镇）**	**510183**
德源街道	510117007	邮江镇	510129106	临邛街道	510183001
安靖街道	510117008	西岭镇	510129108	文君街道	510183002
团结街道	510117009	花水湾镇	510129118	固驿街道	510183003
唐昌镇	510117104	鹤鸣镇	510129119	羊安街道	510183004
三道堰镇	510117106	**蒲江县（2 街道，6 镇）**	**510131**	高埂街道	510183005
友爱镇	510117115	鹤山街道	510131001	孔明街道	510183006
新津区（4 街道，4 镇）	**510118**	寿安街道	510131002	桑园镇	510183103
五津街道	510118001	西来镇	510131104	平乐镇	510183104
普兴街道	510118002	大塘镇	510131105	夹关镇	510183105
花桥街道	510118003	甘溪镇	510131106	火井镇	510183106
花源街道	510118004	大兴镇	510131107	临济镇	510183115
兴义镇	510118101	成佳镇	510131108	天台山镇	510183118
安西镇	510118102	朝阳湖镇	510131109	南宝山镇	510183120
永商镇	510118103	**都江堰市（6 街道，5 镇）**	**510181**	大同镇	510183122
宝墩镇	510118104	灌口街道	510181001	**崇州市（6 街道，9 镇）**	**510184**
金堂县（6 街道，10 镇）	**510121**	幸福街道	510181002	崇阳街道	510184001
赵镇街道	510121001	银杏街道	510181003	羊马街道	510184002
官仓街道	510121002	奎光塔街道	510181005	三江街道	510184003
栖贤街道	510121003	玉堂街道	510181006	江源街道	510184004
高板街道	510121004	蒲阳街道	510181007	大划街道	510184005
白果街道	510121005	聚源镇	510181103	崇庆街道	510184006
淮口街道	510121006	天马镇	510181105	廖家镇	510184104

续表 2

行政区划名称	行政区划代码	行政区划名称	行政区划代码	行政区划名称	行政区划代码
元通镇	510184105	武庙镇	510185127	新民镇	510304101
观胜镇	510184106	壮溪镇	510185128	团结镇	510304102
怀远镇	510184107	宏缘镇	510185129	三多寨镇	510304103
街子镇	510184109	雷家镇	510185130	何市镇	510304104
白头镇	510184112	董家埂镇	510185131	新店镇	510304105
道明镇	510184113	海螺镇	510185132	牛佛镇	510304106
隆兴镇	510184114	自贡市 (25街道，63镇，2乡)	510300	庙坝镇	510304107
文井江镇	510184120			回龙镇	510304108
简阳市(16街道,21镇)	510185	自流井区(9街道,3镇)	510302	沿滩区 (2街道，9镇，1乡)	510311
简城街道	510185001	五星街街道	510302001		
射洪坝街道	510185002	东兴寺街道	510302002	卫坪街道	510311001
新市街道	510185003	新街街道	510302003	邓关街道	510311002
东溪街道	510185005	郭家坳街道	510302004	沿滩镇	510311100
平泉街道	510185006	丹桂街道	510302005	兴隆镇	510311102
石桥街道	510185007	学苑街道	510302006	富全镇	510311105
赤水街道	510185008	舒坪街道	510302007	永安镇	510311106
石盘街道	510185009	红旗街道	510302008	联络镇	510311107
养马街道	510185010	高峰街道	510302009	王井镇	510311109
贾家街道	510185011	仲权镇	510302101	黄市镇	510311110
石板凳街道	510185012	荣边镇	510302103	瓦市镇	510311111
三岔街道	510185013	飞龙峡镇	510302105	仙市镇	510311112
草池街道	510185014	贡井区 (3街道，7镇)	510303	九洪乡	510311204
福田街道	510185015	筱溪街道	510303001	荣县 (2街道，19镇)	510321
玉成街道	510185016	贡井街道	510303002	梧桐街道	510321001
丹景街道	510185017	长土街道	510303003	青阳街道	510321002
杨家镇	510185101	艾叶镇	510303100	旭阳镇	510321100
禾丰镇	510185105	建设镇	510303101	双石镇	510321102
云龙镇	510185106	成佳镇	510303103	鼎新镇	510321107
三星镇	510185107	龙潭镇	510303105	乐德镇	510321110
镇金镇	510185112	五宝镇	510303106	古文镇	510321112
石钟镇	510185113	桥头镇	510303107	河口镇	510321113
施家镇	510185114	莲花镇	510303108	新桥镇	510321114
三合镇	510185115	大安区 (6街道，9镇)	510304	正紫镇	510321115
平武镇	510185116	大安街道	510304001	度佳镇	510321116
踏水镇	510185118	龙井街道	510304002	东佳镇	510321117
江源镇	510185119	马冲口街道	510304003	长山镇	510321118
涌泉镇	510185120	凉高山街道	510304004	保华镇	510321119
芦葭镇	510185121	和平街道	510304005	留佳镇	510321120
青龙镇	510185124	凤凰街道	510304006	来牟镇	510321121
高明镇	510185126	大山铺镇	510304100	双古镇	510321122

续表 3

行政区划名称	行政区划代码	行政区划名称	行政区划代码	行政区划名称	行政区划代码
观山镇	510321123	大宝鼎街道	510403006	国胜乡	510422215
高山镇	510321124	格里坪镇	510403100	红宝苗族彝族乡	510422216
东兴镇	510321125	仁和区 (1街道, 8镇, 3乡, 2民族乡)	510411	温泉彝族乡	510422224
铁厂镇	510321126			格萨拉彝族乡	510422226
富顺县 (3街道, 16镇, 1乡)	510322	大河中路街道	510411001	泸州市 (26街道, 92镇, 8民族乡)	510500
富世街道	510322001	仁和镇	510411100	江阳区 (9街道, 6镇)	510502
邓井关街道	510322002	平地镇	510411101	南城街道	510502001
东湖街道	510322003	大田镇	510411102	北城街道	510502002
琵琶镇	510322102	福田镇	510411103	大山坪街道	510502003
狮市镇	510322103	同德镇	510411104	邻玉街道	510502004
骑龙镇	510322104	金江镇	510411105	蓝田街道	510502005
代寺镇	510322111	布德镇	510411106	茜草街道	510502006
童寺镇	510322113	前进镇	510411107	华阳街道	510502007
古佛镇	510322114	大龙潭彝族乡	510411200	泰安街道	510502009
永年镇	510322115	啊喇彝族乡	510411201	况场街道	510502010
兜山镇	510322117	太平乡	510411203	黄舣镇	510502103
板桥镇	510322118	务本乡	510411204	通滩镇	510502106
福善镇	510322119	中坝乡	510411205	江北镇	510502107
李桥镇	510322120	米易县(7镇, 4民族乡)	510421	方山镇	510502108
赵化镇	510322121	攀莲镇	510421100	分水岭镇	510502109
安溪镇	510322122	丙谷镇	510421101	丹林镇	510502111
飞龙镇	510322124	得石镇	510421102	纳溪区 (3街道, 10镇)	510503
怀德镇	510322125	撒莲镇	510421103	安富街道	510503001
长滩镇	510322126	普威镇	510421106	永宁街道	510503002
龙万乡	510322200	白马镇	510421112	东升街道	510503003
攀枝花市 (11街道, 23镇, 5乡, 10民族乡)	510400	草场镇	510421113	大渡口镇	510503100
		麻陇彝族乡	510421213	护国镇	510503101
东区 (5街道, 1镇)	510402	新山傈僳族乡	510421219	打古镇	510503102
大渡口街道	510402001	湾丘彝族乡	510421220	上马镇	510503103
炳草岗街道	510402002	白坡彝族乡	510421221	合面镇	510503104
弄弄坪街道	510402005	盐边县 (6镇, 2乡, 4民族乡)	510422	丰乐镇	510503106
瓜子坪街道	510402009	桐子林镇	510422100	白节镇	510503107
东华街道	510402010	红格镇	510422101	天仙镇	510503108
银江镇	510402100	渔门镇	510422102	新乐镇	510503109
西区 (5街道, 1镇)	510403	永兴镇	510422103	龙车镇	510503111
清香坪街道	510403001	新九镇	510422104	龙马潭区(8街道, 3镇)	510504
玉泉街道	510403002	惠民镇	510422105	小市街道	510504001
河门口街道	510403003	红果彝族乡	510422205	红星街道	510504003
陶家渡街道	510403004	共和乡	510422212	莲花池街道	510504004

续表 4

行政区划名称	行政区划代码	行政区划名称	行政区划代码	行政区划名称	行政区划代码
罗汉街道	510504005	甘雨镇	510522111	永乐街道	510525003
鱼塘街道	510504006	福宝镇	510522112	龙山镇	510525101
安宁街道	510504007	先滩镇	510522113	太平镇	510525103
石洞街道	510504008	大桥镇	510522115	二郎镇	510525104
特兴街道	510504009	车辋镇	510522116	大村镇	510525105
胡市镇	510504103	白米镇	510522117	石宝镇	510525106
双加镇	510504106	法王寺镇	510522119	丹桂镇	510525107
金龙镇	510504107	神臂城镇	510522121	茅溪镇	510525108
泸县（1 街道，19 镇）	**510521**	石龙镇	510522124	观文镇	510525109
玉蟾街道	510521001	真龙镇	510522125	双沙镇	510525110
福集镇	510521100	荔江镇	510522126	德耀镇	510525111
嘉明镇	510521101	**叙永县（18 镇，**	**510524**	石屏镇	510525112
喻寺镇	510521102	**5 民族乡）**		皇华镇	510525113
得胜镇	510521103	叙永镇	510524100	东新镇	510525117
牛滩镇	510521105	江门镇	510524101	马蹄镇	510525118
兆雅镇	510521106	马岭镇	510524102	椒园镇	510525119
玄滩镇	510521107	天池镇	510524103	黄荆镇	510525121
太伏镇	510521108	水尾镇	510524104	白泥镇	510525122
云龙镇	510521109	两河镇	510524105	马嘶苗族乡	510525209
石桥镇	510521110	落卜镇	510524106	箭竹苗族乡	510525212
毗卢镇	510521111	后山镇	510524107	大寨苗族乡	510525214
奇峰镇	510521112	分水镇	510524108	**德阳市（13 街道，67 镇，**	**510600**
潮河镇	510521113	摩尼镇	510524109	**4 乡）**	
云锦镇	510521114	赤水镇	510524110	**旌阳区（6 街道，7 镇）**	**510603**
立石镇	510521115	观兴镇	510524111	旌阳街道	510603001
百和镇	510521116	正东镇	510524112	旌东街道	510603004
天兴镇	510521117	龙凤镇	510524113	八角井街道	510603006
方洞镇	510521118	麻城镇	510524115	东湖街道	510603009
海潮镇	510521119	向林镇	510524116	天元街道	510603010
合江县（2 街道，19 镇）	**510522**	大石镇	510524118	孝感街道	510603011
符阳街道	510522001	黄坭镇	510524119	黄许镇	510603100
临港街道	510522002	合乐苗族乡	510524210	孝泉镇	510603101
望龙镇	510522101	白腊苗族乡	510524211	柏隆镇	510603103
白沙镇	510522102	枧槽苗族乡	510524212	德新镇	510603108
先市镇	510522104	水潦彝族乡	510524213	双东镇	510603110
尧坝镇	510522105	石厢子彝族乡	510524214	新中镇	510603111
九支镇	510522106	**古蔺县（3 街道，17 镇，**	**510525**	和新镇	510603117
凤鸣镇	510522108	**3 民族乡）**		**罗江区（7 镇）**	**510604**
榕山镇	510522109	彰德街道	510525001	万安镇	510604100
白鹿镇	510522110	金兰街道	510525002	鄢家镇	510604101

续表 5

行政区划名称	行政区划代码	行政区划名称	行政区划代码	行政区划名称	行政区划代码
金山镇	510604102	三水镇	510681101	城郊街道	510703010
略坪镇	510604103	连山镇	510681102	石塘街道	510703011
调元镇	510604106	高坪镇	510681103	塘汛街道	510703013
新盛镇	510604107	向阳镇	510681105	丰谷镇	510703100
白马关镇	510604109	小汉镇	510681106	青义镇	510703103
中江县 (26镇，4乡)	**510623**	金轮镇	510681107	吴家镇	510703106
凯江镇	510623100	金鱼镇	510681114	杨家镇	510703107
南华镇	510623101	南丰镇	510681116	新皂镇	510703110
回龙镇	510623102	三星堆镇	510681117	永兴镇	510703113
通济镇	510623103	**什邡市 (2街道，8镇)**	**510682**	**游仙区 (4街道，10镇)**	**510704**
永太镇	510623104	方亭街道	510682001	涪江街道	510704001
黄鹿镇	510623105	雍城街道	510682002	富乐街道	510704003
集凤镇	510623106	洛水镇	510682105	科学城春雷街道	510704006
富兴镇	510623107	禾丰镇	510682106	游仙街道	510704009
辑庆镇	510623108	马祖镇	510682108	石马镇	510704101
兴隆镇	510623109	马井镇	510682110	新桥镇	510704102
龙台镇	510623110	蓥华镇	510682111	魏城镇	510704104
永安镇	510623111	南泉镇	510682113	沉抗镇	510704105
玉兴镇	510623113	师古镇	510682114	忠兴镇	510704106
永兴镇	510623114	湔氏镇	510682116	松垭镇	510704112
悦来镇	510623115	**绵竹市 (2街道，10镇)**	**510683**	小枧镇	510704121
继光镇	510623116	剑南街道	510683001	信义镇	510704122
仓山镇	510623117	紫岩街道	510683002	仙鹤镇	510704123
广福镇	510623118	九龙镇	510683104	盐泉镇	510704124
会龙镇	510623119	汉旺镇	510683106	**安州区 (9镇，1乡)**	**510705**
万福镇	510623120	麓棠镇	510683109	花荄镇	510705100
普兴镇	510623121	广济镇	510683110	桑枣镇	510705102
联合镇	510623122	玉泉镇	510683112	黄土镇	510705103
冯店镇	510623123	新市镇	510683115	塔水镇	510705104
积金镇	510623124	孝德镇	510683116	秀水镇	510705105
太安镇	510623125	富新镇	510683119	河清镇	510705106
东北镇	510623131	什地镇	510683122	界牌镇	510705108
柏树乡	510623206	清平镇	510683124	睢水镇	510705110
白果乡	510623207	**绵阳市 (13街道，122镇，17乡，14民族乡)**	**510700**	千佛镇	510705116
永丰乡	510623214			高川乡	510705204
通山乡	510623218	**涪城区 (7街道，6镇)**	**510703**	**三台县 (31镇，2乡)**	**510722**
广汉市 (3街道，9镇)	**510681**	城厢街道	510703001	潼川镇	510722101
雒城街道	510681001	工区街道	510703003	塔山镇	510722104
汉州街道	510681002	普明街道	510703007	龙树镇	510722106
金雁街道	510681003	创业园街道	510703009	石安镇	510722107

续表 6

行政区划名称	行政区划代码	行政区划名称	行政区划代码	行政区划名称	行政区划代码
富顺镇	510722108	岐伯镇	510723116	开坪乡	510726211
三元镇	510722109	文通镇	510723117	坝底乡	510726212
秋林镇	510722110	永泰镇	510723118	马槽乡	510726214
新德镇	510722112	九龙镇	510723119	白什乡	510726215
新生镇	510722113	西陵镇	510723120	青片乡	510726216
鲁班镇	510722114	嫘祖镇	510723121	都贯乡	510726217
景福镇	510722115	大兴回族乡	510723211	平武县（6镇，2乡，	510727
紫河镇	510722116	莲花湖乡	510723222	12民族乡）	
观桥镇	510722118	梓潼县（15镇，1乡）	510725	龙安镇	510727100
郪江镇	510722119	文昌镇	510725100	古城镇	510727101
中新镇	510722120	长卿镇	510725101	响岩镇	510727103
古井镇	510722121	许州镇	510725102	大桥镇	510727107
西平镇	510722123	黎雅镇	510725103	水晶镇	510727108
八洞镇	510722124	卧龙镇	510725105	江油关镇	510727109
乐安镇	510722126	观义镇	510725106	高村乡	510727200
建平镇	510722127	玛瑙镇	510725107	坝子乡	510727202
中太镇	510722131	石牛镇	510725108	锁江羌族乡	510727206
金石镇	510722132	自强镇	510725109	土城藏族乡	510727207
新鲁镇	510722133	仁和镇	510725110	旧堡羌族乡	510727208
刘营镇	510722135	双板镇	510725111	阔达藏族乡	510727209
灵兴镇	510722136	金龙镇	510725112	黄羊关藏族乡	510727210
芦溪镇	510722137	文兴镇	510725113	虎牙藏族乡	510727211
立新镇	510722138	演武镇	510725114	泗耳藏族乡	510727212
永明镇	510722140	宏仁镇	510725118	白马藏族乡	510727213
建中镇	510722141	宝石乡	510725217	木座藏族乡	510727214
老马镇	510722145	北川羌族自治县（9镇，	510726	木皮藏族乡	510727215
北坝镇	510722151	9乡，1民族乡）		豆叩羌族乡	510727216
忠孝乡	510722201	曲山镇	510726100	平通羌族乡	510727217
断石乡	510722204	擂鼓镇	510726101	江油市（1街道，	510781
盐亭县（1街道,14镇,	510723	永安镇	510726104	22镇，1乡）	
1乡,1民族乡）		永昌镇	510726105	中坝街道	510781006
凤灵街道	510723002	禹里镇	510726106	太平镇	510781101
云溪镇	510723100	桂溪镇	510726107	三合镇	510781102
玉龙镇	510723101	小坝镇	510726108	含增镇	510781103
富驿镇	510723102	陈家坝镇	510726109	青莲镇	510781104
金孔镇	510723103	通泉镇	510726110	彰明镇	510781105
黄甸镇	510723105	漩坪乡	510726206	龙凤镇	510781106
巨龙镇	510723113	白坭乡	510726207	武都镇	510781107
高渠镇	510723114	桃龙藏族乡	510726209	大康镇	510781108
鹅溪镇	510723115	片口乡	510726210	新安镇	510781109

续表 7

行政区划名称	行政区划代码	行政区划名称	行政区划代码	行政区划名称	行政区划代码
战旗镇	510781110	虎跳镇	510811106	天星镇	510821122
双河镇	510781111	红岩镇	510811107	燕子乡	510821204
永胜镇	510781112	昭化镇	510811108	檬子乡	510821207
小溪坝镇	510781113	青牛镇	510811111	**青川县（12镇，6乡，**	**510822**
河口镇	510781114	射箭镇	510811112	**2民族乡）**	
重华镇	510781115	清水镇	510811113	乔庄镇	510822100
厚坝镇	510781116	**朝天区（10镇，2乡）**	**510812**	青溪镇	510822101
二郎庙镇	510781117	朝天镇	510812100	房石镇	510822102
马角镇	510781118	大滩镇	510812101	关庄镇	510822103
雁门镇	510781119	羊木镇	510812102	凉水镇	510822104
大堰镇	510781122	曾家镇	510812103	竹园镇	510822105
西屏镇	510781124	中子镇	510812104	木鱼镇	510822106
方水镇	510781125	沙河镇	510812105	沙州镇	510822107
枫顺乡	510781219	两河口镇	510812109	姚渡镇	510822108
广元市（7街道，112镇，	**510800**	云雾山镇	510812110	三锅镇	510822109
21乡，2民族乡）		水磨沟镇	510812111	建峰镇	510822111
利州区（7街道，5镇，	**510802**	李家镇	510812112	乐安镇	510822112
3乡）		麻柳乡	510812214	茶坝乡	510822203
东坝街道	510802001	临溪乡	510812215	蒿溪回族乡	510822207
嘉陵街道	510802002	**旺苍县（21镇，2乡）**	**510821**	曲河乡	510822210
雪峰街道	510802004	东河镇	510821100	石坝乡	510822212
河西街道	510802007	嘉川镇	510821101	大院回族乡	510822216
上西街道	510802009	木门镇	510821102	七佛乡	510822220
南河街道	510802010	白水镇	510821103	骑马乡	510822224
万缘街道	510802011	张华镇	510821105	观音店乡	510822225
荣山镇	510802100	黄洋镇	510821106	**剑阁县（27镇，2乡）**	**510823**
大石镇	510802101	普济镇	510821107	普安镇	510823100
盘山镇	510802102	三江镇	510821108	龙源镇	510823101
宝轮镇	510802103	五权镇	510821110	盐店镇	510823103
三堆镇	510802105	高阳镇	510821111	柳沟镇	510823104
白朝乡	510802200	双汇镇	510821112	武连镇	510823105
金洞乡	510802201	英萃镇	510821113	东宝镇	510823106
龙潭乡	510802202	国华镇	510821114	开封镇	510823107
昭化区（12镇）	**510811**	九龙镇	510821115	元山镇	510823108
元坝镇	510811100	龙凤镇	510821116	演圣镇	510823109
卫子镇	510811101	米仓山镇	510821117	王河镇	510823110
王家镇	510811102	大德镇	510821118	公兴镇	510823111
磨滩镇	510811103	大两镇	510821119	金仙镇	510823112
柏林沟镇	510811104	水磨镇	510821120	香沉镇	510823113
太公镇	510811105	盐河镇	510821121	白龙镇	510823114

续表 8

行政区划名称	行政区划代码	行政区划名称	行政区划代码	行政区划名称	行政区划代码
鹤龄镇	510823115	河地镇	510824128	中兴镇	510904103
杨村镇	510823116	白鹤乡	510824208	横山镇	510904104
羊岭镇	510823117	浙水乡	510824209	会龙镇	510904105
江口镇	510823118	月山乡	510824223	东禅镇	510904106
木马镇	510823119	白山乡	510824226	分水镇	510904107
剑门关镇	510823120	彭店乡	510824228	石洞镇	510904108
汉阳镇	510823121	桥溪乡	510824229	拦江镇	510904109
下寺镇	510823122	**遂宁市（20 街道，**	**510900**	保石镇	510904110
张王镇	510823123	**72 镇，3 乡）**		三家镇	510904111
店子镇	510823125	**船山区（14 街道，**	**510903**	玉丰镇	510904112
涂山镇	510823126	**9 镇，1 乡）**		西眉镇	510904113
姚家镇	510823127	凯旋路街道	510903001	磨溪镇	510904114
义兴镇	510823128	南津路街道	510903002	聚贤镇	510904115
秀钟乡	510823210	镇江寺街道	510903004	常理镇	510904116
樵店乡	510823228	育才路街道	510903005	**蓬溪县（1 街道，17 镇，**	**510921**
苍溪县（25 镇，6 乡）	**510824**	介福路街道	510903006	**2 乡）**	
陵江镇	510824100	嘉禾街道	510903007	普安街道	510921001
云峰镇	510824102	广德街道	510903008	赤城镇	510921100
东青镇	510824104	九莲街道	510903009	新会镇	510921101
白桥镇	510824105	富源路街道	510903011	文井镇	510921102
五龙镇	510824107	灵泉街道	510903012	明月镇	510921103
永宁镇	510824108	慈音街道	510903013	常乐镇	510921104
鸳溪镇	510824109	南强街道	510903014	天福镇	510921105
三川镇	510824110	西宁街道	510903016	红江镇	510921106
龙王镇	510824111	杨渡街道	510903017	宝梵镇	510921107
元坝镇	510824112	仁里镇	510903101	大石镇	510921108
唤马镇	510824113	河沙镇	510903103	吉祥镇	510921109
歧坪镇	510824114	新桥镇	510903104	鸣凤镇	510921110
白驿镇	510824115	桂花镇	510903105	任隆镇	510921111
漓江镇	510824116	龙凤镇	510903110	三凤镇	510921112
文昌镇	510824117	永兴镇	510903111	蓬南镇	510921114
岳东镇	510824118	老池镇	510903112	群利镇	510921115
石马镇	510824119	保升镇	510903113	金桥镇	510921117
运山镇	510824120	北固镇	510903114	槐花镇	510921118
东溪镇	510824121	唐家乡	510903202	荷叶乡	510921207
高坡镇	510824122	**安居区（2 街道，16 镇）**	**510904**	高升乡	510921213
龙山镇	510824123	柔刚街道	510904001	**大英县（1 街道，9 镇）**	**510923**
亭子镇	510824125	凤凰街道	510904002	盐井街道	510923001
百利镇	510824126	安居镇	510904101	隆盛镇	510923101
黄猫垭镇	510824127	白马镇	510904102	回马镇	510923102

续表 9

行政区划名称	行政区划代码	行政区划名称	行政区划代码	行政区划名称	行政区划代码
天保镇	510923103	史家镇	511002101	连界镇	511024115
河边镇	510923104	凌家镇	511002102	越溪镇	511024116
卓筒井镇	510923105	朝阳镇	511002103	小河镇	511024119
玉峰镇	510923106	永安镇	511002104	**资中县（22镇）**	**511025**
象山镇	510923107	全安镇	511002105	重龙镇	511025100
蓬莱镇	510923108	靖民镇	511002106	归德镇	511025102
金元镇	510923112	交通镇	511002110	鱼溪镇	511025103
射洪市（2街道，21镇）	**510981**	龙门镇	511002113	铁佛镇	511025105
平安街道	510981001	**东兴区（5街道，14镇）**	**511011**	球溪镇	511025106
太和街道	510981002	东兴街道	511011001	龙结镇	511025108
大榆镇	510981101	西林街道	511011002	罗泉镇	511025109
广兴镇	510981102	新江街道	511011003	发轮镇	511025110
金华镇	510981103	胜利街道	511011004	银山镇	511025112
沱牌镇	510981104	高桥街道	511011005	太平镇	511025114
太乙镇	510981105	田家镇	511011100	水南镇	511025116
金家镇	510981106	郭北镇	511011101	新桥镇	511025118
复兴镇	510981107	高梁镇	511011102	明心寺镇	511025119
天仙镇	510981108	白合镇	511011103	双河镇	511025120
仁和镇	510981109	顺河镇	511011104	公民镇	511025121
青岗镇	510981110	双才镇	511011107	龙江镇	511025122
洋溪镇	510981111	杨家镇	511011109	双龙镇	511025123
香山镇	510981112	椑木镇	511011110	高楼镇	511025124
明星镇	510981113	石子镇	511011111	陈家镇	511025125
涪西镇	510981114	永兴镇	511011113	孟塘镇	511025128
潼射镇	510981117	平坦镇	511011114	马鞍镇	511025129
曹碑镇	510981118	双桥镇	511011117	狮子镇	511025130
官升镇	510981119	富溪镇	511011118	**隆昌市（2街道，11镇）**	**511083**
文升镇	510981120	永福镇	511011120	古湖街道	511083001
东岳镇	510981121	**威远县（14镇）**	**511024**	金鹅街道	511083002
瞿河镇	510981122	严陵镇	511024100	响石镇	511083101
武安镇	510981123	新店镇	511024102	圣灯镇	511083102
内江市（13街道，70镇）	**511000**	向义镇	511024103	黄家镇	511083103
市中区（6街道，9镇）	**511002**	界牌镇	511024104	双凤镇	511083104
城东街道	511002001	龙会镇	511024105	龙市镇	511083105
城西街道	511002003	高石镇	511024106	界市镇	511083107
玉溪街道	511002004	东联镇	511024107	石碾镇	511083108
牌楼街道	511002005	镇西镇	511024109	石燕桥镇	511083111
壕子口街道	511002006	山王镇	511024111	胡家镇	511083113
乐贤街道	511002007	观英滩镇	511024113	云顶镇	511083114
白马镇	511002100	新场镇	511024114	普润镇	511083115

续表 **10**

行政区划名称	行政区划代码	行政区划名称	行政区划代码	行政区划名称	行政区划代码
乐山市(11街道,103镇,16乡,2民族乡)	**511100**	永和镇	511113100	黄土镇	511126101
		金河镇	511113101	甘江镇	511126102
市中区(5街道,12镇)	**511102**	和平彝族乡	511113200	吴场镇	511126106
大佛街道	511102004	共安彝族乡	511113201	木城镇	511126107
通江街道	511102007	永胜乡	511113203	华头镇	511126108
海棠街道	511102008	犍为县 (15镇)	**511123**	新场镇	511126110
绿心街道	511102009	玉津镇	511123100	马村镇	511126111
全福街道	511102010	孝姑镇	511123101	沐川县 (8镇,5乡)	**511129**
牟子镇	511102101	石溪镇	511123102	沐溪镇	511129100
土主镇	511102102	清溪镇	511123103	永福镇	511129101
白马镇	511102103	罗城镇	511123105	大楠镇	511129102
茅桥镇	511102104	芭沟镇	511123106	箭板镇	511129103
青平镇	511102105	龙孔镇	511123107	舟坝镇	511129104
苏稽镇	511102106	定文镇	511123108	黄丹镇	511129105
水口镇	511102107	舞雩镇	511123112	利店镇	511129106
安谷镇	511102108	玉屏镇	511123113	富新镇	511129107
棉竹镇	511102109	大兴镇	511123114	底堡乡	511129205
平兴镇	511102116	九井镇	511123115	杨村乡	511129206
悦来镇	511102117	铁炉镇	511123116	高笋乡	511129207
剑峰镇	511102118	寿保镇	511123117	茨竹乡	511129208
沙湾区 (1街道,8镇)	**511111**	双溪镇	511123118	武圣乡	511129210
铜河街道	511111002	井研县 (1街道,14镇)	**511124**	峨边彝族自治县 (7镇,6乡)	**511132**
沙湾镇	511111100	研城街道	511124001	沙坪镇	511132100
嘉农镇	511111101	马踏镇	511124101	大堡镇	511132101
太平镇	511111102	竹园镇	511124102	毛坪镇	511132102
福禄镇	511111103	研经镇	511124103	五渡镇	511132103
牛石镇	511111104	周坡镇	511124104	新林镇	511132104
葫芦镇	511111106	千佛镇	511124105	黑竹沟镇	511132105
踏水镇	511111107	王村镇	511124106	红旗镇	511132106
轸溪镇	511111108	三江镇	511124107	宜坪乡	511132201
五通桥区 (8镇)	**511112**	东林镇	511124108	杨河乡	511132206
竹根镇	511112100	集益镇	511124110	新场乡	511132208
牛华镇	511112101	纯复镇	511124111	平等乡	511132209
金粟镇	511112104	宝五镇	511124112	金岩乡	511132211
金山镇	511112105	镇阳镇	511124113	勒乌乡	511132212
西坝镇	511112107	高凤镇	511124114	马边彝族自治县 (12镇,3乡)	**511133**
冠英镇	511112108	门坎镇	511124115	民建镇	511133100
蔡金镇	511112109	夹江县 (2街道,7镇)	**511126**	荣丁镇	511133101
石麟镇	511112110	㶍城街道	511126001	烟峰镇	511133102
金口河区(2镇,1乡,2民族乡)	**511113**	青衣街道	511126002		

续表 11

行政区划名称	行政区划代码	行政区划名称	行政区划代码	行政区划名称	行政区划代码
苏坝镇	511133103	西山街道	511302011	金凤镇	511304105
下溪镇	511133104	搬罾街道	511302012	安福镇	511304106
劳动镇	511133105	共兴镇	511302104	安平镇	511304107
苁坝镇	511133106	金台镇	511302105	世阳镇	511304108
建设镇	511133107	芦溪镇	511302106	大通镇	511304109
民主镇	511133108	李家镇	511302107	一立镇	511304110
梅林镇	511133109	双桥镇	511302108	龙蟠镇	511304111
雪口山镇	511133110	渔溪镇	511302109	里坝镇	511304112
三河口镇	511133111	新复乡	511302200	金宝镇	511304114
大竹堡乡	511133211	高坪区（8 街道，	511303	三会镇	511304115
高卓营乡	511133223	10 镇，1 乡）		双桂镇	511304117
永红乡	511133226	白塔街道	511303001	七宝寺镇	511304119
峨眉山市（2 街道，	511181	清溪街道	511303002	河西镇	511304122
10 镇，1 乡）		小龙街道	511303004	盐溪乡	511304215
胜利街道	511181001	青莲街道	511303005	大兴乡	511304220
峨山街道	511181002	龙门街道	511303006	南部县（4 街道，	511321
绥山镇	511181100	都京街道	511303007	33 镇，5 乡）	
高桥镇	511181101	螺溪街道	511303008	滨江街道	511321001
罗目镇	511181102	老君街道	511303009	蜀北街道	511321002
九里镇	511181103	江陵镇	511303103	满福街道	511321003
龙池镇	511181104	擦耳镇	511303104	南隆街道	511321004
符溪镇	511181106	东观镇	511303106	老鸦镇	511321102
双福镇	511181108	长乐镇	511303107	永定镇	511321103
桂花桥镇	511181109	胜观镇	511303108	碑院镇	511321104
大为镇	511181110	阙家镇	511303110	谢河镇	511321105
黄湾镇	511181112	石圭镇	511303111	盘龙镇	511321106
龙门乡	511181200	青居镇	511303112	铁佛塘镇	511321107
南充市（42 街道，162 镇，	511300	会龙镇	511303115	石河镇	511321108
37 乡，1 民族乡）		走马镇	511303117	王家镇	511321110
顺庆区（12 街道，6 镇，	511302	佛门乡	511303211	富利镇	511321111
1 乡）		嘉陵区（5 街道，	511304	楠木镇	511321112
中城街道	511302001	17 镇，2 乡）		长坪镇	511321113
北城街道	511302002	火花街道	511304001	东坝镇	511321114
西城街道	511302003	文峰街道	511304002	河坝镇	511321115
东南街道	511302004	都尉街道	511304004	定水镇	511321116
和平路街道	511302005	西兴街道	511304005	大王镇	511321117
舞凤街道	511302006	南湖街道	511304006	黄金镇	511321118
新建街道	511302007	曲水镇	511304101	流马镇	511321119
华凤街道	511302008	李渡镇	511304102	建兴镇	511321120
潆溪街道	511302009	吉安镇	511304103	三官镇	511321121
荆溪街道	511302010	龙岭镇	511304104	伏虎镇	511321122

续表 12

行政区划名称	行政区划代码	行政区划名称	行政区划代码	行政区划名称	行政区划代码
双佛镇	511321123	木顶乡	511322208	观紫镇	511324107
花罐镇	511321124	明德乡	511322212	先锋镇	511324108
大桥镇	511321125	太蓬乡	511322215	三蛟镇	511324109
大河镇	511321126	柏林乡	511322216	回春镇	511324110
万年镇	511321127	悦中乡	511322220	柳垭镇	511324111
升钟镇	511321128	大庙乡	511322223	义路镇	511324112
升水镇	511321129	安化乡	511322225	立山镇	511324113
大坪镇	511321130	清水乡	511322229	三河镇	511324114
神坝镇	511321131	**蓬安县（2 街道，**	**511323**	瓦子镇	511324115
八尔湖镇	511321132	**14 镇，5 乡）**		大寅镇	511324116
石龙镇	511321133	相如街道	511323003	二道镇	511324117
西水镇	511321134	周口街道	511323004	赛金镇	511324118
桐坪镇	511321136	锦屏镇	511323101	丁字桥镇	511324119
五灵乡	511321211	巨龙镇	511323102	大仪镇	511324120
小元乡	511321230	正源镇	511323103	张公镇	511324121
宏观乡	511321234	河舒镇	511323107	五福镇	511324122
双峰乡	511321239	利溪镇	511323108	杨桥镇	511324124
太霞乡	511321244	龙蚕镇	511323109	保平镇	511324125
营山县（3 街道，	**511322**	杨家镇	511323110	文星镇	511324126
18 镇，8 乡）		福德镇	511323112	双胜镇	511324127
绥安街道	511322001	银汉镇	511323113	永光镇	511324129
朗池街道	511322002	兴旺镇	511323114	思德镇	511324130
城南街道	511322003	金溪镇	511323116	铜鼓乡	511324202
渌井镇	511322101	罗家镇	511323117	凤仪乡	511324207
东升镇	511322102	徐家镇	511323118	福临乡	511324210
骆市镇	511322103	睦坝镇	511323119	来仪乡	511324212
黄渡镇	511322104	平头乡	511323208	板桥乡	511324226
小桥镇	511322105	鲜店乡	511323209	芭蕉乡	511324230
灵鹫镇	511322106	新园乡	511323217	柴井乡	511324241
老林镇	511322107	石孔乡	511323222	**西充县（2 街道，**	**511325**
木垭镇	511322108	金甲乡	511323232	**16 镇，5 乡）**	
消水镇	511322109	**仪陇县（1 街道，**	**511324**	南台街道	511325001
双流镇	511322110	**29 镇，7 乡）**		晋城街道	511325002
绿水镇	511322111	度门街道	511324001	太平镇	511325101
蓼叶镇	511322113	金城镇	511324100	大全镇	511325102
新店镇	511322114	新政镇	511324101	仙林镇	511325103
回龙镇	511322115	马鞍镇	511324102	古楼镇	511325104
星火镇	511322116	永乐镇	511324103	义兴镇	511325105
西桥镇	511322117	日兴镇	511324104	关文镇	511325106
望龙湖镇	511322120	土门镇	511324105	凤鸣镇	511325107
青山镇	511322121	复兴镇	511324106	青狮镇	511325108

续表 13

行政区划名称	行政区划代码	行政区划名称	行政区划代码	行政区划名称	行政区划代码
槐树镇	511325109	峰占乡	511381214	钟祥镇	511421106
鸣龙镇	511325110	博树回族乡	511381219	始建镇	511421107
双凤镇	511325111	**眉山市（13 街道，62 镇，5 乡）**	**511400**	彰加镇	511421108
高院镇	511325112			慈航镇	511421109
仁和镇	511325113	**东坡区（3 街道，13 镇）**	**511402**	龙正镇	511421110
多扶镇	511325114	通惠街道	511402001	北斗镇	511421111
莲池镇	511325115	大石桥街道	511402002	禾加镇	511421112
常林镇	511325116	苏祠街道	511402003	禄加镇	511421114
占山乡	511325203	太和镇	511402102	宝飞镇	511421115
罐垭乡	511325220	尚义镇	511402104	龙马镇	511421116
祥龙乡	511325226	多悦镇	511402105	方家镇	511421117
车龙乡	511325227	秦家镇	511402106	满井镇	511421120
东太乡	511325229	修文镇	511402110	黑龙滩镇	511421121
阆中市（5 街道，19 镇，3 乡，1 民族乡）	**511381**	松江镇	511402112	宝马镇	511421125
		崇礼镇	511402113	珠嘉镇	511421126
保宁街道	511381001	富牛镇	511402114	曹家镇	511421128
七里街道	511381002	永寿镇	511402115	谢安镇	511421142
沙溪街道	511381003	万胜镇	511402118	新店镇	511421143
江南街道	511381004	思蒙镇	511402119	藕塘镇	511421144
河溪街道	511381005	三苏镇	511402120	板桥镇	511421145
彭城镇	511381103	复兴镇	511402121	贵平镇	511421146
玉台镇	511381104	**彭山区（5 街道，3 镇）**	**511403**	青岗乡	511421202
柏垭镇	511381105	凤鸣街道	511403001	虞丞乡	511421206
飞凤镇	511381106	青龙街道	511403003	**洪雅县（12 镇）**	**511423**
思依镇	511381107	观音街道	511403004	洪川镇	511423100
文成镇	511381108	谢家街道	511403006	止戈镇	511423101
二龙镇	511381109	江口街道	511403007	余坪镇	511423103
石滩镇	511381110	公义镇	511403103	槽渔滩镇	511423105
老观镇	511381111	黄丰镇	511403107	中保镇	511423106
龙泉镇	511381112	锦江镇	511403110	东岳镇	511423107
千佛镇	511381113	**仁寿县（4 街道，26 镇，2 乡）**	**511421**	柳江镇	511423109
望垭镇	511381114			高庙镇	511423110
妙高镇	511381116	文林街道	511421001	瓦屋山镇	511423111
洪山镇	511381117	普宁街道	511421002	七里坪镇	511423112
水观镇	511381120	怀仁街道	511421003	将军镇	511423113
金垭镇	511381121	视高街道	511421004	中山镇	511423114
五马镇	511381124	大化镇	511421101	**丹棱县（4 镇，1 乡）**	**511424**
木兰镇	511381125	文宫镇	511421102	杨场镇	511424101
天宫镇	511381126	高家镇	511421103	仁美镇	511424102
鹤丰乡	511381207	富加镇	511421104	张场镇	511424104
桥楼乡	511381212	汪洋镇	511421105		

续表 14

行政区划名称	行政区划代码	行政区划名称	行政区划代码	行政区划名称	行政区划代码
齐乐镇	511424105	汪家镇	511503105	梅硐镇	511524101
顺龙乡	511424204	黄沙镇	511503106	双河镇	511524102
青神县（1 街道，4 镇，2 乡）	511425	仙临镇	511503107	硐底镇	511524103
		长兴镇	511503108	花滩镇	511524104
青竹街道	511425001	裴石镇	511503109	竹海镇	511524105
瑞峰镇	511425101	叙州区（3 街道，12 镇，2 乡）	511504	老翁镇	511524106
汉阳镇	511425102			古河镇	511524107
西龙镇	511425104	南岸街道	511504001	龙头镇	511524110
高台镇	511425108	赵场街道	511504002	井江镇	511524112
白果乡	511425202	柏溪街道	511504003	铜鼓镇	511524113
罗波乡	511425208	观音镇	511504102	梅白镇	511524119
宜宾市（14 街道，105 镇，5 乡，12 民族乡）	511500	横江镇	511504103	铜锣镇	511524120
		柳嘉镇	511504104	高县（13 镇）	511525
翠屏区（8 街道，12 镇）	511502	泥溪镇	511504105	文江镇	511525100
西郊街道	511502006	蕨溪镇	511504106	庆符镇	511525101
安阜街道	511502007	商州镇	511504107	沙河镇	511525102
白沙湾街道	511502008	高场镇	511504108	嘉乐镇	511525103
象鼻街道	511502009	安边镇	511504109	罗场镇	511525105
沙坪街道	511502011	双龙镇	511504110	蕉村镇	511525106
双城街道	511502013	合什镇	511504112	可久镇	511525107
合江门街道	511502014	南广镇	511504118	来复镇	511525108
大观楼街道	511502015	樟海镇	511504119	月江镇	511525109
李庄镇	511502101	龙池乡	511504201	胜天镇	511525110
菜坝镇	511502102	凤仪乡	511504202	复兴镇	511525111
金坪镇	511502104	江安县（14 镇）	511523	落润镇	511525115
牟坪镇	511502108	江安镇	511523100	庆岭镇	511525116
李端镇	511502109	红桥镇	511523101	珙县（10 镇，3 民族乡）	511526
宗场镇	511502110	怡乐镇	511523104	珙泉镇	511526100
宋家镇	511502112	留耕镇	511523105	巡场镇	511526101
思坡镇	511502113	五矿镇	511523108	孝儿镇	511526102
白花镇	511502118	迎安镇	511523109	底洞镇	511526103
永兴镇	511502119	夕佳山镇	511523110	上罗镇	511526104
双谊镇	511502120	铁清镇	511523113	洛表镇	511526105
金秋湖镇	511502121	四面山镇	511523114	洛亥镇	511526106
南溪区（3 街道，8 镇）	511503	大井镇	511523115	王家镇	511526107
南溪街道	511503001	阳春镇	511523116	沐滩镇	511526109
罗龙街道	511503002	下长镇	511523117	曹营镇	511526110
仙源街道	511503003	大妙镇	511523118	玉和苗族乡	511526205
刘家镇	511503102	仁和镇	511523119	罗渡苗族乡	511526209
江南镇	511503103	长宁县（13 镇）	511524	观斗苗族乡	511526212
大观镇	511503104	长宁镇	511524100		

续表 15

行政区划名称	行政区划代码	行政区划名称	行政区划代码	行政区划名称	行政区划代码
筠连县（7镇，2乡，3民族乡）	511527	广安市（15街道，99镇，10乡）	511600	龙滩镇	511603108
筠连镇	511527100	广安区（6街道，16镇，3乡）	511602	岳池县（2街道，23镇，2乡）	511621
腾达镇	511527101	浓洄街道	511602001	九龙街道	511621001
巡司镇	511527102	北辰街道	511602002	朝阳街道	511621002
沐爱镇	511527104	广福街道	511602004	花园镇	511621101
大雪山镇	511527106	万盛街道	511602005	坪滩镇	511621102
镇舟镇	511527107	中桥街道	511602006	龙孔镇	511621103
蒿坝镇	511527108	枣山街道	511602007	镇裕镇	511621104
乐义乡	511527205	官盛镇	511602101	白庙镇	511621105
团林苗族乡	511527208	协兴镇	511602102	西溪镇	511621106
联合苗族乡	511527209	浓溪镇	511602103	同兴镇	511621107
高坪苗族乡	511527210	悦来镇	511602104	兴隆镇	511621108
丰乐乡	511527211	兴平镇	511602105	秦溪镇	511621109
兴文县（8镇，4民族乡）	511528	井河镇	511602106	顾县镇	511621110
古宋镇	511528100	花桥镇	511602107	苟角镇	511621111
僰王山镇	511528101	龙台镇	511602108	天平镇	511621112
共乐镇	511528103	肖溪镇	511602109	石垭镇	511621113
莲花镇	511528105	恒升镇	511602110	乔家镇	511621114
九丝城镇	511528107	石笋镇	511602111	罗渡镇	511621115
石海镇	511528108	白市镇	511602112	裕民镇	511621116
周家镇	511528110	大安镇	511602113	中和镇	511621117
五星镇	511528111	穿石镇	511602121	新场镇	511621118
大坝苗族乡	511528203	大龙镇	511602122	普安镇	511621119
大河苗族乡	511528205	东岳镇	511602123	临溪镇	511621121
麒麟苗族乡	511528206	龙安乡	511602207	西板镇	511621122
仙峰苗族乡	511528207	彭家乡	511602208	齐福镇	511621123
屏山县（8镇，1乡，2民族乡）	511529	白马乡	511602216	伏龙镇	511621124
锦屏镇	511529100	前锋区（4街道，8镇）	511603	黄龙乡	511621212
新市镇	511529101	奎阁街道	511603001	鱼峰乡	511621216
中都镇	511529102	大佛寺街道	511603002	武胜县（19镇，4乡）	511622
龙华镇	511529103	龙塘街道	511603003	沿口镇	511622100
大乘镇	511529104	新桥街道	511603004	中心镇	511622101
新安镇	511529107	代市镇	511603101	烈面镇	511622102
书楼镇	511529108	观塘镇	511603102	飞龙镇	511622103
屏山镇	511529109	护安镇	511603103	乐善镇	511622104
夏溪乡	511529208	广兴镇	511603104	万善镇	511622105
屏边彝族乡	511529210	观阁镇	511603105	龙女镇	511622106
清平彝族乡	511529211	桂兴镇	511603106	三溪镇	511622107
		虎城镇	511603107	赛马镇	511622108
				胜利镇	511622109

续表 16

行政区划名称	行政区划代码	行政区划名称	行政区划代码	行政区划名称	行政区划代码
金牛镇	511622110	双河街道	511681001	杨柳街道	511703006
清平镇	511622111	华龙街道	511681002	亭子镇	511703100
街子镇	511622112	古桥街道	511681003	麻柳镇	511703101
万隆镇	511622113	天池镇	511681101	大树镇	511703103
礼安镇	511622114	禄市镇	511681102	南岳镇	511703104
华封镇	511622115	永兴镇	511681103	景市镇	511703105
宝箴塞镇	511622116	明月镇	511681104	赵家镇	511703106
石盘镇	511622117	阳和镇	511681105	河市镇	511703107
鸣钟镇	511622118	高兴镇	511681106	渡市镇	511703109
真静乡	511622201	溪口镇	511681108	管村镇	511703110
猛山乡	511622202	庆华镇	511681109	石梯镇	511703111
双星乡	511622203	红岩乡	511681200	石桥镇	511703112
鼓匠乡	511622208	**达州市（21街道，149镇，**	**511700**	堡子镇	511703113
邻水县（25镇）	**511623**	**26乡，4民族乡）**		福善镇	511703114
鼎屏镇	511623100	**通川区（5街道，**	**511702**	万家镇	511703115
城北镇	511623101	**12镇，1乡）**		百节镇	511703116
城南镇	511623102	东城街道	511702001	金垭镇	511703117
柑子镇	511623103	西城街道	511702002	双庙镇	511703119
观音桥镇	511623105	朝阳街道	511702003	桥湾镇	511703120
牟家镇	511623106	凤西街道	511702004	赵固镇	511703121
合流镇	511623107	凤北街道	511702005	平滩镇	511703123
坛同镇	511623108	罗江镇	511702102	大堰镇	511703125
高滩镇	511623109	蒲家镇	511702103	罐子镇	511703127
九龙镇	511623110	复兴镇	511702104	安仁乡	511703203
御临镇	511623111	双龙镇	511702105	幺塘乡	511703215
袁市镇	511623112	碑庙镇	511702107	龙会乡	511703217
丰禾镇	511623113	江陵镇	511702108	虎让乡	511703234
八耳镇	511623114	东岳镇	511702109	米城乡	511703235
石永镇	511623115	磐石镇	511702110	**宣汉县（2街道，28镇，**	**511722**
兴仁镇	511623116	北山镇	511702111	**3乡，4民族乡）**	
王家镇	511623117	金石镇	511702112	东乡街道	511722001
石滓镇	511623118	梓桐镇	511702113	蒲江街道	511722002
三古镇	511623119	青宁镇	511702114	君塘镇	511722101
两河镇	511623120	安云乡	511702205	清溪镇	511722102
太和镇	511623121	**达川区（6街道，**	**511703**	普光镇	511722103
椿木镇	511623122	**22镇，5乡）**		天生镇	511722104
梁板镇	511623123	三里坪街道	511703001	柏树镇	511722105
复盛镇	511623124	翠屏街道	511703002	芭蕉镇	511722106
黎家镇	511623125	石板街道	511703003	南坝镇	511722107
华蓥市（3街道，8镇，	**511681**	斌郎街道	511703004	五宝镇	511722108
1乡）		明月江街道	511703005	峰城镇	511722109

续表 17

行政区划名称	行政区划代码	行政区划名称	行政区划代码	行政区划名称	行政区划代码
土黄镇	511722110	大竹县（3街道，23镇，5乡）	511724	有庆镇	511725105
华景镇	511722111			土溪镇	511725106
樊哙镇	511722112	竹阳街道	511724001	文崇镇	511725107
新华镇	511722113	东柳街道	511724002	贵福镇	511725108
黄金镇	511722114	白塔街道	511724003	岩峰镇	511725109
胡家镇	511722115	乌木镇	511724101	静边镇	511725110
毛坝镇	511722116	团坝镇	511724102	清溪场镇	511725111
大成镇	511722118	杨家镇	511724103	宝城镇	511725112
下八镇	511722120	清河镇	511724104	澜渡镇	511725113
塔河镇	511722122	柏林镇	511724105	琅琊镇	511725114
茶河镇	511722123	石河镇	511724106	李渡镇	511725115
厂溪镇	511722124	石桥铺镇	511724108	中滩镇	511725116
马渡关镇	511722126	观音镇	511724109	三板镇	511725118
红峰镇	511722127	周家镇	511724110	丰乐镇	511725119
白马镇	511722129	石子镇	511724111	李馥镇	511725120
桃花镇	511722130	文星镇	511724112	青龙镇	511725123
庙安镇	511722131	妈妈镇	511724113	卷硐镇	511725125
上峡镇	511722132	高穴镇	511724114	望溪镇	511725126
南坪镇	511722133	欧家镇	511724115	龙凤镇	511725128
老君乡	511722204	庙坝镇	511724116	新市镇	511725129
黄石乡	511722205	清水镇	511724117	渠北镇	511725131
三墩土家族乡	511722222	月华镇	511724118	定远镇	511725132
漆树土家族乡	511722223	高明镇	511724119	合力镇	511725133
龙泉土家族乡	511722224	童家镇	511724120	万寿镇	511725134
渡口土家族乡	511722225	天城镇	511724121	东安镇	511725135
石铁乡	511722226	四合镇	511724125	报恩乡	511725227
开江县（1街道，11镇，1乡）	511723	永胜镇	511724126	安北乡	511725228
		中华镇	511724128	大义乡	511725238
淙城街道	511723001	朝阳乡	511724204	巨光乡	511725245
新宁镇	511723100	安吉乡	511724218	望江乡	511725255
普安镇	511723101	八渡乡	511724224	拱市乡	511725263
回龙镇	511723102	杨通乡	511724228	万源市（1街道，25镇，5乡）	511781
永兴镇	511723104	川主乡	511724244		
讲治镇	511723105	渠县（3街道，28镇，6乡）	511725	古东关街道	511781001
甘棠镇	511723106			太平镇	511781100
任市镇	511723107	渠江街道	511725001	青花镇	511781101
广福镇	511723108	天星街道	511725002	旧院镇	511781102
长岭镇	511723109	渠南街道	511725003	罗文镇	511781103
八庙镇	511723110	临巴镇	511725102	河口镇	511781104
灵岩镇	511723112	三汇镇	511725103	草坝镇	511781105
梅家乡	511723207	涌兴镇	511725104	竹峪镇	511781106

续表 18

行政区划名称	行政区划代码	行政区划名称	行政区划代码	行政区划名称	行政区划代码
大竹镇	511781107	蒙阳街道	511803002	马烈乡	511823220
官渡镇	511781108	百丈镇	511803101	河南乡	511823224
黄钟镇	511781109	车岭镇	511803102	晒经乡	511823225
白沙镇	511781110	马岭镇	511803104	小堡藏族彝族乡	511823227
沙滩镇	511781111	新店镇	511803105	片马彝族乡	511823228
石塘镇	511781112	蒙顶山镇	511803106	坭美彝族乡	511823229
八台镇	511781113	黑竹镇	511803107	永利彝族乡	511823230
石窝镇	511781114	红星镇	511803108	顺河彝族乡	511823231
铁矿镇	511781115	中峰镇	511803109	石棉县（1街道，3镇，3乡，5民族乡）	511824
大沙镇	511781116	茅河镇	511803112	新棉街道	511824002
魏家镇	511781117	前进镇	511803118	回隆镇	511824101
白果镇	511781118	万古镇	511803119	美罗镇	511824102
井溪镇	511781119	荥经县（1街道，7镇，2乡，2民族乡）	511822	安顺场镇	511824106
长坝镇	511781121	严道街道	511822001	蟹螺藏族乡	511824202
鹰背镇	511781122	花滩镇	511822101	永和乡	511824203
永宁镇	511781123	龙苍沟镇	511822102	栗子坪彝族乡	511824207
固军镇	511781124	牛背山镇	511822103	迎政乡	511824209
黑宝山镇	511781125	新添镇	511822104	丰乐乡	511824211
蜂桶乡	511781208	青龙镇	511822105	新民藏族彝族乡	511824212
曾家乡	511781212	荥河镇	511822106	草科藏族乡	511824215
玉带乡	511781218	五宪镇	511822107	王岗坪彝族藏族乡	511824216
紫溪乡	511781227	安靖乡	511822203	天全县（7镇，3乡）	511825
庙子乡	511781229	民建彝族乡	511822205	城厢镇	511825100
雅安市（10街道，57镇，16乡，13民族乡）	511800	泗坪乡	511822209	始阳镇	511825101
雨城区（5街道，8镇）	511802	宝峰彝族乡	511822216	思经镇	511825102
东城街道	511802001	汉源县（12镇，4乡，5民族乡）	511823	喇叭河镇	511825103
西城街道	511802002	富林镇	511823100	小河镇	511825104
河北街道	511802003	九襄镇	511823101	仁义镇	511825105
青江街道	511802004	乌斯河镇	511823102	新场镇	511825106
大兴街道	511802005	宜东镇	511823103	乐英乡	511825210
草坝镇	511802101	富庄镇	511823104	新华乡	511825216
上里镇	511802107	清溪镇	511823105	兴业乡	511825219
晏场镇	511802109	大树镇	511823106	芦山县（1街道，6镇，1乡）	511826
多营镇	511802110	皇木镇	511823107	芦阳街道	511826001
碧峰峡镇	511802111	富泉镇	511823108	飞仙关镇	511826101
望鱼镇	511802112	唐家镇	511823109	双石镇	511826102
周公山镇	511802113	安乐镇	511823110	太平镇	511826103
八步镇	511802114	前域镇	511823111	大川镇	511826104
名山区（2街道，11镇）	511803	富乡乡	511823209	龙门镇	511826105
永兴街道	511803001				

续表 19

行政区划名称	行政区划代码	行政区划名称	行政区划代码	行政区划名称	行政区划代码
思延镇	511826106	登科街道	511903001	空山镇	511921120
宝盛乡	511826208	文治街道	511903002	三溪镇	511921121
宝兴县（3镇，3乡，1民族乡）	**511827**	司城街道	511903003	春在镇	511921122
穆坪镇	511827100	玉山镇	511903101	杨柏镇	511921123
灵关镇	511827101	茶坝镇	511903102	唱歌镇	511921124
陇东镇	511827102	花丛镇	511903104	陈河镇	511921125
硗碛藏族乡	511827202	柳林镇	511903105	青峪镇	511921126
五龙乡	511827205	下八庙镇	511903106	兴隆镇	511921127
大溪乡	511827207	渔溪镇	511903107	烟溪镇	511921128
蜂桶寨乡	511827208	上八庙镇	511903111	长坪镇	511921129
巴中市（17街道，116镇，6乡）	**511900**	明阳镇	511903112	松溪乡	511921214
巴州区（9街道，14镇，2乡）	**511902**	兴隆镇	511903113	胜利乡	511921216
东城街道	511902001	群乐镇	511903114	南江县（1街道，29镇，2乡）	**511922**
西城街道	511902002	双胜镇	511903115	集州街道	511922001
回风街道	511902003	关公镇	511903116	沙河镇	511922101
宕梁街道	511902004	尹家镇	511903118	长赤镇	511922103
玉堂街道	511902005	九镇	511903119	正直镇	511922104
江北街道	511902006	雪山镇	511903120	大河镇	511922105
兴文街道	511902007	通江县（1街道，30镇，2乡）	**511921**	光雾山镇	511922106
奇章街道	511902008	壁州街道	511921001	下两镇	511922108
时新街道	511902009	诺江镇	511921100	赶场镇	511922109
大茅坪镇	511902100	民胜镇	511921101	杨坝镇	511922110
清江镇	511902101	火炬镇	511921102	关坝镇	511922111
水宁寺镇	511902103	广纳镇	511921103	天池镇	511922112
曾口镇	511902105	铁佛镇	511921104	红光镇	511922113
梁永镇	511902106	麻石镇	511921105	元潭镇	511922114
鼎山镇	511902110	至诚镇	511921106	赤溪镇	511922116
大罗镇	511902111	洪口镇	511921107	双流镇	511922117
化成镇	511902118	沙溪镇	511921108	坪河镇	511922118
三江镇	511902121	瓦室镇	511921109	仁和镇	511922119
枣林镇	511902122	永安镇	511921110	和平镇	511922120
平梁镇	511902123	铁溪镇	511921111	侯家镇	511922121
光辉镇	511902125	涪阳镇	511921112	桥亭镇	511922122
凤溪镇	511902127	诺水河镇	511921113	高塔镇	511922123
天马山镇	511902128	毛浴镇	511921114	兴马镇	511922125
大和乡	511902203	两河口镇	511921115	关门镇	511922126
白庙乡	511902205	泥溪镇	511921116	石滩镇	511922127
恩阳区（3街道，15镇）	**511903**	板桥口镇	511921117	高桥镇	511922128
		新场镇	511921118	八庙镇	511922129
		龙凤场镇	511921119	贵民镇	511922130

续表 20

行政区划名称	行政区划代码	行政区划名称	行政区划代码	行政区划名称	行政区划代码
关路镇	511922131	三贤祠街道	512002002	镇子镇	512021117
云顶镇	511922132	资溪街道	512002003	文化镇	512021118
公山镇	511922133	狮子山街道	512002004	周礼镇	512021119
团结乡	511922209	宝莲街道	512002005	驯龙镇	512021120
神门乡	511922247	雁江镇	512002100	华严镇	512021121
平昌县 (3街道，28镇)	**511923**	松涛镇	512002101	长河源镇	512021122
同州街道	511923001	宝台镇	512002102	护建镇	512021123
金宝街道	511923002	临江镇	512002103	忠义镇	512021124
江口街道	511923003	保和镇	512002104	卧佛镇	512021125
响滩镇	511923101	老君镇	512002105	南薰镇	512021126
西兴镇	511923102	中和镇	512002106	思贤镇	512021127
佛楼镇	511923103	丹山镇	512002107	协和镇	512021129
白衣镇	511923104	小院镇	512002108	清流镇	512021130
涵水镇	511923105	堪嘉镇	512002109	朝阳镇	512021131
岳家镇	511923106	伍隍镇	512002110	乾龙镇	512021132
兰草镇	511923107	石岭镇	512002111	大平镇	512021133
驷马镇	511923108	东峰镇	512002112	来凤乡	512021205
元山镇	511923110	南津镇	512002113	天马乡	512021206
云台镇	511923111	丰裕镇	512002116	云峰乡	512021212
邱家镇	511923112	迎接镇	512002117	岳新乡	512021213
笔山镇	511923113	祥符镇	512002118	东胜乡	512021215
镇龙镇	511923114	安岳县 (2街道，32镇，12乡)	**512021**	高升乡	512021218
得胜镇	511923115			横庙乡	512021219
灵山镇	511923118	岳城街道	512021001	白塔寺乡	512021221
望京镇	511923119	石桥街道	512021002	双龙街乡	512021222
土兴镇	511923120	岳阳镇	512021100	合义乡	512021227
泥龙镇	511923122	鸳大镇	512021101	千佛乡	512021240
板庙镇	511923123	通贤镇	512021103	拱桥乡	512021241
龙岗镇	511923124	龙台镇	512021104	乐至县 (2街道，18镇，1乡)	**512022**
青云镇	511923125	姚市镇	512021105		
大寨镇	511923126	林凤镇	512021106	天池街道	512022001
土垭镇	511923127	毛家镇	512021107	南塔街道	512022002
渐岸镇	511923128	永清镇	512021108	石佛镇	512022101
粉壁镇	511923130	永顺镇	512021109	回澜镇	512022102
三十二梁镇	511923133	石羊镇	512021110	石湍镇	512022103
江家口镇	511923134	两板桥镇	512021111	童家镇	512022104
岩口镇	511923135	护龙镇	512021112	宝林镇	512022105
资阳市 (9街道，67镇，13乡)	**512000**	李家镇	512021113	大佛镇	512022106
		元坝镇	512021114	良安镇	512022107
雁江区 (5街道，17镇)	**512002**	兴隆镇	512021115	金顺镇	512022108
莲花街道	512002001	天林镇	512021116	中和场镇	512022109

续表 21

行政区划名称	行政区划代码	行政区划名称	行政区划代码	行政区划名称	行政区划代码
劳动镇	512022110	桃坪镇	513222104	南坪镇	513225103
中天镇	512022111	朴头镇	513222105	黑河镇	513225104
佛星镇	512022112	甘堡乡	513222202	勿角镇	513225105
蟠龙镇	512022113	蒲溪乡	513222203	永和乡	513225201
东山镇	512022114	上孟乡	513222204	白河乡	513225203
通旅镇	512022115	下孟乡	513222205	保华乡	513225205
高寺镇	512022116	通化乡	513222207	郭元乡	513225209
龙门镇	512022117	**茂县 (11 镇)**	**513223**	草地乡	513225210
盛池镇	512022118	凤仪镇	513223100	玉瓦乡	513225213
双河场乡	512022204	南新镇	513223101	大录乡	513225214
阿坝藏族羌族自治州	**513200**	叠溪镇	513223102	**金川县 (4 镇, 15 乡)**	**513226**
(82 镇, 91 乡, 1 民族乡)		富顺镇	513223105	观音桥镇	513226101
马尔康市 (3 镇, 10 乡)	**513201**	土门镇	513223107	安宁镇	513226102
马尔康镇	513201100	洼底镇	513223109	勒乌镇	513226103
松岗镇	513201102	沙坝镇	513223110	马奈镇	513226104
沙尔宗镇	513201103	渭门镇	513223111	沙耳乡	513226200
梭磨乡	513201200	黑虎镇	513223112	庆宁乡	513226201
白湾乡	513201201	沟口镇	513223113	咯尔乡	513226202
党坝乡	513201202	赤不苏镇	513223114	河东乡	513226205
木尔宗乡	513201203	**松潘县 (7 镇, 9 乡,**	**513224**	河西乡	513226206
脚木足乡	513201204	**1 民族乡)**		集沐乡	513226207
龙尔甲乡	513201206	进安镇	513224100	撒瓦脚乡	513226208
大藏乡	513201207	川主寺镇	513224101	卡拉脚乡	513226209
康山乡	513201208	青云镇	513224102	俄热乡	513226210
草登乡	513201209	毛儿盖镇	513224103	二嘎里乡	513226212
日部乡	513201210	镇江关镇	513224104	阿科里乡	513226213
汶川县 (9 镇)	**513221**	红土镇	513224105	卡撒乡	513226215
威州镇	513221100	小河镇	513224106	曾达乡	513226216
绵虒镇	513221101	十里回族乡	513224201	独松乡	513226217
映秀镇	513221102	安宏乡	513224203	毛日乡	513226220
卧龙镇	513221103	镇坪乡	513224207	**小金县 (7 镇, 11 乡)**	**513227**
漩口镇	513221104	岷江乡	513224208	美兴镇	513227100
水磨镇	513221105	大姓乡	513224209	四姑娘山镇	513227101
三江镇	513221106	白羊乡	513224210	两河口镇	513227103
耿达镇	513221107	小姓乡	513224213	达维镇	513227104
灞州镇	513221111	燕云乡	513224214	沃日镇	513227105
理县 (6 镇, 5 乡)	**513222**	黄龙乡	513224219	宅垄镇	513227106
杂谷脑镇	513222100	下八寨乡	513224221	八角镇	513227107
米亚罗镇	513222101	**九寨沟县 (5 镇, 7 乡)**	**513225**	崇德乡	513227201
古尔沟镇	513222102	漳扎镇	513225101	新桥乡	513227202
薛城镇	513222103	双河镇	513225102		

续表 **22**

行政区划名称	行政区划代码	行政区划名称	行政区划代码	行政区划名称	行政区划代码
美沃乡	513227203	麦尔玛镇	513231102	康定市 (2 街道, 8 镇, 7 乡)	513301
沙龙乡	513227204	河支镇	513231103		
日尔乡	513227208	各莫镇	513231104	榆林街道	513301001
结斯乡	513227209	安羌镇	513231105	炉城街道	513301002
木坡乡	513227211	麦昆乡	513231201	姑咱镇	513301101
抚边乡	513227213	龙藏乡	513231203	新都桥镇	513301102
窝底乡	513227216	求吉玛乡	513231204	塔公镇	513301103
汗牛乡	513227217	四洼乡	513231208	沙德镇	513301104
潘安乡	513227218	安斗乡	513231209	金汤镇	513301105
黑水县 (8 镇, 7 乡)	**513228**	柯河乡	513231210	甲根坝镇	513301106
芦花镇	513228100	垮沙乡	513231211	贡嘎山镇	513301107
卡龙镇	513228101	查理乡	513231213	鱼通镇	513301108
色尔古镇	513228102	茸安乡	513231214	雅拉乡	513301200
沙石多镇	513228103	**若尔盖县 (7 镇, 6 乡)**	**513232**	麦崩乡	513301204
知木林镇	513228104	达扎寺镇	513232100	捧塔乡	513301206
扎窝镇	513228105	唐克镇	513232102	普沙绒乡	513301208
西尔镇	513228106	红星镇	513232103	吉居乡	513301209
木苏镇	513228107	辖曼镇	513232104	呷巴乡	513301211
瓦钵梁子乡	513228204	巴西镇	513232105	孔玉乡	513301214
石碉楼乡	513228206	阿西镇	513232106	**泸定县 (8 镇, 1 乡)**	**513322**
龙坝乡	513228207	铁布镇	513232107	泸桥镇	513322100
洛多乡	513228208	麦溪乡	513232205	冷碛镇	513322101
维古乡	513228210	嫩哇乡	513232206	兴隆镇	513322102
晴朗乡	513228213	降扎乡	513232207	磨西镇	513322103
慈坝乡	513228214	占哇乡	513232208	得妥镇	513322104
壤塘县 (3 镇, 8 乡)	**513230**	求吉乡	513232214	烹坝镇	513322105
南木达镇	513230101	包座乡	513232215	燕子沟镇	513322106
中壤塘镇	513230102	**红原县 (6 镇, 4 乡)**	**513233**	德威镇	513322107
岗木达镇	513230103	邛溪镇	513233100	岚安乡	513322200
蒲西乡	513230200	刷经寺镇	513233101	**丹巴县 (9 镇, 3 乡)**	**513323**
宗科乡	513230201	瓦切镇	513233102	章谷镇	513323100
石里乡	513230202	安曲镇	513233103	巴底镇	513323101
吾伊乡	513230203	色地镇	513233104	革什扎镇	513323102
上杜柯乡	513230205	龙日镇	513233105	东谷镇	513323103
茸木达乡	513230206	江茸乡	513233202	墨尔多山镇	513323104
尕多乡	513230208	阿木乡	513233204	甲居镇	513323105
上壤塘乡	513230210	麦洼乡	513233206	格宗镇	513323106
阿坝县 (6 镇, 9 乡)	**513231**	查尔玛乡	513233208	半扇门镇	513323107
阿坝镇	513231100	**甘孜藏族自治州 (2 街道, 110 镇, 174 乡, 3 民族乡)**	**513300**	丹东镇	513323108
贾洛镇	513231101			巴旺乡	513323201
				梭坡乡	513323209

续表 23

行政区划名称	行政区划代码	行政区划名称	行政区划代码	行政区划名称	行政区划代码
太平桥乡	513323213	玉科镇	513326104	贡隆乡	513328204
九龙县（9 镇，4 乡，3 民族乡）	**513324**	仲尼镇	513326105	扎科乡	513328205
		泰宁镇	513326106	昔色乡	513328207
呷尔镇	513324100	瓦日镇	513326107	卡攻乡	513328208
烟袋镇	513324101	麻孜乡	513326201	仁果乡	513328209
三垭镇	513324102	孔色乡	513326202	拖坝乡	513328210
雪洼龙镇	513324103	葛卡乡	513326203	庭卡乡	513328212
湾坝镇	513324104	扎拖乡	513326207	下雄乡	513328213
汤古镇	513324105	下拖乡	513326208	四通达乡	513328214
乌拉溪镇	513324106	木茹乡	513326210	夺多乡	513328215
魁多镇	513324107	甲斯孔乡	513326211	泥柯乡	513328216
乃渠镇	513324108	七美乡	513326213	茶扎乡	513328217
三岩龙乡	513324202	银恩乡	513326214	大德乡	513328218
上团乡	513324203	龙灯乡	513326216	卡龙乡	513328219
八窝龙乡	513324204	色卡乡	513326218	**新龙县（6 镇，10 乡）**	**513329**
子耳彝族乡	513324209	沙冲乡	513326219	如龙镇	513329100
小金彝族乡	513324212	**炉霍县（4 镇，11 乡）**	**513327**	拉日马镇	513329101
朵洛彝族乡	513324213	新都镇	513327100	大盖镇	513329102
洪坝乡	513324216	朱倭镇	513327101	色威镇	513329103
雅江县（6 镇，10 乡）	**513325**	上罗科马镇	513327103	通宵镇	513329104
河口镇	513325100	虾拉沱镇	513327104	尤拉西镇	513329105
呷拉镇	513325101	泥巴乡	513327200	沙堆乡	513329200
西俄洛镇	513325102	雅德乡	513327201	绕鲁乡	513329203
红龙镇	513325103	洛秋乡	513327202	博美乡	513329207
波斯河镇	513325104	仁达乡	513327205	子拖西乡	513329209
麻郎措镇	513325105	旦都乡	513327207	和平乡	513329210
八角楼乡	513325201	充古乡	513327208	洛古乡	513329211
普巴绒乡	513325202	更知乡	513327209	雄龙西乡	513329212
祝桑乡	513325203	卡娘乡	513327210	麻日乡	513329213
米龙乡	513325204	宗塔乡	513327211	友谊乡	513329215
八衣绒乡	513325205	宗麦乡	513327212	银多乡	513329217
牙衣河乡	513325208	下罗科马乡	513327214	**德格县（10 镇，13 乡）**	**513330**
德差乡	513325211	**甘孜县（3 镇，18 乡）**	**513328**	更庆镇	513330100
柯拉乡	513325213	甘孜镇	513328100	马尼干戈镇	513330101
瓦多乡	513325214	查龙镇	513328101	竹庆镇	513330102
木绒乡	513325215	来马镇	513328102	阿须镇	513330103
道孚县（7 镇，12 乡）	**513326**	呷拉乡	513328200	错阿镇	513330105
鲜水镇	513326100	色西底乡	513328201	龚垭镇	513330106
八美镇	513326101	南多乡	513328202	温拖镇	513330107
亚卓镇	513326102	生康乡	513328203	打滚镇	513330108

续表 **24**

行政区划名称	行政区划代码	行政区划名称	行政区划代码	行政区划名称	行政区划代码
麦宿镇	513330109	真达乡	513332200	莫坝乡	513334203
中扎科镇	513330110	奔达乡	513332201	亚火乡	513334204
岳巴乡	513330202	正科乡	513332202	绒坝乡	513334205
八帮乡	513330203	德荣马乡	513332204	呷柯乡	513334206
白垭乡	513330205	长沙贡马乡	513332206	奔戈乡	513334207
汪布顶乡	513330206	呷衣乡	513332207	村戈乡	513334208
柯洛洞乡	513330207	格孟乡	513332208	禾尼乡	513334209
卡松渡乡	513330208	新荣乡	513332210	曲登乡	513334210
俄南乡	513330209	宜牛乡	513332211	上木拉乡	513334213
俄支乡	513330211	起坞乡	513332213	雄坝乡	513334216
玉隆乡	513330213	长须贡马乡	513332215	藏坝乡	513334218
上然姑乡	513330216	长沙干马乡	513332216	格木乡	513334219
年古乡	513330219	长须干马乡	513332217	麦洼乡	513334221
浪多乡	513330220	瓦须乡	513332219	德巫乡	513334222
亚丁乡	513330223	**色达县**（5镇，11乡）	**513333**	**巴塘县**（5镇，12乡）	**513335**
白玉县（4镇，12乡）	**513331**	色柯镇	513333100	夏邛镇	513335100
建设镇	513331100	翁达镇	513333101	中咱镇	513335101
阿察镇	513331101	洛若镇	513333102	措拉镇	513335102
河坡镇	513331102	泥朵镇	513333103	甲英镇	513335103
盖玉镇	513331103	甲学镇	513333104	地巫镇	513335104
绒盖乡	513331201	克戈乡	513333201	拉哇乡	513335200
章都乡	513331202	然充乡	513333202	竹巴龙乡	513335202
麻绒乡	513331203	康勒乡	513333203	苏哇龙乡	513335204
热加乡	513331205	大章乡	513333204	昌波乡	513335205
登龙乡	513331206	大则乡	513333205	亚日贡乡	513335208
赠科乡	513331207	亚龙乡	513333206	波密乡	513335209
辽西乡	513331210	塔子乡	513333207	莫多乡	513335210
纳塔乡	513331211	年龙乡	513333208	松多乡	513335211
麻邛乡	513331212	霍西乡	513333210	波戈溪乡	513335212
沙马乡	513331214	旭日乡	513333211	茶洛乡	513335215
安孜乡	513331215	杨各乡	513333212	列衣乡	513335216
金沙乡	513331216	**理塘县**（7镇，15乡）	**513334**	德达乡	513335217
石渠县（7镇，14乡）	**513332**	高城镇	513334100	**乡城县**（3镇，7乡）	**513336**
尼呷镇	513332100	甲洼镇	513334101	香巴拉镇	513336100
洛须镇	513332101	觉吾镇	513334102	青德镇	513336101
色须镇	513332102	拉波镇	513334103	热打镇	513336103
虾扎镇	513332103	君坝镇	513334104	沙贡乡	513336201
温波镇	513332104	格聂镇	513334105	水洼乡	513336202
蒙宜镇	513332105	木拉镇	513334106	然乌乡	513336205
阿日扎镇	513332106	哈依乡	513334201	洞松乡	513336206

续表 25

行政区划名称	行政区划代码	行政区划名称	行政区划代码	行政区划名称	行政区划代码
定波乡	513336208	礼州镇	513401101	木里藏族自治县（6镇，16乡，5民族乡）	513422
正斗乡	513336209	安宁镇	513401102		
白依乡	513336210	川兴镇	513401103	乔瓦镇	513422100
稻城县（5镇，8乡）	**513337**	黄联关镇	513401104	瓦厂镇	513422101
金珠镇	513337100	佑君镇	513401105	茶布朗镇	513422102
香格里拉镇	513337101	太和镇	513401106	雅砻江镇	513422103
桑堆镇	513337102	安哈镇	513401107	水洛镇	513422104
吉呷镇	513337103	阿七镇	513401108	列瓦镇	513422105
噶通镇	513337104	樟木箐镇	513401109	博科乡	513422201
省母乡	513337201	琅环镇	513401110	宁朗乡	513422202
巨龙乡	513337204	巴汝镇	513401111	依吉乡	513422203
邓坡乡	513337205	四合乡	513401203	俄亚纳西族乡	513422204
木拉乡	513337206	开元乡	513401211	牦牛坪乡	513422206
赤土乡	513337207	大兴乡	513401212	屋脚蒙古族乡	513422207
蒙自乡	513337209	经久乡	513401215	项脚蒙古族乡	513422208
各卡乡	513337210	裕隆回族乡	513401219	李子坪乡	513422209
俄牙同乡	513337212	高草回族乡	513401220	西秋乡	513422213
得荣县（4镇，6乡）	**513338**	马鞍山乡	513401228	克尔乡	513422214
瓦卡镇	513338101	**会理市（3街道，13镇，3乡，1民族乡）**	**513402**	白碉苗族乡	513422215
白松镇	513338102			三桷垭乡	513422216
日雨镇	513338103	城北街道	513402001	倮波乡	513422217
太阳谷镇	513338104	城南街道	513402002	卡拉乡	513422218
徐龙乡	513338201	古城街道	513402003	后所乡	513422219
奔都乡	513338204	鹿厂镇	513402101	沙湾乡	513422220
八日乡	513338205	黎溪镇	513402102	固增苗族乡	513422222
古学乡	513338206	通安镇	513402103	麦日乡	513422223
贡波乡	513338208	太平镇	513402104	东朗乡	513422224
茨巫乡	513338210	益门镇	513402105	唐央乡	513422225
凉山彝族自治州（16街道，183镇，92乡，13民族乡）	**513400**	绿水镇	513402106	博窝乡	513422226
		云甸镇	513402107	**盐源县（1街道，17镇，5乡，1民族乡）**	**513423**
西昌市（7街道，11镇，5乡，2民族乡）	**513401**	新发镇	513402108		
		关河镇	513402109	盐井街道	513423001
西城街道	513401001	彰冠镇	513402110	卫城镇	513423101
东城街道	513401002	木古镇	513402111	梅雨镇	513423102
北城街道	513401003	六华镇	513402112	白乌镇	513423103
长安街道	513401004	小黑箐镇	513402113	树河镇	513423104
新村街道	513401005	内东乡	513402201	黄草镇	513423105
海南街道	513401007	树堡乡	513402202	平川镇	513423106
马道街道	513401008	新安傣族乡	513402203	泸沽湖镇	513423107
		槽元乡	513402204	官地镇	513423108

续表 26

行政区划名称	行政区划代码	行政区划名称	行政区划代码	行政区划名称	行政区划代码
梅子坪镇	513423109	松坪镇	513426108	龙潭镇	513429101
润盐镇	513423110	新街镇	513426109	拖觉镇	513429102
长柏镇	513423111	满银沟镇	513426110	九都镇	513429103
甲米镇	513423112	大崇镇	513426111	乐安镇	513429104
棉桠镇	513423113	鲁吉镇	513426112	俄里坪镇	513429105
盐塘镇	513423114	鲹鱼河镇	513426113	地洛镇	513429106
金河镇	513423115	溜姑乡	513426235	牛角湾镇	513429107
龙塘镇	513423116	野租乡	513426246	补尔乡	513429206
兴隆镇	513423117	老君滩乡	513426251	拉果乡	513429209
藤桥乡	513423206	江西街乡	513426252	委只洛乡	513429224
田湾乡	513423207	**宁南县（13镇）**	**513427**	基只乡	513429226
右所乡	513423214	松新镇	513427101	**金阳县（9镇，6乡）**	**513430**
沃底乡	513423221	竹寿镇	513427102	天地坝镇	513430100
大坡蒙古族乡	513423222	华弹镇	513427103	派来镇	513430101
洼里乡	513423223	白鹤滩镇	513427104	芦稿镇	513430102
德昌县（2街道，8镇，2民族乡）	**513424**	西瑶镇	513427106	对坪镇	513430103
德州街道	513424001	大同镇	513427108	南瓦镇	513430104
昌州街道	513424002	骑骡沟镇	513427109	百草坡镇	513430105
永郎镇	513424101	跑马镇	513427110	洛觉镇	513430106
乐跃镇	513424102	幸福镇	513427111	德溪镇	513430107
麻栗镇	513424103	石梨镇	513427112	丙底镇	513430108
茨达镇	513424104	六铁镇	513427113	热水河乡	513430201
巴洞镇	513424109	宁远镇	513427116	甲依乡	513430206
铁炉镇	513424113	俱乐镇	513427117	基觉乡	513430210
黑龙潭镇	513424114	**普格县（8镇，5乡）**	**513428**	小银木乡	513430211
热河镇	513424115	普基镇	513428100	青松乡	513430214
南山傈僳族乡	513424217	荞窝镇	513428101	山江乡	513430217
金沙傈僳族乡	513424218	螺髻山镇	513428102	**昭觉县（11镇，9乡）**	**513431**
会东县（2街道，13镇，4乡）	**513426**	五道箐镇	513428103	新城镇	513431100
鱼城街道	513426001	花山镇	513428104	城北镇	513431101
金江街道	513426002	日都迪萨镇	513428105	竹核镇	513431102
铅锌镇	513426101	西洛镇	513428106	谷曲镇	513431103
乌东德镇	513426102	夹铁镇	513428107	比尔镇	513431104
姜州镇	513426103	黎安乡	513428203	解放沟镇	513431105
堵格镇	513426104	大坪乡	513428206	三岔河镇	513431106
淌塘镇	513426105	特兹乡	513428213	四开镇	513431107
铁柳镇	513426106	瓦洛乡	513428218	地莫镇	513431108
嘎吉镇	513426107	大槽乡	513428227	古里镇	513431109
		布拖县（8镇，4乡）	**513429**	俄尔镇	513431110
		特木里镇	513429100	美甘乡	513431205

续表 27

行政区划名称	行政区划代码	行政区划名称	行政区划代码	行政区划名称	行政区划代码
博洛乡	513431210	和爱藏族乡	513433226	巴普镇	513436100
特布洛乡	513431227	新兴乡	513433230	洪溪镇	513436101
庆恒乡	513431228	健美乡	513433231	新桥镇	513436102
补约乡	513431231	**越西县（17镇，2乡，1民族乡）**	**513434**	牛牛坝镇	513436103
金曲乡	513431234			拉马镇	513436104
则普乡	513431238	越城镇	513434100	候播乃拖镇	513436105
日哈乡	513431244	中所镇	513434101	候古莫镇	513436106
哈甘乡	513431245	新民镇	513434102	觉洛乡	513436200
喜德县（7镇，6乡）	**513432**	乃托镇	513434103	井叶特西乡	513436201
光明镇	513432100	普雄镇	513434104	合姑洛乡	513436202
冕山镇	513432101	大瑞镇	513434105	典补乡	513436208
红莫镇	513432102	竹阿觉镇	513434106	九口乡	513436217
两河口镇	513432103	书古镇	513434107	洛俄依甘乡	513436218
米市镇	513432104	依洛地坝镇	513434108	柳洪乡	513436221
洛哈镇	513432105	南箐镇	513434109	峨曲古乡	513436225
尼波镇	513432106	贡莫镇	513434110	龙门乡	513436229
贺波洛乡	513432202	梅花镇	513434111	洒库乡	513436231
鲁基乡	513432203	尔觉镇	513434112	瓦候乡	513436235
李子乡	513432204	拉普镇	513434113	**雷波县（11镇，10乡）**	**513437**
北山乡	513432205	马拖镇	513434114	锦城镇	513437100
且拖乡	513432208	大花镇	513434115	西宁镇	513437101
沙马拉达乡	513432210	板桥镇	513434116	汶水镇	513437102
冕宁县（1街道，15镇，2乡，1民族乡）	**513433**	保安藏族乡	513434211	黄琅镇	513437103
		拉吉乡	513434235	金沙镇	513437104
高阳街道	513433001	申果庄乡	513434236	永盛镇	513437105
漫水湾镇	513433101	**甘洛县（9镇，4乡）**	**513435**	渡口镇	513437106
大桥镇	513433102	新市坝镇	513435100	宝山镇	513437107
复兴镇	513433103	田坝镇	513435101	马颈子镇	513437108
泸沽镇	513433104	海棠镇	513435102	瓦岗镇	513437109
石龙镇	513433107	吉米镇	513435103	上田坝镇	513437110
彝海镇	513433108	斯觉镇	513435104	箐口乡	513437203
河边镇	513433109	普昌镇	513435105	柑子乡	513437214
锦屏镇	513433110	玉田镇	513435106	桂花乡	513437217
里庄镇	513433112	苏雄镇	513435107	山棱岗乡	513437220
惠安镇	513433113	乌史大桥镇	513435108	谷堆乡	513437222
宏模镇	513433114	新茶乡	513435202	拉咪乡	513437224
泽远镇	513433115	团结乡	513435211	千万贯乡	513437227
若水镇	513433116	嘎日乡	513435212	莫红乡	513437233
棉沙镇	513433117	沙岱乡	513435219	巴姑乡	513437237
磨房沟镇	513433118	**美姑县（7镇，11乡）**	**513436**	卡哈洛乡	513437241

贵州省

贵州省（贵、黔）

行政区划名称	行政区划代码	行政区划名称	行政区划代码	行政区划名称	行政区划代码
贵州省（364 街道，831 镇，122 乡，192 民族乡）	520000	金关街道	520103012	百宜镇	520112106
		马王街道	520103013	新堡布依族乡	520112203
贵阳市（73 街道，45 镇，9 乡，18 民族乡）	520100	茶园路街道	520103014	偏坡布依族乡	520112206
		杨惠街道	520103015	白云区（5 街道，3 镇，2 民族乡）	520113
南明区（18 街道，3 乡，1 民族乡）	520102	水东路街道	520103016		
		渔安街道	520103017	泉湖街道	520113001
五里冲街道	520102001	黔灵镇	520103100	大山洞街道	520113010
小车河街道	520102002	花溪区（9 街道，4 镇，1 乡，5 民族乡）	520111	云城街道	520113013
新华路街道	520102003			龚家寨街道	520113014
西湖路街道	520102004	贵筑街道	520111001	都拉营街道	520113015
中华南路街道	520102005	阳光街道	520111002	麦架镇	520113101
河滨街道	520102006	清溪街道	520111003	沙文镇	520113102
遵义路街道	520102007	溪北街道	520111004	艳山红镇	520113103
兴关路街道	520102008	黄河路街道	520111005	都拉布依族乡	520113202
沙冲路街道	520102009	平桥街道	520111006	牛场布依族乡	520113204
太慈桥街道	520102010	小孟街道	520111007	观山湖区（7 街道，3 镇）	520115
湘雅街道	520102011	金筑街道	520111008	宾阳街道	520115001
油榨街道	520102012	党武街道	520111009	云潭街道	520115002
中曹司街道	520102013	青岩镇	520111101	观山街道	520115003
二戈街道	520102014	石板镇	520111102	金华园街道	520115004
龙洞堡街道	520102015	麦坪镇	520111104	金阳街道	520115005
水口寺街道	520102016	燕楼镇	520111105	世纪城街道	520115006
望城街道	520102017	孟关苗族布依族乡	520111201	长岭街道	520115007
花果园街道	520102018	湖潮苗族布依族乡	520111204	金华镇	520115100
后巢乡	520102200	久安乡	520111205	朱昌镇	520115101
云关乡	520102201	高坡苗族乡	520111207	百花湖镇	520115102
永乐乡	520102202	黔陶布依族苗族乡	520111208	开阳县（3 街道，7 镇，5 乡，3 民族乡）	520121
小碧布依族苗族乡	520102203	马铃布依族苗族乡	520111209		
云岩区（17 街道，1 镇）	520103	乌当区（5 街道，6 镇，2 民族乡）	520112	硒城街道	520121001
文昌阁街道	520103001			云开街道	520121002
毓秀路街道	520103002	龙广路街道	520112001	紫兴街道	520121003
八鸽岩街道	520103003	新创路街道	520112002	双流镇	520121101
市西河街道	520103004	观溪路街道	520112003	金中镇	520121102
普陀路街道	520103005	新光路街道	520112004	冯三镇	520121103
大营路街道	520103006	高新路街道	520112005	楠木渡镇	520121104
黔灵东路街道	520103007	东风镇	520112101	龙岗镇	520121105
威清门街道	520103008	水田镇	520112102	花梨镇	520121106
头桥街道	520103009	羊昌镇	520112103	永温镇	520121107
三桥路街道	520103010	新场镇	520112104	南龙乡	520121200
盐务街街道	520103011	下坝镇	520112105	宅吉乡	520121202

续表 1

行政区划名称	行政区划代码	行政区划名称	行政区划代码	行政区划名称	行政区划代码
龙水乡	520121204	新店镇	520181103	梭戛苗族彝族回族乡	520203203
米坪乡	520121205	犁倭镇	520181104	牛场苗族彝族乡	520203204
禾丰布依族苗族乡	520121206	暗流镇	520181105	新场乡	520203205
南江布依族苗族乡	520121207	麦格苗族布依族乡	520181201	中寨苗族彝族布依族乡	520203208
高寨苗族布依族乡	520121208	王庄布依族苗族乡	520181203	落别布依族彝族乡	520203213
毛云乡	520121209	流长苗族乡	520181204	月亮河彝族布依族苗族乡	520203214
息烽县（1街道，9镇，1民族乡）	**520122**	**六盘水市（27街道，39镇，1乡，25民族乡）**	**520200**		
永阳街道	520122001	**钟山区（9街道，5镇，3民族乡）**	**520201**	**水城区（9街道，11镇，10民族乡）**	**520204**
永靖镇	520122100			尖山街道	520204001
温泉镇	520122101	黄土坡街道	520201001	双水街道	520204002
九庄镇	520122102	荷城街道	520201002	老鹰山街道	520204003
小寨坝镇	520122103	凤凰街道	520201003	董地街道	520204004
养龙司镇	520122104	德坞街道	520201004	海坪街道	520204005
石硐镇	520122105	荷泉街道	520201005	新桥街道	520204006
西山镇	520122106	红岩街道	520201006	以朵街道	520204007
鹿窝镇	520122107	杨柳街道	520201007	石龙街道	520204008
流长镇	520122108	月照街道	520201008	红桥街道	520204009
青山苗族乡	520122200	双戛街道	520201009	蟠龙镇	520204100
修文县（5街道，6镇，1民族乡）	**520123**	大河镇	520201101	发耳镇	520204101
		汪家寨镇	520201102	都格镇	520204102
龙场街道	520123001	大湾镇	520201103	鸡场镇	520204103
阳明洞街道	520123002	木果镇	520201104	勺米镇	520204104
景阳街道	520123003	保华镇	520201105	化乐镇	520204105
扎佐街道	520123004	青林苗族彝族乡	520201201	比德镇	520204106
久长街道	520123005	金盆苗族彝族乡	520201202	阿戛镇	520204107
六广镇	520123103	南开苗族彝族乡	520201203	玉舍镇	520204108
六桶镇	520123104	**六枝特区（3街道，9镇，1乡，5民族乡）**	**520203**	陡箐镇	520204109
洒坪镇	520123105			米箩镇	520204110
六屯镇	520123106	九龙街道	520203001	坪寨彝族乡	520204200
谷堡镇	520123107	银壶街道	520203002	龙场苗族白族彝族乡	520204201
小箐镇	520123108	塔山街道	520203003	营盘苗族彝族白族乡	520204202
大石布依族乡	520123204	岩脚镇	520203102	顺场苗族彝族布依族乡	520204203
清镇市（3街道，6镇，3民族乡）	**520181**	木岗镇	520203103	花戛苗族布依族彝族乡	520204204
		大用镇	520203104	杨梅彝族苗族回族乡	520204205
滨湖街道	520181002	关寨镇	520203105	新街彝族苗族布依族乡	520204206
巢凤街道	520181003	牂牁镇	520203106	野钟苗族彝族布依族乡	520204207
青龙山街道	520181004	新华镇	520203107		
红枫湖镇	520181100	龙河镇	520203108		
站街镇	520181101	新窑镇	520203109		
卫城镇	520181102	郎岱镇	520203110		

续表 2

行政区划名称	行政区划代码	行政区划名称	行政区划代码	行政区划名称	行政区划代码
果布戞彝族苗族布依族乡	520204208	中山路街道	520302006	三岔镇	520304102
猴场苗族布依族乡	520204209	迎红街道	520302007	苟江镇	520304103
盘州市（6街道，14镇，7民族乡）	520281	中华路街道	520302008	三合镇	520304104
		长征街道	520302009	乌江镇	520304105
亦资街道	520281001	南关街道	520302010	龙坪镇	520304106
翰林街道	520281002	忠庄街道	520302011	团溪镇	520304107
两河街道	520281003	北京路街道	520302012	铁厂镇	520304108
刘官街道	520281004	新蒲街道	520302013	西坪镇	520304109
胜境街道	520281005	新中街道	520302014	尚嵇镇	520304110
红果街道	520281006	礼仪街道	520302015	茅栗镇	520304111
响水镇	520281111	巷口镇	520302103	新民镇	520304112
民主镇	520281118	海龙镇	520302105	鸭溪镇	520304113
新民镇	520281121	深溪镇	520302107	石板镇	520304114
柏果镇	520281123	金鼎山镇	520302108	乐山镇	520304115
盘关镇	520281124	新舟镇	520302109	枫香镇	520304116
石桥镇	520281125	永乐镇	520302110	泮水镇	520304117
竹海镇	520281126	喇叭镇	520302111	马蹄镇	520304118
保田镇	520281127	虾子镇	520302112	平正仡佬族乡	520304200
英武镇	520281128	三渡镇	520302113	洪关苗族乡	520304201
大山镇	520281129	汇川区（6街道，8镇）	520303	桐梓县（2街道，20镇，2乡，1民族乡）	520322
鸡场坪镇	520281130	上海路街道	520303001		
双凤镇	520281131	洗马路街道	520303002	娄山关街道	520322001
丹霞镇	520281132	大连路街道	520303003	海校街道	520322002
乌蒙镇	520281133	董公寺街道	520303005	楚米镇	520322101
坪地彝族乡	520281201	高坪街道	520303006	新站镇	520322102
羊场布依族白族苗族乡	520281206	高桥街道	520303007	松坎镇	520322103
旧营白族彝族苗族乡	520281207	团泽镇	520303102	高桥镇	520322104
保基苗族彝族乡	520281208	板桥镇	520303104	水坝塘镇	520322105
淤泥彝族乡	520281209	泗渡镇	520303105	官仓镇	520322106
普古彝族苗族乡	520281210	沙湾镇	520303106	花秋镇	520322107
普田回族乡	520281214	松林镇	520303107	羊磴镇	520322108
遵义市（54街道，179镇，13乡，8民族乡）	520300	毛石镇	520303108	九坝镇	520322109
		山盆镇	520303109	大河镇	520322110
红花岗区（14街道，9镇）	520302	芝麻镇	520303110	夜郎镇	520322111
		播州区（5街道，17镇，2民族乡）	520304	木瓜镇	520322112
舟水桥街道	520302001			坡渡镇	520322113
老城街道	520302002	南白街道	520304001	燎原镇	520322114
万里路街道	520302003	播南街道	520304002	狮溪镇	520322115
延安路街道	520302005	影山湖街道	520304003	茅石镇	520322116
		桂花桥街道	520304004	尧龙山镇	520322117
		龙坑街道	520304005	风水镇	520322118

续表 3

行政区划名称	行政区划代码	行政区划名称	行政区划代码	行政区划名称	行政区划代码
容光镇	520322119	柞楣镇	520324116	何坝街道	520327002
芭蕉镇	520322120	谢坝仡佬族苗族乡	520324202	凤岭街道	520327003
小水乡	520322203	市坪苗族仡佬族乡	520324203	花坪街道	520327004
黄莲乡	520322205	道真仡佬族苗族自治县（1街道，11镇，2乡，1民族乡）	520325	进化镇	520327101
马鬃苗族乡	520322207			琊川镇	520327102
绥阳县（1街道，12镇，2乡）	520323			蜂岩镇	520327103
		尹珍街道	520325001	永和镇	520327104
洋川街道	520323001	玉溪镇	520325100	绥阳镇	520327106
郑场镇	520323101	三江镇	520325101	土溪镇	520327107
旺草镇	520323102	隆兴镇	520325102	永安镇	520327108
蒲场镇	520323103	旧城镇	520325103	天桥镇	520327109
风华镇	520323104	忠信镇	520325104	新建镇	520327111
茅垭镇	520323105	洛龙镇	520325105	王寨镇	520327112
枧坝镇	520323106	阳溪镇	520325106	湄潭县（3街道，12镇）	520328
宽阔镇	520323107	三桥镇	520325107		
黄杨镇	520323108	大磏镇	520325108	湄江街道	520328004
青杠塘镇	520323109	平模镇	520325109	黄家坝街道	520328005
太白镇	520323110	河口镇	520325110	鱼泉街道	520328006
温泉镇	520323111	上坝土家族乡	520325200	永兴镇	520328101
坪乐镇	520323112	棕坪乡	520325201	复兴镇	520328102
大路槽乡	520323200	桃源乡	520325202	马山镇	520328103
小关乡	520323201	务川仡佬族苗族自治县（3街道，11镇，2乡）	520326	高台镇	520328106
正安县（2街道，16镇，2民族乡）	520324			茅坪镇	520328107
		都濡街道	520326001	兴隆镇	520328108
风仪街道	520324001	丹砂街道	520326002	新南镇	520328109
瑞濠街道	520324002	大坪街道	520326003	石莲镇	520328110
瑞溪镇	520324101	丰乐镇	520326101	抄乐镇	520328111
和溪镇	520324102	黄都镇	520326102	洗马镇	520328112
安场镇	520324103	涪洋镇	520326103	西河镇	520328113
土坪镇	520324104	镇南镇	520326104	天城镇	520328114
流渡镇	520324105	砚山镇	520326105	余庆县（1街道，8镇，1民族乡）	520329
格林镇	520324106	泥水镇	520326106		
新洲镇	520324107	茅天镇	520326107	子营街道	520329001
庙塘镇	520324108	柏村镇	520326108	龙溪镇	520329102
小雅镇	520324109	蕉坝镇	520326110	构皮滩镇	520329103
中观镇	520324110	分水镇	520326111	大乌江镇	520329104
班竹镇	520324111	泥高镇	520326112	敖溪镇	520329105
芙蓉江镇	520324112	红丝乡	520326203	龙家镇	520329106
碧峰镇	520324113	石朝乡	520326204	松烟镇	520329107
乐俭镇	520324114	凤冈县（4街道，10镇）	520327	关兴镇	520329108
杨兴镇	520324115	龙泉街道	520327001	白泥镇	520329109
				花山苗族乡	520329200

续表 4

行政区划名称	行政区划代码	行政区划名称	行政区划代码	行政区划名称	行政区划代码
习水县（4街道，20镇，2乡）	520330	长沙镇	520381108	幺铺镇	520402101
东皇街道	520330001	丙安镇	520381109	宁谷镇	520402102
杉王街道	520330002	两河口镇	520381110	龙宫镇	520402103
九龙街道	520330003	宝源乡	520381202	双堡镇	520402104
马临街道	520330004	石堡乡	520381203	大西桥镇	520402105
土城镇	520330101	白云乡	520381204	七眼桥镇	520402106
同民镇	520330102	仁怀市（5街道，14镇，1民族乡）	520382	蔡官镇	520402107
醒民镇	520330103			轿子山镇	520402108
隆兴镇	520330104	中枢街道	520382001	旧州镇	520402109
习酒镇	520330105	盐津街道	520382002	新场布依族苗族乡	520402200
回龙镇	520330106	苍龙街道	520382003	岩腊苗族布依族乡	520402201
桑木镇	520330107	坛厂街道	520382004	鸡场布依族苗族乡	520402202
永安镇	520330108	鲁班街道	520382005	杨武布依族苗族乡	520402203
良村镇	520330109	长岗镇	520382103	东屯乡	520402204
温水镇	520330110	五马镇	520382105	黄腊布依族苗族乡	520402205
仙源镇	520330111	茅坝镇	520382106	刘官乡	520402206
官店镇	520330112	九仓镇	520382107	平坝区（2街道，7镇，2民族乡）	520403
寨坝镇	520330113	喜头镇	520382108		
民化镇	520330114	大坝镇	520382109	鼓楼街道	520403001
二郎镇	520330115	三合镇	520382110	安平街道	520403002
二里镇	520330116	合马镇	520382111	白云镇	520403100
三岔河镇	520330117	火石镇	520382113	天龙镇	520403101
大坡镇	520330118	学孔镇	520382114	夏云镇	520403102
桃林镇	520330120	龙井镇	520382115	乐平镇	520403103
程寨镇	520330122	美酒河镇	520382116	齐伯镇	520403104
双龙乡	520330205	高大坪镇	520382117	高峰镇	520403105
坭坝乡	520330207	茅台镇	520382118	马场镇	520403106
赤水市（3街道，11镇，3乡）	520381	后山苗族布依族乡	520382201	十字回族苗族乡	520403200
		安顺市（26街道，48镇，8乡，10民族乡）	520400	羊昌布依族苗族乡	520403201
市中街道	520381001			普定县（4街道，6镇，3民族乡）	520422
文华街道	520381002	西秀区（8街道，10镇，2乡，5民族乡）	520402		
金华街道	520381003	南街街道	520402001	定南街道	520422001
天台镇	520381100	东街街道	520402002	黄桶街道	520422002
复兴镇	520381101	西街街道	520402003	穿洞街道	520422003
大同镇	520381102	北街街道	520402004	玉秀街道	520422004
旺隆镇	520381103	东关街道	520402005	马官镇	520422101
葫市镇	520381104	华西街道	520402006	化处镇	520422102
元厚镇	520381105	西航街道	520402007	马场镇	520422103
官渡镇	520381106	新安街道	520402010	白岩镇	520422104
长期镇	520381107	宋旗镇	520402100	坪上镇	520422105
				鸡场坡镇	520422106

续表 5

行政区划名称	行政区划代码	行政区划名称	行政区划代码	行政区划名称	行政区划代码
补郎苗族乡	520422203	云岭街道	520425003	对坡镇	520502112
猴场苗族仡佬族乡	520422204	格凸河镇	520425101	大银镇	520502113
猫洞苗族仡佬族乡	520422205	猴场镇	520425102	林口镇	520502114
镇宁布依族苗族自治县 **（5 街道，8 镇，3 乡）**	**520423**	猫营镇	520425103	生机镇	520502115
		板当镇	520425104	清水铺镇	520502116
白马湖街道	520423001	大营镇	520425105	亮岩镇	520502117
环翠街道	520423002	宗地镇	520425106	燕子口镇	520502118
双龙山街道	520423003	坝羊镇	520425107	八寨镇	520502119
丁旗街道	520423004	火花镇	520425108	田坝桥镇	520502120
宁西街道	520423005	白石岩乡	520425200	海子街镇	520502121
黄果树镇	520423102	四大寨乡	520425203	小坝镇	520502122
马厂镇	520423104	**毕节市（53 街道，135 镇，** **19 乡，72 民族乡）**	**520500**	层台镇	520502123
良田镇	520423107			小吉场镇	520502124
扁担山镇	520423108	**七星关区（13 街道，** **27 镇，2 乡，6 民** **族乡）**	**520502**	普宜镇	520502125
募役镇	520423109			龙场营镇	520502126
本寨镇	520423110	市西街道	520502001	千溪彝族苗族白族乡	520502200
江龙镇	520423111	市东街道	520502002	阴底彝族苗族白族乡	520502201
六马镇	520423112	三板桥街道	520502003	野角乡	520502202
沙子乡	520423204	大新桥街道	520502005	大河乡	520502203
革利乡	520423206	观音桥街道	520502006	团结彝族苗族乡	520502204
简嘎乡	520423210	洪山街道	520502007	阿市苗族彝族乡	520502205
关岭布依族苗族自治县 **（4 街道，9 镇，1 乡）**	**520424**	麻园街道	520502008	大屯彝族乡	520502206
		碧海街道	520502009	田坎彝族乡	520502207
顶云街道	520424002	碧阳街道	520502010	**大方县（6 街道，10 镇，** **6 乡，18 民族乡）**	**520521**
关索街道	520424003	德溪街道	520502011		
龙潭街道	520424004	青龙街道	520502012	慕俄格古城街道	520521001
百合街道	520424005	柏杨林街道	520502013	顺德街道	520521002
永宁镇	520424102	甘河街道	520502014	红旗街道	520521003
白水镇	520424103	鸭池镇	520502100	九驿街道	520521004
坡贡镇	520424104	梨树镇	520502101	归化街道	520521005
上关镇	520424105	岔河镇	520502102	鹏程街道	520521006
岗乌镇	520424106	朱昌镇	520502103	双山镇	520521101
沙营镇	520424108	田坝镇	520502104	猫场镇	520521102
新铺镇	520424109	长春堡镇	520502105	马场镇	520521103
断桥镇	520424110	撒拉溪镇	520502106	羊场镇	520521104
花江镇	520424111	杨家湾镇	520502107	黄泥塘镇	520521105
普利乡	520424204	放珠镇	520502108	六龙镇	520521106
紫云苗族布依族自治县 **（3 街道，8 镇，2 乡）**	**520425**	青场镇	520502109	达溪镇	520521107
		水箐镇	520502110	瓢井镇	520521108
松山街道	520425001	何官屯镇	520502111	长石镇	520521109
五峰街道	520425002			对江镇	520521110

续表 6

行政区划名称	行政区划代码	行政区划名称	行政区划代码	行政区划名称	行政区划代码
东关乡	520521200	源村镇	520523109	大平苗族彝族乡	520524202
竹园彝族苗族乡	520521201	木孔镇	520523111	官寨苗族乡	520524203
响水白族彝族仡佬族乡	520521202	长坝镇	520523112	茶店布依族苗族彝族乡	520524204
文阁乡	520521203	茶园镇	520523113	金龙苗族彝族布依族乡	520524205
绿塘乡	520521204	后山镇	520523114		
鼎新彝族苗族乡	520521205	高坪镇	520523115	后寨苗族乡	520524206
牛场苗族彝族乡	520521206	化觉镇	520523116	鸡场苗族彝族布依族乡	520524207
小屯乡	520521208	石场苗族彝族乡	520523202		
理化苗族彝族乡	520521209	桂花乡	520523203	实兴乡	520524211
凤山彝族蒙古族乡	520521211	太平彝族苗族乡	520523204	上坪寨乡	520524213
安乐彝族仡佬族乡	520521212	安洛苗族彝族满族乡	520523215	纳雍乡	520524215
核桃彝族白族乡	520521213	新化苗族彝族满族乡	520523216	**纳雍县（6街道，13镇，10民族乡）**	**520525**
八堡彝族苗族乡	520521214	大田彝族苗族布依族乡	520523217		
兴隆苗族乡	520521215	马路彝族苗族乡	520523218	雍熙街道	520525001
果瓦乡	520521216	**织金县（7街道，16镇，3乡，7民族乡）**	**520524**	文昌街道	520525002
大山苗族彝族乡	520521217			居仁街道	520525003
雨冲乡	520521218	金风街道	520524001	宣慰街道	520525004
黄泥彝族苗族满族乡	520521219	双堰街道	520524002	利园街道	520525005
大水彝族苗族布依族乡	520521220	文腾街道	520524003	珙桐街道	520525006
沙厂彝族乡	520521221	八步街道	520524004	鬃岭镇	520525101
普底彝族苗族白族乡	520521222	绮陌街道	520524005	阳长镇	520525102
百纳彝族乡	520521223	三甲街道	520524006	维新镇	520525103
三元彝族苗族白族乡	520521224	惠民街道	520524007	龙场镇	520525104
星宿苗族彝族仡佬族乡	520521225	桂果镇	520524101	乐治镇	520525105
金沙县（5街道，14镇，1乡，6民族乡）	**520523**	牛场镇	520524102	百兴镇	520525107
		猫场镇	520524103	张家湾镇	520525108
鼓场街道	520523001	化起镇	520524104	玉龙坝镇	520525109
岩孔街道	520523002	龙场镇	520524105	曙光镇	520525110
西洛街道	520523003	以那镇	520524107	水东镇	520525111
五龙街道	520523004	三塘镇	520524108	沙包镇	520525112
民兴街道	520523005	阿弓镇	520524109	寨乐镇	520525113
安底镇	520523101	珠藏镇	520524110	勺窝镇	520525114
沙土镇	520523102	马场镇	520524111	新房彝族苗族乡	520525201
禹谟镇	520523104	少普镇	520524112	库东关彝族苗族白族乡	520525202
岚头镇	520523105	熊家场镇	520524113		
清池镇	520523106	白泥镇	520524114	董地苗族彝族乡	520525203
柳塘镇	520523107	黑土镇	520524115	化作苗族彝族乡	520525205
平坝镇	520523108	板桥镇	520524116	姑开苗族彝族乡	520525210
		中寨镇	520524117	羊场苗族彝族乡	520525211
		自强苗族乡	520524201	锅圈岩苗族彝族乡	520525212

续表 7

行政区划名称	行政区划代码	行政区划名称	行政区划代码	行政区划名称	行政区划代码
昆寨苗族彝族白族乡	520525213	斗古镇	520526129	水西街道	520581001
左鸠戛彝族苗族乡	520525214	新发布依族乡	520526201	莲城街道	520581002
猪场苗族彝族乡	520525215	石门乡	520526210	文峰街道	520581003
威宁彝族回族苗族自治县（6街道，30镇，4乡，1民族乡）	**520526**	云贵乡	520526211	杜鹃街道	520581004
		板底乡	520526214	锦绣街道	520581005
五里岗街道	520526001	大街乡	520526215	金碧镇	520581100
六桥街道	520526002	赫章县（5街道，10镇，3乡，12民族乡）	**520527**	雨朵镇	520581101
海边街道	520526003			大关镇	520581102
陕桥街道	520526004	双河街道	520527001	谷里镇	520581103
雄山街道	520526005	白果街道	520527002	素朴镇	520581104
开华街道	520526006	汉阳街道	520527003	中坪镇	520581105
草海镇	520526100	金银山街道	520527004	重新镇	520581106
么站镇	520526101	七家湾街道	520527005	林泉镇	520581107
金钟镇	520526102	妈姑镇	520527102	金兰镇	520581108
炉山镇	520526103	财神镇	520527103	锦星镇	520581109
龙场镇	520526104	六曲河镇	520527104	洪水镇	520581110
黑石头镇	520526105	野马川镇	520527105	甘棠镇	520581111
哲觉镇	520526106	德卓镇	520527106	钟山镇	520581112
观风海镇	520526107	平山镇	520527107	协和镇	520581113
牛棚镇	520526108	哲庄镇	520527108	观音洞镇	520581114
迤那镇	520526109	古基镇	520527109	五里布依族苗族乡	520581200
中水镇	520526110	朱明镇	520527110	绿化白族彝族乡	520581201
龙街镇	520526111	罗州镇	520527111	新仁苗族乡	520581202
雪山镇	520526112	达依乡	520527200	铁石苗族彝族乡	520581203
羊街镇	520526113	水塘堡彝族苗族乡	520527201	太来彝族苗族乡	520581204
小海镇	520526114	兴发苗族彝族回族乡	520527202	永燊彝族苗族乡	520581205
盐仓镇	520526115	松林坡白族彝族苗族乡	520527203	中建苗族彝族乡	520581206
东风镇	520526116	雉街彝族苗族乡	520527204	花溪彝族苗族乡	520581207
二塘镇	520526117	珠市彝族乡	520527205	定新彝族苗族乡	520581208
猴场镇	520526118	双坪彝族苗族乡	520527207	金坡苗族彝族满族乡	520581209
秀水镇	520526119	铁匠苗族乡	520527208	仁和彝族苗族乡	520581210
双龙镇	520526120	辅处彝族苗族乡	520527209	红林彝族苗族乡	520581211
麻乍镇	520526121	可乐彝族苗族乡	520527210	铜仁市（38街道，94镇，11乡，38民族乡）	**520600**
玉龙镇	520526122	河镇彝族苗族乡	520527211		
兔街镇	520526123	安乐溪乡	520527213	碧江区（7街道，3镇，5民族乡）	**520602**
海拉镇	520526124	结构彝族苗族乡	520527215		
岔河镇	520526125	古达苗族彝族乡	520527219	锦江街道	520602001
黑土河镇	520526126	威奢乡	520527220	环北街道	520602002
金斗镇	520526127	黔西市（5街道，15镇，12民族乡）	**520581**	河西街道	520602003
哈喇河镇	520526128			灯塔街道	520602005
				川硐街道	520602006

续表 8

行政区划名称	行政区划代码	行政区划名称	行政区划代码	行政区划名称	行政区划代码
铜兴街道	520602007	皂角坪街道	520622002	孙家坝镇	520624108
正光街道	520602008	麻音塘街道	520622003	邵家桥镇	520624109
坝黄镇	520602101	大龙街道	520622004	文家店镇	520624110
云场坪镇	520602102	朱家场镇	520622102	瓮溪镇	520624111
漾头镇	520602103	田坪镇	520622103	青杠坡镇	520624112
桐木坪侗族乡	520602200	新店镇	520622104	长坝镇	520624113
滑石侗族苗族土家族乡	520602201	亚鱼乡	520622201	板桥镇	520624114
和平土家族侗族乡	520602202	**石阡县**（3街道，6镇，1乡，9民族乡）	**520623**	大河坝镇	520624115
瓦屋侗族乡	520602203	汤山街道	520623001	香坝镇	520624116
六龙山侗族土家族乡	520602204	泉都街道	520623002	亭子坝镇	520624117
万山区（4街道，1镇，6民族乡）	**520603**	中坝街道	520623003	思林土家族苗族乡	520624201
谢桥街道	520603001	本庄镇	520623101	胡家湾苗族土家族乡	520624203
茶店街道	520603002	白沙镇	520623102	宽坪苗族土家族乡	520624204
仁山街道	520603003	龙塘镇	520623103	枫芸土家族苗族乡	520624206
丹都街道	520603004	花桥镇	520623104	天桥土家族苗族乡	520624210
万山镇	520603100	五德镇	520623105	兴隆土家族苗族乡	520624211
高楼坪侗族乡	520603200	河坝镇	520623106	杨家坳苗族土家族乡	520624212
黄道侗族乡	520603201	国荣乡	520623201	三道水土家族苗族乡	520624213
敖寨侗族乡	520603202	聚凤仡佬族侗族乡	520623202	**印江土家族苗族自治县**（3街道，13镇，1乡）	**520625**
下溪侗族乡	520603203	龙井仡佬族侗族乡	520623203	峨岭街道	520625001
大坪侗族土家族苗族乡	520603205	大沙坝仡佬族侗族乡	520623204	龙津街道	520625002
鱼塘侗族苗族乡	520603206	枫香仡佬族侗族乡	520623205	中兴街道	520625003
江口县（2街道，6镇，2民族乡）	**520621**	青阳苗族仡佬族侗族乡	520623206	板溪镇	520625101
双江街道	520621001	石固仡佬族侗族乡	520623207	沙子坡镇	520625102
凯德街道	520621002	坪地场仡佬族侗族乡	520623208	天堂镇	520625103
闵孝镇	520621101	甘溪仡佬族侗族乡	520623209	合水镇	520625105
桃映镇	520621102	坪山仡佬族侗族乡	520623210	朗溪镇	520625106
民和镇	520621103	**思南县**（3街道，17镇，8民族乡）	**520624**	缠溪镇	520625107
怒溪镇	520621104	思唐街道	520624001	洋溪镇	520625108
太平镇	520621105	关中坝街道	520624002	新寨镇	520625109
坝盘镇	520621106	双塘街道	520624003	杉树镇	520625110
德旺土家族苗族乡	520621200	凉水井镇	520624101	紫薇镇	520625111
官和侗族土家族苗族乡	520621201	鹦鹉溪镇	520624102	刀坝镇	520625112
玉屏侗族自治县（4街道，3镇，1乡）	**520622**	张家寨镇	520624103	杨柳镇	520625113
		许家坝镇	520624104	木黄镇	520625114
		合朋溪镇	520624105	罗场乡	520625206
		塘头镇	520624106	**德江县**（3街道，11镇，8民族乡）	**520626**
平溪街道	520622001	大坝场镇	520624107	青龙街道	520626001
				玉水街道	520626002

续表 9

行政区划名称	行政区划代码	行政区划名称	行政区划代码	行政区划名称	行政区划代码
安化街道	520626003	板场镇	520627117	坪东街道	522301003
煎茶镇	520626101	塘坝镇	520627118	下五屯街道	522301004
潮砥镇	520626102	晓景乡	520627203	兴泰街道	522301005
稳坪镇	520626103	后坪乡	520627211	丰都街道	522301006
枫香溪镇	520626104	**松桃苗族自治县（5 街道，17 镇，6 乡）**	**520628**	木贾街道	522301007
复兴镇	520626105			万峰林街道	522301008
合兴镇	520626106	大兴街道	520628001	马岭街道	522301009
高山镇	520626107	蓼皋街道	520628002	洒金街道	522301010
泉口镇	520626108	世昌街道	520628003	顶效街道	522301011
长堡镇	520626109	太平营街道	520628004	木陇街道	522301012
共和镇	520626110	九江街道	520628005	敬南镇	522301104
平原镇	520626111	盘石镇	520628101	泥凼镇	522301105
堰塘土家族乡	520626200	盘信镇	520628102	南盘江镇	522301106
沙溪土家族乡	520626203	大坪场镇	520628103	捧乍镇	522301107
钱家土家族乡	520626204	普觉镇	520628104	鲁布格镇	522301108
龙泉土家族乡	520626205	寨英镇	520628105	三江口镇	522301109
楠杆土家族乡	520626209	孟溪镇	520628106	乌沙镇	522301110
桶井土家族乡	520626210	乌罗镇	520628107	白碗窑镇	522301111
荆角土家族乡	520626211	甘龙镇	520628108	威舍镇	522301113
长丰土家族乡	520626212	长兴堡镇	520628109	清水河镇	522301114
沿河土家族自治县（4 街道，17 镇，2 乡）	**520627**	迓驾镇	520628110	郑屯镇	522301116
		牛郎镇	520628112	万屯镇	522301117
和平街道	520627001	大路镇	520628114	鲁屯镇	522301118
团结街道	520627002	木树镇	520628115	仓更镇	522301119
沙子街道	520627003	冷水溪镇	520628116	七舍镇	522301120
祐溪街道	520627004	黄板镇	520628117	猪场坪镇	522301121
谯家镇	520627102	正大镇	520628118	则戎镇	522301122
夹石镇	520627103	平头镇	520628119	沧江乡	522301201
淇滩镇	520627104	长坪乡	520628203	洛万乡	522301202
官舟镇	520627105	妙隘乡	520628207	雄武乡	522301204
土地坳镇	520627106	石梁乡	520628209	**兴仁市（6 街道，11 镇，1 民族乡）**	**522302**
思渠镇	520627107	瓦溪乡	520628210		
客田镇	520627108	永安乡	520628211	城北街道	522302001
洪渡镇	520627109	沙坝河乡	520628214	真武山街道	522302002
黑水镇	520627110	**黔西南布依族苗族自治州（43 街道，83 镇，12 乡，2 民族乡）**	**522300**	城南街道	522302003
甘溪镇	520627111			东湖街道	522302004
中界镇	520627112			陆官街道	522302005
泉坝镇	520627113	**兴义市（12 街道，17 镇，3 乡）**	**522301**	薏品田园街道	522302006
中寨镇	520627114			屯脚镇	522302101
黄土镇	520627115	黄草街道	522301001	百德镇	522302103
新景镇	520627116	桔山街道	522301002	雨樟镇	522302104

续表 10

行政区划名称	行政区划代码	行政区划名称	行政区划代码	行政区划名称	行政区划代码
潘家庄镇	522302105	安谷乡	522324205	纳福街道	522327002
下山镇	522302107	贞丰县（5街道，9镇，3乡）	522325	高洛街道	522327003
新龙场镇	522302108			丫他镇	522327103
大山镇	522302109	永丰街道	522325001	巧马镇	522327104
波阳镇	522302110	珉谷街道	522325002	秧坝镇	522327105
马马崖镇	522302111	丰茂街道	522325003	岩架镇	522327107
巴铃镇	522302112	双峰街道	522325004	八渡镇	522327108
回龙镇	522302113	龙兴街道	522325005	双江镇	522327109
鲁础营回族乡	522302200	龙场镇	522325101	坡妹镇	522327110
普安县（4街道，8镇，2乡）	522323	者相镇	522325102	冗渡镇	522327111
		北盘江镇	522325103	弼佑镇	522327112
盘水街道	522323001	白层镇	522325104	百口乡	522327204
南湖街道	522323002	鲁贡镇	522325105	安龙县（5街道，10镇）	522328
茶源街道	522323003	小屯镇	522325106	钱相街道	522328003
九峰街道	522323004	长田镇	522325107	招堤街道	522328004
龙吟镇	522323101	沙坪镇	522325108	栖凤街道	522328005
江西坡镇	522323103	挽澜镇	522325109	五福街道	522328006
地瓜镇	522323105	连环乡	522325200	春潭街道	522328007
楼下镇	522323107	平街乡	522325204	龙广镇	522328101
罗汉镇	522323108	鲁容乡	522325205	德卧镇	522328102
新店镇	522323109	望谟县（4街道，11镇，1民族乡）	522326	万峰湖镇	522328103
兴中镇	522323110			海子镇	522328104
青山镇	522323111	王母街道	522326001	洒雨镇	522328105
白沙乡	522323200	平洞街道	522326002	龙山镇	522328107
高棉乡	522323201	新屯街道	522326003	笃山镇	522328110
晴隆县（4街道，8镇，3乡）	522324	蟠桃街道	522326004	普坪镇	522328111
		乐元镇	522326101	木咱镇	522328112
莲城街道	522324001	打易镇	522326102	新桥镇	522328113
东观街道	522324002	乐旺镇	522326103	黔东南苗族侗族自治州（28街道，129镇，45乡，15民族乡）	522600
三宝街道	522324003	桑郎镇	522326104		
腾龙街道	522324004	郊纳镇	522326108		
沙子镇	522324101	蔗香镇	522326109	凯里市（9街道，11镇）	522601
碧痕镇	522324102	大观镇	522326110	城西街道	522601001
大厂镇	522324103	石屯镇	522326112	大十字街道	522601002
鸡场镇	522324104	麻山镇	522326113	西门街道	522601003
花贡镇	522324105	边饶镇	522326114	洗马河街道	522601004
中营镇	522324106	昂武镇	522326115	湾溪街道	522601005
光照镇	522324107	油迈瑶族乡	522326206	鸭塘街道	522601006
茶马镇	522324108	册亨县（3街道，9镇，1乡）	522327	开怀街道	522601007
长流乡	522324200			白午街道	522601008
紫马乡	522324204	者楼街道	522327001	白果井街道	522601009

续表 11

行政区划名称	行政区划代码	行政区划名称	行政区划代码	行政区划名称	行政区划代码
三棵树镇	522601100	长吉镇	522624105	高酿镇	522627105
舟溪镇	522601101	良上镇	522624106	石洞镇	522627106
旁海镇	522601103	滚马乡	522624200	远口镇	522627107
湾水镇	522601104	款场乡	522624202	坌处镇	522627108
炉山镇	522601105	**镇远县（8镇，3乡，**	**522625**	白市镇	522627109
万潮镇	522601106	**1民族乡）**		渡马镇	522627110
龙场镇	522601107	㵲阳镇	522625100	竹林镇	522627111
下司镇	522601108	蕉溪镇	522625101	江东镇	522627112
碧波镇	522601109	青溪镇	522625102	注溪乡	522627202
凯棠镇	522601110	羊坪镇	522625103	地湖乡	522627203
大风洞镇	522601111	羊场镇	522625104	**锦屏县（7镇，8乡）**	**522628**
黄平县（8镇，3乡）	**522622**	都坪镇	522625105	三江镇	522628100
新州镇	522622100	江古镇	522625106	茅坪镇	522628101
旧州镇	522622101	金堡镇	522625107	敦寨镇	522628102
重安镇	522622102	涌溪乡	522625201	启蒙镇	522628103
谷陇镇	522622103	报京乡	522625203	平秋镇	522628104
平溪镇	522622104	大地乡	522625204	铜鼓镇	522628105
野洞河镇	522622105	尚寨土家族乡	522625205	平略镇	522628106
上塘镇	522622106	**岑巩县（1街道，9镇，**	**522626**	大同乡	522628200
浪洞镇	522622107	**1乡，1民族乡）**		新化乡	522628201
一碗水乡	522622203	㵲水街道	522626001	隆里乡	522628202
纸房乡	522622204	思旸镇	522626100	钟灵乡	522628203
翁坪乡	522622206	水尾镇	522626101	偶里乡	522628204
施秉县（5镇，3乡）	**522623**	天马镇	522626102	固本乡	522628205
城关镇	522623100	龙田镇	522626103	河口乡	522628206
杨柳塘镇	522623101	注溪镇	522626104	彦洞乡	522628207
双井镇	522623102	大有镇	522626105	**剑河县（1街道，11镇，**	**522629**
牛大场镇	522623103	凯本镇	522626106	**1乡）**	
马号镇	522623104	客楼镇	522626107	仰阿莎街道	522629001
白垛乡	522623200	平庄镇	522626108	柳川镇	522629100
甘溪乡	522623201	天星乡	522626202	岑松镇	522629101
马溪乡	522623203	羊桥土家族乡	522626203	南加镇	522629102
三穗县（2街道，	**522624**	**天柱县（4街道，11镇，**	**522627**	南明镇	522629103
7镇，2乡）		**2乡）**		革东镇	522629104
文笔街道	522624001	凤城街道	522627001	磻溪镇	522629105
武笔街道	522624002	邦洞街道	522627002	太拥镇	522629106
八弓镇	522624100	社学街道	522627003	久仰镇	522629107
台烈镇	522624101	联山街道	522627004	南哨镇	522629108
瓦寨镇	522624102	坪地镇	522627102	南寨镇	522629109
桐林镇	522624103	蓝田镇	522627103	观么镇	522629110
雪洞镇	522624104	瓮洞镇	522627104	敏洞乡	522629205

续表 12

行政区划名称	行政区划代码	行政区划名称	行政区划代码	行政区划名称	行政区划代码
台江县(2街道,4镇,3乡)	522630	古州镇	522632100	雷山县(1街道,5镇,2乡,1民族乡)	522634
台拱街道	522630001	忠诚镇	522632101		
萃文街道	522630002	寨蒿镇	522632102	龙头街道	522634001
施洞镇	522630101	平永镇	522632103	丹江镇	522634100
南宫镇	522630102	乐里镇	522632104	西江镇	522634101
革一镇	522630103	朗洞镇	522632105	永乐镇	522634102
方召镇	522630104	栽麻镇	522632106	郎德镇	522634103
排羊乡	522630201	平江镇	522632107	大塘镇	522634104
台盘乡	522630202	八开镇	522632108	望丰乡	522634200
老屯乡	522630204	崇义乡	522632202	达地水族乡	522634203
黎平县(3街道,14镇,7乡,2民族乡)	522631	三江水族乡	522632204	方祥乡	522634204
		仁里水族乡	522632205	麻江县(2街道,4镇,1民族乡)	522635
德凤街道	522631001	塔石瑶族水族乡	522632206		
高屯街道	522631002	定威水族乡	522632208	杏山街道	522635001
龙形街道	522631003	兴华水族乡	522632209	金竹街道	522635002
中潮镇	522631102	计划乡	522632210	谷硐镇	522635101
孟彦镇	522631103	水尾水族乡	522632211	宣威镇	522635103
敖市镇	522631104	平阳乡	522632212	龙山镇	522635105
九潮镇	522631105	两汪乡	522632213	贤昌镇	522635106
岩洞镇	522631106	从江县(1街道,12镇,4乡,3民族乡)	522633	坝芒布依族乡	522635203
水口镇	522631107			丹寨县(1街道,4镇,2乡)	522636
洪州镇	522631108	丙梅街道	522633001		
尚重镇	522631109	贯洞镇	522633101	金泉街道	522636001
肇兴镇	522631110	洛香镇	522633102	龙泉镇	522636100
龙额镇	522631111	下江镇	522633103	兴仁镇	522636101
双江镇	522631112	宰便镇	522633104	排调镇	522636102
永从镇	522631113	西山镇	522633105	扬武镇	522636103
茅贡镇	522631114	停洞镇	522633106	雅灰乡	522636202
地坪镇	522631115	往洞镇	522633107	南皋乡	522636203
顺化瑶族乡	522631200	加鸠镇	522633108	黔南布依族苗族自治州(22街道,79镇,4乡,4民族乡)	522700
雷洞瑶族水族乡	522631201	斗里镇	522633109		
罗里乡	522631203	庆云镇	522633110		
坝寨乡	522631205	东朗镇	522633111	都匀市(5街道,4镇,1民族乡)	522701
口江乡	522631206	丙妹镇	522633112		
德顺乡	522631211	高增乡	522633200	文峰街道	522701006
大稼乡	522631212	谷坪乡	522633201	广惠街道	522701007
平寨乡	522631213	刚边壮族乡	522633204	小围寨街道	522701008
德化乡	522631214	加榜乡	522633205	沙包堡街道	522701009
榕江县(1街道,9镇,4乡,6民族乡)	522632	秀塘壮族乡	522633206	绿茵湖街道	522701010
		翠里瑶族壮族乡	522633208	墨冲镇	522701108
车民街道	522632001	加勉乡	522633212	平浪镇	522701109

续表 13

行政区划名称	行政区划代码	行政区划名称	行政区划代码	行政区划名称	行政区划代码
毛尖镇	522701112	永和镇	522725105	木引镇	522728107
匀东镇	522701113	珠藏镇	522725106	凤亭乡	522728212
归兰水族乡	522701208	玉山镇	522725107	**长顺县（1街道，5镇，1乡）**	**522729**
福泉市（2街道，5镇，1乡）	**522702**	天文镇	522725108	长寨街道	522729001
金山街道	522702001	江界河镇	522725109	广顺镇	522729101
马场坪街道	522702002	银盏镇	522725110	摆所镇	522729103
凤山镇	522702102	岚关乡	522725205	代化镇	522729104
陆坪镇	522702103	**独山县（1街道，8镇）**	**522726**	白云山镇	522729105
龙昌镇	522702105	井城街道	522726002	鼓扬镇	522729106
牛场镇	522702106	麻万镇	522726102	敦操乡	522729209
道坪镇	522702107	基长镇	522726103	**龙里县（1街道，5镇）**	**522730**
仙桥乡	522702203	上司镇	522726104	冠山街道	522730001
荔波县（1街道，5镇，2民族乡）	**522722**	下司镇	522726105	龙山镇	522730100
玉屏街道	522722001	麻尾镇	522726107	醒狮镇	522730102
朝阳镇	522722101	百泉镇	522726108	谷脚镇	522730103
茂兰镇	522722102	影山镇	522726109	洗马镇	522730105
甲良镇	522722104	玉水镇	522726110	湾滩河镇	522730106
佳荣镇	522722105	**平塘县（1街道，9镇，1民族乡）**	**522727**	**惠水县（3街道，8镇）**	**522731**
小七孔镇	522722106	金盆街道	522727001	涟江街道	522731001
瑶山瑶族乡	522722203	平舟镇	522727100	濛江街道	522731002
黎明关水族乡	522722211	牙舟镇	522727101	明田街道	522731003
贵定县（2街道，6镇）	**522723**	通州镇	522727102	摆金镇	522731103
宝山街道	522723001	大塘镇	522727103	雅水镇	522731104
金南街道	522723002	克度镇	522727104	断杉镇	522731105
德新镇	522723101	塘边镇	522727105	芦山镇	522731106
新巴镇	522723102	甲茶镇	522727106	王佑镇	522731107
盘江镇	522723103	者密镇	522727107	好花红镇	522731108
沿山镇	522723104	掌布镇	522727108	羡塘镇	522731109
昌明镇	522723106	卡蒲毛南族乡	522727200	岗度镇	522731110
云雾镇	522723107	**罗甸县（1街道，8镇，1乡）**	**522728**	**三都水族自治县（2街道，6镇）**	**522732**
瓮安县（2街道，10镇，1乡）	**522725**	斛兴街道	522728001	三合街道	522732001
瓮水街道	522725001	龙坪镇	522728100	凤羽街道	522732002
雍阳街道	522725002	边阳镇	522728101	大河镇	522732101
平定营镇	522725101	逢亭镇	522728102	普安镇	522732102
猴场镇	522725102	沫阳镇	522728103	都江镇	522732103
中坪镇	522725103	茂井镇	522728104	中和镇	522732104
建中镇	522725104	罗悃镇	522728105	周覃镇	522732105
		红水河镇	522728106	九阡镇	522732106

云南省

云南省（云、滇）

行政区划名称	行政区划代码	行政区划名称	行政区划代码	行政区划名称	行政区划代码
云南省（221街道，666镇，397乡，140民族乡）	530000	金碧街道	530112001	双河彝族乡	530115200
		永昌街道	530112002	夕阳彝族乡	530115201
昆明市（81街道，42镇，12乡，4民族乡）	530100	前卫街道	530112003	富民县（2街道，5镇）	530124
		福海街道	530112004	永定街道	530124001
五华区（10街道）	530102	棕树营街道	530112005	大营街道	530124002
护国街道	530102001	马街街道	530112006	罗免镇	530124102
大观街道	530102002	西苑街道	530112007	赤鹫镇	530124103
华山街道	530102003	海口街道	530112008	东村镇	530124104
龙翔街道	530102004	碧鸡街道	530112009	款庄镇	530124105
莲华街道	530102005	团结街道	530112010	散旦镇	530124106
丰宁街道	530102006	东川区（2街道，6镇，1乡）	530113	宜良县（3街道，4镇，2民族乡）	530125
红云街道	530102007	铜都街道	530113001	匡远街道	530125001
黑林铺街道	530102008	碧谷街道	530113002	汤池街道	530125002
普吉街道	530102009	汤丹镇	530113102	南羊街道	530125003
西翥街道	530102010	因民镇	530113103	北古城镇	530125101
盘龙区（12街道）	530103	阿旺镇	530113104	狗街镇	530125103
拓东街道	530103001	乌龙镇	530113106	马街镇	530125105
鼓楼街道	530103002	拖布卡镇	530113107	竹山镇	530125106
东华街道	530103003	红土地镇	530113108	耿家营彝族苗族乡	530125204
联盟街道	530103004	舍块乡	530113200	九乡彝族回族乡	530125205
金辰街道	530103005	呈贡区（10街道）	530114	石林彝族自治县（3街道，3镇，1乡）	530126
青云街道	530103006	龙城街道	530114001	鹿阜街道	530126001
龙泉街道	530103007	斗南街道	530114003	石林街道	530126002
茨坝街道	530103008	吴家营街道	530114005	板桥街道	530126003
双龙街道	530103009	乌龙街道	530114008	西街口镇	530126104
松华街道	530103010	洛龙街道	530114009	长湖镇	530126105
滇源街道	530103012	雨花街道	530114010	圭山镇	530126106
阿子营街道	530103013	马金铺街道	530114011	大可乡	530126202
官渡区（10街道）	530111	洛羊街道	530114012	嵩明县（2街道，3镇）	530127
吴井街道	530111001	大渔街道	530114013	嵩阳街道	530127001
关上街道	530111002	七甸街道	530114014	杨桥街道	530127002
金马街道	530111003	晋宁区（3街道，3镇，2民族乡）	530115	小街镇	530127101
太和街道	530111004			杨林镇	530127102
官渡街道	530111005	昆阳街道	530115001	牛栏江镇	530127103
小板桥街道	530111006	宝峰街道	530115002	禄劝彝族苗族自治县（2街道，9镇，6乡）	530128
大板桥街道	530111007	晋城街道	530115003		
矣六街道	530111008	二街镇	530115101	屏山街道	530128001
六甲街道	530111009	上蒜镇	530115102	崇德街道	530128002
阿拉街道	530111010	六街镇	530115103		
西山区（10街道）	530112				

续表 1

行政区划名称	行政区划代码	行政区划名称	行政区划代码	行政区划名称	行政区划代码
撒营盘镇	530128101	青龙街道	530181008	马过河镇	530304100
茂山镇	530128103	禄脿街道	530181009	纳章镇	530304101
翠华镇	530128104	**曲靖市（46 街道，51 镇，**	**530300**	马鸣乡	530304200
团街镇	530128105	**32 乡，8 民族乡）**		大庄乡	530304201
中屏镇	530128106	**麒麟区（13 街道，3 镇）**	**530302**	月望乡	530304202
皎平渡镇	530128107	南宁街道	530302001	**陆良县（2 街道，7 镇，**	**530322**
乌东德镇	530128108	建宁街道	530302002	**2 乡）**	
九龙镇	530128109	白石江街道	530302003	中枢街道	530322001
转龙镇	530128110	寥廓街道	530302004	同乐街道	530322002
云龙乡	530128204	西城街道	530302005	板桥镇	530322101
汤郎乡	530128208	珠街街道	530302006	三岔河镇	530322102
马鹿塘乡	530128209	沿江街道	530302007	马街镇	530322103
则黑乡	530128212	三宝街道	530302008	召夸镇	530322104
乌蒙乡	530128213	太和街道	530302009	大莫古镇	530322105
雪山乡	530128214	文华街道	530302010	芳华镇	530322106
寻甸回族彝族自治县	**530129**	潇湘街道	530302011	小百户镇	530322107
（3 街道，9 镇，4 乡）		益宁街道	530302012	活水乡	530322200
仁德街道	530129001	翠峰街道	530302013	龙海乡	530322202
塘子街道	530129002	越州镇	530302101	**师宗县（3 街道，4 镇，**	**530323**
金所街道	530129003	东山镇	530302102	**3 民族乡）**	
羊街镇	530129102	茨营镇	530302103	丹凤街道	530323001
柯渡镇	530129103	**沾益区（4 街道，2 镇，**	**530303**	漾月街道	530323002
功山镇	530129105	**5 乡）**		大同街道	530323003
七星镇	530129106	龙华街道	530303001	雄壁镇	530323101
河口镇	530129107	金龙街道	530303002	葵山镇	530323103
先锋镇	530129108	西平街道	530303003	彩云镇	530323104
鸡街镇	530129109	花山街道	530303004	竹基镇	530323105
倘甸镇	530129110	白水镇	530303100	龙庆彝族壮族乡	530323201
凤合镇	530129111	盘江镇	530303101	五龙壮族乡	530323202
六哨乡	530129205	炎方乡	530303200	高良壮族苗族瑶族乡	530323203
甸沙乡	530129210	播乐乡	530303201	**罗平县（3 街道，4 镇，**	**530324**
联合乡	530129211	大坡乡	530303202	**3 乡，3 民族乡）**	
金源乡	530129212	菱角乡	530303203	罗雄街道	530324001
安宁市（9 街道）	**530181**	德泽乡	530303204	腊山街道	530324002
连然街道	530181001	**马龙区（5 街道，2 镇，**	**530304**	九龙街道	530324003
金方街道	530181002	**3 乡）**		板桥镇	530324101
八街街道	530181003	通泉街道	530304001	马街镇	530324102
县街街道	530181004	鸡头村街道	530304002	富乐镇	530324103
太平新城街道	530181005	王家庄街道	530304003	阿岗镇	530324105
温泉街道	530181006	张安屯街道	530304004	大水井乡	530324201
草铺街道	530181007	旧县街道	530304005	鲁布革布依族苗族乡	530324202

续表 2

行政区划名称	行政区划代码	行政区划名称	行政区划代码	行政区划名称	行政区划代码
旧屋基彝族乡	530324203	五星乡	530326213	玉带街道	530402003
钟山乡	530324204	驾车乡	530326214	北城街道	530402004
长底布依族乡	530324205	大桥乡	530326215	春和街道	530402005
老厂乡	530324208	田坝乡	530326216	李棋街道	530402006
富源县（2街道，9镇，1民族乡）	530325	宣威市（9街道，13镇，7乡）	530381	大营街街道	530402007
				研和街道	530402008
中安街道	530325001	宛水街道	530381001	高仓街道	530402009
胜境街道	530325002	西宁街道	530381002	小石桥彝族乡	530402200
营上镇	530325101	双龙街道	530381003	洛河彝族乡	530402201
黄泥河镇	530325102	虹桥街道	530381004	江川区（2街道，4镇，1乡，1民族乡）	530403
竹园镇	530325103	来宾街道	530381005		
后所镇	530325104	板桥街道	530381006	星云街道	530403002
大河镇	530325105	凤凰街道	530381007	宁海街道	530403003
墨红镇	530325106	丰华街道	530381008	江城镇	530403101
富村镇	530325107	复兴街道	530381009	前卫镇	530403102
老厂镇	530325109	格宜镇	530381102	九溪镇	530403103
十八连山镇	530325110	田坝镇	530381103	路居镇	530403104
古敢水族乡	530325203	羊场镇	530381104	安化彝族乡	530403200
会泽县（5街道，7镇，12乡，1民族乡）	530326	倘塘镇	530381106	雄关乡	530403201
		落水镇	530381107	通海县（2街道，4镇，3民族乡）	530423
金钟街道	530326001	务德镇	530381108		
古城街道	530326002	海岱镇	530381109	秀山街道	530423001
宝云街道	530326003	龙场镇	530381110	九龙街道	530423002
钟屏街道	530326007	龙潭镇	530381111	杨广镇	530423101
以礼街道	530326008	宝山镇	530381112	河西镇	530423103
娜姑镇	530326101	东山镇	530381113	四街镇	530423104
迤车镇	530326102	热水镇	530381114	纳古镇	530423105
矿山镇	530326104	杨柳镇	530381115	里山彝族乡	530423200
者海镇	530326105	普立乡	530381201	高大傣族彝族乡	530423201
待补镇	530326106	西泽乡	530381204	兴蒙蒙古族乡	530423202
乐业镇	530326107	得禄乡	530381205	华宁县（1街道，3镇，1民族乡）	530424
大井镇	530326108	双河乡	530381207		
纸厂乡	530326200	乐丰乡	530381208	宁州街道	530424001
马路乡	530326202	文兴乡	530381209	盘溪镇	530424101
火红乡	530326203	阿都乡	530381210	华溪镇	530424102
新街回族乡	530326206	玉溪市（25街道，25镇，16乡，10民族乡）	530400	青龙镇	530424103
雨碌乡	530326208			通红甸彝族苗族乡	530424200
大海乡	530326209	红塔区（9街道，2民族乡）	530402	易门县（2街道，1镇，1乡，3民族乡）	530425
鲁纳乡	530326210				
老厂乡	530326211	玉兴街道	530402001	龙泉街道	530425001
上村乡	530326212	凤凰街道	530402002	六街街道	530425002

续表 3

行政区划名称	行政区划代码	行政区划名称	行政区划代码	行政区划名称	行政区划代码
绿汁镇	530425102	龙潭乡	530428205	摆榔彝族布朗族乡	530521203
浦贝彝族乡	530425200	澄江市（2街道，4镇）	530481	酒房乡	530521204
十街彝族乡	530425201	凤麓街道	530481001	旧城乡	530521205
铜厂彝族乡	530425202	龙街街道	530481002	木老元布朗族彝族乡	530521206
小街乡	530425203	阳宗镇	530481100	老麦乡	530521207
峨山彝族自治县（2街道，3镇，3乡）	530426	右所镇	530481101	何元乡	530521208
双江街道	530426001	海口镇	530481102	水长乡	530521209
小街街道	530426002	九村镇	530481103	龙陵县（5镇，4乡，1民族乡）	530523
甸中镇	530426102	保山市（8街道，36镇，22乡，10民族乡）	530500	镇安镇	530523101
化念镇	530426103			勐糯镇	530523102
塔甸镇	530426104	隆阳区（6街道，5镇，6乡，4民族乡）	530502	龙山镇	530523103
岔河乡	530426200			腊勐镇	530523104
大龙潭乡	530426201	兰城街道	530502001	象达镇	530523105
富良棚乡	530426202	永昌街道	530502002	龙江乡	530523201
新平彝族傣族自治县（2街道，4镇，6乡）	530427	河图街道	530502003	碧寨乡	530523204
		永盛街道	530502004	龙新乡	530523205
桂山街道	530427001	九隆街道	530502005	平达乡	530523207
古城街道	530427002	青华街道	530502006	木城彝族傈僳族乡	530523208
扬武镇	530427101	板桥镇	530502101	昌宁县（9镇，1乡，3民族乡）	530524
漠沙镇	530427102	蒲缥镇	530502103		
戛洒镇	530427103	汉庄镇	530502104	漭水镇	530524102
水塘镇	530427104	潞江镇	530502105	柯街镇	530524103
平甸乡	530427200	瓦窑镇	530502106	卡斯镇	530524104
新化乡	530427201	金鸡乡	530502200	勐统镇	530524105
建兴乡	530427202	辛街乡	530502201	田园镇	530524106
老厂乡	530427203	西邑乡	530502202	温泉镇	530524107
者竜乡	530427204	丙麻乡	530502203	鸡飞镇	530524108
平掌乡	530427205	瓦渡乡	530502204	大田坝镇	530524109
元江哈尼族彝族傣族自治县（3街道，2镇，5乡）	530428	水寨乡	530502205	翁堵镇	530524110
		瓦马彝族白族乡	530502208	湾甸傣族乡	530524204
		瓦房彝族苗族乡	530502210	更戛乡	530524205
澧江街道	530428001	杨柳白族彝族乡	530502211	珠街彝族乡	530524206
红河街道	530428002	芒宽彝族傣族乡	530502214	耈街彝族苗族乡	530524207
甘庄街道	530428003	施甸县（5镇，6乡，2民族乡）	530521	腾冲市（2街道，12镇，5乡）	530581
因远镇	530428101			
曼来镇	530428102	甸阳镇	530521100	腾越街道	530581001
羊街乡	530428201	由旺镇	530521101	西源街道	530581002
那诺乡	530428202	姚关镇	530521102	固东镇	530581101
洼垤乡	530428203	太平镇	530521103	滇滩镇	530581103
咪哩乡	530428204	仁和镇	530521104	猴桥镇	530581104
		万兴乡	530521202		

续表 4

行政区划名称	行政区划代码	行政区划名称	行政区划代码	行政区划名称	行政区划代码
和顺镇	530581105	砚池街道	530621002	牛寨乡	530623206
界头镇	530581106	龙头山镇	530621101	**大关县（8镇，1民族乡）**	**530624**
曲石镇	530581107	水磨镇	530621102	翠华镇	530624100
明光镇	530581108	小寨镇	530621103	玉碗镇	530624101
中和镇	530581109	江底镇	530621104	吉利镇	530624102
芒棒镇	530581110	龙树镇	530621105	天星镇	530624103
荷花镇	530581111	新街镇	530621106	木杆镇	530624104
北海镇	530581112	火德红镇	530621107	悦乐镇	530624105
清水镇	530581113	乐红镇	530621108	高桥镇	530624106
马站乡	530581203	梭山镇	530621109	寿山镇	530624107
五合乡	530581210	桃源回族乡	530621200	上高桥回族彝族苗族乡	530624200
新华乡	530581211	茨院回族乡	530621201	**永善县（2街道，7镇，**	**530625**
蒲川乡	530581212	**巧家县（2街道，11镇，**	**530622**	**5乡，2民族乡）**	
团田乡	530581213	**4乡）**		溪洛渡街道	530625001
昭通市（16街道，94镇，	**530600**	白鹤滩街道	530622001	永兴街道	530625002
23乡，17民族乡）		玉屏街道	530622002	桧溪镇	530625102
昭阳区（4街道，9镇，	**530602**	马树镇	530622101	黄华镇	530625103
3乡，4民族乡）		药山镇	530622102	茂林镇	530625104
龙泉街道	530602001	小河镇	530622103	大兴镇	530625105
凤凰街道	530602002	大寨镇	530622104	莲峰镇	530625106
太平街道	530602003	老店镇	530622105	码口镇	530625107
北闸街道	530602004	蒙姑镇	530622106	务基镇	530625108
旧圃镇	530602101	金塘镇	530622107	团结乡	530625201
永丰镇	530602102	新店镇	530622108	细沙乡	530625203
大山包镇	530602104	茂租镇	530622109	青胜乡	530625204
靖安镇	530602105	崇溪镇	530622110	马楠苗族彝族乡	530625208
苏家院镇	530602106	东坪镇	530622111	水竹乡	530625209
洒渔镇	530602107	红山乡	530622202	墨翰乡	530625212
乐居镇	530602108	包谷垴乡	530622209	伍寨彝族苗族乡	530625214
盘河镇	530602109	中寨乡	530622212	**绥江县（5镇）**	**530626**
炎山镇	530602110	炉房乡	530622216	中城镇	530626100
布嘎回族乡	530602202	**盐津县（6镇，4乡）**	**530623**	南岸镇	530626101
守望回族乡	530602203	盐井镇	530623100	新滩镇	530626103
小龙洞回族彝族乡	530602205	普洱镇	530623101	会仪镇	530626104
青岗岭回族彝族乡	530602208	豆沙镇	530623102	板栗镇	530626105
苏甲乡	530602212	中和镇	530623103	**镇雄县（3街道，20镇，**	**530627**
大寨子乡	530602214	庙坝镇	530623104	**5乡，2民族乡）**	
田坝乡	530602216	柿子镇	530623105	乌峰街道	530627001
鲁甸县（2街道，9镇，	**530621**	兴隆乡	530623202	南台街道	530627002
2民族乡）		落雁乡	530623204	旧府街道	530627003
文屏街道	530621001	滩头乡	530623205	泼机镇	530627101

续表 5

行政区划名称	行政区划代码	行政区划名称	行政区划代码	行政区划名称	行政区划代码
黑树镇	530627102	龙街苗族彝族乡	530628202	黄山街道	530721001
母享镇	530627103	奎香苗族彝族乡	530628203	石鼓镇	530721101
坡头镇	530627104	树林彝族苗族乡	530628204	巨甸镇	530721102
大湾镇	530627105	柳溪苗族乡	530628213	鸣音镇	530721104
以勒镇	530627106	洛旺苗族乡	530628214	奉科镇	530721105
赤水源镇	530627107	**威信县（7 镇，2 乡，1 民族乡）**	**530629**	白沙镇	530721106
芒部镇	530627108	扎西镇	530629100	拉市镇	530721107
雨河镇	530627109	旧城镇	530629101	太安乡	530721205
罗坎镇	530627110	罗布镇	530629102	石头白族乡	530721208
牛场镇	530627111	麟凤镇	530629103	黎明傈僳族乡	530721211
五德镇	530627112	庙沟镇	530629104	鲁甸乡	530721212
塘房镇	530627113	水田镇	530629105	塔城乡	530721213
场坝镇	530627114	长安镇	530629106	大具乡	530721216
以古镇	530627115	双河苗族彝族乡	530629201	宝山乡	530721217
木卓镇	530627116	高田乡	530629202	九河白族乡	530721219
坪上镇	530627117	三桃乡	530629207	龙蟠乡	530721220
碗厂镇	530627118	**水富市（1 街道，3 镇）**	**530681**	**永胜县（9 镇，6 民族乡）**	**530722**
盐源镇	530627119	云富街道	530681001	永北镇	530722100
中屯镇	530627120	向家坝镇	530681100	仁和镇	530722101
鱼洞乡	530627202	太平镇	530681101	期纳镇	530722102
花朗乡	530627205	两碗镇	530681102	三川镇	530722103
尖山乡	530627207	**丽江市（10 街道，24 镇，17 乡，15 民族乡）**	**530700**	程海镇	530722105
杉树乡	530627213	**古城区（7 街道，2 镇，1 乡，1 民族乡）**	**530702**	涛源镇	530722106
花山乡	530627214	大研街道	530702001	片角镇	530722107
果珠彝族乡	530627219	西安街道	530702002	顺州镇	530722108
林口彝族苗族乡	530627221	祥和街道	530702003	鲁地拉镇	530722109
彝良县（2 街道，9 镇，5 民族乡）	**530628**	束河街道	530702004	羊坪彝族乡	530722200
角奎街道	530628001	金山街道	530702005	六德傈僳族彝族乡	530722201
发界街道	530628002	开南街道	530702006	东山傈僳族彝族乡	530722202
洛泽河镇	530628101	文化街道	530702007	光华傈僳族彝族乡	530722207
牛街镇	530628102	金安镇	530702100	松坪傈僳族彝族乡	530722208
小草坝镇	530628103	七河镇	530702101	大安彝族纳西族乡	530722209
龙安镇	530628104	金江白族乡	530702207	**华坪县（4 镇，4 民族乡）**	**530723**
龙海镇	530628105	大东乡	530702215	中心镇	530723100
荞山镇	530628106	**玉龙纳西族自治县（1 街道，6 镇，6 乡，3 民族乡）**	**530721**	荣将镇	530723101
钟鸣镇	530628107			兴泉镇	530723102
海子镇	530628108			石龙坝镇	530723103
两河镇	530628109			新庄傈僳族傣族乡	530723205
				通达傈僳族乡	530723206

续表 **6**

行政区划名称	行政区划代码	行政区划名称	行政区划代码	行政区划名称	行政区划代码
永兴傈僳族乡	530723207	普义乡	530821204	民乐镇	530824103
船房傈僳族傣族乡	530723208	黎明乡	530821205	景谷镇	530824104
宁蒗彝族自治县（2 街道，3 镇，10 乡，1 民族乡）	530724	德安乡	530821207	凤山镇	530824105
大兴街道	530724001	墨江哈尼族自治县（12 镇，2 乡，1 民族乡）	530822	半坡乡	530824205
紫玛街道	530724002			勐班乡	530824206
永宁镇	530724101	联珠镇	530822100	碧安乡	530824207
红桥镇	530724102	通关镇	530822101	益智乡	530824208
战河镇	530724103	鱼塘镇	530822102	镇沅彝族哈尼族拉祜族自治县（8 镇，1 乡）	530825
拉伯乡	530724200	雅邑镇	530822103		
翠玉傈僳族普米族乡	530724202	泗南江镇	530822104	恩乐镇	530825100
宁利乡	530724205	坝溜镇	530822105	按板镇	530825101
金棉乡	530724206	文武镇	530822106	勐大镇	530825102
西川乡	530724207	景星镇	530822107	者东镇	530825103
西布河乡	530724208	新抚镇	530822108	九甲镇	530825104
永宁坪乡	530724210	新安镇	530822109	振太镇	530825105
跑马坪乡	530724211	团田镇	530822110	古城镇	530825106
蝉战河乡	530724212	龙坝镇	530822111	和平镇	530825107
新营盘乡	530724213	孟弄彝族乡	530822202	田坝乡	530825200
烂泥箐乡	530724214	龙潭乡	530822207	江城哈尼族彝族自治县（5 镇，2 乡）	530826
普洱市（1 街道，65 镇，27 乡，10 民族乡）	530800	那哈乡	530822211		
		景东彝族自治县（10 镇，3 乡）	530823	勐烈镇	530826100
思茅区（1 街道，4 镇，2 民族乡）	530802			整董镇	530826101
		锦屏镇	530823100	康平镇	530826102
思茅街道	530802001	文井镇	530823101	宝藏镇	530826103
南屏镇	530802101	漫湾镇	530823102	曲水镇	530826104
倚象镇	530802102	大朝山东镇	530823103	国庆乡	530826201
思茅港镇	530802103	花山镇	530823104	嘉禾乡	530826202
六顺镇	530802104	大街镇	530823105	孟连傣族拉祜族佤族自治县（4 镇，2 乡）	530827
龙潭彝族傣族乡	530802200	安定镇	530823106		
云仙彝族乡	530802201	太忠镇	530823107	娜允镇	530827100
宁洱哈尼族彝族自治县（6 镇，3 乡）	530821	文龙镇	530823108	勐马镇	530827101
		景福镇	530823109	芒信镇	530827102
宁洱镇	530821100	龙街乡	530823204	富岩镇	530827103
磨黑镇	530821101	林街乡	530823207	景信乡	530827200
勐先镇	530821102	曼等乡	530823209	公信乡	530827203
德化镇	530821103	景谷傣族彝族自治县（6 镇，4 乡）	530824	澜沧拉祜族自治县（5 镇，9 乡，6 民族乡）	530828
同心镇	530821104				
梅子镇	530821105	威远镇	530824100	勐朗镇	530828100
		永平镇	530824101	上允镇	530828101
		正兴镇	530824102	糯扎渡镇	530828102

续表 7

行政区划名称	行政区划代码	行政区划名称	行政区划代码	行政区划名称	行政区划代码
东回镇	530828103	凤庆县（8镇，2乡，3民族乡）	**530921**	崇岗乡	530923207
惠民镇	530828104			大山乡	530923208
谦六彝族乡	530828201	凤山镇	530921100	镇康县（3镇，3乡，1民族乡）	**530924**
东河乡	530828203	鲁史镇	530921101		
大山乡	530828204	小湾镇	530921102	凤尾镇	530924100
南岭乡	530828205	营盘镇	530921103	勐捧镇	530924101
酒井哈尼族乡	530828208	勐佑镇	530921104	南伞镇	530924102
拉巴乡	530828211	洛党镇	530921107	忙丙乡	530924200
竹塘乡	530828212	雪山镇	530921108	勐堆乡	530924201
富邦乡	530828213	三岔河镇	530921109	木场乡	530924203
安康佤族乡	530828214	诗礼乡	530921200	军赛佤族拉祜族傈僳族德昂族乡	530924204
文东佤族乡	530828215	新华彝族苗族乡	530921201		
富东乡	530828216	大寺乡	530921203	双江拉祜族佤族布朗族傣族自治县（2镇，4乡）	**530925**
雪林佤族乡	530828217	腰街彝族乡	530921206		
木戛乡	530828218	郭大寨彝族白族乡	530921210	勐勐镇	530925100
发展河哈尼族乡	530828219	云县（7镇，2乡，3民族乡）	**530922**	勐库镇	530925101
糯福乡	530828220			沙河乡	530925200
西盟佤族自治县（5镇，1乡，1民族乡）	**530829**	爱华镇	530922100	大文乡	530925201
		漫湾镇	530922101	忙糯乡	530925202
勐梭镇	530829100	大朝山西镇	530922102	邦丙乡	530925204
勐卡镇	530829101	茂兰镇	530922103	耿马傣族佤族自治县（4镇，4乡，1民族乡）	**530926**
翁嘎科镇	530829102	大寨镇	530922104		
新厂镇	530829103	涌宝镇	530922105	耿马镇	530926100
中课镇	530829104	幸福镇	530922106	勐永镇	530926101
力所拉祜族乡	530829201	忙怀彝族布朗族乡	530922201	勐撒镇	530926102
岳宋乡	530829202	晓街乡	530922202	孟定镇	530926103
临沧市（2街道，32镇，30乡，13民族乡）	**530900**	茶房乡	530922203	大兴乡	530926200
		栗树彝族傣族乡	530922206	芒洪拉祜族布朗族乡	530926201
临翔区（2街道，1镇，5乡，2民族乡）	**530902**	后箐彝族乡	530922207	四排山乡	530926202
		永德县（3镇，5乡，2民族乡）	**530923**	贺派乡	530926203
凤翔街道	530902001			勐简乡	530926204
忙畔街道	530902002	德党镇	530923100	沧源佤族自治县（4镇，5乡，1民族乡）	**530927**
博尚镇	530902101	小勐统镇	530923101		
南美拉祜族乡	530902201	永康镇	530923102	勐董镇	530927100
蚂蚁堆乡	530902202	勐板乡	530923202	岩帅镇	530927101
章驮乡	530902203	亚练乡	530923203	勐省镇	530927102
圈内乡	530902205	乌木龙彝族乡	530923204	芒卡镇	530927103
马台乡	530902206	大雪山彝族拉祜族傣族乡	530923205	单甲乡	530927201
邦东乡	530902207			糯良乡	530927202
平村彝族傣族乡	530902208	班卡乡	530923206	勐来乡	530927203

续表 **8**

行政区划名称	行政区划代码	行政区划名称	行政区划代码	行政区划名称	行政区划代码
勐角傣族彝族拉祜族乡	530927204	法脿镇	532322102	石羊镇	532326101
班洪乡	530927205	碌嘉镇	532322103	六苴镇	532326102
班老乡	530927207	大麦地镇	532322104	龙街镇	532326103
楚雄彝族自治州（65镇，34乡，4民族乡）	**532300**	安龙堡乡	532322204	赵家店镇	532326104
楚雄市（12镇，3乡）	**532301**	爱尼山乡	532322206	新街镇	532326105
鹿城镇	532301100	独田乡	532322207	桂花镇	532326106
东瓜镇	532301102	牟定县（4镇，3乡）	**532323**	三岔河镇	532326107
吕合镇	532301103	共和镇	532323100	昙华乡	532326205
东华镇	532301104	新桥镇	532323101	湾碧傣族傈僳族乡	532326207
子午镇	532301105	江坡镇	532323102	铁锁乡	532326208
苍岭镇	532301108	凤屯镇	532323103	三台乡	532326209
三街镇	532301109	蟠猫乡	532323201	永仁县（3镇，3乡，1民族乡）	**532327**
中山镇	532301110	戌街乡	532323202	永定镇	532327100
八角镇	532301111	安乐乡	532323203	宜就镇	532327101
紫溪镇	532301112	南华县（6镇，3乡，1民族乡）	**532324**	中和镇	532327103
新村镇	532301113	龙川镇	532324100	莲池乡	532327200
西舍路镇	532301114	红土坡镇	532324103	维的乡	532327201
树苴乡	532301201	沙桥镇	532324105	猛虎乡	532327202
大过口乡	532301203	五街镇	532324106	永兴傣族乡	532327205
大地基乡	532301205	马街镇	532324107	元谋县（3镇，7乡）	**532328**
禄丰市（11镇，3乡）	**532302**	兔街镇	532324108	元马镇	532328100
金山镇	532302100	雨露白族乡	532324201	黄瓜园镇	532328102
仁兴镇	532302101	一街乡	532324204	羊街镇	532328103
碧城镇	532302102	罗武庄乡	532324205	老城乡	532328201
勤丰镇	532302103	五顶山乡	532324207	物茂乡	532328202
一平浪镇	532302104	姚安县（6镇，3乡）	**532325**	平田乡	532328203
和平镇	532302105	栋川镇	532325100	江边乡	532328204
广通镇	532302106	光禄镇	532325101	新华乡	532328205
黑井镇	532302107	前场镇	532325102	姜驿乡	532328206
土官镇	532302108	官屯镇	532325103	凉山乡	532328209
彩云镇	532302109	弥兴镇	532325106	武定县（7镇，3乡，1民族乡）	**532329**
恐龙山镇	532302110	太平镇	532325108	高桥镇	532329101
中村乡	532302200	适中乡	532325204	猫街镇	532329102
高峰乡	532302201	左门乡	532325205	狮山镇	532329103
妥安乡	532302202	大河口乡	532325208	插甸镇	532329104
双柏县（5镇，3乡）	**532322**	大姚县（8镇，3乡，1民族乡）	**532326**	白路镇	532329105
妥甸镇	532322100	金碧镇	532326100	己衣镇	532329106
大庄镇	532322101				

续表 9

行政区划名称	行政区划代码	行政区划名称	行政区划代码	行政区划名称	行政区划代码
万德镇	532329107	冷泉镇	532503109	坡头乡	532524202
田心乡	532329202	期路白苗族乡	532503200	盘江乡	532524203
发窝乡	532329203	老寨苗族乡	532503201	甸尾乡	532524205
环州乡	532329208	水田乡	532503202	**石屏县**（7镇，2乡）	**532525**
东坡傣族乡	532329209	西北勒乡	532503203	异龙镇	532525100
红河哈尼族彝族自治州（15街道，60镇，55乡，5民族乡）	**532500**	**弥勒市**（3街道，8镇，2乡）	**532504**	宝秀镇	532525101
				坝心镇	532525102
		弥阳街道	532504001	龙朋镇	532525103
个旧市（5街道，4镇，2乡）	**532501**	太平街道	532504002	龙武镇	532525106
		福城街道	532504003	哨冲镇	532525107
大屯街道	532501002	新哨镇	532504101	牛街镇	532525108
沙甸街道	532501003	虹溪镇	532504102	新城乡	532525200
锡城街道	532501004	竹园镇	532504103	大桥乡	532525202
金湖街道	532501005	巡检司镇	532504105	**泸西县**（5镇，3乡）	**532527**
宝华街道	532501006	西一镇	532504107	中枢镇	532527100
鸡街镇	532501101	西二镇	532504108	金马镇	532527101
老厂镇	532501104	西三镇	532504109	旧城镇	532527103
卡房镇	532501105	东山镇	532504110	午街铺镇	532527105
蔓耗镇	532501107	五山乡	532504201	白水镇	532527106
贾沙乡	532501201	江边乡	532504202	向阳乡	532527200
保和乡	532501202	**屏边苗族自治县**（4镇，3乡）	**532523**	三塘乡	532527201
开远市（2街道，2镇，2乡，1民族乡）	**532502**			永宁乡	532527202
		玉屏镇	532523100	**元阳县**（3镇，11乡）	**532528**
灵泉街道	532502002	新现镇	532523101	南沙镇	532528100
乐白道街道	532502003	和平镇	532523102	新街镇	532528101
小龙潭镇	532502101	白河镇	532523103	牛角寨镇	532528102
中和营镇	532502103	白云乡	532523204	沙拉托乡	532528202
大庄回族乡	532502200	新华乡	532523205	嘎娘乡	532528203
羊街乡	532502201	湾塘乡	532523206	上新城乡	532528204
碑格乡	532502204	**建水县**（8镇，4乡）	**532524**	小新街乡	532528205
蒙自市（5街道，4镇，2乡，2民族乡）	**532503**	临安镇	532524100	逢春岭乡	532528206
		官厅镇	532524101	大坪乡	532528207
文澜街道	532503001	西庄镇	532524102	攀枝花乡	532528208
雨过铺街道	532503002	青龙镇	532524103	黄茅岭乡	532528209
观澜街道	532503003	南庄镇	532524104	黄草岭乡	532528210
文萃街道	532503004	岔科镇	532524105	俄扎乡	532528211
新安所街道	532503005	曲江镇	532524106	马街乡	532528212
草坝镇	532503101	面甸镇	532524107	**红河县**（5镇，8乡）	**532529**
芷村镇	532503104	普雄乡	532524200	迤萨镇	532529100
鸣鹫镇	532503106				

续表 10

行政区划名称	行政区划代码	行政区划名称	行政区划代码	行政区划名称	行政区划代码
甲寅镇	532529101	河口镇	532532100	干河彝族乡	532622207
宝华镇	532529102	南溪镇	532532101	西畴县（2镇，7乡）	532623
乐育镇	532529103	老范寨乡	532532200	西洒镇	532623100
浪堤镇	532529104	桥头苗族壮族乡	532532201	兴街镇	532623101
洛恩乡	532529203	瑶山乡	532532202	蚌谷乡	532623200
石头寨乡	532529204	莲花滩乡	532532203	莲花塘乡	532623201
阿扎河乡	532529205	文山壮族苗族自治州（3街道，42镇，43乡，16民族乡）	532600	新马街乡	532623202
大羊街乡	532529208			柏林乡	532623203
车古乡	532529209			法斗乡	532623204
架车乡	532529210	文山市（3街道，7镇，2乡，5民族乡）	532601	董马乡	532623205
垤玛乡	532529211			鸡街乡	532623206
三村乡	532529212	开化街道	532601001	麻栗坡县（4镇，6乡，1民族乡）	532624
金平苗族瑶族傣族自治县（4镇，8乡，1民族乡）	532530	卧龙街道	532601002		
		新平街道	532601003	麻栗镇	532624100
		古木镇	532601102	大坪镇	532624101
金河镇	532530100	平坝镇	532601103	董干镇	532624102
金水河镇	532530101	马塘镇	532601104	天保镇	532624103
勐拉镇	532530102	德厚镇	532601105	猛硐瑶族乡	532624201
老勐镇	532530103	小街镇	532601106	下金厂乡	532624202
铜厂乡	532530201	薄竹镇	532601107	八布乡	532624203
老集寨乡	532530203	追栗街镇	532601108	六河乡	532624204
者米拉祜族乡	532530204	东山彝族乡	532601200	杨万乡	532624205
阿得博乡	532530205	柳井彝族乡	532601201	铁厂乡	532624206
沙依坡乡	532530206	新街乡	532601202	马街乡	532624207
大寨乡	532530207	喜古乡	532601203	马关县（9镇，4乡）	532625
马鞍底乡	532530208	坝心彝族乡	532601204	马白镇	532625100
勐桥乡	532530209	秉烈彝族乡	532601205	八寨镇	532625101
营盘乡	532530210	红甸回族乡	532601206	仁和镇	532625102
绿春县（4镇，5乡）	532531	砚山县（4镇，3乡，4民族乡）	532622	木厂镇	532625103
大兴镇	532531100			夹寒箐镇	532625104
牛孔镇	532531101	江那镇	532622100	小坝子镇	532625105
大黑山镇	532531102	平远镇	532622101	都龙镇	532625106
平河镇	532531103	稼依镇	532622102	金厂镇	532625107
戈奎乡	532531200	阿猛镇	532622103	坡脚镇	532625108
大水沟乡	532531202	阿舍彝族乡	532622200	南捞乡	532625200
半坡乡	532531204	维摩彝族乡	532622201	大栗树乡	532625201
骑马坝乡	532531205	盘龙彝族乡	532622202	篾厂乡	532625202
三猛乡	532531206	八嘎乡	532622203	古林箐乡	532625203
河口瑶族自治县（2镇，3乡，1民族乡）	532532	者腊乡	532622204		
		蚌峨乡	532622205		

续表 11

行政区划名称	行政区划代码	行政区划名称	行政区划代码	行政区划名称	行政区划代码
丘北县（3镇，4乡，5民族乡）	532626	田蓬镇	532628104	西定哈尼族布朗族乡	532822209
锦屏镇	532626100	木央镇	532628105	勐腊县（8镇，2民族乡）	532823
曰者镇	532626101	板仑乡	532628200	勐腊镇	532823100
双龙营镇	532626102	谷拉乡	532628201	勐捧镇	532823101
八道哨彝族乡	532626200	者桑乡	532628202	勐满镇	532823102
天星乡	532626201	那能乡	532628203	勐仑镇	532823103
平寨乡	532626202	洞波瑶族乡	532628204	磨憨镇	532823104
树皮彝族乡	532626203	阿用乡	532628205	勐伴镇	532823105
腻脚彝族乡	532626204	花甲乡	532628206	关累镇	532823106
新店彝族乡	532626205	西双版纳傣族自治州（5街道，18镇，5乡，7民族乡）	532800	易武镇	532823107
舍得彝族乡	532626206			象明彝族乡	532823204
官寨乡	532626207	景洪市（5街道，4镇，3乡，2民族乡）	532801	瑶区瑶族乡	532823205
温浏乡	532626209			大理白族自治州（3街道，69镇，29乡，11民族乡）	532900
广南县（7镇，11乡）	532627	允景洪街道	532801001		
莲城镇	532627100	江北街道	532801002	大理市（3街道，9镇，1民族乡）	532901
八宝镇	532627101	嘎洒街道	532801003		
南屏镇	532627102	嘎栋街道	532801004	下关街道	532901001
珠街镇	532627103	曼弄枫街道	532801005	太和街道	532901002
那洒镇	532627104	勐龙镇	532801102	满江街道	532901003
珠琳镇	532627105	勐罕镇	532801103	大理镇	532901101
坝美镇	532627106	勐养镇	532801104	凤仪镇	532901102
董堡乡	532627201	普文镇	532801105	喜洲镇	532901103
旧莫乡	532627202	景哈哈尼族乡	532801202	海东镇	532901104
杨柳井乡	532627203	景讷乡	532801203	挖色镇	532901105
板蚌乡	532627204	大渡岗乡	532801204	湾桥镇	532901106
曙光乡	532627205	勐旺乡	532801205	银桥镇	532901107
黑支果乡	532627206	基诺山基诺族乡	532801206	双廊镇	532901109
篆角乡	532627207	勐海县（6镇，2乡，3民族乡）	532822	上关镇	532901110
五珠乡	532627208			太邑彝族乡	532901200
者兔乡	532627209	勐海镇	532822100	漾濞彝族自治县（4镇，5乡）	532922
者太乡	532627210	打洛镇	532822101		
底圩乡	532627211	勐遮镇	532822103	苍山西镇	532922101
富宁县（6镇，6乡，1民族乡）	532628	勐混镇	532822104	漾江镇	532922102
		勐满镇	532822105	平坡镇	532922104
新华镇	532628100	勐阿镇	532822106	顺濞镇	532922105
归朝镇	532628101	勐宋乡	532822201	富恒乡	532922201
剥隘镇	532628102	勐往乡	532822203	太平乡	532922202
里达镇	532628103	格朗和哈尼族乡	532822205	瓦厂乡	532922204
		布朗山布朗族乡	532822206	龙潭乡	532922205
				鸡街乡	532922206

续表 12

行政区划名称	行政区划代码	行政区划名称	行政区划代码	行政区划名称	行政区划代码
祥云县 (8 镇, 1 乡, 1 民族乡)	532923	乐秋乡	532926202	凤羽镇	532930106
		碧溪乡	532926203	乔后镇	532930107
祥城镇	532923100	巍山彝族回族自治县 (4 镇, 6 乡)	532927	牛街乡	532930201
云南驿镇	532923101			炼铁乡	532930202
下庄镇	532923102	南诏镇	532927100	西山乡	532930203
刘厂镇	532923103	庙街镇	532927101	剑川县 (5 镇, 3 乡)	532931
禾甸镇	532923104	大仓镇	532927102	金华镇	532931100
沙龙镇	532923105	永建镇	532927103	甸南镇	532931102
米甸镇	532923106	巍宝山乡	532927200	马登镇	532931103
普淜镇	532923107	马鞍山乡	532927201	沙溪镇	532931104
鹿鸣乡	532923203	紫金乡	532927202	老君山镇	532931105
东山彝族乡	532923204	五印乡	532927203	羊岑乡	532931200
宾川县 (8 镇,2 民族乡)	532924	牛街乡	532927204	弥沙乡	532931202
金牛镇	532924100	青华乡	532927206	象图乡	532931203
宾居镇	532924101	永平县 (3 镇, 1 乡, 3 民族乡)	532928	鹤庆县 (7 镇, 1 乡, 1 民族乡)	532932
州城镇	532924102				
鸡足山镇	532924104	博南镇	532928100	云鹤镇	532932100
力角镇	532924105	杉阳镇	532928102	辛屯镇	532932101
乔甸镇	532924107	龙街镇	532928103	松桂镇	532932102
大营镇	532924108	龙门乡	532928200	黄坪镇	532932103
平川镇	532924109	厂街彝族乡	532928202	草海镇	532932104
钟英傈僳族彝族乡	532924200	水泄彝族乡	532928203	西邑镇	532932105
拉乌彝族乡	532924202	北斗彝族乡	532928204	龙开口镇	532932106
弥渡县 (6 镇, 1 乡, 1 民族乡)	532925	云龙县 (4 镇, 5 乡, 2 民族乡)	532929	金墩乡	532932200
				六合彝族乡	532932202
弥城镇	532925100	诺邓镇	532929100	德宏傣族景颇族自治州 (2 街道, 23 镇, 21 乡, 5 民族乡)	533100
红岩镇	532925101	功果桥镇	532929101		
新街镇	532925102	漕涧镇	532929102		
寅街镇	532925103	白石镇	532929103	瑞丽市(1 街道,3 镇,2 乡)	533102
苴力镇	532925104	宝丰乡	532929201	勐卯街道	533102001
密祉镇	532925105	关坪乡	532929202	畹町镇	533102101
德苴乡	532925203	团结彝族乡	532929203	弄岛镇	533102102
牛街彝族乡	532925204	长新乡	532929204	姐相镇	533102103
南涧彝族自治县 (5 镇, 3 乡)	532926	检槽乡	532929205	户育乡	533102202
		苗尾傈僳族乡	532929206	勐秀乡	533102203
南涧镇	532926100	民建乡	532929207	芒市 (1 街道, 5 镇, 5 乡, 1 民族乡)	533103
小湾东镇	532926101	洱源县 (6 镇, 3 乡)	532930		
宝华镇	532926103	茈碧湖镇	532930100	勐焕街道	533103001
公郎镇	532926104	邓川镇	532930103	芒市镇	533103107
无量山镇	532926105	右所镇	532930104	风平镇	533103108
拥翠乡	532926201	三营镇	532930105	勐戛镇	533103109
				芒海镇	533103110

续表 **13**

行政区划名称	行政区划代码	行政区划名称	行政区划代码	行政区划名称	行政区划代码
遮放镇	533103111	户撒阿昌族乡	533124200	通甸镇	533325103
三台山德昂族乡	533103208	护国乡	533124201	河西乡	533325201
江东乡	533103210	清平乡	533124202	中排乡	533325202
轩岗乡	533103211	王子树乡	533124204	石登乡	533325203
中山乡	533103212	勐约乡	533124207	兔峨乡	533325204
西山乡	533103213	怒江傈僳族自治州（4 街道，11 镇，14 乡，2 民族乡）	**533300**	迪庆藏族自治州（9 镇，17 乡，3 民族乡）	**533400**
五岔路乡	533103214				
梁河县（3 镇，4 乡，2 民族乡）	**533122**	泸水市（2 街道，5 镇，2 乡，1 民族乡）	**533301**	香格里拉市（4 镇，6 乡，1 民族乡）	**533401**
遮岛镇	533122100	六库街道	533301001	建塘镇	533401100
芒东镇	533122101	大练地街道	533301002	虎跳峡镇	533401101
勐养镇	533122102	鲁掌镇	533301100	金江镇	533401102
平山乡	533122200	片马镇	533301102	小中甸镇	533401103
小厂乡	533122201	上江镇	533301103	上江乡	533401200
大厂乡	533122202	老窝镇	533301104	三坝纳西族乡	533401202
九保阿昌族乡	533122204	大兴地镇	533301105	洛吉乡	533401203
曩宋阿昌族乡	533122205	称杆乡	533301200	尼西乡	533401205
河西乡	533122206	古登乡	533301201	格咱乡	533401206
盈江县（8 镇，6 乡，1 民族乡）	**533123**	洛本卓白族乡	533301202	东旺乡	533401207
平原镇	533123100	福贡县（1 镇，5 乡，1 民族乡）	**533323**	五境乡	533401208
旧城镇	533123101			德钦县（2 镇，4 乡，2 民族乡）	**533422**
那邦镇	533123102	上帕镇	533323100		
太平镇	533123103	匹河怒族乡	533323200	升平镇	533422100
弄璋镇	533123104	子里甲乡	533323201	奔子栏镇	533422101
盏西镇	533123105	架科底乡	533323202	佛山乡	533422200
卡场镇	533123106	鹿马登乡	533323203	云岭乡	533422201
昔马镇	533123107	石月亮乡	533323204	燕门乡	533422202
新城乡	533123205	马吉乡	533323205	拖顶傈僳族乡	533422203
油松岭乡	533123206	贡山独龙族怒族自治县（2 镇，3 乡）	**533324**	霞若傈僳族乡	533422204
芒章乡	533123207			羊拉乡	533422206
支那乡	533123209	茨开镇	533324100	维西傈僳族自治县（3 镇，7 乡）	**533423**
苏典傈僳族乡	533123210	丙中洛镇	533324101		
勐弄乡	533123211	捧当乡	533324201	保和镇	533423100
铜壁关乡	533123214	普拉底乡	533324202	塔城镇	533423101
陇川县（4 镇，4 乡，1 民族乡）	**533124**	独龙江乡	533324203	叶枝镇	533423102
		兰坪白族普米族自治县（2 街道，3 镇，4 乡）	**533325**	永春乡	533423200
章凤镇	533124100			攀天阁乡	533423201
陇把镇	533124101	金顶街道	533325001	白济汛乡	533423202
景罕镇	533124102	翠屏街道	533325002	康普乡	533423203
城子镇	533124103	拉井镇	533325101	巴迪乡	533423205
		营盘镇	533325102	中路乡	533423207
				维登乡	533423208

西藏自治区

西藏自治区（藏）

行政区划名称	行政区划代码	行政区划名称	行政区划代码	行政区划名称	行政区划代码
西藏自治区（23 街道，142 镇，525 乡，9 民族乡）	540000	边交林乡	540121203	扎西岗乡	540127204
		江热夏乡	540121204	门巴乡	540127205
拉萨市（16 街道，12 镇，37 乡）	540100	卡孜乡	540121205	扎雪乡	540127206
		旁多乡	540121206	日喀则市（4 街道，27 镇，175 乡）	540200
城关区（12 街道）	540102	唐古乡	540121207		
八廓街道	540102002	阿朗乡	540121208	桑珠孜区（4 街道，10 乡）	540202
吉日街道	540102003	当雄县（2 镇，6 乡）	540122		
吉崩岗街道	540102004	当曲卡镇	540122100	城南街道	540202001
扎细街道	540102005	羊八井镇	540122101	城北街道	540202002
公德林街道	540102006	格达乡	540122200	城东街道	540202003
嘎玛贡桑街道	540102007	宁中乡	540122201	城西街道	540202004
两岛街道	540102008	公塘乡	540122202	曲布雄乡	540202200
金珠西路街道	540102009	龙仁乡	540122203	曲美乡	540202201
蔡公堂街道	540102010	乌玛塘乡	540122204	聂日雄乡	540202202
夺底街道	540102011	纳木湖乡	540122205	甲措雄乡	540202203
娘热街道	540102012	尼木县（2 镇，6 乡）	540123	纳尔乡	540202204
纳金街道	540102013	塔荣镇	540123100	东嘎乡	540202205
堆龙德庆区（4 街道，3 镇）	540103	吞巴镇	540123101	边雄乡	540202206
		麻江乡	540123200	江当乡	540202207
东嘎街道	540103001	普松乡	540123201	年木乡	540202208
乃琼街道	540103002	卡如乡	540123202	联乡	540202209
羊达街道	540103003	尼木乡	540123203	南木林县（1 镇，16 乡）	540221
柳梧街道	540103004	续迈乡	540123204	南木林镇	540221100
古荣镇	540103102	帕古乡	540123205	达那乡	540221200
马镇	540103103	曲水县（2 镇，4 乡）	540124	卡孜乡	540221201
德庆镇	540103104	曲水镇	540124100	多角乡	540221202
达孜区（1 镇，5 乡）	540104	达嘎镇	540124101	秋木乡	540221203
德庆镇	540104100	才纳乡	540124201	艾玛乡	540221204
塔杰乡	540104200	南木乡	540124202	土布加乡	540221205
章多乡	540104201	聂当乡	540124203	查尔乡	540221206
唐嘎乡	540104202	茶巴拉乡	540124204	索金乡	540221207
雪乡	540104203	墨竹工卡县（1 镇，7 乡）	540127	达孜乡	540221208
帮堆乡	540104204	工卡镇	540127100	奴玛乡	540221209
林周县（1 镇，9 乡）	540121	唐加乡	540127200	热当乡	540221210
甘丹曲果镇	540121100	甲玛乡	540127201	拉布普乡	540221211
春堆乡	540121200	尼玛江热乡	540127202	普当乡	540221212
松盘乡	540121201	日多乡	540127203	仁堆乡	540221213
强嘎乡	540121202				

续表 1

行政区划名称	行政区划代码	行政区划名称	行政区划代码	行政区划名称	行政区划代码
芒热乡	540221214	吉定镇	540224101	达居乡	540226213
甲措乡	540221215	雄麦乡	540224200	亚木乡	540226214
江孜县（1镇，18乡）	**540222**	麻布加乡	540224201	**谢通门县（1镇，18乡）**	**540227**
江孜镇	540222100	雄玛乡	540224202	卡嘎镇	540227100
纳如乡	540222200	扎西岗乡	540224203	达木夏乡	540227200
卡麦乡	540222201	扯休乡	540224204	查布乡	540227201
卡堆乡	540222202	赛乡	540224205	春哲乡	540227202
藏改乡	540222203	拉洛乡	540224206	则许乡	540227203
日朗乡	540222204	查荣乡	540224207	娘热乡	540227204
达孜乡	540222205	木拉乡	540224208	措布西乡	540227205
热索乡	540222206	**拉孜县（2镇，9乡）**	**540225**	纳当乡	540227206
重孜乡	540222207	曲下镇	540225100	青都乡	540227207
龙马乡	540222208	拉孜镇	540225101	切琼乡	540227208
加克西乡	540222209	扎西宗乡	540225200	美巴切勤乡	540227209
紫金乡	540222210	曲玛乡	540225201	列巴乡	540227210
江热乡	540222211	彭措林乡	540225202	塔丁乡	540227211
年堆乡	540222212	扎西岗乡	540225203	荣玛乡	540227212
康卓乡	540222213	柳乡	540225204	通门乡	540227213
金嘎乡	540222214	热萨乡	540225205	达那普乡	540227214
日星乡	540222215	锡钦乡	540225206	达那答乡	540227215
车仁乡	540222216	芒普乡	540225207	南木切乡	540227216
热龙乡	540222217	查务乡	540225208	仁钦则乡	540227217
定日县（2镇，11乡）	**540223**	**昂仁县（2镇，15乡）**	**540226**	**白朗县（2镇，9乡）**	**540228**
协格尔镇	540223100	卡嘎镇	540226100	洛江镇	540228100
岗嘎镇	540223101	桑桑镇	540226101	嘎东镇	540228101
扎西宗乡	540223200	达若乡	540226200	巴扎乡	540228200
绒辖乡	540223201	贡久布乡	540226201	玛乡	540228201
曲当乡	540223202	措迈乡	540226202	旺丹乡	540228202
措果乡	540223203	雄巴乡	540226203	曲奴乡	540228203
曲洛乡	540223204	查孜乡	540226204	杜琼乡	540228204
长所乡	540223205	阿木雄乡	540226205	强堆乡	540228205
尼辖乡	540223206	如萨乡	540226206	嘎普乡	540228206
扎果乡	540223207	孔隆乡	540226207	者下乡	540228207
克玛乡	540223208	尼果乡	540226208	东喜乡	540228208
盆吉乡	540223209	日吾其乡	540226209	**仁布县（1镇，8乡）**	**540229**
加措乡	540223210	多白乡	540226210	德吉林镇	540229100
萨迦县（2镇，9乡）	**540224**	切热乡	540226211	康雄乡	540229200
萨迦镇	540224100	秋窝乡	540226212	普松乡	540229201

续表 2

行政区划名称	行政区划代码	行政区划名称	行政区划代码	行政区划名称	行政区划代码
帕当乡	540229202	吉玛乡	540232209	直克乡	540237201
然巴乡	540229203	仁多乡	540232210	孔玛乡	540237202
查巴乡	540229204	帕江乡	540232211	龙中乡	540237203
切娃乡	540229205	**亚东县（2镇，5乡）**	**540233**	**昌都市（28镇，109乡，1民族乡）**	**540300**
姆乡	540229206	下司马镇	540233100		
仁布乡	540229207	帕里镇	540233101	**卡若区（3镇，12乡）**	**540302**
康马县（1镇，8乡）	**540230**	下亚东乡	540233200	城关镇	540302100
康马镇	540230100	上亚东乡	540233201	俄洛镇	540302101
南尼乡	540230200	康布乡	540233202	卡若镇	540302102
少岗乡	540230201	堆纳乡	540233203	芒达乡	540302200
康如乡	540230202	吉汝乡	540233204	约巴乡	540302201
萨玛达乡	540230203	**吉隆县（2镇，4乡）**	**540234**	妥坝乡	540302202
嘎拉乡	540230204	宗嘎镇	540234100	拉多乡	540302203
涅如堆乡	540230205	吉隆镇	540234101	面达乡	540302204
涅如麦乡	540230206	差那乡	540234200	嘎玛乡	540302205
雄章乡	540230207	折巴乡	540234201	柴维乡	540302206
定结县（3镇，7乡）	**540231**	贡当乡	540234202	日通乡	540302207
江嘎镇	540231100	萨勒乡	540234203	如意乡	540302208
陈塘镇	540231101	**聂拉木县（2镇，5乡）**	**540235**	埃西乡	540302209
日屋镇	540231102	聂拉木镇	540235100	若巴乡	540302210
确布乡	540231201	樟木镇	540235101	沙贡乡	540302211
定结乡	540231202	亚来乡	540235200	**江达县（2镇，11乡）**	**540321**
多布扎乡	540231203	琐作乡	540235201	江达镇	540321100
扎西岗乡	540231204	乃龙乡	540235202	岗托镇	540321101
琼孜乡	540231205	门布乡	540235203	卡贡乡	540321200
萨尔乡	540231206	波绒乡	540235204	岩比乡	540321201
郭加乡	540231207	**萨嘎县（1镇，7乡）**	**540236**	邓柯乡	540321202
仲巴县（1镇，12乡）	**540232**	加加镇	540236100	生达乡	540321203
帕羊镇	540232100	昌果乡	540236200	娘西乡	540321204
拉让乡	540232200	雄如乡	540236201	字呷乡	540321205
琼果乡	540232201	拉藏乡	540236202	青泥洞乡	540321206
亚热乡	540232202	如角乡	540236203	汪布顶乡	540321207
布多乡	540232203	达吉岭乡	540236204	德登乡	540321208
偏吉乡	540232204	旦嘎乡	540236205	同普乡	540321209
纳久乡	540232205	夏如乡	540236206	波罗乡	540321210
吉拉乡	540232206	**岗巴县（1镇，4乡）**	**540237**	**贡觉县（1镇，11乡）**	**540322**
霍尔巴乡	540232207	岗巴镇	540237100	莫洛镇	540322100
隆格尔乡	540232208	昌龙乡	540237200	相皮乡	540322200

续表 3

行政区划名称	行政区划代码	行政区划名称	行政区划代码	行政区划名称	行政区划代码
哈加乡	540322201	吉塘镇	540325102	芒康县（2镇，13乡，1民族乡）	540328
雄松乡	540322202	宗沙乡	540325200		
拉妥乡	540322203	卡贡乡	540325201	嘎托镇	540328100
阿旺乡	540322204	荣周乡	540325202	如美镇	540328101
木协乡	540322205	巴日乡	540325203	索多西乡	540328200
罗麦乡	540322206	阿孜乡	540325204	莽岭乡	540328201
沙东乡	540322207	王卡乡	540325205	宗西乡	540328202
克日乡	540322208	新卡乡	540325206	昂多乡	540328203
则巴乡	540322209	肯通乡	540325207	措瓦乡	540328204
敏都乡	540322210	扩达乡	540325208	洛尼乡	540328205
类乌齐县（2镇，8乡）	**540323**	察拉乡	540325209	戈波乡	540328206
类乌齐镇	540323100	**八宿县（4镇，10乡）**	**540326**	帮达乡	540328207
桑多镇	540323101	白玛镇	540326100	徐中乡	540328208
加桑卡乡	540323200	帮达镇	540326101	曲登乡	540328209
长毛岭乡	540323201	然乌镇	540326102	木许乡	540328210
岗色乡	540323202	同卡镇	540326103	纳西民族乡	540328211
吉多乡	540323203	郭庆乡	540326202	朱巴龙乡	540328212
滨达乡	540323204	拉根乡	540326203	曲孜卡乡	540328213
卡玛多乡	540323205	益庆乡	540326204	**洛隆县（4镇，7乡）**	**540329**
尚卡乡	540323206	吉中乡	540326205	孜托镇	540329100
伊日乡	540323207	卡瓦白庆乡	540326206	硕督镇	540329101
丁青县（2镇，11乡）	**540324**	吉达乡	540326207	康沙镇	540329111
丁青镇	540324100	夏里乡	540326208	马利镇	540329112
尺牍镇	540324101	拥巴乡	540326209	达龙乡	540329200
觉恩乡	540324200	瓦乡	540326210	新荣乡	540329201
沙贡乡	540324201	林卡乡	540326211	白达乡	540329202
当堆乡	540324202	**左贡县（3镇，7乡）**	**540327**	玉西乡	540329203
桑多乡	540324203	旺达镇	540327100	腊久乡	540329204
木塔乡	540324204	田妥镇	540327101	俄西乡	540329205
布塔乡	540324205	扎玉镇	540327102	中亦乡	540329206
巴达乡	540324206	东坝乡	540327203	**边坝县（2镇，9乡）**	**540330**
甘岩乡	540324207	仁果乡	540327204	边坝镇	540330100
嘎塔乡	540324208	绕金乡	540327207	草卡镇	540330101
色扎乡	540324209	碧土乡	540327208	沙丁乡	540330201
协雄乡	540324210	美玉乡	540327210	金岭乡	540330202
察雅县（3镇，10乡）	**540325**	中林卡乡	540327211	加贡乡	540330203
烟多镇	540325100	下林卡乡	540327212	马武乡	540330204
香堆镇	540325101			热玉乡	540330205

续表 **4**

行政区划名称	行政区划代码	行政区划名称	行政区划代码	行政区划名称	行政区划代码
尼木乡	540330206	墨脱镇	540423100	昌珠镇	540502101
马秀乡	540330207	加热萨乡	540423200	亚堆乡	540502200
拉孜乡	540330208	甘登乡	540423201	索珠乡	540502201
都瓦乡	540330209	达木珞巴民族乡	540423202	多颇章乡	540502202
林芝市（2街道，20镇，31乡，3民族乡）	**540400**	帮辛乡	540423203	结巴乡	540502203
巴宜区（2街道，4镇，2乡，1民族乡）	**540402**	格当乡	540423204	颇章乡	540502204
		德兴乡	540423205	**扎囊县**（2镇，3乡）	**540521**
白玛岗街道	540402001	背崩乡	540423206	扎塘镇	540521100
觉木街道	540402002	**波密县**（3镇，7乡）	**540424**	桑耶镇	540521101
林芝镇	540402100	扎木镇	540424100	扎其乡	540521200
百巴镇	540402101	倾多镇	540424101	阿扎乡	540521201
八一镇	540402102	松宗镇	540424102	吉汝乡	540521202
鲁朗镇	540402103	易贡乡	540424200	**贡嘎县**（5镇，4乡）	**540522**
更章门巴民族乡	540402200	玉普乡	540424201	吉雄镇	540522100
布久乡	540402202	康玉乡	540424202	甲竹林镇	540522101
米瑞乡	540402203	多吉乡	540424203	杰德秀镇	540522102
工布江达县（3镇，6乡）	**540421**	玉许乡	540424204	岗堆镇	540522103
工布江达镇	540421100	八盖乡	540424205	江塘镇	540522104
金达镇	540421101	古乡	540424207	朗杰学乡	540522200
巴河镇	540421102	**察隅县**（3镇，3乡）	**540425**	昌果乡	540522201
朱拉乡	540421200	竹瓦根镇	540425100	东拉乡	540522205
错高乡	540421201	上察隅镇	540425101	克西乡	540522206
仲萨乡	540421202	下察隅镇	540425102	**桑日县**（1镇，3乡）	**540523**
江达乡	540421203	察瓦龙乡	540425200	桑日镇	540523100
娘蒲乡	540421204	古拉乡	540425201	增期乡	540523200
加兴乡	540421205	古玉乡	540425202	白堆乡	540523201
米林县（3镇，4乡，1民族乡）	**540422**	**朗县**（3镇，3乡）	**540426**	绒乡	540523202
米林镇	540422100	朗镇	540426100	**琼结县**（1镇，3乡）	**540524**
派镇	540422101	仲达镇	540426101	琼结镇	540524100
卧龙镇	540422102	洞嘎镇	540426102	加麻乡	540524200
丹娘乡	540422200	拉多乡	540426200	下水乡	540524201
南伊珞巴民族乡	540422201	金东乡	540426201	拉玉乡	540524202
扎西绕登乡	540422202	登木乡	540426202	**曲松县**（2镇，3乡）	**540525**
里龙乡	540422203	**山南市**（1街道，23镇，54乡，5民族乡）	**540500**	曲松镇	540525100
羌纳乡	540422204			罗布萨镇	540525101
墨脱县（1镇，6乡，1民族乡）	**540423**	**乃东区**（1街道，1镇，5乡）	**540502**	下江乡	540525200
		泽当街道	540502001	邱多江乡	540525201
				堆随乡	540525202

续表 5

行政区划名称	行政区划代码	行政区划名称	行政区划代码	行政区划名称	行政区划代码
措美县（2镇，2乡）	**540526**	觉拉乡	540530201	措多乡	540621203
措美镇	540526100	浪坡乡	540530202	夏玛乡	540621204
哲古镇	540526101	曲卓木乡	540530203	林提乡	540621206
乃西乡	540526200	库局乡	540530204	麦地卡乡	540621207
古堆乡	540526201	麻麻门巴民族乡	540530205	绒多乡	540621209
洛扎县（2镇，5乡）	**540527**	贡日门巴民族乡	540530206	鸽群乡	540621210
洛扎镇	540527100	吉巴门巴民族乡	540530207	**比如县（2镇，8乡）**	**540622**
拉康镇	540527101	勒门巴民族乡	540530208	比如镇	540622100
扎日乡	540527201	**浪卡子县（2镇，8乡）**	**540531**	夏曲镇	540622101
色乡	540527202	浪卡子镇	540531100	白嘎乡	540622201
生格乡	540527203	打隆镇	540531101	达塘乡	540622202
边巴乡	540527204	张达乡	540531200	恰则乡	540622203
拉郊乡	540527205	伦布雪乡	540531201	扎拉乡	540622204
加查县（2镇，5乡）	**540528**	多却乡	540531202	羊秀乡	540622207
加查镇	540528100	普玛江塘乡	540531203	香曲乡	540622208
安绕镇	540528101	阿扎乡	540531204	良曲乡	540622209
拉绥乡	540528200	卡龙乡	540531205	茶曲乡	540622210
崔久乡	540528201	白地乡	540531206	**聂荣县（1镇，9乡）**	**540623**
坝乡	540528202	卡热乡	540531207	聂荣镇	540623100
冷达乡	540528203	**那曲市（25镇，89乡）**	**540600**	尼玛乡	540623201
洛林乡	540528204	**色尼区（3镇，9乡）**	**540602**	色庆乡	540623203
隆子县（2镇，8乡，1民族乡）	**540529**	那曲镇	540602100	桑荣乡	540623205
		罗玛镇	540602101	下曲乡	540623206
隆子镇	540529100	古露镇	540602102	白雄乡	540623207
日当镇	540529101	达萨乡	540602200	索雄乡	540623208
列麦乡	540529200	油恰乡	540602202	当木江乡	540623210
热荣乡	540529201	香茂乡	540602203	查当乡	540623211
三安曲林乡	540529202	那玛切乡	540602205	永曲乡	540623212
准巴乡	540529203	达前乡	540602209	**安多县（4镇，9乡）**	**540624**
雪萨乡	540529204	洛麦乡	540602210	帕那镇	540624100
扎日乡	540529205	孔玛乡	540602211	强玛镇	540624101
玉麦乡	540529206	尼玛乡	540602213	扎仁镇	540624102
加玉乡	540529207	色雄乡	540602217	雁石坪镇	540624103
斗玉珞巴民族乡	540529208	**嘉黎县（2镇，8乡）**	**540621**	多玛乡	540624201
错那县（1镇，5乡，4民族乡）	**540530**	阿扎镇	540621100	玛曲乡	540624202
		嘉黎镇	540621101	滩堆乡	540624205
错那镇	540530100	尼屋乡	540621201	帮麦乡	540624207
卡达乡	540530200	藏比乡	540621202	玛荣乡	540624209

续表 6

行政区划名称	行政区划代码	行政区划名称	行政区划代码	行政区划名称	行政区划代码
扎曲乡	540624210	雅安镇	540628102	萨让乡	542522200
色务乡	540624211	江绵乡	540628201	达巴乡	542522201
措玛乡	540624212	玛如乡	540628202	底雅乡	542522202
岗尼乡	540624213	阿秀乡	540628204	香孜乡	542522203
申扎县 (2镇，6乡)	**540625**	贡日乡	540628205	曲松乡	542522204
申扎镇	540625100	岗切乡	540628206	楚鲁松杰乡	542522205
雄梅镇	540625101	巴青乡	540628210	噶尔县 (1镇，4乡)	**542523**
下过乡	540625201	本塔乡	540628211	狮泉河镇	542523100
恰乡	540625202	尼玛县 (1镇，13乡)	**540629**	昆莎乡	542523200
巴扎乡	540625203	尼玛镇	540629100	左左乡	542523201
塔尔玛乡	540625204	卓尼乡	540629201	门士乡	542523202
买巴乡	540625206	达果乡	540629202	扎西岗乡	542523203
马跃乡	540625207	阿索乡	540629203	日土县 (1镇，4乡)	**542524**
索县 (2镇，8乡)	**540626**	荣玛乡	540629204	日土镇	542524100
亚拉镇	540626100	中仓乡	540629205	多玛乡	542524200
荣布镇	540626101	来多乡	540629206	东汝乡	542524201
若达乡	540626201	申亚乡	540629207	热帮乡	542524202
加勤乡	540626202	卓瓦乡	540629208	日松乡	542524203
赤多乡	540626203	俄久乡	540629209	革吉县 (1镇，4乡)	**542525**
西昌乡	540626205	文部乡	540629210	革吉镇	542525100
江达乡	540626206	甲谷乡	540629211	雄巴乡	542525200
热瓦乡	540626208	军仓乡	540629212	亚热乡	542525201
嘎美乡	540626209	吉瓦乡	540629213	擦咔乡	542525202
嘎木乡	540626210	双湖县 (1镇，6乡)	**540630**	文布当桑乡	542525203
班戈县 (4镇，6乡)	**540627**	措折罗玛镇	540630101	改则县 (1镇，6乡)	**542526**
普保镇	540627100	协德乡	540630200	改则镇	542526100
北拉镇	540627101	雅曲乡	540630201	物玛乡	542526200
德庆镇	540627102	嘎措乡	540630202	先遣乡	542526201
佳琼镇	540627103	措折强玛乡	540630203	麻米乡	542526202
尼玛乡	540627205	多玛乡	540630204	洞措乡	542526203
保吉乡	540627207	巴岭乡	540630205	古姆乡	542526204
青龙乡	540627209	阿里地区 (7镇，30乡)	**542500**	察布乡	542526205
马前乡	540627211	普兰县 (1镇，2乡)	**542521**	措勤县 (1镇，4乡)	**542527**
门当乡	540627215	普兰镇	542521100	措勤镇	542527100
新吉乡	540627216	巴嘎乡	542521200	磁石乡	542527200
巴青县 (3镇，7乡)	**540628**	霍尔乡	542521201	曲洛乡	542527201
拉西镇	540628100	札达县 (1镇，6乡)	**542522**	江让乡	542527202
杂色镇	540628101	托林镇	542522100	达雄乡	542527203

陕西省

陕西省（陕、秦）

行政区划名称	行政区划代码	行政区划名称	行政区划代码	行政区划名称	行政区划代码
陕西省（326街道，973镇，17乡）	**610000**	席王街道	610111004	武屯街道	610114006
		洪庆街道	610111005	关山街道	610114007
西安市（135街道，37镇）	**610100**	狄寨街道	610111006	**临潼区（23街道）**	**610115**
新城区（9街道）	**610102**	灞桥街道	610111007	骊山街道	610115001
西一路街道	610102001	新筑街道	610111008	秦陵街道	610115002
长乐中路街道	610102002	新合街道	610111009	新丰街道	610115003
中山门街道	610102003	**未央区（12街道）**	**610112**	代王街道	610115004
韩森寨街道	610102004	张家堡街道	610112001	斜口街道	610115005
解放门街道	610102005	三桥街道	610112002	行者街道	610115006
自强路街道	610102006	辛家庙街道	610112003	马额街道	610115007
太华路街道	610102007	徐家湾街道	610112004	零口街道	610115008
长乐西路街道	610102008	大明宫街道	610112005	雨金街道	610115009
胡家庙街道	610102009	谭家街道	610112006	栎阳街道	610115010
碑林区（8街道）	**610103**	草滩街道	610112007	相桥街道	610115011
南院门街道	610103001	六村堡街道	610112008	徐杨街道	610115012
柏树林街道	610103002	未央宫街道	610112009	西泉街道	610115013
长乐坊街道	610103003	汉城街道	610112010	新市街道	610115014
东关南街街道	610103004	建章路街道	610112011	交口街道	610115015
太乙路街道	610103005	未央湖街道	610112012	北田街道	610115016
文艺路街道	610103006	**雁塔区（10街道）**	**610113**	油槐街道	610115017
长安路街道	610103007	小寨路街道	610113001	何寨街道	610115018
张家村街道	610103008	大雁塔街道	610113002	铁炉街道	610115019
莲湖区（9街道）	**610104**	长延堡街道	610113003	任留街道	610115020
青年路街道	610104001	电子城街道	610113004	穆寨街道	610115021
北院门街道	610104002	等驾坡街道	610113005	小金街道	610115022
北关街道	610104003	鱼化寨街道	610113006	仁宗街道	610115023
红庙坡街道	610104004	丈八街道	610113007	**长安区（25街道）**	**610116**
环城西路街道	610104005	曲江街道	610113008	韦曲街道	610116001
西关街道	610104006	杜城街道	610113009	郭杜街道	610116002
土门街道	610104007	漳浒寨街道	610113010	马王街道	610116003
桃园路街道	610104008	**阎良区（7街道）**	**610114**	滦镇街道	610116004
枣园街道	610104009	凤凰路街道	610114001	子午街道	610116005
灞桥区（9街道）	**610111**	新华路街道	610114002	太乙宫街道	610116006
纺织城街道	610111001	振兴街道	610114003	引镇街道	610116007
十里铺街道	610111002	新兴街道	610114004	斗门街道	610116008
红旗街道	610111003	北屯街道	610114005	王寺街道	610116009

续表1

行政区划名称	行政区划代码	行政区划名称	行政区划代码	行政区划名称	行政区划代码
东大街道	610116010	石井街道	610118014	骆峪镇	610124118
王曲街道	610116011	**蓝田县（1街道，18镇）**	**610122**	陈河镇	610124119
杜曲街道	610116012	蓝关街道	610122001	板房子镇	610124120
鸣犊街道	610116013	洩湖镇	610122101	王家河镇	610124121
细柳街道	610116014	华胥镇	610122102	**铜川市（17街道，**	**610200**
黄良街道	610116015	前卫镇	610122103	**20镇，1乡）**	
兴隆街道	610116016	汤峪镇	610122104	**王益区（6街道，1镇）**	**610202**
大兆街道	610116017	焦岱镇	610122105	七一路街道	610202001
高桥街道	610116018	玉山镇	610122106	红旗街街道	610202002
五台街道	610116019	三里镇	610122107	桃园街道	610202003
王莽街道	610116020	普化镇	610122108	青年路街道	610202004
灵沼街道	610116021	葛牌镇	610122109	王家河街道	610202005
五星街道	610116022	蓝桥镇	610122111	王益街道	610202006
杨庄街道	610116023	辋川镇	610122112	黄堡镇	610202100
砲里街道	610116024	灞源镇	610122113	**印台区（4街道，5镇）**	**610203**
魏寨街道	610116025	孟村镇	610122114	城关街道	610203001
高陵区（7街道）	**610117**	安村镇	610122115	三里洞街道	610203002
鹿苑街道	610117001	小寨镇	610122117	王石凹街道	610203003
泾渭街道	610117002	三官庙镇	610122118	印台街道	610203004
崇皇街道	610117003	九间房镇	610122120	陈炉镇	610203100
姬家街道	610117004	厚镇	610122121	红土镇	610203101
通远街道	610117005	**周至县（1街道，19镇）**	**610124**	广阳镇	610203102
耿镇街道	610117006	二曲街道	610124001	金锁关镇	610203104
张卜街道	610117007	哑柏镇	610124101	阿庄镇	610203106
鄠邑区（14街道）	**610118**	终南镇	610124102	**耀州区（6街道，8镇）**	**610204**
甘亭街道	610118001	马召镇	610124103	天宝路街道	610204001
余下街道	610118002	集贤镇	610124104	永安路街道	610204002
五竹街道	610118003	楼观镇	610124105	咸丰路街道	610204003
玉蝉街道	610118004	尚村镇	610124106	正阳路街道	610204004
秦渡街道	610118005	广济镇	610124107	锦阳路街道	610204005
草堂街道	610118006	厚畛子镇	610124108	坡头街道	610204006
庞光街道	610118007	四屯镇	610124109	董家河镇	610204101
大王街道	610118008	竹峪镇	610124111	庙湾镇	610204102
祖庵街道	610118009	青化镇	610124112	瑶曲镇	610204103
渭丰街道	610118010	翠峰镇	610124113	照金镇	610204104
涝店街道	610118011	九峰镇	610124114	小丘镇	610204107
甘河街道	610118012	富仁镇	610124115	孙塬镇	610204108
蒋村街道	610118013	司竹镇	610124116	关庄镇	610204109

续表 2

行政区划名称	行政区划代码	行政区划名称	行政区划代码	行政区划名称	行政区划代码
石柱镇	610204113	千渭街道	610304003	故郡镇	610323114
宜君县（1街道，6镇，1乡）	610222	阳平镇	610304100	扶风县（1街道，7镇）	610324
宜阳街道	610222001	千河镇	610304101	城关街道	610324001
彭镇	610222101	磻溪镇	610304102	天度镇	610324101
五里镇	610222102	天王镇	610304103	午井镇	610324102
太安镇	610222103	慕仪镇	610304104	绛帐镇	610324103
棋盘镇	610222104	周原镇	610304105	段家镇	610324104
尧生镇	610222105	贾村镇	610304106	杏林镇	610324105
哭泉镇	610222106	县功镇	610304108	召公镇	610324106
云梦乡	610222201	新街镇	610304109	法门镇	610324107
宝鸡市（17街道，99镇）	610300	坪头镇	610304110	眉县（1街道，7镇）	610326
渭滨区（5街道，5镇）	610302	香泉镇	610304111	首善街道	610326001
金陵街道	610302001	赤沙镇	610304112	横渠镇	610326101
经二路街道	610302002	拓石镇	610304113	槐芽镇	610326102
清姜街道	610302003	凤阁岭镇	610304114	汤峪镇	610326103
姜谭路街道	610302004	钓渭镇	610304115	常兴镇	610326104
桥南街道	610302005	凤翔区（12镇）	610305	金渠镇	610326105
马营镇	610302100	城关镇	610305100	营头镇	610326106
石鼓镇	610302101	虢王镇	610305101	齐镇	610326107
神农镇	610302102	彪角镇	610305102	陇县（10镇）	610327
高家镇	610302103	横水镇	610305103	城关镇	610327100
八鱼镇	610302105	田家庄镇	610305104	东风镇	610327101
金台区（7街道，4镇）	610303	糜杆桥镇	610305105	八渡镇	610327102
中山东路街道	610303001	南指挥镇	610305107	温水镇	610327106
西关街道	610303002	陈村镇	610305108	天成镇	610327107
中山西路街道	610303003	长青镇	610305109	曹家湾镇	610327108
群众路街道	610303004	柳林镇	610305110	固关镇	610327109
东风路街道	610303006	姚家沟镇	610305111	东南镇	610327111
十里铺街道	610303007	范家寨镇	610305112	河北镇	610327112
卧龙寺街道	610303008	岐山县（9镇）	610323	新集川镇	610327114
陈仓镇	610303100	益店镇	610323103	千阳县（7镇）	610328
蟠龙镇	610303101	蒲村镇	610323104	城关镇	610328100
金河镇	610303102	青化镇	610323106	崔家头镇	610328101
硖石镇	610303103	枣林镇	610323107	南寨镇	610328102
陈仓区（3街道，15镇）	610304	雍川镇	610323108	张家塬镇	610328103
虢镇街道	610304001	凤鸣镇	610323111	水沟镇	610328104
东关街道	610304002	蔡家坡镇	610323112	草碧镇	610328105
		京当镇	610323113	高崖镇	610328107

续表 3

行政区划名称	行政区划代码	行政区划名称	行政区划代码	行政区划名称	行政区划代码
麟游县（7 镇）	**610329**	双照街道	610402011	高庄镇	610423108
九成宫镇	610329100	马庄街道	610402012	太平镇	610423111
崔木镇	610329101	**杨陵区（3 街道，2 镇）**	**610403**	崇文镇	610423112
招贤镇	610329102	杨陵街道	610403001	安吴镇	610423114
两亭镇	610329103	李台街道	610403002	中张镇	610423115
常丰镇	610329104	大寨街道	610403003	兴隆镇	610423116
丈八镇	610329105	五泉镇	610403100	**乾县（1 街道，15 镇）**	**610424**
酒房镇	610329106	揉谷镇	610403102	城关街道	610424001
凤县（9 镇）	**610330**	**渭城区（10 街道）**	**610404**	薛录镇	610424101
双石铺镇	610330100	中山街街道	610404001	梁村镇	610424102
凤州镇	610330101	文汇路街道	610404002	临平镇	610424103
黄牛铺镇	610330102	新兴路街道	610404003	姜村镇	610424104
红花铺镇	610330103	渭阳街道	610404004	王村镇	610424105
河口镇	610330104	渭城街道	610404005	马连镇	610424106
唐藏镇	610330105	窑店街道	610404006	阳峪镇	610424107
平木镇	610330106	正阳街道	610404007	峰阳镇	610424108
坪坎镇	610330107	周陵街道	610404008	注泔镇	610424109
留凤关镇	610330111	底张街道	610404009	灵源镇	610424110
太白县（7 镇）	**610331**	北杜街道	610404010	阳洪镇	610424111
嘴头镇	610331100	**三原县（1 街道，9 镇）**	**610422**	梁山镇	610424112
桃川镇	610331101	城关街道	610422001	周城镇	610424113
靖口镇	610331103	陂西镇	610422102	新阳镇	610424114
太白河镇	610331104	独李镇	610422103	大杨镇	610424115
鹦鸽镇	610331105	大程镇	610422104	**礼泉县（1 街道，11 镇）**	**610425**
王家垅镇	610331106	西阳镇	610422105	城关街道	610425001
黄柏塬镇	610331107	鲁桥镇	610422106	史德镇	610425101
咸阳市（41 街道，101 镇）	**610400**	陵前镇	610422107	西张堡镇	610425102
秦都区（12 街道）	**610402**	新兴镇	610422109	阡东镇	610425103
人民路街道	610402001	嵯峨镇	610422110	烽火镇	610425104
西兰路街道	610402002	渠岸镇	610422111	烟霞镇	610425105
吴家堡街道	610402003	**泾阳县（1 街道，12 镇）**	**610423**	赵镇	610425106
渭阳西路街道	610402004	泾干街道	610423001	昭陵镇	610425107
陈杨寨街道	610402005	永乐镇	610423101	叱干镇	610425108
古渡街道	610402006	云阳镇	610423102	南坊镇	610425109
上林街道	610402007	桥底镇	610423103	石潭镇	610425110
钓台街道	610402008	王桥镇	610423104	骏马镇	610425111
马泉街道	610402009	口镇	610423105	**永寿县（1 街道，6 镇）**	**610426**
渭滨街道	610402010	三渠镇	610423107	监军街道	610426001

续表 4

行政区划名称	行政区划代码	行政区划名称	行政区划代码	行政区划名称	行政区划代码
店头镇	610426101	武功镇	610431102	双王街道	610502006
常宁镇	610426102	游风镇	610431103	崇业路街道	610502007
甘井镇	610426104	贞元镇	610431104	良田街道	610502008
马坊镇	610426105	长宁镇	610431105	辛市街道	610502009
渠子镇	610426107	小村镇	610431106	龙背街道	610502010
永平镇	610426110	大庄镇	610431107	阳曲街道	610502011
长武县（1街道，7镇）	**610428**	**兴平市**（5街道，8镇）	**610481**	信义街道	610502012
昭仁街道	610428001	东城街道	610481001	白杨街道	610502013
相公镇	610428101	西城街道	610481002	桥南镇	610502100
巨家镇	610428102	店张街道	610481003	阳郭镇	610502101
丁家镇	610428103	马嵬街道	610481004	故市镇	610502102
洪家镇	610428104	西吴街道	610481005	下邽镇	610502103
亭口镇	610428105	赵村镇	610481101	三张镇	610502104
彭公镇	610428106	桑镇	610481102	交斜镇	610502105
枣园镇	610428108	南市镇	610481104	崇凝镇	610502107
旬邑县（1街道，9镇）	**610429**	庄头镇	610481105	孝义镇	610502108
城关街道	610429001	南位镇	610481106	蔺店镇	610502109
土桥镇	610429101	汤坊镇	610481107	官底镇	610502111
职田镇	610429102	丰仪镇	610481108	官路镇	610502112
张洪镇	610429103	阜寨镇	610481109	丰原镇	610502113
太村镇	610429104	**彬州市**（2街道，8镇）	**610482**	阎村镇	610502114
郑家镇	610429105	城关街道	610482001	官道镇	610502116
湫坡头镇	610429106	豳风街道	610482002	**华州区**（1街道，9镇）	**610503**
底庙镇	610429107	北极镇	610482100	华州街道	610503001
马栏镇	610429109	新民镇	610482101	杏林镇	610503100
清塬镇	610429110	龙高镇	610482102	赤水镇	610503101
淳化县（1街道，7镇）	**610430**	永乐镇	610482103	高塘镇	610503102
城关街道	610430001	义门镇	610482104	大明镇	610503103
官庄镇	610430101	水口镇	610482105	瓜坡镇	610503104
方里镇	610430103	韩家镇	610482106	莲花寺镇	610503105
润镇	610430104	太峪镇	610482107	柳枝镇	610503106
车坞镇	610430105	**渭南市**（25街道，108镇）	**610500**	下庙镇	610503107
铁王镇	610430106	**临渭区**（13街道，14镇）	**610502**	金堆镇	610503108
石桥镇	610430107	杜桥街道	610502001	**潼关县**（1街道，4镇）	**610522**
十里塬镇	610430109	人民街道	610502002	城关街道	610522001
武功县（1街道，7镇）	**610431**	解放街道	610502003	桐峪镇	610522100
普集街道	610431001	向阳街道	610502004	太要镇	610522101
苏坊镇	610431101	站南街道	610502005	秦东镇	610522103

续表 5

行政区划名称	行政区划代码	行政区划名称	行政区划代码	行政区划名称	行政区划代码
代字营镇	610522104	寺前镇	610525106	薛镇	610528109
大荔县（1 街道，15 镇）	**610523**	韦庄镇	610525107	曹村镇	610528111
城关街道	610523001	安里镇	610525108	宫里镇	610528112
两宜镇	610523104	庄头镇	610525109	梅家坪镇	610528113
冯村镇	610523107	**蒲城县（1 街道，15 镇）**	**610526**	刘集镇	610528114
双泉镇	610523108	城关街道	610526001	齐村镇	610528115
范家镇	610523112	罕井镇	610526101	到贤镇	610528118
官池镇	610523113	孙镇	610526102	流曲镇	610528119
韦林镇	610523114	兴镇	610526103	**韩城市（2 街道，6 镇）**	**610581**
羌白镇	610523115	党睦镇	610526104	新城街道	610581001
下寨镇	610523116	高阳镇	610526105	金城街道	610581002
安仁镇	610523117	永丰镇	610526106	龙门镇	610581100
许庄镇	610523118	荆姚镇	610526107	桑树坪镇	610581101
朝邑镇	610523119	苏坊镇	610526108	芝川镇	610581103
埝桥镇	610523120	龙阳镇	610526109	西庄镇	610581104
段家镇	610523121	洛滨镇	610526112	芝阳镇	610581106
苏村镇	610523122	陈庄镇	610526113	板桥镇	610581108
赵渡镇	610523125	龙池镇	610526116	**华阴市（2 街道，4 镇）**	**610582**
合阳县（1 街道，11 镇）	**610524**	椿林镇	610526117	太华路街道	610582001
城关街道	610524001	桥陵镇	610526118	岳庙街道	610582002
甘井镇	610524101	尧山镇	610526119	孟塬镇	610582100
坊镇	610524102	**白水县（1 街道，7 镇）**	**610527**	华西镇	610582103
洽川镇	610524103	城关街道	610527001	华山镇	610582104
新池镇	610524104	尧禾镇	610527102	罗敷镇	610582105
黑池镇	610524105	杜康镇	610527103	**延安市（21 街道，88 镇，8 乡）**	**610600**
路井镇	610524106	西固镇	610527104		
和家庄镇	610524107	林皋镇	610527106	**宝塔区（6 街道，12 镇，1 乡）**	**610602**
王村镇	610524108	史官镇	610527107		
同家庄镇	610524110	北塬镇	610527108	宝塔山街道	610602001
百良镇	610524111	雷牙镇	610527110	南市街道	610602002
金峪镇	610524112	**富平县（1 街道，14 镇）**	**610528**	凤凰山街道	610602003
澄城县（1 街道，9 镇）	**610525**	城关街道	610528001	桥沟街道	610602004
城关街道	610525001	庄里镇	610528101	枣园街道	610602005
冯原镇	610525101	张桥镇	610528102	新城街道	610602006
王庄镇	610525102	美原镇	610528103	河庄坪镇	610602102
尧头镇	610525103	淡村镇	610528105	李渠镇	610602103
赵庄镇	610525104	留古镇	610528107	青化砭镇	610602105
交道镇	610525105	老庙镇	610528108	柳林镇	610602107

续表 6

行政区划名称	行政区划代码	行政区划名称	行政区划代码	行政区划名称	行政区划代码
甘谷驿镇	610602110	乾坤湾镇	610622108	洛川县（1街道，8镇）	610629
临镇	610602111	志丹县（1街道，7镇）	610625	凤栖街道	610629001
蟠龙镇	610602112	保安街道	610625001	旧县镇	610629101
姚店镇	610602113	旦八镇	610625103	交口河镇	610629102
南泥湾镇	610602114	金鼎镇	610625104	老庙镇	610629103
川口镇	610602115	永宁镇	610625105	土基镇	610629104
麻洞川镇	610602116	杏河镇	610625106	石头镇	610629105
万花山镇	610602117	顺宁镇	610625107	槐柏镇	610629106
冯庄乡	610602202	义正镇	610625108	永乡镇	610629107
安塞区（3街道，8镇）	610603	双河镇	610625109	菩提镇	610629108
真武洞街道	610603001	吴起县（1街道，8镇）	610626	宜川县（1街道，4镇，2乡）	610630
金明街道	610603002	吴起街道	610626001	丹州街道	610630001
白坪街道	610603003	周湾镇	610626102	秋林镇	610630101
砖窑湾镇	610603101	白豹镇	610626103	集义镇	610630104
沿河湾镇	610603102	长官庙镇	610626104	云岩镇	610630105
化子坪镇	610603104	长城镇	610626105	壶口镇	610630106
建华镇	610603106	铁边城镇	610626108	英旺乡	610630200
招安镇	610603107	吴仓堡镇	610626109	交里乡	610630201
高桥镇	610603108	庙沟镇	610626110	黄龙县（5镇，2乡）	610631
坪桥镇	610603109	五谷城镇	610626111	石堡镇	610631100
镰刀湾镇	610603110	甘泉县（1街道，3镇，2乡）	610627	白马滩镇	610631101
延长县（1街道，7镇）	610621			瓦子街镇	610631102
七里村街道	610621001	美水街道	610627001	界头庙镇	610631104
黑家堡镇	610621101	下寺湾镇	610627101	三岔镇	610631105
郑庄镇	610621102	道镇	610627102	圪台乡	610631205
张家滩镇	610621103	石门镇	610627103	崾崄乡	610631206
交口镇	610621104	桥镇乡	610627200	黄陵县（1街道，5镇）	610632
罗子山镇	610621106	劳山乡	610627203	桥山街道	610632001
雷赤镇	610621107	富县（1街道，6镇，1乡）	610628	店头镇	610632101
安沟镇	610621108			隆坊镇	610632102
延川县（1街道，7镇）	610622	茶坊街道	610628001	田庄镇	610632103
大禹街道	610622001	张村驿镇	610628102	阿党镇	610632104
永坪镇	610622101	张家湾镇	610628103	双龙镇	610632105
延水关镇	610622102	直罗镇	610628104	子长市（3街道，8镇）	610681
文安驿镇	610622103	牛武镇	610628106	瓦窑堡街道	610681001
杨家圪坮镇	610622104	寺仙镇	610628110	秀延街道	610681002
贾家坪镇	610622105	羊泉镇	610628111	栾家坪街道	610681003
关庄镇	610622107	北道德乡	610628204		

续表 7

行政区划名称	行政区划代码	行政区划名称	行政区划代码	行政区划名称	行政区划代码
玉家湾镇	610681102	红庙镇	610703111	黄安镇	610723110
安定镇	610681103	牟家坝镇	610703112	黄金峡镇	610723111
马家砭镇	610681104	法镇	610703113	槐树关镇	610723112
南沟岔镇	610681105	湘水镇	610703114	金水镇	610723113
涧峪岔镇	610681106	小南海镇	610703115	华阳镇	610723114
李家岔镇	610681107	碑坝镇	610703116	茅坪镇	610723115
杨家园则镇	610681108	黎坪镇	610703117	关帝镇	610723119
余家坪镇	610681109	福成镇	610703118	桑溪镇	610723120
汉中市 (25街道，152镇)	**610700**	两河镇	610703119	八里关镇	610723121
汉台区 (8街道，7镇)	**610702**	胡家营镇	610703120	**西乡县 (2街道，15镇)**	**610724**
北关街道	610702001	**城固县 (2街道，15镇)**	**610722**	城北街道	610724001
东大街街道	610702002	莲花街道	610722001	城南街道	610724002
汉中路街道	610702003	博望街道	610722002	杨河镇	610724101
中山街街道	610702004	龙头镇	610722101	柳树镇	610724102
东关街道	610702005	沙河营镇	610722102	沙河镇	610724103
龙江街道	610702006	文川镇	610722103	私渡镇	610724104
鑫源街道	610702007	柳林镇	610722104	桑园镇	610724105
七里街道	610702008	老庄镇	610722105	白龙塘镇	610724106
铺镇	610702100	桔园镇	610722107	峡口镇	610724108
武乡镇	610702101	原公镇	610722108	堰口镇	610724109
河东店镇	610702102	上元观镇	610722109	茶镇	610724110
宗营镇	610702104	天明镇	610722110	高川镇	610724111
老君镇	610702105	二里镇	610722111	两河口镇	610724112
汉王镇	610702106	五堵镇	610722112	大河镇	610724114
徐望镇	610702107	双溪镇	610722114	骆家坝镇	610724116
南郑区 (2街道，20镇)	**610703**	小河镇	610722116	子午镇	610724117
汉山街道	610703001	三合镇	610722118	白勉峡镇	610724118
中所营街道	610703002	董家营镇	610722119	**勉县 (1街道，17镇)**	**610725**
圣水镇	610703101	**洋县 (3街道，15镇)**	**610723**	勉阳街道	610725001
大河坎镇	610703102	洋州街道	610723001	武侯镇	610725101
协税镇	610703103	戚氏街道	610723002	周家山镇	610725102
梁山镇	610703104	纸坊街道	610723003	同沟寺镇	610725103
阳春镇	610703105	龙亭镇	610723103	新街子镇	610725105
高台镇	610703106	谢村镇	610723104	老道寺镇	610725106
新集镇	610703107	马畅镇	610723105	褒城镇	610725107
濂水镇	610703108	溢水镇	610723107	金泉镇	610725109
黄官镇	610703109	磨子桥镇	610723108	定军山镇	610725110
青树镇	610703110	黄家营镇	610723109	温泉镇	610725111

续表 8

行政区划名称	行政区划代码	行政区划名称	行政区划代码	行政区划名称	行政区划代码
元墩镇	610725112	乐素河镇	610727109	青桥驿镇	610729105
阜川镇	610725113	郭镇	610727110	火烧店镇	610729106
新铺镇	610725114	黑河镇	610727111	玉皇庙镇	610729107
茶店镇	610725116	白雀寺镇	610727112	**佛坪县（1 街道，6 镇）**	**610730**
镇川镇	610725117	西淮坝镇	610727113	袁家庄街道	610730001
长沟河镇	610725118	五龙洞镇	610727114	陈家坝镇	610730101
张家河镇	610725119	观音寺镇	610727115	大河坝镇	610730102
漆树坝镇	610725120	马蹄湾镇	610727116	西岔河镇	610730103
宁强县（2 街道，16 镇）	**610726**	仙台坝镇	610727117	长角坝镇	610730104
高寨子街道	610726001	**镇巴县（1 街道，19 镇）**	**610728**	石墩河镇	610730106
汉源街道	610726002	泾洋街道	610728001	岳坝镇	610730107
大安镇	610726102	渔渡镇	610728101	**榆林市（29 街道，147 镇，8 乡）**	**610800**
代家坝镇	610726103	盐场镇	610728102		
阳平关镇	610726104	观音镇	610728103	**榆阳区（12 街道，14 镇，5 乡）**	**610802**
燕子砭镇	610726105	巴庙镇	610728104		
广坪镇	610726106	兴隆镇	610728105	鼓楼街道	610802001
青木川镇	610726107	长岭镇	610728106	青山路街道	610802002
毛坝河镇	610726108	三元镇	610728107	上郡路街道	610802003
铁锁关镇	610726109	简池镇	610728108	新明楼街道	610802004
胡家坝镇	610726110	碾子镇	610728109	航宇路街道	610802005
巴山镇	610726111	小洋镇	610728110	崇文路街道	610802006
巨亭镇	610726112	青水镇	610728111	驼峰路街道	610802007
舒家坝镇	610726113	永乐镇	610728112	长城路街道	610802008
太阳岭镇	610726116	杨家河镇	610728114	金沙路街道	610802009
安乐河镇	610726118	赤南镇	610728115	朝阳路街道	610802010
禅家岩镇	610726119	巴山镇	610728116	沙河路街道	610802011
二郎坝镇	610726120	大池镇	610728117	明珠路街道	610802012
略阳县（2 街道，15 镇）	**610727**	平安镇	610728118	鱼河镇	610802100
兴州街道	610727001	仁村镇	610728119	上盐湾镇	610802101
横现河街道	610727002	黎坝镇	610728120	镇川镇	610802102
接官亭镇	610727101	**留坝县（1 街道，7 镇）**	**610729**	麻黄梁镇	610802105
两河口镇	610727103	紫柏街道	610729001	牛家梁镇	610802106
金家河镇	610727104	马道镇	610729101	金鸡滩镇	610802107
徐家坪镇	610727105	武关驿镇	610729102	马合镇	610802108
白水江镇	610727106	留侯镇	610729103	巴拉素镇	610802109
硖口驿镇	610727107	江口镇	610729104	鱼河峁镇	610802111

续表 9

行政区划名称	行政区划代码	行政区划名称	行政区划代码	行政区划名称	行政区划代码
大河塔镇	610802112	清水镇	610822108	姬塬镇	610825108
古塔镇	610802113	古城镇	610822109	杨井镇	610825109
青云镇	610802114	三道沟镇	610822110	新安边镇	610825110
小纪汗镇	610802118	大昌汗镇	610822112	张崾崄镇	610825111
芹河镇	610802119	老高川镇	610822113	樊学镇	610825112
孟家湾乡	610802205	武家庄镇	610822114	盐场堡镇	610825113
小壕兔乡	610802206	木瓜镇	610822115	郝滩镇	610825114
岔河则乡	610802207	田家寨镇	610822116	石洞沟镇	610825115
补浪河乡	610802208	**靖边县（1街道，16镇）**	**610824**	冯地坑镇	610825116
红石桥乡	610802209	张家畔街道	610824001	油房庄乡	610825204
横山区（5街道，13镇）	**610803**	东坑镇	610824101	学庄乡	610825210
城关街道	610803001	青阳岔镇	610824102	**绥德县（15镇）**	**610826**
怀远街道	610803002	宁条梁镇	610824103	薛家峁镇	610826101
夏州街道	610803003	周河镇	610824104	崔家湾镇	610826102
怀仁路街道	610803004	红墩界镇	610824105	定仙墕镇	610826103
崇德路街道	610803005	杨桥畔镇	610824106	枣林坪镇	610826104
石湾镇	610803101	王渠则镇	610824107	义合镇	610826105
高镇	610803102	中山涧镇	610824108	吉镇镇	610826106
武镇	610803103	杨米涧镇	610824109	薛家河镇	610826107
党岔镇	610803104	天赐湾镇	610824110	石家湾镇	610826109
响水镇	610803105	龙洲镇	610824111	田庄镇	610826110
波罗镇	610803106	海则滩镇	610824112	中角镇	610826112
殿市镇	610803107	黄蒿界镇	610824113	四十铺镇	610826113
塔湾镇	610803108	席麻湾镇	610824114	名州镇	610826114
赵石畔镇	610803109	小河镇	610824115	张家砭镇	610826115
韩岔镇	610803110	镇靖镇	610824116	白家硷镇	610826116
魏家楼镇	610803111	**定边县（1街道，16镇，2乡）**	**610825**	满堂川镇	610826117
雷龙湾镇	610803112	定边街道	610825001	**米脂县（1街道，8镇）**	**610827**
白界镇	610803113	贺圈镇	610825101	银州街道	610827001
府谷县（14镇）	**610822**	红柳沟镇	610825102	桃镇	610827101
府谷镇	610822100	砖井镇	610825103	龙镇	610827102
黄甫镇	610822101	白泥井镇	610825104	杨家沟镇	610827103
哈镇	610822103	安边镇	610825105	杜家石沟镇	610827104
庙沟门镇	610822104	堆子梁镇	610825106	沙家店镇	610827105
新民镇	610822105	白湾子镇	610825107	印斗镇	610827106
孤山镇	610822106			郭兴庄镇	610827107

续表 10

行政区划名称	行政区划代码	行政区划名称	行政区划代码	行政区划名称	行政区划代码
城郊镇	610827108	老君殿镇	610831102	江北街道	610902003
佳县 (1街道，12镇)	**610828**	裴家湾镇	610831103	建民街道	610902004
佳州街道	610828001	苗家坪镇	610831104	关庙镇	610902100
坑镇	610828101	三川口镇	610831105	张滩镇	610902101
店镇	610828102	马蹄沟镇	610831106	瀛湖镇	610902102
乌镇	610828103	周家硷镇	610831107	五里镇	610902104
金明寺镇	610828104	电市镇	610831108	恒口镇	610902107
通镇	610828105	砖庙镇	610831109	吉河镇	610902109
王家砭镇	610828106	淮宁湾镇	610831110	流水镇	610902110
方塌镇	610828107	马岔镇	610831111	大竹园镇	610902111
朱官寨镇	610828108	驼耳巷乡	610831200	洪山镇	610902112
朱家坬镇	610828109	**神木市 (6街道，14镇)**	**610881**	茨沟镇	610902114
螅镇	610828110	滨河新区街道	610881001	大河镇	610902115
刘国具镇	610828111	西沙街道	610881002	沈坝镇	610902116
木头峪镇	610828112	麟州街道	610881003	双龙镇	610902117
吴堡县 (1街道，5镇)	**610829**	迎宾路街道	610881004	叶坪镇	610902118
宋家川街道	610829001	永兴街道	610881005	中原镇	610902119
辛家沟镇	610829101	西沟街道	610881006	早阳镇	610902120
郭家沟镇	610829102	高家堡镇	610881101	石梯镇	610902122
寇家塬镇	610829103	店塔镇	610881102	关家镇	610902123
岔上镇	610829104	孙家岔镇	610881103	县河镇	610902124
张家山镇	610829105	大柳塔镇	610881104	晏坝镇	610902126
清涧县 (9镇)	**610830**	花石崖镇	610881105	谭坝镇	610902128
宽州镇	610830100	中鸡镇	610881106	坝河镇	610902129
石咀驿镇	610830101	贺家川镇	610881107	牛蹄镇	610902131
折家坪镇	610830102	尔林兔镇	610881108	紫荆镇	610902132
玉家河镇	610830103	万镇	610881109	**汉阴县 (10镇)**	**610921**
高杰村镇	610830104	大保当镇	610881110	城关镇	610921100
李家塔镇	610830105	马镇	610881111	涧池镇	610921101
店则沟镇	610830106	栏杆堡镇	610881112	蒲溪镇	610921102
解家沟镇	610830107	沙峁镇	610881113	平梁镇	610921103
下廿里铺镇	610830108	锦界镇	610881114	双乳镇	610921104
子洲县 (1街道，11镇，1乡)	**610831**	**安康市 (4街道，135镇)**	**610900**	铁佛寺镇	610921105
		汉滨区 (4街道，24镇)	610902	漩涡镇	610921107
双湖峪街道	610831001	老城街道	610902001	汉阳镇	610921108
何家集镇	610831101	新城街道	610902002	双河口镇	610921110

续表 11

行政区划名称	行政区划代码	行政区划名称	行政区划代码	行政区划名称	行政区划代码
观音河镇	610921112	高滩镇	610924111	钟宝镇	610927103
石泉县 (11 镇)	**610922**	毛坝镇	610924112	上竹镇	610927105
城关镇	610922100	瓦庙镇	610924113	曙坪镇	610927106
饶峰镇	610922101	麻柳镇	610924114	华坪镇	610927108
两河镇	610922102	双安镇	610924115	**白河县 (11 镇)**	**610929**
迎丰镇	610922103	东木镇	610924116	城关镇	610929100
池河镇	610922104	界岭镇	610924122	中厂镇	610929101
后柳镇	610922105	**岚皋县 (12 镇)**	**610925**	构扒镇	610929102
喜河镇	610922106	城关镇	610925100	卡子镇	610929103
熨斗镇	610922107	佐龙镇	610925101	茅坪镇	610929104
云雾山镇	610922108	滔河镇	610925103	宋家镇	610929105
曾溪镇	610922109	官元镇	610925104	西营镇	610929106
中池镇	610922110	石门镇	610925105	仓上镇	610929107
宁陕县 (11 镇)	**610923**	民主镇	610925106	双丰镇	610929109
城关镇	610923100	大道河镇	610925107	麻虎镇	610929111
四亩地镇	610923101	蔺河镇	610925108	冷水镇	610929112
江口回族镇	610923102	四季镇	610925110	**旬阳市 (21 镇)**	**610981**
广货街镇	610923104	孟石岭镇	610925111	城关镇	610981100
龙王镇	610923105	堰门镇	610925113	棕溪镇	610981101
筒车湾镇	610923106	南宫山镇	610925115	关口镇	610981102
金川镇	610923108	**平利县 (11 镇)**	**610926**	蜀河镇	610981103
皇冠镇	610923109	城关镇	610926100	双河镇	610981104
梅子镇	610923111	兴隆镇	610926101	小河镇	610981105
新场镇	610923112	老县镇	610926102	赵湾镇	610981106
太山庙镇	610923113	大贵镇	610926103	麻坪镇	610981107
紫阳县 (17 镇)	**610924**	三阳镇	610926104	甘溪镇	610981108
城关镇	610924100	洛河镇	610926105	白柳镇	610981109
蒿坪镇	610924101	广佛镇	610926106	吕河镇	610981110
汉王镇	610924102	八仙镇	610926107	神河镇	610981111
焕古镇	610924103	长安镇	610926108	铜钱关镇	610981112
向阳镇	610924104	西河镇	610926109	段家河镇	610981113
洞河镇	610924105	正阳镇	610926110	金寨镇	610981114
洄水镇	610924106	**镇坪县 (7 镇)**	**610927**	桐木镇	610981115
双桥镇	610924108	城关镇	610927100	仙河镇	610981116
高桥镇	610924109	曾家镇	610927101	构元镇	610981117
红椿镇	610924110	牛头店镇	610927102	石门镇	610981118

续表 12

行政区划名称	行政区划代码	行政区划名称	行政区划代码	行政区划名称	行政区划代码
红军镇	610981119	永丰镇	611021114	南宽坪镇	611024107
仁河口镇	610981120	高耀镇	611021115	户家塬镇	611024108
商洛市（12街道，86镇）	**611000**	柏峪寺镇	611021116	杨地镇	611024109
商州区（4街道，14镇）	**611002**	**丹凤县（1街道，11镇）**	**611022**	小河口镇	611024111
城关街道	611002001	龙驹寨街道	611022001	色河铺镇	611024112
大赵峪街道	611002002	庾岭镇	611022101	板岩镇	611024113
陈塬街道	611002003	蔡川镇	611022102	延坪镇	611024116
刘湾街道	611002004	峦庄镇	611022103	两岭镇	611024118
夜村镇	611002101	铁峪铺镇	611022104	王阎镇	611024119
沙河子镇	611002104	武关镇	611022105	法官镇	611024122
杨峪河镇	611002105	竹林关镇	611022106	**镇安县（1街道，14镇）**	**611025**
金陵寺镇	611002106	土门镇	611022107	永乐街道	611025001
黑山镇	611002107	寺坪镇	611022108	回龙镇	611025101
杨斜镇	611002108	商镇	611022109	铁厂镇	611025102
麻街镇	611002109	棣花镇	611022110	大坪镇	611025103
牧护关镇	611002111	花瓶子镇	611022114	米粮镇	611025104
大荆镇	611002112	**商南县（1街道，9镇）**	**611023**	茅坪回族镇	611025105
腰市镇	611002113	城关街道	611023001	西口回族镇	611025106
板桥镇	611002114	富水镇	611023101	高峰镇	611025107
北宽坪镇	611002115	湘河镇	611023102	青铜关镇	611025108
三岔河镇	611002119	赵川镇	611023104	柴坪镇	611025109
闫村镇	611002121	金丝峡镇	611023106	达仁镇	611025110
洛南县（2街道，14镇）	**611021**	过风楼镇	611023107	木王镇	611025111
城关街道	611021001	试马镇	611023108	云盖寺镇	611025113
四皓街道	611021002	清油河镇	611023109	庙沟镇	611025114
景村镇	611021101	十里坪镇	611023110	月河镇	611025117
古城镇	611021102	青山镇	611023111	**柞水县（1街道，8镇）**	**611026**
三要镇	611021103	**山阳县（2街道，16镇）**	**611024**	乾佑街道	611026001
灵口镇	611021104	城关街道	611024001	营盘镇	611026101
寺耳镇	611021106	十里铺街道	611024002	下梁镇	611026102
巡检镇	611021107	高坝店镇	611024101	小岭镇	611026104
石坡镇	611021108	天竺山镇	611024102	凤凰镇	611026105
石门镇	611021109	中村镇	611024103	红岩寺镇	611026106
麻坪镇	611021110	银花镇	611024104	曹坪镇	611026107
洛源镇	611021111	西照川镇	611024105	杏坪镇	611026109
保安镇	611021112	漫川关镇	611024106	瓦房口镇	611026110

甘肃省

甘肃省（甘、陇）

行政区划名称	行政区划代码	行政区划名称	行政区划代码	行政区划名称	行政区划代码
甘肃省（127 街道，892 镇，305 乡，32 民族乡）	620000	土门墩街道	620103009	永登县（15 镇，3 乡）	620121
兰州市（53 街道，47 镇，14 乡）	620100	阿干镇	620103100	城关镇	620121100
		八里镇	620103101	红城镇	620121101
城关区（26 街道）	620102	彭家坪镇	620103102	中堡镇	620121102
酒泉路街道	620102001	西果园镇	620103103	武胜驿镇	620121103
张掖路街道	620102002	黄峪镇	620103104	河桥镇	620121104
雁南街道	620102003	魏岭乡	620103201	连城镇	620121105
临夏路街道	620102004	西固区（7 街道，5 镇，1 乡）	620104	苦水镇	620121106
雁北街道	620102005			中川镇	620121107
五泉街道	620102006	陈坪街道	620104001	秦川镇	620121108
白银路街道	620102007	先锋路街道	620104002	大同镇	620121109
皋兰路街道	620102008	福利路街道	620104003	龙泉寺镇	620121110
广武门街道	620102009	西固城街道	620104004	树屏镇	620121111
伏龙坪街道	620102010	临洮街街道	620104005	上川镇	620121112
靖远路街道	620102011	西柳沟街道	620104006	柳树镇	620121113
草场街道	620102012	四季青街道	620104007	通远镇	620121114
火车站街道	620102013	新城镇	620104100	坪城乡	620121203
拱星墩街道	620102014	东川镇	620104101	民乐乡	620121205
东岗街道	620102015	河口镇	620104102	七山乡	620121208
团结新村街道	620102016	达川镇	620104103	皋兰县（5 镇）	620122
东岗西路街道	620102017	柳泉镇	620104104	西岔镇	620122101
铁路东村街道	620102018	金沟乡	620104203	什川镇	620122103
铁路西村街道	620102019	安宁区（8 街道，2 镇）	620105	石洞镇	620122104
渭源路街道	620102020	培黎街道	620105001	水阜镇	620122106
盐场路街道	620102021	安宁西路街道	620105002	黑石镇	620122107
嘉峪关路街道	620102022	沙井驿街道	620105003	榆中县（11 镇，9 乡）	620123
焦家湾街道	620102023	十里店街道	620105004	城关镇	620123100
青白石街道	620102024	孔家崖街道	620105005	夏官营镇	620123101
高新区街道	620102025	银滩路街道	620105006	高崖镇	620123102
雁园街道	620102026	刘家堡街道	620105007	金崖镇	620123103
七里河区（9 街道，5 镇，1 乡）	620103	安宁堡街道	620105008	和平镇	620123104
		忠和镇	620105100	甘草店镇	620123105
秀川街道	620103001	九合镇	620105101	青城镇	620123106
西园街道	620103002	红古区（3 街道，4 镇）	620111	定远镇	620123107
西湖街道	620103003	窑街街道	620111001	连搭镇	620123108
建兰路街道	620103004	矿区街道	620111003	新营镇	620123109
敦煌路街道	620103005	华龙街道	620111004	贡井镇	620123110
西站街道	620103006	海石湾镇	620111100	小康营乡	620123200
晏家坪街道	620103007	花庄镇	620111101	马坡乡	620123202
龚家湾街道	620103008	平安镇	620111102	清水驿乡	620123204
		红古镇	620111103	龙泉乡	620123205

续表 1

行政区划名称	行政区划代码	行政区划名称	行政区划代码	行政区划名称	行政区划代码
韦营乡	620123206	纺织路街道	620402005	河畔镇	620422102
中连川乡	620123207	水川镇	620402100	头寨子镇	620422103
园子岔乡	620123209	四龙镇	620402101	太平店镇	620422104
上花岔乡	620123210	王岘镇	620402102	甘沟驿镇	620422105
哈岘乡	620123211	强湾乡	620402201	柴家门镇	620422106
嘉峪关市(3 街道,3 镇)	**620200**	武川乡	620402202	侯家川镇	620422107
第一街道	620200001	**平川区 (4 街道, 5 镇,**	**620403**	中川镇	620422108
雄关街道	620200002	**2 乡)**		汉家岔镇	620422109
钢城街道	620200003	长征街道	620403001	刘家寨子镇	620422110
峪泉镇	620200100	电力路街道	620403002	白草塬镇	620422111
新城镇	620200101	红会路街道	620403003	大沟镇	620422112
文殊镇	620200102	兴平路街道	620403004	四房吴镇	620422113
金昌市 (6 街道, 11 镇,	**620300**	王家山镇	620403100	老君坡镇	620422114
1 乡)		水泉镇	620403101	平头川镇	620422115
金川区 (6 街道, 2 镇)	**620302**	共和镇	620403102	杨崖集镇	620422116
滨河路街道	620302001	宝积镇	620403103	丁家沟镇	620422117
桂林路街道	620302002	黄峤镇	620403104	翟家所镇	620422118
北京路街道	620302003	种田乡	620403204	韩家集镇	620422119
金川路街道	620302004	复兴乡	620403205	土门岘镇	620422120
新华路街道	620302005	**靖远县 (13 镇, 5 乡)**	**620421**	新塬镇	620422121
广州路街道	620302006	乌兰镇	620421100	草滩镇	620422122
宁远堡镇	620302100	北湾镇	620421101	新庄镇	620422123
双湾镇	620302101	东湾镇	620421102	新添堡回族乡	620422202
永昌县 (9 镇, 1 乡)	**620321**	刘川镇	620421103	党家岘乡	620422204
城关镇	620321100	北滩镇	620421104	八里湾乡	620422213
河西堡镇	620321101	平堡镇	620421105	土高山乡	620422225
新城子镇	620321102	糜滩镇	620421106	**景泰县 (8 镇, 3 乡)**	**620423**
朱王堡镇	620321103	三滩镇	620421107	一条山镇	620423100
东寨镇	620321104	大芦镇	620421108	芦阳镇	620423101
水源镇	620321105	双龙镇	620421109	上沙沃镇	620423102
红山窑镇	620321106	东升镇	620421110	喜泉镇	620423103
焦家庄镇	620321107	高湾镇	620421111	草窝滩镇	620423104
六坝镇	620321108	五合镇	620421112	红水镇	620423105
南坝乡	620321203	兴隆乡	620421206	正路镇	620423106
白银市 (9 街道, 53 镇,	**620400**	石门乡	620421208	中泉镇	620423107
15 乡, 1 民族乡)		靖安乡	620421211	寺滩乡	620423203
白银区 (5 街道, 3 镇,	**620402**	永新乡	620421215	五佛乡	620423205
2 乡)		若笠乡	620421216	漫水滩乡	620423207
人民路街道	620402001	**会宁县 (24 镇, 3 乡,**	**620422**	**天水市 (10 街道, 101 镇,**	**620500**
公园路街道	620402002	**1 民族乡)**		**12 乡)**	
四龙路街道	620402003	会师镇	620422100	**秦州区 (7 街道, 16 镇)**	**620502**
工农路街道	620402004	郭城驿镇	620422101	大城街道	620502001

续表 2

行政区划名称	行政区划代码	行政区划名称	行政区划代码	行政区划名称	行政区划代码
七里墩街道	620502002	党川镇	620503116	六峰镇	620523103
东关街道	620502003	**清水县**（15镇，3乡）	**620521**	安远镇	620523104
中城街道	620502004	永清镇	620521100	金山镇	620523105
西关街道	620502005	红堡镇	620521101	大石镇	620523106
石马坪街道	620502006	白驼镇	620521102	礼辛镇	620523107
天水郡街道	620502007	金集镇	620521103	武家河镇	620523108
玉泉镇	620502100	秦亭镇	620521104	大庄镇	620523109
皂郊镇	620502101	山门镇	620521105	古坡镇	620523110
太京镇	620502102	白沙镇	620521106	八里湾镇	620523111
藉口镇	620502103	王河镇	620521107	西坪镇	620523112
关子镇	620502104	郭川镇	620521108	谢家湾乡	620523200
牡丹镇	620502105	黄门镇	620521109	白家湾乡	620523207
天水镇	620502106	松树镇	620521110	**武山县**（13镇，2乡）	**620524**
平南镇	620502107	远门镇	620521111	城关镇	620524100
娘娘坝镇	620502108	土门镇	620521112	鸳鸯镇	620524101
汪川镇	620502109	草川铺镇	620521113	洛门镇	620524102
中梁镇	620502110	陇东镇	620521114	马力镇	620524103
大门镇	620502111	贾川乡	620521206	滩歌镇	620524104
杨家寺镇	620502112	丰望乡	620521207	四门镇	620524105
齐寿镇	620502113	新城乡	620521211	山丹镇	620524106
秦岭镇	620502114	**秦安县**（17镇）	**620522**	温泉镇	620524107
华岐镇	620502115	兴国镇	620522100	龙台镇	620524108
麦积区（3街道，17镇）	**620503**	陇城镇	620522101	桦林镇	620524109
道北街道	620503001	莲花镇	620522102	榆盘镇	620524110
北道埠街道	620503002	郭嘉镇	620522103	高楼镇	620524111
桥南街道	620503003	西川镇	620522104	杨河镇	620524112
社棠镇	620503100	五营镇	620522105	嘴头乡	620524206
马跑泉镇	620503101	叶堡镇	620522106	沿安乡	620524208
花牛镇	620503102	魏店镇	620522107	**张家川回族自治县**	**620525**
渭南镇	620503103	千户镇	620522108	（10镇，5乡）	
中滩镇	620503104	兴丰镇	620522109	张家川镇	620525100
新阳镇	620503105	安伏镇	620522110	龙山镇	620525101
元龙镇	620503106	王尹镇	620522111	恭门镇	620525102
伯阳镇	620503107	刘坪镇	620522112	马鹿镇	620525103
甘泉镇	620503108	王窑镇	620522113	马关镇	620525104
麦积镇	620503109	中山镇	620522114	梁山镇	620525105
东岔镇	620503110	王铺镇	620522115	刘堡镇	620525106
石佛镇	620503111	云山镇	620522116	胡川镇	620525107
三岔镇	620503112	**甘谷县**（13镇，2乡）	**620523**	大阳镇	620525108
利桥镇	620503113	大像山镇	620523100	川王镇	620525109
琥珀镇	620503114	新兴镇	620523101	张棉驿乡	620525202
五龙镇	620503115	磐安镇	620523102	木河乡	620525204

续表 3

行政区划名称	行政区划代码	行政区划名称	行政区划代码	行政区划名称	行政区划代码
阎家乡	620525205	吴家井镇	620602127	民权镇	620622112
连五乡	620525209	金河镇	620602128	直滩镇	620622113
平安乡	620525211	新华镇	620602129	古丰镇	620622114
武威市（9 街道，84 镇，9 乡）	**620600**	金塔镇	620602130	新堡乡	620622210
凉州区（9 街道，37 镇）	**620602**	大柳镇	620602131	干城乡	620622211
东大街街道	620602001	康宁镇	620602132	横梁乡	620622212
西大街街道	620602002	九墩镇	620602133	十八里堡乡	620622215
东关街街道	620602003	柏树镇	620602134	**天祝藏族自治县（14 镇，5 乡）**	**620623**
西关街街道	620602004	韩佐镇	620602135	华藏寺镇	620623100
火车站街街道	620602005	金山镇	620602136	打柴沟镇	620623101
地质新村街街道	620602006	**民勤县（18 镇）**	**620621**	安远镇	620623102
荣华街道	620602007	东坝镇	620621101	炭山岭镇	620623103
黄羊河街道	620602008	泉山镇	620621102	哈溪镇	620623104
宣武街街道	620602009	西渠镇	620621103	松山镇	620623105
黄羊镇	620602100	东湖镇	620621104	赛什斯镇	620623106
武南镇	620602101	三雷镇	620621105	石门镇	620623107
清源镇	620602102	红砂岗镇	620621106	天堂镇	620623108
永昌镇	620602103	昌宁镇	620621107	朵什镇	620623109
双城镇	620602104	重兴镇	620621108	西大滩镇	620623110
丰乐镇	620602105	薛百镇	620621109	大红沟镇	620623120
高坝镇	620602106	大坝镇	620621110	抓喜秀龙镇	620623130
金羊镇	620602107	苏武镇	620621111	祁连镇	620623140
和平镇	620602108	大滩镇	620621112	东坪乡	620623203
羊下坝镇	620602109	双茨科镇	620621113	赛拉隆乡	620623205
中坝镇	620602110	红沙梁镇	620621114	东大滩乡	620623206
永丰镇	620602111	蔡旗镇	620621115	旦马乡	620623213
古城镇	620602112	收成镇	620621116	毛藏乡	620623214
张义镇	620602113	夹河镇	620621117	**张掖市（5 街道，48 镇，8 乡，4 民族乡）**	**620700**
发放镇	620602114	南湖镇	620621118	**甘州区（5 街道，13 镇，4 乡，1 民族乡）**	**620702**
西营镇	620602115	**古浪县（15 镇，4 乡）**	**620622**	东街街道	620702001
四坝镇	620602116	古浪镇	620622100	南街街道	620702002
洪祥镇	620602117	泗水镇	620622101	西街街道	620702003
谢河镇	620602118	土门镇	620622102	北街街道	620702004
金沙镇	620602119	大靖镇	620622103	火车站街道	620702005
怀安镇	620602120	裴家营镇	620622104	梁家墩镇	620702100
河东镇	620602121	海子滩镇	620622105	上秦镇	620702101
松树镇	620602122	定宁镇	620622106	大满镇	620702102
清水镇	620602123	黄羊川镇	620622107	沙井镇	620702103
下双镇	620602124	黑松驿镇	620622108	乌江镇	620702104
五和镇	620602125	永丰滩镇	620622109		
长城镇	620602126	黄花滩镇	620622110		
		西靖镇	620622111		

续表 4

行政区划名称	行政区划代码	行政区划名称	行政区划代码	行政区划名称	行政区划代码
甘浚镇	620702105	**高台县（9镇）**	**620724**	大寨回族乡	620802219
新墩镇	620702106	城关镇	620724100	**泾川县（11镇，3乡）**	**620821**
党寨镇	620702107	宣化镇	620724101	城关镇	620821100
碱滩镇	620702108	南华镇	620724102	玉都镇	620821101
三闸镇	620702109	巷道镇	620724103	高平镇	620821102
小满镇	620702110	新坝镇	620724104	荔堡镇	620821103
长安镇	620702111	骆驼城镇	620724105	王村镇	620821104
明永镇	620702112	合黎镇	620724106	窑店镇	620821105
平山湖蒙古族乡	620702201	黑泉镇	620724107	党原镇	620821106
龙渠乡	620702202	罗城镇	620724108	丰台镇	620821107
安阳乡	620702203	**山丹县（6镇，2乡）**	**620725**	飞云镇	620821108
花寨乡	620702204	清泉镇	620725101	汭丰镇	620821109
靖安乡	620702207	位奇镇	620725102	太平镇	620821110
肃南裕固族自治县（3镇,2乡,3民族乡）	**620721**	霍城镇	620725103	罗汉洞乡	620821204
		陈户镇	620725104	泾明乡	620821205
红湾寺镇	620721100	大马营镇	620725105	红河乡	620821206
皇城镇	620721101	东乐镇	620725106	**灵台县（9镇，4乡）**	**620822**
康乐镇	620721102	老军乡	620725203	中台镇	620822100
马蹄藏族乡	620721200	李桥乡	620725204	什字镇	620822101
白银蒙古族乡	620721202	**平凉市（3街道，70镇，23乡，9民族乡）**	**620800**	朝那镇	620822102
大河乡	620721203			邵寨镇	620822103
明花乡	620721204	**崆峒区（3街道，7镇，3乡，7民族乡）**	**620802**	独店镇	620822104
祁丰藏族乡	620721205			西屯镇	620822105
民乐县（10镇）	**620722**	东关街道	620802001	上良镇	620822106
洪水镇	620722101	中街街道	620802002	百里镇	620822107
六坝镇	620722102	西郊街道	620802003	蒲窝镇	620822108
新天镇	620722103	四十里铺镇	620802100	新开乡	620822206
南古镇	620722104	崆峒镇	620802101	梁原乡	620822207
永固镇	620722105	草峰镇	620802102	龙门乡	620822208
三堡镇	620722106	白水镇	620802103	星火乡	620822210
南丰镇	620722107	安国镇	620802104	**崇信县（4镇，2乡）**	**620823**
民联镇	620722108	柳湖镇	620802105	锦屏镇	620823100
顺化镇	620722109	花所镇	620802106	新窑镇	620823101
丰乐镇	620722110	索罗乡	620802206	柏树镇	620823102
临泽县（7镇）	**620723**	西阳回族乡	620802208	黄寨镇	620823103
沙河镇	620723101	大秦回族乡	620802209	黄花乡	620823205
新华镇	620723102	白庙回族乡	620802210	木林乡	620823207
蓼泉镇	620723103	寨河回族乡	620802211	**庄浪县（15镇，3乡）**	**620825**
平川镇	620723104	香莲乡	620802212	水洛镇	620825100
板桥镇	620723105	麻武乡	620802214	南湖镇	620825101
鸭暖镇	620723106	峡门回族乡	620802216	朱店镇	620825102
倪家营镇	620723107	上杨回族乡	620802217	万泉镇	620825103

续表 5

行政区划名称	行政区划代码	行政区划名称	行政区划代码	行政区划名称	行政区划代码
韩店镇	620825104	安口镇	620881101	大庄子镇	620921106
卧龙镇	620825105	西华镇	620881102	西坝镇	620921107
阳川镇	620825106	马峡镇	620881103	古城乡	620921204
盘安镇	620825107	策底镇	620881104	羊井子湾乡	620921209
通化镇	620825108	上关镇	620881105	瓜州县（10镇，2乡， 3民族乡）	620922
大庄镇	620825109	河西镇	620881106		
永宁镇	620825110	神峪回族乡	620881200	渊泉镇	620922100
良邑镇	620825111	山寨回族乡	620881201	柳园镇	620922101
岳堡镇	620825112	砚峡乡	620881202	三道沟镇	620922102
柳梁镇	620825113	酒泉市（8街道，53镇， 9乡，6民族乡）	620900	南岔镇	620922103
南坪镇	620825114			锁阳城镇	620922104
杨河乡	620825201	肃州区（7街道，14镇， 1民族乡）	620902	西湖镇	620922105
赵墩乡	620825202			河东镇	620922106
郑河乡	620825215	东北街道	620902001	腰站子东乡族镇	620922107
静宁县（17镇，7乡）	620826	东南街道	620902002	双塔镇	620922108
城关镇	620826100	工业园街道	620902003	瓜州镇	620922109
威戎镇	620826101	西北街道	620902004	布隆吉乡	620922201
界石铺镇	620826102	西南街道	620902005	七墩回族东乡族乡	620922206
李店镇	620826103	新城街道	620902006	广至藏族乡	620922207
八里镇	620826104	玉门油田生活基地 街道	620902007	梁湖乡	620922208
甘沟镇	620826105			沙河回族乡	620922209
古城镇	620826106	西洞镇	620902100	肃北蒙古族自治县 （2镇，2乡）	620923
仁大镇	620826107	总寨镇	620902102		
城川镇	620826108	金佛寺镇	620902103	马鬃山镇	620923101
曹务镇	620826109	三墩镇	620902105	党城湾镇	620923102
雷大镇	620826110	上坝镇	620902106	石包城乡	620923202
四河镇	620826111	清水镇	620902107	盐池湾乡	620923203
细巷镇	620826112	银达镇	620902108	阿克塞哈萨克族自治县 （1镇，3乡）	620924
治平镇	620826113	泉湖镇	620902109		
原安镇	620826114	果园镇	620902110	红柳湾镇	620924100
红寺镇	620826115	西峰镇	620902111	阿克旗乡	620924205
双岘镇	620826116	铧尖镇	620902112	阿勒腾乡	620924206
司桥乡	620826202	东洞镇	620902113	阿伊纳乡	620924207
余湾乡	620826209	丰乐镇	620902114	玉门市（1街道，10镇， 2民族乡）	620981
贾河乡	620826212	下河清镇	620902115		
深沟乡	620826214	黄泥堡裕固族乡	620902207	新市区街道	620981001
新店乡	620826216	金塔县（7镇，2乡）	620921	玉门镇	620981101
三合乡	620826224	中东镇	620921100	赤金镇	620981102
灵芝乡	620826226	鼎新镇	620921101	花海镇	620981103
华亭市（7镇，1乡， 2民族乡）	620881	金塔镇	620921102	老君庙镇	620981104
		东坝镇	620921103	柳河镇	620981105
东华镇	620881100	航天镇	620921105	黄闸湾镇	620981106

续表 **6**

行政区划名称	行政区划代码	行政区划名称	行政区划代码	行政区划名称	行政区划代码
下西号镇	620981107	蔡口集乡	621021208	西华池镇	621024100
柳湖镇	620981108	南庄乡	621021210	老城镇	621024101
昌马镇	620981109	翟家河乡	621021212	太白镇	621024102
六墩镇	620981110	蔡家庙乡	621021213	板桥镇	621024103
小金湾东乡族乡	620981206	**环县（10镇，10乡）**	**621022**	何家畔镇	621024104
独山子东乡族乡	620981208	环城镇	621022100	吉岘镇	621024105
敦煌市（9镇）	**620982**	曲子镇	621022101	肖咀镇	621024106
沙州镇	620982100	甜水镇	621022102	固城镇	621024107
七里镇	620982101	木钵镇	621022103	段家集乡	621024202
肃州镇	620982102	洪德镇	621022104	太莪乡	621024204
莫高镇	620982103	合道镇	621022105	店子乡	621024205
转渠口镇	620982104	樊家川镇	621022106	蒿咀铺乡	621024211
阳关镇	620982105	虎洞镇	621022107	**正宁县（8镇，1乡，**	**621025**
月牙泉镇	620982106	毛井镇	621022108	**1民族乡）**	
郭家堡镇	620982107	车道镇	621022109	山河镇	621025100
黄渠镇	620982108	天池乡	621022200	榆林子镇	621025101
庆阳市（3街道，73镇，	**621000**	演武乡	621022202	宫河镇	621025102
42乡，1民族乡）		八珠乡	621022208	永和镇	621025103
西峰区（3街道，5镇，	**621002**	耿湾乡	621022211	永正镇	621025104
2乡）		秦团庄乡	621022213	周家镇	621025105
北街街道	621002001	山城乡	621022214	湫头镇	621025106
南街街道	621002002	南湫乡	621022215	西坡镇	621025107
西街街道	621002003	罗山川乡	621022216	五顷塬回族乡	621025207
肖金镇	621002100	小南沟乡	621022218	三嘉乡	621025208
董志镇	621002101	芦家湾乡	621022221	**宁县（14镇，4乡）**	**621026**
后官寨镇	621002102	**华池县（6镇，9乡）**	**621023**	新宁镇	621026100
温泉镇	621002103	悦乐镇	621023100	平子镇	621026101
彭原镇	621002104	柔远镇	621023101	早胜镇	621026102
什社乡	621002205	元城镇	621023102	长庆桥镇	621026103
显胜乡	621002207	南梁镇	621023103	和盛镇	621026104
庆城县（9镇，6乡）	**621021**	城壕镇	621023104	湘乐镇	621026105
驿马镇	621021100	五蛟镇	621023105	新庄镇	621026107
三十里铺镇	621021101	上里塬乡	621023205	盘克镇	621026108
马岭镇	621021102	王咀子乡	621023206	焦村镇	621026109
庆城镇	621021103	白马乡	621023208	中村镇	621026110
玄马镇	621021104	怀安乡	621023209	米桥镇	621026111
白马铺镇	621021105	乔川乡	621023210	良平镇	621026112
桐川镇	621021106	乔河乡	621023211	太昌镇	621026113
赤城镇	621021107	山庄乡	621023213	春荣镇	621026114
高楼镇	621021108	林镇乡	621023215	南义乡	621026208
太白梁乡	621021205	紫坊畔乡	621023216	瓦斜乡	621026210
土桥乡	621021207	**合水县（8镇，4乡）**	**621024**	金村乡	621026213

续表 7

行政区划名称	行政区划代码	行政区划名称	行政区划代码	行政区划名称	行政区划代码
九岘乡	621026214	新集乡	621102203	**渭源县（12镇，4乡）**	**621123**
镇原县（13镇，6乡）	**621027**	青岚山乡	621102204	清源镇	621123100
城关镇	621027100	高峰乡	621102205	莲峰镇	621123101
屯字镇	621027101	石泉乡	621102206	会川镇	621123102
孟坝镇	621027102	杏园乡	621102207	五竹镇	621123103
三岔镇	621027103	**通渭县（14镇，4乡）**	**621121**	路园镇	621123104
平泉镇	621027104	平襄镇	621121101	北寨镇	621123105
太平镇	621027105	马营镇	621121102	麻家集镇	621123106
开边镇	621027106	鸡川镇	621121103	新寨镇	621123107
临泾镇	621027107	榜罗镇	621121104	庆坪镇	621123108
新城镇	621027108	常家河镇	621121105	祁家庙镇	621123109
上肖镇	621027109	义岗川镇	621121106	上湾镇	621123110
新集镇	621027110	华家岭镇	621121115	锹峪镇	621123111
马渠镇	621027111	陇山镇	621121116	大安乡	621123203
庙渠镇	621027112	陇川镇	621121117	秦祁乡	621123204
南川乡	621027201	碧玉镇	621121118	峡城乡	621123210
方山乡	621027208	陇阳镇	621121119	田家河乡	621123211
殷家城乡	621027209	襄南镇	621121120	**临洮县（12镇，6乡）**	**621124**
武沟乡	621027213	北城铺镇	621121121	洮阳镇	621124101
郭原乡	621027214	什川镇	621121122	八里铺镇	621124102
中原乡	621027216	新景乡	621121203	新添镇	621124103
定西市（3街道，87镇，32乡）	**621100**	李家店乡	621121207	辛店镇	621124104
		寺子川乡	621121209	太石镇	621124105
安定区（3街道，12镇，7乡）	**621102**	第三铺乡	621121212	中铺镇	621124106
永定路街道	621102001	**陇西县（12镇，5乡）**	**621122**	峡口镇	621124107
中华路街道	621102002	巩昌镇	621122100	龙门镇	621124108
福台路街道	621102003	文峰镇	621122101	窑店镇	621124109
凤翔镇	621102101	首阳镇	621122103	玉井镇	621124110
内官营镇	621102102	菜子镇	621122104	衙下集镇	621124111
巉口镇	621102103	云田镇	621122105	南屏镇	621124112
称钩驿镇	621102104	通安驿镇	621122106	红旗乡	621124201
鲁家沟镇	621102105	碧岩镇	621122109	上营乡	621124202
西巩驿镇	621102106	福星镇	621122110	康家集乡	621124203
宁远镇	621102107	马河镇	621122112	站滩乡	621124204
李家堡镇	621102108	柯寨镇	621122113	连儿湾乡	621124205
团结镇	621102109	双泉镇	621122114	漫洼乡	621124206
葛家岔镇	621102110	权家湾镇	621122115	**漳县（10镇，3乡）**	**621125**
符家川镇	621102111	永吉乡	621122201	武阳镇	621125101
香泉镇	621102112	和平乡	621122202	三岔镇	621125102
白碌乡	621102201	渭阳乡	621122203	新寺镇	621125103
石峡湾乡	621102202	宏伟乡	621122205	金钟镇	621125104
		德兴乡	621122207	盐井镇	621125105

续表 8

行政区划名称	行政区划代码	行政区划名称	行政区划代码	行政区划名称	行政区划代码
殪虎桥镇	621125106	角弓镇	621202107	索池镇	621221112
大草滩镇	621125107	马街镇	621202108	苏元镇	621221113
四族镇	621125108	鱼龙镇	621202109	宋坪乡	621221203
石川镇	621125109	甘泉镇	621202110	二郎乡	621221206
贵清山镇	621125110	琵琶镇	621202111	镡河乡	621221213
马泉乡	621125204	外纳镇	621202112	文县 (14镇，5乡，1民族乡)	621222
武当乡	621125208	马营镇	621202113		
东泉乡	621125209	柏林镇	621202114	城关镇	621222100
岷县 (15镇，3乡)	621126	姚寨镇	621202115	碧口镇	621222101
岷阳镇	621126101	佛崖镇	621202116	尚德镇	621222102
西寨镇	621126102	石门镇	621202117	中寨镇	621222103
梅川镇	621126103	五马镇	621202118	桥头镇	621222104
西江镇	621126104	裕河镇	621202119	临江镇	621222105
闾井镇	621126105	汉林镇	621202120	梨坪镇	621222106
十里镇	621126106	桔柑镇	621202121	天池镇	621222107
茶埠镇	621126107	隆兴镇	621202122	堡子坝镇	621222108
中寨镇	621126108	黄坪镇	621202123	石坊镇	621222109
蒲麻镇	621126109	五库镇	621202124	石鸡坝镇	621222110
马坞镇	621126110	三仓镇	621202125	丹堡镇	621222111
清水镇	621126111	坪垭藏族乡	621202201	中庙镇	621222112
寺沟镇	621126112	蒲池乡	621202203	范坝镇	621222113
麻子川镇	621126113	池坝乡	621202211	铁楼藏族乡	621222200
禾驮镇	621126114	龙坝乡	621202218	刘家坪乡	621222205
维新镇	621126115	龙凤乡	621202219	玉垒乡	621222206
秦许乡	621126204	磨坝藏族乡	621202221	口头坝乡	621222211
申都乡	621126207	玉皇乡	621202225	尖山乡	621222212
锁龙乡	621126208	郭河乡	621202226	舍书乡	621222215
陇南市 (4街道，140镇，51乡，4民族乡)	621200	枫相乡	621202229	宕昌县 (11镇，13乡，1民族乡)	621223
		月照乡	621202233		
武都区 (4街道，26镇，8乡，2民族乡)	621202	成县 (14镇，3乡)	621221	城关镇	621223100
		城关镇	621221100	哈达铺镇	621223101
钟楼街道	621202001	黄渚镇	621221101	理川镇	621223102
吉石坝街道	621202002	红川镇	621221102	南阳镇	621223103
江北街道	621202003	小川镇	621221103	官亭镇	621223104
江南街道	621202004	纸坊镇	621221104	沙湾镇	621223105
城关镇	621202100	抛沙镇	621221105	阿坞镇	621223106
安化镇	621202101	黄陈镇	621221106	南河镇	621223107
东江镇	621202102	陈院镇	621221107	八力镇	621223108
两水镇	621202103	鸡峰镇	621221108	临江铺镇	621223109
汉王镇	621202104	王磨镇	621221109	两河口镇	621223110
洛塘镇	621202105	店村镇	621221110	木耳乡	621223206
三河镇	621202106	沙坝镇	621221111	庞家乡	621223207

续表 9

行政区划名称	行政区划代码	行政区划名称	行政区划代码	行政区划名称	行政区划代码
何家堡乡	621223209	大桥镇	621225107	三峪乡	621226232
贾河乡	621223211	西峪镇	621225108	**徽县（13镇，2乡）**	**621227**
将台乡	621223212	十里镇	621225109	城关镇	621227100
车拉乡	621223213	石堡镇	621225110	伏家镇	621227101
新城子藏族乡	621223214	兴隆镇	621225111	江洛镇	621227102
好梯乡	621223216	苏合镇	621225112	泥阳镇	621227103
韩院乡	621223217	稍峪镇	621225113	柳林镇	621227104
竹院乡	621223218	卢河镇	621225114	嘉陵镇	621227105
兴化乡	621223219	西高山镇	621225115	永宁镇	621227106
甘江头乡	621223220	晒经乡	621225206	银杏树镇	621227107
新寨乡	621223223	六巷乡	621225208	水阳镇	621227108
狮子乡	621223224	太石河乡	621225209	栗川镇	621227109
康县（18镇，3乡）	**621224**	蒿林乡	621225210	麻沿河镇	621227110
城关镇	621224100	**礼县（22镇，7乡）**	**621226**	大河店镇	621227111
平洛镇	621224101	城关镇	621226100	高桥镇	621227112
大堡镇	621224102	盐官镇	621226101	榆树乡	621227208
岸门口镇	621224103	石桥镇	621226102	虞关乡	621227211
两河镇	621224104	白河镇	621226103	**两当县（6镇，6乡）**	**621228**
长坝镇	621224105	红河镇	621226104	城关镇	621228100
云台镇	621224106	宽川镇	621226105	站儿巷镇	621228101
阳坝镇	621224107	祁山镇	621226106	西坡镇	621228102
周家坝镇	621224108	永兴镇	621226107	杨店镇	621228103
望关镇	621224109	永坪镇	621226108	显龙镇	621228104
王坝镇	621224110	中坝镇	621226109	云屏镇	621228105
大南峪镇	621224111	雷坝镇	621226110	左家乡	621228201
碾坝镇	621224112	罗坝镇	621226111	鱼池乡	621228203
豆坝镇	621224113	崖城镇	621226112	兴化乡	621228204
铜钱镇	621224114	洮坪镇	621226113	张家乡	621228205
三河坝镇	621224115	龙林镇	621226114	泰山乡	621228207
白杨镇	621224116	固城镇	621226115	金洞乡	621228208
寺台镇	621224117	湫山镇	621226116	**临夏回族自治州（7街道，58镇，61乡，4民族乡）**	**622900**
迷坝乡	621224204	江口镇	621226117		
店子乡	621224209	白关镇	621226118	**临夏市（7街道，4镇）**	**622901**
太石乡	621224214	王坝镇	621226119	城南街道	622901001
西和县（16镇，4乡）	**621225**	滩坪镇	621226120	城北街道	622901002
汉源镇	621225100	桥头镇	621226121	东关街道	622901003
长道镇	621225101	马河乡	621226203	西关街道	622901004
姜席镇	621225102	上坪乡	621226215	八坊街道	622901005
石峡镇	621225103	雷王乡	621226219	红园街道	622901006
何坝镇	621225104	沙金乡	621226224	东区街道	622901007
洛峪镇	621225105	草坪乡	621226228	城郊镇	622901100
马元镇	621225106	肖良乡	621226231	枹罕镇	622901101

续表 10

行政区划名称	行政区划代码	行政区划名称	行政区划代码	行政区划名称	行政区划代码
南龙镇	622901102	八丹乡	622922206	陈家集镇	622925107
折桥镇	622901103	上湾乡	622922207	新营镇	622925108
临夏县（9镇，14乡，2民族乡）	**622921**	草滩乡	622922210	罗家集镇	622925109
		五户乡	622922211	梁家寺东乡族乡	622925200
韩集镇	622921100	**永靖县**（10镇，7乡）	**622923**	卜家庄乡	622925203
土桥镇	622921101	刘家峡镇	622923100	新庄乡	622925207
马集镇	622921103	盐锅峡镇	622923101	达浪乡	622925209
尹集镇	622921106	太极镇	622923102	**东乡族自治县**（8镇，15乡）	**622926**
莲花镇	622921119	西河镇	622923103		
新集镇	622921121	三塬镇	622923104	锁南镇	622926100
黄泥湾镇	622921122	岘塬镇	622923105	达板镇	622926101
刁祁镇	622921123	陈井镇	622923106	河滩镇	622926103
北塬镇	622921124	川城镇	622923107	那勒寺镇	622926107
营滩乡	622921200	王台镇	622923108	唐汪镇	622926118
掌子沟乡	622921201	红泉镇	622923109	果园镇	622926119
麻尼寺沟乡	622921202	关山乡	622923200	汪集镇	622926120
漠泥沟乡	622921204	徐顶乡	622923201	龙泉镇	622926121
漫路乡	622921208	三条岘乡	622923202	春台乡	622926200
榆林乡	622921209	坪沟乡	622923203	柳树乡	622926201
井沟东乡族乡	622921210	新寺乡	622923206	东塬乡	622926202
坡头乡	622921213	小岭乡	622923207	坪庄乡	622926204
桥寺乡	622921214	杨塔乡	622923208	百和乡	622926205
先锋乡	622921215	**广河县**（6镇，2乡，1民族乡）	**622924**	关卜乡	622926206
河西乡	622921216			赵家乡	622926208
安家坡东乡族乡	622921217	城关镇	622924100	五家乡	622926209
南塬乡	622921218	三甲集镇	622924101	沿岭乡	622926212
红台乡	622921220	祁家集镇	622924102	凤山乡	622926214
路盘乡	622921223	庄窠集镇	622924103	车家湾乡	622926215
民主乡	622921224	买家巷镇	622924104	大树乡	622926219
康乐县（5镇，10乡）	**622922**	齐家镇	622924105	北岭乡	622926220
附城镇	622922100	水泉乡	622924202	考勒乡	622926222
苏集镇	622922101	官坊乡	622924203	董岭乡	622926223
胭脂镇	622922108	阿力麻土东乡族乡	622924204	**积石山保安族东乡族撒拉族自治县**（7镇，10乡）	**622927**
景古镇	622922112	**和政县**（9镇，3乡，1民族乡）	**622925**		
莲麓镇	622922113			吹麻滩镇	622927100
康丰乡	622922200	城关镇	622925100	大河家镇	622927101
虎关乡	622922201	三合镇	622925101	居集镇	622927108
流川乡	622922202	三十里铺镇	622925102	乩藏镇	622927113
白王乡	622922203	马家堡镇	622925103	石塬镇	622927114
八松乡	622922204	买家集镇	622925105	安集镇	622927115
鸣鹿乡	622922205	松鸣镇	622925106	银川镇	622927116

续表 11

行政区划名称	行政区划代码	行政区划名称	行政区划代码	行政区划名称	行政区划代码
刘集乡	622927201	石门乡	623021211	旺藏镇	623024103
柳沟乡	622927203	卓尼县（11镇，3乡，1民族乡）	623022	腊子口镇	623024104
关家川乡	622927204			洛大镇	623024105
胡林家乡	622927205	柳林镇	623022100	卡坝乡	623024201
寨子沟乡	622927207	木耳镇	623022101	达拉乡	623024202
郭干乡	622927209	扎古录镇	623022102	桑坝乡	623024203
徐扈家乡	622927210	喀尔钦镇	623022103	尼傲乡	623024204
中咀岭乡	622927211	藏巴哇镇	623022104	阿夏乡	623024206
小关乡	622927212	纳浪镇	623022105	多儿乡	623024207
铺川乡	622927214	洮砚镇	623022106	玛曲县（6镇，2乡）	623025
甘南藏族自治州(4街道，64镇，28乡，3民族乡)	623000	阿子滩镇	623022107	尼玛镇	623025101
		申藏镇	623022108	阿万仓镇	623025102
合作市（4街道，3镇，3乡）	623001	完冒镇	623022109	齐哈玛镇	623025103
		尼巴镇	623022110	曼日玛镇	623025104
当周街道	623001001	刀告乡	623022204	欧拉镇	623025105
伊合昂街道	623001002	恰盖乡	623022208	采日玛镇	623025106
坚木克尔街道	623001003	康多乡	623022209	欧拉秀玛乡	623025202
通钦街道	623001004	枸哇土族乡	623022210	木西合乡	623025204
佐盖曼玛镇	623001100	舟曲县（15镇，4乡）	623023	碌曲县（5镇，2乡）	623026
那吾镇	623001101	城关镇	623023100	郎木寺镇	623026101
勒秀镇	623001102	大川镇	623023101	玛艾镇	623026102
卡加曼乡	623001200	峰迭镇	623023102	尕海镇	623026103
卡加道乡	623001201	立节镇	623023103	西仓镇	623026104
佐盖多玛乡	623001202	东山镇	623023104	双岔镇	623026105
临潭县（11镇，3乡，2民族乡）	623021	曲告纳镇	623023105	拉仁关乡	623026203
		博峪镇	623023106	阿拉乡	623026205
城关镇	623021101	巴藏镇	623023107	夏河县（8镇，5乡）	623027
新城镇	623021102	憨班镇	623023108	拉卜楞镇	623027100
冶力关镇	623021103	坪定镇	623023109	王格尔塘镇	623027101
羊永镇	623021104	果耶镇	623023110	阿木去乎镇	623027102
王旗镇	623021105	武坪镇	623023111	桑科镇	623027103
古战镇	623021106	大峪镇	623023112	甘加镇	623027104
洮滨镇	623021107	江盘镇	623023113	麻当镇	623027105
八角镇	623021108	拱坝镇	623023114	博拉镇	623027106
流顺镇	623021109	曲瓦乡	623023200	科才镇	623027107
店子镇	623021110	南峪乡	623023209	达麦乡	623027203
羊沙镇	623021111	八楞乡	623023211	曲奥乡	623027205
术布乡	623021201	插岗乡	623023213	唐尕昂乡	623027206
卓洛回族乡	623021203	迭部县（5镇，6乡）	623024	扎油乡	623027207
长川回族乡	623021204	电尕镇	623024101	吉仓乡	623027208
三岔乡	623021209	益哇镇	623024102		

青海省

青海省（青）

行政区划名称	行政区划代码	行政区划名称	行政区划代码	行政区划名称	行政区划代码
青海省（42街道，140镇，194乡，28民族乡）	630000	湟中区（10镇，2乡，3民族乡）	630106	湟源县（2镇，6乡，1民族乡）	630123
西宁市（25街道，27镇，17乡，6民族乡）	630100	田家寨镇	630106100	城关镇	630123100
城东区（7街道，2镇）	630102	上新庄镇	630106101	大华镇	630123101
东关大街街道	630102001	鲁沙尔镇	630106102	东峡乡	630123201
清真巷街道	630102002	甘河滩镇	630106103	日月藏族乡	630123202
大众街街道	630102003	共和镇	630106104	和平乡	630123203
周家泉街道	630102004	多巴镇	630106105	波航乡	630123204
火车站街道	630102005	拦隆口镇	630106106	申中乡	630123205
八一路街道	630102006	上五庄镇	630106107	巴燕乡	630123207
林家崖街道	630102007	李家山镇	630106108	寺寨乡	630123208
乐家湾镇	630102100	西堡镇	630106109	海东市（5街道，31镇，40乡，19民族乡）	630200
韵家口镇	630102101	群加藏族乡	630106200		
城中区（7街道，1镇）	630103	土门关乡	630106201	乐都区（2街道，6镇，9乡，3民族乡）	630202
人民街街道	630103001	汉东回族乡	630106202		
南滩街道	630103002	大才回族乡	630106203	碾伯街道	630202001
仓门街街道	630103003	海子沟乡	630106204	岗沟街道	630202002
礼让街街道	630103004	大通回族土族自治县（9镇，9乡，2民族乡）	630121	高庙镇	630202101
饮马街街道	630103005			瞿昙镇	630202102
南川东路街道	630103006	桥头镇	630121100	洪水镇	630202103
南川西路街道	630103007	城关镇	630121101	雨润镇	630202104
总寨镇	630103100	塔尔镇	630121102	高店镇	630202105
城西区（7街道，1镇）	630104	东峡镇	630121103	寿乐镇	630202106
西关大街街道	630104001	黄家寨镇	630121104	下营藏族乡	630202200
古城台街道	630104002	长宁镇	630121105	城台乡	630202201
虎台街道	630104003	景阳镇	630121106	峰堆乡	630202202
胜利路街道	630104004	多林镇	630121107	达拉土族乡	630202203
兴海路街道	630104005	新庄镇	630121108	共和乡	630202204
文汇路街道	630104006	青林乡	630121200	中岭乡	630202205
通海路街道	630104007	青山乡	630121201	李家乡	630202206
彭家寨镇	630104100	逊让乡	630121202	芦花乡	630202207
城北区（4街道，2镇）	630105	极乐乡	630121203	马营乡	630202208
朝阳街道	630105001	宝库乡	630121205	马厂乡	630202209
小桥大街街道	630105002	斜沟乡	630121206	中坝藏族乡	630202210
马坊街道	630105003	良教乡	630121207	蒲台乡	630202211
火车西站街道	630105004	向化藏族乡	630121208	平安区（2街道，1镇，5民族乡）	630203
大堡子镇	630105100	桦林乡	630121209		
二十里铺镇	630105101	朔北藏族乡	630121210	平安街道	630203001
		石山乡	630121212	小峡街道	630203002
				三合镇	630203102

续表 1

行政区划名称	行政区划代码	行政区划名称	行政区划代码	行政区划名称	行政区划代码
洪水泉回族乡	630203200	红崖子沟乡	630223200	岗察藏族乡	630225205
石灰窑回族乡	630203201	哈拉直沟乡	630223201	**海北藏族自治州（11 镇，17 乡，2 民族乡）**	**632200**
古城回族乡	630203202	松多藏族乡	630223202		
沙沟回族乡	630203203	东山乡	630223203	**门源回族自治县（4 镇，7 乡，1 民族乡）**	**632221**
巴藏沟回族乡	630203204	东和乡	630223204		
民和回族土族自治县（8 镇,13 乡,1 民族乡）	**630222**	东沟乡	630223205	浩门镇	632221100
		林川乡	630223206	青石嘴镇	632221101
川口镇	630222100	台子乡	630223207	泉口镇	632221102
古鄯镇	630222101	西山乡	630223208	东川镇	632221103
马营镇	630222102	蔡家堡乡	630223209	皇城蒙古族乡	632221200
官亭镇	630222103	巴扎藏族乡	630223210	苏吉滩乡	632221201
巴州镇	630222104	**化隆回族自治县（6 镇，7 乡，4 民族乡）**	**630224**	北山乡	632221202
满坪镇	630222105			西滩乡	632221203
李二堡镇	630222106	巴燕镇	630224100	麻莲乡	632221204
峡门镇	630222107	群科镇	630224101	阴田乡	632221205
马场垣乡	630222200	牙什尕镇	630224102	仙米乡	632221206
北山乡	630222201	甘都镇	630224103	珠固乡	632221207
西沟乡	630222202	扎巴镇	630224104	**祁连县（3 镇，4 乡）**	**632222**
总堡乡	630222203	昂思多镇	630224105	八宝镇	632222100
隆治乡	630222204	雄先藏族乡	630224200	峨堡镇	632222101
大庄乡	630222205	查甫藏族乡	630224201	默勒镇	632222102
转导乡	630222206	二塘乡	630224202	扎麻什乡	632222200
前河乡	630222207	谢家滩乡	630224203	阿柔乡	632222201
甘沟乡	630222208	德恒隆乡	630224204	野牛沟乡	632222202
中川乡	630222209	沙连堡乡	630224205	央隆乡	632222203
杏儿藏族乡	630222210	阿什努乡	630224206	**海晏县（2 镇，3 乡，1 民族乡）**	**632223**
核桃庄乡	630222211	石大仓乡	630224207		
新民乡	630222212	初麻乡	630224208	三角城镇	632223100
松树乡	630222213	金源藏族乡	630224209	西海镇	632223101
互助土族自治县（1 街道，7 镇，9 乡，2 民族乡）	**630223**	塔加藏族乡	630224210	金滩乡	632223200
		循化撒拉族自治县（3 镇，2 乡，4 民族乡）	**630225**	哈勒景蒙古族乡	632223201
高寨街道	630223001	积石镇	630225100	青海湖乡	632223202
威远镇	630223100	白庄镇	630225101	甘子河乡	632223203
丹麻镇	630223101	街子镇	630225102	**刚察县（2 镇，3 乡）**	**632224**
南门峡镇	630223103	道帏藏族乡	630225200	沙柳河镇	632224100
加定镇	630223104	清水乡	630225201	哈尔盖镇	632224101
塘川镇	630223105	查汗都斯乡	630225202	伊克乌兰乡	632224201
五十镇	630223106	文都藏族乡	630225203	泉吉乡	632224202
五峰镇	630223107	尕楞藏族乡	630225204	吉尔孟乡	632224203
				黄南藏族自治州（12 镇，21 乡）	**632300**

续表 2

行政区划名称	行政区划代码	行政区划名称	行政区划代码	行政区划名称	行政区划代码
同仁市（3镇，8乡）	632301	共和县（7镇，4乡）	632521	茫拉乡	632525202
隆务镇	632301100	恰卜恰镇	632521100	塔秀乡	632525203
保安镇	632301101	塘格木镇	632521101	果洛藏族自治州（8镇，36乡）	632600
多哇镇	632301102	倒淌河镇	632521102	玛沁县（2镇，6乡）	632621
兰采乡	632301200	龙羊峡镇	632521103	大武镇	632621100
双朋西乡	632301201	江西沟镇	632521104	拉加镇	632621101
扎毛乡	632301202	黑马河镇	632521105	大武乡	632621200
黄乃亥乡	632301203	石乃亥镇	632521106	东倾沟乡	632621201
曲库乎乡	632301204	廿地乡	632521201	雪山乡	632621202
年都乎乡	632301205	沙珠玉乡	632521202	下大武乡	632621203
瓜什则乡	632301206	铁盖乡	632521204	当洛乡	632621204
加吾乡	632301207	切吉乡	632521211	优云乡	632621205
尖扎县（3镇，6乡）	632322	同德县（2镇，3乡）	632522	班玛县（1镇，8乡）	632622
马克唐镇	632322100	尕巴松多镇	632522100	赛来塘镇	632622100
康杨镇	632322101	唐谷镇	632522101	多贡麻乡	632622200
坎布拉镇	632322102	巴沟乡	632522200	马可河乡	632622201
贾加乡	632322200	秀麻乡	632522203	吉卡乡	632622202
措周乡	632322201	河北乡	632522204	达卡乡	632622203
昂拉乡	632322202	贵德县（4镇，2乡，1民族乡）	632523	知钦乡	632622204
能科乡	632322203			江日堂乡	632622205
当顺乡	632322204	河阴镇	632523101	亚尔堂乡	632622206
尖扎滩乡	632322205	河西镇	632523102	灯塔乡	632622207
泽库县（4镇，3乡）	632323	拉西瓦镇	632523103	甘德县（1镇，6乡）	632623
泽曲镇	632323100	常牧镇	632523104	柯曲镇	632623100
和日镇	632323102	河东乡	632523201	上贡麻乡	632623200
麦秀镇	632323105	尕让乡	632523203	下贡麻乡	632623201
宁秀镇	632323106	新街回族乡	632523204	岗龙乡	632623202
王家乡	632323203	兴海县（3镇，4乡）	632524	江千乡	632623203
西卜沙乡	632323206	子科滩镇	632524100	青珍乡	632623204
多禾茂乡	632323207	河卡镇	632524101	下藏科乡	632623205
河南蒙古族自治县（2镇，4乡）	632324	曲什安镇	632524102	达日县（1镇，9乡）	632624
优干宁镇	632324100	唐乃亥乡	632524200	吉迈镇	632624100
宁木特镇	632324101	中铁乡	632524202	下红科乡	632624200
赛尔龙乡	632324202	龙藏乡	632524204	上红科乡	632624201
柯生乡	632324203	温泉乡	632524205	莫坝乡	632624202
多松乡	632324204	贵南县（3镇，3乡）	632525	桑日麻乡	632624203
托叶玛乡	632324205	茫曲镇	632525100	特合土乡	632624204
海南藏族自治州（19镇，16乡，1民族乡）	632500	过马营镇	632525101	建设乡	632624205
		森多镇	632525102	窝赛乡	632624206
		沙沟乡	632525200		

续表 3

行政区划名称	行政区划代码	行政区划名称	行政区划代码	行政区划名称	行政区划代码
德昂乡	632624207	清水河镇	632723103	郭勒木德镇	632801100
满掌乡	632624208	珍秦镇	632723104	唐古拉山镇	632801101
久治县 (1镇, 5乡)	**632625**	尕朵乡	632723200	大格勒乡	632801200
智青松多镇	632625100	拉布乡	632723201	乌图美仁乡	632801201
白玉乡	632625200	**治多县 (1镇, 5乡)**	**632724**	**德令哈市(3街道,3镇,1乡)**	**632802**
哇尔依乡	632625201	加吉博洛镇	632724100	火车站街道	632802001
哇赛乡	632625202	索加乡	632724200	河东街道	632802002
索乎日麻乡	632625203	扎河乡	632724201	河西街道	632802003
门堂乡	632625204	多彩乡	632724202	尕海镇	632802100
玛多县 (2镇, 2乡)	**632626**	治渠乡	632724203	怀头他拉镇	632802101
玛查理镇	632626100	立新乡	632724205	柯鲁柯镇	632802102
花石峡镇	632626101	**囊谦县 (1镇, 9乡)**	**632725**	蓄集乡	632802200
黄河乡	632626200	香达镇	632725100	**茫崖市 (3镇)**	**632803**
扎陵湖乡	632626201	白扎乡	632725201	茫崖镇	632803100
玉树藏族自治州 (4街道,	**632700**	娘拉乡	632725202	花土沟镇	632803101
11镇, 33乡)		毛庄乡	632725203	冷湖镇	632803102
玉树市(4街道,2镇,5乡)	**632701**	觉拉乡	632725204	**乌兰县 (4镇)**	**632821**
结古街道	632701001	东坝乡	632725205	希里沟镇	632821100
西杭街道	632701002	吉曲乡	632725206	茶卡镇	632821101
扎西科街道	632701003	尕羊乡	632725207	柯柯镇	632821102
新寨街道	632701004	吉尼赛乡	632725208	铜普镇	632821103
隆宝镇	632701101	着晓乡	632725209	**都兰县 (4镇, 4乡)**	**632822**
下拉秀镇	632701102	**曲麻莱县 (1镇, 5乡)**	**632726**	察汗乌苏镇	632822100
仲达乡	632701200	约改镇	632726100	香日德镇	632822101
巴塘乡	632701201	巴干乡	632726200	夏日哈镇	632822102
小苏莽乡	632701202	秋智乡	632726202	宗加镇	632822103
上拉秀乡	632701203	叶格乡	632726203	热水乡	632822200
安冲乡	632701204	麻多乡	632726204	香加乡	632822201
杂多县 (1镇, 7乡)	**632722**	曲麻河乡	632726205	沟里乡	632822202
萨呼腾镇	632722100	**海西蒙古族藏族自治州**	**632800**	巴隆乡	632822203
查旦乡	632722200	**(8街道, 21镇,**		**天峻县 (3镇, 7乡)**	**632823**
昂赛乡	632722201	**14乡)**		新源镇	632823100
结多乡	632722202	柴旦镇	632823105	江河镇	632823101
阿多乡	632722203	锡铁山镇	632823106	木里镇	632823102
苏鲁乡	632722204	**格尔木市(5街道,2镇,**	**632801**	阳康乡	632823200
莫云乡	632722206	**2乡)**		织合玛乡	632823201
扎青乡	632722207	昆仑路街道	632801001	龙门乡	632823202
称多县 (5镇, 2乡)	**632723**	金峰路街道	632801002	快尔玛乡	632823203
称文镇	632723100	河西街道	632801003	苏里乡	632823204
歇武镇	632723101	黄河路街道	632801004	生格乡	632823205
扎朵镇	632723102	西藏路街道	632801005	舟群乡	632823206

宁夏回族
自治区

宁夏回族自治区（宁）

行政区划名称	行政区划代码	行政区划名称	行政区划代码	行政区划名称	行政区划代码
宁夏回族自治区（50街道，103镇，90乡）	**640000**	团结西路街道	640121001	南街街道	640205002
银川市（28街道，21镇，6乡）	**640100**	杨和镇	640121100	中街街道	640205003
兴庆区（12街道，2镇，2乡）	**640104**	李俊镇	640121101	北街街道	640205004
凤凰北街街道	640104001	望远镇	640121102	河滨街街道	640205005
解放西街街道	640104002	望洪镇	640121103	火车站街道	640205006
文化街街道	640104003	闽宁镇	640121104	红果子镇	640205100
富宁街街道	640104004	胜利乡	640121200	尾闸镇	640205101
新华街街道	640104005	贺兰县（1街道，4镇，1乡）	**640122**	园艺镇	640205102
玉皇阁北街街道	640104006	富兴街街道	640122001	庙台乡	640205200
前进街街道	640104007	习岗镇	640122100	礼和乡	640205201
中山南街街道	640104008	金贵镇	640122101	燕子墩乡	640205202
银古路街道	640104009	立岗镇	640122102	平罗县（7镇，6乡）	**640221**
胜利街街道	640104010	洪广镇	640122103	城关镇	640221100
丽景街街道	640104011	常信乡	640122200	黄渠桥镇	640221101
星河街街道	640104012	灵武市（1街道，6镇，2乡）	**640181**	宝丰镇	640221102
掌政镇	640104100	城区街道	640181001	头闸镇	640221103
大新镇	640104101	东塔镇	640181100	姚伏镇	640221104
通贵乡	640104200	郝家桥镇	640181101	崇岗镇	640221105
月牙湖乡	640104201	崇兴镇	640181102	陶乐镇	640221106
西夏区（7街道，2镇）	**640105**	宁东镇	640181103	高庄乡	640221200
西花园路街道	640105001	马家滩镇	640181104	灵沙乡	640221201
北京西路街道	640105002	临河镇	640181105	渠口乡	640221202
文昌路街道	640105003	梧桐树乡	640181200	通伏乡	640221203
朔方路街道	640105004	白土岗乡	640181201	高仁乡	640221204
宁华路街道	640105005	石嘴山市（16街道，11镇，9乡）	**640200**	红崖子乡	640221205
贺兰山西路街道	640105006	大武口区（10街道，1镇）	**640202**	吴忠市（3街道，29镇，15乡）	**640300**
怀远路街道	640105007	长胜街道	640202001	利通区（8镇，4乡）	**640302**
兴泾镇	640105100	朝阳街道	640202002	金积镇	640302100
镇北堡镇	640105101	人民路街道	640202003	金银滩镇	640302101
金凤区（6街道，2镇）	**640106**	长城街道	640202004	高闸镇	640302102
满城北街街道	640106001	青山街道	640202005	扁担沟镇	640302103
黄河东路街道	640106002	石炭井街道	640202006	上桥镇	640302104
长城中路街道	640106003	白芨沟街道	640202007	古城镇	640302105
北京中路街道	640106004	沟口街道	640202008	金星镇	640302106
上海西路街道	640106005	长兴街道	640202010	胜利镇	640302107
贺兰山中路街道	640106006	锦林街道	640202011	东塔寺乡	640302200
良田镇	640106100	星海镇	640202100	板桥乡	640302201
丰登镇	640106101	惠农区（6街道，3镇，3乡）	**640205**	马莲渠乡	640302202
永宁县（1街道，5镇，1乡）	**640121**	育才路街道	640205001	郭家桥乡	640302203
				红寺堡区（1街道，2镇，3乡）	**640303**
				新民街道	640303001

续表 1

行政区划名称	行政区划代码	行政区划名称	行政区划代码	行政区划名称	行政区划代码
红寺堡镇	640303100	河川乡	640402201	城阳乡	640425201
太阳山镇	640303101	炭山乡	640402204	冯庄乡	640425203
大河乡	640303200	寨科乡	640402205	小岔乡	640425204
新庄集乡	640303201	**西吉县 (4 镇, 15 乡)**	**640422**	孟塬乡	640425205
柳泉乡	640303202	吉强镇	640422100	罗洼乡	640425206
盐池县 (1 街道, 4 镇, 4 乡)	**640323**	兴隆镇	640422101	交岔乡	640425207
盐州路街道	640323001	平峰镇	640422102	草庙乡	640425208
花马池镇	640323100	将台堡镇	640422103	**中卫市 (21 镇, 19 乡)**	**640500**
大水坑镇	640323101	新营乡	640422200	**沙坡头区 (10 镇, 1 乡)**	**640502**
惠安堡镇	640323102	红耀乡	640422201	滨河镇	640502100
高沙窝镇	640323103	田坪乡	640422202	文昌镇	640502101
王乐井乡	640323200	马建乡	640422203	东园镇	640502102
冯记沟乡	640323201	震湖乡	640422204	柔远镇	640502103
青山乡	640323202	兴坪乡	640422205	镇罗镇	640502104
麻黄山乡	640323203	西滩乡	640422206	宣和镇	640502105
同心县 (7 镇, 4 乡)	**640324**	王民乡	640422207	永康镇	640502106
豫海镇	640324100	什字乡	640422208	常乐镇	640502107
河西镇	640324101	马莲乡	640422209	迎水桥镇	640502108
韦州镇	640324102	硝河乡	640422211	兴仁镇	640502109
下马关镇	640324103	偏城乡	640422212	香山乡	640502200
予旺镇	640324104	沙沟乡	640422213	**中宁县 (6 镇, 6 乡)**	**640521**
王团镇	640324105	白崖乡	640422214	宁安镇	640521100
丁塘镇	640324106	火石寨乡	640422215	鸣沙镇	640521101
田老庄乡	640324201	**隆德县 (3 镇, 10 乡)**	**640423**	石空镇	640521102
马高庄乡	640324202	城关镇	640423100	新堡镇	640521103
张家垣乡	640324203	沙塘镇	640423101	恩和镇	640521104
兴隆乡	640324204	联财镇	640423102	大战场镇	640521105
青铜峡市 (1 街道, 8 镇)	**640381**	陈靳乡	640423200	舟塔乡	640521200
裕民街道	640381001	好水乡	640423201	白马乡	640521201
小坝镇	640381100	观庄乡	640423202	余丁乡	640521202
大坝镇	640381101	杨河乡	640423203	喊叫水乡	640521204
青铜峡镇	640381102	神林乡	640423204	徐套乡	640521205
叶盛镇	640381103	张程乡	640423205	太阳梁乡	640521206
瞿靖镇	640381104	凤岭乡	640423206	**海原县 (5 镇, 12 乡)**	**640522**
峡口镇	640381105	山河乡	640423207	海城镇	640522100
邵岗镇	640381106	温堡乡	640423208	李旺镇	640522101
陈袁滩镇	640381107	奠安乡	640423209	西安镇	640522103
固原市 (3 街道, 21 镇, 41 乡)	**640400**	**泾源县 (3 镇, 4 乡)**	**640424**	三河镇	640522104
原州区 (3 街道, 7 镇, 4 乡)	**640402**	香水镇	640424100	七营镇	640522105
南关街道	640402001	泾河源镇	640424101	史店乡	640522200
古雁街道	640402002	六盘山镇	640424102	树台乡	640522201
北塬街道	640402003	新民乡	640424200	关桥乡	640522202
三营镇	640402100	兴盛乡	640424201	高崖乡	640522206
官厅镇	640402103	黄花乡	640424202	郑旗乡	640522207
开城镇	640402104	大湾乡	640424203	贾埫乡	640522208
张易镇	640402105	**彭阳县 (4 镇, 8 乡)**	**640425**	曹洼乡	640522209
彭堡镇	640402106	白阳镇	640425100	九彩乡	640522210
头营镇	640402107	王洼镇	640425101	李俊乡	640522211
黄铎堡镇	640402108	古城镇	640425102	红羊乡	640522212
中河乡	640402200	红河镇	640425103	关庄乡	640522213
		新集乡	640425200	甘城乡	640522214

新疆维吾尔
自治区

新疆维吾尔自治区（新）

行政区划名称	行政区划代码	行政区划名称	行政区划代码	行政区划名称	行政区划代码
新疆维吾尔自治区（210 街道，467 镇，426 乡，42 民族乡，1 区公所）	650000	骑马山街道	650103016	石人子沟街道	650105010
		环卫路街道	650103017	振安街道	650105011
乌鲁木齐市（82 街道，10 镇，11 乡，1 民族乡）	650100	新市区（17 街道，1 镇，4 乡）	650104	华光街道	650105012
				水塔山街道	650105013
天山区（16 街道）	650102	北京路街道	650104001	龙盛街道	650105014
燕儿窝街道	650102002	二工街道	650104002	头屯河区（9 街道）	650106
胜利路街道	650102003	三工街道	650104003	头屯河街道	650106001
团结路街道	650102004	石油新村街道	650104004	火车西站街道	650106002
解放南路街道	650102005	迎宾路街道	650104005	王家沟街道	650106003
新华南路街道	650102006	喀什东路街道	650104006	乌昌路街道	650106004
和平路街道	650102007	南纬路街道	650104009	北站西路街道	650106005
解放北路街道	650102008	杭州路街道	650104010	中亚南路街道	650106016
幸福路街道	650102009	天津路街道	650104011	中亚北路街道	650106017
东门街道	650102010	银川路街道	650104012	北站东路街道	650106018
新华北路街道	650102011	高新街道	650104013	嵩山街道	650106019
青年路街道	650102012	长春中路街道	650104014	达坂城区（3 街道，1 镇，3 乡）	650107
碱泉街道	650102013	友谊路街道	650104017		
延安路街道	650102014	百园路街道	650104019	乌拉泊街道	650107001
红雁街道	650102015	机场街道	650104020	艾维尔沟街道	650107002
南草滩街道	650102016	正扬路街道	650104021	盐湖街道	650107003
东泉路街道	650102017	鲤鱼山街道	650104022	达坂城镇	650107100
沙依巴克区（16 街道）	650103	安宁渠镇	650104100	东沟乡	650107200
长江路街道	650103001	二工乡	650104200	西沟乡	650107201
和田街街道	650103002	地窝堡乡	650104201	阿克苏乡	650107202
扬子江路街道	650103003	六十户乡	650104202	米东区（7 街道，5 镇，1 乡，1 民族乡）	650109
友好南路街道	650103004	青格达湖乡	650104203		
友好北路街道	650103005	水磨沟区（14 街道）	650105	石化街道	650109001
八一街道	650103006	水磨沟街道	650105001	地磅街道	650109002
炉院街街道	650103007	六道湾街道	650105002	卡子湾街道	650109003
西山街道	650103008	苇湖梁街道	650105003	古牧地东路街道	650109004
雅玛里克山街道	650103009	八道湾街道	650105004	古牧地西路街道	650109005
红庙子街道	650103010	新民路街道	650105005	米东南路街道	650109006
平顶山街道	650103012	南湖南路街道	650105006	永祥街道	650109007
长胜东街道	650103013	南湖北路街道	650105007	古牧地镇	650109100
长胜西街道	650103014	七道湾街道	650105008	铁厂沟镇	650109101
长胜南街道	650103015	榆树沟街道	650105009	长山子镇	650109102

续表 1

行政区划名称	行政区划代码	行政区划名称	行政区划代码	行政区划名称	行政区划代码
羊毛工镇	650109103	老城路街道	650402001	西河街道	650502002
三道坝镇	650109104	高昌路街道	650402002	城北街道	650502003
芦草沟乡	650109200	葡萄沟街道	650402003	丽园街道	650502004
柏杨河哈萨克族乡	650109300	七泉湖镇	650402100	石油新城街道	650502005
乌鲁木齐县（3镇，3乡）	**650121**	大河沿镇	650402101	雅满苏镇	650502100
水西沟镇	650121100	亚尔镇	650402102	七角井镇	650502101
永丰镇	650121101	葡萄镇	650402103	星星峡镇	650502102
板房沟镇	650121102	艾丁湖镇	650402104	二堡镇	650502103
萨尔达坂乡	650121207	火焰山镇	650402105	五堡镇	650502104
甘沟乡	650121208	恰特喀勒乡	650402202	陶家宫镇	650502105
托里乡	650121213	三堡乡	650402204	三道岭镇	650502106
克拉玛依市（14街道，1镇，1乡）	**650200**	胜金乡	650402205	沁城乡	650502200
独山子区（3街道）	**650202**	**鄯善县（7镇，2乡，1民族乡）**	**650421**	乌拉台哈萨克族乡	650502201
金山路街道	650202001	鄯善镇	650421100	双井子乡	650502202
西宁路街道	650202002	七克台镇	650421101	大泉湾乡	650502203
新北区街道	650202003	鄯善火车站镇	650421102	回城乡	650502205
克拉玛依区（7街道，1乡）	**650203**	连木沁镇	650421103	花园乡	650502206
天山路街道	650203001	鲁克沁镇	650421104	南湖乡	650502207
胜利路街道	650203002	迪坎镇	650421105	德外里都如克哈萨克族乡	650502209
昆仑路街道	650203003	辟展镇	650421106	西山乡	650502210
银河路街道	650203004	东巴扎回族乡	650421201	天山乡	650502211
五五新镇街道	650203006	吐峪沟乡	650421202	白石头乡	650502212
迎宾街道	650203007	达朗坎乡	650421203	柳树沟乡	650502214
古海街道	650203008	**托克逊县（7镇，1乡）**	**650422**	**巴里坤哈萨克自治县（5镇，7乡）**	**650521**
小拐乡	650203200	托克逊镇	650422100	巴里坤镇	650521100
白碱滩区（3街道）	**650204**	库米什镇	650422101	博尔羌吉镇	650521101
中兴路街道	650204001	克尔碱镇	650422102	大河镇	650521102
三平路街道	650204002	阿乐惠镇	650422103	奎苏镇	650521103
金龙镇街道	650204003	伊拉湖镇	650422104	三塘湖镇	650521104
乌尔禾区（1街道，1镇）	**650205**	夏镇	650422105	萨尔乔克乡	650521200
柳树街街道	650205001	博斯坦镇	650422106	海子沿乡	650521201
乌尔禾镇	650205100	郭勒布依乡	650422201	下涝坝乡	650521202
吐鲁番市（3街道，20镇，6乡，1民族乡）	**650400**	**哈密市（5街道，15镇，20乡，3民族乡）**	**650500**	石人子乡	650521205
高昌区（3街道，6镇，3乡）	**650402**	**伊州区（5街道，7镇，10乡，2民族乡）**	**650502**	花园乡	650521206
		东河街道	650502001	大红柳峡乡	650521208
				八墙子乡	650521209

续表 2

行政区划名称	行政区划代码	行政区划名称	行政区划代码	行政区划名称	行政区划代码
伊吾县（3镇，3乡，1民族乡）	650522	滋泥泉子镇	652302103	坎尔孜乡	652325202
伊吾镇	650522100	三工河哈萨克族乡	652302200	五马场哈萨克族乡	652325203
淖毛湖镇	650522101	上户沟哈萨克族乡	652302201	古城乡	652325204
盐池镇	650522102	水磨沟乡	652302202	乔仁哈萨克族乡	652325205
苇子峡乡	650522201	呼图壁县（6镇，1民族乡）	652323	七户乡	652325206
下马崖乡	650522202	呼图壁镇	652323100	大泉塔塔尔族乡	652325208
吐葫芦乡	650522204	大丰镇	652323101	吉木萨尔县（7镇，3乡）	652327
前山哈萨克族乡	650522205	雀尔沟镇	652323102	吉木萨尔镇	652327100
昌吉回族自治州（9街道，46镇，15乡，11民族乡）	652300	二十里店镇	652323103	三台镇	652327101
昌吉市（6街道，8镇，1乡，1民族乡）	652301	园户村镇	652323104	泉子街镇	652327102
宁边路街道	652301001	五工台镇	652323105	北庭镇	652327103
延安北路街道	652301002	石梯子哈萨克族乡	652323201	二工镇	652327104
北京南路街道	652301003	玛纳斯县（7镇，1乡，3民族乡）	652324	大有镇	652327105
绿洲路街道	652301004	玛纳斯镇	652324100	五彩湾镇	652327106
中山路街道	652301005	乐土驿镇	652324101	庆阳湖乡	652327202
建国路街道	652301016	包家店镇	652324102	老台乡	652327203
硫磺沟镇	652301101	凉州户镇	652324103	新地乡	652327205
三工镇	652301102	北五岔镇	652324104	木垒哈萨克自治县（4镇，6乡，1民族乡）	652328
榆树沟镇	652301103	六户地镇	652324105	木垒镇	652328100
六工镇	652301104	兰州湾镇	652324106	西吉尔镇	652328103
二六工镇	652301105	广东地乡	652324201	东城镇	652328104
大西渠镇	652301106	清水河哈萨克族乡	652324202	新户镇	652328105
滨湖镇	652301107	塔西河哈萨克族乡	652324203	英格堡乡	652328200
佃坝镇	652301108	旱卡子滩哈萨克族乡	652324204	照壁山乡	652328205
庙尔沟乡	652301204	奇台县（10镇，3乡，3民族乡）	652325	大南沟乌孜别克族乡	652328209
阿什里哈萨克族乡	652301205	奇台镇	652325100	雀仁乡	652328210
阜康市（3街道，4镇，1乡，2民族乡）	652302	老奇台镇	652325101	白杨河乡	652328211
博峰街道	652302001	半截沟镇	652325102	大石头乡	652328212
阜新街道	652302002	吉布库镇	652325103	博斯坦乡	652328213
准东街道	652302004	东湾镇	652325104	博尔塔拉蒙古自治州（6街道，12镇，5乡）	652700
甘河子镇	652302100	西地镇	652325105	博乐市（5街道，4镇，1乡）	652701
城关镇	652302101	碧流河镇	652325106	青得里街道	652701001
九运街镇	652302102	三个庄子镇	652325107	顾里木图街道	652701002
		西北湾镇	652325108	南城区街道	652701005
		芨芨湖镇	652325109	克尔根卓街道	652701006

续表 3

行政区划名称	行政区划代码	行政区划名称	行政区划代码	行政区划名称	行政区划代码
青达拉街道	652701007	铁克其乡	652801200	铁木里克乡	652824203
小营盘镇	652701100	恰尔巴格乡	652801201	祁曼塔格乡	652824204
达勒特镇	652701101	英下乡	652801202	**且末县（6镇，7乡）**	**652825**
乌图布拉格镇	652701102	兰干乡	652801203	且末镇	652825100
青得里镇	652701103	和什力克乡	652801204	奥依亚依拉克镇	652825101
贝林哈日莫墩乡	652701201	哈拉玉宫乡	652801205	塔提让镇	652825102
阿拉山口市（1街道，1镇）	**652702**	阿瓦提乡	652801206	塔中镇	652825103
阿拉套街道	652702002	托布力其乡	652801207	阿羌镇	652825104
艾比湖镇	652702100	普惠乡	652801208	阿热勒镇	652825105
精河县（4镇，1乡）	**652722**	**轮台县（4镇，7乡）**	**652822**	琼库勒乡	652825201
精河镇	652722100	轮台镇	652822100	托格拉克勒克乡	652825202
大河沿子镇	652722101	轮南镇	652822101	巴格艾日克乡	652825203
托里镇	652722102	群巴克镇	652822102	英吾斯塘乡	652825204
托托镇	652722103	阳霞镇	652822103	阿克提坎墩乡	652825205
茫丁乡	652722200	哈尔巴克乡	652822201	阔什萨特玛乡	652825206
温泉县（3镇，3乡）	**652723**	野云沟乡	652822202	库拉木勒克乡	652825209
博格达尔镇	652723100	阿克萨来乡	652822203	**焉耆回族自治县（4镇，4乡）**	**652826**
哈日布呼镇	652723101	塔尔拉克乡	652822204	焉耆镇	652826100
安格里格镇	652723102	草湖乡	652822205	七个星镇	652826101
查干屯格乡	652723201	铁热克巴扎乡	652822206	永宁镇	652826102
扎勒木特乡	652723202	策大雅乡	652822207	四十里城子镇	652826103
塔秀乡	652723203	**尉犁县（3镇，5乡）**	**652823**	北大渠乡	652826200
巴音郭楞蒙古自治州（7街道，38镇，47乡，1民族乡）	**652800**	尉犁镇	652823100	五号渠乡	652826201
		团结镇	652823101	查汗采开乡	652826203
库尔勒市（7街道，3镇，9乡）	**652801**	兴平镇	652823102	包尔海乡	652826204
团结街道	652801001	塔里木乡	652823200	**和静县（8镇，4乡）**	**652827**
萨依巴格街道	652801002	墩阔坦乡	652823203	和静镇	652827100
天山街道	652801003	喀尔曲尕乡	652823204	巴仑台镇	652827101
新城街道	652801004	阿克苏甫乡	652823205	巴润哈尔莫墩镇	652827102
建设街道	652801005	古勒巴格乡	652823206	哈尔莫墩镇	652827103
梨香街道	652801006	**若羌县（5镇，3乡）**	**652824**	巴音布鲁克镇	652827104
朝阳街道	652801007	若羌镇	652824100	巩乃斯镇	652827105
塔什店镇	652801100	依吞布拉克镇	652824101	乃门莫墩镇	652827106
上户镇	652801101	罗布泊镇	652824102	协比乃尔布呼镇	652827107
西尼尔镇	652801102	瓦石峡镇	652824103	克尔古提乡	652827203
		铁干里克镇	652824104	阿拉沟乡	652827204
		吾塔木乡	652824201		

续表 4

行政区划名称	行政区划代码	行政区划名称	行政区划代码	行政区划名称	行政区划代码
额勒再特乌鲁乡	652827205	热斯坦街道	652902001	海楼镇	652924106
巴音郭楞乡	652827206	萨克萨克街道	652902002	努尔巴格乡	652924205
和硕县（3镇，3乡，1民族乡）	652828	新城街道	652902003	塔里木乡	652924206
特吾里克镇	652828100	东城街道	652902004	盖孜库木乡	652924207
塔哈其镇	652828101	乌恰镇	652902100	央塔克协海尔乡	652924208
曲惠镇	652828102	阿拉哈格镇	652902101	新和县（6镇，2乡）	652925
乌什塔拉回族乡	652828200	齐满镇	652902102	新和镇	652925100
苏哈特乡	652828203	墩阔坦镇	652902103	尤鲁都斯巴格镇	652925101
乃仁克尔乡	652828204	牙哈镇	652902104	依其艾日克镇	652925102
新塔热乡	652828205	乌尊镇	652902105	塔什艾日克镇	652925103
博湖县（2镇，5乡）	652829	伊西哈拉镇	652902106	排先拜巴扎镇	652925104
博湖镇	652829100	雅克拉镇	652902107	玉奇喀特镇	652925105
本布图镇	652829101	塔里木镇	652902108	渭干乡	652925203
塔温觉肯乡	652829200	玉奇吾斯塘乡	652902200	塔木托格拉克乡	652925205
乌兰再格森乡	652829202	比西巴格乡	652902201	拜城县（4镇，10乡）	652926
才坎诺尔乡	652829203	哈尼喀塔木乡	652902202	拜城镇	652926100
查干诺尔乡	652829204	阿克吾斯塘乡	652902203	铁热克镇	652926101
博斯腾湖乡	652829205	阿格乡	652902204	察尔齐镇	652926102
阿克苏地区（11街道，47镇，37乡，2民族乡）	652900	温宿县（5镇，4乡，1民族乡）	652922	赛里木镇	652926103
阿克苏市（7街道，3镇，3乡）	652901	温宿镇	652922100	黑英山乡	652926200
兰干街道	652901001	吐木秀克镇	652922101	克孜尔乡	652926201
英巴扎街道	652901002	克孜勒镇	652922102	托克逊乡	652926203
红桥街道	652901003	阿热勒镇	652922103	亚吐尔乡	652926204
新城街道	652901004	佳木镇	652922104	康其乡	652926205
南城街道	652901005	托乎拉乡	652922200	布隆乡	652926206
柯柯牙街道	652901006	恰格拉克乡	652922202	米吉克乡	652926207
多浪街道	652901007	依希来木其乡	652922204	温巴什乡	652926208
喀拉塔勒镇	652901100	古勒阿瓦提乡	652922206	大桥乡	652926209
阿依库勒镇	652901101	博孜墩柯尔克孜族乡	652922207	老虎台乡	652926210
依干其镇	652901102	沙雅县（7镇，4乡）	652924	乌什县（3镇，5乡，1民族乡）	652927
拜什吐格曼乡	652901201	沙雅镇	652924100	乌什镇	652927100
托普鲁克乡	652901202	托依堡勒迪镇	652924101	阿合雅镇	652927101
库木巴什乡	652901203	红旗镇	652924102	依麻木镇	652927102
库车市（4街道，9镇，5乡）	652902	英买力镇	652924103	阿克托海乡	652927200
		哈德墩镇	652924104	亚科瑞克乡	652927201
		古勒巴格镇	652924105	阿恰塔格乡	652927202

续表 5

行政区划名称	行政区划代码	行政区划名称	行政区划代码	行政区划名称	行政区划代码
英阿瓦提乡	652927205	恰尔隆镇	653022103	西域大道街道	653101007
亚曼苏柯尔克孜族乡	652927206	玉麦镇	653022104	西公园街道	653101008
奥特贝希乡	652927207	皮拉勒乡	653022201	迎宾大道街道	653101009
阿瓦提县（7镇，2乡）	**652928**	巴仁乡	653022202	夏马勒巴格镇	653101100
阿瓦提镇	652928100	喀热开其克乡	653022203	乃则尔巴格镇	653101101
乌鲁却勒镇	652928101	加马铁热克乡	653022204	多来特巴格乡	653101202
拜什艾日克镇	652928102	木吉乡	653022205	浩罕乡	653101203
塔木托格拉克镇	652928103	布伦口乡	653022206	色满乡	653101204
英艾日克镇	652928104	塔尔塔吉克族乡	653022210	荒地乡	653101205
阿依巴格镇	652928105	**阿合奇县（1镇，5乡）**	**653023**	帕哈太克里乡	653101206
三河镇	652928106	阿合奇镇	653023100	伯什克然木乡	653101207
多浪乡	652928203	库兰萨日克乡	653023200	阿瓦提乡	653101208
巴格托格拉克乡	652928204	色帕巴依乡	653023201	英吾斯坦乡	653101209
柯坪县（3镇，2乡）	**652929**	苏木塔什乡	653023202	阿克喀什乡	653101210
柯坪镇	652929100	哈拉奇乡	653023203	**疏附县（4镇，6乡）**	**653121**
盖孜力克镇	652929101	哈拉布拉克乡	653023204	托克扎克镇	653121100
阿恰勒镇	652929102	**乌恰县（3镇，8乡）**	**653024**	兰干镇	653121101
玉尔其乡	652929201	乌恰镇	653024100	吾库萨克镇	653121102
启浪乡	652929203	康苏镇	653024101	乌帕尔镇	653121103
克孜勒苏柯尔克孜自治州（2街道，12镇，23乡，1民族乡）	**653000**	巴音库鲁提镇	653024102	塔什米里克乡	653121201
		乌鲁克恰提乡	653024200	铁日木乡	653121202
阿图什市（2街道，3镇，4乡）	**653001**	吾合沙鲁乡	653024201	布拉克苏乡	653121203
		膘尔托阔依乡	653024202	萨依巴格乡	653121204
幸福街道	653001001	黑孜苇乡	653024203	站敏乡	653121205
光明街道	653001002	托云乡	653024204	木什乡	653121211
上阿图什镇	653001100	铁列克乡	653024205	**疏勒县（3镇，12乡）**	**653122**
松他克镇	653001101	波斯坦铁列克乡	653024207	疏勒镇	653122100
阿扎克镇	653001102	吉根乡	653024208	罕南力克镇	653122101
阿湖乡	653001202	**喀什地区（13街道，53镇，114乡，3民族乡，1区公所）**	**653100**	牙甫泉镇	653122102
格达良乡	653001204			巴仁乡	653122200
哈拉峻乡	653001205	**喀什市（8街道，2镇，9乡）**	**653101**	洋大曼乡	653122201
吐古买提乡	653001206			亚曼牙乡	653122202
阿克陶县（5镇，6乡，1民族乡）	**653022**	恰萨街道	653101001	巴合齐乡	653122203
		亚瓦格街道	653101002	塔孜洪乡	653122204
阿克陶镇	653022100	吾斯塘博依街道	653101003	英尔力克乡	653122205
奥依塔克镇	653022101	库木代尔瓦扎街道	653101005	库木西力克乡	653122206
克孜勒陶镇	653022102	东湖街道	653101006	塔尔其乡	653122207

续表 6

行政区划名称	行政区划代码	行政区划名称	行政区划代码	行政区划名称	行政区划代码
艾尔木东乡	653122208	城中街道	653125002	乌夏克巴什镇	653126102
阿拉力乡	653122209	城东街道	653125003	阿克塔什镇	653126103
阿拉甫乡	653122210	城西街道	653125004	金果镇	653126104
英阿瓦提乡	653122211	城北街道	653125005	依提木孔镇	653126105
英吉沙县（4镇，10乡）	**653123**	莎车镇	653125100	洛克乡	653126200
英吉沙镇	653123100	恰热克镇	653125101	伯西热克乡	653126201
乌恰镇	653123101	艾力西湖镇	653125102	铁提乡	653126202
芒辛镇	653123102	荒地镇	653125103	吐古其乡	653126204
萨罕镇	653123103	阿瓦提镇	653125104	江格勒斯乡	653126205
城关乡	653123200	白什坎特镇	653125105	加依提勒克乡	653126206
乔勒潘乡	653123201	依盖尔其镇	653125106	巴仁乡	653126207
龙甫乡	653123202	古勒巴格镇	653125107	乌吉热克乡	653126208
色提力乡	653123204	米夏镇	653125108	夏合甫乡	653126209
英也尔乡	653123206	托木吾斯塘镇	653125109	依力克其乡	653126210
克孜勒乡	653123207	塔尕尔其镇	653125110	宗朗乡	653126212
托普鲁克乡	653123208	乌达力克镇	653125111	柯克亚乡	653126213
苏盖提乡	653123209	阿拉买提镇	653125112	西合休乡	653126214
艾古斯乡	653123211	阿扎特巴格镇	653125113	棋盘乡	653126215
依格孜也尔乡	653123212	阿热勒乡	653125201	萨依巴格乡	653126216
泽普县（2镇，10乡，	**653124**	恰尔巴格乡	653125202	**麦盖提县（2镇，8乡）**	**653127**
1民族乡，1区公所）		英吾斯塘乡	653125204	麦盖提镇	653127100
泽普镇	653124100	阿尔斯兰巴格乡	653125206	巴扎结米镇	653127101
奎依巴格镇	653124101	孜热甫夏提塔吉克	653125207	希依提墩乡	653127201
波斯喀木乡	653124200	族乡		央塔克乡	653127202
依玛乡	653124201	亚喀艾日克乡	653125208	吐曼塔勒乡	653127203
古勒巴格乡	653124202	喀群乡	653125209	尕孜库勒乡	653127204
赛力乡	653124203	霍什拉甫乡	653125210	克孜勒阿瓦提乡	653127205
依克苏乡	653124204	达木斯乡	653125211	库木库萨尔乡	653127206
图呼其乡	653124205	伊什库力乡	653125213	昂格特勒克乡	653127207
奎依巴格乡	653124206	拍克其乡	653125214	库尔玛乡	653127208
阿克塔木乡	653124207	阔什艾日克乡	653125216	**岳普湖县（4镇，5乡）**	**653128**
阿依库勒乡	653124208	墩巴格乡	653125217	岳普湖镇	653128100
布依鲁克塔吉克族乡	653124209	巴格阿瓦提乡	653125220	艾西曼镇	653128101
桐安乡	653124210	喀拉苏乡	653125221	铁热木镇	653128102
奎依巴格区公所	653124999	**叶城县（6镇，15乡）**	**653126**	也克先拜巴扎镇	653128103
莎车县（5街道，14镇，	**653125**	喀格勒克镇	653126100	岳普湖乡	653128200
14乡，1民族乡）		恰尔巴格镇	653126101	阿其克乡	653128203
叶尔羌街道	653125001				

续表 7

行政区划名称	行政区划代码	行政区划名称	行政区划代码	行政区划名称	行政区划代码
色也克乡	653128204	科克亚尔柯尔克孜族乡	653131202	吾宗肖乡	653221211
巴依阿瓦提乡	653128206			墨玉县（5镇，11乡）	**653222**
阿洪鲁库木乡	653128207	提孜那甫乡	653131203	喀拉喀什镇	653222100
伽师县（6镇，7乡）	**653129**	达布达尔乡	653131204	扎瓦镇	653222101
巴仁镇	653129100	马尔洋乡	653131205	奎牙镇	653222102
西克尔库勒镇	653129101	瓦恰乡	653131206	喀尔赛镇	653222103
夏普吐勒镇	653129102	班迪尔乡	653131207	普恰克其镇	653222104
卧里托格拉克镇	653129103	库科西鲁格乡	653131208	阿克萨拉依乡	653222203
克孜勒博依镇	653129104	大同乡	653131210	乌尔其乡	653222204
和夏阿瓦提镇	653129105	布伦木沙乡	653131212	托胡拉乡	653222205
铁日木乡	653129200	和田地区（4街道，25镇，64乡，2民族乡）	**653200**	萨依巴格乡	653222206
英买里乡	653129201			加汗巴格乡	653222207
江巴孜乡	653129202	和田市（4街道，3镇，5乡）	**653201**	芒来乡	653222209
米夏乡	653129205			阔依其乡	653222210
克孜勒苏乡	653129208	奴尔巴格街道	653201001	雅瓦乡	653222211
古勒鲁克乡	653129209	古江巴格街道	653201002	吐外特乡	653222212
玉代克力克乡	653129210	古勒巴格街道	653201003	英也尔乡	653222213
巴楚县（4镇，8乡）	**653130**	纳尔巴格街道	653201004	喀瓦克乡	653222214
巴楚镇	653130100	拉斯奎镇	653201100	皮山县（6镇，8乡，2民族乡）	**653223**
色力布亚镇	653130101	玉龙喀什镇	653201101		
阿瓦提镇	653130102	吐沙拉镇	653201102	固玛镇	653223100
三岔口镇	653130103	肖尔巴格乡	653201200	杜瓦镇	653223101
恰尔巴格乡	653130200	伊里其乡	653201201	赛图拉镇	653223102
多来提巴格乡	653130201	古江巴格乡	653201202	木吉镇	653223103
阿纳库勒乡	653130202	吉亚乡	653201204	阔什塔格镇	653223104
夏玛勒乡	653130203	阿克恰勒乡	653201205	桑株镇	653223105
阿克萨克马热勒乡	653130204	和田县（2镇，10乡）	**653221**	克里阳乡	653223201
阿拉格尔乡	653130205	巴格其镇	653221100	科克铁热克乡	653223202
琼库尔恰克乡	653130206	罕艾日克镇	653221101	乔达乡	653223205
英吾斯塘乡	653130207	英阿瓦提乡	653221202	木奎拉乡	653223206
塔什库尔干塔吉克自治县（2镇，10乡，1民族乡）	**653131**	英艾日克乡	653221203	藏桂乡	653223207
		布扎克乡	653221204	皮亚勒玛乡	653223208
		拉依喀乡	653221205	皮西那乡	653223209
		朗如乡	653221206	巴什兰干乡	653223210
塔什库尔干镇	653131100	塔瓦库勒乡	653221207	垴阿巴提塔吉克族乡	653223211
塔吉克阿巴提镇	653131101	依斯拉木阿瓦提乡	653221208	康克尔柯尔克孜族乡	653223212
塔什库尔干乡	653131200	色格孜库勒乡	653221209	洛浦县（4镇，5乡）	**653224**
塔合曼乡	653131201	喀什塔什乡	653221210		

续表 8

行政区划名称	行政区划代码	行政区划名称	行政区划代码	行政区划名称	行政区划代码
洛浦镇	653224100	若克雅乡	653227201	亚欧西路街道	654004002
山普鲁镇	653224101	萨勒吾则克乡	653227202	亚欧东路街道	654004003
杭桂镇	653224102	叶亦克乡	653227203	工业园区街道	654004004
恰尔巴格镇	653224103	安迪尔乡	653227204	伊车嘎善锡伯族乡	654004200
布亚乡	653224201	亚瓦通古孜乡	653227205	伊宁县（10镇，7乡，1民族乡）	654021
多鲁乡	653224205	伊犁哈萨克自治州（18街道，57镇，30乡，10民族乡）	654000		
纳瓦乡	653224206			吉里于孜镇	654021100
拜什托格拉克乡	653224207			墩麻扎镇	654021101
阿其克乡	653224208	伊宁市（8街道，4镇，5乡）	654002	英塔木镇	654021102
策勒县（2镇，6乡）	653225			胡地亚于孜镇	654021103
策勒镇	653225100	萨依布依街道	654002001	巴依托海镇	654021104
固拉合玛镇	653225101	墩买里街道	654002002	阿热吾斯塘镇	654021105
策勒乡	653225200	伊犁河路街道	654002003	萨木于孜镇	654021106
达玛沟乡	653225202	喀赞其街道	654002004	喀什镇	654021107
恰哈乡	653225203	都来提巴格街道	654002005	维吾尔玉其温镇	654021108
乌鲁克萨依乡	653225204	琼科瑞克街道	654002006	温亚尔镇	654021109
奴尔乡	653225205	艾兰木巴格街道	654002007	吐鲁番于孜乡	654021201
博斯坦乡	653225206	解放路街道	654002008	喀拉亚尕奇乡	654021202
于田县（2镇，13乡）	653226	巴彦岱镇	654002100	愉群翁回族乡	654021205
木尕拉镇	653226100	潘津镇	654002101	麻扎乡	654021212
先拜巴扎镇	653226101	英也尔镇	654002102	阿乌利亚乡	654021214
加依乡	653226200	达达木图镇	654002103	曲鲁海乡	654021215
科克亚乡	653226201	汉宾乡	654002201	武功乡	654021216
阿热勒乡	653226202	塔什库勒克乡	654002202	萨地克于孜乡	654021217
阿日希乡	653226203	喀尔墩乡	654002203	察布查尔锡伯自治县（7镇，5乡，1民族乡）	654022
兰干乡	653226204	托格拉克乡	654002204		
斯也克乡	653226205	克伯克于孜乡	654002205	察布查尔镇	654022100
托格日尕孜乡	653226206	奎屯市（6街道，1乡）	654003	爱新色里镇	654022101
喀拉克尔乡	653226207	团结路街道	654003001	孙扎齐牛录镇	654022102
奥依托格拉克乡	653226208	乌鲁木齐东路街道	654003002	加尕斯台镇	654022103
阿羌乡	653226209	北京路街道	654003003	琼博拉镇	654022104
英巴格乡	653226210	乌鲁木齐西路街道	654003004	绰霍尔镇	654022105
希吾勒乡	653226211	火车站街道	654003005	海努克镇	654022106
达里雅布依乡	653226212	北京西路街道	654003006	堆齐牛录乡	654022200
民丰县（1镇，6乡）	653227	开干齐乡	654003200	纳达齐牛录乡	654022203
尼雅镇	653227100	霍尔果斯市（4街道，1民族乡）	654004	扎库齐牛录乡	654022204
尼雅乡	653227200			米粮泉回族乡	654022205
		卡拉苏街道	654004001	坎乡	654022206

续表 9

行政区划名称	行政区划代码	行政区划名称	行政区划代码	行政区划名称	行政区划代码
阔洪奇乡	654022207	乌尊布拉克镇	654026105	恰夏镇	654201101
霍城县（6镇，2乡，1民族乡）	654023	萨尔阔布乡	654026203	博孜达克镇	654201102
水定镇	654023100	察汗乌苏蒙古族乡	654026206	喀拉哈巴克乡	654201200
清水河镇	654023101	夏特柯尔克孜族乡	654026207	阿西尔达斡尔族乡	654201202
芦草沟镇	654023102	胡松图喀尔逊蒙古族乡	654026208	阿不都拉乡	654201203
惠远镇	654023103			也门勒乡	654201204
萨尔布拉克镇	654023104	特克斯县（5镇，1乡，2民族乡）	654027	乌苏市（5街道，10镇，5乡，2民族乡）	654202
兰干镇	654023105	特克斯镇	654027100		
三道河乡	654023201	乔拉克铁热克镇	654027101	新市区街道	654202001
三宫回族乡	654023204	喀拉达拉镇	654027102	南苑街道	654202002
大西沟乡	654023205	齐勒乌泽克镇	654027103	西城区街道	654202003
巩留县（6镇，2乡）	654024	喀拉托海镇	654027104	虹桥街道	654202004
巩留镇	654024100	呼吉尔特蒙古族乡	654027200	奎河街道	654202005
阿克吐别克镇	654024101	科克苏乡	654027201	白杨沟镇	654202100
库尔德宁镇	654024102	阔克铁热克柯尔克孜族乡	654027203	哈图布呼镇	654202101
阿尕尔森镇	654024103			皇宫镇	654202102
东买里镇	654024104	尼勒克县（5镇，5乡，1民族乡）	654028	车排子镇	654202103
提克阿热克镇	654024105	尼勒克镇	654028100	甘河子镇	654202104
吉尔格郎乡	654024201	木斯镇	654028101	百泉镇	654202105
塔斯托别乡	654024204	乌拉斯台镇	654028102	四棵树镇	654202106
新源县（8镇，1乡）	654025	乌赞镇	654028103	古尔图镇	654202107
新源镇	654025100	克令镇	654028104	西湖镇	654202108
阿热勒托别镇	654025102	苏布台乡	654028200	西大沟镇	654202109
塔勒德镇	654025103	喀拉苏乡	654028201	八十四户乡	654202200
那拉提镇	654025104	加哈乌拉斯台乡	654028202	夹河子乡	654202201
肖尔布拉克镇	654025105	科克浩特浩尔蒙古族乡	654028204	九间楼乡	654202202
喀拉布拉镇	654025106	喀拉托别乡	654028207	石桥乡	654202203
阿勒玛勒镇	654025107	胡吉尔台乡	654028208	头台乡	654202204
坎苏镇	654025108	塔城地区（8街道，36镇，28乡，5民族乡）	654200	吉尔格勒特郭楞蒙古族乡	654202205
吐尔根乡	654025204	塔城市（3街道，3镇，3乡，1民族乡）	654201	塔布勒合特蒙古族乡	654202206
昭苏县（6镇，1乡，3民族乡）	654026			沙湾市（9镇，3乡）	654203
昭苏镇	654026100	和平街道	654201001	四道河子镇	654203101
喀夏加尔镇	654026101	杜别克街道	654201002	老沙湾镇	654203102
阿克达拉镇	654026102	新城街道	654201003	乌兰乌苏镇	654203103
喀拉苏镇	654026103	二工镇	654201100	安集海镇	654203104
洪纳海镇	654026104			东湾镇	654203105
				西戈壁镇	654203106

续表 10

行政区划名称	行政区划代码	行政区划名称	行政区划代码	行政区划名称	行政区划代码
柳毛湾镇	654203107	和什托洛盖镇	654226101	恰库尔图镇	654322102
金沟河镇	654203108	夏孜盖乡	654226200	喀拉通克镇	654322103
三道河子镇	654203109	铁布肯乌散乡	654226201	杜热镇	654322104
商户地乡	654203200	查干库勒乡	654226202	吐尔洪乡	654322200
大泉乡	654203201	巴音敖包乡	654226203	库尔特乡	654322202
博尔通古乡	654203202	莫特格乡	654226204	克孜勒希力克乡	654322203
额敏县（6 镇，3 乡，2 民族乡）	654221	查和特乡	654226205	铁买克乡	654322204
额敏镇	654221100	阿勒泰地区（4 街道，30 镇，24 乡，2 民族乡）	654300	喀拉布勒根乡	654322205
玉什喀拉苏镇	654221101	阿勒泰市（4 街道，5 镇，5 乡，1 民族乡）	654301	福海县（3 镇，3 乡）	654323
杰勒阿尕什镇	654221102			福海镇	654323100
上户镇	654221103	金山路街道	654301001	喀拉玛盖镇	654323101
玛热勒苏镇	654221104	解放路街道	654301002	解特阿热勒镇	654323102
喀拉也木勒镇	654221105	团结路街道	654301003	阔克阿尕什乡	654323201
郊区乡	654221200	恰秀路街道	654301004	齐干吉迭乡	654323202
额玛勒郭楞蒙古族乡	654221202	北屯镇	654301100	阿尔达乡	654323204
喇嘛昭乡	654221207	阿苇滩镇	654301101	哈巴河县（4 镇，3 乡）	654324
霍吉尔特蒙古族乡	654221208	红墩镇	654301102	阿克齐镇	654324100
二道桥乡	654221209	切木尔切克镇	654301103	萨尔布拉克镇	654324101
托里县（4 镇，4 乡）	654224	阿拉哈克镇	654301104	齐巴尔镇	654324102
托里镇	654224100	汗德尕特蒙古族乡	654301202	库勒拜镇	654324103
铁厂沟镇	654224101	拉斯特乡	654301203	萨尔塔木乡	654324200
庙尔沟镇	654224102	喀拉希力克乡	654301204	加依勒玛乡	654324201
哈图镇	654224103	萨尔胡松乡	654301205	铁热克提乡	654324204
多拉特乡	654224201	巴里巴盖乡	654301206	青河县（5 镇，3 乡）	654325
乌雪特乡	654224202	切尔克齐乡	654301207	青河镇	654325100
库普乡	654224203	布尔津县（4 镇，2 乡，1 民族乡）	654321	塔克什肯镇	654325101
阿克别里斗乡	654224204			阿热勒托别镇	654325102
裕民县（2 镇，4 乡）	654225	布尔津镇	654321100	阿热勒镇	654325103
哈拉布拉镇	654225100	冲乎尔镇	654321101	阿格达拉镇	654325104
吉也克镇	654225101	窝依莫克镇	654321102	萨尔托海乡	654325202
哈拉布拉乡	654225200	阔斯特克镇	654321103	查干郭勒乡	654325203
新地乡	654225201	杜来提乡	654321201	阿尕什敖包乡	654325204
阿勒腾也木勒乡	654225202	也格孜托别乡	654321204	吉木乃县（4 镇，3 乡）	654326
江克斯乡	654225204	禾木喀纳斯蒙古族乡	654321205	托普铁热克镇	654326100
和布克赛尔蒙古自治县（2 镇，6 乡）	654226	富蕴县（5 镇，5 乡）	654322	吉木乃镇	654326101
		库额尔齐斯镇	654322100	喀尔交镇	654326102
和布克赛尔镇	654226100	可可托海镇	654322101	乌拉斯特镇	654326103

续表 11

行政区划名称	行政区划代码	行政区划名称	行政区划代码	行政区划名称	行政区划代码
托斯特乡	654326201	草湖镇	659003100	金山镇	659006107
恰勒什海乡	654326202	龙口镇	659003101	南屯镇	659006108
别斯铁热克乡	654326204	前海镇	659003102	**双河市(1街道,5镇)**	**659007**
石河子市(5街道,2镇)	**659001**	永兴镇	659003103	明珠街道	659007001
新城街道	659001001	兴安镇	659003104	双桥镇	659007100
向阳街道	659001002	嘉和镇	659003105	石峪镇	659007101
红山街道	659001003	河东镇	659003106	博河镇	659007102
老街街道	659001004	夏河镇	659003107	双乐镇	659007103
东城街道	659001005	永安镇	659003108	友谊镇	659007104
北泉镇	659001100	海安镇	659003109	**可克达拉市(2街道,5镇)**	**659008**
石河子镇	659001101	唐驿镇	659003110	金山街道	659008001
阿拉尔市(4街道,15镇,1乡)	**659002**	金胡杨镇	659003111	花城街道	659008002
幸福路街道	659002001	东风镇	659003112	榆树庄镇	659008100
金银川路街道	659002002	杏花镇	659003113	苇湖镇	659008101
青松路街道	659002003	**五家渠市(3街道,3镇)**	**659004**	长丰镇	659008102
南口街道	659002004	军垦路街道	659004001	金梁镇	659008103
金银川镇	659002100	青湖路街道	659004002	金屯镇	659008104
双城镇	659002101	人民路街道	659004003	**昆玉市(1街道,5镇)**	**659009**
沙河镇	659002102	梧桐镇	659004100	玉都街道	659009001
永宁镇	659002103	蔡家湖镇	659004101	老兵镇	659009100
新井子镇	659002104	青湖镇	659004102	昆泉镇	659009101
甘泉镇	659002105	**北屯市(3街道,3镇)**	**659005**	昆牧镇	659009102
花桥镇	659002106	天骄街道	659005001	玉泉镇	659009103
幸福镇	659002107	龙疆街道	659005002	玉园镇	659009104
金杨镇	659002108	军垦街道	659005003	**胡杨河市(1街道,1镇)**	**659010**
玛滩镇	659002109	双渠镇	659005100	胡杨街道	659010001
塔门镇	659002110	丰庆镇	659005101	共青镇	659010100
梨花镇	659002111	海川镇	659005102	**新星市(3镇)**	**659011**
昌安镇	659002112	**铁门关市(1街道,9镇)**	**659006**	二道湖镇	659011100
塔南镇	659002113	迎宾街道	659006001	骆驿镇	659011101
新开岭镇	659002114	博古其镇	659006100	黄田镇	659011102
托喀依乡	659002201	双丰镇	659006101		
图木舒克市(3街道,14镇)	**659003**	河畔镇	659006102		
锦绣街道	659003001	高桥镇	659006103		
前海街道	659003002	天湖镇	659006104		
永安坝街道	659003003	开泽镇	659006105		
		米兰镇	659006106		

第三部分

2022 年中华人民共和国行政区划变更

2022 年中华人民共和国县级以下行政区划变更名录

序号	省份	原区划代码	原名称	变更原因	现区划代码	现名称	批准文件
1		130207202	东田庄乡		130207118	东田庄镇	冀民函〔2022〕79 号
2		130208202	姜家营乡		130208120	姜家营镇	冀民函〔2022〕80 号
3		130281207	团瓢庄乡		130281117	团瓢庄镇	冀民函〔2022〕81 号
4		130281208	娘娘庄乡		130281118	娘娘庄镇	冀民函〔2022〕82 号
5		130281210	侯家寨乡		130281119	侯家寨镇	冀民函〔2022〕83 号
6		130321201	龙王庙乡		130321111	龙王庙镇	冀民函〔2022〕77 号
7		130321209	茨榆山乡		130321112	茨榆山镇	冀民函〔2022〕78 号
8		130324203	印庄乡		130324109	印庄镇	冀民函〔2022〕76 号
9		130433200	寿山寺乡		130433104	寿山寺镇	冀民函〔2022〕106 号
10		130433201	王桥乡		130433105	王桥镇	冀民函〔2022〕107 号
11		130434202	沙口集乡		130434115	沙口集镇	冀民函〔2022〕108 号
12		130434208	大辛庄乡		130434116	大兴庄镇	冀民函〔2022〕109 号
13		130435200	槐桥乡		130435106	槐桥镇	冀民函〔2022〕110 号
14	河北	130435201	南里岳乡	撤乡设镇	130435107	南里岳镇	冀民函〔2022〕111 号
15		130481200	上团城乡		130481113	上团城镇	冀民函〔2022〕112 号
16		130481203	西土山乡		130481114	西土山镇	冀民函〔2022〕113 号
17		130602203	南奇乡		130602101	一亩泉镇	冀民函〔2022〕88 号
18		130606205	焦庄乡		130606101	焦庄镇	冀民函〔2022〕90 号
19		130608200	白团乡		130608110	白团镇	冀民函〔2022〕85 号
20		130608202	石桥乡		130608111	石桥镇	冀民函〔2022〕87 号
21		130608206	何桥乡		130608112	何桥镇	冀民函〔2022〕93 号
22		130626200	东落堡乡		130626110	东落堡镇	冀民函〔2022〕86 号
23		130627211	黄石口乡		130627111	黄石口镇	冀民函〔2022〕84 号
24		130633208	西山北乡		130633109	西山北镇	冀民函〔2022〕91 号
25		130633204	高陌乡		130633110	高陌镇	冀民函〔2022〕92 号
26		130634205	东旺乡		130634111	嘉禾镇	冀民函〔2022〕89 号
27		130921206	杜林回族乡		130921107	杜林镇	冀民函〔2022〕97 号
28		130921207	汪家铺乡		130921108	汪家铺镇	冀民函〔2022〕98 号

续表 1

序号	省份	原区划代码	原名称	变更原因	现区划代码	现名称	批准文件
29	河北	130921202	张官屯乡	撤乡设镇	130921109	张官屯镇	冀民函〔2022〕99 号
30		130923201	于桥乡		130923108	于桥镇	冀民函〔2022〕95 号
31		130924203	张会亭乡		130924104	张会亭镇	冀民函〔2022〕101 号
32		130925203	孟店乡		130925109	孟店镇	冀民函〔2022〕100 号
33		130927201	刘八里乡		130927107	刘八里镇	冀民函〔2022〕96 号
34		130982208	于村乡		130982111	于村镇	冀民函〔2022〕94 号
35		131123201	北代乡		131123105	北代镇	冀民函〔2022〕103 号
36		131127203	温城乡		131127111	温城镇	冀民函〔2022〕104 号
37		131127205	青兰乡		131127112	青兰镇	冀民函〔2022〕105 号
38		131182201	穆村乡		131182113	穆村镇	冀民函〔2022〕102 号
39	辽宁	210381006	温泉街道	名称变更	210381006	东四方台街道	鞍政复〔2022〕12 号
40	吉林			新设街道	220721001	阿穆尔街道	吉民行批〔2022〕1 号
41					220721002	萨日朗街道	
42					220721003	哈达街道	
43	黑龙江	230718001	乌马河街道	撤街道设镇	230718100	乌马河镇	黑民行批〔2022〕1 号
44		230718002	锦山街道				
45		230718003	曙光街道		230718101	翠峦镇	
46		230718004	向阳街道				
47		230719001	双子河街道		230719101	双子河镇	黑民行批〔2022〕3 号
48		230719002	铁林街道		230719102	铁林镇	
49		230726200	迎春乡	撤乡设镇	230726103	梧桐镇	黑民行批〔2022〕4 号
50				新设镇	230904102	兴北镇	黑民行批〔2022〕7 号
51		232722202	开库康乡	撤乡设镇	232722104	开库康镇	黑民行批〔2022〕6 号
52		232700001	东山街道	撤街道设镇	232700114	东山镇	黑民行批〔2022〕2 号
53		232700004	长虹街道		232700115	长虹镇	黑民行批〔2022〕5 号
54	江苏	320722206	曲阳乡	撤乡设镇	320722114	曲阳镇	苏政复〔2022〕11 号
55		320722204	山左口乡		320722115	山左口镇	
56	安徽	340123201	高店乡	撤乡设镇	340123111	高店镇	皖民地函〔2022〕112 号
57		340123210	严店乡		340123112	严店镇	
58		341302208	西二铺乡		341302120	西二铺镇	皖民地函〔2022〕113 号
59		341302201	支河乡		341302121	支河镇	

续表 **2**

序号	省份	原区划代码	原名称	变更原因	现区划代码	现名称	批准文件
60		341302203	桃沟乡	撤乡设镇	341302122	桃沟镇	皖民地函〔2022〕113 号
61		341302207	永镇乡		341302123	永镇镇	
62				新设街道	341322001	凤城街道	
63					341322002	龙河街道	
64					341322003	锦屏街道	
65		341323202	朱集乡	撤乡设镇	341323117	朱集镇	
66		341323203	大路乡		341323118	大路镇	
67				新设街道	340321001	白乳泉街道	皖民地函〔2022〕114 号
68					340321002	引凤街道	
69					340321003	望淮街道	
70		340323100	城关镇	名称变更	340323100	谷阳镇	
71		340323204	仲兴乡	撤乡设镇	340323109	仲兴镇	
72	安徽	340323207	杨庙乡		340323110	杨庙镇	
73		341502200	城北乡		341502111	城北镇	皖民地函〔2022〕115 号
74		341502203	中店乡		341502112	中店镇	
75		341502205	先生店乡		341502113	先生店镇	
76				新设街道	340826001	龙山街道	皖民地函〔2022〕116 号
77					340826002	松兹街道	
78		340826212	五里乡	撤销乡			
79		340826106	破凉镇	名称变更	340826106	华亭镇	
80				新设街道	340827001	雷阳街道	
81					340827002	吉水街道	
82					340827003	回龙街道	
83		340827200	雷池乡	撤乡设镇	340827109	雷池镇	
84		350212106	新民镇	撤镇设街道	350212003	新民街道	闽政文〔2022〕105 号
85		350212108	西柯镇		350212004	西柯街道	
86				新设街道	350212005	祥和街道	厦府〔2022〕145 号
87	福建				350212006	新美街道	
88					350212007	美林街道	
89					350703003	宝山街道	南政综〔2022〕26 号
90					350703004	崇阳街道	

续表 **3**

序号	省份	原区划代码	原名称	变更原因	现区划代码	现名称	批准文件
91	福建			新设街道	350703005	崇泰街道	南政综〔2022〕26 号
92				新设街道	360404004	浔南街道	赣民函〔2022〕4 号
93					360425001	丰安街道	赣民函〔2022〕2 号
94		360102018	公园街道	撤销街道			洪府字〔2022〕51 号
95		360102019	八一桥街道				
96		360103015	系马桩街道				洪府字〔2022〕66 号
97		360103020	西湖街道				
98		360103022	十字街街道				
99				新设街道	360103027	九洲街道	洪府字〔2022〕67 号
100					360113004	凤凰洲街道	
101					360113005	红角洲街道	
102					360113006	九龙湖街道	
103					360113007	龙兴街道	
104	江西	360103100	桃花镇	撤镇设街道	360103026	桃花街道	赣民函〔2022〕18 号
105		360112100	长埌镇		360112004	长埌街道	
106					360112005	欣悦湖街道	
107		360202200	吕蒙乡	撤乡设街道	360202003	吕蒙街道	赣民函〔2022〕20 号
108		360203100	竞成镇	撤镇设街道	360203011	竞成街道	
109		360602200	夏埠乡	撤乡设街道	360602007	夏埠街道	赣民函〔2022〕21 号
110				新设街道	360681004	江北街道	
111					360302007	横龙街道	赣民函〔2022〕22 号
112					360302008	光丰街道	
113		360112111	流湖镇	区划代码变更	360113101	流湖镇	赣府字〔2022〕36 号
114				新设镇	361003109	红星镇	赣民函〔2022〕25 号
115				新设街道	360502005	孔目江街道	赣民函〔2022〕26 号
116		410223203	大马乡	区划代码变更	410184204	大马乡	豫民行批〔2022〕1 号
117		410223204	岗李乡		410184205	岗李乡	
118	河南	411025100	城关镇	撤镇设街道	411025001	城关街道	豫民行批〔2022〕2 号
119		411025202	茨沟乡	撤乡设街道	411025002	茨沟街道	豫民行批〔2022〕3 号
120		410311108	李村镇	撤镇设街道	410311011	李村街道	豫民行批〔2022〕4 号
121		411203201	张湾乡	撤乡设街道	411203001	甘棠街道	豫民行批〔2022〕5 号

续表 **4**

序号	省份	原区划代码	原名称	变更原因	现区划代码	现名称	批准文件
122	河南	410527100	城关镇	撤镇设街道	410527001	繁阳街道	豫民行批〔2022〕6 号
123		410527200	张龙乡	撤乡设街道	410527002	龙庆街道	
124		411623200	城关乡		411623004	阳城街道	豫民行批〔2022〕7 号
125		411723107	郭楼镇	撤镇设街道	411723004	郭楼街道	豫民行批〔2022〕8 号
126		411003202	小召乡	撤乡设街道	411003005	小召街道	豫民行批〔2022〕9 号
127		410782209	赵固乡	撤乡设镇	410782113	赵固镇	豫民行批〔2022〕10 号
128		410311105	李楼镇		410311012	李楼街道	豫民行批〔2022〕11 号
129		410311102	安乐镇		410311013	安乐街道	豫民行批〔2022〕12 号
130		410311106	丰李镇		410311014	丰李街道	豫民行批〔2022〕13 号
131		410327100	城关镇	撤镇设街道	410327001	兴宜街道	豫民行批〔2022〕14 号
132		410323100	城关镇		410323001	汉关街道	豫民行批〔2022〕15 号
133		410328100	城关镇		410328001	永宁街道	豫民行批〔2022〕16 号
134		411603204	王店乡	撤乡设街道	411603002	王店街道	豫民行批〔2022〕17 号
135		411603203	刘振屯乡		411603107	刘振屯镇	豫民行批〔2022〕18 号
136		411625202	汲水乡	撤乡设镇	411625109	汲水镇	豫民行批〔2022〕19 号
137		411624205	冯营乡		411624115	冯营镇	豫民行批〔2022〕20 号
138		411422214	城郊乡	撤乡设街道	411422001	凤城街道	豫民行批〔2022〕21 号
139		411422210	董店乡		411422002	董店街道	豫民行批〔2022〕22 号
140		411403204	包公庙乡		411403110	包公庙镇	豫民行批〔2022〕23 号
141		411403209	临河店乡		411403111	临河店镇	豫民行批〔2022〕24 号
142		411402204	李庄乡		411402107	李庄镇	豫民行批〔2022〕25 号
143		411425208	大侯乡	撤乡设镇	411425112	大侯镇	豫民行批〔2022〕26 号
144		411424205	大仵乡		411424110	朱襄镇	豫民行批〔2022〕27 号
145		411424204	老王集乡		411424111	老王集镇	豫民行批〔2022〕28 号
146		411526202	魏岗乡		411526111	魏岗镇	豫民行批〔2022〕29 号
147		411525218	徐集乡		411525120	徐集镇	豫民行批〔2022〕30 号
148		410103002	解放路街道	撤销街道			郑政函〔2022〕19 号
149				新设街道	410103016	金水源街道	
150					410222002	许城街道	汴政批复〔2022〕16 号
151	湖北	420107007	厂前街道	撤销街道			鄂民政函〔2022〕164 号
152				新设街道	420107011	钢都花园街道	

续表 5

序号	省份	原区划代码	原名称	变更原因	现区划代码	现名称	批准文件
153	湖北			新设街道	421303005	涢水街道	鄂民政函〔2022〕22 号
154					421003005	太湖港街道	荆政函〔2022〕15 号
155	湖南	430602011	洞庭街道	撤销街道			岳政办函〔2022〕4 号
156				新设街道	430602020	梅溪街道	
157		431124201	乐福堂乡	撤乡设镇	431124113	乐福堂镇	湘民行发〔2022〕2 号
158				新设街道	430202006	明照街道	湘民行发〔2022〕5 号
159	广东			新设街道	445202014	溪南街道	揭府函〔2022〕169 号
160					445202015	凤美街道	
161					445202016	京冈街道	
162	云南	530581204	北海乡	撤乡设镇	530581112	北海镇	云政复〔2022〕21 号
163		530581206	清水乡		530581113	清水镇	
164		533325100	金顶镇	撤镇设街道	533325001	金顶街道	云政复〔2022〕22 号
165					533325002	翠屏街道	
166				新设街道	532801004	嘎栋街道	西政复〔2022〕55 号
167					532801005	曼弄枫街道	
168		532501001	城区街道	撤街道设街道	532501005	金湖街道	红政复〔2022〕16 号
169					532501006	宝华街道	
170				新设街道	532504002	太平街道	红政复〔2022〕41 号
171					532504003	福城街道	
172	陕西	610602006	鲁艺街道	名称变更	610602006	新城街道	陕民函〔2022〕36 号
173	甘肃	620122102	忠和镇	区划代码变更	620105100	忠和镇	甘政发〔2022〕14 号
174		620122105	九合镇		620105101	九合镇	
175	宁夏			新设街道	640104012	星河街街道	宁政函〔2022〕30 号
176	新疆	650502001	东河区街道	名称变更	650502001	东河街道	哈政函〔2022〕9 号
177		650502002	西河区街道		650502002	西河街道	
178		650502003	新市区街道		650502003	城北街道	
179				新设镇	652325109	芨芨湖镇	新政函〔2022〕71 号
180					652327106	五彩湾镇	新政函〔2022〕72 号
181					659003112	东风镇	新兵函〔2022〕27 号
182					659003113	杏花镇	

第四部分

中华人民共和国行政区划名称中电脑造字

中华人民共和国行政区划名称中电脑造字

序号	省份	行政区划名称	区划代码	电脑造字	索引
1	山西	宋肼乡	140781201	肼	第135页
2	江苏	大坵镇	321204105	坵	第210页
3		沈坵镇	321281115	坵	第210页
4	浙江	干磜镇	330902105	磜	第224页
5		砝石街道	331181004	砝	第227页
6	安徽	岤山镇	340722119	岤	第235页
7	福建	虎浿镇	350902110	浿	第255页
8	江西	阁山镇	360982108	阁	第269页
9	河南	岞岫镇	411325110	岫	第306页
10	湖北	沣源口镇	420222103	沣	第318页
11	湖南	楋梨街道	430121004	楋	第331页
12		郍溪瑶族乡	430525203	郍	第336页
13		斫磓乡	430582204	磓	第337页
14	广东	鉈莲街道	440511006	鉈	第354页
15		鉈江街道	440511007	鉈	第354页
16		岩石街道	440512001	岩	第354页
17		鄙隍镇	441423115	鄙	第359页
18		织簀镇	441721100	簀	第361页
19		下砋镇	441881120	砋	第362页
20		茜塘镇	445381106	茜	第364页

序号	省份	行政区划名称	区划代码	电脑造字	索引
21	广西	白沙沥街道	450602002	沥	第371页
22	四川	邮江镇	510129106	邮	第398页
23		潲渡镇	511725113	潲	第414页
24	贵州	柈橋镇	520324116	橋	第430页
25		左鶏戛彝族苗族乡	520525214	鶏	第434页
26		潕阳镇	522625100	潕	第438页
27		潕水街道	522626001	潕	第438页
28	云南	礚嘉镇	532322103	礚	第451页

序号	省份	行政区划名称	区划代码	电脑造字	索引

第五部分

县级以下行政区划代码编制规则 GB/T 10114–2003

前　言

本标准是关于 GB/T 2260《中华人民共和国行政区划代码》扩充与延拓的配套标准。

本次标准的修订版本代替 GB/T 10114-1988《县以下行政区划代码编制规则》。

与 GB/T 10114-1988 版本相比，本次标准的修订在内容方面的主要变化如下：

——标准的格式编排按 GB/T 1.1-2000 进行了修改；

——增加了前言、规范性引用文件、附录 A；

——原标准第 2 章"分类原则"的相关内容调整修改为第 3 章"定义"；原标准第 3 章"编码方法"及第 5 章"本标准的管理"的有关内容统一调整修改为第 4 章"编码规则"，其中原 3.1 条改为 4.1 条"代码结构"，原 3.2、3.3 条改为 4.2 条"编码方法"，原 3.4、4.1、5.1、5.2 和 5.3 条的内容调整到 4.3 条"赋码规则"的内容之中；原第 4 章"代码编写格式的规定"中的 4.2、4.4 条改为第 5 章"代码表格式"，并对格式的示例进行了修改；原 5.4 条改为第 6 章"标准的实施"；

——某些市辖区人民政府设立的派出机关"地区办事处"，本次标准修订将其按街道办事处同等对待，合称街道（地区）办事处；

——原标准中所提及的政企合一单位，因其不属于行政区划的正式范畴，故本次修订末再将其列入标准正文，而是在附录 A 中给出操作性建议。

本标准的附录 A 是资料性附录。

本标准由中国标准研究中心提出并归口。

本标准主要起草单位：中国标准研究中心、民政部区划地名司、辽宁省标准研究院。

本标准主要起草人：李小林、刘植婷、史立武、刘变飞、周千峰、周福东、李驭鹰、黄茹。

GB/T 10114 于 1988 年 12 月首次发布，本次修订为第一次修订。

县级以下行政区划代码编制规则

1 范围

本标准规定了县级以下行政区划代码的编制规则。

本标准适用于编制县级以下的行政区划代码。

依据本标准编制的县级以下行政区划代码可作为 GB/T 2260 的补充和延拓，与 GB/T 2260 配合使用。

2 规范性引用文件

下列文件中的条款通过本标准的引用而成为本标准的条款。凡是注日期的引用文件，其随后所有的修改单（不包括勘误的内容）或修订版均不适用于本标准，然而，鼓励根据本标准达成协议的各方研究是否可使用这些文件的最新版本。凡是不注日期的引用文件，其最新版本适用于本标准。

GB / T 2260 中华人民共和国行政区划代码

GB / T 7027-2002 信息分类和编码的基本原则与方法

GB / T 20001.3- 2001 标准编写规则 第 3 部分：信息分类编码

3 定义

本标准使用下列术语和定义：

3.1

县级以下行政区划 administrative divisions under counties

指镇、乡、民族乡。

注 1：街道（地区）办事处〔以下简称街道（地区）〕作为市辖区或不设区的市、县人民政府的派出机关，其所辖区域在本标准中按县级以下行政区划来对待。

注 2：某些省份设置的民族镇，在本标准中按镇来对待。

注 3：苏木作为内蒙古自治区的基层行政区域单位，在本标准中按乡来对待。

3.2

行政区划专名 administrative division specific terms

行政区划名称中用来区分各个行政区划实体的词。

3.3

行政区划通名 administrative division generic terms

行政区划名称中用来区分行政区划实体类别的词。

4　编码规则

4.1　代码结构

县级以下行政区划代码分两段由九位数字构成，其结构如下：

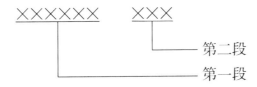

4.2　编码方法

4.2.1　县级以下行政区划代码的第一段采用 GB／T 2260 中的六位数字代码，表示县级及县级以上行政区划。

4.2.2　县级以下行政区划代码的第二段采用系列顺序码，由三位数字构成，具体划分为：

001～099　表示街道（地区）

100～199　表示镇（民族镇）

200～399　表示乡、民族乡、苏木

4.3　赋码规则

4.3.1　县级以下行政区划代码应按行政隶属关系和4.2.2列出的区划类型，统一排序后进行编码。

4.3.2　在编制县级以下行政区划代码时，当只表示县及县以上行政区划时，4.1所示代码结构的第二段应为三个数字0，用九位数字表示，以保证代码长度的一致性。

4.3.3　当 GB／T 2260 中的代码发生变更时，县级以下行政区划代码所对应的第一段应作相应的改变。

4.3.4　县级以下行政区划代码所表示的行政区划，在其专名或驻地改变时，其代码不变；而当其隶属关系或通名改变时，则须重新赋码。

4.3.5　县级以下行政区划代码所表示的行政区划被撤销或重新赋码后，原代码作废，作废代码不得再赋予其他的行政区划，以保证代码的唯一性。

5 代码表格式

5.1 为使行政区划代码标准文本格式整齐统一，应按照 GB/T 2260、GB/T 20001.3–2001 和以下规定的格式编写和印刷：

名　　称	代　　码
……	……
××市	××××0 0 0 0 0
市辖区	××××0 1 0 0 0
××区	××××××0 0 0
××街道（或地区）	××××××0 0 1
……	……
××镇（或民族镇）	××××××1××
……	……
××乡（或民族乡、苏木）	××××××2××
……	……
××市（县级）	××××××0 0 0
××街道	××××××0 0 1
……	……
××镇（或民族镇）	××××××1××
……	……
××乡（或民族乡、苏木）	××××××2××
……	……
××县	××××××0 0 0
××街道	××××××0 0 1
……	……
××镇（或民族镇）	××××××1××
……	……
××乡（或民族乡、苏木）	××××××2××
……	……

5.2 在代码表中，行政区划名称应采用法定名称。

6　标准的实施

各省、自治区、直辖市标准化管理机构负责组织相关部门共同编制本区域内的县级以下行政区划代码，作为地方标准发布，并报本标准归口单位备案。

附录 A
（资料性附录）
关于政企合一单位的代码编制建议

　　对于不属于行政区划范畴的政企合一单位（如农场、林场、牧场等），当需要对其所在区域进行编码时，可参照本标准 4.1 给出的代码结构分两段赋码：第一段应采用 GB/T 2260 中的六位数字代码；第二段应在本标准 4.2.2 所定义的代码区间 001 ～ 399 以外自行定义，建议在区间 901 ～ 990 按顺序自定义编码。